教育部人文社會科學重點研究基地
四川師範大學巴蜀文化研究中心學術叢書

清代蜀人著述總目

王曉波 主編

四川大學出版社

特邀编辑:邹　艳
责任编辑:庄　剑
责任校对:何　静　高庆梅
封面设计:墨创文化
责任印制:李　平

图书在版编目(CIP)数据

清代蜀人著述总目 / 王晓波主编. —成都：四川大学出版社，2014.10 重印
ISBN 978-7-5614-4272-2

Ⅰ. 清… Ⅱ. 王… Ⅲ. 存佚书-图书目录-四川省-清代 Ⅳ. Z839.2

中国版本图书馆 CIP 数据核字（2009）第 039497 号

书名　**清代蜀人著述总目**

主　编	王晓波
出　版	四川大学出版社
地　址	成都市一环路南一段 24 号 (610065)
发　行	四川大学出版社
书　号	ISBN 978-7-5614-4272-2
印　刷	四川和乐印务有限责任公司
成品尺寸	185 mm×260 mm
印　张	59.5
字　数	1290 千字
版　次	2009 年 3 月第 1 版
印　次	2014 年 10 月第 2 次印刷
定　价	560.00 元

◆读者邮购本书,请与本社发行科联系。
电话:(028)85408408/(028)85401670/
(028)85408023　邮政编码:610065
◆本社图书如有印装质量问题,请
寄回出版社调换。
◆网址:http://www.scup.cn

清代蜀人著述總目

主　　　編　王曉波
學術委員會　王曉波　姚樂野　林　平　何豔豔
參與普查編纂人員　王曉波（以下按編纂者姓氏首字筆劃爲序）
王阿陶　李詠梅　李榮慧　何艷艷　吴諾曼
吴静汶　林　平　許孟青　鄒　艷　楊　怡
楊　瑩　劉裴裴　劉平中　劉　霄

前　　言

經過近五年的努力，《清代蜀人著述總目》即將校畢付梓。

清代四川文化（亦稱巴蜀文化、蜀文化）是清代文化的一個重要組成部分，也是近年來學術界關注的熱點之一。其所以如此，是因爲作爲清代西南地區經濟文化中心區域的四川，在文化上對近現代乃至當代的四川及四川以外的地區都産生了較之前代更大、更直接的影響。

編寫一部全面反映清代蜀人著述狀況的工具書，既是爲給研究者提供檢索線索，也是爲研究巴蜀文化所做的一項基础性工作。而這種區域性著述目錄所依據的資料，重點應從四川舊編地方志中去清理和挖掘。這是因爲地方志是綜合記載一個地方行政區域自然和人文情况的百科全書，是研究地方文化最主要的資料來源。四川大學圖書館（以下簡稱川大圖書館）收藏有較豐富和齊備的四川各州縣舊志，爲編寫本書提供了便利條件。這也是我在二〇〇四年設計申請這個項目的一個主要緣由。而重點從地方舊志中去採掘資料，也是本書最顯著的特色。

一

本書作爲第一部著錄清代蜀人著述的工具書，兼具實用性和研究性，便於研究者使用。但關於它的體例（另見本書《編例》），還有幾個問題要作一些説明。

（一）關於作者籍貫的認定。作者的籍貫，除沒有爭議的以外，還存在一部分同一作者擁有不同籍貫的現象。形成這種現象的原因很複雜，有的出於遷居，也有求學改入他籍，還有原舊志編纂者出於爲家鄉爭光，將有影响的曾流寓於本地的四川其他州縣的名人歸爲本地人。在同一人不同的籍貫記載中確定其具體歸屬，原則上按習慣方式認定，即視其祖居和本人的出生地。倘若缺乏這種有力的證據，則視年代最早的文獻記載，並綜合比較來源文獻的多寡等因素判斷，同時在作者小傳中注明其擁有的其他籍貫。爲避免這類作者的重收、誤斷，由我在審改中作統一的考辨、調整。

（二）關於本書不收已佚的和存佚不明的稿本書目。所謂已佚的，指在方志中已明確記載作者所著稿本在其生前或生後已被毁、被盗；存佚不明的，則指“藏於家”和“未刊”之稿本。家藏稿本未刊行的原因很複雜，或乏刊刻之資；或有待修定，自不願倉促付梓；或出於其後人之聲稱，其著述之有無，是否已經成集，都很難確斷。本書在編寫初稿中，對這類稿本書目進行過檢索，遺憾的是，除極少數幸存下來的被本書收錄外，其餘絕大多數都沒有存世的著錄。從情理上推斷，這類稿本能存留到現在的確實很少。例如，民國《巴縣志》卷一〇下龍爲霖小傳記其有二種著述："古文易詩書三經叶韵、槖駝集各若干卷，未刻。"龍爲霖是康熙間人，其書至民國時亦未見刻本，自然很難尋找到稿本的踪蹟，應當早已亡佚，民國《巴縣志》只不過是照抄前志的記載而已。我們之所以將這類稿本稱爲存佚不明，僅從嚴格的學術意義上講，因爲，畢竟我們不能遍查國内外所有的公私藏書。而且，這類書目數量不菲，如與刻本混收，恐令本書駁雜。這也是本書不收這類書目的一個重要原因。

本書盡管原則上不著錄存佚不明的稿本，但從實際出發，對由清入民國而特別在民國仍較活躍之名人未刊著作，作特殊處理，予以收錄。如收錄井研縣人廖平大量未刊著作即是。還有，舊志著錄此類書目於研究也有所裨益，待將來有條件時，可將存佚不明的稿本書目單獨成集，作爲本書的附錄。

（三）只注存不注佚。清人曾刊行之著作現一時還查不到館藏的，很難説就已佚亡。由於清代貼近於近現代，曾經刊行過的著述從數量上講遠非稿本那樣容易佚亡。例如，民國《灌縣志》卷六著錄有王昌麟《晴翠山房詩文集》六卷，下注"未刊"。我們檢索到在民國二十二年鉛印縣志的同一年就有此别集的鉛印本，今文集三卷已佚，尚存鉛印詩集三卷，而當年縣志修纂者所見六卷稿本則已無館藏記錄。正是出於這樣的考慮，本書收錄這類書目時不注"佚"字而暫付闕如。

（四）寧漏勿誤。本書收錄某一作者著述書目，須有文獻依據。爲了防止誤收同名不同人所著之書，對無著錄出處又難以考辨者，寧可冒遺漏的風險也不收錄。例如，本書夾江縣内列有李炳奎其人，而在上海圖書館館藏書目中，恰巧有李炳奎撰《趙堂家傳》的著錄，其書刻於同治五年。然而，我們尋找不到夾江李炳奎撰有此書的記載，又無法與原書核對以判斷彼李炳奎是否與夾江李炳奎爲同一人，因此，寧肯放棄此條不收。餘皆類此。

（五）本書從方便研究者出發，對尚未發現有詩文别集存世之作者，則著錄其單篇詩文數量，以便研究者窺斑知豹；雖有别集存世但流傳較稀，爲一般研究者難以獲睹的，也著錄其成篇之詩文數量，用意蓋亦如此。

（六）本書編寫中，盡可能地利用了已有的目錄成果。在著錄現存别集時，本書利用最多的是《清人别集總目》。該書是由衆多學者積十年之力編纂成的一部目錄大著，因此，我們在編寫本書時，就沒有必要再去做重複勞動。我在製定本書編纂細則時，也參考過該書。如本書所收作者著作有叢書本而又被《中國叢書綜錄》著錄的，則仿照該書編例，不再一一羅列藏館，只在叢書本後的括號内注明"叢書綜錄"四字，然後再補充這以外的藏書單位。因爲，《中國叢書綜錄》第一冊後附有"全國主要圖書館收藏情況表"，反映了包括現國家圖書館等四十七個國内主要圖書館所藏叢書的有無情況，讀者自可去檢索，就用不着再去一一照錄了。《清人别集總目》採用這樣的著錄方式，無疑是正確的。因此，本書所收書目中有現存地方志而收進《中國地方志聯合目錄》的，其版本之藏館也照此處理。本書對所引用的目錄成果在書目下或版本中注明，引用其注語和按語，也用"原按"或"原注"二字標明，以避掠美之嫌。

還需要説明的是，我們始終以參考的態度對待現存的目録成果，並非完全照録。即以《清人别集總目》言，本書或修訂其疏誤，或補充其遺漏，不在少數。如補充了該書没有傳記資料的作者。玆舉一例：金堂之張晉生，《清人别集總目》頁 1170 無其傳略，本書據嘉慶《金堂縣志》卷五等撰寫了他的小傳。

糾正了《清人别集總目》將一人分作二人著録的疏忽。例如，長寧縣之杜德輿後改名闕，爲同一人，而該書頁 682、688 將杜德輿與杜闕分作二人著録，並把杜闕誤歸爲華陽人。

再随舉糾誤二例：達縣之王正誼，民國《達縣志》卷一五載其卒於同治八年，年七十一，生卒年應是 1799—1869，《清人别集總目》頁 108 則誤其生年爲 1790。成都之盛世英小傳，《清人别集總目》頁 2094 云："字篁樗，成都人，光緒二十年舉人，卒年七十九。"本書據其所著《守約庵文集》卷首蘇兆奎《盛篁樗先生傳》，推算出其生卒年應爲 1860—1933。其小傳當寫作："字偉人，晚號篁樗，一號守約老人。光緒二十年舉人。民國二十二年卒，年七十四。"

本書盡可能糾正《清人别集總目》小傳中的一些筆誤，還在該書著録的蜀人别集書目、版本、藏館的基礎上多有補充。研究者自可比較，勿需繁舉。

我作這樣的説明，毫無貶低和批評《清人别集總目》之意，相反，我認爲該書是中華人民共和國成立後編寫的别集目録中規模最大、質量最高的。事實上，任何一部目録書都不可能把天下之書包羅無餘，也不可能没有這樣或那樣的錯誤。《清人别集總目》有這樣或那樣的疏誤，不過是白璧微瑕而已。

二

本書在編寫過程中，就陸續發現不少存在的問題，如有編纂體例未周、著録方式未善處，有的經多次修正已得到改善，但有的問題，由於主客觀條件的限制，雖已發現，但一時尚難解決。玆舉數端如下：

（一）當收書目可能未能盡收，藏書單位可能也有遺漏

本書所據舊志爲川大圖書館原藏抄本、刻本、影印出版本，也有少數從其他圖書館膠印複製本。首先，川大圖書館缺藏最多的是清代早期編纂的四川各地舊志，這些舊志分散藏在國内其他圖書館，有的在國内僅有一二單位收藏，限於人力物力，我們只能遺憾地從略。盡管舊志的編纂有一個承續的傳統，前志著録的書目後志多要重録，加之本書盡量從其他著作中去補充舊志所無，在總體上基本能反映整个清代蜀人的著述狀况，但畢竟有不少舊志未能目睹，因此不能保証所收書目没有遺漏。其次，本書從互聯網上檢索藏書單位時只檢索了幾個大型的館藏數據庫，如國家圖書館、北京大學圖書館、上海圖書館、北京師範大學圖書館、复旦大學圖書館、南京大學圖書館，四川省圖書館聯合目録等，圖書館自編紙本目録亦查閱有限，加之不少圖書館的古籍單刻本尚未完全清理，因此我們不敢説本書所著録的藏書單位也没有遺漏。

（二）著録或有重複

本書可能存在書目、版本著録上的重複。這主要因互聯網上公佈的各圖書館古籍數

據庫編目規範有異或筆誤所致。如國家圖書館著錄有孫桐生的“國朝全蜀詩鈔六十四卷（輯），清光緒五年長沙刻本”，與上海圖書館、北京大學圖書館著錄的光緒五年長沙刻本“國朝全蜀詩鈔六十三卷（輯）”應該是現存的同一刻本，“六十三”當爲“六十四”之筆誤。但諸如此類的差異我們無法一一比較原書，只得分二條分別著錄。版本著錄上的重複，是本書較顯著的問題。這集中表現爲叢書本被作爲單刻本重複著錄。這既有我們參編者學力不够或疏忽的原因，也可能與各圖書館古籍著錄方式之差異或疏誤有關。

例如，射洪縣之楊昌邠“北山草堂詩紀三卷首一卷”，《清人別集總目》頁718著錄有天津圖書館藏宣統元年寧國學舍活字排印本，而國家圖書館古籍數據庫則著錄爲宣統元年寧國學舍刻本，我們懷疑此二本中當有一誤，但很難去比對原書，判定是非，只將兩種版本并列，也不作任何注解。

（三）單篇詩文數量的統計或不够準確

本書對作者詩文數量的統計，重點在於核對並剔除重複。如同一首詩被若干種書籍選錄，經核對确定後作一首著錄。有些無別集作者寫有較多的單篇詩文，又分載於各書，自然多有重複。核對這類作者的重複詩文數量，是一項繁重而細致的工作。我審改時就發現統計數量中，有重複計算的，也有一題多篇的組詩有的作一首計、有的又被作爲多首計算的。雖然各位參編同仁後來都做過復核，統一爲以實際的篇什計算，但是否完全準確，則很難保證。

三

本書從申請立項到成書大致經歷了兩个階段。

二〇〇四至二〇〇六年是準備和普查工作階段。由我製定編纂體例細則、編寫樣稿。樣稿先有從巴縣中挑選出的二十餘作者條目，後來又編寫成都縣所有條目；又與學術委員會其他同仁一起組織資料普查，普查重點是資料較集中的總集、舊志、書目等文獻。參加這一階段組織、普查工作的有：

王曉波　姚樂野　林平　李榮慧　吳諾曼　許孟青　楊怡　劉裴裴　劉平中　劉霄　楊瑩

二〇〇七年初進入編寫和審改階段。在編寫過程中，參編者既要參考、核對已普查的資料數據，又要補查有關文獻、檢索互聯網上古籍書目數據庫。因在每個州縣後署有參編者姓名，這裏就不再一一贅列。有部分州縣是由二至三人合作完成。其中，列名第一的爲初編者，署名第二的吳静汶同志，專門負責在互聯網上搜索著錄館藏情況。署名第三和在樂山縣後署名第二的四川大學文學與新聞學院二〇〇七級碩士生鄒豔同學，在我的指導下對這部分初編稿作了重在校核的初審；她還完成了新都、新繁、清溪三縣的館藏檢索和初審工作，編製“藏書單位簡稱全稱對照表”，補查補入《國朝全蜀詩鈔》及《國朝蜀詩續鈔》二書中的有關資料，校核和補充了我初編的《引用書目》。

本書的編寫與審稿同時進行。參編者每編寫完一個州縣並在編稿引用書的卷次後注明頁碼，即交由我審改。我負責全書的審改，對初編稿進行加工整理，主要是對作者小傳的修改和作者籍貫的確定、所列書目的合併增删，以及對各種不同問題的考辨。至於詩文詞統計著錄部分，我只作抽查性的校核，而交由參編者各自負責。

我自上世紀八十年代初服務於四川大學古籍整理研究所，至今已斷斷續續地搞了近三十年的古籍整理。但這並不意味着就可以輕而易舉地編好這樣一部總目，還存在一個邊做邊學的問題。這絕非套話，確是我與參編同仁經常共勉之語。幸而我在二〇〇五年卸去川大圖書館副館長職務，得以專力於編寫審稿一役。各位參編同仁還要在完成各自承擔的圖書館崗位職責後去擠時間進行編纂，其艱難辛苦，概可想見。

本書嘗就編纂體例請教於四川大學古籍所教授劉琳師。四川大學古籍所副研究員吳洪澤博士對編纂體例細則提出過寶貴建議，並編纂了書後所附“作者姓名索引”和“書目索引”。四川大學出版社莊劍博士爲編輯本書付出了辛勤勞動。四川大學出版社也爲本書的出版給予了很大支持。在此謹一并表示衷心的感謝。本書可能還存在許多尚未發現的問題，切盼讀者和專家批評指正。

王曉波

二〇〇九年二月於四川大學竹林村寓所

將舊志中所記載之修纂人作爲參考，以避免誤與同姓名之他人混淆。凡著錄之舊志，除考辨外，一般不注出處。

十、本書著錄現存著作之版本以抄本、刊本次序排列；而刊本中，又以單刻本、叢書本爲序排列，而各種版本又以時代先後爲序排列。

十一、存世之書，本書於書名下著錄今存版本，版本後加括號注明藏館之簡稱。考慮到《中國叢書綜錄》、《中國地方志聯合目錄》有詳細的藏館標識，所以本書不再抄錄其藏館名，只在版本後加括號注明“方志聯合目錄”、“叢書綜錄”，代稱其各藏館，其遺漏之藏館接後補充。某版本僅有一二藏館的，則靈活著錄。

十二、本書著錄之版本，凡爲通常之大型叢書如《叢書集成初編》、《續修四庫全書》、《四庫禁燬叢書》、《四庫全書存目叢書》等，以及中華人民共和國成立後出版之影印本、排印本，其後皆不括注藏館。

十三、作者現存著作，凡書名、卷數、附錄有不同者，則分條著錄；反之，只有在書名、卷數、附錄相同的前提下，才作爲同一條，著錄其不同版本。未標“存”之著作，如書名、卷數、附錄與該作者現存著作稍有差異而可判斷爲同一書的，則合併爲一條，加按語説明；未標“存”之著作，書名稍異然亦可判斷爲同一書的，亦合爲同一條收錄，加按語説明。

十四、作者現存之書，原則上分條著錄；有少數出處爲同一叢書且藏館亦同者，則空一格連排；存佚情況不明之著作，凡爲同一出處者，書名間亦空一格連排，以節省篇幅。

十五、未發現作者有現存別集的，則著錄作者成篇之詩文詞數量；作者雖有別集存世但僅有少數藏館的，也著錄作者成篇之詩文詞數量。作者現存別集有通行本或多個藏館的，則不著錄其單篇詩文詞數量。詩或文未成篇的零章斷句不錄。詩和文僅有題目而未存的亦不著錄。

十六、本書後附有“作者姓名索引”、“書目索引”、“藏書單位簡稱全稱對照表”、“引用書目”。編例中還有需要説明的，請參考本書“前言”。

目 錄

成都縣
（治今成都青羊區）

邱履程

初名廣生，字鴻漸，號一庵。順治八年舉人。見嘉慶《樂山縣志》卷一二，同治《嘉定府志》卷四二，《全蜀詩鈔》卷一。

詩一首　存

收入嘉慶《樂山縣志》卷一二，同治《嘉定府志》卷四二，《全蜀詩鈔》卷一，《清詩匯》卷二五。

鄧　迪

字惠吉。康熙十一年舉人，旅居巴縣。見乾隆《巴縣志》卷七、卷一六。

詩六首　存

收入乾隆《巴縣志》卷一六、卷一七，同治《巴縣志》卷四下，民國《巴縣志》附《巴縣文徵》上篇。

向廷賡

字修野，號陸海，別號乖亭，一作郫縣犀浦人。康熙三十五年進士，官湖南巴陵縣知縣。乾隆四年薦博學宏詞，不赴。年六十餘卒。見嘉慶《四川通志》卷一八三，《錦里新編》卷五，同治《郫縣志》卷二八，民國《郫縣志》卷三。按：或以為雙流人。然其著述不見載於嘉慶《雙流縣志》，僅見於民國《雙流縣志》卷三，當誤。

易圖貫述一卷

見嘉慶《四川通志》卷一八三，《錦里新編》卷五，同治《重修成都縣志》卷九，民國《雙流縣志》卷三。

周禮詳解一卷

見嘉慶《四川通志》卷一八三，同治《重修成都縣志》卷九。

醫述四卷

見嘉慶《四川通志》卷一八五，《錦里新編》卷五，同治《重修成都縣志》卷九，民國《雙流縣志》卷三。

倫風十六卷　存

見嘉慶《四川通志》卷一八五，《錦里新編》卷五，同治《重修成都縣志》卷九，民國《雙流縣志》卷三。

今存乾隆四年馬文桂齋刻本（上圖）；道光二十六年成都刻本（國圖，上圖，北大，南大）；光緒二十六年成都向氏補鐫本（南大，川大）；乾隆四年刻本光緒二十八年補刻本（上圖）。

倫風不分卷　存

今存道光二十六年成都刻本（國圖，上圖）。

陸海文集十卷詩集十卷

見嘉慶《四川通志》卷一八七，《錦里新編》卷五，同治《重修成都縣志》卷九，民國《雙流縣志》卷三。

陸海史詠一卷　企蘇紀吟

見嘉慶《四川通志》卷一八七，同治《重修成都縣志》卷九。

寄企紀吟一卷

見《錦里新編》卷五，民國《雙流縣志》卷三。

詩一首　存

收入同治《重修成都縣志》卷一一。

文二篇　存

收入同治《續漢州志》卷二四。

向日昇

字方陽，一作温江人。康熙三十年隨父起鳳入蜀，補成都諸生。三十五年中舉，旋卜居縣太平鄉，遂為邑人。官韓城知縣。見嘉慶《四川通志》卷一八七，同治《重修成都縣志》卷六、卷九，《溫江縣鄉土志》卷五，民國《溫江縣志》卷八。

蕉圃詩文稿無卷數

見嘉慶《四川通志》卷一八七，同治《重修成都縣志》卷九，《溫江縣鄉土志》卷五。

敬齋文集

見嘉慶《溫江縣志》卷三三。

詩一首　存

收入同治《重修成都縣志》卷一一。

文三篇　存

收入嘉慶《溫江縣志》卷三一，《溫江縣鄉土志》卷五，民國《溫江縣志》卷二。

向日貞

字乾夫，號一存，日昇弟。康熙四十七年解元，五十二年成進士，授庶吉士，官至御史。見嘉慶《四川通志》卷一八七，《錦里新編》卷二，同治《重修成都縣志》卷六，《溫江縣鄉土志》卷五，《全蜀詩鈔》卷九，民國《溫江縣志》卷九。

上洞列仙人全傳　存

今存民國二十二年上海宏大書局石印本（國圖）。

向太史大小稿（一作太史文稿）

見《錦里新編》卷二，《溫江縣鄉土志》卷五，民國《溫江縣志》卷五。

湔水詩草無卷數

見嘉慶《四川通志》卷一八七，同治《重修成都縣志》卷九，《溫江縣鄉土志》卷五，民國《溫江縣志》卷五。

小題藝文

見嘉慶《溫江縣志》卷三三。

詩二首　存

收入《全蜀詩鈔》卷九，《清詩匯》卷五九。

向廷颺

康熙五十三年舉人，任貴州仁懷縣知縣。見嘉慶《四川通志》卷一八七，同治《重修成都縣志》卷六。

梅花庄詩文集無卷數

見嘉慶《四川通志》卷一八七，同治《重修成都縣志》卷九。

岳鍾琪（1686—1754）

字東美，號容齋，岳飛後十七世孫，父昇龍任四川提督，遂為成都人，一作華陽人。康熙、雍正間多立戰功，官至川陝總督、兵部尚書，封威信公，謚襄勤。見嘉慶《四川通志》卷一八七，嘉慶《華陽縣志》卷四〇，《錦里新編》卷四，同治《重修成都縣志》卷七，《全蜀詩鈔》卷九。

薑園詩草二卷　蛩吟草一卷　復榮草一卷

見嘉慶《四川通志》卷一八七，嘉慶《華陽縣志》卷四〇，同治《重修成都縣志》卷九。

岳容齋詩集（一名威信公詩集）四卷　存

見《清人別集總目》頁1409。按：疑即以上三集之合編。

今存道光元年刻本（上圖）；道光八年

刻本（魯圖，安徽師大，南開，旅大，日本人文）；道光十七年鵝溪孫氏刻本（國圖，川大）；光緒十年岳維堯廣州重刻本（國圖，上圖，南圖，南大）；光緒十四年岳維堯刻本（南大）；古棠書屋叢書本（叢書綜錄，魯圖，安徽師大，南開，旅大，日本人文）。

安素園詩存三卷　存

見《清詩匯》卷六九，《清人別集總目》頁1409。

今存民國四年華陽岳氏抄本（中科院）。

詩二十一首　存

收入《全蜀詩鈔》卷九。

芮　檍

字北山。雍正七年舉人。不願仕，改授國子監助教銜。見嘉慶《四川通志》卷一八三。

四書講義

見嘉慶《四川通志》卷一八三，同治《重修成都縣志》卷九。

李其昌

字敬伯，號漣溪。雍正十年舉人，乾隆七年進士，官至貴州思南府知府。見嘉慶《四川通志》卷一八七，同治《重修成都縣志》卷六，《全蜀詩鈔》卷一二。

乾隆《蓮花廳志》八卷首一卷末一卷　存

今存乾隆二十五年刻本（方志聯合目錄，北大）。

漣溪詩鈔二卷

見嘉慶《四川通志》卷一八七，同治《重修成都縣志》卷九。

詩一首　存

收入《全蜀詩鈔》卷一二。

宋　溶

字懷山。乾隆十二年舉人，署湖南辰谿、黔陽二縣知縣，又補祁陽縣知縣、兼攝零陵縣事。見同治《重修成都縣志》卷六。

藥福山人文集四卷　**宜休書屋詩稿二卷**　**懷山詩文集四卷**　**延青閣讀史雜感百詠二卷**

見同治《重修成都縣志》卷九。按：同治《重修成都縣志》卷六宋溶小傳言其“所著有《息機莊詩文集》十二卷”。此十二卷詩文集名疑爲以上著錄四集未刊前之總名。

宋　瀧

自號臥霞道人，宋溶弟。見嘉慶《四川通志》卷一八七，同治《重修成都縣志》卷九。

焚餘草一卷

見嘉慶《四川通志》卷一八七，同治《重修成都縣志》卷九。

陳　龢

字兼香。乾隆十七年舉人，官河南閿鄉縣令。見嘉慶《華陽縣志》卷三九。

文一篇　存

收入嘉慶《華陽縣志》卷三九。

王純一

字心齋。乾隆二十四年舉人。官

安徽懷寧縣知縣。見《全蜀詩鈔》卷一三。

詩一首　存

收入《全蜀詩鈔》卷一三。

張　翥

字儀廷，號丹崖。乾隆二十五年舉人，任錢塘縣知縣。見嘉慶《四川通志》卷一八七，同治《重修成都縣志》卷九。

丹崖詩鈔二卷

見嘉慶《四川通志》卷一八七，同治《重修成都縣志》卷九。

張　翯

字鶴林，號素齋。乾隆二十五年進士，改庶吉士，授翰林院檢討。見嘉慶《四川通志》卷一八七，《錦里新編》卷五，同治《重修成都縣志》卷九。

鶴林集

見《全蜀詩鈔》卷一三。

鶴林詩草十卷　鶴林古文二卷

見嘉慶《四川通志》卷一八七，《錦里新編》卷五，同治《重修成都縣志》卷九。

館課存稿十卷

見《錦里新編》卷五，同治《重修成都縣志》卷九。

制義二卷

見《錦里新編》卷五。

詩十首　存

收入嘉慶《華陽縣志》卷三九，《全蜀詩鈔》卷一三，《清詩匯》卷八九。

安中愷

乾隆三十三年舉人。見光緒《蒲江縣志》卷五。

詩一首　存

收入光緒《蒲江縣志》卷五。

李方谷（1751—1810）

字香畬，乾隆三十九年舉人，官至永綏同知。見《清人別集總目》頁771。

香畬先生詩集八卷

按：《清人別集總目》頁771引自袁行雲《清人詩集叙錄》，著錄有道光八年刻本，無館藏地括注，今多方搜索，亦無踪迹，疑已佚。

龍萬育

字燮堂。乾隆五十四年以教職赴廓爾喀軍營任职，嘉慶間，官至甘肅省監司。後又調任軍中，前後達二十年。見顧炎武《天下郡國利病書》卷首龍萬育序。

詩經詁要八卷　存

今存道光八年刻本（川大）

文二篇　存

收入《天下郡國利病書》卷首。

李元芝

字九莖，號珠庭。官汾州府通判。見嘉慶《四川通志》卷一八七，同治《重修成都縣志》卷九。

謙福堂詩存二卷

見嘉慶《四川通志》卷一八七，同治

《重修成都縣志》卷九。

詩一首　存

收入同治《重修成都縣志》卷一一。

李元符

字信庵，元芝弟。乾隆五十四年進士，任洵陽縣知縣。見嘉慶《四川通志》卷一八七，同治《重修成都縣志》卷七。

信庵詩集四卷

見嘉慶《四川通志》卷一八七，同治《重修成都縣志》卷九。

詩三首　存

收入同治《重修成都縣志》卷一一。

趙遵素

字玉山，一作華陽人。乾隆間歲貢生。見嘉慶《四川通志》卷一八七，嘉慶《華陽縣志》卷三九，同治《郫縣志》卷三五，《及見詩鈔》卷四，《蜀詩續鈔》卷二，民國《華陽縣志》卷二六。

玉山詩集八卷

見嘉慶《四川通志》卷一八七。

玉沙山房詩草

見《及見詩鈔》卷四。

玉沙山房集

見民國《華陽縣志》卷二六。

詩五十六首　存

收入嘉慶《華陽縣志》卷三九上，同治《郫縣志》卷三五，《及見詩鈔》卷四，《蜀詩續鈔》卷二。

汪仲洋（1759—?）

字少海，號海門。嘉慶六年舉人，歷官桐廬、錢塘縣知縣。見嘉慶《樂山縣志》卷一二，《蜀詩續鈔》卷二，《清詩匯》卷一一六，《清人別集總目》頁998。

心知堂詩稿十八卷　存

見同治《重修成都縣志》卷九，《清人別集總目》頁998。

今存道光六年刻本（國圖，上圖，南圖，魯圖，湘圖，豫圖，粵圖，中科院，北師大，南開，華東師大，復旦，南京師大，川大）；咸豐三年熊文華校刻本（南圖，中科院）。

詩五首　存

收入《全蜀詩鈔》卷三三，《蜀詩續鈔》卷二。

繆景勳

嘉慶六年進士，任甘肅泰安縣縣令。見同治《重修成都縣志》卷七。

詩一首　存

收入同治《重修成都縣志》卷七。

洪嘉樂

字祉君，號信軒。嘉慶二十四年舉人。見《全蜀詩鈔》卷四四。

詩一首　存

收入《全蜀詩鈔》卷四四。

吳晉煃

號星垣。嘉慶二十四年解元。見同治《重修成都縣志》卷七。

眠琴書屋詩集

見同治《重修成都縣志》卷七。

詩二首　存

收入《全蜀詩鈔》卷四四。

張翽騫

字槎仙。嘉慶二十四年舉人，官石泉縣訓導。見《全蜀詩鈔》卷四四。

困勉齋詩鈔

見《全蜀詩鈔》卷四四。

詩六首　存

收入《全蜀詩鈔》卷四四。

李瀛洲

女，字怡亭。順天府府尹華陽顧汝修繼室。見嘉慶《華陽縣志》卷四〇，《全蜀詩鈔》卷六一，民國《華陽縣志》卷二六。

瀛洲草一卷

見嘉慶《華陽縣志》卷四〇，民國《華陽縣志》卷二六。

靜好樓稾

見《全蜀詩鈔》卷六一。民國《華陽縣志》卷二六著錄作靜好樓集。

詩六首　存

收入《全蜀詩鈔》卷六一。

錢　堉（？—1818）

字鹿泉，號梅花和尚，祖籍山陰。見《清人別集總目》頁1810。

端園散餘草一卷　存

見《清人別集總目》頁1810。

今存稿本（南圖）。

尉方山（？—1832）

字琴南，嘉慶十三年舉人，任教習留北京。道光十二年卒。見同治《重修成都縣志》卷七。

無夢想齋詩草

見《全蜀詩鈔》卷三五。

詩二十六首　存

收入同治《重修成都縣志》卷一一，《全蜀詩鈔》卷三五。

楊振綱（？—1847）

字立之，嘉慶二十五年進士。授江西宜黄令，歷任餘干、泰和、分宜、新淦等邑，官至建昌府同知。居官數十年，不積一錢、治一產。道光二十七年乞病歸，卒於敘州。見同治《重修成都縣志》卷六。

蘭雲山館詩文集

見同治《重修成都縣志》卷六。

賈肇琦

字禾山。見嘉慶《華陽縣志》卷三九，同治《重修成都縣志》卷七。

詩二首　存

收入嘉慶《華陽縣志》卷三九，同治《重修成都縣志》卷七。

向　鑾

南溪詩草無卷數

見嘉慶《四川通志》卷一八七，同治《重修成都縣志》卷九。

向大洋

字沖如。諸生。見嘉慶《四川通志》卷一八七，同治《重修成都縣志》卷九。

玉泉詩草六卷

見嘉慶《四川通志》卷一八七，同治

《重修成都縣志》卷九。

李光緒

字耿光，號耿堂，一作華陽人。諸生。見嘉慶《四川通志》卷一八七，嘉慶《華陽縣志》卷三九上，同治《重修成都縣志》卷七，《全蜀詩鈔》卷一三。

紅梨書屋集

見民國《華陽縣志》卷二六，《全蜀詩鈔》卷一三。

紅梨詩集二十四卷

見嘉慶《華陽縣志》卷四〇，民國《華陽縣志》卷二六。

紅梨書屋詩集十二卷

見嘉慶《四川通志》卷一八七，同治《重修成都縣志》卷九。

詩十一首　存

收入嘉慶《華陽縣志》卷三九上，道光《保寧府志》卷六〇，同治《重修成都縣志》卷一一，同治《大邑縣志》卷一八上，《全蜀詩鈔》卷一三，民國《雙流縣志》卷四。

周澤濃

字慰村，號澹園居士。一作郫縣人。道光十一年優貢生。見同治《郫縣志》卷二五、卷二八，同治《重修成都縣志》卷七，民國《郫縣志》卷三。

竹根書屋詩四卷　**壯游草二卷**

見同治《重修成都縣志》卷七。

詩五首　存

收入同治《郫縣志》卷三五。

曾棣華

字次棠，道光十四年舉人，出是科同考官廣東唐二羅門下。見唐二羅《西藏詩稿》卷首跋。

文一篇　存

收入《西藏詩稿》卷首。

高應誣

舉人。見道光《新津縣志》卷四〇。

文一篇　存

收入道光《新津縣志》卷四〇。

葉毓桐

字挺生，占籍華陽。咸豐元年舉人，九年成進士，以吏部主事考授總理衙門，官至甘肅兵備道兼嘉峪關監督。卒年六十五。見民國《華陽縣志》卷一五，《蜀詩續鈔》卷五。

還雲書屋詩文　存

見民國《華陽縣志》卷一五。

還雲書屋集十二卷

見民國《華陽縣志》卷二六。

南遊日記一卷

見民國《華陽縣志》卷二四。

詩四首　存

收入《蜀詩續鈔》卷五。

葉毓榮

字厚甫，又字燮生，占籍華陽。毓桐弟。咸豐十一年舉人，官景山官學教習，入貲為工部郎中。同治十一年成進士，官屯田司郎中。後主成都芙蓉書院近三十年，年六十三卒。見民國《華陽縣志》卷一五。

全蜀金石志二十四卷

見民國《華陽縣志》卷二四。

張永亮

字恒齋。成都二仙庵道士。見《全蜀詩鈔》卷六四，《清人别集總目》頁1129。

來鶴亭詩稿四卷附刻諸友詩稿　存

見《清人别集總目》頁1129。《全蜀詩鈔》卷六四著錄作來鶴亭詩草。

今存咸豐八年成都二仙庵刻本（南大）。

來鶴亭詩稿四卷　存

今存同治六年成都二仙庵重刻本（南圖，川圖）。

詩一首　存

收入《全蜀詩鈔》卷六四。

武　謙

字抑齋，又字子卿，一作温江人。同治十二年舉人。見《蜀詩續鈔》卷五，民國《溫江縣志》卷五，《清人别集總目》頁1340。

抑齋日記二卷

見民國《溫江縣志》卷五。

澄霞閣詩略　存

見《清人别集總目》頁1340。

今存光緒五年强學簃刻本（上圖，川圖，南大）

詩二首　存

收入《蜀詩續鈔》卷五。

曹九成

號易庵。諸生。見同治《重修成都縣志》卷七。

易庵吟稿一卷

見同治《重修成都縣志》卷七、卷九。

詩一首　存

收入同治《重修成都縣志》卷七。

汪中洋

號水門。舉人。見同治《嘉定府志》卷四二。

詩一首　存

收入同治《嘉定府志》卷四二。

馬法靈

青城山常道觀道士。見同治《重修成都縣志》卷七，《全蜀詩鈔》卷六四。

詩一首　存

收入同治《重修成都縣志》卷七，《全蜀詩鈔》卷六四。

張野雲

灌縣二郎廟道士，喜吟詠。見同治《重修成都縣志》卷七，《全蜀詩鈔》卷六四。

詩一首　存

收入同治《重修成都縣志》卷七，《全蜀詩鈔》卷六四。

張李氏

女，字友蘭，處士李文若次女，適華陽貢生張玉五。能詩，早逝。見同治《重修成都縣志》卷九。

詩一首　存

收入同治《重修成都縣志》卷九。

傅世熙

字恬田。貢生，注選訓導，為學使何紹基所器重。見同治《重修成都縣志》卷七。

養園存稿若干卷

見同治《重修成都縣志》卷七。

毛大周

字賢伯。見同治《重修成都縣志》卷七，《全蜀詩鈔》卷一〇。

詩一首　存

收入同治《重修成都縣志》卷七，《全蜀詩鈔》卷一〇。

王守誠

字恒一，號一齋。諸生。遊幕貴州、浙江，浮海至臺灣凡六年；歸，又幕遊懋功屯二年，卒。見同治《重修成都縣志》卷九。

一齋詩稿六卷

見同治《重修成都縣志》卷九。

王曾氏

女，字芳型，孝廉王少山妻，廩生王增祺之母。能詩，早逝。見同治《重修成都縣志》卷九。

吟仙館賸餘

見同治《重修成都縣志》卷九。

詩二首　存

收入同治《重修成都縣志》卷九。

王壽椿

號峩苹。歲貢生。見同治《重修成都縣志》卷九。

蛙鳴集

見同治《重修成都縣志》卷九。

詩三首　存

收入《清詩匯》卷九九。

葉福貞

女，一名福字，字靜宜，縣丞曾玥之妻。能詩，早逝。見同治《重修成都縣志》卷九，《全蜀詩鈔》卷六二。

嘯餘吟草

見《全蜀詩鈔》卷六二。

詩六首　存

收入同治《重修成都縣志》卷九，《全蜀詩鈔》卷六二。

李永周

字完冲。見同治《重修成都縣志》卷七。

詩一首　存

收入同治《重修成都縣志》卷七。

李如玉

號昆圃。見同治《重修成都縣志》卷七。

詩一首　存

收入同治《重修成都縣志》卷一一。

余昭文

光緒間在世。見《經漢註解赫廳》卷首作者序。

經漢註解赫廳一卷　存

今存光緒十三年刻本（川大）。

杜　茇

字南林。見《全蜀詩鈔》卷一九。

詩一首　存

收入《全蜀詩鈔》卷一九。

丁濟南

字小峰。官山西平垣營游擊。見《全蜀詩鈔》卷三三。

問花軒詩草

見《全蜀詩鈔》卷三三。

詩四首　存

收入《全蜀詩鈔》卷三三。

張子煦

字春洲。諸生。見《全蜀詩鈔》卷三五。

詩一首　存

收入《全蜀詩鈔》卷三五。

陳　厚

字博庵。歲貢生。見《全蜀詩鈔》卷四四。

詩三首　存

收入《全蜀詩鈔》卷四四。

趙尊素

字玉山。貢生。後移家郫縣，掌教岷陽書院十餘年。見同治《重修成都縣志》卷七。

玉沙山房詩稿四卷

見同治《重修成都縣志》卷七。

顧繼善

事蹟不詳，唯知瀘州高氏四兄弟之最幼者光緒二年舉人高楷為其外舅。見《瀘州高氏兄弟詩鈔》卷首序。

文一篇　存

收入《瀘州高氏兄弟詩鈔》卷首。

李龍川

女，江蘇常州同知中江孟衍輿妻。見《全蜀詩鈔》卷六一。

詩三首　存

收入《全蜀詩鈔》卷六一。

萬　氏

女，羅江李調元妾。見《全蜀詩鈔》卷六一。

唾絨小草

見《全蜀詩鈔》卷六一。

詩三首　存

收入《全蜀詩鈔》卷六一。

徐　蕙

女，均州知州黄宗度妻。見《蜀詩續鈔》卷八。

詩十六首　存

收入《蜀詩續鈔》卷八。

李偉生

字鹿門。諸生。見《清詩匯》卷一五二。

邃謐軒詩草

見《全蜀詩鈔》卷五五，《清詩匯》卷

一五二。

詩六十五首　存

收入《全蜀詩鈔》卷五五，《清詩匯》卷一五二。

岳嗣儀

字鳳吾。諸生，襲輕車都尉世職，官參將。見《清詩匯》卷一七九。

詩一首　存

收入《清詩匯》卷一七九。

胡　延

字長太，號硯孫。光緒十一年優貢生，官江安糧儲道。見《清詩匯》卷一七五，《清人別集總目》頁 1569。

蘭福堂詩集一卷苾芻館詞集五卷　存

見《清人別集總目》頁 1569。

今存光緒二十七年成都胡氏西安刻本（南圖，川圖，粵圖，皖圖，復旦，南大）

長安宮詞　存

見《清人別集總目》頁 1569。

今存光緒二十八年刻本（上圖，南圖，粵圖，川圖，湘圖，南大，華中師大，旅大）；光緒三十年成都圖書局活字排印本（津圖，川圖）；民國二十一年成都美學林排印本（川圖）。

陳　毅

光緒間諸生，胡薇元受業弟子。薇元曾主成都縣學，後調資陽，歷華陽縣令，毅皆隨其左右。見胡薇元《訪樂堂詩》卷首序。

文一篇　存

收入《訪樂堂詩》卷首。

陳觀浔

字友生。光緒十一年拔貢生。後為舉人，主芙蓉書院。見《清人別集總目》頁 1285。

敏求齋詠物詩附詠史詩　存

今存光緒三十一年成都翰墨林刻本（川圖）。

敏求齋遺書四卷　存

見《清人別集總目》頁 1285。

今存民國三十二年成都排印本（南圖，遼圖，天津師大）。

張汝珍

字子培。其父鴻翥列道光間成都四大名醫之首。汝珍先習舉子業，後承父業，有醫名於時。見《三字訣》卷首王作霖序。

三字訣　存

今存光緒三年刻本（川大）。按“三字訣”下注有“醫案續刊”四字，卷首書名後又注“論温病”。

王春祺

號復午。舉人，官教諭。見《蜀詩續鈔》卷六。

詩二首

收入《蜀詩續鈔》卷六。

盛世英（1860—1933）

字偉人，晚號篁樗，一號守約老人。光緒二十年舉人，民國二十二年卒，年七十四。見《守約庵文集》卷首蘇兆奎《盛篁樗先生傳》。

守約庵詩集四卷 存

見《清人别集總目》頁2094。

今存民國二十五年成都維新印刷局排印本(川圖)。

守約盦文集四卷詩集六卷紀哀詩一卷詩餘一卷楹聯一卷 存

按:原書名總題作"守約盦文集。"

今存民國二十五年成都維新印刷局排印本(川大)。

戴錫恩

光緒二十年舉人。見民國《簡陽縣志》卷七。

文一篇 存

收入民國《簡陽縣志》卷一五。

馬汝鄴

女,字書城。見《清人别集總目》頁38。

晦珠館文稿附詩詞稿 存

見《清人别集總目》頁38。

今存民國十七年上海排印本(川圖,人大,青島)。

晦珠館近稿 存

見《清人别集總目》頁38。

今存民國十七年上海排印本(豫圖,國圖)。

胡念祖

洞易齋遺詩 存

見《清人别集總目》頁1590。

今存民國十八年胡氏刻本(國圖,南圖,川圖)。

孫式蘭

蘭修館雜著拾遺一卷 存

見《清人别集總目》頁638。

今存民國十八年孫氏刻本(川圖)。

黄洪冕

字谷蓀,世喆孫。見《清人别集總目》頁2031。

谷蓀詩稿 存

見《清人别集總目》頁2031。

今存民國十七年成都維新公司排印本(川圖)。

曾延年(1873—1937)

字孝穀,號存吾。曾與李叔同在東京創辦春柳社。見《清人别集總目》頁2274。

夢明湖館詩二卷 存

見《清人别集總目》頁2274。

今存民國三十六年成都排印本(國圖,川圖,復旦)。

彭寶姑

女,字月遺,平武教諭維植女。父母歿任所,隻身扶柩旋里,守貞不字。見《全蜀詩鈔》卷六二。

續紅樓夢

見《全蜀詩鈔》卷六二。

詩四首 存

收入《全蜀詩鈔》卷六二。

蔣文鴻

字次香。官江蘇同知。見《清人

别集總目》頁2190。

水渶國棹歌一卷　存

見《清人别集總目》頁2190。

今存光緒刻本（上圖）。

鄧　鎔（1872—1932）

字守瑕，號忍堪。民國時為議員。見《清人别集總目》頁251。

荃察余齋詩文存詩四卷文一卷　存

見《清人别集總目》頁251。

今存光緒三十三年排印本（中科院）；民國八年天津聚珍仿宋印書局排印本（國圖，南圖，粵圖，遼圖，川圖，中科院，天津師大，旅大，無錫，徐州，臺灣師大）；民國十二年鉛印本（南圖，北師大）。

荃察余齋詩續存不分卷　存

見《清人别集總目》頁251。

今存民國十六年上海商務印書館排印本（國圖，廈門，川圖，中科院，北大，湖南師大）。

荃察余齋詩存再續一卷　存

今存民國二十一年鄧氏北京排印本（川圖）。

荃察余齋詩存再續附文續存　存

見《清人别集總目》頁251。

今存民國二十一年鉛印本（國圖，南圖）。

荃察余齋詩存附詩續存　存

今存民國刊本（川圖）

龔道耕

字相農，曾教授成都高等師範十年。見《經學通論》卷首林思進序。

字林考逸補遺一卷（會稽陶方琦輯，龔道耕補訂）　存

今存光緒二十三年刻本（川大）。

經學通論　存

今存民國十八年維新印刷局排印本（川大）；民國三十六年成都薛氏崇礼堂刻本（國圖）。

字林考逸校誤一卷　存

今存光緒二十三年刻本（國圖，川大）。按：《字林考逸》爲乾隆間任大椿撰。

文一篇　存

收入匡履福《槃監齋遺稿》卷首。

楊慶陶

清醒閣詩鈔不分卷　存

見《清人别集總目》頁712。

今存宣統江西刻本（川圖）；民國六年楊氏刻本（川圖）。

楊玉章

寄鷗吟草一卷　存

見《清人别集總目》頁706。

今存民國十二年楊氏懷清堂鉛印本（國圖，川圖，閩圖，南大）。

無名氏詩稿　存

見《清人别集總目》頁706。

今存稿本（閩圖）。

羅一士

字宇端，工書畫。見《清人别集總目》頁1396。

十萬程游草附匏音集　存

今存民國四川鉛印本（國圖）；民國四川石印本（川圖）。

姜　嶽

字峙公。父某起行伍，官至錦州

都司。幼孤，鞠於外氏。年十九，應督學使者經古試第一，隸華陽學籍。夙病咯血，明年卒。遺稿散失，無從收輯。見民國《華陽縣志》卷一六。

詩一首　存

收入民國《華陽縣志》卷一六。

曾　蘭 (1876—1917)

女，字仲殊，號香祖，成都舉人恒夫第四女。年十五，歸新繁吴虞。初學篆書於合州戴光，後專學李陽冰。其著《女權平議》、《女界報緣起》諸篇，曾流傳海内。民國六年卒，年四十二。見民國《新繁縣志》卷一九、卷三〇。

定慧室遺稿(又名定生慧室遺稿)二卷　存

見民國《新繁縣志》卷三〇。

今存民國八年成都吴氏愛日廬刻本（國圖，南大）

詩一首　存

收入民國《新繁縣志》附《新繁文徵》卷二一。

張慎儀

字淑威，號芋圃。見《清人别集總目》頁1194。

詩經異文補釋十六卷　存

今存篋園叢書本（叢書綜録，旅大）。

續方言新校補二卷　存

今存篋園叢書本（叢書綜録，旅大）。

方言别録四卷　存

今存民國八年刻本（國圖，北大）；篋園叢書本（叢書綜録，旅大）。

蜀方言二卷　存

今存篋園叢書本（叢書綜録，旅大）。

展妄摭筆四卷　存

今存篋園叢書本（叢書綜録，旅大）。

今悔庵詩一卷補録一卷文一卷　存

今存篋園叢書本（叢書綜録，旅大）。

今悔庵詞一卷　存

今存篋園叢書本（叢書綜録，旅大）。

（王曉波　吴静汶）

華陽縣

（治今成都青羊區）

毛振翧（1686—?）

字翥蒼。時縣暫併入成都，故又作成都人。康熙四十七年舉人，雍正初擢知陸涼州，遷黔古州司馬。乾隆三年官至保定府鹽捕同知。見嘉慶《華陽縣志》卷三〇，《全蜀詩鈔》卷九，民國《華陽縣志》卷一三，《清人別集總目》頁211。

西征記一卷　存

民國《華陽縣志》卷二四未著卷數。

今存乾隆九年刻本（北師大）；小方壺齋輿地叢抄本第三帙（叢書綜錄）。

焚餘集一卷　存

民國《華陽縣志》卷二六未著卷數。

今存乾隆九年刻本（北大）。

半野居士詩集十四卷塞游草一卷　存

見《清人別集總目》頁211。

今存乾隆五年刻增修本（川圖，復旦）

半野居士詩集十二卷　存

見民國《華陽縣志》卷二六，《清人別集總目》頁211。

今存乾隆五年錦江毛氏刻本（國圖，上圖）；乾隆九年刻本（滇圖，清人詩集敘錄）。

半野居士集九卷　存

見《清人別集總目》頁211。按：嘉慶《華陽縣志》卷四〇錄作半野居士集十六卷。

今存乾隆錦江毛氏原刻本（臺大）

半野居士焚餘集一卷　存

見《清人別集總目》頁211。

今存乾隆九年錦江毛氏刻本（國圖，北師大）。

半野居士詩燕臺集一卷　半野居士詩燕台後集三卷　半野居士詩蜀燕集一卷　半野居士詩蜀燕集二卷　半野居士詩滇蜀集一卷　存

今存乾隆間刻本（國圖）

詩十首　存

收入嘉慶《華陽縣志》卷三九上，《全蜀詩鈔》卷九。

文二篇　存

收入嘉慶《華陽縣志》卷三九中。

顧汝修

字息存，號密齋。乾隆七年進士，授翰林院編修，官至大理寺卿。後歷主成都錦江書院、山西平陽書院。見嘉慶《華陽縣志》卷三〇，《全蜀詩鈔》卷一二，民國《華陽縣志》卷一三。

味竹軒詩文集

見嘉慶《華陽縣志》卷三〇。按：民國《華陽縣志》卷二六錄作二卷。

味竹軒詩草

見《全蜀詩鈔》卷一二。

味竹軒稿二卷

見嘉慶《華陽縣志》卷四〇。

鈞引編一卷　經史編一卷　童鏡編一卷　四勿箴一卷　談助編一卷

見嘉慶《華陽縣志》卷四〇，民國《華陽縣志》卷二五。

知困齋草一卷　蘊真集一卷　載英集四卷（選編）　**遲雲樓尺牘一卷　朗山吟一卷**

見嘉慶《華陽縣志》卷四〇，民國《華陽縣志》卷二六。

詩二十八首　存

收入嘉慶《華陽縣志》卷三九上，光

緒《蒲江縣志》卷五，《全蜀詩鈔》卷一二。

文十九篇 存

收入嘉慶《華陽縣志》卷三九中、卷三九下，嘉慶《合江縣志》卷四八。

敬華南

字位中，號蓮峰。乾隆十二年舉人，十三年成進士。本姓茍，敬姓乃臚傳引對時乾隆所增筆而成。任翰林院檢討，後出宰江南常熟。歸田後主講錦江、潛溪兩書院。見嘉慶《華陽縣志》卷三〇，民國《華陽縣志》卷一三。

錦江書院學約一卷

見嘉慶《華陽縣志》卷四〇，民國《華陽縣志》卷二五。

文三篇 存

收入嘉慶《華陽縣志》卷三九中，嘉慶《溫江縣志》卷三一，光緒《蒲江縣志》卷四。

敬惇典

字徽五，華南子。乾隆四十二年拔貢生，五十七年任雙流縣訓導，官至湖北黄陂令。見嘉慶《華陽縣志》卷三九，民國《華陽縣志》卷一三。

詩一首 存

收入嘉慶《華陽縣志》卷三九上。

敬筠卿

女，又名季蘋，字有齋，華南女，貢生趙遵素妻。見嘉慶《華陽縣志》卷三九上、卷四〇，《全蜀詩鈔》卷六一，民國《華陽縣志》卷二六。

松竹齋集一卷

見嘉慶《華陽縣志》卷四〇，《全蜀詩鈔》卷六一，《蜀詩續鈔》卷八，民國《華陽縣志》卷二六。

詩十首 存

收入嘉慶《華陽縣志》卷三九上，《全蜀詩鈔》卷六一，《蜀詩續鈔》卷八。

張仁培

中乾隆十七年恩科副榜，官遂寧教諭。見民國《華陽縣志》卷一六附《科第表二》，民國《遂寧縣志》卷六。

文一篇 存

收入光緒《遂寧縣志》卷四《藝文志》上之下。

潘元音

字希聲，號東庵。師事顧汝修，中乾隆二十五年舉人，官至廣東陽山縣知縣。年七十四卒。見嘉慶《華陽縣志》卷三〇，《全蜀詩鈔》卷一三，民國《華陽縣志》卷一三、卷二〇。

東庵文集八卷　東庵詩集八卷　孟子文批二卷　雙石堂稿八卷續編二卷

見嘉慶《華陽縣志》卷四〇，民國《華陽縣志》卷二六。

宦遊紀程四卷

見嘉慶《華陽縣志》卷四〇，民國《華陽縣志》卷二四。

情話軒叢話四卷

見嘉慶《華陽縣志》卷四〇，民國《華陽縣志》卷二五。

詩三十首 存

收入嘉慶《華陽縣志》卷三九上，嘉慶《邛州直隸州志》卷四四，道光

《保寧府志》卷六二，同治《重修成都縣志》卷一一，《全蜀詩鈔》卷一三。

文六篇　存

收入嘉慶《華陽縣志》卷三九下，嘉慶《漢州志》卷三八，嘉慶《邛州直隸州志》卷四三，同治《大邑縣志》卷一八下。

潘時彤

字紫垣，元音子。嘉慶九年舉人，揀選知縣。見《全蜀詩鈔》卷三四，民國《華陽縣志》卷一三。

嘉慶《華陽縣志》四十四卷首一卷（吳鞏　董淳修　潘時彤等纂）　存

今存嘉慶二十一年刻本（方志聯合目錄）。

詩三十九首　存

收入嘉慶《華陽縣志》卷三九上，同治《重修成都縣志》卷一一，《全蜀詩鈔》卷三四，《清詩匯》卷一一七。

文四篇　存

收入嘉慶《華陽縣志》卷三九中、卷三九下，同治《重修成都縣志》卷一五，《冰壺山館詩鈔》。

鄧士品

字修來。乾隆三十年拔貢生，任銅梁縣教諭。見嘉慶《華陽縣志》卷三九上。

復軒詩文彙編二卷

見嘉慶《華陽縣志》卷四〇，民國《華陽縣志》卷二六。

詩一首　存

收入嘉慶《華陽縣志》卷三九上。

黄　燦

字仲宣。乾隆三十年拔貢生，官江蘇邳州州判。見嘉慶《華陽縣志》卷三九上。

詩一首　存

收入嘉慶《華陽縣志》卷三九上。

王廣益

字守謙。乾隆三十年舉人。見《全蜀詩鈔》卷一九。

詩一首　存

收入《全蜀詩鈔》卷一九。

彭以懋

字曉村。乾隆三十六年舉人，任甘肅燉煌縣知縣。見嘉慶《華陽縣志》卷三〇，《全蜀詩鈔》卷二〇，民國《華陽縣志》卷一三、卷二六。

性道淺說一卷

見光緒《彭縣志》卷九。

欲焚草

見《全蜀詩鈔》卷二〇，民國《華陽縣志》卷二六。

詩四首　存

收入《全蜀詩鈔》卷二〇，光緒《彭縣志》卷一〇。

文一篇　存

收入光緒《彭縣志》卷九。

李時華

乾隆三十九年舉人，任汶川教諭。見嘉慶《汶志紀略》卷四，民國《華陽縣志》卷一六附《科第表二》，民國

《汶川縣志》卷二。

詩一首　存

收入嘉慶《汶志紀略》卷四。

劉元堂

字肇伯，乾隆三十九年舉人。見嘉慶《華陽縣志》卷三九上。

詩一首　存

收入嘉慶《華陽縣志》卷三九上。

文一篇　存

收入嘉慶《華陽縣志》卷三九下。

蔡汝瑶

一作成都人。乾隆四十八年舉人，嘉慶四年任犍為縣教諭。見嘉慶《洪雅縣志》卷二三，嘉慶《犍為縣志》卷六，同治《嘉定府志》卷四五，民國《犍為縣志》卷五，民國《華陽縣志》卷一六附《科舉表二》。

文二篇　存

收入嘉慶《犍爲縣志》卷九，嘉慶《洪雅縣志》卷二三，嘉慶《犍爲縣志》卷六，同治《嘉定府志》卷四五，民國《犍爲縣志》卷二。

范祖武

字肯堂，號夢香。乾隆五十三年舉人，分發山東以知縣用。見同治《嘉定府志》卷四二，民國《華陽縣志》卷二六。

劃粥山房詩鈔二卷　存

見民國《華陽縣志》卷二六，《清人別集總目》頁1353。

今存民國十年范氏石印本（南大）。

夢香園集

見同治《嘉定府志》卷四二。

詩二首　存

收入嘉慶《樂山縣志》卷一二，同治《嘉定府志》卷四二。

卓秉恬（？—1855）

字靜達，號海帆。嘉慶六年舉人，次年成進士，授翰林院檢討，官至武英殿大學士。咸豐五年卒，謚文端。見《全蜀詩鈔》卷三三，《蜀詩續鈔》卷五，民國《華陽縣志》卷一四，《清詩匯》卷一一七。

詩三首　存

收入光緒《西充縣志》卷一三，《全蜀詩鈔》卷三三，《蜀詩續鈔》卷五，《清詩匯》卷一一七。

文二篇　存

收入光緒《岳池縣志》卷一八、卷一九。

卓　檉

字鶴溪，秉恬次子。中道光二十年進士，任翰林院編修。見民國《華陽縣志》卷一四。

勾牛譜一卷

見民國《華陽縣志》卷二五。

鄧學深

字粹庵。嘉慶十二年舉人，揀選知縣。曾參纂《華陽縣志》。見嘉慶《華陽縣志》卷首、卷三九上。

詩一首　存

收入嘉慶《華陽縣志》卷三九上。

張延熙

字春海。嘉慶十八年拔貢生，候選州判。曾參纂《華陽縣志》。見嘉慶《華陽縣志》卷首、卷三九上。

詩一首　存

收入嘉慶《華陽縣志》卷三九上。

文一篇　存

收入嘉慶《華陽縣志》卷三九下。

張　澍

字魯泉。嘉慶二十三年舉人，選會理州學正。晚主雅材書院。同治末年卒，年八十餘。見民國《華陽縣志》卷二三，《讀詩鈔說》卷首。

讀詩鈔說四卷附統論　存

今存光緒十三年成都刻本（北大）；聊園叢書本（北大）。

余嶧桐

字仲譽。處士，以布衣終。見嘉慶《華陽縣志》卷三四，《全蜀詩鈔》卷一一，民國《華陽縣志》卷一三。

十三樓稿一卷（李調元選）

見嘉慶《華陽縣志》卷三四、卷四〇，《全蜀詩鈔》卷一一，民國《華陽縣志》卷一三、卷二六。

詩二首　存

收入嘉慶《華陽縣志》卷三九上，《全蜀詩鈔》卷一一。

余　驤

字子超，嶧桐子。庠生。見嘉慶《華陽縣志》卷三九上、卷四〇，民國《華陽縣志》卷一三、卷二六。

耕烟集一卷

見嘉慶《華陽縣志》卷四〇，民國《華陽縣志》卷二六。

紅梨集二十四卷

見民國《華陽縣志》卷一三。

詩一首　存

收入嘉慶《華陽縣志》卷三九上。

王　煓

字松麓，諸生。與余嶧桐同時人。見民國《華陽縣志》卷一三，《全蜀詩鈔》卷一九。

詩四首　存

收入嘉慶《華陽縣志》卷三九上，同治《重修成都縣志》卷一二，《全蜀詩鈔》卷一九。

文一篇　存

收入嘉慶《溫江縣志》卷三一，民國《雙流縣志》卷四。

曾　詠（1813—1862）

字永言，自號吟村。道光二十四年進士，授戶部主事，官至江西吉安府知府。見民國《華陽縣志》卷一五，《蜀詩續鈔》卷二，《清詩匯》卷一四五，《清人別集總目》頁2268。

吟雲仙館詩稿不分卷　存

見民國《華陽縣志》卷二六，《清詩匯》卷一四五，《清人別集總目》頁2268。

今存稿本（南圖）；光緒九年刻本（華東師大）；光緒十七年定襄官署刻曾太仆左夫人詩稿合刻本（國圖，上圖，皖圖，粵圖，南通師專，無錫）。原按：附繼妻左錫惠撰冷吟仙館詩稿八卷、詩餘一卷、文存一卷、曾光煦輯曾氏家訓一卷。

詩三首 存

收入《蜀詩續鈔》卷二，《清詩匯》卷一四五。

曾 懿（1854—?）

女，字朗秋，一字伯淵。曾詠女，旭初妹，曾彥姊，湖南提法使袁學昌妻。見民國《華陽縣志》卷二五，《清詩匯》卷一九二，《清人別集總目》頁2271。

女學篇一卷 存

見民國《華陽縣志》卷二五。

今存古歡室全集本（叢書綜錄，北大，南開，揚州師院，臺灣史語）。

醫學篇四卷 存

見民國《華陽縣志》卷二五。

今存光緒三十二年華陽曾氏刻本（南大）；古歡室全集本（叢書綜錄，北大，南開，揚州師院，臺灣史語）。

寒温指南四卷 雜症祕笈一卷 外科纂要一卷 婦科良方一卷 幼科指迷一卷 診病要訣一卷 存

今存曾女士醫學全書本（國圖）。

古歡室詩集三卷詞集一卷 存

見《清人別集總目》頁2271。按：《清詩匯》卷一九二著錄之古歡室詩詞集，當指此集。民國《華陽縣志》卷二六著錄有古歡室詩集，未標卷數，又著錄浣月詞一卷，爲詞集原題。《叢書綜錄》亦單列浣月詞一卷。

今存光緒刻本（皖圖，魯圖，安慶，南開）；古歡室全集本（叢書綜錄，北大，南開，安慶，揚州師院，臺灣史語）。

古歡室詩集二卷 存

今存光緒二十九年刻本（南大）。

中饋録一卷 存

見民國《華陽縣志》卷二五，《清詩匯》卷一九二。

今存光緒三十三年長沙刻本（國圖，上圖，南大）。

曾 彥（1857—1890）

女，字季碩，曾詠女，曾懿妹，大荔知縣張祥齡妻。曾從夫受業於王闓運，詩得俞樾等賞識。見民國《華陽縣志》卷一九，《清詩匯》卷一九二，《清人別集總目》頁2269。

桐鳳集二卷 存

見民國《華陽縣志》卷二六，《清人別集總目》頁2269。

今存光緒十五年蘇州書局刻本（國圖，南圖，首都，復旦，華中師大）；民國成都昌福公司排印本（南圖，川圖，南大）。

虔共室遺集（集後附其夫張祥齡撰哀逝詩一百首） 存

見《清人別集總目》頁2269。

今存光緒十七年成都張氏受經堂刻本（國圖，南圖，粵圖，川圖，川大）。

曾鸞芷

曾詠女，新都魏光瀛妻。見民國《華陽縣志》卷二六。

曾鸞芷遺詩

見民國《華陽縣志》卷二六。

張吳氏

女，節婦。見嘉慶《華陽縣志》

卷三九上。

詞一首　存

見嘉慶《華陽縣志》卷三九上。

張　煥

官南部訓導。見嘉慶《華陽縣志》卷三九上。

詩一首　存

收入嘉慶《華陽縣志》卷三九上。

蔡維鎮

字靜庵，一作成都人。見乾隆《巴縣志》卷一六，嘉慶《華陽縣志》卷三九上。

詩五首　存

收入乾隆《巴縣志》卷一六，嘉慶《華陽縣志》卷三九上。

釋斐然

名章。住近慈寺，年七十餘圓寂。見嘉慶《華陽縣志》卷三六。

散淡集三卷

見嘉慶《華陽縣志》卷四〇。

千字文

見嘉慶《華陽縣志》卷三六。

高　氏

女，川陝總督岳鍾琪妻。見嘉慶《華陽縣志》卷三九上，《全蜀詩鈔》卷六一，《清詩匯》卷一八四。

高夫人集四卷

見嘉慶《華陽縣志》卷四〇，民國《華陽縣志》卷二六。

詩五首　存

收入嘉慶《華陽縣志》卷三九上，《全蜀詩鈔》卷六一，《清詩匯》卷一八四。

巫　雲

女，姓韓，岳鍾琪妾。見嘉慶《華陽縣志》卷三九上，《全蜀詩鈔》卷六一。

詩四首　存

收入嘉慶《華陽縣志》卷三九上，《全蜀詩鈔》卷六一。

沈方甫

失其名。兄曾熠為嘉慶二十四年舉人。見民國《華陽縣志》卷二六。

蘭影餘悲詩一卷

見民國《華陽縣志》卷二六。

李復心

字虛白。沔縣諸葛武侯祠道士。見民國《華陽縣志》卷二六。

朗吟集

見民國《華陽縣志》卷二六。

忠武祠墓誌七卷卷首一卷卷末一卷　存

今存道光年間刻本（國圖）；光緒年間刻本（國圖）。

劉漢章

字倬夫。道光元年舉人，歷官廣東昌化、文昌、感恩諸縣知縣，官至韶州郡守。見民國《華陽縣志》卷一四。

養和堂文集十二卷　**養和堂詩集四卷**

見民國《華陽縣志》卷一四、卷二六。

生計篇十卷　**死事篇四卷**

見民國《華陽縣志》卷一四。

劉澤溥

漢章無子，澤溥以從子過繼。中光緒十一年舉人，年二十七卒。見民國《華陽縣志》卷一四劉漢章條附。

泛梗集二卷　知蘗軒詩二卷

見民國《華陽縣志》卷二六。

楊玉書

號賜麟。舉人，官至知府。見《蜀詩續鈔》卷五。

詩一首　存

收入《蜀詩續鈔》卷五。

李嘉績

字雲生，一字凝叔。祖父光謙自通州占籍華陽。歷知陜西汧陽縣、保安、盩厔、洋縣、韓城、扶風、華州、安定、臨潼、富平等州縣，光緒末卒於任。見民國《華陽縣志》卷一五，《清人别集總目》頁 831。

汧陽述古編二卷（輯）　存

見民國《華陽縣志》卷二四。

今存光緒十五年汧陽縣署刻本（北大）；光緒李氏西安刻懷潞園叢刊本（叢書綜錄）；光緒刻代耕堂全集本（叢書綜錄）。

汧上錄

見民國《華陽縣志》卷二六。

榆塞紀行錄　存

見民國《華陽縣志》卷二六。

今存代耕堂全集本（叢書綜錄）。

五萬卷閣書目記四卷　存

今存代耕堂全集本（叢書綜錄）。

汧陽述古編金石編一卷　存

今存顧氏金石輿地叢書本第一集（叢書綜錄）。

代耕堂雪鴻稿二卷　存

見《清人别集總目》頁 830。

今存稿本（甘圖）。

代耕堂初稿六卷　存

見《清人别集總目》頁 830。

今存稿本（甘圖）。原按：有樊增祥批。

代耕堂中稿二十五卷　存

見《清人别集總目》頁 831。

今存代耕堂全集本（叢書綜錄），光緒二十七年華陽李氏華州刻本（豫圖，川圖，南開，湖南師大）。

代耕堂中稿十八卷　存

見《清人别集總目》頁 831。

今存懷潞園叢書本（叢書綜錄）；光緒二十七年西安潞河李氏代耕堂刻本（北大）。

代耕堂稿五卷　存

見《清人别集總目》頁 831。

今存光緒二十七年刻本（復旦）。

代耕堂吟存　存

見《清人别集總目》頁 831。

今存光緒十五年青門寓廬刻本（豫圖）。

代耕堂雜著四卷　存

見《清人别集總目》頁 831。

今存代耕堂全集本（叢書綜錄）。

江上草堂前稿四卷　存

見《清人别集總目》頁 831。

今存懷潞園叢書本（叢書綜錄）；代耕堂全集本（叢書綜錄）；光緒二十七年少華山堂刻本（南圖，豫圖，川圖，中科院，湖南師大）。

江上草堂前稿四卷代耕堂中稿二十三卷　存

見《清人别集總目》頁831。

今存光緒二十七年李氏少華山堂刻本（晉圖）。

李凝叔先生詩草三十六卷　存

見《清人别集總目》頁831。

今存光緒二十七年李氏少華山堂刻本（粵圖）。原按：本書收江上草堂前稿四卷、代耕堂中稿三十二卷。

代耕堂集二十卷

見民國《華陽縣志》卷二六。

穆其琛

字海航。道光二十三年舉人，官至無為州知州。見民國《華陽縣志》卷一五，《蜀詩續鈔》卷四。

海航文稿

見民國《華陽縣志》卷二六。

詩五首　存

收入《蜀詩續鈔》卷四。

林毓麟（1841—1891）

字濤如，喬樹枏友。少厭科舉，博涉載籍，晚好釋氏書，往來惟高僧數人。見民國《華陽縣志》卷一五，《清人别集總目》頁1377。

澹秋館遺詩一卷遺詩補一卷附錄一卷　存

見民國《華陽縣志》卷二六，《清人别集總目》頁1377。

今存宣統元年華陽林氏排印本（川圖，南大，洛陽）；宣統三年刻本（上圖，南圖）；民國十一年華陽林氏霜甘閣刻本（川圖，南大，復旦，鎮江）；民國二十三年華陽林氏霜甘閣刻本（上圖）。

澹秋館遺詩一卷　存

今存抄本（川大）；成都宣統三年鉛印本（上圖，北師大，南大）；民國十二年華陽林氏霜甘閣刻本（上圖，南大）。

澹秋集　存

見民國《華陽縣志》卷一五，《清詩匯》卷一八一。

今存華陽林氏霜甘閣民國十九年刻本（國圖）。

澹秋詞一卷

見民國《華陽縣志》卷二六。

王秉恩（1845—1928）

字雪城，一作雪澄，又字息存。同治十二年舉人，官廣東布政使、貴州按察使。後退居海上，自號茶龕。卒年七十餘。見民國《華陽縣志》卷一五、卷二六，《清人别集總目》頁142。

息塵庵詩稿六卷　存

見《清人别集總目》頁142。

今存稿本（澤存書庫）。

彊敦官雜著不分卷　存

見《清人别集總目》頁142。

今存稿本（澤存書庫）。

養雲館詩存

見民國《華陽縣志》卷二六。

文二篇　存

收入《文史通義》卷首，《西夏記》卷首。

喬樹枏

字茂萱，一字損庵。與同縣王秉恩、成都武謙最友善。光緒二年舉人，官至學部左丞。辛亥七月成都爭路事，

朱、墨筆校讀。

成都顧先生詩集十卷補遺一卷　存

見《清人別集總目》頁1784。

今存民國二十一年程康顧廬編校上海排印本（國圖，上圖，南圖，川圖，皖圖，晉圖，豫圖，粵圖，復旦，北師大，杭大）。

安酒意齋尺牘（一名塞白翁書札）不分卷　存

見《清人別集總目》頁1784。

今存民國十五年王氏三好堂影印本（上圖，晉圖，川圖，復旦，杭大）。

玉差些剩八種　存

見《清人別集總目》頁1784。

今存民國三年排印本（遼圖）。

傅世洵（？—1883）

字仲堪。光緒八年舉人，次年卒。嘗肄業尊經書院。見民國《華陽縣志》卷一六傅世煒條附。

易禮證一卷

見民國《華陽縣志》卷一六、卷二三。

文一篇　存

收入《爾雅補郭·跋》。

顏緝祜

字伯秦，王闓運弟子。光緒十一年舉人，官河南新鄭縣知縣。見民國《華陽縣志》卷一四顏楷條附、卷二六。

汴京宮詞一卷　存

見民國《華陽縣志》卷二六。

今存民國二十一年成都美學林鉛印本（北大）。

顏　楷（？—1927）

字雍耆。生時曾祖朝斌年八十，故小字八十子。光緒二十八年舉人，三十年成進士，授翰林院編修加侍講銜。民國十六年卒。見民國《華陽縣志》卷一四，民國《簡陽縣續志》卷二。

文一篇　存

收入民國《簡陽縣續志》卷二。

范　濂

字玉珊。工書善畫，以諸生掌牋記軍中，薦為江西大庾縣知縣。見民國《華陽縣志》卷一六范溶條附。

扶雲閣稿

見民國《華陽縣志》卷二六。

詩四首　存

收入民國《犍爲縣志》卷七。

范　溶

字玉賓，范濂弟。從成都武謙學，後又得張之洞指授，學益進，肄業尊經書院。光緒十七年舉人，二十年成進士，選庶吉士，授福建和平縣知縣，改湖北道員。見民國《華陽縣志》卷一六、附《科第表二》。

前後蜀雜事詩百首並注二卷　辛齊詩文集二卷　辛齋詞一卷

見民國《華陽縣志》卷二六。

尹昌齡

字仲錫。光緒十四年舉人，十八年成進士。見民國《華陽縣志》卷一六附《科第表二》，民國《簡陽縣續志》卷二。

文二篇　存

收入民國《簡陽縣續志》卷二、卷三。

李永鎮

字愷人。光緒十四年舉人，知安徽池州府。見民國《華陽縣志》卷二六。

負園詩存七卷　存

見民國《華陽縣志》卷二六。

今存宣統三年鉛印本（上圖）；民國四年鉛印本（南大）。

負園詩存四卷　存

今存宣統間成都排印本（川大）。

詩一首　存

收入民國《犍爲縣志》卷一、卷一三。

胡　峻

字雨嵐，號貞庵。光緒十七年舉人，二十一年成進士，選庶吉士，任翰林院編修。卒年四十。見民國《華陽縣志》卷一六。

蒼霞閣日記十二卷

見民國《華陽縣志》卷二四。

蒼霞閣遺稿一卷

見民國《華陽縣志》卷二六。

文　龍（1875—1908）

字海雲，本姓張，本簡州龍泉驛人，出嗣華陽文氏，遂入華陽籍。光緒十四年舉人，十八年成進士，官至陝西漢中道尹。見民國《華陽縣志》卷二六，民國《簡陽縣志》卷四、卷七，《清人別集總目》頁215。

潛齋詩集九卷　存

見《清人別集總目》頁215。民國《華陽縣志》卷二六錄作四卷。

今存光緒三十年刻本（北圖，豫圖）。

文一篇　存

收入民國《簡陽縣志》卷四。

徐　炯

字子休，號霽園。光緒十九年舉人。見《霽園詩鈔》卷首，民國《華陽縣志》卷一六附《科第表二》。

霽園詩鈔四卷續鈔一卷　存

今存民國三十三年霽園先生遺書刊行會校印本（川大）。

霽園詩鈔　存

今存霽園先生遺刊行會民國三十三年鉛印本（上圖）。

霽園随筆一卷　存

民國二十三年日新印刷工業社排印本（川大）。

文四篇　存

收入《白話講義》卷首，《儒門語要》卷首，《論語或問》卷首，《王文成公傳習錄》卷首。

羅長鈺

光緒十九年舉人。見民國《華陽縣志》卷二三。

文三篇　存

收入《尊經書院二集》卷四下、卷五。

呂翼文

字雪堂，一作成都人。肄業尊經書院，為王闓運高足。光緒二十三年舉人。後任江北書院山長，又獨力撰

《樸學報》。見光緒《内江縣志》卷一四，民國《華陽縣志》卷一六。

雪堂殘稿（鄧百鍇輯）

見民國《華陽縣志》卷二六。

九經樸學報（樸學報）

見民國《華陽縣志》卷一六、卷二三。

文一篇　存

收入光緒《内江縣志》卷一四，民國《華陽縣志》卷一一王錫純條附。

馮　江

字星吉。光緒二十三年舉人，任雲南平彝縣知縣，甫四月，卒於官。見民國《華陽縣志》卷一六、附《科第表二》。

寫定樓遺稿　存

見《清人别集總目》頁 345。民國《華陽縣志》卷二六著録作寫定樓稿一卷。

今存民國十年馮氏刻本（川圖，南大）。原按：川圖藏本一部有陶兹批校。

寫定樓遺稿三卷　存

今存民國十年華陽馮氏家刻本（川大）。

馮　藻

馮江弟。光緒二十九年舉人。民國十年猶在世。見《寫定樓遺稿》卷首，民國《華陽縣志》卷一六馮江條附。

文一篇　存

收入《寫定樓遺稿》卷首。

林思進（1872—1953）

字山腴，别號清寂公，光緒二十九年舉人。見民國《華陽縣志》卷一六附《科第表二》，《清人别集總目》頁 1373。

民國《華陽縣志》三十六卷首一卷（陳法駕　葉大鏘等修　曾鑑　林思進等纂）　存

今存民國二十一年稿本（川圖），按：存物産志、古蹟志；民國二十三年刻本（方志聯合目録）。

華陽人物志十六卷　存

見民國《華陽縣志》卷首序。

今存民國二十一年鉛印本（國圖，上圖，南大，川大，北師大）。按：是志單行二年後又增改入縣志。

清寂堂詩録五卷　存

見《清人别集總目》頁 1373。

今存民國四年華陽林氏霜甘閣刻本（川圖，湘圖，北師大），民國二十一年刻本（復旦），民國成都刻本（國圖）。

清寂堂詩録　存

見《清人别集總目》頁 1373。

今存民國十年華陽林氏閣甘堂刻本（川圖，鎮江），民國十五年成都霜甘小閣刻、民國二十一年修訂本（國圖，上圖）；民國二十八年華陽林氏閣甘堂刻本（川圖）。

清寂堂詩續録　存

見《清人别集總目》頁 1373。

今存民國二十八年刻本（國圖）。

清寂堂詩録五卷續録二卷　存

見《清人别集總目》頁 1373。

今存民國華陽林氏霜甘閣刻本（南圖）。

清寂文乙編　存

見《清人别集總目》頁 1373。

今存民國二十三年華陽林氏霜甘閣刻本（南圖，川圖）。

清寂文乙錄一卷　存

今存民國二十三年華陽林氏霜柑閣刻本（國圖，上圖，南大）；民國華陽林氏霜柑閣刻本（川大）。

吴游集　存

見《清人别集總目》頁1373。

今存民國二十四年成都沈氏梧龕刻本（南圖，川圖，川大）。

清寂詞錄五卷　存

今存民國三十二年刻本（國圖，上圖，川大）。

清寂堂詩錄五卷續詩錄七卷　存

今存民國華陽林氏霜柑閣刻本、成都志古堂代刊（川大）。

清寂堂詩續錄七卷（殘）　存

今存民國二十四年華陽林氏霜柑閣刻本（上圖）；民國華陽林氏霜柑閣刻本（川大）。

雪苑詞（又名清寂集外藁）十六首　存

今存成都新新新聞報館排印本（川大）。

清寂堂聯語（又名清寂堂聯語輯錄，林祖穀輯錄）一卷　存

今存民國二十年怡盦校印本（川大）。

清寂堂自錄本　存

今存成都霜甘小閣民國四年刻本（上圖）；成都霜甘小閣民國十五年刻本（上圖）。

蒲殿俊（約1876—1935）

字伯英，號沚庵。光緒三十年進士，曾留學日本。民國中任内務次長、衆議院議員，“五四”後主持晨報。見《清人别集總目》頁2312。

沚庵詩鈔二卷　存

見《清人别集總目》頁2312。

今存民國二十三年北平文華齋刻本（國圖，川圖）。

壺西草堂詩鈔二卷附錄一卷　存

見《清人别集總目》頁2312。

今存民國二十三年廣安刻本（川圖）。

尹昌衡（1886—1953）

字太昭、碩叔，號止園。曾入同盟會，任四川都督。見《清人别集總目》頁247。

止園文集一卷　存

見《清人别集總目》頁247。

今存民國排印本（南京師大）。

止園詩鈔二卷文集一卷　存

見《清人别集總目》頁247。

今存民國七年南京商務印書館排印止園叢書本第一集（叢書綜錄，日本東洋）。

王　芝

字子石。曾就讀於尊經書院。光緒中嘗出游南北，又游歷南洋、新加坡諸島。見民國《華陽縣志》卷一六。

海客日譚六卷並卷首　存

民國《華陽縣志》卷二四著錄作十卷。

今存光緒二年石城王氏刻本（北大，南大，北師大）。

唐應瑩

字斐清。中光緒八年副榜，任開縣訓導，後任寧遠縣知縣。辛亥還里，卒於家。見民國《華陽縣志》卷一五。

詩一首　存

收入《守約盦文集》。

孫　治

號琴泉。進士，官至直隸臬司。見《蜀詩續鈔》卷五。

詩一首　存

收入《蜀詩續鈔》卷五。

龔維仁

號晉珊。諸生。見《蜀詩續鈔》卷五。

詩十六首　存

收入《蜀詩續鈔》卷五。

劉湘瑟

字芳英。見《蜀詩續鈔》卷八。

詩二首　存

收入《蜀詩續鈔》卷八。

喬曾劬 (1891—1948)

字大壯，號壯翁。曾任臺灣大學中文系主任。見《清人别集總目》頁463。

波外樓詩二卷續詩稿二卷　存

見《清人别集總目》頁463。

今存一九四九年臺北藝文印書社館影印本（日本國會）。

波外樓詩二卷　存

今存民國三十三年鉛印本（北大）。

續波外詩稿二卷　存

見《清人别集總目》頁463。

今存民國鈔稿本（川圖）。

波外樂章四卷　存

見《清人别集總目》頁463。

今存民國二十九年影印稿本（國圖）；成都茹古書局黄氏精刻朱印本（川大）。

趙　濬

字孔昭。以高材調尊經書院肄業。曾入鮑超軍幕府，後老於江寧。見民國《華陽縣志》卷一六。

懷人詩一卷　雜感詩百絶

見民國《華陽縣志》卷一六、卷二六。

詩二十四首　存

收入《普天忠憤集》卷一一、卷一二。

范棨傳

字戟禬。見民國《華陽縣志》卷二五。

濬夫劄記四卷

見民國《華陽縣志》卷二五。

卓秉怡

字眉西。舉人，任知縣。見《蜀詩續鈔》卷二。

詩二首　存

收入《蜀詩續鈔》卷二。

李秉直

字石門，歲貢生。見民國《華陽縣志》卷二六。

遺草

見民國《華陽縣志》卷二六。

蒲合茂

字本卿。諸生。見民國《華陽縣志》卷二六。

鳴秋閣遺稿

見民國《華陽縣志》卷二六。

王本綮

字肯堂。見民國《華陽縣志》卷二六。

遺草

見民國《華陽縣志》卷二六。

王煦崇

字少曾。見民國《華陽縣志》卷二六。

崇善堂集

見民國《華陽縣志》卷二六。

曾鈞檀

字和圃。諸生。見民國《華陽縣志》卷二六。

檀岡遺草二卷

見民國《華陽縣志》卷二六。

胡宗虞

字少岩。庠生。見民國《簡陽縣志》卷一七。

文一篇　存

收入民國《簡陽縣志》卷一七。

高浣花

女，字浣雪，一作澣雪。南江拔貢生楊廷賢繼妻，早寡。見民國《華陽縣志》卷二三、卷二六，《全蜀詩鈔》卷六二，《清人别集總目》頁1929。

讀史評劄

見民國《華陽縣志》卷二三、卷二四。

周易述解

見民國《華陽縣志》卷二三。

杜韓詩選注

見民國《華陽縣志》卷二三、卷二六。

鵑血遺草　存

見《清人别集總目》頁1929。按：《全蜀詩鈔》卷六二、民國《華陽縣志》卷二六著録作鵑血餘草。

今存道光二十六年春暉書屋刻楊廷賢撰冠山詩集本附（川圖）。

詩十一首　存

收入《全蜀詩鈔》卷六二。

耿靜如

女，翰林院庶吉士崔荊南之母。青年撫孤，教子成名。見《全蜀詩鈔》卷六二，民國《華陽縣志》卷二六。

暇娱集

見民國《華陽縣志》卷二六。

詩四首　存

收入《全蜀詩鈔》卷六二。

陳瑞卿

女，名一作瑞馨，字蘭露，新都楊雲卿妾。見《全蜀詩鈔》卷六一，民國《華陽縣志》卷二六。

蘭露集一卷

見《全蜀詩鈔》卷六一，民國《華陽縣志》卷二六。

詩十四首　存

收入《全蜀詩鈔》卷六一。

李瑞雯

女，字晴霞，適鍾氏。見民國

《華陽縣志》卷二六。

雛鳳吟草

見民國《華陽縣志》卷二六。

張仲肅

女，劉明曦妻。見《清人別集總目》頁1137，《清詩匯》卷一九一。

張仲肅女士詩存 存

見《清人別集總目》頁1137，《清詩匯》卷一九一。

今存抄本（中科院）。

詩一首 存

收入《清詩匯》卷一九一。

易玉如

女，字晉卿。見《全蜀詩鈔》卷六二。

詩十首 存

收入《全蜀詩鈔》卷六二。

（李榮慧　吳靜汶　鄒艷）

雙流縣

（今成都雙流縣）

熊占祥

康熙《新津縣志》一卷（倫大可修熊占祥纂）　存

今存康熙二十五年刻本（方志聯合目錄）。

萍齋詩集（萍齋集）

見嘉慶《四川通志》卷一八七，嘉慶《雙流縣志》卷三，光緒《雙流縣志》卷三。

楊　琮

雍正十三年拔貢生。見嘉慶《雙流縣志》卷二。

文一篇　存

收入嘉慶《雙流縣志》卷四。

宋　恂

字若愚，占籍夾江。乾隆元年舉人，四年成進士，任河南西華縣知縣。見光緒《雙流縣志》卷三，民國《雙流縣志》卷三。

乾隆《西華縣志》十四卷首一卷（宋恂修，于大猷纂）　存

今存乾隆十九年刻本（方志聯合目錄）。

詩二首　存

收入嘉慶《雙流縣志》卷三，民國《雙流縣志》卷四。

釋明廣（？—1756）

字復演，楊氏子。幼舍田入寺為僧，性嗜詞翰，躭為詩。乾隆二十一年示寂。見嘉慶《雙流縣志》卷三。

莖草詩集

見嘉慶《雙流縣志》卷三。

岳　昊

乾隆二十四年舉人，任霞浦縣知縣。見民國《雙流縣志》卷二。

詩六首　存

收入嘉慶《雙流縣志》卷三，光緒《雙流縣志》卷三，民國《雙流縣志》卷四。

楊　鈺

一名貫中，字子堅，清梧子。乾隆間庠生，從劉沅遊學最久，得其傳，教授生徒多所成就。年八十四卒。見民國《雙流縣志》卷三。

醫說一卷

見民國《雙流縣志》卷三。

楊　諶

字端然。嘉慶五年恩貢生。見民國《雙流縣志》卷三。

百孝篇

見民國《雙流縣志》卷三。

文一篇　存

收入民國《雙流縣志》卷四。

宋　錡

字西橋，占籍夾江。嘉慶六年拔

貢生。歷任名山縣教諭、會理州學正，後主講景賢書院二十餘年。見光緒《雙流縣志》卷三，《全蜀詩鈔》卷三四，民國《雙流縣志》卷二。

詩二首　存

收入《全蜀詩鈔》卷三四，民國《雙流縣志》卷四。

解紱

字方來，晚自號星亭。曾從楊瑞石習聲韻之學。年八十卒。見嘉慶《雙流縣志》卷四。

星亭詩集

見嘉慶《雙流縣志》卷三，民國《雙流縣志》卷三。

詩十五首　存

收入嘉慶《雙流縣志》卷三，光緒《雙流縣志》卷三，民國《溫江縣志》卷九，民國《雙流縣志》卷四。

王棠

嘉慶前後在世，曾任廣東五斗司巡檢。見嘉慶《雙流縣志》卷三，民國《雙流縣志》卷二。

梅齋詩餘

見嘉慶《雙流縣志》卷三。

梅齋集

見民國《雙流縣志》卷三。

詩二首　存

收入嘉慶《雙流縣志》卷三，光緒《雙流縣志》卷三，民國《雙流縣志》卷四。

宋沛霖

字雨仁，一作雨人。道光二年舉人，六年成進士，占主事，籤分刑部，官雲南迤東道。見光緒《雙流縣志》卷三，《全蜀詩鈔》卷四六，《蜀詩續鈔》卷二，民國《雙流縣志》卷二，《清詩匯》卷一三二。

不解解軒詩稿二卷　存

見民國《雙流縣志》卷三，《清人別集總目》頁1069。

今存清刻本（陝圖）。

詩七首　存

收入同治《重修成都縣志》卷一〇，光緒《雙流縣志》卷三，《全蜀詩鈔》卷四六，《蜀詩續鈔》卷二，民國《雙流縣志》卷四、卷一一，《清詩匯》卷一三二。

尹金錫

拔貢生，道光十七年銓選直隸州州判。見民國《雙流縣志》卷二。

文一篇　存

收入光緒《雙流縣志》（養正堂遺書本）卷下。

宋寶械

號萸灣。咸豐九年恩科解元，官雲南平彝縣知縣，歷署南寧、通海縣。見《及見詩續鈔》卷一，《蜀詩續鈔》卷五，民國《雙流縣志》卷二。

飲真閣文集　飲真閣詩集

見民國《雙流縣志》卷三。

詩六首　存

收入《及見詩續鈔》卷一，《蜀詩續鈔》卷五，民國《雙流縣志》卷四。

江玉林

字根石。同治十一年拔貢生，官

咸安宫教習，註選知縣。見民國《雙流縣志》卷二。

文一篇　存

收入民國十年成都迪毅印刷社石印本《達園詩鈔》。

劉仕廉

字清臣。精於醫道，士大夫交相引重。見民國《雙流縣志》卷三。

醫學集成四卷　存

見民國《雙流縣志》卷三。

今存醉吟山房同治十二年刻本（南大，川大）；益新書局石印本（北大）。

古　淳

字鶴峯。以歲貢生官天全州訓導。卒年九十。見民國《雙流縣志》卷三。

鶴峯詩集

見民國《雙流縣志》卷三。

詩三首　存

收入光緒《雙流縣志》卷三，民國《雙流縣志》卷四。

王鑑洲

光緒十九年副貢生。見光緒《雙流縣志》（養正堂遺書本）卷下。

詩一首　存

收入民國《松潘縣志》卷八。

洪　昭

字明山。舉人。見《蜀詩續鈔》卷二。

詩一首　存

收入《蜀詩續鈔》卷二。

劉咸滎

光緒二十三年拔貢生。見民國《雙流縣志》卷二。

靜娛樓詠古　存

見《清人別集總目》頁540。

今存光緒成都劉氏寫本（川圖）。

靜娛樓詠史詩　存

見《清人別集總目》頁540。

今存光緒三十年雙流劉氏成都自刻本（川圖）。

靜娛樓詩存　存

見《清人別集總目》頁540。

今存光緒三十年雙流劉氏成都自刻本（川圖）。

靜娛樓詩草　存

見《清人別集總目》頁540。

今存宣統元年成都刻本（川圖，諸暨）。

醉經詩存　存

見《清人別集總目》頁540。

今存民國成都明新印刷局排印本（川圖）。

悼亡詩　存

見《清人別集總目》頁540。

今存民國成都排印本（川圖）。

峩眉游草　存

見《清人別集總目》頁540。

今存民國二十年成都刻本（川圖）。

靜娛樓詩存續刻附文存　存

見《清人別集總目》頁540。

今存民國十四年成都石印本（川圖）。

劉咸焌

光緒二十九年舉人。見民國《雙流縣志》卷二。

讀好書齋詩文鈔二卷　存

見《清人別集總目》頁540。

今存民國十六年成都扶經刻本（川圖，復旦）。

章榮名

宣統初年在世。見《達園詩鈔》卷首。

文一篇　存

收入民國十年成都迪毅印刷社石印本《達園詩鈔》卷首。

江子愚

字星壽。民國初年在世。按其所撰《聽秋詞》有甲寅年自序，甲寅，指民國三年。

聽秋詞（又名雙秋詞）　存

今存民國排印本（川大）。

張　驥

字先識。附生，清末四川法政學校畢業，任地方審判廳廳長。民國時，任陝西米脂知事。見民國《雙流縣志》卷二。

雷公炮炙論三卷附卷附義生堂書目提要　存

今存民國二十一年雙流張氏義生堂成都刻本（川大）。

内經方集釋二卷附義生堂書目提要　存

今存民國二十二年雙流張氏義生堂成都刻本（川大）。

内經藥瀹十卷附義生堂書目提要　存

今存民國二十四年雙流張氏義生堂成都刻本（川大）。

章步瀛

字海珊。民國初年在世。見《達園詩鈔》卷首。

達園詩鈔　存

今存民國十年成都迪毅印刷社石印本（川大）。

賈治安

呰書不分卷（賈右民校訂）　存

見《清人別集總目》頁1760。

今存民國三十二年四川賈氏排印本（川圖）。

（李榮慧　吴静汶）

溫江縣

（今成都溫江區）

葛秉敬

字衷一，號熙臣。康熙間歲貢生，為川陝總督岳鍾琪幕友，雍正間嘗同征青海。後選璧山縣訓導，不就，終老於幕。見道光《新津縣志》卷三三，民國《溫江縣志》卷五、卷九，《溫江縣鄉土志》卷五。

征西要錄　占望秘錄　學存集詩稿（學存集）

見嘉慶《溫江縣志》卷三三，《溫江縣鄉土志》卷五，民國《溫江縣志》卷五。

天文考辨

見道光《新津縣志》卷三四。

詩一首　存

收入嘉慶《雙流縣志》卷三，民國《雙流縣志》卷四。

文一篇　存

收入嘉慶《溫江縣志》卷三一。

葛　芸

字衛書，秉敬子。歲貢生，官巫山訓導。見《溫江縣鄉土志》卷五，民國《溫江縣志》卷五、卷九。

乞餘詩集（乞餘詩草）

見嘉慶《溫江縣志》卷三三，《溫江縣鄉土志》卷五，民國《溫江縣志》卷五。

葛　荃

字榮蓀，秉敬子，芸弟。雍正四年舉人，八年成進士，歷官貴州遵義、銅仁府知府。見《全蜀詩鈔》卷一〇，《溫江縣鄉土志》卷五，民國《溫江縣志》卷五。

川江水利考　懷雪堂文集（懷雪堂文稿）

見嘉慶《溫江縣志》卷三三，《溫江縣鄉土志》卷五，民國《溫江縣志》卷五。

詩一首　存

收入嘉慶《溫江縣志》卷三一，《全蜀詩鈔》卷一〇，民國《溫江縣志》卷九。

文一篇　存

收入嘉慶《溫江縣志》卷三一，《溫江縣鄉土志》卷九，民國《溫江縣志》卷二。

葛運隆

芸子，乾隆五十五年歲貢生。見嘉慶《溫江縣志》卷二五，民國《溫江縣志》卷九葛秉敬條附。

文一篇　存

收入嘉慶《溫江縣志》卷三一。

葛運際

字菊田，荃子。任雲南臨安府建水州知州。見嘉慶《溫江縣志》卷二五，《溫江縣鄉土志》卷五。

詩二首　存

收入嘉慶《溫江縣志》卷三一，民國《溫江縣志》卷一二。

葛　岷

字永藝，號頤山，荃孫。一作新津人。八歲縣試冠軍，後中嘉慶三年舉人，官至會理州知州（一作會理州學正）。見道光《新津縣志》卷三九，《溫江縣鄉土志》卷五，民國《溫江縣志》卷五。

頤山遺稿一卷

見民國《溫江縣志》卷五。

詩十二首　存

收入嘉慶《溫江縣志》卷三一，道光《新津縣志》卷三九，《二瓦硯齋詩鈔》卷首。

葛士麟

字西陵，岷子。見民國《溫江縣志》卷五、卷九。

西陵集

見民國《溫江縣志》卷五。

詩一首　存

收入道光《新津縣志》卷三九，《全蜀詩鈔》卷三三。

李啓芃

雍正間舉人，歷任陝西懷遠、米脂等縣知縣。見嘉慶《溫江縣志》卷二五。

詩四首　存

收入嘉慶《溫江縣志》卷三一。

周鵬翀

字海南。中乾隆六年副榜。見嘉慶《溫江縣志》卷首、卷二五。

文一篇　存

收入嘉慶《溫江縣志》卷三一。

王　昂

字駒若。乾隆九年舉人，官蒲江教諭，後授江西新淦縣知縣。見《全蜀詩鈔》卷一二，民國《溫江縣志》卷九。

詩八首　存

收入《全蜀詩鈔》卷一二，民國《溫江縣志》卷九。

劉琢章

乾隆二十九年歲貢生。見嘉慶《溫江縣志》卷二五。

詩一首　存

收入嘉慶《溫江縣志》卷三一，民國《溫江縣志》卷一二。

吳洁恒

乾隆四十年進士，官内閣中書。見嘉慶《雙流縣志》卷二，民國《雙流縣志》卷二。

文一篇　存

收入道光《新津縣志》卷四〇。

徐文賁

字十樵。拔貢生，官至甘肅白馬州州判。掌教景賢書院十餘年。見光緒《雙流縣志》卷三，《全蜀詩鈔》卷二二，民國《溫江縣志》卷九。

十樵詩集

見嘉慶《溫江縣志》卷三三，民國《雙流縣志》卷三，民國《溫江縣志》卷五。

十樵詩話

見民國《溫江縣志》卷五。

詩二首　存

收入《全蜀詩鈔》卷二二。

文三篇　存

收入嘉慶《溫江縣志》卷三一，嘉慶《雙流縣志》卷四，民國《雙流縣志》卷四。

劉　澤

一作劉曙，字方皋，一作芳皋，號六峰，一作雙流縣人。乾隆五十九年舉人，嘉慶元年進士，由庶吉士改刑部，官廣西鬱林州知州。見《全蜀詩鈔》卷三二，《蜀詩續鈔》卷一，民國《溫江縣志》卷五，民國《雙流縣志》卷三，民國《崇慶縣志》卷三，《清人別集總目》頁 508。

芳皋棄餘錄四卷　存

見《全蜀詩鈔》卷三二，民國《溫江縣志》卷五，《清人別集總目》頁508。

今存咸豐二年豫誠堂刻劉沅輯壎箎集本（上圖，南圖，首都，鄂圖，川大）；咸豐十年虛受齋刻壎箎集本（粵圖），民國十九年致福樓刻壎箎集本（遼圖）；民國二十二年西充鮮于氏特園刻本（上圖，福建師大）。

詩三十一首　存

收入《全蜀詩鈔》卷三二，《蜀詩續鈔》卷一。

文四篇　存

收入嘉慶《溫江縣志》卷三一，光緒《增修崇慶州志》卷一一，民國《溫江縣志》卷二。

劉　沅（1768—1855）

字止堂，一字止唐、芷塘，一作雙流縣人。澤弟。乾隆五十七年舉人，任湖北天門知縣，改國子監典簿，辭歸。後授徒成都。見光緒《雙流縣志》卷三，《全蜀詩鈔》卷三二，民國《雙流縣志》卷三。

周易恒解五卷首一卷　存

見光緒《雙流縣志》卷三。

今存宣統元年凝善堂刻本（廈大）；清豫誠堂刻本（北大）；槐軒全書本（叢書綜錄，人大，臺灣史語所，日本靜嘉）。按：槐軒全書題作易經恒解。

書經恒解六卷　存

見光緒《雙流縣志》卷三。

今存宣統元年凝善堂刻本（廈大）。

書經恒解六卷書序辨正一卷　周官恒解六卷　儀禮恒解十六卷　禮記恒解四十九卷　明良志略一卷　子問二卷又問一卷　下學梯航一卷　槐軒蒙訓一卷　存

今皆存槐軒全書本（叢書綜錄，人大，臺灣史語所，日本靜嘉）。

詩經恒解六卷（輯注）　存

今存同治三年樂善堂刻本（北師大），按：川大有殘刻本；槐軒全書本（叢書綜錄，人大，臺灣史語所，日本靜嘉）。

春秋恒解八卷附錄餘傳一卷　存

見光緒《雙流縣志》卷三。

今存同治十一年凝善堂刻本（北大）；同治十一年豫誠堂刻本（國圖，南大）；槐軒全書本（叢書綜錄，人大，臺灣史語所，日本靜嘉）。

大學古本質言一卷　存

今存咸豐二年豫誠堂刻本（川大）；咸

豐十一年虚受齋刻本（北師大）；光緒刻本（北大）；光緒三十一年鉛印本（北大）；民國五年成都人文道德研究會修文部石印本（北大）；民國十九年重慶新文化社鉛印本（南大）；民國二十一年西充鮮于氏特園刻本（南大）；民國二十三年致福樓刻本（北師大）；揚州同善分社刻本（南大）；槐軒全書本（叢書綜錄，人大，臺灣史語所，日本靜嘉）。

四書恒解十一卷　存

見民國《雙流縣志》卷三。

今存光緒十年豫誠堂刻本（川大，按：殘本）；槐軒全書本（叢書綜錄，人大，臺灣史語所，日本靜嘉）。

孝經直解一卷　史存三十卷　存

見光緒《雙流縣志》卷三。

今皆存槐軒全書本（叢書綜錄，人大，臺灣史語所，日本靜嘉）。

子問二卷　存

今存咸豐二年豫誠堂刻本（北師大）；民國二十二年西充鮮于氏特園刻本（川大）。

又問一卷　存

今存咸豐三年豫誠堂刻本（北師大）。

愧軒約言一卷　存

今存咸豐三年刻本（中大）；槐軒全書本（叢書綜錄，人大，臺灣史語所，日本靜嘉）。

俗言　存

今存咸豐四年玉咸堂刻本（廈大）；槐軒全書本（叢書綜錄，人大，臺灣史語所，日本靜嘉）。按：槐軒全書題作槐軒俗言一卷。

正譌八卷　存

今存咸豐四年豫誠堂刻本（中大）；民國二十三年西充鮮于氏特園刻本（川大）；槐軒全書本（叢書綜錄，人大，臺灣史語所，日本靜嘉）。

尋常語一卷　存

今存光緒十七年李氏刻本（中大）；槐軒全書本（叢書綜錄，人大，臺灣史語所，日本靜嘉）。

拾餘四種　存

按：四種：恒言一卷，賸言一卷，家言一卷，雜問一卷。

今存槐軒全書本（叢書綜錄，人大，臺灣史語所，日本靜嘉）。

槐軒雜著不分卷　存

見《清人別集總目》頁500。

今存同治七年扶經堂刻本（南大、常州）；民國十七年成都劉氏敬福樓刻本（川圖）；槐軒全書本（叢書綜錄，人大，臺灣史語所，日本靜嘉）。

槐軒雜著四卷　存

見《清人別集總目》頁500。

今存咸豐二年虚受齋刻本（遼圖）；咸豐二年成都劉氏豫誠堂刻本（川圖，南大，旅大）；咸豐十一年虚受齋刻本（粤圖，復旦）；咸豐刻本（湖南師大）；同治十三年刻本（國圖，粤圖）；光緒二十七年刻本（上圖）；民國十七年致福樓刻本（遼圖，豫圖，湘圖）。

槐軒雜著外編四卷　存

今存同治七年劉咸炘刻本（武大）。

塤篪集十卷（劉沅撰《止堂韻語存》六卷、劉澤撰《芳臯棄餘錄》四卷）　存

見《清人別集總目》頁500。

今存咸豐二年豫誠堂刻本（湘圖，川大）；咸豐十年虚受齋刻本、民國二十二年鮮于氏特園刻本（粤圖）；民國十九年致福樓刻本（遼圖）。

劉沅遺書　存

見《清人別集總目》頁500。

今存民國十九年刻本（廣州社科所）。

止堂續集　存

見《清人別集總目》頁500。

今存光緒二十七年扶經堂刻本（湘圖）。

經懺集成五卷雜問一卷性命微言一卷（注釋）　存

今存同治十一年三多砦玉成堂刻本（廈大）。

五經恒解　四字書

見光緒《雙流縣志》卷三。

詩三十一首　存

收入光緒《雙流縣志》卷三，《全蜀詩鈔》卷三二，民國《雙流縣志》卷四，民國《新都縣志》第六編上《文徵》，民國《簡陽縣志》卷三，《清詩匯》卷一二六。

文十八篇　存

收入嘉慶《雙流縣志》卷四，嘉慶《華陽縣志》卷三九，道光《仁壽縣新志》卷六，同治《續漢州志》卷二二，光緒《西充縣志》卷一四，光緒《雙流縣志》卷三，民國《雙流縣志》卷四。

李維英

字拔尤，晚號雲樵老人。補諸生，肄業錦江書院。乾隆六十年為優貢生，授納溪訓導，補鄰水縣教諭。見《溫江縣鄉土志》卷四，民國《溫江縣志》卷五、卷八。

雲樵詩四卷　訓兒常話十卷

見《溫江縣鄉土志》卷二，民國《溫江縣志》卷五。

周清志

字士心，補諸生。乾隆間人。為劉沅高足弟子。設帳授徒，其學問宗旨，一本師說。見《溫江縣鄉土志》卷五，民國《溫江縣志》卷九。

桂軒史論六卷

見民國《溫江縣志》卷五。《溫江縣鄉土志》卷五作史論，無卷數。

王登鑑

占籍夾江。嘉慶六年舉人。見嘉慶《溫江縣志》卷二五。

詩一首　存

收入嘉慶《溫江縣志》卷三一。

車　西

字二山，又字雙嵐，號支雞居士。中嘉慶十五年副榜，官河南光州州判，擢知縣。見《全蜀詩鈔》卷三九，《蜀詩續鈔》卷二，《及見詩續鈔》卷三，民國《溫江縣志》卷五、卷九，《清人別集總目》頁199。

五柘山房文集　存

見《清人別集總目》頁199。按：《溫江縣鄉土志》卷五、民國《溫江縣志》卷五錄作五柘山房集九卷。

今存道光二年刻本（中科院）。

五柘山房詩集　存

見《清詩匯》卷一三四。

今存嘉慶二十年刻本（國圖，北大，南大，北師大，川大）。

五柘山房制藝　支雞居士說鈴

見《蜀詩續鈔》卷二。

詩七首　存

收入《全蜀詩鈔》卷四〇，《蜀詩續鈔》卷二。

文一篇　存

收入嘉慶《溫江縣志》卷三一。

王　侃

字遲士，晚號棲清山人。人稱花舫先生。乾、嘉間副貢生。後隱居江津之白岩以終。見《溫江縣鄉土志》卷五，民國《溫江縣志》卷五、卷九。按：參見峨眉縣堯濬條。

皇朝冠服志二卷　治平要術一卷　放言二卷　衡言四卷　江州筆談二卷　白岩文存六卷　白岩詩存五卷　存

見民國《溫江縣志》卷五。

今皆存同治四年光裕堂刻巴山七種本（叢書綜錄）。

冠服制條辨

見《溫江縣鄉土志》卷五。

竇圖山記一卷　蟇頤山記一卷　存

今存小方壺齋輿地叢鈔（第四帙）本。

冶官記異　存

見民國《溫江縣志》卷五。

今存道光二十六年曲溪草堂刻本（上圖）。

冶官記異六卷　存

今存道光二十六年刻本（國圖，北大，北師大）。

私議七篇　讀書隨錄　峨眉山志　字通

見民國《溫江縣志》卷五。

詩十七首　存

收入《全蜀詩鈔》卷五五。

王　蓉

女，字文貞，王侃女，宜賓進士余祥鍾妻。年三十卒於母家。見《全蜀詩鈔》卷六二。

詩二首　存

收入《全蜀詩鈔》卷六二。

蕭常芬

字蘭亭。乾、嘉間諸生。後遊幕，落拓，卒於成都。見《溫江縣鄉土志》卷五，民國《溫江縣志》卷九。按：參見峨眉縣堯濬條。

蘭亭遺稿

見民國《溫江縣志》卷五。

嶺南草　湘江草

見《溫江縣鄉土志》卷五，民國《溫江縣志》卷九。

詩一首　存

收入《溫江縣鄉土志》卷九。

李芳林

字翁森。乾、嘉間布衣，邃究《易》理，年九十一卒。見民國《溫江縣志》卷九。

詩一首　存

收入嘉慶《溫江縣志》卷三一，民國《溫江縣志》卷二。

奚世卿

字雲章，號篴濯。嘉慶二十四年舉人。見《全蜀詩鈔》卷四四。

詩一首　存

收入《全蜀詩鈔》卷四四。

葛士聞

上舍生。見道光《新津縣志》卷三九。

詩一首　存

收入道光《新津縣志》卷三九。

葛士精

秀才。見道光《新津縣志》卷三九。

詩一首 存

收入道光《新津縣志》卷三九。

郭運階

太學生。見道光《新津縣志》卷三九。

詩一首 存

收入道光《新津縣志》卷三九。

唐　喆

字靜齋，一作敬齋。年十五補諸生，喜談兵。道光間在世。見民國《溫江縣志》卷九，《清人別集總目》頁 1954。

仲陽遺稿（唐袁遺稿）一卷 存

見民國《溫江縣志》卷五，《清人別集總目》頁 1954。

今存民國十年溫江縣圖書館刊唐袁遺稿本（川圖，南大）。

詩二首 存

收入民國《溫江縣志》卷五。

文一篇 存

收入民國《溫江縣志》卷一二。

毛含昱

字丹雲。道光三年進士。官至安徽潁州府知府。見《蜀詩續鈔》卷一。

詩一首 存

收入《蜀詩續鈔》卷一。

文一篇 存

收入同治《新繁縣志》卷一五，民國《新繁縣志》卷三四。

王再咸

字澤山。道光五年拔貢生，咸豐二年舉人。年五十二卒。見《全蜀詩鈔》卷五七，《蜀詩續鈔》卷五，民國《溫江縣志》卷五、卷九，《及見詩續鈔》卷四。

燕臺集　南游小草　澤山樂府　澤山文集

見《全蜀詩鈔》卷五七。

澤山詩鈔二卷（趙熙編） 存

見民國《溫江縣志》卷五，《清人別集總目》頁 116。

今存光緒十五年溫江王氏刻本（川圖）。

冊山詩鈔一卷 存

見《清人別集總目》頁 116。

今存同治光緒刻本（上圖，豫圖，廣圖）。

澤山詩鈔二卷賦鈔一卷 存

見《清人別集總目》頁 116。

今存民國三年成都昌福公司鉛印本（皖圖，川省，南大）。

花品一卷 存

今存民國六年上海掃葉山房石印娛萱室小品叢書本（叢書綜錄）；民國十一年四川刻壁經堂叢書第一集（國圖）；一九八九年臺北新文豐出版公司影印本。

詩二十九首 存

收入《全蜀詩鈔》卷五七，《蜀詩續鈔》卷五。

趙　湘

名一作緗，號雲九。秀才。見《溫江縣鄉土志》卷五，民國《溫江縣志》卷五。

呻吟集　譫獨集　解脱集　鐵妛集

見《及見詩續鈔》卷六。

雲石詩集（鐵叟啞草）四卷

見《溫江縣鄉土志》卷五，民國《溫江縣志》卷五。

詩六首　存

收入《及見詩續鈔》卷六。

蕭　涵

字少海。咸豐元年舉人。同治七年主萬春書院講席，半載以疾卒。見《蜀詩續鈔》卷六，《溫江縣鄉土志》卷五，民國《溫江縣志》卷九。

蕭少海詩集一卷

見民國《溫江縣志》卷五。

詩一首　存

收入《蜀詩續鈔》卷六。

羅　緗

字雲塢、一作雲五，寄籍華陽。咸豐十一年拔貢生，官湖北知縣，陞知府。丁憂回川，後不復出。年八十六猶在世。見民國《溫江縣志》卷五。

蘄春記略一卷　怡雲館文牘一卷

見民國《溫江縣志》卷五。

徐雲衢

進士，同治間任松潘教授。見民國《松潘縣志》卷五。

文一篇　存

收入民國《松潘縣志》卷八。

羅葆宸

原名藩，字屏珊。同治六年舉人，任江西知縣。工小楷。見《及見詩續鈔》卷一，《溫江縣鄉土志》卷五，民國《溫江縣志》卷五。

屏珊吟草一卷

見民國《溫江縣志》卷五。

詩三首　存

收入《及見詩續鈔》卷一，《蜀詩續鈔》卷五。

謝榮榜

字愷廷。同治六年舉人。閉門授徒，不干外務。見《溫江縣鄉土志》卷五，民國《溫江縣志》卷九。

水經考

見《溫江縣鄉土志》卷五，民國《溫江縣志》卷五。

愷廷札記

見民國《溫江縣志》卷五。

李汝南

字湘石。同治九年舉人，任福建福鼎縣知縣。書畫徧於海內。見《溫江縣鄉土志》卷五，民國《溫江縣志》卷五。

李湘石年譜一卷　李湘石遺詩三卷

見民國《溫江縣志》卷五。

蕭　諫

號攬軒。見《清人別集總目》頁2048。

務時敏齋詩集一卷　存

見《清人別集總目》頁2048。

今存同治二年柳堂師友詩錄初編本（叢書綜錄）；同治十二年刻柳堂師友詩錄本（國圖）。

曾鈺

字枕雲。諸生。見《全蜀詩鈔》卷四六。

詩二首　存

收入《全蜀詩鈔》卷四六。

車駒

字文茵。見《蜀詩續鈔》卷三。

詩三首　存

收入《蜀詩續鈔》卷三。

曾學傳

字習之，晚號皁江逸叟。廩貢生，任四川高等學校教員。入民國，任四川國學院院員。民國九年猶在世。見民國《溫江縣志》卷五、卷八。

春秋大義繹八卷　存

見民國《溫江縣志》卷五。

今存民國三年皁江學社刻本（上圖）；民國十一年刻本（國圖）；民國十五年皁江學社刻本（南大）。

孝經釋義一卷　中國倫理學史七卷　皁江曾氏家乘三卷　憂患錄一卷　丙辰風雨錄四卷　懷廬閒話一卷　老學記二卷　瀹靈集二卷　下學法言三卷（編）　唐宋文軌十二卷（編）

見民國《溫江縣志》卷五。

宋儒學案約編二十二卷　存

見民國《溫江縣志》卷五。

今存宣統三年排印本（川大）。

溫江縣鄉土志十二卷（纂）　存

見民國《溫江縣志》卷五。

今存宣統元年刻本（方志聯合目錄）。

民國《溫江縣志》十二卷首一卷（張驥等修曾學傳等纂）　存

今存民國十年刻本（方志聯合目錄）。

皁江學言一卷　存

見民國《溫江縣志》卷五。

今存民國二年鉛印本（川大）。

憂懷集六卷　存

見《清人別集總目》頁2281。

今存民國鉛印本（川大）；民國三年成都排印本（川圖）。

皁江詩文集　存

按：皁江，《清人別集總目》頁2281皆作“阜江”，誤。

今存民國十三年溫江皁江學社刻本（川圖）。

皁江文集十四卷續篇三卷詩集八卷續篇一卷　存

民國《溫江縣志》卷五錄作皁江文集十卷、皁江文集補編三卷、皁江文集外編二卷（附聯語）、皁江詩集六卷。

今存民國十三年皁江學社刻本（南大）。

曾學仁

字德元，學傳弟。光緒二十八年舉人，官盛京長興島州判。民國初，任川西宣慰副使，後為四川省議會議員。見民國《溫江縣志》卷五、卷八。

錢垣詩草二卷

見民國《溫江縣志》卷五。

曾寶和

字道侯，學傳子。任省立中學校國文教員。見民國《溫江縣志》卷八。

幼學記一卷　磐齋悺語一卷　磐齋文藁一卷　磐齋詩初集二卷　磐齋詞一卷

見民國《溫江縣志》卷五。

詩十四首　存

收入民國《溫江縣志》卷二、卷一〇、卷一二。

文四篇　存

收入民國《溫江縣志》卷五、卷一二。

趙鍾靈

字復初。光緒二十八年舉人，官湖南知縣。見民國《溫江縣志》卷五、卷九。

半村詩集五卷

見民國《溫江縣志》卷五。

詩四首　存

收入《溫江縣鄉土志》卷九，民國《溫江縣志》卷一、卷二、卷一二。

文一篇　存

收入《溫江縣鄉土志》卷九，民國《溫江縣志》卷二。

鄢　纕

原名棠，字雨蒼。初肄業錦江書院，後為廩貢生。見《溫江縣鄉土志》卷五，民國《溫江縣志》卷九。

文二篇　存

收入《溫江縣鄉土志》卷五、卷九。

沈溱祥（1870—1906）

字少海，增貢生。初從鄢纕受古文辭。光緒三十一年，任溫江高等小學歷史教習。明年病卒，年三十七。見《溫江縣鄉土志》卷五，民國《溫江縣志》卷五、卷九。

理學語要匯覽十八卷（編纂）

見民國《溫江縣志》卷五。

中國歷史講義一卷

見民國《溫江縣志》卷九。

沈桂祥

字少珊，溱祥異母弟。見民國《溫江縣志》卷五。

松崖碎錄一卷　松崖詩稿一卷

見民國《溫江縣志》卷五。

詩一首　存

收入民國《溫江縣志》卷五。

趙廷儒

字純臣。廩生。研精醫道，活人不受謝。見民國《溫江縣志》卷九。

寒溫條辨　景岳括要

見民國《溫江縣志》卷五。

趙李合璧八卷　存

今存光緒三十四年新都張氏刻本（國圖）。

張來際

字子端。廩生，歷官汶川、廣元、遂寧訓導。年八十餘猶精健。見《溫江縣鄉土志》卷四，民國《溫江縣志》卷八。

韻語通（輯）

見民國《溫江縣志》卷八。《溫江縣鄉土志》卷四云："嘗輯呂近溪《小兒語》、呂新吾《續小兒語》、李西漚《老學究語》，爲《韻語通》，刊佈里塾，以訓童蒙。"

趙迪光

字吉生。喜為慈善事，每於米貴之年，籌設局減價賣米，以所得串底錢作局費，貧民便之。見民國《溫江縣志》卷八。

救荒芻言一卷

見民國《溫江縣志》卷五。

趙建中

字君楷，迪光子。歲貢生。民國初，任四川靖國軍游擊司令部書記官。見民國《溫江縣志》卷五。

惺龕雜稿一卷

見民國《溫江縣志》卷五。

詩三首　存

收入《溫江縣鄉土志》卷九，民國《溫江縣志》卷一、卷二。

趙三麒

字東垣。補諸生，舉孝廉方正，不就。年八十六卒。塾江李惺稱為“西川翹楚”。見《溫江縣鄉土志》卷五，民國《溫江縣志》卷五。

易學精粹十二卷　奇方輯要六卷（編）

天文會纂一卷（編）

見民國《溫江縣志》卷五。

名教範圍八卷

見《溫江縣鄉土志》卷五，民國《溫江縣志》卷五。

王銘新

字又新。舉人，歷任潼川中學、四川鐵道等校校長。民國中歷官富順、眉山、大邑等縣知事。見民國《溫江縣志》卷五。

修身學一卷　存

見民國《溫江縣志》卷五。

今存宣統三年刻本（南大）。

絃歌選二卷（编）　存

民國《溫江縣志》卷五作六卷。

今存民國四年王氏家塾刻本（國圖，上圖，北大，川大）。

中國倫理學十篇（輯）

見民國《溫江縣志》卷五。

徐勁岑

舉人。見民國《松潘縣志》卷二、卷八。

文三篇　存

收入民國《松潘縣志》卷二、卷八。

江　聲

字小樓。歲貢生。年八十卒。見民國《溫江縣志》卷五。

隨遇集一卷

見民國《溫江縣志》卷五。

詩一首　存

收入民國《溫江縣志》卷五。

李錫桓

字俊生。補諸生。見民國《溫江縣志》卷五、卷九。

頤古精舍詩集二卷

見民國《溫江縣志》卷五。

李　恂

字信侯，原名光恂。卒年二十四。

見民國《溫江縣志》卷五。

志學錄二卷　北溪詩稿一卷　北溪文稿一卷

見民國《溫江縣志》卷五。

詩二首　存

收入民國《溫江縣志》卷五、卷九。

劉若愚

字健民。見民國《溫江縣志》卷五。

養盲集二卷

見民國《溫江縣志》卷五。

羅璧光

字子元。諸生。見民國《溫江縣志》卷五。

逸盦存稿四卷

見民國《溫江縣志》卷五。

詩一首　存

收入民國《溫江縣志》卷五。

羅肇常

字子良，號醉禪，璧光從弟。其詩初學溫、李，後則一洗舊習，力求雅健。見民國《溫江縣志》卷五。

醉霞館詩存一卷

見民國《溫江縣志》卷五。

彭祖賢

字子瑜。見民國《溫江縣志》卷五。

娛園詩草一卷

見民國《溫江縣志》卷五。

詩一首　存

收入民國《溫江縣志》卷五。

史載銘

字介如。以醫術名，年七十六卒。見民國《溫江縣志》卷八。

史氏醫案

見民國《溫江縣志》卷五。

史中立

字西巘，載銘子。見民國《溫江縣志》卷五。

橋梓繩武集（與其子致祥合撰）

見民國《溫江縣志》卷五。

徐　湘

副貢生。見民國《溫江縣志》卷四。

文一篇　存

收入民國《松潘縣志》卷首。

楊　毓

字根培。見民國《溫江縣志》卷五。

覺莽存稿一卷

見民國《溫江縣志》卷五。

楊　正

字賜君，原名鶴琴。諸生。民國間猶在世。見民國《溫江縣志》卷五。

大易微十二卷　悟道筌蹄二卷　奇門惠迪六卷　奇門槖籥三卷　傷寒讀本七卷　玉函讀本四卷　玉函翼三卷　羅經正謬四卷　代數因十二卷

見民國《溫江縣志》卷五。

堯　階

字恭甫，諸生。見民國《溫江縣志》卷五。

召鶴樓詩鈔一卷

見民國《溫江縣志》卷五。

袁承祖

一名承典，字慎五。年十六補縣弟子員，年四十歲卒。見民國《溫江縣志》卷五、卷九，《清人別集總目》頁 1755。

袁承祖遺稿　存

見《清人別集總目》頁 1755。原按：一名憶山草堂詩，與唐喆遺稿合刊。民國《溫江縣志》卷五作憶山草堂詩一卷。

今存民國十年溫江刻本（川圖）。

詩一首　存

收入民國《溫江縣志》卷五。

趙熙光

字秋根。舉人，清末官浙江知縣，善理財學。見民國《溫江縣志》卷五。

家族公産法一卷　鐵薹雜著三卷

見民國《溫江縣志》卷五。

國事捫燭臆談三卷　存

民國《溫江縣志》卷五著録作國事捫燭臆談一卷續一卷。

今存民國十年溫江縣圖書館刻本（北大）。

文二篇　存

收入民國《溫江縣志》卷三。

趙璧光

字六橋，熙光弟。官陝西通判，民國初任長寧知事。見民國《溫江縣志》卷五。

緑杉野屋詩存四卷

見民國《溫江縣志》卷五。

竹夢蘭

名佚。布衣，後從戎，至湘不遇，還里。年八十卒。見民國《溫江縣志》卷八。

詩二首　存

收入民國《溫江縣志》卷五、卷一二。

（李榮慧　吴静汶）

新繁縣

（今成都新都區）

費經虞

原名經野，榜名經緯，字仲若，號鮮民。明崇禎十二年舉人，官至雲南府同知。入清隱居揚州，卒年七十，一說七十三，門人私謚孝貞。見《新繁縣鄉土志》卷三，民國《新繁縣志》附《新繁文徵》卷首，《清人別集總目》頁1687。

毛詩廣義二十卷　字學十卷

見《新繁縣鄉土志》卷三，民國《新繁縣志》卷三〇。

四書懿訓一卷　四書字義一卷　古韻拾遺一卷　周易參同契合注三卷　荷衣集

見民國《新繁縣志》卷三〇。

費氏詩鈔四卷（釋含澈輯）　存

見《清人別集總目》頁1687。

今存咸豐新繁龍藏寺綠天蘭若刻本（南大，川圖）；咸豐六年綠天蘭若刻本（國圖，北大）；咸豐刻本（國圖）。

燕峰詩鈔　存

見《清人別集總目》頁1687。

今存影印稿本（湖南師大）。原按：書卡署虞仲若撰。或即費密撰。

劍閣芳華集二十卷（費經虞編輯　費密增補）　存

見民國《新繁縣志》卷三〇。

今存稿本（北大），抄本（川大）。

雅論二十六卷（費經虞撰　費密增補）　存

見民國《新繁縣志》卷三〇。

今存篛樓抄本（北師大）；清刻本（國圖，北師大）。

雅倫二十四卷（費經虞撰　費密補）　存

嘉慶《新繁縣志》卷三〇未著卷數，《新繁縣鄉土志》卷三作三十卷。

今存雍正五年汪玉球重修刻本（國圖）。

蜀詩十五卷（費經虞輯　費密　李調元續輯）　存

今存道光中鵝溪孫氏刊古棠書屋叢書本（叢書綜錄）。

詩十三首　存

收入嘉慶《新繁縣志》卷三七、卷四一，同治《新繁縣志》卷一六，民國《新繁縣志》附《新繁文徵》卷一四。

費　密（1625—1701）

字此度，號燕峯，一號卷隐，經虞子。明末避兵，輾轉流寓。康熙十六年，入山東提督將軍柯永榛幕。四十年卒，年七十七，門人私謚中文先生。時與成都邱履程、雅州傅光昭以詩文雄西南，稱“三子”。見嘉慶《清溪縣志》卷二，同治《新繁縣志》卷一一，民國《新繁縣志》卷八。

尚書書説一卷（尚書説一卷）　河洛古文一卷　二南偶説一卷　周禮注論一卷（周禮論一卷）　禮備録十卷　中庸大學古文一卷　中庸大學駁論一卷　歷代紀年四卷　史記補箋十卷　蠶此遺録二卷（蠶北遺録二卷）　歷代貢舉合議二卷　古史正十卷　笭箵歸來晚暇紀四卷　聖門舊章六種二十四卷　聖門學脈中旨録一卷　甕録一卷（甕極一卷）　二氏論一卷　金匱本草六卷　長沙發揮二卷　費氏家訓四卷　王氏瘆論一卷

見《新繁縣鄉土志》卷三，民國《新繁

縣志》卷三〇。

四禮補録十卷　祀先儀禮一卷　春秋虎談二卷　耆亂紀略四卷　老農記事二卷　歷代貢舉考九十卷　太極圖紀八卷

見民國《新繁縣志》卷三〇。

中傳正紀一百二十卷

見《新繁縣鄉土志》卷三。

弘道書三卷　存

民國《新繁縣志》卷三〇作十卷。

今存民國九年刻怡蘭堂叢書・費氏遺書三種本（叢書綜録，人大，臺灣史語所，臺大，日本人文）。

弘道書三卷附録一卷　存

今存民國十三年止庵校刊本（南大）；民國十四年至二十年渭南嚴氏孝義家塾叢書・費氏遺書三種本（叢書綜録，日本人文）。

荒書一卷　存

《新繁縣鄉土志》卷三、民國《新繁縣志》卷三〇作四卷。

今存光緒三十四年怡蘭堂刻本（國圖，北大）。

荒書一卷附校記一卷（校記爲民國唐鴻學撰）　存

今存民國九年刻怡蘭堂叢書・費氏遺書三種本（叢書綜録，人大，臺灣史語所，臺大，日本人文）；民國十四年至二十年渭南嚴氏孝義家塾叢書・費氏遺書三種本（叢書綜録，日本人文）。

燕峰文鈔二十卷詩鈔二十卷題跋六卷尺牘六卷詩餘二卷雜著二卷集外雜存八卷

見民國《新繁縣志》卷三〇。

燕峰詩鈔二卷　存

見《清人别集總目》頁 1685。

今存清抄本（北京宣武區圖）。

燕峰詩鈔　存

見《清人别集總目》頁 1685。

今存民國大關唐氏怡蘭室抄本（川圖）；民國大關唐氏怡蘭堂刻本（北大）；一九六四年江蘇泰州古籍書店據乾隆間抄本轉抄本（國圖）。

燕峰詩鈔一卷　存

見《清人别集總目》頁 1685。

今存民國九年刻怡蘭堂叢書・費氏遺書三種本（叢書綜録，人大，臺灣史語，臺大，日本人文）；民國十四年至二十年渭南嚴氏孝義家塾叢書・費氏遺書三種本（叢書綜録，日本人文）。

燕峰詩鈔不分卷　存

見《清人别集總目》頁 1685。

今存一九六四年泰州古舊書店據乾隆抄本傳抄、據怡蘭亭本補抄本（安徽師大）。

燕峰詩鈔一卷附録一卷

今存光緒三十四年至民國九年怡蘭堂刻本（國圖）；民國十四年至二十年渭南嚴氏孝義家塾叢書・費氏遺書三種本（叢書綜録，日本人文）。

燕峰文鈔一卷　存

見《清人别集總目》頁 1685。

今存四庫全書總目・存目著録本。

唐宮閨詩二卷（編）

見民國《新繁縣志》卷三〇。

詩五十八首　存

收入嘉慶《新繁縣志》卷三七，同治《新繁縣志》卷一六，《全蜀詩鈔》卷一，民國《新繁縣志》附《新繁文徵》卷一五，《清詩匯》卷三三。

文十七篇　存

收入同治《新繁縣志》卷一五，民國《新繁縣志》附《新繁文徵》卷一、卷四、卷七、卷八、卷九、卷三〇。

費錫琮 (1661—1725)

字厚菴，號樹樓，密長子。為人慷慨，任事方正，絕意仕進。雍正三年卒，年六十五。見嘉慶《新繁縣志》卷三〇，同治《新繁縣志》卷一五，民國《新繁縣志》卷八。

白鶴樓稿

見嘉慶《新繁縣志》卷三〇、同治《新繁縣志》卷一一、《新繁縣鄉土志》卷三。按：民國《新繁縣志》卷三〇作白雀樓詩集，《全蜀詩鈔》卷一作白鶴樓詩草。

階庭偕詠三卷（與費錫璜合撰）　存

見《清人別集總目》頁1688。同治《新繁縣志》卷一五、民國《新繁縣志》卷三〇作階庭偕詠集，未著卷數。

今存康熙刻本（南圖）。

詩十首　存

收入同治《新繁縣志》卷一六，《西充縣志》卷一三，《全蜀詩鈔》卷一，民國《新繁縣志》附《新繁文徵》卷一六，《清詩匯》卷四〇。

費錫璜 (1664—?)

字滋衡，費密次子。少隨父居泰州，後歸蜀。見《新繁縣鄉土志》卷三，民國《新繁縣志》卷八，《清人別集總目》頁1688。

費滋衡詩五卷　存

見《清人別集總目》頁1688。

今存稿本（中科院文研所）。

掣鯨堂詩集十五卷　存

見《清人別集總目》頁1688。

今存康熙刻本（國圖，人大）。

掣鯨堂詩集十三卷　存

見《清人別集總目》頁1688。

今存康熙刻本（國圖，復旦）。

掣鯨堂詩集殘存五卷　存

見《清人別集總目》頁1688。

今存據成都樊氏存素堂本景抄本（上圖）。

掣鯨堂詩集　存

見《全蜀詩鈔》卷一，《清人別集總目》頁1688。

今存清刻本（皖圖）。

掣鯨堂詩選九卷　存

見《清人別集總目》頁1688。按：民國《新繁縣志》卷三〇、《清詩匯》卷四〇題作掣鯨堂詩集九卷。

今存道光鵝溪孫氏刻古棠書屋叢書本（叢書綜錄，南開，日本人文，北大，川大）；光緒九年敘州汗青簃刻本（國圖，上圖，南圖，南大）；清刻本（西安文管會）；民國古棠書屋刻本（上圖，北大）。

掣鯨堂集不分卷　存

見《清人別集總目》頁1688。

今存咸豐六年序刻本（上圖）。

掣鯨堂集一卷　存

見《清人別集總目》頁1688。

今存光緒三十四年至宣統三年國學萃編社排印晨風閣叢書本第一集（叢書綜錄）。

貫道堂文集四卷　存

見民國《新繁縣志》卷三〇，《清人別集總目》頁1688。

今存康熙汪文蓍刻本（國圖，晉圖，浙圖）；清刻本（國圖）。

貫道堂文集不分卷　存

今存清刻本（國圖）。

階庭偕詠三卷（與費錫琮合撰）　存

見《清人別集總目》頁1688。

今存康熙刻本（南圖）。

漢詩總説一卷　存

今存昭代叢書（道光本）辛集别編本；民國十六年排印清詩話本。

漢詩説十卷（與錢塘沈用濟同編）　存

見民國《新繁縣志》卷三〇。

今存抄本（國圖）；康熙刻本（國圖，北大）。

漢詩説十卷總説一卷（與錢塘沈用濟同編）　存

今存康熙刻本（國圖，北師大）。

詩二百三十四首　存

收入康熙《西充縣志》卷一二，嘉慶《新繁縣志》卷三七，同治《新繁縣志》卷一六，《全蜀詩鈔》卷二、卷三，民國《新繁縣志》附《新繁文徵》卷一六，《清詩匯》卷四〇。

文六十篇　存

收入康熙《西充縣志》卷一一，民國《新繁縣志》卷八、卷三〇，民國《新繁縣志》附《新繁文徵》卷二、卷四、卷七、卷八、卷九、卷一〇、卷一一、卷一二、卷一三。

費　冕

字言集，一字延舉，錫琮長子。雍正元年拔貢生，次年補為副貢生。見同治《新繁縣志》卷一一費密條附，民國《新繁縣志》卷二四，附《新繁文徵》卷首。

費燕峰先生年譜四卷　存

今存揚州古舊書店傳抄本（國圖，北師大）；北京圖書館出版社二〇〇六年清人年譜系列影印本（國圖）。

歷代策士考四卷　蜀考一卷　西窗雜記四卷　野村雜記八卷　古今同名録二卷　濯錦堂文鈔二卷詩鈔四卷

見民國《新繁縣志》卷三〇。

詩二首　存

收入民國《新繁縣志》附《新繁文徵》卷一六。

費　盉

密孫，錫琮子，冕弟。入籍成都。見《全蜀詩鈔》卷一〇，民國《新繁縣志》附《新繁文徵》卷首。

詩一首　存

收入《全蜀詩鈔》卷一〇，民國《新繁縣志》附《新繁文徵》卷一六。

費　軒

字執卿，一作執御，密孫，錫璜長子。附生。見同治《新繁縣志》卷首、卷一一費密條附，《全蜀詩鈔》卷一〇，民國《新繁縣志》卷三〇。

揚州夢香詞一卷

見民國《新繁縣志》卷三〇。

詩三首　存

收入《全蜀詩鈔》卷一〇，民國《新繁縣志》附《新繁文徵》卷一六。

費　藻

字方潔，密孫，錫璜子，軒弟。雍正十年舉人。見同治《新繁縣志》卷一一費密條附，《全蜀詩鈔》卷一〇。

詩一首　存

收入《全蜀詩鈔》卷一〇，民國《新繁縣志》附《新繁文徵》卷一六，《清詩匯》卷六八。

文一篇　存

收入嘉慶《新繁縣志》卷三七，同治《新繁縣志》卷一五，民國《新繁縣志》附《新繁文徵》卷一二。

王　拔

康熙時中副榜，官夾江教諭。見《蜀詩續鈔》卷五，民國《新繁縣志》附《新繁文徵》卷首。

詩二首　存

收入《蜀詩續鈔》卷五，民國《新繁縣志》附《新繁文徵》卷一八。

楊　嶠

字嗛雲。康熙十一年舉人。見《全蜀詩鈔》卷五，民國《新繁縣志》卷三〇、附《新繁文徵》卷首。

嗛雲詩集

見民國《新繁縣志》卷三〇。

詩二首　存

收入《全蜀詩鈔》卷五，民國《新繁縣志》附《新繁文徵》卷一五。

楊　岱

字東子，一作丹稜人，又作成都人。嶠弟。入籍彭縣，中康熙五年舉人，官上杭知縣。見嘉慶《四川通志》卷一八七，嘉慶《彭縣志》卷二七，《錦里新編》卷五，同治《重修成都縣志》卷七，光緒《彭縣志》卷六、卷七，民國《新繁縣志》卷二四、卷三〇、附《新繁文徵》卷首，民國《丹稜縣志》卷六。

郫山詩集

見嘉慶《四川通志》卷一八七，同治《重修成都縣志》卷七、卷九，《全蜀詩鈔》卷四，光緒《彭縣志》卷七、卷九，民國《新繁縣志》卷三〇，民國《丹稜縣志》卷六。

詩四十三首　存

收入道光《保寧府志》卷六二，《全蜀詩鈔》卷四，光緒《彭縣志》卷一〇，民國《新繁縣志》附《新繁文徵》卷一五。

楊　崐

字葛山，號中洲，一作彭縣人。嶠、岱弟。中康熙十一年武舉人，任松潘鎮總兵。見嘉慶《四川通志》卷一八七，同治《重修成都縣志》卷七，《錦里新編》卷五，同治《新繁縣志》卷九，民國《新繁縣志》卷二四、卷三〇、附《新繁文徵》卷首，光緒《彭縣志》卷七楊岱條附，《全蜀詩鈔》卷五，民國《丹稜縣志》卷六。

三樹堂詩集（三樹堂集）

見嘉慶《四川通志》卷一八七，同治《重修成都縣志》卷七、卷九，光緒《彭縣志》卷七、卷九，《全蜀詩鈔》卷五，民國《新繁縣志》卷三〇。

詩一首　存

收入《全蜀詩鈔》卷五，民國《新繁縣志》附《新繁文徵》卷一五。

楊　岐

字周子，一作彭縣人，又作成都。嶠、岱、崐弟。見《錦里新編》卷五，同治《重修成都縣志》卷七，光緒《彭縣志》卷七楊岱條附，《全蜀詩鈔》卷五，民國《新繁縣志》卷三〇、附《新繁文徵》卷首，民國《丹稜縣志》

卷六。

碧蘿亭稿

見同治《重修成都縣志》卷七，光緒《彭縣志》卷七、卷九，《全蜀詩鈔》卷五，民國《新繁縣志》卷三〇，民國《丹稜縣志》卷六。

詩十七首 存

收入《全蜀詩鈔》卷五，民國《新繁縣志》附《新繁文徵》卷一五。

楊元甲

字先令，嶠子。見民國《新繁縣志》附《新繁文徵》卷首。

詩二首 存

收入民國《新繁縣志》附《新繁文徵》卷一五。

李　瑁

字禹功。國子監生。見嘉慶《新繁縣志》卷三三李先品條附，民國《新繁縣志》卷三〇、附《新繁文徵》卷首。

通鑑紀要　子史粹言　百花樓稿一卷 存

梅亭文集一卷　叩鳴草一卷

見民國《新繁縣志》卷三〇。

詩二首 存

收入嘉慶《新繁縣志》卷三七，同治《新繁縣志》卷一六，民國《新繁縣志》附《新繁文徵》卷一五。

文一篇 存

收入同治《新繁縣志》卷一五，民國《新繁縣志》附《新繁文徵》卷四。

李天錫

字奉若，瑁弟。康熙二十三年舉人，任直隸南樂縣知縣。見嘉慶《新繁縣志》卷二八、卷三〇、卷三三李先品條附。

詩一首 存

收入嘉慶《新繁縣志》三七，同治《新繁縣志》卷一六，民國《新繁縣志》附《新繁文徵》卷一五。

楊弘緒

字裕德，號丹山，名一寫作宏緒。康熙五十年舉人，六十年成進士，官至浙江按察使，以事左遷湖南糧儲道，雍正十三年革職。見同治《新繁縣志》卷九、卷一〇，《全蜀詩鈔》卷九，《蜀詩續鈔》卷二、卷四，民國《新繁縣志》卷九、卷三〇。

直養齋稿不分卷 存

見《清人別集總目》第707頁。嘉慶《新繁縣志》卷三〇，同治《新繁縣志》卷一〇，《全蜀詩鈔》卷九，民國《新繁縣志》卷三〇著錄作直養齋詩文集十卷。

今存清抄本（川圖）。

詩五十首 存

收入嘉慶《新繁縣志》卷三七，道光《保寧府志》卷六二，同治《新繁縣志》卷一六，《全蜀詩鈔》卷九，《蜀詩續鈔》卷二、卷四，民國《新繁縣志》附《新繁文徵》卷一五，《清詩匯》卷六一，《及見詩鈔》卷一。

文一篇 存

收入嘉慶《新繁縣志》卷三七，同治《新繁縣志》卷一五，民國《新繁縣志》附《新繁文徵》卷一一。

戴文璧（1709—?）

乾隆七年舉人，五十五年會試，賞翰林院檢討。嘉庆十七年參修縣志，年百零六歲。見嘉慶《新繁縣志》卷首、卷二七，同治《新繁縣志》卷九。

詩一首　存

收入嘉慶《新繁縣志》卷三七，同治《新繁縣志》卷一六。

邢振翼

字圖南。入松潘學籍。雍正四年（一作十年）舉人，任資陽縣教諭。未幾去官。嘗開教於温江縣天王寺。見民國《新繁縣志》卷一七，民國《新繁縣志》卷二四、附《新繁文徵》卷首，民國《松潘縣志》卷六，民國《温江縣志》卷九。

雜集記年五十卷

見嘉慶《温江縣志》卷三三。

詩二首　存

收入民國《新繁縣志》附《新繁文徵》卷一七，《及見詩鈔》卷七。

釋超洪

字子忠，縣西清涼寺僧。乾隆初，大開道場，飯雲游僧衆。見同治《新繁縣志》卷一一，《蜀詩續鈔》卷八，民國《新繁縣志》卷二〇。

禪律二卷

見同治《新繁縣志》卷一一，民國《新繁縣志》卷三〇。

子忠語錄

見《蜀詩續鈔》卷八，民國《新繁縣志》卷三〇。

古今體詩二卷

見同治《新繁縣志》卷一一，民國《新繁縣志》卷二〇。

詩一首　存

收入同治《新繁縣志》卷一六，《蜀詩續鈔》卷八，民國《新繁縣志》附《新繁文徵》卷二二。

高　登（1729—1815）

字退之。乾隆五十一年歲貢生，任青神縣訓導。嘉慶二十年卒，年八十七。見嘉慶《新繁縣志》卷首，同治《新繁縣志》卷九，民國《新繁縣志》卷一〇。

雙務堂文稿

見民國《新繁縣志》卷三〇。

高汝銘

字鼎軒，登孫。諸生，年七十四卒。見民國《新繁縣志》卷一〇高登條附。

經世約編一卷

見《新繁縣鄉土志》卷三。按：民國《新繁縣志》卷三〇未著卷數。

救荒書四卷（編）　兵書四卷（編）

醒庵詩稿

見民國《新繁縣志》卷三〇。

鼎軒古文一卷

見《新繁縣鄉土志》卷三。

高汝評

字朗山，登孫，汝銘弟。恩貢生，年九十六卒。見民國《新繁縣志》卷一〇高登條附。

中庸管見

見民國《新繁縣志》卷三〇。

尋樂山房詩文集

見民國《新繁縣志》卷三〇，《新繁縣鄉土志》卷三。

高汝論

字默齋，登孫，汝銘、汝評堂兄弟。入彭縣籍，中嘉慶二十一年副榜，歷任劍州、重慶府學官，講學四十餘年，胡鑑、高瀛、程子定皆出其門下。年七十餘卒。見同治《新繁縣志》卷九、卷一一，民國《新繁縣志》卷一〇高登條附。

人字圖説一卷

見《新繁縣鄉土志》卷三，民國《新繁縣志》卷一〇高登條附。

文一篇　存

收入同治《新繁縣志》卷一五。

張宏仁

字宅安。乾隆十五年舉人，二十二年成進士，官至安徽潁州府知府。見嘉慶《新繁縣志》卷二七、卷三〇，民國《新繁縣志》附《新繁文徵》卷首。

詩五首　存

收入嘉慶《新繁縣志》卷三七，民國《新繁縣志》附《新繁文徵》卷一七。

陳儒林

乾隆二十七年舉人。見同治《新繁縣志》卷九。

詩一首　存

收入同治《新繁縣志》卷一六。

張粹德

乾隆二十七年舉人，以足疾未赴會試，遂絕意仕進。年九十卒。見嘉慶《新繁縣志》卷首，同治《新繁縣志》卷九、卷一一，民國《新繁縣志》卷一〇。

嘉慶《新繁縣志》四十三卷首一卷
（顧德昌等修　張粹德等纂）　存

今存嘉慶十九年刻本（方志聯合目錄）。

淡齋課藝四卷

見同治《新繁縣志》卷一一。

李思理

乾隆三十年舉人，任直隸香河縣知縣。見同治《新繁縣志》卷九。

文一篇　存

收入嘉慶《新繁縣志》卷三七，同治《新繁縣志》卷一五，民國《新繁縣志》附《新繁文徵》卷一一。

楊世儲

字西峯。乾隆四十二年副貢，嘉慶間任滎昌縣教諭。見嘉慶《新繁縣志》卷二七，同治《新繁縣志》卷九，民國《新都縣志》卷三〇。

蕭齋詩集二卷

見民國《新繁縣志》卷三〇。

詩八首　存

收入民國《新繁縣志》附《新繁文徵》卷一七。

姚懋綱

字勉三，號敦本。乾隆四十五年舉人，嘉慶間任安縣教諭。見嘉慶《新繁縣志》卷首，同治《新繁縣志》卷九，民國《新繁縣志》卷三〇。

尚書帝王考　四書劄記　青烏祕函

見民國《新繁縣志》卷三〇。

姚桐生

字次梧，懋綱孫。同治六年舉人，官松潘廳教授，主講繁江書院。光緒十二年成進士，授禮部主事。見同治《新繁縣志》卷首，《蜀詩續鈔》卷五，民國《新繁縣志》卷一三。

還蜀草一卷

見民國《新繁縣志》卷三〇。

詩七首　存

收入《蜀詩續鈔》卷五，民國《新繁縣志》附《新繁文徵》卷一八。

張謹度

字儀甫。乾隆五十四年拔貢生，授南川縣教諭。嘉慶間任石泉縣教諭，道光初陞直隸定興縣知縣。年七十八卒。見嘉慶《新繁縣志》卷首，同治《新繁縣志》卷九、卷一一。

唾餘詩草

見民國《新繁縣志》卷三〇。按《蜀詩續鈔》卷四作唾餘隨筆詩集。

詩三十三首　存

收入同治《新繁縣志》卷一六，民國《新繁縣志》附《新繁文徵》卷一七，《及見詩鈔》卷一〇，《蜀詩續鈔》卷四。

張汝玉

字琢之，謹度孫。廩生。年五十七卒。見同治《新繁縣志》卷一一張謹度條附，《蜀詩續鈔》卷五，民國《新繁縣志》卷一三、卷三〇、卷三四。

睫巢詩草

見《蜀詩續鈔》卷五，民國《新繁縣志》卷三〇。

吟秋詞　存

今存清末刻本（北大）。

詩二十六首　存

收入《蜀詩續鈔》卷五，民國《新繁縣志》卷三四、附《新繁文徵》卷一八。

張汝珏

字比玉，號信侯，别署清沙畫史，汝玉弟。廩貢生，候選訓導。年五十餘卒。見同治《新繁縣志》卷首、卷一一張謹度條附，《蜀詩續鈔》卷五，民國《新繁縣志》卷一三。

戲墨山房詩鈔

見《蜀詩續鈔》卷五，民國《新繁縣志》卷三〇。

詩七首　存

收入《蜀詩續鈔》卷五，民國《新繁縣志》附《新繁文徵》卷一八。

文一篇　存

收入同治《新繁縣志》卷二。

陳寶璋（1856—1928）

字紫蘅，一作子珩，原名興銓，張汝珏弟子。與長洲顧復初、安慶胡壽春、新都廖陽渤、成都朱溥、張錫鑾為友。為國子監生。民國十七年卒，年七十三。見同治《新繁縣志》卷九，民國《新繁縣志》卷一三、附《新繁文徵》卷首。

詩十二首　存

收入民國《新繁縣志》附《新繁文徵》卷二〇。

左　基

字平一，一作彭縣人。中乾隆五十九年舉人，任龍安府訓導。年八十二卒。見嘉慶《新繁縣志》卷首，同治《新繁縣志》卷一一，《蜀詩續鈔》卷四，民國《新繁縣志》卷一三、附《新繁文徵》卷首。

詩四首　存

收入《蜀詩續鈔》卷四，民國《新繁縣志》附《新繁文徵》卷一七。

左作佐

字幹臣，基子。見民國《新繁縣志》附《新繁文徵》卷首。

詩一首　存

收入民國《新繁縣志》附《新繁文徵》卷一七。

左有之

字宜軒，基孫。諸生，以春秋兵法論受知於道州何紹基，入縣學。咸豐十年，同副將張錫齋戰死滎縣。見《及見詩鈔》卷一〇，《蜀詩續鈔》卷四，民國《新繁縣志》卷一六。

詩四十七首　存

收入《及見詩鈔》卷一〇，《蜀詩續鈔》卷四，民國《新繁縣志》附《新繁文徵》卷一八。

鄧春林

字松坪。入彭縣籍，中道光八年舉人，大挑，補直隸青縣知縣，調靜海知縣。同治初卒，年七十九。見同治《新繁縣志》卷一〇，《蜀詩續鈔》卷四，民國《新繁縣志》卷九。

詩十六首　存

收入《及見詩續鈔》卷二，《蜀詩續鈔》卷四。

釋聖鐸

本縣河西寺僧。見嘉慶《新繁縣志》卷三七。

詩一首　存

收入嘉慶《新繁縣志》卷三七，同治《新繁縣志》卷一六，民國《新繁縣志》附《新繁文徵》卷二二，《蜀詩續鈔》卷八。

釋雲塢

字性明，名崇遠，號雲塢。出家龍藏寺，為印水上人弟子。卒年六十三。見同治《新繁縣志》卷一一，《蜀詩續鈔》卷八，民國《新繁縣志》卷二〇。

雲塢試帖二卷

見同治《新繁縣志》卷一一，《蜀詩續鈔》卷八。

雲塢古今體詩鈔二卷

見同治《新繁縣志》卷一一，《蜀詩續鈔》卷八，民國《新繁縣志》卷三〇。

詩七首　存

收入《蜀詩續鈔》卷八，民國《新繁縣志》附《新繁文徵》卷二二。

釋守庵（1804—1855）

字如澄，法名含恪，俗姓李，雲塢弟子。邑龍藏寺僧。咸豐五年卒，年五十二。見《蜀詩續鈔》卷八，民國《新繁縣志》卷二〇。

詩六首　存

收入《蜀詩續鈔》卷八，民國《新繁縣志》附《新繁文徵》卷二二。

釋含澈（1824—1899）

號雪堂，更號潛西退士，姓支氏，雲塢弟子。初居三聖寺，後為邑龍藏寺方丈。光緒二十五年卒，年七十六。見《蜀詩續鈔》卷七，民國《新繁縣志》卷二〇，民國《雙流縣志》卷三。

潛西隨筆　禪宗直指　性道南針

見民國《新繁縣志》卷二〇。

綠天隨筆一卷　淑世嘉言一卷

見民國《新繁縣志》卷三〇。

雪堂詩稿

見民國《雙流縣志》卷三。

綠天蘭若詩鈔一卷續一卷續續一卷　存

今存清刻本（南大）。按：民國《新繁縣志》卷三〇著錄有綠天蘭若詩鈔一卷。

綠天蘭若詩鈔一卷續一卷續續一卷補遺一卷缽囊游草一卷缽囊草一卷潛西精舍詩稿一卷潛西偶存一卷　存

見《清人別集總目》頁2475。

今存咸豐、同治刻本（國圖，首都，粵圖，復旦）；光緒潛西精舍刻本（上圖，川大）。

綠天蘭若詩鈔缽囊游草缽囊草綠天蘭若詩鈔補遺潛西精舍詩稿潛西偶存　存

今存清末刻本（國圖）。

缽囊游草　存

民國《新繁縣志》卷三〇作一卷。

今存清末刻本（國圖）。

缽囊草　存

民國《新繁縣志》卷三〇作一卷。

今存光緒十年綠天蘭若刻本（南大）。

潛西偶存一卷　存

民國《新繁縣志》卷三〇著錄作潛西精舍偶存一卷。

今存光緒刻本（川大）。

潛西精舍詩稿　存

民國《新繁縣志》卷三〇作一卷。

今存清末刻本（國圖）。

科名殷鑒　存

今存光緒八年刻本（南大）。

及見詩鈔十卷（輯）　存

今存咸豐六年綠天蘭若刻本（川大）。

及見詩續鈔八卷（輯）　存

今存光緒十九年潛西精舍刻本（川大）。

綠天蘭臭集八卷（輯）　存

見民國《新繁縣志》卷三〇。

今存光緒十五年潛西精舍刊本（國圖，川大）。

紗籠詩集十六卷（輯）　存

見民國《新繁縣志》卷三〇。

今存同治十一年綠天蘭若校刊本（南大，北師大，川大）。

紗籠文選八卷（含澈纂述　鄧宝森斠訛）　存

見民國《新繁縣志》卷三〇。

光緒十年至十一年新繁龍藏寺刻本（國圖，南大，川大）。

方外詩選八卷（輯）　存

今存光緒三年徒融琢星楂刻本（國

圖）；光緒三年龍藏寺緣天蘭若刻本（國圖）。

國朝蜀詩續鈔八卷（與墊江李炳靈同編）存

見民國《新繁縣志》卷三〇。

今存光緒二十二年刻本（川大）。

詩二百八十六首 存

收入《蜀詩續鈔》卷七。

王曰拔

官夾江訓導。見嘉慶《彭縣志》卷三五。

詩一首 存

收入光緒《彭縣志》卷一〇。

魏億齡

增生，精岐黄術。年八十八卒。見嘉慶《新繁縣志》卷三〇。

醫門一字通方書八卷

見嘉慶《新繁縣志》卷三〇，同治《新繁縣志》卷一一，民國《新繁縣志》卷三〇。

姜兆璜（1796—1843）

字漁生。道光五年府學拔貢生，歷任中江、安縣、彭山等處教職。與唐珪同時齊名。二十三年卒，年四十八。見同治《新繁縣志》卷九、卷一一，民國《新繁縣志》卷一三、附《新繁文徵》卷首。

桂生堂集　守恩堂集

見民國《新繁縣志》卷三〇。

桂生桂軒詩

見《蜀詩續鈔》卷四。

詩八十九首 存

收入同治《新繁縣志》卷一六，《全蜀詩鈔》卷四六，《蜀詩續鈔》卷四，民國《新繁縣志》附《新繁文徵》卷一七，《及見詩鈔》卷六。

文一篇 存

收入民國《新繁縣志》附《新繁文徵》卷一三。

姜駿章

字小漁，一名爾達，兆璜子。廩貢生，同治四年任蓬州學正，以軍功保陞縣丞。見同治《新繁縣志》卷九，《蜀詩續鈔》卷五，民國《新繁縣志》附《新繁文徵》卷首，光緒《蓬州志》卷八。

詩七首 存

收入《蜀詩續鈔》卷五，民國《新繁縣志》附《新繁文徵》卷一八。

羅玉簡

字書坪，兆璜弟子。諸生，年甫三十，以抑鬱卒。見同治《新繁縣志》卷一一姜兆璜條附，《蜀詩續鈔》卷四，民國《新繁縣志》卷三〇。

夢橘堂詩草

見民國《新繁縣志》卷三〇。按：《及見詩鈔》卷一〇、《蜀詩續鈔》卷四題作夢橘草堂詩集。

詩八首 存

收入《及見詩鈔》卷一〇，《蜀詩續鈔》卷四，民國《新繁縣志》附《新繁文徵》卷一八。

羅玉霖

字書農，書坪弟。布衣。見《蜀

詩續鈔》卷八，民國《新繁縣志》附《新繁文徵》卷首。

詩七首　存

收入《蜀詩續鈔》卷八，民國《新繁縣志》附《新繁文徵》卷一九。

唐　珪

字少侯。諸生，與姜兆璜同時齊名。見同治《新繁縣志》卷一一姜兆璜條附，民國《新繁縣志》卷一三姜兆璜條附。

唐少侯詩文集十二卷

見民國《新繁縣志》卷三〇。

高　瀛

道光十二年舉人，任仁壽訓導，截取知縣。同治間，曾參纂《新繁縣志》。見同治《新繁縣志》卷首、卷九、卷一〇。

晴洲詩草

見民國《新繁縣志》卷三〇。

李壽萱（1822—1898）

字蔭堂、映生，別字慕蓮。廩貢生。同治十年任敘州府訓導，光緒十八年改蓬州學正。二十四年卒，年七十八。見同治《新繁縣志》卷九，《蜀詩續鈔》卷三，民國《新繁縣志》卷一〇，《清人別集總目》頁787。

先儒語鐸八卷（編）

見民國《新繁縣志》卷三〇。

穀詒堂集（一名穀詒堂集古詩鈔）十卷　存

見《清人別集總目》頁787。民國《新繁縣志》卷三〇錄作穀詒堂集古詩鈔十卷續三卷。

今存光緒八年繁江李氏刻本（南圖，川圖，北師大，南大，海口）。

穀詒堂集古詩鈔初續集十三卷　存

見《清人別集總目》頁787。

今存光緒十五年戎州晚香齋刻本（川圖）。

五朝詩鐸三十一卷（編輯）　存

民國《新繁縣志》卷三〇作二十卷。

今存光緒十三年穀詒堂刻本（川大）；光緒十四年敍州府學署刻本（南大）。

五朝文鐸二十卷（編輯）　存

民國《新繁縣志》卷三〇作三十卷。

今存光緒十七年敘州府學署明倫堂刻本（川大，北師大，南大）。

秋英拾慧　存

見《新繁縣鄉土志》卷三，《清人別集總目》頁787。按：民國《新繁縣志》卷三〇作一卷。

今存光緒五年成都刻本（川圖）。

敘州府節孝錄十卷　存

今存光緒十二年戎州學署明倫堂刻本（南大）。

詩五首　存

收入《蜀詩續鈔》卷三。

嚴樹森（？—1876）

字渭春，原名澍森。道光二十年舉人，官內閣中書。咸豐元年任湖北東湖縣知縣，光緒元年官至廣西巡撫。二年卒。見同治《新繁縣志》卷九，《蜀詩續鈔》卷四，民國《新繁縣志》卷一一、附《新繁文徵》卷首。

嚴渭春奏議

見民國《新繁縣志》卷三〇。

鄂吏約一卷　存

今存同治元年武昌湖北撫署刻本（國圖，北大）。

鄂省全圖一卷　存

今存同治元年刻本（國圖，北大）。

大清一統輿圖三十一卷首一卷（胡林翼　嚴樹森主持　鄒世詒　晏启鎮編繪　李廷簫　汪士鐸核校）　存

今存同治二年湖北撫署刻本（國圖，北大）。按：北大又有著錄作三十卷首一卷本，國圖未著錄卷數，然皆爲同治二年湖北撫署刻，當爲同一本。又，書名又題作皇朝中外一統輿圖。

大清中外一統輿圖三卷　存

今存光緒二十四年刻本（川大）。

湖北地輿全圖　存

今存光緒末年繪本（國圖）。

川回捻匪盤踞圖（官文　嚴樹森製）

今存購於中國書店拍賣公司官文、嚴樹森於一八六〇至一八六五年間繪製本（國圖）。

詩五首　存

收入《蜀詩續鈔》卷四，民國《新繁縣志》附《新繁文徵》卷一八，《及見詩續鈔》卷八。

文七篇　存

收入民國《新繁縣志》卷三〇、附《新繁文徵》卷五、卷六。

嚴祖光

字雁汀。樹森孫。見民國《新繁縣志》附《新繁文徵》卷首。

雁汀詩草

見民國《新繁縣志》附《新繁文徵》卷首。

詩六首　存

收入民國《新繁縣志》附《新繁文徵》卷二〇。

賈應昌

字醇庵。道光二十七年歲貢生。見同治《新繁縣志》卷九，《蜀詩續鈔》卷四，民國《新繁縣志》附《新繁文徵》卷首。

梅花五十詠

見《及見詩鈔》卷一〇，《蜀詩續鈔》卷四。

詩十首　存

收入民國《新繁縣志》附《新繁文徵》卷一七，《及見詩鈔》卷一〇，《蜀詩續鈔》卷四。

胡光虞

道光、咸豐間人。屢躓童生試，年八十八卒。見同治《新繁縣志》卷一一楊壎條附。

四書串講

見民國《新繁縣志》卷三〇。

李湘竹

女，諸生呂清和妻。早寡。見《及見詩續鈔》卷六，《蜀詩續鈔》卷八，民國《新繁縣志》附《新繁文徵》卷首。

挹翠堂詩稿

見《蜀詩續鈔》卷八。

湘竹遺稿

見民國《新繁縣志》卷三〇。

詩二十二首　存

收入《及見詩續鈔》卷六，《蜀詩續

鈔》卷八，民國《新繁縣志》附《新繁文徵》卷二一。

詹克熹

號麗東，原名錡。未三十而卒。見《及見詩續鈔》卷三，《蜀詩續鈔》卷六。

吹篇集

見《及見詩續鈔》卷三，《蜀詩續鈔》卷六。

詩六首　存

收入《及見詩續鈔》卷三，《蜀詩續鈔》卷六。

劉志相

號翊廉，字輔臣。文生。見《及見詩續鈔》卷八，民國《新繁縣志》卷一一向步瀛條附。

詩二首　存

收入《及見詩續鈔》卷八。

劉立基 (1851—1919)

字豫凡，志相子。光緒中歲貢生。民國八年卒，年六十九。見民國《新繁縣志》卷一一向步瀛條附、卷二四、卷三〇。

碧杉書屋隨筆一卷　東征詩草一卷

見民國《新繁縣志》卷三〇。

甕牖醉言一卷　存

見民國《新繁縣志》卷三〇。

今存民國元年刻本（北師大）。

詩十一首　存

收入民國《新繁縣志》附《新繁文徵》卷一九。

文一篇　存

收入民國《新繁縣志》附《新繁文徵》卷九。

劉策方 (1893—1916)

女，字蘭馨，名一作策芳。立基女，成都葉式鵬妻。肄業成都女子師範學校。民國五年卒，年二十四。見民國《新繁縣志》卷一九。

蘭馨遺文一卷

見民國《新繁縣志》卷三〇。

文四篇　存

收入民國《新繁縣志》附《新繁文徵》卷七、卷九、卷一〇、卷一三。

劉希政 (1833—1928)

字午晴，一名丙薰。布衣，一作國子監生。民國十七年卒，年九十六。見民國《新繁縣志》卷一三、附《新繁文徵》卷首。

詩一首　存

收入民國《新繁縣志》附《新繁文徵》卷一九。

徐淩漢

字月槎。諸生。見民國《新繁縣志》附《新繁文徵》卷首。

詩八首　存

收入民國《新繁縣志》附《新繁文徵》卷一七，《及見詩鈔》卷一〇。

張照南

字仲容。諸生。見《全蜀詩鈔》卷四六，民國《新繁縣志》附《新繁文徵》卷首。

詩十一首　存

收入《全蜀詩鈔》卷四六，民國《新繁縣志》附《新繁文徵》卷一七，《及見詩鈔》卷七。

呂清和

字小晴。彭縣附生。見《蜀詩續鈔》卷四。

詩二首　存

收入《蜀詩續鈔》卷四。

呂燮樞

字子丹，號筍芸，原名錫書。諸生，由軍功官貴州羅斛廳同知。見同治《新繁縣志》卷首、卷九，《蜀詩續鈔》卷六，民國《新繁縣志》附《新繁文徵》卷首。按下呂正璋條引，當為呂清和子。

挹翠堂詩集

見民國《新繁縣志》卷三〇，《及見詩續鈔》卷五。

詩四百八十三首　存

收入《及見詩續鈔》卷五、卷六，《蜀詩續鈔》卷六，民國《新繁縣志》附《新繁文徵》卷一八，民國《簡陽縣志》卷五。

文二篇　存

收入民國《新繁縣志》附《新繁文徵》卷一〇，《紗籠詩集》卷首。

呂正璋

字峨生。清和子，燮樞弟，早卒。見《蜀詩續鈔》卷四，民國《新繁縣志》附《新繁文徵》卷首。

詩二首　存

收入《蜀詩續鈔》卷四，民國《新繁縣志》附《新繁文徵》卷一八。

呂藻樞

字雅南，燮樞、正璋弟。監生，歷江蘇沛縣夏陽司巡檢、桃源縣典史，捐陞知縣。見同治《新繁縣志》卷九，《蜀詩續鈔》卷五，民國《新繁縣志》附《新繁文徵》卷首。

詩七首　存

收入《蜀詩續鈔》卷五，民國《新繁縣志》附《新繁文徵》卷一八。

冉　庚

原名師有，字西垣，號夢白。附貢生，捐教諭，以軍功保舉為湖北候補知縣。見《及見詩續鈔》卷八，同治《新繁縣志》卷九，《蜀詩續鈔》卷六。按：附貢，疑同副貢。下同。

詩一首　存

收入《及見詩續鈔》卷八，《蜀詩續鈔》卷六，民國《新繁縣志》附《新繁文徵》卷一八。

徐步高

號嵩亭。貢生，任江津訓導，詩多散佚。見《及見詩續鈔》卷三。

詩一首　存

收入《及見詩續鈔》卷三。

黃酉山

字香亭。咸豐二年舉人。見同治《新繁縣志》卷首、卷九，民國《新繁縣志》附《新繁文徵》卷首。

詩二首 存

收入民國《新繁縣志》附《新繁文徵》卷一七。

楊益豫

字立生，號建侯。咸豐五年副貢生，九年中舉人，同治元年成進士，官工部營繕司主事、甘肅靖遠知縣。見同治《新繁縣志》卷首、卷九，《蜀詩續鈔》卷五，民國《新繁縣志》卷一三、附《新繁文徵》卷首。

同治《新繁縣志》十六卷首一卷（張文珍 李應觀修 楊益豫等纂） 存

今存同治十二年刻本（方志聯合目錄）。

工部筆談四卷 存

見民國《新繁縣志》卷三〇。

今存清光緒二十一年濳西精舍刊本（川大）。

故事摭餘一卷 立生隨筆十二卷 奇男子遺事一卷 書畫記一卷 程餘質談二卷 餘屑一卷 雜記六卷 擲虛雜言一卷

見民國《新繁縣志》卷一三。

停琴寄笠山房詩草十二卷 存

見《清人別集總目》頁726。按：民國《新繁縣志》卷三〇著錄作停琴寄笠山房詩集十二卷文集四卷。

今存光緒刻本（南圖）。

詩二百六首 存

收入《及見詩續鈔》卷七，《蜀詩續鈔》卷五，民國《新繁縣志》附《新繁文徵》卷一八。

文二篇 存

收入民國《新繁縣志》卷三〇、附《新繁文徵》卷五，《紗籠詩集》卷首。

楊昌翰

字滌臣，益豫子。國子監生，以軍功保舉為湖北房縣知縣。見同治《新繁縣志》卷九，民國《新繁縣志》卷一三楊益豫條附。

新繁詩略續編國朝詩二卷（編輯） 存

今存光緒八年刻本（國圖）。

新繁詩略宋明詩六卷（編輯） 存

今存光緒八年刻本（國圖）。

新繁詩略六卷續編二卷（編輯） 存

見民國《新繁縣志》卷三〇。

今存光緒二十一年新繁楊氏刻本（國圖，南大，川大）。

詩十一首 存

收入民國《新繁縣志》附《新繁文徵》卷一九。

文二篇 存

收入民國《新繁縣志》卷三〇。

周成基

字小坪。附貢生，任會理州學正。見同治《新繁縣志》卷九，民國《新繁縣志》附《新繁文徵》卷首。

詩一首 存

收入民國《新繁縣志》附《新繁文徵》卷一八。

徐　果

字碩泉。增貢生，官戶部廣西司主事。見同治《新繁縣志》卷首、卷九，《蜀詩續鈔》卷六，民國《新繁縣志》卷一一向步瀛條附。

秋聲館學步詩集

見《及見詩續鈔》卷八，《蜀詩續鈔》

卷六。

詩三十二首　存

收入《及見詩續鈔》卷八，《蜀詩續鈔》卷六。

龍炳垣

字曉崖，一作嘯崖。增生。同治五年，四川學政楊秉璋舉經明行修，賞給翰林院待詔銜。見同治《新繁縣志》卷首、卷九，《蜀詩續鈔》卷五，民國《新繁縣志》卷一〇、附《新繁文徵》卷首。

雞鳴警蹠語　存

今存稿本卷上（川大）。

孝經酌從編串說一卷

見《新繁縣鄉土志》卷三，民國《新繁縣志》卷三〇。

朱子講學輯要編十卷（編）　存

見民國《新繁縣志》卷三〇。

今存同治六年刻本（國圖）。

讀書做人譜一卷　存

見《新繁縣鄉土志》卷三，民國《新繁縣志》卷三〇。

今存道光三十年刻本（國圖）；同治十一年刻本（國圖）；光緒十年津河廣仁堂刻本（國圖）；光緒二十七年刻本（北大）。

老游紀事草　存

見《清人別集總目》頁288。

今存同治十三年自抄稿本（川圖）。

詩二首　存

收入《蜀詩續鈔》卷五，民國《新繁縣志》附《新繁文徵》卷一八。

文一篇　存

收入民國《新繁縣志》卷三〇。

樊維周

字翰宗，一作漢宗，一作彭縣人。同治六年府學舉人。年四十九卒。見同治《新繁縣志》卷九、卷一一，《蜀詩續鈔》卷六，民國《新繁縣志》卷一三。

夢柳堂稿一卷

見民國《新繁縣志》卷三〇。

夢柳堂詩集

見《蜀詩續鈔》卷六。

詩八首　存

收入《蜀詩續鈔》卷六。

文一篇　存

收入民國《新繁縣志》附《新繁文徵》卷一三。

樊寶恒

字子占，維周子。彭縣廪生。見《蜀詩續鈔》卷四，民國《新繁縣志》卷一三樊維周條附。

識真白齋詩鈔五卷

見民國《新繁縣志》卷三〇。

詩十首　存

收入《蜀詩續鈔》卷四，民國《新繁縣志》附《新繁文徵》卷一八。

樊蓮芬

女，字清文，維周女，華陽諸生蒲合茂妻。卒年二十八。見民國《新繁縣志》卷三〇。

藕香吟館遺詩

見民國《新繁縣志》卷三〇。

詩一首　存

收入民國《新繁縣志》附《新繁文徵》

卷二一。

向星階

字平山。同治九年舉人，任雅安訓導。見同治《新繁縣志》卷首，民國《新繁縣志》附《新繁文徵》卷首。

詩一首　存

收入民國《新繁縣志》附《新繁文徵》卷一七。

鄧　質

字文甫，一作號文甫。同治十二年舉人，官晃寧教諭，年四十二卒。見同治《新繁縣志》卷首，《蜀詩續鈔》卷六，民國《新繁縣志》卷一四。

草團瓢詩集

見民國《新繁縣志》卷三〇。

詩七首　存

收入《蜀詩續鈔》卷六，民國《新繁縣志》附《新繁文徵》卷一八。

蔡　琴

字桐君。諸生。見同治《新繁縣志》卷首，《蜀詩續鈔》卷六，民國《新繁縣志》卷一三。

鳳花軒稿一卷

見民國《新繁縣志》卷三〇。按同書卷一三作桐花軒稿，當爲同一書。

詩二首　存

收入《蜀詩續鈔》卷六，民國《新繁縣志》附《新繁文徵》卷一八。

黄秉彝

字復初，一作樂山人。監生，捐任鹽運司副使。見同治《新繁縣志》卷首，民國《新繁縣志》附《新繁文徵》卷首，民國《樂山縣志》卷一二。

詩一首　存

收入民國《新繁縣志》附《新繁文徵》卷一八。

文一篇　存

收入民國《樂山縣志》卷一二。

沈錫周

字孟南。同治十二年舉人，光緒六年成進士，任湖南湘潭縣知縣，後官湖北道員。見同治《新繁縣志》卷首、卷九，《新繁縣鄉土志》卷三，民國《新繁縣志》卷一一、附《新繁文徵》卷首。

詩三首　存

收入民國《新繁縣志》附《新繁文徵》卷一八。

文二篇　存

收入民國《新繁縣志》附《新繁文徵》卷五。

沈儀順

女，字舜徵。錫周女，金堂曾氏妻。見《蜀詩續鈔》卷八，民國《新繁縣志》卷三〇。

沈女士遺集

見民國《新繁縣志》卷三〇。

詩二十三首　存

收入《蜀詩續鈔》卷八，民國《新繁縣志》附《新繁文徵》卷二一。

吴文澈

字鏡澄。增生。見同治《新繁縣

志》卷首，民國《新繁縣志》卷三〇。

江楓客舍吟草

收入民國《新繁縣志》卷三〇。

詩一首　存

收入民國《新繁縣志》附《新繁文徵》卷一九。

楊益咸

字感生。歲貢生。見同治《新繁縣志》卷首，民國《新繁縣志》附《新繁文徵》卷首。

詩一首　存

收入民國《新繁縣志》附《新繁文徵》卷一九。

楊益洵

字海門。廩生。見同治《新繁縣志》卷首，《蜀詩續鈔》卷五，民國《新繁縣志》卷三〇。

海門詩草

見《蜀詩續鈔》卷五，民國《新繁縣志》卷三〇。

詩四首　存

收入《蜀詩續鈔》卷五，民國《新繁縣志》附《新繁文徵》卷一八。

詹　偉

字冠卿。廩生。見同治《新繁縣志》卷首，《蜀詩續鈔》卷五，民國《新繁縣志》卷三〇。

醉吟仙館詩鈔

見《蜀詩續鈔》卷五，民國《新繁縣志》卷三〇。

詩一首　存

收入《蜀詩續鈔》卷五，民國《新繁縣志》附《新繁文徵》卷一八。

周元斗

字松友。附生。見同治《新繁縣志》卷首，民國《新繁縣志》附《新繁文徵》卷首。

詩一首　存

收入民國《新繁縣志》附《新繁文徵》卷一九。

周錫霖

號潤三。官主事。見同治《新繁縣志》卷首，《蜀詩續鈔》卷五。

詩三首　存

收入《蜀詩續鈔》卷五。

周錫雲

字瑞卿，錫霖弟，附貢生。捐職刑部廣西司主事。見同治《新繁縣志》卷九，《蜀詩續鈔》卷五，民國《新繁縣志》附《新繁文徵》卷首。

詩四首　存

收入《蜀詩續鈔》卷五，民國《新繁縣志》附《新繁文徵》卷一八。

鄧廷杰

號清臣。廩貢生，候選教諭。見同治《新繁縣志》卷九，《及見詩續鈔》卷八。

詩二十五首　存

收入《及見詩續鈔》卷八。

胡迺陶

字匏笙。廩生，任貴州郎岱廳同

知。見同治《新繁縣志》卷九，《蜀詩續鈔》卷五，民國《新繁縣志》卷三〇。

匏笙詩草

見民國《新繁縣志》卷三〇。

詩二首　存

收入《蜀詩續鈔》卷五，民國《新繁縣志》附《新繁文徵》卷一八。

陳順彬（1851—1929）

字筠石，號雅卿，一作字雅欽。同治間廩生，光緒十一年拔貢生，任筠連教諭。同治間曾參纂縣志。民國十八年卒，年七十九。見同治《新繁縣志》卷首，民國《新繁縣志》卷一三、卷三〇。

伴蛩廬紀亂草　存

見《清人別集總目》頁1303。按：民國《新繁縣志》卷一三題作伴蛩廬詩草。

今存民國成都排印本（川圖）。

晚怡軒詩草　存

見《清人別集總目》頁1303。按：民國《新繁縣志》卷三〇錄作二卷。

今存民國十四年成都排印本（川圖）。

詩十三首　存

收入民國《新繁縣志》附《新繁文徵》卷二〇，民國《犍爲縣志》卷一、卷一三。

吴仲薰

字蘭村，光緒五年舉人。見《蜀詩續鈔》卷六，民國《新繁縣志》附《新繁文徵》卷首。

詩四首　存

收入《及見詩續鈔》卷二，《蜀詩續鈔》卷六，民國《新繁縣志》附《新繁文徵》卷二〇。

周煜南

字克生，自號沱濱遺老。光緒八年舉人，應禮部試不第，歸而主講繁江書院。年七十八卒。見民國《新繁縣志》卷一四。

儀禮古今文四卷　五經異字錄一卷

見民國《新繁縣志》卷三〇。

新繁文廟祭譜錄六卷（編輯）　存

今存光緒三十三年新繁文廟樂庫刻本（北師大，川大，南大）。

詩二十首　存

收入民國《新繁縣志》附《新繁文徵》卷一九。

文三篇　存

收入民國《新繁縣志》附《新繁文徵》卷七、卷一〇、卷一三。

李之實

字岑秋。少時肄業于尊經書院，光緒十四年中舉人，官内閣中書，任貴州羅斛廳同知。見《蜀詩續鈔》卷三，民國《新繁縣志》卷一四。

詩十首　存

收入《蜀詩續鈔》卷三，民國《新繁縣志》附《新繁文徵》卷一九。

文一篇　存

收入民國《新繁縣志》附《新繁文徵》卷三。

梁茂松（1852—1895）

字柏羣。諸生。光緒二十一年卒，年四十四。見民國《新繁縣志》卷一四梁茂先條附，附《新繁文徵》卷首。

文一篇　存

收入民國《新繁縣志》附《新繁文徵》卷五。

梁茂先（1863—1898）

字秋蘩，茂松弟。光緒十九年舉人，二十四年卒，年三十六。見民國《新繁縣志》卷一四、附《新繁文徵》卷首。

詩十三首　存

收入民國《新繁縣志》附《新繁文徵》卷二〇。

向步瀛（？—1935）

字南皐，自號待廬，原名傳薰。光緒二十年舉人，二十四年成進士，署江西上高縣知縣，實授信豐縣知縣。宣統元年擢貴州勸業道，二年告歸。民國二十四年卒。見民國《新繁縣志》卷一一。

勵學篇一卷　**居家篇一卷**　**待廬遺稿四卷**

見民國《新繁縣志》卷三〇。

詩二首　存

收入民國《新繁縣志》附《新繁文徵》卷一九。

陳彥升

字小帆。光緒二十三年舉人，光緒末年出任縣視學。入民國，隱居以終。見民國《新繁縣志》卷一四。

尚書句讀二卷　存

見民國《新繁縣志》卷三〇。

今存民國十年天彭賀氏知困齋刻本（南大）。

文字十五部通考十五卷　**武侯八陣圖説一卷**

見民國《新繁縣志》卷三〇。

新繁縣鄉土志十卷（余慎　陳彥升編）　存

今存光緒三十三年鉛印本（方志聯合目錄）。

文一篇　存

收入民國《新繁縣志》卷三〇、附《新繁文徵》卷五。

曾　瀛

字海鰲。光緒二十三年舉人。見民國《新繁縣志》卷一四。

文二篇　存

收入民國《新繁縣志》附《新繁文徵》卷三。

耿樹蕙

字奂青，號北庭。光緒二十八年舉人，湖北候補知縣。見民國《新繁縣志》卷一四。

二雲仙館詩集

見民國《新繁縣志》卷三〇。

詩三十四首　存

收入民國《新繁縣志》附《新繁文徵》卷一九。

文一篇　存

收入民國《新繁縣志》附《新繁文徵》卷一二。

韓　翺

字鴻生。諸生。見《蜀詩續鈔》卷四，民國《新繁縣志》卷三〇。

瑣尾集

見民國《新繁縣志》卷三〇。

詩五首　存

收入《蜀詩續鈔》卷四，民國《新繁縣志》附《新繁文徵》卷一八。

楊益觀

字觀生。諸生。見《蜀詩續鈔》卷四。

詩五首　存

收入《蜀詩續鈔》卷四，民國《新繁縣志》附《新繁文徵》卷一八。

康炳坤

號健庵。文生，官教諭。見《蜀詩續鈔》卷五。

詩二首　存

收入《蜀詩續鈔》卷五。

鄧光瑜

號純成。廩生。見《蜀詩續鈔》卷六。

詩一首　存

收入《蜀詩續鈔》卷六。

釋碧眼

新繁章家寺僧，人稱碧眼和尚。善畫龍虎。見《蜀詩續鈔》卷八，民國《新繁縣志》卷二〇。

詩一首　存

收入《蜀詩續鈔》卷八，民國《新繁縣志》附《新繁文徵》卷二二。

釋通智

一作遠智，字笑生。新繁洪山堂僧。見《蜀詩續鈔》卷八。

詩一首　存

收入《蜀詩續鈔》卷八，民國《新繁縣志》附《新繁文徵》卷二二。

釋融品

字星池。本縣龍藏寺僧。見《蜀詩續鈔》卷八，民國《新繁縣志》附《新繁文徵》卷首。

詩二首　存

收入《蜀詩續鈔》卷八，民國《新繁縣志》附《新繁文徵》卷二二。

釋融參

字星浦，號魯巖。本縣龍藏寺僧。見《蜀詩續鈔》卷八，民國《新繁縣志》附《新繁文徵》卷首。

詩三首　存

收入《蜀詩續鈔》卷八，民國《新繁縣志》卷二二。

釋永長

字漢階。本縣龍藏寺僧。甫三十而卒。見《蜀詩續鈔》卷八。

詩二首　存

收入《蜀詩續鈔》卷八。

釋法溥

字月泉，本縣龍藏寺僧。見民國《新繁縣志》附《新繁文徵》卷首。

詩四首　存

收入民國《新繁縣志》附《新繁文徵》卷二二。

吳　虞（1871—1949）

字又陵，號不丘生。南社社員、教授。見《清人別集總目》頁856。

秋水集一卷附悼亡詩一卷　存

見《清人別集總目》頁856。

今存民國二年成都吳氏愛智廬刻本（國圖，首都，豫圖，南圖，川圖，粵圖，中科院，北師大，無錫，旅大，日本京文）。

秋水集二卷附錄一卷　存

見《清人別集總目》頁856。

今存民國十八年排印本（日本東洋）。

秋水集一卷　存

今存民國二年成都吳氏愛智廬刻本（北大，北師大）。

秋水集一卷附錄一卷朝華集一卷　存

今存民國二年成都吳氏愛智廬刻本（南大）。

秋水集一卷附悼亡妻香祖詩二十首庚嬌詩朝華詞　存

今存民國二年成都吳氏愛智廬刻本（南大）。

宋元學案粹語一卷　存

今存光緒三十三年文倫書局排印本（川大）。

愛智廬雜言詩錄七卷附錄一卷　存

今存民國七年成都吳氏鉛印本（南大）。

吳虞文錄二卷　存

見《清人別集總目》頁856。

今存民國十年上海亞東圖書館本（國圖，南大）；民國十二年亞東圖書館排印本（上圖）；民國二十五年刻本（南圖，日本京文）。

吳虞文錄五卷附秋水集一卷　存

見《清人別集總目》頁856。

今存民國二十五年成都吳氏愛智廬刻本（川圖）。

吳虞文錄二卷吳虞文續錄二卷　存

今存民國二十五年成都吳氏愛智廬刻本（國圖，川大）。

吳虞文錄二卷別錄一卷　存

今存民國二十五年成都吳氏愛智廬刻本（北大）。

吳虞文錄　存

今存一九九〇年上海書店影印本；民國叢書本；二〇〇八年黄山書社花生文庫本。

駢文讀本四卷（編）　存

今存民國十年成都昌福公司鉛印本（北大）。

韓非子文記文三十二篇　存

今存鉛印本（北大）。

中國文學選讀書目　存

今存民國十二年、二十二年成都茹古書局刻本（北大）。

李祝慈

原名固，號貞夫。以彭縣學籍中舉人，官刑部主事。見《蜀詩續鈔》卷六。

詩一首　存

收入《蜀詩續鈔》卷六。

巫　爗（1874—1938）

字伯棨。諸生，民國二十七年卒，年六十五。見民國《新繁縣志》卷一八。

傷寒論廣訓八卷

見民國《新繁縣志》卷三〇。

傷寒論輯解評補一卷　存

今存民國二十年石印本（國圖）。

中西醫略五編　存

民國《新繁縣志》卷三〇著錄作醫略一卷。

今存民國石印本（國圖）。

呂宗典

字祖銘。廩生，鍾炳麟師。見民國《新繁縣志》卷一四。

呂氏遺詩一卷

見民國《新繁縣志》卷三〇。

鍾炳麟（1877—1926）

字伯春，號太玄。廩生。初教授於成都唐鴻學家，民國十三年歸新繁，創國學嚶鳴館。十五年卒，年五十。見民國《新繁縣志》卷一四。

漱六藝齋詩文集二卷

見民國《新繁縣志》卷三〇。

詩二十一首　存

收入民國《新繁縣志》附《新繁文徵》卷二〇。

文十五篇　存

收入民國《新繁縣志》附《新繁文徵》卷五。

洪紹慶（1878—1946）

字君賞，一字惠庵。宣統元年孝廉方正，廷試列二等，授縣丞，回籍候補。又畢業於四川高等學堂。民國元年被選為臨時省議員。見民國《新繁縣志》卷一〇、卷二四、卷二五。

文一篇　存

收入民國《新繁縣志》卷首。

張明彝

字秉之。廩生，肄業於尊經書院，任夔州府教授。見民國《新繁縣志》卷一九張節母條附、附《新繁文徵》卷首。

茶齋蔗餘錄　存

見民國《新繁縣志》卷一九張節母條附。

今存民國三十四年四川尊經同學會鉛印本（南大）。

蔗餘閣考訂精忠血史（編）　存

今存民國五年蓉垣張氏鉛印本（南大）。

岳鄂王精忠血史八卷八十章卷首一卷卷尾一卷　存

今存民國蓉垣張氏鉛印本（國圖）。

詩一首　存

收入民國《新繁縣志》附《新繁文徵》卷一九。

陳錫周

字韞山。庠生。見《新繁縣鄉土志》卷三，民國《新繁縣志》附《新繁文徵》卷首。

詩一首　存

收入民國《新繁縣志》附《新繁文徵》卷一八。

韓　玠

字石君。諸生。見民國《新繁縣志》附《新繁文徵》卷首。

詩一首　存

收入民國《新繁縣志》附《新繁文徵》卷二〇。

劉復禮

字乃勳。見民國《新繁縣志》附《新繁文徵》卷首。

詩一首　存

收入民國《新繁縣志》附《新繁文徵》卷二〇。

任　璞

字琢良。見民國《新繁縣志》附《新繁文徵》卷首。

詩一首　存

收入民國《新繁縣志》附《新繁文徵》卷二〇。

王維舉

字槐卿，官貴州平遠州知州。見民國《新繁縣志》卷三〇。

詩鵠四編十二卷　存

民國《新繁縣志》卷三〇著録作詩鵠約編十二卷（與王緗祖同編）。

今存光緒八年東湖草堂刻本（南大）。

吴興儒

字士珍。諸生。見民國《新繁縣志》附《新繁文徵》卷首。

詩四首　存

收入民國《新繁縣志》附《新繁文徵》卷二〇。

謝濟勳

字放廷。張之洞督川學時，賞其文筆老到。見《新繁縣鄉土志》卷三，民國《新繁縣志》卷一〇。

周易象圖一卷　周易上下經説十卷　尚書經義一卷　詩序義證一卷　孝經述一卷　論語義述一卷　大學定本述一卷　中庸釋一卷　説孟芻言略説一卷詳説七卷　新繁清韻（清繁新韻一卷）　好古敏求齋詩文集二十卷

見《新繁縣鄉土志》卷三，民國《新繁縣志》卷三〇。

繫辭説卦序卦雜卦傳説十卷

見民國《新繁縣志》卷三〇。

鄢孝先

字伯塤。少好學，日夜探究醫籍，於眼耳鼻舌諸科尤精，所合喉證藥特著靈效。見民國《新繁縣志》卷一八。

經脈指南

見民國《新繁縣志》卷三〇。按同書卷一八作二卷。

楊益濟

字達階，一名秉均、秉鈞。貢生，保舉知縣。見《蜀詩續鈔》卷五，民國《新繁縣志》附《新繁文徵》卷首。

詩四首　存

收入《蜀詩續鈔》卷五，民國《新繁縣志》附《新繁文徵》卷一八。

姚緗武

字紹庭，晚號惺齋。諸生。見民

國《新繁縣志》卷三〇。

二十二史考鏡　讀書瑣記

見民國《新繁縣志》卷三〇。

鍾　燊

字心田。見民國《新繁縣志》卷三〇。

溫病要言三卷

見民國《新繁縣志》卷三〇。

（李榮慧　鄒艷）

金堂縣

（今成都金堂縣）

張吾瑾

字石仙，號鶴洲。順治十二年進士，官山東夏津縣令。後致仕歸，為成都七州縣水利，力請修三伯洞古埭。見嘉慶《四川通志》卷一八四，《錦里新編》卷二，嘉慶《金堂縣志》卷五，《金堂縣鄉土志》卷二，《全蜀詩鈔》卷四。

人鏡經續錄二卷

見嘉慶《四川通志》卷一八五。

鵠符堂詩文集

見嘉慶《金堂縣志》卷五，民國《金堂縣續志》卷一〇。按：嘉慶《四川通志》卷一八七、《錦里新編》卷二、《全蜀詩鈔》卷四題作鵠符齋集。

和薛濤詩集

見嘉慶《金堂縣志》卷五，民國《金堂縣續志》卷一〇。

人鏡經二卷附錄二卷續錄二卷（重輯）　存

今存康熙元年刻本（北大）；雍正間刻本（上圖）。

詩一首　存

收入嘉慶《金堂縣志》卷二，《全蜀詩鈔》卷四。

文一篇　存

收入嘉慶《金堂縣志》卷三。

張晉生

字孔昭，一字日三，號適齋，一號菊坨，吾瑾之子。康熙四十一年舉人，官河南鎮平縣令。雍正時掌管錦江書院。見嘉慶《金堂縣志》卷五，《金堂縣鄉土志》卷二，《全蜀詩鈔》卷八。

雍正《四川通志》四十七卷首一卷（黃廷桂等修，張晉生等纂）　存

今存雍正十一年刻本（方志聯合目錄）；乾隆元年補版增刻本（方志聯合目錄）；清抄本（國圖：四十五卷首一卷）；四庫全書本。

錦江書院存稿

見嘉慶《金堂縣志》卷五，民國《金堂縣續志》卷一〇。

攄懷集不分卷　存

見嘉慶《金堂縣志》卷五，民國《金堂縣續志》卷一〇。按：《清人別集總目》頁1170作抒懷集。按："攄"通"抒"。

今存雍正二年江蘇刻本（川圖）。

時術堂文集

見嘉慶《金堂縣志》卷五，民國《金堂縣續志》卷一〇。

詩一首　存

收入嘉慶《金堂縣志》卷三，《全蜀詩鈔》卷八。

文一篇　存

收入嘉慶《金堂縣志》卷七。

鄭新命

字浣吾，號拙庵。康熙二十年舉人，官浙江青田縣知縣。專精於考古。見嘉慶《四川通志》卷一八七，嘉慶《金堂縣志》卷五，《金堂縣鄉土志》卷二，民國《金堂縣續志》卷一〇。

讀史一則六卷

見嘉慶《金堂縣志》卷五，《金堂縣鄉

土志》卷二，民國《金堂縣續志》卷一〇。

九水吟集四卷　集古詩一卷

見嘉慶《四川通志》卷一八七，嘉慶《金堂縣志》卷五，《金堂縣鄉土志》卷二，民國《金堂縣續志》卷一〇。

詩一首　存

收入嘉慶《金堂縣志》卷五。

文一篇　存

收入嘉慶《金堂縣志》卷三。

趙　銘

字近思。康熙四十四年舉人，官直隸沙河縣知縣。見嘉慶《金堂縣志》卷五。

詩五首　存

收入嘉慶《金堂縣志》卷三。

楊棟榮

字槐庵。拔貢生。康熙中任犍為教諭，又升夔郡教授。見嘉慶《犍為縣志》卷六，民國《犍為縣志》卷五。

文一篇　存

收入嘉慶《犍爲縣志》卷九。

陳大綸

字非譽。乾隆初年拔貢生。雍正中，曾協同張晉生分纂《四川通志》。見嘉慶《金堂縣志》卷五，《金堂縣鄉土志》卷二，民國《金堂縣續志》卷一〇。

篤實齋文集四卷

見民國《金堂縣續志》卷一〇。

高繼苯

字蔚宗，號晴峰，又號二雲。工書畫。雍正十三年拔貢生，任雅州府教授。乾隆間曾參纂《漢州志》。見嘉慶《金堂縣志》卷五，《全蜀詩鈔》卷一〇。

二雲詩集四卷

見嘉慶《金堂縣志》卷五，民國《金堂縣續志》卷一〇。

詩九首　存

收入嘉慶《金堂縣志》卷三、卷六，《全蜀詩鈔》卷一〇。

黄　甲

字曰松，號蒼龍。原籍江西，入川，先入籍本縣，應試為廩生，後還漢州，故一作漢州人。雍正十三年舉人，官邛州學正。見嘉慶《四川通志》卷一八七，嘉慶《金堂縣志》卷五，嘉慶《漢州志》卷二二、卷二五。

粹雅堂文集

見嘉慶《四川通志》卷一八七，嘉慶《金堂縣志》卷五，嘉慶《漢州志》卷三八下，民國《金堂縣續志》卷一〇。

溪山詩集

見嘉慶《金堂縣志》卷五，嘉慶《漢州志》卷三八下，民國《金堂縣續志》卷一〇。

黄　景

字師竹，號紹芳，甲弟。乾隆十七年舉人，同年進士，官湖北長樂縣知縣。見嘉慶《金堂縣志》卷五，嘉慶《四川通志》卷一八七，民國《金堂縣續志》卷一〇。

龍溪詩集四卷　師竹齋文集一卷

見嘉慶《四川通志》卷一八七，民國《金堂縣續志》卷一〇。

緑野叢談

見民國《金堂縣續志》卷一〇。

黄今偉

字望景，景子，入籍什邡。乾隆四十二年拔貢生，歷任永寧、蓬溪縣教諭，升越巂廳教授。年七十一卒。見嘉慶《漢州志》卷二二頁、卷二五。

詩一首　存

收入嘉慶《漢州志》卷三四。

陳　鈞

字璿圖，號陶萬。乾隆九年經元，十九年進士，官潼川府教授。見嘉慶《四川通志》卷一八四，嘉慶《金堂縣志》卷五，《金堂縣鄉土志》卷二，民國《金堂縣續志》卷一〇。

偶閒錄二卷　旋鄉紀事二卷　搜餘雜記二卷　春秋小紀一卷

見嘉慶《金堂縣志》卷五，《金堂縣鄉土志》卷二，民國《金堂縣續志》卷一〇。

天雅傳信錄二卷

見嘉慶《四川通志》卷一八四，嘉慶《金堂縣志》卷五，民國《金堂縣續志》卷一〇。

綱目節錄二十卷

見嘉慶《四川通志》卷一八四，嘉慶《金堂縣志》卷五，《金堂縣鄉土志》卷二，民國《金堂縣續志》卷一〇。

醫纂四卷

見嘉慶《四川通志》卷一八五，嘉慶《金堂縣志》卷五，《金堂縣鄉土志》卷二，民國《金堂縣續志》卷一〇。

地理管見四卷

見嘉慶《金堂縣志》卷五，《金堂縣鄉土志》卷二，民國《金堂縣續志》卷一〇。

補敬齋集六卷

見嘉慶《四川通志》卷一八七，嘉慶《金堂縣志》卷五，《金堂縣鄉土志》卷二，民國《金堂縣續志》卷一〇。

詩三首　存

收入嘉慶《金堂縣志》卷二、卷三。

文三篇　存

收入嘉慶《金堂縣志》卷二、卷五、卷七。

高　辰（1724—1774）

字麗北，又字元石、景衡，號白雲。乾隆十五年舉人，次年成進士，授翰林院庶吉士。十七年，回籍掌教錦江書院。改官江蘇清河縣知縣，後官至禮部祠祭司主事。乾隆三十九年卒於京。見嘉慶《金堂縣志》卷五，《蜀詩續鈔》卷四，《錦里新編》卷三，《金堂縣鄉土志》卷二。

困勉齋晚成錄　樹耕堂詩草

見嘉慶《金堂縣志》卷五，《錦里新編》卷二，民國《金堂縣續志》卷一〇。

白雲詩文集一卷　存

見《清人别集總目》頁1914。按：《錦里新編》卷三作白雲山房詩文全稿若干卷。

今存抄本（上圖）。

詩十五首　存

收入嘉慶《金堂縣志》卷二、卷三，《全蜀詩鈔》卷一二，《蜀詩續鈔》卷四。

文四篇　存

收入嘉慶《金堂縣志》卷三、卷五、卷七，同治《續金堂縣志》卷末。

徐思篁

字樓鳳，號竹齋。乾隆十八年舉人，官資州學正。見嘉慶《四川通志》卷一八七，嘉慶《金堂縣志》卷五。

紀行詩一卷　竹齋文集二卷

見嘉慶《四川通志》卷一八七，嘉慶《金堂縣志》卷五，民國《金堂縣續志》卷一〇。

文一篇　存

收入嘉慶《金堂縣志》卷六。

何世珩

字楚來，號荆山，一號思齋。乾隆二十四年舉人，歷官江蘇金匱、吴江、江陰，山西襄陵、安邑、長子等縣知縣。嘗為鎮江、松江通判。見嘉慶《金堂縣志》卷五，《金堂縣鄉土志》卷二。

荆山集

見嘉慶《金堂縣志》卷五，民國《金堂縣續志》卷一〇。

何椿齡

字竹友，世珩子。一作成都人。嘉慶六年拔貢生，官瀘州學正。見嘉慶《金堂縣志》卷五，《全蜀詩鈔》卷三四，民國《金堂縣續志》卷一〇，《清詩匯》卷一二二。

竹友詩集四卷

見民國《金堂縣續志》卷一〇，《全蜀詩鈔》卷三四，《清詩匯》卷一二二。

詩十九首　存

收入嘉慶《金堂縣志》卷三、卷末，同治《重修成都縣志》卷一一，光緒《增修灌縣志》卷一三，《全蜀詩鈔》卷三四，《清詩匯》卷一二二。

傅育賢

字哲楷，號曉亭。乾隆二十七年舉人，掌教本縣繡川書院。見嘉慶《四川通志》卷一八七，嘉慶《金堂縣志》卷五，《金堂縣鄉土志》卷二。

山居集

見嘉慶《金堂縣志》卷五，民國《金堂縣續志》卷一〇，《金堂縣鄉土志》卷二。

山穀草堂集

見嘉慶《四川通志》卷一八七，嘉慶《金堂縣志》卷五，《金堂縣鄉土志》卷二，民國《金堂縣續志》卷一〇。

詩一首　存

見嘉慶《金堂縣志》卷三。

文三篇　存

收入嘉慶《金堂縣志》卷二、卷七。

傅秀漳

育賢子。乾隆四十八年舉人，官浙江鎮海縣知縣。見嘉慶《金堂縣志》卷五。

詩一首　存

收入嘉慶《金堂縣志》卷三。

伍禮彬

字均橋，號鐵[illegible]。乾隆三十六年舉人，官雲南永平縣知縣。見嘉慶《四川通志》卷一八七，嘉慶《金堂縣志》卷五。

均橋集四卷

見嘉慶《四川通志》卷一八七，嘉慶《金堂縣志》卷五，民國《金堂縣續志》卷一〇。

曾　檒

字勉之，一字用修，號鶴溪。後定籍漢州，故一作漢州人。中乾隆三十六年舉人，主本縣繡川書院。見嘉慶《金堂縣志》卷五，嘉慶《漢州志》卷三五，同治《續漢州志》卷二一，《金堂縣鄉土志》卷二。

鶴溪集

見嘉慶《金堂縣志》卷五，民國《金堂縣續志》卷一〇，民國《金堂縣續志》卷一〇。

中庸解一卷

見嘉慶《漢州志》卷三八下。

文四篇　存

收入嘉慶《漢州志》卷三七、卷三八下，同治《續漢州志》卷二一。

陳達純

乾隆四十八年副貢生。見嘉慶《金堂縣志》卷五。

詩一首　存

收入嘉慶《金堂縣志》卷三。

李茂昭

字素山。乾隆四十八年貢生，工詩。見嘉慶《金堂縣志》卷五。

素山詩集

見嘉慶《金堂縣志》卷五，民國《金堂縣續志》卷一〇。

詩十三首　存

收入嘉慶《金堂縣志》卷二、卷三。

巫珍儒

字泰巖，號甘泉。乾隆五十五年恩貢生。見嘉慶《四川通志》卷一八七，嘉慶《金堂縣志》卷五，《金堂縣鄉土志》卷二。

大中要論　地理彙編　選擇辨疑　詩法纂要　作文要語

見嘉慶《金堂縣志》卷五，民國《金堂縣續志》卷一〇。

甘泉詩草

見嘉慶《四川通志》卷一八七，嘉慶《金堂縣志》卷五，民國《金堂縣續志》卷一〇。

詩五首　存

收入嘉慶《金堂縣志》卷二、卷三。

陳一洄

字允汀，號三山，鈞長子。乾隆五十九年舉人。見嘉慶《四川通志》卷一八七，《全蜀詩鈔》卷三三，《蜀詩續鈔》卷四，民國《金堂縣續志》卷一〇。

嘉慶《嘉定府志》四十八卷首一卷（張能鱗修　陳一洄纂）　存

今存嘉慶八年刻本（方志聯合目錄）。

嘉慶《清溪縣志》四卷（劉傳經修陳一沺纂）　存

今存嘉慶五年刻本（方志聯合目錄）；抄本（南京）。原注：今漢源縣。

竺山詩集五卷文集五卷

見嘉慶《四川通志》卷一八七，民國《金堂縣續志》卷一〇。

竺山詩抄六卷　存

見《清人別集總目》頁1255。

今存道光十四年刻本（粵圖，北大）。

詩八首　存

收入《全蜀詩鈔》卷三三，《蜀詩續鈔》卷四。

文二篇　存

收入嘉慶《金堂縣志》卷三、卷五。

王　澤（1754—1837）

字潤生，號定庵。道光二十九年副貢生，署巴中學正，遂寧、丹稜教諭，主講繡川書院。見同治《續金堂縣志》卷五，《金堂縣鄉土志》卷二，民國《金堂縣續志》卷一〇。

四書庸解　五經彙纂　子史摘要

見《金堂縣鄉土志》卷二，民國《金堂縣續志》卷一〇。

馮國柱

字稷山，號蔗田。嘉慶六年拔貢生，官秀山縣訓導。見嘉慶《金堂縣志》卷五。

詩四首　存

收入嘉慶《金堂縣志》卷三、卷末，同治《重修成都縣志》卷一二。

文一篇　存

收入嘉慶《金堂縣志》卷六。

梁起祥

字承吉。嘉慶九年舉人。見嘉慶《金堂縣志》卷五。

詩四首　存

收入嘉慶《金堂縣志》卷末。

陳達紀

字協五，號芝山，達經弟。嘉慶十二年舉人，官鹽源縣教諭。見嘉慶《金堂縣志》卷五，《金堂縣鄉土志》卷二，民國《金堂縣續志》卷一〇。

獨冷齋文集四卷

見民國《金堂縣續志》卷一〇。

詩四首　存

收入嘉慶《金堂縣志》卷三。

文二篇　存

收入嘉慶《金堂縣志》卷五。

傅秀渭

字遇川，一字清渠，號葉舟。嘉慶十五年舉人，官知縣。見嘉慶《金堂縣志》卷五，《蜀詩續鈔》卷一。

詩三首　存

收入嘉慶《金堂縣志》卷末，《蜀詩續鈔》卷一。

楊　澍

字逸青。嘉慶中歲貢生。見嘉慶《金堂縣志》卷一，同治《續金堂縣志》卷五。

詩十首　存

收入嘉慶《金堂縣志》卷一、卷二、卷三、卷六。

彭慎修

字思永，號謐齋。嘉慶中歲貢生。見同治《續金堂縣志》卷末。

謐齋遺稿

見同治《續金堂縣志》卷五，民國《金堂縣續志》卷一〇。

陳順玢

字汝質。嘉慶十八年拔貢生。見嘉慶《金堂縣志》卷二，同治《續金堂縣志》卷五。

詩七首　存

收入嘉慶《金堂縣志》卷二、卷三。

陳達綱

字扶三。庠生。見嘉慶《金堂縣志》卷二。

詩三首　存

收入嘉慶《金堂縣志》卷二、卷三。

文一篇　存

收入嘉慶《金堂縣志》卷五。

傅世維

字四齋。見嘉慶《金堂縣志》卷二。

詩二首　存

收入嘉慶《金堂縣志》卷二、卷末。

詞一首　存

收入嘉慶《金堂縣志》卷二。

李　英

監生。見嘉慶《金堂縣志》卷二。

詩一首　存

收入嘉慶《金堂縣志》卷二。

巫　仟

字華仟。見嘉慶《金堂縣志》卷二。

詩二首　存

收入嘉慶《金堂縣志》卷二。

巫光笈

字七雲。庠生。見嘉慶《金堂縣志》卷二。

詩六首　存

收入嘉慶《金堂縣志》卷二、卷三。

楊　源

字臥山。庠生。見嘉慶《金堂縣志》卷二。

詩六首　存

收入嘉慶《金堂縣志》卷二、卷三。

詞一首　存

收入嘉慶《金堂縣志》卷六。

陳春楷

詩一首　存

收入嘉慶《金堂縣志》卷二。

胡成玉

字溫如。庠生。見嘉慶《金堂縣志》卷末。

詩二首　存

收入嘉慶《金堂縣志》卷二、卷末。

李　勳

字敬亭。庠生。見嘉慶《金堂縣志》卷二。

詩三首　存

收入嘉慶《金堂縣志》卷二、卷三。

陳順琛

字雙玉。庠生。見嘉慶《金堂縣志》卷二。

詩三首　存

收入嘉慶《金堂縣志》卷二、卷三。

熊中琯

庠生。見嘉慶《金堂縣志》卷三。

詩一首　存

收入嘉慶《金堂縣志》卷三。

吴照奎

庠生。見嘉慶《金堂縣志》卷三。

詩二首　存

收入嘉慶《金堂縣志》卷三。

曾穆如

庠生。見嘉慶《金堂縣志》卷三。

詩一首　存

收入嘉慶《金堂縣志》卷三。

陳順時

庠生。見嘉慶《金堂縣志》卷三。

詩一首　存

收入嘉慶《金堂縣志》卷三。

黄玉堂

官候補都司、督標守備。見嘉慶《金堂縣志》卷三、卷末。

詩三首　存

收入嘉慶《金堂縣志》卷末。

文一篇　存

收入嘉慶《金堂縣志》卷三。

陳天秩

庠生。見嘉慶《金堂縣志》卷三。

詩二首　存

收入嘉慶《金堂縣志》卷三。

巫蓮峯

庠生。見嘉慶《金堂縣志》卷三。

詩二首　存

收入嘉慶《金堂縣志》卷三。

陳　策

字竹亭。庠生。見嘉慶《金堂縣志》卷三。

詩一首　存

收入嘉慶《金堂縣志》卷三。

何澤遠

字雲峯。官同知州事。見嘉慶《金堂縣志》卷末。

詩二首　存

收入嘉慶《金堂縣志》卷末。

何茹蓮

詩三首 存

收入嘉慶《金堂縣志》卷一、卷二、卷三。

陳心正

詩一首 存

收入嘉慶《金堂縣志》卷二。

楊　泳

詩一首 存

收入嘉慶《金堂縣志》卷二。

王文嘉

詩二首 存

收入嘉慶《金堂縣志》卷二、卷三。

李廷梁

詩二首 存

收入嘉慶《金堂縣志》卷二、卷三。

胡光玉

詩一首 存

收入嘉慶《金堂縣志》卷二。

陳學海

詩二首 存

收入嘉慶《金堂縣志》卷二、卷三。

陳心敏

詩二首 存

收入嘉慶《金堂縣志》卷二、卷三。

陳心朗

詩二首 存

收入嘉慶《金堂縣志》卷二、卷三。

何應達

詩一首 存

收入嘉慶《金堂縣志》卷三。

陳學山

詩三首 存

收入嘉慶《金堂縣志》卷三、卷末。

陳順理

詩二首 存

收入嘉慶《金堂縣志》卷三。

張心平

詩一首 存

收入嘉慶《金堂縣志》卷三。

陳一洛

文一篇 存

收入嘉慶《金堂縣志》卷六。

陳錫疇

字范堂，號洪九，德著次子。道

光元年舉人，官直隸武強知縣。見《金堂縣鄉土志》卷二，同治《續金堂縣志》卷五。

芸香閣詩文

見同治《續金堂縣志》卷五，民國《金堂縣續志》卷一〇。

米繪裳

字紱卿，號雲峯。道光二年舉人，次年成進士，任刑部候補主事。見同治《續金堂縣志》卷首、卷五。

同治《續金堂縣志》八卷首一卷末一卷（王樹桐　徐璞玉修　米繪裳等纂）　存

今存同治六年刻本（方志聯合目録）。

文一篇　存

收入同治《續金堂縣志》卷末。

何涵漳

號黽谷。廩貢生，候選訓導，掌教和成書院四十餘年。見《金堂縣鄉土志》卷二，同治《續金堂縣志》卷末，民國《金堂縣續志》卷一〇。

詩經輯句　左傳輯句　黽谷老人時文詩集

見同治《續金堂縣志》卷五，民國《金堂縣續志》卷一〇。

詩一首　存

收入嘉慶《金堂縣志》卷三。

何繩武

號肯堂，涵漳子。道光五年經元，掌教本縣繡川書院，後任直隸南宫縣知縣，官至朝議大夫。見同治《續金堂縣志》卷五，《金堂縣鄉土志》卷二。

虎溪制藝　畿南課草　繡川課藝　歸田課草　公餘小集

見同治《續金堂縣志》卷五，民國《金堂縣續志》卷一〇。

文二篇　存

收入同治《續金堂縣志》卷末。

何元普

字麓生，又字斌侯，號芝亭，又號麓生。繩武長子。道光間由廩貢生官甘肅安肅道，任户部候補員外郎。見同治《續金堂縣志》卷五，《蜀詩續鈔》卷三。

隨槎集　寄懷詩草

見同治《續金堂縣志》卷五，民國《金堂縣續志》卷一〇。

靜齋新集六卷　存

見《清人别集總目》頁933。民國《金堂縣續志》卷一〇作八卷。

今存光緒十七年金堂何氏刻本（川圖，中科院）。

靜齋集五種　存

今存光緒十七年篁溪山房刻本（北大）。

麓生詩文合集十卷　存

見民國《金堂縣續志》卷一〇，《清人别集總目》頁933。

今存光緒元年繡川刻本（上圖，中科院，北大）。

麓生詩集四卷　存

見《清人别集總目》頁933。

今存光緒元年刻本（中科院）。

篁溪山房四種四卷　存

今存光緒二十一年繡川王氏篁溪山房刻本（北大）。

藏豹山房詩文集

見《蜀詩續鈔》卷三。

荊南紀略　尺牘偶存二卷　駢散雜記六卷　古近體詩集　酒泉籌筆

見民國《金堂縣續志》卷一〇。

詩二十八首　存

收入《蜀詩續鈔》卷三。

何　氏

觀察元普女，嫁樂山貢生兵部主事王兆龍子。見《清人別集總目》頁927。

幻雲詩草四卷　存

見《清人別集總目》頁927。

今存民國五年刊本（歷代婦女著作考）。按：藏館不詳。

張熙怡

字仲如，號和雨。道光七年廩貢生，候選訓導，歷署井研、屏山、江津、重慶府、縣州、昭化、射洪、太平等府州縣。見同治《續金堂縣志》卷首、卷五，民國《金堂縣續志》卷一〇。

張氏家譜二卷

見同治《續金堂縣志》卷五。

蔗香齋詩鈔四卷

見同治《續金堂縣志》卷五，民國《金堂縣續志》卷一〇。

文四篇　存

收入同治《續金堂縣志》卷末。

陳子詢

字問山，號蕘夫。道光十三年監生，官湖南芷江縣便水司巡檢，捐設便水書院。見同治《續金堂縣志》卷五。

味道根齋詩草四卷

見同治《續金堂縣志》卷五，民國《金堂縣續志》卷一〇。

向珂鳴

字可玉，號鳳喈。道光二十三年舉人。見同治《續金堂縣志》卷首、卷五。

文二篇　存

收入同治《續金堂縣志》卷末。

陳一津

字卯生。廩生。見嘉慶《金堂縣志》卷首，同治《嘉定府志》卷四二，《蜀詩續鈔》卷四，民國《金堂縣續志》卷一〇。

蜀水考四卷　存

見民國《金堂縣續志》卷一〇。

今存道光五年刻本（國圖，北大）；光緒四年成都葉氏刻本（上圖，南大）；光緒五年綿竹楊氏清泉精舍刻本（國圖，上圖，北大）；光緒十六年成都試院刻本（上圖）；光緒十六年成都葉氏刻本（南大）；光緒二十二年成都書局刻本（南大）；清刻本（國圖，南大）。

嘉慶《金堂縣志》九卷首一卷末一卷（謝惟傑修　陳一津　黃烈纂）　存

今存嘉慶十六年刻本（方志聯合目錄）；道光二十四年楊得質補刻本（方志聯合目錄）；民國二年修鋟本（方志聯合目錄）。

道光《巴州志》十卷首一卷（朱錫穀修　陳一津等纂）　存

今存道光十三年刻本（方志聯合目錄）；宣統三年補刻本（方志聯合

目錄)。

詩二十三首　存

收入嘉慶《金堂縣志》卷二、卷三、卷六、卷末，同治《嘉定府志》卷四二，《全蜀詩鈔》卷四〇，《蜀詩續鈔》卷四。

文四篇　存

收入嘉慶《金堂縣志》卷三、卷六。

鄧　林

號竹坡。咸豐九年舉人。見同治《續金堂縣志》卷五。

文一篇　存

收入同治《續金堂縣志》卷七。

雷　煓

咸豐中歲貢生。見同治《續金堂縣志》卷五。

竹筠山房詩鈔五卷　存

見民國《金堂縣續志》卷一〇，《清人別集總目》頁2315。

今存光緒八年雷氏刻本（川圖）；清刻本（南大）。

胡　瑺

咸豐十一年歲貢生。見同治《續金堂縣志》卷五。

燹餘草詩文四卷

見民國《金堂縣續志》卷一〇。

徐宗德

字樹齋。同治九年舉人，光緒九年賜翰林院編修。見民國《金堂縣續志》卷七。

文一篇　存

收入民國《金堂縣續志》卷一〇。

陳元鯤

縣學廩生。見同治《續金堂縣志》卷首。

文二篇　存

收入同治《續金堂縣志》卷末。

黄文江

舉人。見民國《金堂縣續志》卷一〇。

遏慾文詩鈔一卷

見民國《金堂縣續志》卷一〇。

陳　益

歲貢生。見民國《金堂縣續志》卷一〇。

紅香樓詩鈔二卷

見民國《金堂縣續志》卷一〇。

陳在廷

廩生。見民國《金堂縣續志》卷一〇。

藕花軒詩草

見民國《金堂縣續志》卷一〇。

曾維憲

字甫生。同治十二年歲貢生，以課徒為業。見《金堂縣鄉土志》卷二，民國《金堂縣續志》卷七、卷一〇。

橘香課草

見《金堂縣鄉土志》卷二，民國《金堂

縣續志》卷一〇。

黄錦泉

字香山。增生。見《金堂縣鄉土志》卷二，民國《金堂縣續志》卷一〇。

香山詩草

見《金堂縣鄉土志》卷二，民國《金堂縣續志》卷一〇。

彭鳴盛

字東陽。例貢生。見《金堂縣鄉土志》卷二，民國《金堂縣續志》卷一〇。

壺天約語三卷　醫理原理　先天圖説　天涵表述

見《金堂縣鄉土志》卷二，民國《金堂縣續志》卷一〇。

曾茂林

字樹堂。光緒二年舉人，官至山西石樓縣知縣。入民國，署太原省高等檢察廳檢察官。見民國《金堂縣續志》卷七。

民國《金堂縣續志》十卷首一卷（王暨英等修　曾茂林等纂）　存

今存民國十年刻本（方志聯合目録）。

文一篇　存

收入民國《金堂縣續志》卷一〇。

陳炳江

字注九。光緒五年舉人。見民國《金堂縣續志》卷七。

文一篇　存

收入民國《金堂縣續志》卷一〇。

曾思慎

字謹三。光緒十九年舉人，歷署廣西陽朔、都康、向武等州縣。見民國《金堂縣續志》卷七、卷一〇。

北上回車吟二卷

見民國《金堂縣續志》卷一〇。

文五篇　存

收入民國《金堂縣續志》卷一〇。

周道孚

官訓導。見民國《金堂縣續志》卷一〇。

交翠堂文存四卷　詩集二卷

見民國《金堂縣續志》卷一〇。

余鴻觀

字蘭穀。光緒二十年歲貢生，署夾江縣教諭。見民國《金堂縣續志》卷七、卷一〇，民國《夾江縣志》卷一一，《夾江縣鄉土志略》卷下。

蜀燹述略四卷　存

見民國《金堂縣續志》卷一〇，民國《夾江縣志》卷一一，《夾江縣鄉土志略》卷下。

今存光緒二十七年馮江學署刻本（北大，南大）；光緒二十七年湁村余氏刻本（北大）；光緒間鉛印本（國圖），民國成都昌福公司鉛印本（上圖，北師大，南大）。

蜀燹死事者略傳一卷　存

今存民國成都昌福公司鉛印本（國圖）。

劉焕昌

字次平。光緒三十三年優貢生，任廣東知縣。見民國《金堂縣續志》卷七。

詩一首　存

收入民國《金堂縣續志》卷一〇。

文一篇　存

收入民國《金堂縣續志》卷一〇。

陳亮

字復初。光緒三十三年優貢生，朝考一等，署雲南尋甸州知州。曾參纂民國《金堂縣續志》。見民國《金堂縣續志》卷一、卷七。

文二篇　存

收入民國《金堂縣續志》卷一〇。

米兆蓉

字鏡芙。宣統元年拔貢生，分發任陝西州判。見民國《金堂縣續志》卷七，卷一〇。

燕遊雜詠一卷

見民國《金堂縣續志》卷一〇。

吟秋山館論鈔一卷

見民國《金堂縣續志》卷一〇。

黄炳章

附貢生。見民國《金堂縣續志》卷一〇。

養正編二卷

見民國《金堂縣續志》卷一〇。

陳昌運

字啓奎。光緒二十年舉人。曾參纂《金堂縣鄉土志》。見民國《金堂縣續志》卷七、卷一〇。

南溪韓公年譜一卷　存

今存宣統二年泉唐汪氏鉛印本（國圖，上圖，北大）。

陳宗和

官縣丞。見民國《金堂縣續志》卷一〇。

甘泉醫案　青門兵燹錄　漢南詩草

見民國《金堂縣續志》卷一〇。

青門詩草　存

見《清人别集總目》頁1299。

今存民國二十二年成都排印本（川圖）。

陳宗琛

庠生。見民國《金堂縣續志》卷一〇。

科學臆言　梅龕詩草　養誨齋文存

見民國《金堂縣續志》卷一〇。

蔡遠逵

字德孚，後入漢州籍。歲貢生。見民國《金堂縣續志》卷七。

文三篇　存

收入民國《金堂縣續志》卷一〇。

何芷卿

女，嫁陳氏，陳友琴母。見《清

人別集總目》頁938。

蟲吟詩草一卷　存

見《清人別集總目》頁938。按：與陳友琴撰《蘭音閣詩草》合刻。

今存同治十二年刻本（國圖）。

陳友琴

女，字雅南，何芷卿女，胡紹鈁妻。見《清人別集總目》頁1263。

蘭音閣詩抄二卷　存

見《清人別集總目》頁1263。原按：與何芷卿撰《蟲吟詩草》合刻。

今存同治十二年刻本（國圖）。

廖耀淵

字文川。附生。民國初任成都初級審判廳推事，曾參纂民國《金堂縣續志》。見民國《金堂縣續志》卷一、卷七。

文二篇　存

收入民國《金堂縣續志》卷一〇。

陳登瀛

廩生。見民國《金堂縣續志》卷一〇。

文一篇　存

收入民國《金堂縣續志》卷一〇。

周汝諧

字韻泉。附生。見民國《金堂縣續志》卷七。

文一篇　存

收入民國《金堂縣續志》卷一〇，民國《簡陽縣續志》卷七。

邱永貞

字體乾。分發任陜西縣丞。曾參纂民國《金堂縣續志》。見民國《金堂縣續志》卷一、卷七。

文二篇　存

收入民國《金堂縣續志》卷一〇。

聶　正

民國初任本縣視學。見民國《金堂縣續志》卷一〇。

文一篇　存

收入民國《金堂縣續志》卷一〇。

張三基

歲貢生。見民國《金堂縣續志》卷一〇。

詩二首　存

收入民國《金堂縣續志》卷一〇，民國《簡陽縣續志》卷九。

（李咏梅）

新都縣

（今成都新都區）

楊鳳庭

字瑞虞，別號西山。乾隆元年舉人，年七十餘卒。見嘉慶《新都縣志》卷三五、卷三八，道光《新都縣志》卷八，民國《新都縣志》第五編人物下。

周易圖象解八卷　道德經註

見道光《新都縣志》卷一七。

醫書十卷

見《新都縣鄉土志·醫學》。

弄丸心法八卷　存

今存宣統三年成都刻本（川大）；民國新都張氏刻本（國圖）。

詩三首　存

收入道光《新都縣志》卷一五，光緒《蒲江縣志》卷五。

吳道成

號潛庵。乾隆元年舉人。見嘉慶《新都縣志》卷三五，道光《新都縣志》卷八，民國《新都縣志》第四編人物上，《倫風》卷首。

文二篇　存

收入嘉慶《新都縣志》卷四八，道光《新都縣志》卷一三，《倫風》卷首。

高文芳

字蘭谷。乾隆十二年舉人，次年成進士，歷任敘州、松潘縣教授，選廣西懷遠縣知縣，陞至東蘭州知州。見嘉慶《新都縣志》卷三六、卷三八，道光《新都縣志》卷八，民國《新都縣志》第四編人物上，民國《松潘縣志》卷五。

文一篇　存

收入道光《新都縣志》卷一三。

蔡調六

乾隆十四年拔貢生。見嘉慶《新都縣志》卷三五，道光《新都縣志》卷八。

文一篇　存

見道光《新都縣志》卷一三。

傅　偉

歲貢生。見嘉慶《新都縣志》卷三五，道光《新都縣志》卷八。

文二篇　存

收入嘉慶《新都縣志·補遺》，道光《新都縣志》卷一三。

李　琲

字貫之。乾隆三十三年舉人。見嘉慶《新都縣志》卷三五、卷三八，道光《新都縣志》卷八，《蜀詩續鈔》卷一，民國《新都縣志》第四編人物上。

詩二首　存

收入道光《新都縣志》卷一五，《蜀詩續鈔》卷一。

文一篇　存

收入道光《新都縣志》卷一三。

李陽棫

字尚菁，琲子。乾隆三十五年經

魁，三十七年成進士，任廣東道監察御史，官至湖南常德府知府。見嘉慶《新都縣志》卷三五、三六，道光《新都縣志》卷八，民國《新都縣志》第四編人物上。

詩一首　存

收入道光《新都縣志》卷一五。

徐敬修

乾隆三十六年舉人。見嘉慶《新都縣志》卷三五，道光《新都縣志》卷八，民國《新都縣志》第四編人物上。

文一篇　存

收入道光《新都縣志》卷六。

趙繼祖

乾隆四十二年舉人，歷任雅州教諭、福建寧洋縣知縣，封文林郎。見嘉慶《新都縣志》卷三五、卷三六，道光《新都縣志》卷一三。

文三篇　存

收入嘉慶《新都縣志·補遺》，道光《新都縣志》卷一三。

周參元

由貢生遵例捐吏目，揀發貴州候補吏目，署鎮遠府經歷。見嘉慶《新都縣志》卷三六、《補遺》。

文一篇　存

收入嘉慶《新都縣志·補遺》。

熊維鼐（1756—1808）

字鼎元。年十九補博士弟子員，以廩生中乾隆五十四年舉人。嘉慶十三年卒，年五十三。見嘉慶《新都縣志》卷三五，道光《新都縣志》卷一三，民國《新都縣志》第四編人物上、第五編人物下。

誠敬錄二卷　熊氏族譜世次　戒淫十則

見道光《新都縣志》卷一三，民國《新都縣志》第五編人物下。

高明遠

字靜一，號敬亭。庠生，乾隆、嘉慶間人，以子高櫃貴，晉封三品中議大夫。見嘉慶《新都縣志》卷三六，民國《新都縣志》第五編人物下。

古訓亭詩鈔

見《蜀詩續鈔》卷二。

詩二首　存

收入嘉慶《新都縣志·補遺》，道光《新都縣志》卷一五，《蜀詩續鈔》卷二。

李覺楹

嘉慶元年恩貢生。見嘉慶《新都縣志》卷首、卷三五。

嘉慶《新都縣志》五十四卷首一卷（孫真儒等修　李覺楹等纂）　存

今存嘉慶二十一年刻本（方志聯合目錄）。

黃嘉穀

字福田，一作善田。嘉慶十三年舉人，官雲南知縣。見《蜀詩續鈔》卷一，民國《新都縣志》第四編人物中。

詩一首　存

收入《蜀詩續鈔》卷一。

溫玉聲

名一作泰欽。嘉慶十五年舉人，任蒲江縣訓導。見嘉慶《新都縣志》卷三五，道光《新都縣志》卷八，民國《新都縣志》第四編人物上。

文一篇　存

收入道光《新都縣志》卷一四。

梁映川

字至如。補金堂博士弟子員，由恩貢生加捐官教諭。見嘉慶《新都縣志》卷三六，道光《新都縣志》卷九，民國《新都縣志》第五編人物下。

易說

見道光《新都縣志》卷九，民國《新都縣志》第五編人物下。

閑靜古文一卷

見《新都縣鄉土志・學問》。

閑靜齋詩文一卷

見民國《新都縣志》第五編人物下。

詩一首　存

收入道光《新都縣志》卷一五。

文一篇　存

收入道光《新都縣志》卷一五。

梁　煐

名一作瑛。歲貢生，曾參纂嘉慶《新都縣志》。見嘉慶《新都縣志》卷首，民國《新都縣志》第四編人物上。

文一篇　存

收入道光《新都縣志》卷一三。

溫永恕

字心如。舉人，曾設帳授徒於成都，故有“小錦江”之稱。與乾、嘉間墊江李惺同顯於時。卒年七十三歲。見民國《新都縣志》第五編人物下。

重訂春秋經傳節錄

見《新都縣鄉土志・學問》。按：民國《新都縣志》第五編人物下無“重訂”二字。

南華經淺註　來瞿塘先生目錄評語　陳臥子史記讀錄　古文讀鈔　時文讀鈔

見民國《新都縣志》第五編人物下。

史之良

號新謨。由廩貢生任納溪教諭，署眉州、長壽縣教諭。見《蜀詩續鈔》卷五，民國《新都縣志》第四編人物上。

詩一首　存

收入《蜀詩續鈔》卷五。

鄭思敬

號執庵。同治九年舉人，官至陝西潼州知州。見《蜀詩續鈔》卷六，民國《新都縣志》第四編人物上。

詩一首　存

收入《蜀詩續鈔》卷六。

傅　燮

號理庵。道光二十九年舉人，官陝西雒南、同官等縣知縣。見《蜀詩續鈔》卷六，民國《新都縣志》第四編人物上。

詩三首　存

收入《蜀詩續鈔》卷六。

劉　烜

號玉庵。舉人，任筠連教諭。見《蜀詩續鈔》卷六。

詩六首　存

收入《蜀詩續鈔》卷六。

曾思孔

號魯齋。布衣。見《蜀詩續鈔》卷八。

魯齋閒筆

見《蜀詩續鈔》卷八。

詩四首　存

收入《蜀詩續鈔》卷八。

傅薦元

歲貢生。見民國《新都縣志》第四編人物上。

詩六首　存

收入道光《新都縣志》卷一五，民國《新都縣志》第六編上。

謝子澄（？—1853）

字靜江，號雲舫。道光十二年舉人，官天津知縣、直隸知州。與太平軍作戰死，贈布政使，謚忠愍。見道光《新都縣志》卷一五，《及見詩續鈔》卷八，民國《新都縣志》第四編人物上、第五編人物下，《清詩匯》卷一三七，《清人別集總目》頁 2293。《清史稿》卷二七八有傳。

謝忠愍公詩集　存

見《清人別集總目》頁 2293。今存民國十八年新都謝氏石印本（川圖，南大）。

詩三十八首　存

收入《及見詩續鈔》，《蜀詩續鈔》卷四，《清詩匯》卷一三七。

袁德馨

字子芬。歲貢生。見民國《新都縣志》第四編人物上、第五編人物下袁煥條附，《新都縣鄉土志・學問》。

百字母文一貫集

見《新都縣鄉土志・學問》。

袁　煥

字文甫，德馨次子。道光十四年舉人，咸豐末，揀選江西知縣。卒年七十六。見《新都縣鄉土志・學問》，民國《新都縣志》第五編人物下。

文治武略解一卷　蹇權輿淺注一卷　韜辭集一卷　古資策闡微一卷　宰治要略一卷　風角纂要次舍一卷　神機合法指揮一卷　風鑑先機一卷　陳袁會講錄一卷　四書續講一部　字説一説曉一卷　先賢輯略一卷　願學梯階一卷　初學淺言一卷　初學津梁一卷　日省箴言一卷　易學俗講一卷　易學補遺一卷

見民國《新都縣志》第五編人物下。

魏用之（？—1866）

字次野。道光二十年舉人，同治五年卒於家。見道光《新都縣志》卷八，《新都縣鄉土志・耆舊錄》，民國《新都縣志》第四編人物上、第五編人物下。

新都水利考一卷　讀史論略四卷

見《新都縣鄉土志·學問》，民國《新都縣志》第五編人物下。

有所思軒詩集　存

民國《新都縣志》第五編人物下著錄作有所思軒詩草一卷。

今存光緒二十四年新都魏氏刻本（國圖）；光緒二十四年桂香書屋刻本（南大）。

詩一首　存

收入《新都年鑒·文獻》。

文一篇　存

收入民國《新都縣志》第六編上。

魏鴻通

字達夫，用之子。廪生，入國子監。咸豐末因辦防務例封奉政大夫，卒年八十八。見民國《新都縣志》第五編人物下。

青梧書屋詩文集

見民國《新都縣志》第五編人物下。

楊光海

由廪貢生捐任蓬州訓導。見民國《新都縣志》第四編人物上。

文一篇　存

收入道光《新都縣志》卷六。

范鳳臺

恩貢生。見民國《新都縣志》第四編人物上。

詩一首　存

收入道光《新都縣志》卷一五，《蜀詩續鈔》卷三。

涂中軾

字元白，張環甫，張雨山弟子。見民國《新都縣志》第四編人物中。

松竹山房詩鈔六卷

見道光《新都縣志》卷一五。

詩七首　存

收入道光《新都縣志》卷一五。

涂中轍

字次白，中軾弟。見民國《新都縣志》第四編人物中。

擁翠山房詩集二卷

見民國《新都縣志》第四編人物中。

釋照峯

詩二首　存

收入《綠萼梅齋遺稿》卷一。

黄理中

字緘三。年二十卒。見《及見詩鈔》卷一〇。

遺詩一卷

見《及見詩鈔》卷一〇。

詩十首　存

收入《及見詩鈔》卷一〇。

魏朝俊

號青士。咸豐中人，性剛直有擔當氣，凡邑中公務、族中義務皆認真辦理。見《新都縣鄉土志·耆舊錄》。

四經精華三種（輯）　存

今存光緒十一年魏氏古香閣刻本（川

大）。

四經精華四種（輯）　存

今存光緒二十年學庫山房刻本（北師大）。

六經精華（輯）　存

見《新都縣鄉土志·耆舊録》。

今存光緒二十五年魏氏古香閣刻本（南大）。

詩韻集成題考合刻十卷（王文淵撰魏朝俊輯）　存

今存清刻本（北師大）；光緒十四年魏氏古香閣刻本（南大）。

魏孝儒

字達三。同治六年舉人，署劍州訓導。見民國《新都縣志》第四編人物上、人物中。

詩一首　存

收入《蜀詩續鈔》卷三，民國《新都縣志》第六編上，《新都年鑒·文獻》。

魏智儒

字慕虞。學琴於青城張孔山。年五十六卒。見民國《新都縣志》第五編人物下。

琴譜二卷

見民國《新都縣志》第五編人物下。

張維烺

字紫垣。入甘肅靈州學籍，中光緒元年舉人。見民國《新都縣志》第四編人物上、人物中。

續南遊日記　存

見民國《新都縣志》第四編人物中。

今存宣統元年刻本（國圖）；二〇〇六年北京学苑出版社影印歷代日記叢抄本。

荀先詩草　存

見民國《新都縣志》第四編人物中。

今存光緒二十年刻本（南大）。

廖玉湘

字子和，號芷汀。光緒二年舉人，主漢州湔江書院及新都儲才館講席近二十餘年。見民國《新都縣志》第五編人物下。

題體會通四编（編輯）　存

今存光緒八年刻本（國圖）。

困學紀聞標題（編輯）　**任氏述記**（編輯）　**黄氏日鈔**　**舉業澤古**　**古文類纂**　**古文常讀**　**畏鳩盧憂言二卷**　**策論正源十二卷**

見民國《新都縣志》第五編人物下。

魏源普

字星海。光緒中歲貢生，任威遠縣訓導。見《新都縣鄉土志·耆舊録》，民國《新都縣志》第四編人物中。

易解　**西清語錄**　**味道集**

見民國《新都縣志》第四編人物中。

張治新

字鼎臣。光緒十四年舉人，任長寧縣教諭。見《新都縣鄉土志·學問》，民國《新都縣志》第四編人物上、人物中。

白話演說木鐸言一卷

見民國《新都縣志》第四編人物中。

尚書經義總論二卷　詩經經義總論二卷

見《新都縣鄉土志·學問》

書經經義總論二卷

見民國《新都縣志》第四編人物中。

新都縣鄉土志　存

今存清末抄本（川圖，川大）；抄本（上圖）；北京線裝書局二〇〇二年影印鄉土志抄稿本選編本。

馮溢堃

字勵齋。光緒十五年舉人。見民國《新都縣志》第四編人物上、人物中。

放鶴軒詩草一卷

見民國《新都縣志》第四編人物中。

王　昀

號煦亭。舉人，由教諭推陞知縣。見《及見詩續鈔》卷一。

詩十五首　存

收入《及見詩續鈔》卷一。《蜀詩續鈔》卷五。

謝觀瀾

字淡泉。光緒二十三年副貢生，歷署彭水、石泉、涪州教諭；授直隸州，分發山東。見民國《新都縣志》第四編人物上、人物中。

淡泉堂詩稿

見民國《新都縣志》第四編人物中。

趙　湘

字融齋。光緒二十七年歲貢生。見民國《新都縣志》第四編人物上、人物中。

白話訓世一卷　讀史韻言一卷　明經樓詩集一卷

見民國《新都縣志》第四編人物中。

陳崇儉

字樸安。見《新都年鑒·文獻》。

詩一首　存

收入《新都年鑒·文獻》。

陳繼昌

號語僧。見民國《新都縣志》第四編人物中。

龍溪詩草二卷

見民國《新都縣志》第四編人物中。

馮澤堃

字曉衢，別號五桂老人。歲貢生。見民國《新都縣志》第四編人物上、人物中。

孝經淺說　五桂軒詩草一卷

見民國《新都縣志》第四編人物中。

劉鴻逵

字香亭。由增貢生署理嘉定府樂山縣訓導。見民國《新都縣志》第四編人物上、人物中。

二園合編詩集

見民國《新都縣志》第四編人物中。

劉藜照

字東平。見民國《新都縣志》第四編人物中。

筆極錄

見民國《新都縣志》第四編人物中。

王道能

字子謙。見民國《新都縣志》第四編人物中。

歷代綱鑑要覽數卷　史論課存

見民國《新都縣志》第四編人物中。

王興仁

字岫煙。歲貢生。見民國《新都縣志》第四編人物上、人物中。

竹院談經二十六卷　軟玉灣說史四卷　廿四史讀本六卷　皇朝中外大事記編年十一卷　皇朝名臣類考二十卷目錄二卷　皇朝戰績標題十四卷　大清一統輿圖引證三十二卷　歷朝中外大事記編年四卷　彩鳳階新鈔四卷　竹院族談十八卷　輿圖叢話四卷　花下偶談四卷　竹院讀圖三卷　全球通釋三卷　球圖問答三卷

見《新都縣鄉土志·學問》，民國《新都縣志》第四編人物中。

聖武記匯通十四卷

見《新都縣鄉土志·學問》。

魏光瀛

字仙洲。補授湖北應山縣平靖關巡檢。見民國《新都縣志》第四編人物上、人物中。

醉六齋詩稿

見民國《新都縣志》第四編人物中。

魏　魯

字幼禽。見民國《新都縣志》第四編人物中。

金玉合刊（玉壘山房詩選，金石齋詩鈔）

存

民國《新都縣志》第四編人物中錄作玉壘山房詩稿。

今存民國二十二年蜀始康桂湖詩社鉛印本（南大）。

葉文光

字星亭。恩貢生。見民國《新都縣志》第四編人物上、人物中。

說文通經解四卷　周官輯要八卷

見《新都縣鄉土志·學問》。

新都韻言一冊　存

見《新都縣鄉土志·學問》。

今存民國二十一年新都葉氏刻本（國圖）；民國二十一年重慶葉氏刻本（南大）。

曾業儒

字思孔。見民國《新都縣志》第四編人物中。

魯齋閒筆稿

見民國《新都縣志》第四編人物中。

張時修

字習齋。見民國《新都縣志》第四編人物中。

養心解　養心戒　立命說　無極太極論　陰陽五行字義解　性情氣備說

見民國《新都縣志》第四編人物中。

周祖祐

頤樓詩鈔　存

見《清人別集總目》頁1471。

今存民國三年周氏成都刻本（川圖）。

閔昌術

光緒二十三年舉人，官江西新建縣縣丞。見民國《新都縣志》卷首。

民國《新都縣志》六編（陳習删等修閔昌術等纂）　存

今存民國十八年鉛印本（方志聯合目錄）。

（李榮慧　鄒艷）

郫　縣

（今成都郫縣）

蔡時豫

字笠齋，一作崇寧人。雍正元年舉人，任貴州鎮遠縣知縣，以軍功陞黎平府同知。嘉慶《郫縣志》卷三五，同治《郫縣志》卷二五，《全蜀詩鈔》卷一〇，民國《郫縣志》卷三，民國《崇寧縣志》卷五、卷六，《崇寧縣鄉土志·耆舊錄》。

慈竹園集

見嘉慶《郫縣志》卷三五，《全蜀詩鈔》卷一〇，民國《崇寧縣志》卷六，《崇寧縣鄉土志·耆舊錄》。

詩六首　存

收入嘉慶《郫縣志》卷三五，嘉慶《崇寧縣志》卷三，《全蜀詩鈔》卷一〇，民國《崇寧縣志》卷七。

趙　滸

雍正元年舉人，官湖南溆浦縣知縣。見嘉慶《郫縣志》卷二五，同治《郫縣志》卷二五，民國《郫縣志》卷三。

文一篇　存

收入嘉慶《郫縣志》卷三六。

許儒龍

字水南，一作彭縣人，又作成都人。諸生，乾隆元年徵試博學宏詞科，被放。年八十三，卒。見嘉慶《四川通志》卷一八七，《錦里新編》卷五，同治《郫縣志》卷三二，同治《重修成都縣志》卷七，光緒《彭縣志》卷七，《全蜀詩鈔》卷一〇，《蜀詩續鈔》卷四，民國《郫縣志》卷三，《清人別集總目》頁614。

水南詩草

見《全蜀詩鈔》卷一〇。

許水南詩集二卷（孫澍重訂）　存

見《清人別集總目》頁614。

今存道光刻古棠書屋叢書本（叢書綜錄，日本人文）；清鵝溪孫氏刻本（國圖）。

水南詩集二卷（許天祿重訂）　存

見《清人別集總目》頁614。

今存咸豐六年四川許氏刻本（上圖，川圖，遼圖）。

水南詩集不分卷　存

今存咸豐四年刻本（上圖）；咸豐六年刻本（國圖）。

水南詩集二卷文集二卷　存

見《清人別集總目》頁614。同治《重修成都縣志》卷七作水南詩文集。

今存咸豐六年刻本（上圖）。

岷南詩草一卷　存

見嘉慶《四川通志》卷一八七。按：《錦里新编》卷五未著卷數。《清詩匯》卷八七題作岷南集。

今存乾隆二十二年刻本（上圖）。

詩十九首　存

收入嘉慶《彭縣志》卷四〇、卷四二，光緒《彭縣志》卷一〇，《全蜀詩鈔》卷一〇，《蜀詩續鈔》卷四。

嚴　安

乾隆三十九年舉人，官山西蒲縣知縣。見嘉慶《郫縣志》卷二五，同治《郫縣志》卷二五，民國《郫縣志》

卷三。

文一篇 存

收入嘉慶《郫縣志》卷三六。

趙國泰

字虔中。乾隆四十二年舉人。見嘉慶《郫縣志》卷二五，同治《郫縣志》卷二八，《全蜀詩鈔》卷二一，民國《郫縣志》卷三。

涵薰園文稿

見同治《郫縣志》卷二八，民國《郫縣志》卷五。

桐花別墅詩鈔

見同治《郫縣志》卷二八，民國《郫縣志》卷五。

詩二首 存

收入《全蜀詩鈔》卷二一。

衛道凝 (1762—?)

字涣之，號榿園。乾隆五十一年中舉，年二十五。五試禮闈不遇，退而歷主岷江、崇陽及八旗書院。見嘉慶《郫縣志》卷二五，同治《郫縣志》卷二五、卷二八，民國《郫縣志》卷三、二七。

嘉慶《崇慶州志》十卷首一卷（丁榮表 顧堯峯修 衛道凝 謝攀雲纂） 存

今存嘉慶十八年刻本（方志聯合目錄）。

周易集注　六經精義　蜀編年志

見同治《郫縣志》卷二八，民國《郫縣志》卷五。

春秋傳舉要　補大常踐禮並註　忠讜遺言　榿園彙草（謹獨篇附）　金川記聞　諸子精醇　榿園詩集　楊子雲蜀都賦註解

見民國《郫縣志》卷五。

敬信錄

見同治《郫縣志》卷二八。

朱近光

字白雲。乾隆五十九年舉人，官長壽縣教諭。詩有晚唐人風。見嘉慶《郫縣志》卷二五，同治《郫縣志》卷二五、卷二八，民國《郫縣志》卷三。

詩二首 存

收入同治《郫縣志》卷三五。

盛大器

字汝舟，號竹溪子。一作成都人。嘉慶十三年舉人。晚主講岷陽書院，優貢周澤濃、舉人吴文光皆出其門。見嘉慶《郫縣志》卷二五、同治《郫縣志》卷二五，卷二八，同治《重修成都縣志》卷七，《全蜀詩鈔》卷三五，民國《郫縣志》卷三。

碧檀欒齋詩草（碧檀欒室詩鈔）

見《全蜀詩鈔》卷三五，民國《郫縣志》卷五。

嘉慶《郫縣志》四十四卷卷首一卷（朱鼎臣等修　盛大器等纂） 存

今存嘉慶十八年刻本（方志聯合目錄）；道光二十四年補刻本（方志聯合目錄）；抄本（川圖）。

詩八首 存

收入同治《重修成都縣志》卷一一，《全蜀詩鈔》卷三五。

文一篇 存

收入同治《郫縣志》卷一，民國《郫縣志》卷一。

范守貞

字固庵。嘉慶十八年拔貢生，道

光二年舉人。見《全蜀詩鈔》卷四〇。

詩一首　存

收入《全蜀詩鈔》卷四〇。

黄　鰲

字海巒。道光五年拔貢生，十四年中舉人，官訓導。見《全蜀詩鈔》卷四六。

詩二首　存

收入《全蜀詩鈔》卷四六。

權祖彦

字美堂。道光五年舉人。見《全蜀詩鈔》卷四六。

詩二首　存

收入《全蜀詩鈔》卷四六。

楊孚甲

字春山。歲貢生。見嘉慶《郫縣志》卷二五，同治《郫縣志》卷二八，民國《郫縣志》卷三。

文一篇　存

收入嘉慶《郫縣志》卷三六。

孫　錤（1787—1849）

先名澈，字野史，號草橋，又號瘦石、岷陽大布衣，晚乃號子畏。初應試，後棄舉業，入國學，以布衣終。見同治《郫縣志》卷二八，民國《郫縣志》卷三，《清人别集總目》頁631。

蜀破鏡五卷　存

見同治《郫縣志》卷三九，民國《郫縣志》卷五。按：民國《郫縣志》卷五孫錤作“孫琪”，當誤。

今存民國十一年四川刻本（國圖）。

蜀破鏡三卷　存

今存道光二十四年鵝溪孫氏刻本（國圖，北大）；古棠書屋叢書本（叢書綜録）。

蜀破鏡一卷　存

今存民國八年四川官印刷局刻本（國圖）。

岷陽古帝墓祠後志八卷（輯）　存

今存道光十六年鵝溪村舍刻本（國圖，上圖）；古棠書屋叢書本（叢書綜録）。

岷陽方言

見同治《郫縣志》卷三九，民國《郫縣志》卷五。

郫書六卷

見同治《郫縣志》卷三九，民國《郫縣志》卷五。

楊文憲公（慎）年譜一卷（明·簡紹芳編　清·程封改輯　孫錤補訂）　存

今存古棠書屋叢書本（叢書綜録）。

瘦石詩鈔十二卷　存

見《清人别集總目》頁631。

今存道光十六年郫縣孫氏古棠書屋刻本（川圖）。

孫瘦石文集十五卷　存

見《清人别集總目》頁631。同治《郫縣志》卷三九、民國《郫縣志》卷五録作瘦石詩文集。

今存道光二十九年刻本（南開，旅大）。

瘦石文鈔十三卷　存

今存道光十六年郫縣孫氏古棠書屋刻本（上圖）。

瘦石文鈔十三卷外集二卷　存

見《清人别集總目》頁631。

今存道光二十九年鵝溪村舍刻本（國

圖，北大）；古棠書屋叢書本（叢書綜錄，徐州，日本人文）。

詩九十三首　存

收入《全蜀新鈔》卷四三。

孫澍

字雨庵，號雨皋，又號子皋，孫錤弟。嘉慶二十四年舉人，官綦江教諭。見同治《郫縣志》卷二五、卷二八，《蜀詩續鈔》卷五，民國《郫縣志》卷三，《清人別集總目》頁632。

商邱史記十卷（清·郭善鄰輯評孫澍贅論）　存

見同治《郫縣志》卷三九，民國《郫縣志》卷五。

今存道光中鵝溪孫氏刻本（國圖，川大）；古棠書屋叢書本（叢書綜錄）。

杜主開明前志四卷（輯，一名望帝杜宇叢帝鼈令前志）　存

見同治《郫縣志》卷三九，民國《郫縣志》卷五。

今存古棠書屋叢書本（叢書綜錄）。

孫春皋詩集二卷文鈔二卷外集二卷　存

見《清人別集總目》頁632。

今存道光中鵝溪孫氏刻本（國圖，川大）；古棠書屋叢書本（叢書綜錄，日本人文）。

孫春皋集二卷　存

見《清人別集總目》頁632。

今存同治郫縣古棠書屋刻本（川圖）。

孫春皋外集二卷　存

今存道光十六年鵝溪孫氏刻本（國圖）。

國朝古文選二卷（輯）　存

今存道光十四年鵝溪孫氏刻本（國圖）；道光中鵝溪孫氏刻本（國圖，川大）；古棠書屋叢書本（叢書綜錄）。

太玄集注四卷（補注）　存

按：民國《郫縣志》卷五作補注司馬溫公楊子雲太元集注三卷。

今存道光十一年鵝溪小學岷陽孫氏刻本（川大）。

補注費仲若明蜀詩十五卷（補注）

見民國《郫縣志》卷三、卷五。按：民國《郫縣志》卷五誤列於孫澍名下之他人著述，皆徑略不辨。

詩四首　存

收入《全蜀詩鈔》卷四四，《蜀詩續鈔》卷五。

高升之

字曉宇。道光十四年優貢生。見同治《郫縣志》卷二五，民國《郫縣志》卷三。

同治《郫縣志》四十四卷（陳慶熙修高升之等纂）　存

今存同治九年刻本（方志聯合目錄）。

詩一首　存

收入民國《灌縣志》附《灌志文徵》卷一一。

文五篇　存

收入民國《灌縣志》附《灌志文徵》卷一、卷二、卷四，《灌縣鄉土志》卷一。

徐子來

字宇藩。道光二十三年舉人，官平武縣教諭。同治《郫縣志》卷二五，《蜀詩續鈔》卷六，民國《郫縣志》卷三，《綠萼梅齋遺稿》卷一。

蕉窗瑣錄詩文一卷

見民國《郫縣志》卷三。

詩四首　存

收入《蜀詩續鈔》卷六。

王光裕（？—1867）

字伯愚，號問山，一作向山。同治六年中舉，未發榜而歿。見同治《郫縣志》卷二八，《蜀詩續鈔》卷五，民國《郫縣志》卷三，《清人別集總目》頁119。

雙鵠啼痕

見民國《郫縣志》卷三、卷五。

問山詩鈔二卷　存

見《清人別集總目》頁119。民國《郫縣志》卷五無卷數。

今存民國成都昌福公司排印本（川圖，南大，臺灣史語）。

問山詩鈔二卷儷體文一卷律賦一卷　存

見同治《郫縣志》卷二八，民國《郫縣志》卷三，《清人別集總目》頁119。

今存光緒四年刻本（川圖）。

詩林切玉八卷　存

今存乾隆二十二年玉田齋刻本（北大）。

詩九首　存

收入《蜀詩續鈔》卷五。

姜羲文

字堯夫。舉人。見民國《郫縣志》卷三。

齊不齊齋詩文一卷

見民國《郫縣志》卷三。

姜國伊

字尹人，羲文子。同治九年舉人，與趙熙、王闓運相識。見《蜀詩續鈔》卷二，民國《郫縣志》卷三，《清人別集總目》頁1668。

周易古本撰　存

見民國《郫縣志》卷五。

今存民國二十年岷陽姜氏刻本（南大）。

詩經思無邪序傳四冊　春秋傳義六冊　大學古本述註一冊　中庸古本述註一冊　蜀記　頤說（補說）一冊　癸甲乙記（經問附）一冊

見民國《郫縣志》卷五。

孝經（注）　存

民國《郫縣志》卷五作孝經述。

今存光緒十五年刻本（國圖）。

孝經述附孟子外書　存

今存民國二十年岷陽姜氏刻本（南大）。

孟子外書一卷（補注）　存

民國《郫縣志》卷五作孟子外篇。

今存同治光緒間刻本（川大）。

孔子家語十卷（補注）　存

民國《郫縣志》卷五作家語正。

今存同治光緒間刻本（川大）。

神農本草經三卷　存

民國《郫縣志》卷五著錄有“醫說五種”。

今存同治光緒間刻本（川大）。

尹人文存二卷　存

見《清人別集總目》頁1667。

今存清刻本（國圖，青島，北大）；光緒間刻本（國圖）。

尹人尺牘存一卷文存二卷詩存附賦話對聯不分卷制藝存一卷　存

見《清人別集總目》頁1667。

今存同治光緒刻守中正齋叢書本（叢書綜錄）。

詩十一首　存

收入《蜀詩續鈔》卷二。

陳會芳

號芷君。庠生。見同治《郫縣志》卷二八，民國《郫縣志》卷三。

梅窗碎錄

見同治《郫縣志》卷三九，民國《郫縣志》卷五。按：《郫縣鄉土志·耆舊錄》作六卷。

筆談　續言　鄉舊

見同治《郫縣志》卷三九，民國《郫縣志》卷五。

稅中田

與兒言

見同治《郫縣志》卷三九，民國《郫縣志》卷五。

余變樞

遯園遺稿

見民國《郫縣志》卷五。

趙芝玉

字蘊山。監生。見《全蜀詩鈔》卷四四。

詩三首　存

收入《全蜀詩鈔》卷四四。

吴漢章

字薌亭。光緒二年舉人。見民國《郫縣志》卷三。

曉晴軒遺稿二卷　存

民國《郫縣志》卷三作曉晴軒詩文集。今存民國十一年刻本（國圖）。

姜士諤

字藥言。光緒間任教職於本縣。見《郫縣鄉土志》卷首序。

郫縣鄉土志不分卷（黄德潤等修姜士諤纂）　存

民國《郫縣志》卷五作郫筒鄉土志。

今存光緒三十四年鉛印本（方志聯合目錄）。

詩一首　存

收入《綠蕚梅齋遺稿》卷一。

袁森堂

字寶書。光緒八年舉人。見民國《郫縣志》卷三。

友蘭書屋全集

見民國《郫縣志》卷三。

刁佩瓊

女。見民國《郫縣志》卷五。

饋冰詠雪軒詩稿

見民國《郫縣志》卷五。

劉仁圃

字畹香。舉人，公車北上時都門會課推為第一。見民國《郫縣志》卷三。

感應篇試帖詩一卷

見民國《郫縣志》卷三。

陳守信

正修父。見民國《郫縣志》卷三。

三益堂集

見民國《郫縣志》卷五。

陳正修

字獻廷，守信子。縣庠生，入錦江書院肄業。卒年三十。見民國《郫縣志》卷三。

日音文稿一卷　吟壎一卷

見民國《郫縣志》卷三。

鄭逢年

字西庵，一作有庵。歲貢生。見《全蜀詩鈔》卷四六，《蜀詩續鈔》卷四，民國《郫縣志》卷三。

不然灰集

見《全蜀詩鈔》卷四七，《蜀詩續鈔》卷四。

樊溪草堂詩集六卷

見民國《郫縣志》卷三。

詩二十八首　存

收入《全蜀詩鈔》卷四七，《蜀詩續鈔》卷四。

鄭啓瑞

字海門。補博士弟子員，光緒間開學館於成都，以病卒。見民國《郫縣志》卷三。

小學韻語　朱子小學發明　尚絅堂詩文集　尚絅堂雜説　諸史論列

見民國《郫縣志》卷三、卷五。

郭明卿

曲名新詠

見民國《郫縣志》卷五。

劉厚滋

字莆田，號雨岑。官知縣。見《蜀詩續鈔》卷二。

詩一首　存

收入《蜀詩續鈔》卷二。

文一篇　存

收入民國《灌縣志》附《灌志文徵》卷五。

劉月娥

詩一首　存

收入民國《灌縣志》附《灌志文徵》卷一三。

李　藻

字文翰。諸生。見民國《灌縣志》附《灌志文徵》卷一。

詩一首　存

收入民國《灌縣志》附《灌志文徵》卷一四。

吴瑞麟

恩貢生。見民國《灌縣志》附《灌志文徵》卷一。

詩一首　存

收入民國《灌縣志》附《灌志文徵》卷一四。

薛鴻勛

字少塘。諸生。見民國《灌縣志》附《灌志文徵》卷一。

詩一首　存

收入民國《灌縣志》附《灌志文徵》

卷一四。

宋來賓

字靡塘。諸生。見民國《灌縣志》附《灌志文徵》卷一。

詩一首 存

收入民國《灌縣志》附《灌志文徵》卷八。

（李咏梅）

灌　縣

（今成都都江堰市）

任　遜

由保縣學籍中乾隆十五年舉人。見乾隆《灌縣志》卷九，光緒《增修灌縣志》卷八，民國《灌縣志》卷一〇。

文一篇　存

收入民國《灌縣志》附《灌志文徵》卷三。

孟其才

由汶川縣學籍中乾隆三十五年舉人。見乾隆《灌縣志》卷首、卷九，光緒《增修灌縣志》卷八，民國《灌縣志》卷一〇。

詩二首　存

收入乾隆《灌縣志》卷一一下，光緒《增修灌縣志》卷一三，民國《灌縣志》附《灌志文徵》卷一一。

朱凌雲

字霽軒。乾隆間歲貢生，官西充縣訓導。見乾隆《灌縣志》卷首，光緒《增修灌縣志》卷八，民國《灌縣志》卷一〇、卷一一，民國《灌縣志》附《灌志文徵》卷一。

桂亭集

見民國《灌縣志》卷一一。

詩六首　存

收入乾隆《灌縣志》卷一一下，光緒《增修灌縣志》卷一三，民國《灌縣志》附《灌志文徵》卷五、卷八、卷九、卷一一、卷一三。

任文燦

歲貢生，官南川縣訓導。見乾隆《灌縣志》卷九，光緒《增修灌縣志》卷八，民國《灌縣志》卷一〇。

詩二首　存

收入乾隆《灌縣志》卷一一下，光緒《增修灌縣志》卷一三，民國《灌縣志》附《灌志文徵》卷一一。

楊　楫

乾隆五十三年舉人，歷署宜賓、蒲江、清溪縣教諭，擢升知縣。見光緒《增修灌縣志》卷八，民國《灌縣志》卷一〇，民國《灌縣志》附《灌志文徵》卷一。

詩一首　存

收入民國《灌縣志》附《灌志文徵》卷一二。

孟文洽

由汶川縣學籍中乾隆五十四年舉人。見光緒《增修灌縣志》卷八，民國《灌縣志》卷一〇。

文一篇　存

收入民國《灌縣志》附《灌志文徵》卷三。

劉光旭

號晴巖。乾隆五十四年拔貢生。見光緒《增修灌縣志》卷八，民國《灌縣志》卷一〇、卷一一。

詩一首　存

收入光緒《增修灌縣志》卷一三，民國《灌縣志》附《灌志文徵》卷八。

曾懷玉

字蘊山，號輝善。嘉慶五年拔貢生，官內江縣教諭。見光緒《增修灌縣志》卷八，民國《灌縣志》卷一〇、卷一一，民國《灌縣志》附《灌志文徵》卷一。

詩六首　存

收入民國《灌縣志》附《灌志文徵》卷七、卷一一、卷一三。

韓學潮

嘉慶六年舉人。見光緒《增修灌縣志》卷八，民國《灌縣志》卷一〇。

文一篇　存

收入民國《灌縣志》附《灌志文徵》卷二。

馬光型

號東橋。嘉慶十五年鄉試經魁，三主岷江書院。道光十五挑取知縣，歷任滄州清河、井陘、淶水、平谷等縣知縣。見光緒《增修灌縣志》卷八、卷九，《灌縣鄉土志》卷一，《蜀詩續鈔》卷二，民國《灌縣志》卷一〇、卷一一，民國《灌縣志》附《灌志文徵》卷一。

小海岳樓詩四卷　槐黃集一卷

見民國《灌縣志》卷六。

詩十一首　存

收入光緒《增修灌縣志》卷一三，《蜀詩續鈔》卷二，民國《灌縣志》附《灌志文徵》卷八、卷九、卷一一、卷一三、卷一四。

文四篇　存

收入光緒《增修灌縣志》卷一三，民國《灌縣志》附《灌志文徵》卷三、卷五、卷六。

馬蓮舫

光型子，諸生。見民國《灌縣志》卷一一，民國《灌縣志》附《灌志文徵》卷一。

詩十四首　存

收入民國《灌縣志》附《灌志文徵》卷七、卷一〇、卷一二。

馬福臣

字棠卿，蓮舫子，光型孫。歷任直隸天津赤城唐昌典史、陝西商州吏目、西安府司獄。見民國《灌縣志》卷一〇、卷一一，民國《灌縣志》附《灌志文徵》卷一。

文一篇　存

收入民國《灌縣志》附《灌志文徵》卷五。

文　鰲

字曉舟。嘉慶十八年拔貢生。見光緒《增修灌縣志》卷八，民國《灌縣志》卷一〇、卷一一，民國《灌縣志》附《灌志文徵》卷一。

詩一首　存

收入民國《灌縣志》附《灌志文徵》卷一一。

宋　煊

號蔚堂。嘉慶二十一年舉人，歷官酆都、忠州、金堂、江北教職，又任江北廳教諭、順慶府教授，川東知名士多出其門下。見光緒《增修灌縣志》卷八，民國《灌縣志》卷一〇、卷一一，民國《灌縣志》附《灌志文徵》卷一。

道光《江北廳志》八卷首一卷（福珠朗阿修　宋煊　黄雲衢纂）

今存道光二十四年刻本（方志聯合目錄）；民國鉛印本（方志聯合目錄）。

詩一首　存

收入民國《灌縣志》附《灌志文徵》卷一〇。

傅秉經

字雅堂。歲貢生，官儀隴縣訓導。見光緒《增修灌縣志》卷八、卷九，民國《灌縣志》卷一〇、卷一一，民國《灌縣志》附《灌志文徵》卷三。

詩一首　存

收入光緒《增修灌縣志》卷一三，民國《灌縣志》附《灌志文徵》卷一三。

傅秉常

字彝亭，秉經弟。嘉慶二十四年舉人，道光六年大挑二等，選峩眉訓導，歷署雅州府教授、鹽源縣教諭。見光緒《增修灌縣志》卷八、卷九，民國《灌縣志》卷一〇、卷一一。

詩三首　存

收入光緒《增修灌縣志》卷一三，民國《灌縣志》附《灌志文徵》卷八。

文一篇　存

收入光緒《增修灌縣志》卷一三，民國《灌縣志》附《灌志文徵》卷三。

宋履坦

字靈巖，號雲橋。恩貢生，註選直隸州州判，高溥為其門人。見光緒《增修灌縣志》卷八、卷九，民國《灌縣志》卷一〇、卷一一。

雲橋塾鈔　養正編註釋

見光緒《增修灌縣志》卷九，民國《灌縣志》卷六。

離騷注解一卷

見民國《灌縣志》卷六。

高　溥

字城南。道光元年舉人，十五年成進士，歷署廣東澄邁縣知縣、崖州知州。見光緒《增修灌縣志》卷八、卷九，民國《灌縣志》卷一〇、卷一一，《灌縣鄉土志》卷一。

詩八首　存

收入光緒《增修灌縣志》卷一三，民國《灌縣志》附《灌志文徵》卷九、卷一一、卷一三、卷一四。

文三篇　存

收入光緒《增修灌縣志》卷一三，民國《灌縣志》附《灌志文徵》卷二、卷四。

陳政典

字章軒，號鏡堂。道光八年舉人，二十四年大挑一等，歷署天津府同知、沙河磁州等州縣。見光緒《增修灌縣志》卷八，民國《灌縣志》卷一〇，民國《灌縣志》附《灌志文徵》卷一，《灌縣鄉土志》卷一。

詩四首　存

收入民國《灌縣志》附《灌志文徵》卷八、卷一二、卷一四。

陳政恒

字吉庵，政典弟。副貢生。見民國《灌縣志》卷一一，民國《灌縣志》附《灌志文徵》卷一。

詩一首　存

收入民國《灌縣志》附《灌志文徵》卷八。

劉永璋

布衣，以孝友聞。見民國《灌縣志》卷一一。

觀省錄

見《灌縣鄉土志》卷一，民國《灌縣志》卷一一。

劉　驥

字昂軒，永璋子。道光十五年舉人，官廣元縣教諭。見光緒《增修灌縣志》卷八、卷九，民國《灌縣志》卷一〇、卷一一。

四書講義

見民國《灌縣志》卷一一。

雅言集一卷

見民國《灌縣志》卷六。

詩三首　存

收入民國《灌縣志》附《灌志文徵》卷七、卷九、卷一二。

文一篇　存

收入民國《灌縣志》附《灌志文徵》卷三。

張思偉

號星橋。道光十四年舉人，主講岷江書院。見光緒《增修灌縣志》卷八，民國《灌縣志》卷一〇、卷一一。

文一篇　存

收入民國《灌縣志》附《灌志文徵》卷三。

楊作輈

字東園，名一作作舟。寄籍華陽。同治六年舉人，官至階州知州。見光緒《簡州續志》卷上，《蜀詩續鈔》卷六，民國《簡陽縣志》卷四、卷七。

悍儈詩稿一卷　借枝詩草一卷　北游草一卷　西周詩稿一卷　存

見《清人别集總目》頁716。

今存稿本（川圖）。

悍儈詩稿八卷　存

見《清人别集總目》頁716。

今存稿本（川圖）。

悍儈詩稿三卷附借枝詩草西周詩草　存

見《清人别集總目》頁716。

今存同治楊氏手抄稿本（川圖）。

詩三首　存

收入光緒《增修灌縣志》卷一三，《蜀詩續鈔》卷六，民國《簡陽縣志》附《詩文存續》卷上，民國《灌縣志》附《灌縣文徵》卷一〇。

文二篇　存

收入民國《簡陽縣志》卷四，民國《簡陽縣續志》卷二。

師　表

字仲華。好文學，過勞致疾，年二十卒。見民國《灌縣志》卷一一。

闇齋遺稿六卷附祭文哀辭　存

見《清人别集總目》頁382。按：民國《灌縣志》卷六著錄有闇齋集一卷。今存民國十年四川師氏成都刻本（川圖，南大）。

游　觀（1833—1926）

字子溫。民國十五年卒，年九十四。見民國《灌縣志》附《灌志文徵》卷一，《泉橋詩集》卷首。

泉橋詩集一卷　存

今存民國三十四年靈光室排印本（川圖，川大）。

詩七首　存

收入民國《灌縣志》附《灌志文徵》卷八、卷一〇、卷一二、卷一三。

文四篇　存

收入民國《灌縣志》附《灌志文徵》卷一、卷四。

周盛典

字雅堂。同治三年舉人，光緒二年恩科成進士，授翰林院編修。見光緒《增修灌縣志》卷八，民國《灌縣志》卷一〇、卷一一，《灌縣鄉土志》卷一。

詩二首　存

收入光緒《增修灌縣志》卷一三，民國《灌縣志》附《灌志文徵》卷八、卷一二。

文二篇　存

收入民國《灌縣志》附《灌志文徵》卷二、卷五。

陳炳魁

號甫丞。同治三年舉人，官眉州學正。見光緒《增修灌縣志》卷八，民國《灌縣志》卷一〇、卷一一，民國《灌縣志》附《灌志文徵》卷一。

黼廷文存二卷

見民國《灌縣志》卷六。

詩一首　存

收入民國《灌縣志》附《灌志文徵》卷九。

文二十七篇　存

收入民國《灌縣志》附《灌志文徵》卷一、卷二、卷三、卷四、卷五、卷六。

周澤溥（？—1889）

字子淵。同治三年武舉人，從征陝甘，積功至副將銜。回川，授酉陽游擊。後補漳臘參將。光緒十五年卒。見光緒《增修灌縣志》卷八，民國《灌縣志》卷一〇、卷一一，民國《灌縣志》附《灌志文徵》卷一。

餘事吟一卷　酉溪餘詠一卷

見民國《灌縣志》卷六。

詩一首　存

收入民國《灌縣志》附《灌志文徵》卷八。

王春元

字時齋。同治三年舉人。見光緒《增修灌縣志》卷八，民國《灌縣志》

卷一〇、卷一一，民國《灌縣志》附《灌志文徵》卷一。

詩一首 存

收入民國《灌縣志》附《灌志文徵》卷八。

傅毓秀

字小巖。同治六年舉人，先後主蒲陽、岷江兩書院，後官遂寧縣教諭。見光緒《增修灌縣志》卷八、卷九，民國《灌縣志》卷一〇、卷一一。

詩二首 存

收入民國《灌縣志》附《灌志文徵》卷七、卷一一。

文二篇 存

收入光緒《增修灌縣志》卷一三，民國《灌縣志》附《灌志文徵》卷四、卷五。

費萬雄

字英廷。同治六年舉人。見光緒《增修灌縣志》卷八，民國《灌縣志》卷一〇。

詩一首 存

收入民國《灌縣志》附《灌志文徵》卷一二。

黃宗幹

同治九年舉人。見光緒《增修灌縣志》卷八，民國《灌縣志》卷一〇。

詩一首 存

收入民國《灌縣志》附《灌志文徵》卷一三。

文一篇 存

收入民國《灌縣志》附《灌志文徵》卷三。

周兆熊

同治十年武進士，官酉陽州守備。見光緒《增修灌縣志》卷八，民國《灌縣志》卷一〇。

詩一首 存

收入民國《灌縣志》附《灌志文徵》卷一〇。

文一篇 存

收入民國《灌縣志》附《灌志文徵》卷一。

徐　昱

字介民。同治十二年舉人，主岷江書院十餘年，後官會理州學正。尤善畫竹，工書法。見光緒《增修灌縣志》卷八，民國《灌縣志》卷一〇、卷一一。

光緒《會理州續志》二卷（蔣金生修　徐昱纂）　存

今存光緒三十一年刻本（方志聯合目錄）。

灌縣鄉土志二卷（鍾文虎修　徐昱纂）　存

民國《灌縣志》卷六注曰："與高履和同撰。"

今存光緒三十三年灌縣縣署刻本（方志聯合目錄）。

藕園詩文稿二卷

見民國《灌縣志》卷六。

詩九首 存

收入民國《灌縣志》附《灌志文徵》卷八、卷一〇、卷一二、卷一三。

文十篇 存

收入民國《灌縣志》附《灌志文徵》

卷一、卷四、卷五、卷六。

彭　洵

字古香。廩生，以軍功保舉任麟游等縣知縣。見《灌縣鄉土志》卷一，民國《灌縣志》卷一〇、卷一一，民國《灌縣志》附《灌志文徵》卷一。

青城山記二卷　存

見民國《灌縣志》卷六。

今存光緒十三年刻本（上圖，南大）；光緒二十一年彭氏玉蘭堂刻本（國圖，上圖，南大）；民國十二年四川鉛印本（國圖）。

續刊青城山記二卷（輯）

今存光緒十三年刻本（上圖，北大）；光緒三十二年成都二仙庵道藏輯要叢書本（國圖）。

光緒《麟游縣新志草》十卷首一卷（纂修）

今存光緒九年刻本（方志聯合目錄）；民國二十三年郭文萓鉛印本（方志聯合目錄）。

灌記初稿四卷（纂）　存

今存光緒十三年纂、光緒二十年灌縣彭氏種書堂刻本（方志聯合目錄）。

彝軍紀略一卷　存

今存光緒十二年崇陽刻本（國圖，上圖，北大）；民國十三年成都昌福公司鉛印本（北師大，川大）。

論語析疑一卷　**沁香吟館詩鈔若干卷**

泥痕集一卷　**霏玉草一卷**

見民國《灌縣志》卷六。

詩四首　存

收入民國《灌縣志》附《灌志文徵》卷八。

文六篇　存

收入民國《灌縣志》附《灌志文徵》卷一、卷二、卷五。

彭錫光

字子羽，洵子。廩貢生。見民國《灌縣志》卷一〇、卷一一，民國《灌縣志》附《灌志文徵》卷一。

詩一首　存

收入民國《灌縣志》附《灌志文徵》卷一二。

彭錫疇

字子範，洵子，錫光弟，光緒二十三年拔貢生，歷署陝西定遠廳同知、漢中府知府、大邑縣知事。見民國《灌縣志》卷一〇、卷一一，民國《灌縣志》附《灌志文徵》卷一。

文一篇　存

收入民國《灌縣志》附《灌志文徵》卷一。

高履和

歲貢生，光緒間人。見民國《灌縣志》卷一〇，民國《灌縣志》附《灌志文徵》卷五。

灌縣鄉土志二卷（与徐昱同撰）　存

見民國《灌縣志》卷六。按：參見前徐昱條。

文三篇　存

收入民國《灌縣志》附《灌志文徵》卷三、卷五。

馬　鯤

字圖南。光緒二年舉人，歷署雲南定遠縣知縣、陸涼州知州。見光緒《增修灌縣志》卷八，《灌縣鄉土志》

卷一，民國《灌縣志》卷一〇、卷一一。

詩三首 存

收入民國《灌縣志》附《灌志文徵》卷一二、卷一三。

王昌麟

字瑞徵。光緒十四年舉人，官銅梁縣教諭。見民國《灌縣志》卷一〇、卷一一，民國《灌縣志》附《灌志文徵》卷一。

惜齋文録一卷 存

見民國《灌縣志》卷六。

今存清刻本（國圖）。

晴翠山房詩集三卷 存

民國《灌縣志》卷六著録有晴翠山房詩文集六卷，下注"未刊"。按：文集三卷當佚。

今存民國二十二年靈光室鉛印本（國圖，南大）；民國二十二年鉛印本（上圖）。

文學通論四卷（一名國文講義）

見民國《灌縣志》卷六。

文十四篇 存

收入民國《灌縣志》附《灌志文徵》卷一、卷二、卷四、卷五。

錢毓岷

字禮門。光緒二十年舉人，官湖南縣丞。見民國《灌縣志》卷一〇，民國《灌縣志》附《灌志文徵》卷一。

詩六首 存

收入民國《灌縣志》附《灌志文徵》卷八、卷一二、卷一三。

文三篇 存

收入民國《灌縣志》附《灌志文徵》卷一、卷四、卷五。

鄭翊清

字樸庵。恩貢生，候選直隸州州判。見光緒《增修灌縣志》卷首、卷八，民國《灌縣志》卷一一。

詩一首 存

收入民國《灌縣志》附《灌志文徵》卷七。

文一篇 存

收入民國《灌縣志》附《灌志文徵》卷三。

徐　涵

號敬齋。歲貢生，曾受學于王蓮州。見光緒《增修灌縣志》卷八，民國《灌縣志》卷一〇、卷一一，民國《灌縣志》附《灌志文徵》卷一。

詩二首 存

收入光緒《增修灌縣志》卷一三，民國《灌縣志》附《灌志文徵》卷一一。

文一篇 存

收入民國《灌縣志》附《灌志文徵》卷五。

潘懷珠

號文瀾。歲貢生。見民國《灌縣志》卷一〇、卷一一。

大中析解

見民國《灌縣志》卷一一。

文法正宗一卷

見民國《灌縣志》卷六。

陳毓堃

號馨山。歲貢生，候選訓導，歷署華陽、石泉等縣縣學。見民國《灌縣志》卷一〇、卷一一，民國《灌縣志》附《灌志文徵》卷一。

龍谿山館詩集

見民國《灌縣志》卷一一。

詩一首　存

收入民國《灌縣志》附《灌志文徵》卷八。

羅鳳藻

字綺樓。歲貢生，官渠縣訓導。見《灌縣鄉土志》卷一，民國《灌縣志》卷一〇、卷一一，民國《灌縣志》附《灌志文徵》卷一。

增輯養正彙編二卷　增輯福善明徵録二卷
增輯勸戒録八卷　爐餘集二卷

見民國《灌縣志》卷六。

詩三首　存

收入民國《灌縣志》附《灌志文徵》卷八、卷一一。

文一篇　存

收入民國《灌縣志》附《灌志文徵》卷二。

羅世勳

字烈堂，鳳藻子。諸生。見民國《灌縣志》卷一一。

逸園集四卷　存

見民國《灌縣志》卷六。

今存民國九年導江精舍鉛印本（南大）。

謝奉揚

字崧南。歲貢生。見民國《灌縣志》卷一〇、卷一一，民國《灌縣志》附《灌志文徵》卷一。

寶瓶集三卷

見民國《灌縣志》卷一一。

詩三首　存

收入民國《灌縣志》附《灌志文徵》卷九、卷一二。

郭仲達

字紹伯。歲貢生。見民國《灌縣志》卷一〇、卷一一，民國《灌縣志》附《灌志文徵》卷一。

紹伯詩存　存

見民國《灌縣志》卷一一。

今存民國三十四年靈光室排印本（川大）。

羅錦裳

字黼臣。歲貢生，註選訓導。見民國《灌縣志》卷一〇、卷一一。

網鑑法戒録若干卷

見民國《灌縣志》卷六。

楊　澍

字春橋，同治間人。在鄉教授三十餘年，後舉孝廉方正。見民國《灌縣志》卷六、卷一一。

文一篇　存

收入民國《灌縣志》附《灌志文徵》卷五。

王澤霖

字崑山。歲貢生。見民國《灌縣志》卷一〇、卷一一。

文一篇　存

收入民國《灌縣志》附《灌志文徵》卷三。

許　湜

國學生。見民國《灌縣志》卷一一。

時日見聞略

見民國《灌縣志》卷一一。

陳上達

諸生。見民國《灌縣志》卷一一，民國《灌縣志》附《灌志文徵》卷一。

詩二首　存

收入民國《灌縣志》附《灌志文徵》卷八、卷一二。

丁國仲

字少卿。諸生。見民國《灌縣志》卷一一，民國《灌縣志》附《灌志文徵》卷一。

詩十首　存

收入民國《灌縣志》附《灌志文徵》卷七、卷八、卷一二、卷一三、卷一四。

文一篇　存

收入民國《灌縣志》附《灌志文徵》卷六。

余漢章

字偉堂。恩貢生。見民國《灌縣志》卷一〇、卷一一，民國《灌縣志》附《灌志文徵》卷一。

文一篇　存

收入民國《灌縣志》附《灌志文徵》卷三。

徐增鋭

字致先。工畫能詩。見民國《灌縣志》卷一一。

耕餘小草

見民國《灌縣志》卷一一。

劉炳琦

字石渠。歲貢生。見民國《灌縣志》卷一〇、卷一一。

詠史詩四卷

見民國《灌縣志》卷六。

文一篇　存

收入民國《灌縣志》附《灌志文徵》卷四。

劉國瑞

字煥堂，一作善堂。歲貢生，曾主講青城書院。見民國《灌縣志》卷一〇、卷一一，民國《灌縣志》附《灌志文徵》卷一。

詩一首　存

收入民國《灌縣志》附《灌志文徵》卷七。

宋樹森

字水村。諸生。見民國《灌縣志》卷一一，民國《灌縣志》附《灌志文徵》卷一。

詩五首　存

收入民國《灌縣志》附《灌志文徵》卷八、卷一〇、卷一二、卷一三。

文一篇　存

收入民國《灌縣志》附《灌志文徵》卷一。

陳桂林

號朗軒。附貢生。見民國《灌縣志》卷一〇、卷一一。

釋來軒詩四卷

見民國《灌縣志》卷六。

詩二十四首　存

收入民國《灌縣志》附《灌志文徵》卷七、卷八、卷一〇、卷一二。

陳道謙

諸生。精書法，兼工真草篆隸。見民國《灌縣志》卷一一，民國《灌縣志》附《灌志文徵》卷一。

詩一首　存

收入民國《灌縣志》附《灌志文徵》卷一四。

梅春蒲

字羹唐。歲貢生。見民國《灌縣志》卷一〇、卷一一，民國《灌縣志》附《灌志文徵》卷一。

文一篇　存

收入民國《灌縣志》附《灌志文徵》卷三。

李　芳

字春珊，一作達縣人。歲貢生，官西陽州學正。見民國《灌縣志》卷一〇、卷一一，民國《灌縣志》附《灌志文徵》卷一，民國《達縣志》卷一四。

春珊詩草一卷　行餘偶録一卷

見民國《灌縣志》卷六。

詩九首　存

收入民國《灌縣志》附《灌志文徵》卷八、卷一一。

文十篇　存

收入民國《達縣志》卷一〇，民國《灌縣志》附《灌志文徵》卷二、卷三、卷五。

陳大慶

字福臣。諸生。見民國《灌縣志》卷一一。

福臣詩鈔　養正堂雜錄　灌志補遺　青城續記　談鬼録

見民國《灌縣志》卷一一。

詩八首　存

收入民國《灌縣志》附《灌志文徵》卷七、卷八、卷一〇、卷一二、卷一三。

劉　璞

字玉廷。監生。年八十卒。見民國《灌縣志》卷一一，民國《灌縣志》附《灌志文徵》卷一。

如對月軒詩草

見民國《灌縣志》卷一一。

詩五首　存

收入民國《灌縣志》附《灌志文徵》卷八、卷一〇、卷一二、卷一三。

劉嗣勰

附貢生，以八旗教習議叙訓導。見民國《灌縣志》卷一〇、卷一一、民國《灌縣志》附《灌志文徵》卷一。

贍石齋吟草一卷

見民國《灌縣志》卷一一。

詩十首　存

收入民國《灌縣志》附《灌志文徵》卷八。

劉清彦

詩三首　存

收入民國《灌縣志》附《灌志文徵》卷八、卷一〇。

文一篇　存

收入民國《灌縣志》附《灌志文徵》卷六。

羅繽綸

字璥瑭，居青城鳳凰山。見民國《灌縣志》卷一一，民國《灌縣志》附《灌志文徵》卷一。

詩二首　存

收入民國《灌縣志》附《灌志文徵》卷一二、卷一三。

楊夢濤

諸生，素有才名。見民國《灌縣志》卷一一，民國《灌縣志》附《灌志文徵》卷一。

詩一首　存

收入民國《灌縣志》附《灌志文徵》卷一〇。

易履謙

字讓山。廩貢生。見民國《灌縣志》卷一〇、卷一一，民國《灌縣志》附《灌志文徵》卷一。

詩一首　存

收入民國《灌縣志》附《灌志文徵》卷一〇。

田廷棟

字松雲。諸生。見民國《灌縣志》卷一一。

芸香閣詩草二卷

見民國《灌縣志》卷六。

詩七首　存

收入民國《灌縣志》附《灌志文徵》卷七、卷八、卷一二、卷一三。

董虞書

名一作虞琴，號南薰。湖北候補知縣。見民國《灌縣志》卷六、卷一一。

大陸蹄涔四卷

見民國《灌縣志》卷六。

楊鳳儀

字南皋。見民國《灌縣志》卷一一，民國《灌縣志》附《灌志文徵》卷一。

南皋筆記四卷

見民國《灌縣志》卷六。

詩八首　存

收入民國《灌縣志》附《灌志文徵》卷八。

文一篇　存

收入民國《灌縣志》附《灌志文徵》卷一。

羅輯瑞

字序三。諸生。見民國《灌縣志》卷一一，民國《灌縣志》附《灌志文徵》卷一。

詩一首　存

收入民國《灌縣志》附《灌志文徵》卷一二。

羅春恩

字子周，輯瑞從弟。增生。見民國《灌縣志》卷一一，民國《灌縣志》附《灌志文徵》卷一。

綠雨山房稿

見民國《灌縣志》卷一一。

詩五首　存

收入民國《灌縣志》附《灌志文徵》卷九、卷一二。

官書銘

字典于。諸生。見民國《灌縣志》卷一一。

女學芻言

見民國《灌縣志》卷一一。

官秉融

字梓函。習醫，能詩，尤工書法。見民國《灌縣志》卷一一，民國《灌縣志》附《灌志文徵》卷一。

詩二首　存

收入民國《灌縣志》附《灌志文徵》卷八。

馬繼華

字樸之。廪生，舉孝廉方正。見民國《灌縣志》卷一一，民國《灌縣志》附《灌志文徵》卷一。

片羽集一卷　存

見民國《灌縣志》卷六。

今存民國十二年鉛印本（上圖）。

賈思徽

字克卿，別號不山山人。歲貢生。見民國《灌縣志》卷一〇、卷一一，民國《灌縣志》附《灌志文徵》卷一。

詩二首　存

收入民國《灌縣志》附《灌志文徵》卷七、卷一三。

文一篇　存

收入民國《松潘縣志》卷首。

蒲春華

字秋實。諸生。見民國《灌縣志》卷一一，民國《灌縣志》附《灌志文徵》卷一。

詩一首　存

收入民國《灌縣志》附《灌志文徵》卷一二。

李延白

墨居殘稿一卷

見民國《灌縣志》卷六。

王肇基

字作山。諸生。見民國《灌縣志》卷一二。

文一篇　存

收入民國《灌縣志》附《灌志文徵》卷六。

楊朝典

字曉亭。嫻醫理。見民國《灌縣志》卷一二。

寒門要訣

見民國《灌縣志》卷一二。

朱谷暘

字善堂。見民國《灌縣志》附《灌志文徵》卷一。

勸孝存一卷

見民國《灌縣志》卷六。

詩九首　存

收入民國《灌縣志》附《灌志文徵》卷八、卷一〇、卷一三。

文一篇　存

收入民國《灌縣志》附《灌志文徵》卷五。

陳召南

同治間諸生。見民國《灌縣志》附《灌志文徵》卷一、卷三。

文一篇　存

收入民國《灌縣志》附《灌志文徵》卷三。

高　翔

附生。見民國《灌縣志》卷一〇。

詩四首　存

收入民國《灌縣志》附《灌志文徵》卷一一。

唐典翼

監生。見民國《灌縣志》附《灌志文徵》卷一。

文一篇　存

收入民國《灌縣志》附《灌志文徵》卷三。

黄春臺

字采堂，諸生。見民國《灌縣志》附《灌志文徵》卷一。

詩一首　存

收入民國《灌縣志》附《灌志文徵》卷一二。

楊　發

字春帆。恩貢生。見光緒《增修灌縣志》卷八，民國《灌縣志》卷一〇，民國《灌縣志》附《灌志文徵》卷一。

詩三首　存

收入民國《灌縣志》附《灌志文徵》卷八、卷一二、卷一三。

杜敬修

字柳橋。監生。見民國《灌縣志》附《灌志文徵》卷一。

詩一首　存

收入民國《灌縣志》附《灌志文徵》卷一一。

楊　均

諸生。見民國《灌縣志》附《灌志文徵》卷一。

詩八首　存

收入民國《灌縣志》附《灌志文徵》卷一〇、卷一二。

田家穀

恩貢生。見光緒《增修灌縣志》卷八，民國《灌縣志》卷一〇。

詩一首　存

收入民國《灌縣志》附《灌志文徵》卷一三。

王風清

字海南。見民國《灌縣志》附《灌志文徵》卷一。

詩一首　存

收入民國《灌縣志》附《灌志文徵》卷一三。

雷燮陽

字春三。諸生。見民國《灌縣志》附《灌志文徵》卷一。

詩一首　存

收入民國《灌縣志》附《灌志文徵》卷一三。

田樹森

字秀峯。諸生。見民國《灌縣志》附《灌志文徵》卷一。

詩一首　存

收入民國《灌縣志》附《灌志文徵》卷一三。

季　安

字恒泰。見民國《灌縣志》附《灌志文徵》卷一。

詩一首　存

收入民國《灌縣志》附《灌志文徵》卷一三。

宋道恂

諸生。見民國《灌縣志》附《灌志文徵》卷一。

詩一首　存

收入民國《灌縣志》附《灌志文徵》卷一三。

蕭薦馨

字蘭村。見民國《灌縣志》附《灌志文徵》卷一。

詩一首　存

收入民國《灌縣志》附《灌志文徵》卷一二。

宋道衡

諸生。見民國《灌縣志》附《灌志文徵》卷一。

詩一首　存

收入民國《灌縣志》附《灌志文徵》卷一二。

宋道誠

諸生。見民國《灌縣志》附《灌志文徵》卷一。

詩一首　存

收入民國《灌縣志》附《灌志文徵》卷一二。

宋治安

諸生。見民國《灌縣志》附《灌志文徵》卷一。

詩二首　存

收入民國《灌縣志》附《灌志文徵》卷一〇。

王崧南

歲貢生。見民國《灌縣志》卷一〇。

文一篇　存

收入民國《灌縣志》附《灌志文徵》卷三。

王如曾

諸生。見民國《灌縣志》附《灌志文徵》卷一。

文一篇　存

收入民國《灌縣志》附《灌志文徵》卷三。

楊寅煦

春臺父。見民國《灌縣志》附《灌志文徵》卷一。

文一篇　存

收入民國《灌縣志》附《灌志文徵》卷一。

寧　濤

字海門。見民國《灌縣志》附《灌志文徵》卷一。

詩一首　存

收入民國《灌縣志》附《灌志文徵》卷一〇。

王昌南

字禹湘。諸生。見民國《灌縣志》附《灌志文徵》卷一。

詩一百一十六首　存

收入民國《灌縣志》附《灌志文徵》卷七、卷八、卷一二、卷一三。

文一篇　存

收入民國《灌縣志》附《灌志文徵》卷一。

胡德述

字西屏。見民國《灌縣志》附《灌志文徵》卷一。

文一篇　存

收入民國《灌縣志》附《灌志文徵》卷一。

羅永祥

監生。見民國《灌縣志》附《灌志文徵》卷一。

文一篇　存

收入民國《灌縣志》附《灌志文徵》卷六。

宋郁文

諸生。見民國《灌縣志》附《灌志文徵》卷一。

詩三首　存

收入民國《灌縣志》附《灌志文徵》卷七、卷九、卷一二。

文一篇　存

收入民國《灌縣志》附《灌志文徵》卷六。

馬雋臣

字德齊。見民國《灌縣志》附《灌志文徵》卷一。

文一篇　存

收入民國《灌縣志》附《灌志文徵》卷一。

唐述宗

光緒間人，官至同知職銜。見民國《灌縣志》附《灌志文徵》卷一、卷三。

文一篇　存

收入民國《灌縣志》附《灌志文徵》卷三。

方景福

字載龕。見民國《灌縣志》附《灌志文徵》卷一。

詩一首　存

收入民國《灌縣志》附《灌志文徵》卷一一。

陳　經

字稼書。諸生。見民國《灌縣志》附《灌志文徵》卷一。

詩一首　存

收入民國《灌縣志》附《灌志文徵》卷一〇。

陳雨田

諸生。見民國《灌縣志》附《灌志文徵》卷一。

詩一首　存

收入民國《灌縣志》附《灌志文徵》卷一二。

張錫光

字崧山。諸生。見民國《灌縣志》附《灌志文徵》卷一。

詩一首　存

收入民國《灌縣志》附《灌志文徵》卷一二。

姚揮五

諸生。見民國《灌縣志》附《灌志文徵》卷一。

詩一首　存

收入民國《灌縣志》附《灌志文徵》卷一二。

羅　妰

廩生。見民國《灌縣志》附《灌志文徵》卷一。

文一篇　存

收入民國《灌縣志》附《灌志文徵》

卷六。

朱正鰲

字海峯。見民國《灌縣志》附《灌志文徵》卷一。

詩一首 存

收入民國《灌縣志》附《灌志文徵》卷八。

衛汝光

恩貢生。見光緒《增修灌縣志》卷八，民國《灌縣志》卷一〇，民國《灌縣志》附《灌志文徵》卷一。

詩一首 存

收入民國《灌縣志》附《灌志文徵》卷一四。

樂化戎

字舞階。諸生。見民國《灌縣志》附《灌志文徵》卷一。

詩一首 存

收入民國《灌縣志》附《灌志文徵》卷一二。

殷繩武

字祐堂。諸生。見民國《灌縣志》附《灌志文徵》卷一。

詩一首 存

收入民國《灌縣志》附《灌志文徵》卷一二。

吳中俊

字偉卿。見民國《灌縣志》附《灌志文徵》卷一。

詩一首 存

收入民國《灌縣志》附《灌志文徵》卷八。

鄭功惠

字南卿。見民國《灌縣志》附《灌志文徵》卷一。

詩一首 存

收入民國《灌縣志》附《灌志文徵》卷八。

嚴紹平

字又莊。見民國《灌縣志》附《灌志文徵》卷一。

詩一首 存

收入民國《灌縣志》附《灌志文徵》卷八。

王雲棟

字春珊。諸生。見民國《灌縣志》附《灌志文徵》卷一。

詩一首 存

收入民國《灌縣志》附《灌志文徵》卷一二。

劉家楨

字卓堂。見民國《灌縣志》附《灌志文徵》卷一。

詩一首 存

收入民國《灌縣志》附《灌志文徵》卷一二。

羅春濃

字子厚。見民國《灌縣志》附《灌志文徵》卷一。

詩一首　存

收入民國《灌縣志》附《灌志文徵》卷一三。

張昭德

字海嵐。諸生。見民國《灌縣志》附《灌志文徵》卷一。

詩一首　存

收入民國《灌縣志》附《灌志文徵》卷一一。

王槐芳

字蔭堂。諸生。見民國《灌縣志》附《灌志文徵》卷一。

詩一首　存

收入民國《灌縣志》附《灌志文徵》卷一一。

李　問

字敦五。見民國《灌縣志》附《灌志文徵》卷一。

詩一首　存

收入民國《灌縣志》附《灌志文徵》卷一二。

羅守先

字吉安。見民國《灌縣誌》卷首，民國《灌縣志》附《灌志文徵》卷一。

詩一首　存

收入民國《灌縣志》附《灌志文徵》卷一三。

何星寅

字西纏。見民國《灌縣志》附《灌志文徵》卷一。

詩一首　存

收入民國《灌縣志》附《灌志文徵》卷一三。

劉運珍

字曉梧。見民國《灌縣志》附《灌志文徵》卷一。

詩一首　存

收入民國《灌縣志》附《灌志文徵》卷一三。

仰光溥

字時齋。見民國《灌縣志》附《灌志文徵》卷一。

詩一首　存

收入民國《灌縣志》附《灌志文徵》卷一〇。

雷鳴盛

諸生。見民國《灌縣志》附《灌志文徵》卷一。

詩一首　存

收入民國《灌縣志》附《灌志文徵》卷一三。

王澤膏

歲貢生。見民國《灌縣志》卷一〇。

文一篇　存

收入民國《灌縣志》附《灌志文徵》卷四。

蔡培基

字厚庵，一作字厚諳。廩生，任重慶審判廳推事。見民國《灌縣志》卷一〇、卷一一，民國《灌縣志》附《灌志文徵》卷一。

詩一首　存

收入民國《灌縣志》附《灌志文徵》卷一〇。

文一篇　存

收入民國《灌縣志》附《灌志文徵》卷二，民國《松潘縣志》卷首。

羅駿聲

舉人，同檢選知縣。見民國《灌縣志》卷一〇，民國《松潘縣志》卷首。

民國《灌縣志》十八卷首一卷

（葉大鏘等修　羅駿聲纂）　存

今存民國二十二年鉛印本（方志聯合目錄）。註：附灌志掌故四卷、灌志文徵十四卷

靜遠齋文集三卷　存

今存民國三十八年灌縣羅氏明邃樓鉛印本（北大）。

困學管窺集　存

今存民國三十六年灌縣羅氏靜遠齋鉛印本（北大）。

文一篇　存

收入《泉橋詩集》卷首。

葉惠三

詩十二首　存

收入民國《松潘縣志》卷一、卷五、卷六。

文一篇　存

收入民國《松潘縣志》卷八。

羅德輿

詩十一首　存

收入民國《松潘縣志》卷一。

文三篇　存

收入民國《松潘縣志》卷六、卷八。

（李咏梅）

彭　縣

（今成都彭州市）

趙　弼

字子巨，一作子匡，號芙溪，明末建昌道兵備僉事司鉉子。中順治十四年舉人，官直隸平鄉縣知縣，遷南康同知。見嘉慶《彭縣志》卷二七，光緒《彭縣志》卷七、卷一〇。

半山草堂集

見光緒《彭縣志》卷九。

趙司鉉

字退公。弱冠中舉人，以才識受知於總制李國英。見光緒《彭縣志》卷七。

讀史日鈔

見光緒《彭縣志》卷九。

趙守誠

康熙五十年舉人，歷任江蘇江南、金壇縣知縣。見嘉慶《彭縣志》卷二七、三二，光緒《彭縣志》卷六、卷七。

文一篇　存

收入嘉慶《彭縣志》卷四二。

陳　會

文一篇　存

收入嘉慶《彭縣志》卷四二。

陳　谿

文一篇　存

收入嘉慶《彭縣志》卷四二。

岳鍾璜

詩一首　存

收入嘉慶《彭縣志》卷四二，光緒《彭縣志》卷一〇。

陳維謙

諸生。見《全蜀詩鈔》卷四六。

詩四首　存

收入嘉慶《彭縣志》卷四二，《全蜀詩鈔》卷四六。

戴師程

道光二年優貢生，任屏山縣訓導。見光緒《彭縣志》卷六。

文一篇　存

收入光緒《彭縣志》卷一〇。

彭維植

字矯堂。道光二年舉人，任平武縣教諭。見光緒《彭縣志》卷六、卷七。

矯堂集

見光緒《彭縣志》卷九。

詩二首　存

收入光緒《彭縣志》卷一〇。

黄大昕

字東白。嘉慶間廩生，道光五年

拔貢生，任甘肅秦州州判，署兩當、康皋等縣知縣、西固州同，加鹽運司提舉銜。見嘉慶《彭縣志》卷首，光緒《彭縣志》卷六、卷七。

宏謨堂自娛集二卷

見光緒《彭縣志》卷九。

詩三十八首　存

收入光緒《彭縣志》卷一〇。

吳好山 (1798—1877)

字雲峰。少壯遨游，後歸耕，以著述自娛。光緒三年卒，年八十。見光緒《彭縣志》卷七。

書序逸亡考一卷　書通古一卷　自娛集十二卷　聱牙句釋二卷　錦繡斷句二卷　吳子三卷　野人集十卷　休咎徵一卷　搜鳩一卷　十子古奧斷句二卷　園菊紀名一卷　種菊事宜二篇　斅斅詩集五卷

見光緒《彭縣志》卷九。

蔡　邕

舉人。見光緒《遂寧縣志》卷四。

文一篇　存

收入光緒《遂寧縣志》卷四。

楊嘉衆

布衣。見光緒《彭縣志》卷首。

四書經注箋微十二卷

見光緒《彭縣志》卷九。

席　夔

號子研，任貴州知縣。見《蜀詩續鈔》卷二。

研雲山館詩鈔

見《蜀詩續鈔》卷二。

詩十七首　存

收入《蜀詩續鈔》卷二。

楊琮典

號紫琳。進士，官廣文。見《蜀詩續鈔》卷三。

詩二首　存

收入《蜀詩續鈔》卷三。

劉家驤

號雲齋。貢生。見《蜀詩續鈔》卷三。

詩一首　存

收入《蜀詩續鈔》卷三。

席時熙

字春漁。官貴州知縣。見《蜀詩續鈔》卷五。

詩四首　存

收入《蜀詩續鈔》卷五。

毛錫齡

號定山。副貢生。見《蜀詩續鈔》卷六。

詩五首　存

收入《蜀詩續鈔》卷六。

林秀英

詩一首　存

收入《蜀詩續鈔》卷八。

（何艷艷）

崇寧縣

（今併入成都郫縣、彭州）

高雲衢

字子章，入籍汶川。康熙間歲貢生，教授生徒。見民國《崇寧縣志》卷五、卷六，《崇寧縣鄉土志·耆舊錄》。

文一篇　存

收入嘉慶《崇寧縣志》卷三，民國《崇寧縣志》卷七。

高　炯

字謙中。乾隆元年舉人。見民國《崇寧縣志》卷五、卷六，《崇寧縣鄉土志·耆舊錄》。

文一篇　存

收入嘉慶《崇寧縣志》卷四，民國《崇寧縣志》卷八。

蔡　謙

乾隆三年舉人，七年成進士。見民國《崇寧縣志》卷五、卷六，《崇寧縣鄉土志·耆舊錄》。

綱鑒輯錄一卷

見嘉慶《崇寧縣志》卷四，民國《崇寧縣志》卷六。

文一篇　存

收入嘉慶《崇寧縣志》卷四，民國《崇寧縣志》卷八。

蔡時田

字修萊。乾隆七年進士，授翰林院編修，官至山東道御史。見《全蜀詩鈔》卷一二，《蜀詩續鈔》卷四。

雪南集

見《全蜀詩鈔》卷一二。

詩十七首　存

收入《全蜀詩鈔》卷一二，《蜀詩續鈔》卷四。

蔡長世

乾隆二十四年舉人。見嘉慶《崇寧縣志》卷二。

詩二首　存

收入嘉慶《崇寧縣志》卷三，民國《崇寧縣志》卷七。

文一篇　存

收入嘉慶《崇寧縣志》卷四，民國《崇寧縣志》卷八。

米　錦

乾隆二十四年舉人，二十六年成進士，任江西樂安縣知縣。見民國《崇寧縣志》卷五。

文一篇　存

收入民國《崇寧縣志》卷八。

蔡會源

字呂橋。乾隆三十九年舉人，四十五年成進士，官山西翼城縣知縣。見《全蜀詩鈔》卷二一。

呂橋詩草

見《全蜀詩鈔》卷二一。

詩三首 存

收入《全蜀詩鈔》卷二一。

蔡保世

以子曾源貴，嘉慶元年敕封文林郎。見民國《崇寧縣志》卷六。

文二篇 存

收入嘉慶《崇寧縣志》卷四，民國《崇寧縣志》卷二、卷七。

蔡曾源

保世子。乾隆三十五年副貢生，三十九年中舉人，四十五年成進士，任山西翼城縣知縣，見民國《崇寧縣志》卷五。

詩一首 存

收入民國《崇寧縣志》卷七。

文一篇 存

收入嘉慶《崇寧縣志》卷三，民國《崇寧縣志》卷七。

蔡曾齡

嘉慶間廩貢生，候選儒學訓導。見嘉慶《崇寧縣志》卷一，民國《崇寧縣志》卷一。

詩一首 存

收入民國《崇寧縣志》卷七。

高近奎

入籍汶川。嘉慶間歲貢生，候選儒學訓導。見嘉慶《崇寧縣志》卷一，民國《崇寧縣志》卷一、卷五。

詩二首 存

收入嘉慶《崇寧縣志》卷三，民國《崇寧縣志》卷七。

文一篇 存

收入嘉慶《崇寧縣志》卷四，民國《崇寧縣志》卷八。

羅應旒

號星潭。同治中，由諸生從軍，官至貴東道。見《蜀詩續鈔》卷三。

詩一首 存

收入《蜀詩續鈔》卷三。

郭維藩

字南溪。舉人。見《蜀詩續鈔》卷四。

詩四首 存

收入《蜀詩續鈔》卷四。

李鴻臚

字亮清。由附生報捐候選訓導。入民國，為縣議會議員。見民國《崇寧縣志》卷一、卷六。

詩九首 存

收入民國《崇寧縣志》卷七。

李文友

字會堂。文生。見民國《崇寧縣志》卷一、卷七。

詩四首 存

收入民國《崇寧縣志》卷七。

馬德驤

拔貢生，任簡州地方廳推事。見民國《崇寧縣志》卷五。

詩一首　存

收入民國《崇寧縣志》卷七。

山　春

恩貢生。見民國《崇寧縣志》卷五。

詩二首　存

收入民國《崇寧縣志》卷七。

易象乾

拔貢生。朝考，以本班分發甘肅直州判，歷辦通省自治籌辦處兼教育研究所差。見民國《崇寧縣志》卷一、卷五。

民國《崇寧縣志》八卷首一卷（陳邦倬修　易象乾　田樹勛等纂）　存

今存民國十四年刻本（地方志聯合目錄）。

紅雪緣詩集一卷　隨樂堂南齋詩文集

見民國《崇寧縣志》卷六。

詩六首　存

收入民國《崇寧縣志》卷七。

文三篇　存

收入民國《崇寧縣志》卷七。

周維新

文生。見民國《崇寧縣志》卷一。

詩四首　存

收入民國《崇寧縣志》卷七。

周雲驤

文生。見民國《崇寧縣志》卷一。

詩二首　存

見民國《崇寧縣志》卷七。

羅繡文

附生。見民國《崇寧縣志》卷六。

史略提要二卷

見民國《崇寧縣志》卷六。

胥兆麟

增生。見民國《崇寧縣志》卷六。

戒士錄詩一卷

見民國《崇寧縣志》卷六。

吳雨橋

歲貢生。見民國《崇寧縣志》卷六。

雨橋文集一卷

見民國《崇寧縣志》卷六。

黄懋勳

字德官。廩貢生。見民國《崇寧縣志》卷六、卷七。

愈愚精舍二卷

見民國《崇寧縣志》卷六。

詩二首　存

收入民國《崇寧縣志》卷七。

文二篇　存

收入民國《崇寧縣志》卷八。

劉　燭

增生。見民國《崇寧縣志》卷六。

醉霞齋遺稿　存

民國《崇寧縣志》卷六著錄作醉霞齋詩集一卷。

今存民國三年鉛印本（南大）。

詩二首　存

收入民國《崇寧縣志》卷七。

楊慶鑫

貢生。見民國《崇寧縣志》卷一、卷六。

俗吟集二卷

見民國《崇寧縣志》卷六。

引玉草　存

今存民國二十六年成都聚昌印刷公司鉛印本（國圖）。

詩一首　存

收入民國《崇寧縣志》卷七。

徐本衷

字虛盧。武侯祠道士。見《全蜀詩鈔》卷六四。

香葉亭詩鈔

見《全蜀詩鈔》卷六四。

詩七首　存

收入《全蜀詩鈔》卷六四。

（何艷艷）

簡州
（今四川簡陽市）

施成澤（1653—1727）

字完智，號一庵。康熙十二年歲貢生，後官儀隴訓導，補昭化教諭。康熙三十八年中舉人，任陝西安定縣令，陞湖南衡州府同知。雍正五年卒，年七十五。見乾隆《簡州志》卷四、卷五、卷七，民國《簡陽縣志》卷八。

西苕吟一卷

見民國《簡陽縣志》卷二〇。

詩四首　存

收入乾隆《簡州志》卷七，民國《簡陽縣志》附《詩文存》卷二。

段仔文

字東溪。康熙二十年拔貢生，二十三年舉人，歷任忠州、眉州學正，官至江南睢寧縣知縣。見咸豐《簡州志》卷六，民國《簡陽縣志》卷八、卷二四。

詩二首　存

收入咸豐《簡州志》卷一三下，民國《簡陽縣志》附《詩文存》卷二。

段鳳儀

字夢庭，仔文第六代孫。道光五年拔貢生，早從曾國光孝廉遊。見民國《簡陽縣志》卷七、卷一三。

詩八首　存

收入咸豐《簡州志》卷一三下，光緒《簡州續志》卷一三，民國《簡陽縣志》卷一、卷三、附《詩文存》卷二，民國《簡陽縣續志》附《詩文存又續》卷上。

段朝偉

字子京。康熙中歲貢生，歷任蘆山縣訓導、忠州學正、奉節教諭、重慶府教授，又任雅州教諭，後升至湖廣零陵縣知縣。見乾隆《雅州府志》卷八，民國《簡陽縣志》卷七、附《詩文存》卷二。

劍閣芳華集一卷

見民國《簡陽縣志》卷二〇。

詩九首　存

收入乾隆《雅州府志》卷一六，咸豐《簡州志》卷一三下，民國《簡陽縣志》附《詩文存》卷二、《詩文存續》卷上。

王　琰

康熙四十四年舉人。見乾隆《簡州志》卷四。

文二篇　存

收入民國《簡陽縣續志》卷二。

張　宿

歲貢生，康熙五十三年舉人，乾隆三年任永川教諭。見民國《簡陽縣志》卷七。

詩一首　存

收入乾隆《簡州志》卷七，民國《簡陽縣志》附《詩文存》卷二。

譚孔昭（1674—1759）

字紹千，一字紹先，輿仁子。雍

正元年歲貢生。少改從生母姓劉，乾隆十年任大竹訓導後始復姓譚。乾隆二十四年卒，年八十六。見民國《簡陽縣志》卷八。

詩一首　存

收入民國《簡陽縣志》附《詩文存》卷二。

譚世謙

孔昭子。雍正七年拔貢生，乾隆十六年選授巴縣教諭，未赴任，卒。見民國《簡陽縣志》卷七、卷八。

詩三首　存

收入乾隆《簡州志》卷七，民國《簡陽縣志》附《詩文存》卷二。

譚世襄

孔昭子，世謙弟。乾隆六年拔貢生。見民國《簡陽縣志》卷七、卷八。

文一篇　存

收入乾隆《簡州志》卷七，咸豐《簡州志》卷一三中，民國《簡陽縣志》卷二。

傅煇文 (1699—1769)

字曉亭，號筠溪。年二十五，中雍正元年舉人，二年成進士，官廣西桂平縣知縣，仕至鬱林直隸州知州。後家居十年，起為河南太康縣令。乾隆三十四年卒，年七十一。見乾隆《簡州志》卷四，民國《簡陽縣志》卷四、卷七、卷一三，《清詩匯》卷六六。

承翼堂集無卷數

見民國《簡陽縣志》卷二〇。

詩五十三首　存

收入乾隆《簡州志》卷七，咸豐《簡州志》卷一三下，民國《簡陽縣志》卷三、卷六、附《詩文存》卷二、《詩文存補遺》、《詩文存續》卷上，《清詩匯》卷六六、《全蜀詩鈔》卷一〇。

文六篇　存

收入乾隆《簡州志》卷七，咸豐《簡州志》卷一三中，民國《簡陽縣志》卷四、附《詩文存》卷六。

傅化成

號恒齋，煇文孫。嘉慶中庠生。見民國《簡陽縣志》附《詩文存》卷二。

恒齋集二卷

見民國《簡陽縣志》卷二〇。

詩十首　存

收入光緒《簡州續志》卷一三，民國《簡陽縣志》附《詩文存》卷二。

李聯奇 (1722—1779)

字特士，號芬南。年四十七，於乾隆三十三年中舉人，授山東博興知縣，改調江西大庾。卒年五十八。見民國《簡陽縣志》卷七、卷八。

詩二首　存

收入民國《簡陽縣志》附《詩文存》卷三、《詩文存補遺》。

徐德良 (1732—1816)

字崑石。少補郡庠生。嘉慶二十一年卒，年八十五。見民國《簡陽縣志》卷一二。

詩一首　存

收入民國《簡陽縣志》附《詩文存》卷三。

張　紹

字聞衣。乾隆十五年舉人，次年成進士，官江西永豐縣知縣。見民國《簡陽縣志》卷七、附《詩文存》卷二。

詩三首　存

收入咸豐《簡州志》卷三、卷一三下，民國《簡陽縣志》卷一、卷三、附《詩文存》卷二，《清詩匯》卷八〇。

劉躬逢

字其盛，號松岡，君澤子。補增乾隆十七年舉人，大挑一等，揀選兩淮鹽大使。五十二年，改任屏山縣教諭。嘉慶七年，陞綏定府教授。曾參纂《續編屏山志》。卒年八十。見乾隆《簡州志》卷四、卷五，嘉慶五年增刻乾隆《屏山縣志》附，民國《簡陽縣志》卷八、卷一八、卷二〇，民國《達縣志》卷六。

詩七首　存

收入乾隆《簡州志》卷七，咸豐《簡州志》卷一三下，民國《簡陽縣志》附《詩文存》卷二、《詩文存補遺》。

文一篇　存

收入民國《簡陽縣志》附《詩文存》卷六。

李仙芝（1753—1836）

字煌階，號毅庵，朝印長子。乾隆四十五年舉人，官邛州學正。嘉慶元年借補岳池訓導，二十年任邛州學正，道光中歷任金堂、遂寧教諭。道光十五年主講鳳山書院，次年卒，年八十四。曾協修嘉慶《邛州直隸州志》、道光《岳池縣志》。見咸豐《簡州志》卷六，嘉慶《邛州直隸州志》卷首，道光《岳池縣志》卷首，民國《簡陽縣志》卷四、卷一三、卷二〇。

詩八首　存

收入乾隆《簡州志》卷七，道光《岳池縣志》卷三七，咸豐《簡州志》卷一三下，光緒《岳池縣志》卷一七，民國《簡陽縣志》卷三、附《詩文存》卷二、《詩文存續》卷上。

文四篇　存

收入道光《岳池縣志》卷三七，光緒《岳池縣志》卷一八，民國《簡陽縣志》卷四、附《詩文存續》卷下，民國《簡陽縣續志》卷一。

嚴學堯

字賡唐，號鶴汀。乾隆二十五年副貢生，五十四年任仁壽縣教諭。嘉慶十一年任嘉定府教授。見民國《簡陽縣志》卷七、附《詩文存》卷二。

詩十四首　存

收入嘉慶《仁壽縣志》卷三，同治《仁壽縣志》卷一三，民國《簡陽縣志》附《詩文存》卷二、《詩文存續》卷上。

熊登瀛

乾隆二十七年舉人。見民國《簡陽縣志》卷七。

詩一首　存

收入乾隆《簡州志》卷七，咸豐《簡

州志》卷一三下，民國《簡陽縣志》附《詩文存》卷二。

周維垣（1767—1854）

原名維翰，後更今名，字固庵，別號梧庭。乾隆五十七年舉人，嘉慶四年成進士，陞郎中，任甘肅涼州府知府，歷湖北黄州府知府。咸豐四年卒，年八十八。見咸豐《簡州志》卷六，民國《簡陽縣志》卷四。

詩三首　存

收入咸豐《簡州志》卷一三下，民國《簡陽縣志》附《詩文存》卷二。

文六篇　存

收入民國《簡陽縣志》卷二、卷三、卷八、卷一二、附《詩文存》卷六，民國《簡陽縣續志》附《詩文存又續》卷下。

劉清舉

乾隆三十六年舉人。見民國《簡陽縣志》卷七。

詩一首　存

收入民國《簡陽縣志》卷三。

毛于逵

字石峯，文秀子。乾隆四十四年舉人，嘉慶三年任閬中訓導，遂家閬中。曾參纂乾隆《簡州志》、《閬中縣志》十卷。見乾隆《簡州志》卷一，民國《簡陽縣志》卷七、卷八、卷二〇。

詩十首　存

收入乾隆《簡州志》卷七，民國《簡陽縣志》卷三、卷四、卷六、附《詩文存》卷二。

文二篇　存

收入乾隆《簡州志》卷七，嘉慶《華陽縣志》卷三九，道光《保寧府志》卷五六，咸豐《簡州志》卷一三中，民國《簡陽縣志》附《詩文存》卷六。

汪爲漣

乾隆中廩貢生。見乾隆《簡州志》卷四，民國《簡陽縣志》卷一三。

詩一首　存

收入乾隆《簡州志》卷七。

汪潄芳（1786—1830）

字潤六，號柳橋，別號長松山人，為漣子。嘉慶十八年拔貢生。道光十年卒，年四十五。見民國《簡陽縣志》卷四、卷七、卷一三。

簡記四卷　讀書約一卷　柳橋家範一卷

榿林堂稿二卷　十梧山房集四卷

見民國《簡陽縣志》卷二〇。

詩一百四首　存

收入咸豐《簡州志》卷一三下，民國《簡陽縣志》卷一〇、卷一一、附《詩文存》卷二、《詩文存續》卷上，《清詩匯》卷一二五。

詞四首　存

收入民國《簡陽縣志》附《詩文存續》卷上。

文十九篇　存

收入咸豐《簡州志》卷一三中，光緒《簡州續志》卷一三，民國《簡陽縣志》卷四、卷九、附《詩文存》卷六、《詩文存續》卷下。

汪炳慤

號雨颿，潄芳子。布衣。見民國《簡陽縣志》卷一三、附《詩文存》卷二。

詩二首　存

收入民國《簡陽縣志》附《詩文存》卷二、《詩文存續》卷上。

汪基魯

字誠齋，炳慤子。布衣。見民國《簡陽縣志》附《詩文存》卷三。

詩二首　存

收入民國《簡陽縣志》附《詩文存》卷三。

劉仁濱

榜名維楨。中乾隆五十三年舉人，嘉慶間歷任梓潼、綿州教諭。道光中官至仙游縣知縣。見民國《簡陽縣志》卷七、卷一八，民國《簡陽縣續志》卷三。

文一篇　存

收入咸豐《重修梓潼縣志》卷五，民國《簡陽縣志》附《詩文存》卷六。

傅于榮

乾隆五十七年舉人。嘉慶至道光中，歷官筠連、鹽源教諭，巴州、秀山訓導。見乾隆《簡州志》卷四，民國《簡陽縣志》卷七。

詩一首　存

收入乾隆《簡州志》卷七。

李紹政

字自蘭。乾隆間庠生。見民國《簡陽縣志》卷一八。

詩二首　存

收入民國《簡陽縣志》附《詩文存》卷三。

陳　楷

字蔭庭，號撝庵，原名玉璿，榜名壇。乾隆六十年舉人，嘉慶十三年大挑一等，歷署山東樂陵、高密、棲霞、東阿、朝城等縣知縣。見民國《簡陽縣志》卷一一。

詩一首　存

收入民國《簡陽縣志》卷一二。

張　顥

號半隱，乾隆中人。好道術，晚年以病狂。死後，人祀為蓑衣道人。見民國《簡陽縣志》卷一三。

詩二首　存

收入民國《簡陽縣志》附《詩文存》卷二。

袁　繪

乾隆中庠生。見民國《簡陽縣續志》附《詩文存又續》卷上。

詩二首　存

收入民國《簡陽縣續志》附《詩文存又續》卷上。

文一篇　存

收入民國《簡陽縣續志》卷二。

晉友夏

貢生。見乾隆《簡州志》卷四，民國《簡陽縣志》卷一八。

詩一首　存

收入乾隆《簡州志》卷七，民國《簡陽縣志》卷三。

毛世培

歲貢生。見乾隆《簡州志》卷四。

文一篇　存

收入民國《簡陽縣志》卷八。

陳雲龍

歲貢生，入籍華陽。見乾隆《簡州志》卷四。

詩五首　存

收入乾隆《簡州志》卷七，咸豐《簡州志》卷一三下，民國《簡陽縣志》卷三、卷六、卷九。

文一篇　存

收入乾隆《簡州志》卷七，咸豐《簡州志》卷一三中，民國《簡陽縣志》卷二。

毛丰榮

廩生。以教授生徒為業。見民國《簡陽縣志》卷一五毛洪翮妻李氏條附。

詩二首　存

收入民國《簡陽縣志》附《詩文存續》卷上。

毛騰輝

丰榮子。嘉慶中增生。見民國《簡陽縣志》附《詩文存續》卷上。

詩一首　存

收入民國《簡陽縣志》附《詩文存續》卷上。

黄合初

字超然。成都武侯祠道士。見《全蜀詩鈔》卷六四，民國《簡陽縣志》卷一三，《華陽人物志》卷七，《清詩匯》卷一九四。按：上引謂其與潘時彤等結社唱和。時彤為嘉慶九年舉人，故合初亦當為嘉慶間人。

歸雲詩集二卷　聽鸝館詩鈔二卷

見民國《簡陽縣志》卷二〇。

詩三十首　存

收入咸豐《簡州志》卷一三下，《全蜀詩鈔》卷六四，民國《簡陽縣志》附《詩文存》卷二、《詩文存補遺》，《清詩匯》卷一九四。

釋際微

洛帶鎮慈雲寺僧。工草書，兼能詩。年八十餘示寂。見咸豐《簡州志》卷八。

詩一首　存

收入咸豐《簡州志》卷八，民國《簡陽縣志》卷一三。

段爲章

字雲門。以善繪蝴蝶知名。見民國《簡陽縣志》卷一三。

詩一首　存

收入民國《簡陽縣志》卷三。

饒萬保

耆民，享年一百三歲。見民國《簡陽縣志》卷六。

詩六首　存

收入民國《簡陽縣志》卷六。

章遠瀚

嘉慶六年拔貢生。見民國《簡陽縣志》卷七。

詩三首　存

收入民國《簡陽縣志》卷二、附《詩文存》卷二，民國《簡陽縣續志》卷二。

傳宣化

字寅齋，號燮堂。嘉慶二十二年進士，以知縣用，道光時任綏定府教授。見民國《簡陽縣志》附《詩文存》卷二，民國《達縣志》卷一、卷六。

詩八首　存

收入咸豐《簡州志》卷一三，民國《簡陽縣志》附《詩文存》卷二、《詩文存補遺》。

文六篇　存

收入民國《簡陽縣志》附《詩文存》卷六，民國《達縣志》卷一、卷四、卷一〇、卷一三。

曾國光

號六賓。嘉慶二十一年舉人。道光四年卒。見民國《簡陽縣志》卷一三。

耕雨堂詩鈔一卷

見咸豐《簡州志》卷一三下，民國《簡陽縣志》卷二〇。

詩三十三首　存

收入咸豐《簡州志》卷一三下，民國《簡陽縣志》卷三、附《詩文存》卷二、《詩文存續》卷上。

李文蔚

字書樓。嘉慶中庠生。見民國《簡陽縣志》附《詩文存續》卷上。

芸香館詩集

見民國《簡陽縣續志》卷一〇。

詩十五首　存

收入民國《簡陽縣志》附《詩文存續》卷上，民國《簡陽縣續志》附《詩文存又續》卷上。

楊光炳

字曉亭。嘉慶中庠生。見民國《簡陽縣志》卷一二，民國《簡陽縣續志》附《詩文存又續》卷上。

詩一首　存

收入民國《簡陽縣續志》附《詩文存又續》卷上。

巫一峰

原名成麟，字雲窩。由增生為貢生。嘉慶十年大饑饉，首倡勸捐，全活者衆。卒年七十一。見民國《簡陽縣志》卷一二。

字府精粹四卷　**日新錄一卷**

見民國《簡陽縣志》卷二〇。

詩十二首 存

收入民國《簡陽縣續志》附《詩文存又續》卷上。

文四篇 存

收入民國《簡陽縣續志》卷二。

陳瑤林

字朗玉。廩生。見嘉慶《華陽縣志》卷三九。

文一篇 存

收入嘉慶《華陽縣志》卷三九，民國《簡陽縣志》卷二。

馮允謙 (1793—1866)

字地山，原名啟煥，家模子。道光十二年由廩生中舉人，大挑，署營山教諭，後又任南川訓導。同治五年卒，年七十四。見民國《簡陽縣志》卷八。

詩一首 存

收入民國《簡陽縣志》卷八。

文一篇 存

收入民國《簡陽縣志》卷一二。

胡仁至 (1795—1865)

字矣鮮，號熙齡。年五十五，中道光二十九年舉人，終身授徒鄉里。卒年七十一。見民國《簡陽縣志》卷一三。

詩十三首 存

收入民國《簡陽縣志》卷三、附《詩文存》卷二、《詩文存補遺》，民國《簡陽縣續志》附《詩文存又續》卷上。

文八篇 存

收入光緒《簡州續志》卷一三，民國《簡陽縣志》卷三、卷四、卷一〇、卷一二、卷一五、卷二四、附《詩文存續》卷下。

胡仁全

字二山，仁至弟。布衣。見民國《簡陽縣續志》卷一三。

詩一首 存

收入民國《簡陽縣續志》附《詩文存又續》卷上。

李陞燔 (1803—1862)

字欽培，號醉月。監生。同治元年卒，年六十。見光緒《簡州續志》卷七，民國《簡陽縣志》卷一二。

詩四首 存

收入民國《簡陽縣志》附《詩文存》卷二。

徐　沅 (1815—1892)

字芷生，增生。光緒十八年卒，年七十八。見民國《簡陽縣志》卷九、附《詩文存》卷二。

味泉詩草一卷

見民國《簡陽縣志》卷二〇。

詩一首 存

收入民國《簡陽縣志》附《詩文存》卷二。

汪鼎元 (1816—1881)

字菊田，別名景周。從劉止唐先生遊，中道光二十四年副榜，銓選巴縣教諭。光緒五年中舉人。七年卒，年六十六。見民國《簡陽縣志》卷一三、附《詩文存續》卷上。

漱石山房詩文集二卷　峙樓詩話二卷

見民國《簡陽縣志》卷二〇。

漱石山房全集

見民國《簡陽縣志》卷一三。

詩一百二十九首　存

收入光緒《簡州續志》卷一三，民國《簡陽縣志》卷三、卷一〇、附《詩文存》卷二、《詩文存補遺》、《詩文存續》卷上。

文十七篇　存

收入光緒《簡州續志》卷一三，民國《簡陽縣志》卷二、卷四、卷一一、卷一二、卷二〇、附《詩文存續》卷下，民國《簡陽縣續志》卷二。

汪克賓

字容庵，鼎元子。見民國《簡陽縣志》附《詩文存續》卷上。

詩五首　存

收入民國《簡陽縣志》附《詩文存續》卷上。

汪　治

字雨農，號時庵，鼎元季子。庠生。享年五十。見民國《簡陽縣志》卷一三、附《詩文存》卷三。

愛日軒詩鈔二卷

見民國《簡陽縣志》卷二〇。

詩二十九首　存

收入民國《簡陽縣志》附《詩文存》卷三、《詩文存續》卷上。

文一篇　存

收入民國《簡陽縣志》附《詩文存續》卷下。

汪曉梅

女，字雪仙，治女，鼎元孫女。適周氏，早卒。見民國《簡陽縣志》附《詩文存》卷四。

詩十二首　存

收入民國《簡陽縣志》附《詩文存》卷四。

吳大光（1816—1899）

號賓國。從易堯堂、胡仁至諸人游。年四十四，中咸豐九年舉人，同治元年成進士，改官寧遠府教授，又長瀘峯書院十餘年。年八十四卒。見民國《簡陽縣志》卷七、卷八。

建南雜錄八卷　紀游草二卷

見民國《簡陽縣志》卷二〇。

詩十二首　存

收入民國《簡陽縣志》附《詩文存》卷三。

文二篇　存

收入民國《簡陽縣志》卷一〇，民國《簡陽縣續志》卷二。

張漢槎（1818—?）

字雲航，原名從梯。年二十九，由附生中道光二十六年舉人，官至兵部主事。見民國《簡陽縣志》卷一三、附《詩文存》卷二。

醫法鉤玄四卷　醫學推陳四卷

見民國《簡陽縣志》卷二〇。

詩一首　存

收入民國《簡陽縣志》附《詩文存》卷二。

文一篇　存

收入民國《簡陽縣志》卷一〇。

胡光基（1836—1891）

字木華，仁至子。庠生。光緒十七年卒，年五十六。見民國《簡陽縣志》卷一一。

詩六首　存

收入民國《簡陽縣志》附《詩文存》卷三，民國《簡陽縣續志》附《詩文存又續》卷上。

文一篇　存

收入民國《簡陽縣志》卷四。

汪克光

字錫之。受業於汪鼎元，絕志功名，後被舉為里正。卒年五十。見民國《簡陽縣志》卷一一。

詩二首　存

收入民國《簡陽縣志》附《詩文存續》卷上。

汪世霖（1844—1919）

字敬之，又名克欽，克光弟。受業汪鼎元、汪孝鼎門下。光緒三十二年入邑庠。宣統元年中孝廉方正，年六十六。民國初年任縣徵收課長。享年七十六。見民國《簡陽縣志》卷七、卷一一，民國《簡陽縣續志》卷三。

文一篇　存

收入民國《簡陽縣續志》卷二。

周繼玲（？—1847）

字朝珍。庠生。道光二十七年卒。見民國《簡陽縣志》卷九。

周氏家訓一卷

見民國《簡陽縣志》卷二〇。

文一篇　存

見民國《簡陽縣志》卷一八。

李德聰

字靜軒。援例入監，邑人以其伉直，推舉主持公務。卒年八十一。見民國《簡陽縣志》卷一三。

詩三首　存

收入民國《簡陽縣志》附《詩文存》卷三。

李文裕

字綽餘，德聰長子。見民國《簡陽縣志》卷一三、附《詩文存》卷三。

詩一首　存

收入民國《簡陽縣志》卷一三。

施維楨

又名濟宇，字心田。道光十一年舉人，二十四年大挑一等，任江安縣訓導。咸豐四年任內江教諭。曾參纂《內江縣志》。見咸豐《簡州志》卷六，民國《簡陽縣志》卷七、卷一〇、卷二〇，民國《簡陽縣續志》卷五。

詩三首　存

收入民國《簡陽縣續志》附《詩文存又續》卷上。

施劭全（1838—？）

別名仁溥，字霞東，維楨子。同治八年廪生，十三年援例入貢。光緒元年中孝廉方正，年三十八。歷署忠州學正、保寧府教授、梓潼教諭。見民國《簡陽縣志》卷七，民國《簡陽縣續志》卷五。

詩二首　存

收入民國《簡陽縣續志》附《詩文存又續》卷上。

陳治安

字星楣。道光十二年舉人。任咸豐《簡州志》總纂人之一。見咸豐《簡州志》卷一，民國《簡陽縣志》卷七、卷二三。

詩三首　存

收入民國《簡陽縣志》附《詩文存》卷二。

文二篇　存

收入民國《簡陽縣志》卷九、卷一〇。

唐祝三

號搢臣。道光十二年舉人。見民國《簡陽縣志》卷七、附《詩文存》卷二。

詩一首　存

收入民國《簡陽縣志》附《詩文存》卷二。

文一篇　存

收入民國《簡陽縣志》卷一二。

周應熙

號緝齋。道光十四年舉人，歷任雷波廳、井研、蒼溪訓導。去官後主書院。見民國《簡陽縣志》卷七、附《詩文存》卷二，民國《簡陽縣續志》卷三。

詩二首　存

收入民國《簡陽縣志》附《詩文存》卷二，民國《簡陽縣續志》附《詩文存又續》卷上。

李樹藩

字价人。少有神童之名，旋為廩生。道光十五年科考，因兩主考意見不合被黜。居家授徒，後以歲貢生終，卒年七十二。見民國《簡陽縣續志》卷六。

文一篇　存

收入民國《簡陽縣續志》卷二。

傅爲霖（1831—1906）

別名嘉昹，字潤生。同治九年舉人，光緒六年成進士，官通山知縣。晚主簡州鳳山書院。卒年七十六。見民國《簡陽縣志》卷四、卷一三。

光緒《簡州續志》十四卷（易家霖修傅爲霖等纂）　存

今存光緒二十三年刻本（方志聯合目錄）。原注：書口作卷上、卷下。

簡州傅氏譜七卷

見民國《簡陽縣志》卷一三。

川省鹽法籌辦意見書　存

今存民國間抄本（國圖）。

澮齋詩略　存

見《清人別集總目》頁 2253。

今存光緒簡州傅氏刻本（川圖）。

澮齋文略　存

見《清人別集總目》頁 2253。

今存宣統元年四川刻本（川圖）。

澮齋集　存

見《清人別集總目》頁 2253。

今存宣統二年簡州傅氏刻本（川圖，

南大)。

澹齋集三卷　存

見民國《簡陽縣志》卷二〇。

今存宣統二年刻本(國圖)。

陽安詩文鈔二卷

見民國《簡陽縣志》卷二〇。

詩九十一首　存

收入民國《簡陽縣志》卷三、卷四、附《詩文存》卷三、《詩文存補遺》、《詩文存續》卷上。

文三十三篇　存

收入光緒《簡州續志》卷首,民國《簡陽縣志》卷四、卷六、卷九、卷一三、卷一八、卷二〇、卷二三、附《詩文存》卷七、卷八、附《詩文存續》卷下,民國《簡陽縣續志》卷一、卷二、附《詩文存又續》卷下。

傅懷焜 (1873—1891)

字叔耀,自號蟇頤山樵,為霖次子。光緒十七年卒,年十九。見民國《簡陽縣志》卷四、卷一三傅為霖條附、附《詩文存》卷三。

筦天簃日記一卷　蟇頤山樵存稿一卷

見民國《簡陽縣志》卷二〇。

詩二十一首　存

收入民國《簡陽縣志》附《詩文存》卷三,民國《簡陽縣續志》附《詩文存又續》卷上。

文一篇　存

收入民國《簡陽縣志》附《詩文存》卷七。

樊光斗 (1834—1919)

又名功遂,字文軒。光緒十五年舉人,二十四年大挑一等,分發河南試用知縣。民國八年卒,年八十六。見民國《簡陽縣志》卷七、卷四、卷一〇、卷一七。

詩四首　存

收入民國《簡陽縣志》附《詩文存》卷四。

文一篇　存

收入民國《簡陽縣志》卷一二。

王士元 (1836—1908)

字翰才,原名栩,隴右牛雪樵弟子。庠生,議敘州判。曾參纂光緒《簡州續志》。卒於光緒三十四年,年七十三。見民國《簡陽縣志》卷二、卷一三、卷二三。

詅癡詩文集詩一卷文二卷(門人王伯齡輯)　存

見《清人別集總目》頁86。

今存民國十年成都大昌公司排印本(川圖,南大)。

詅癡詩集不分卷　存

今存民國十一年大昌公司排印本(川大)。

詅癡詩集一卷

見民國《簡陽縣志》卷二〇。

詅癡詩集一卷偶筆一卷　存

按:民國《簡陽縣志》卷二〇作詅癡偶筆二卷。

今存民國十年鉛印本(北大)。

詅癡文集二卷　存

民國《簡陽縣志》卷二〇作詅癡文集六卷

今存民國十年大昌公司鉛印本(國圖)。

詅癡遺稿一卷　五代詩選一卷　二王詩選二卷　古詩選四卷

見民國《簡陽縣志》卷二〇。

陳一新

道光十九年副貢生。見民國《簡陽縣志》卷七。

文一篇　存

收入民國《簡陽縣志》卷一七。

黄　樸

字芃山，馮允謙、汪漱芳弟子。道光十九年舉人，咸豐十年任名山訓導。見民國《簡陽縣志》卷一三。

咸豐《簡州志》十四卷（濮瑗修黄樸等纂）　存

今存咸豐二年簡州州署刻本（北大）；咸豐三年刻本（方志聯合目錄）。

樂我齋遺稿二卷　龍山詩集無卷數

見民國《簡陽縣志》卷二〇。

詩二十首　存

收入民國《簡陽縣志》卷二、卷五、附《詩文存》卷二、《詩文存補遺》、《詩文存續》卷上，民國《簡陽縣續志》附《詩文存又續》卷上。

詞四首　存

收入民國《簡陽縣志》附《詩文存》卷四。

文九篇　存

收入咸豐《簡州志》，民國《簡陽縣志》卷一七、卷二〇、附《詩文存》卷六，民國《簡陽縣續志》卷一。

王　藩

號翰臣。少從劉止唐、李西漚兩先生遊。道光二十九年舉人。晚任峨眉訓導，卒年六十。見民國《簡陽縣志》卷七、卷一一、附《詩文存》卷二。

峨眉集一卷　江津草一卷

見民國《簡陽縣志》卷二〇。

詩三首　存

收入民國《簡陽縣志》附《詩文存》卷二。

辜樹勳

字集齋。道光中庠生。見民國《簡陽縣志》附《詩文存》卷二。

詩五首　存

收入民國《簡陽縣志》卷三、附《詩文存》卷二。

黄　澐

字春潭，號濤山，原名仁。道光中庠生。見民國《簡陽縣志》卷三、附《詩文存》卷三。

谷齋詩集一卷　少谷齋文集一卷

見民國《簡陽縣志》卷二〇。

詩四首　存

收入民國《簡陽縣志》卷三、附《詩文存》卷三。

黄鎮中

字嵩蓭，原名以伸。道光中庠生。見民國《簡陽縣志》附《詩文存》卷三。

回文詩稿一卷

見民國《簡陽縣志》卷二〇。

詩二首　存

收入民國《簡陽縣志》附《詩文存》卷三。

賴振聲

道光中庠生。見民國《簡陽縣續志》附《詩文存又續》卷上。

詩一首　存

收入民國《簡陽縣續志》附《詩文存又續》卷上。

徐樹棠

字少巖。年二十三為庠生，咸豐元年中舉人。見民國《簡陽縣志》卷一三。

廿一史考鑑錄二十六卷　存

民國《簡陽縣志》卷二〇作廿二史考鑑錄二十六卷。

今存光緒十三年簡州鳳梧書院刻本（北大）。

少巖文集二卷

見民國《簡陽縣志》卷二〇。

詩一首　存

收入民國《簡陽縣續志》附《詩文存又續》卷上。

文十篇　存

收入光緒《簡州續志》卷上、卷下，民國《簡陽縣志》卷二、卷四、卷一〇、卷一一、卷一二、卷一五、卷一八、附《詩文存》卷六。

徐翰元

字星垣，又名嗣昌，樹棠子。增生。曾分纂光緒《簡州續志》。見民國《簡陽縣志》卷二、卷一三、卷一七、卷二三。

詩二十一首　存

收入民國《簡陽縣志》卷二、卷三、附《詩文存》卷三、《詩文存續》卷上。

文一篇　存

收入民國《簡陽縣志》卷四。

胡懿修

號滋圃。咸豐中庠生，晚年教授鄉里。見民國《簡陽縣志》卷一三。

詩九首　存

收入光緒《簡陽續志》卷一三，民國《簡陽縣志》卷三、附《詩文存》卷二，民國《簡陽縣續志》附《詩文存又續》卷上。

魏　玉

字韞山。咸豐中庠生，善書法，出中江李夢蓮之門。年八十五卒。見咸豐《簡州志》卷一，民國《簡陽縣志》卷一三。

狂吟小草一卷

見民國《簡陽縣志》卷二〇。

詩三首　存

收入民國《簡陽縣志》附《詩文存》卷二。

張　昶

號午廬。咸豐中庠生。見咸豐《簡州志》卷一，民國《簡陽縣志》附《詩文存》卷二。

詩四首　存

收入民國《簡陽縣志》附《詩文存》卷二。

張玉樓

字瀛仙。歲貢生。咸豐初曾分纂

《簡州志》。見咸豐《簡州志》卷一，民國《簡陽縣志》卷七。

桑纂要一卷

見民國《簡陽縣志》卷二〇。

詩二首　存

收入民國《簡陽縣志》附《詩文存》卷二。

文一篇　存

收入民國《簡陽縣志》卷九。

章祖相

字蔭軒。咸豐間歲貢生。見咸豐《簡州志》卷一，民國《簡陽縣志》卷七。

詩一首　存

收入民國《簡陽縣續志》卷一。

黄紹瀛

字蓮洲。中咸豐九年副榜，任懋功學正，又歷内江、敘州、安岳、資州等處訓導。卒年八十。見民國《簡陽縣志》卷七、卷二〇，民國《簡陽縣續志》卷三。

文一篇　存

收入民國《簡陽縣志》卷一一。

劉象清

咸豐九年舉人。光緒四年，任酆都訓導。見民國《簡陽縣志》卷七。

文二篇　存

收入民國《簡陽縣志》卷四。

羅嘉賢

字克猷。咸豐間，因組織鄉人護鄉有功，獎給軍功七品。見民國《簡陽縣續志》卷六。

文一篇

收入民國《簡陽縣續志》附《詩文存又續》卷下。

田昌樾（？—1894）

字問渠。咸豐九年舉人，歷掌本州鳳山、鳳梧書院及各鄉校，後以軍功保舉知縣。光緒二十年，授安徽青陽縣知縣，卒。見民國《簡陽縣續志》卷三、卷六。

詩三首　存

收入民國《簡陽縣續志》附《詩文存又續》卷上。

文一篇　存

收入民國《簡陽縣志》卷四。

田紹榮

字修武，昌樾子。庠生。見民國《簡陽縣續志》卷六。

文一篇　存

收入民國《簡陽縣續志》卷六。

楊德源

字清渠，號海樓。咸豐九年舉人，揀選陝西知縣。卒年三十五。見民國《簡陽縣志》卷七、卷一七、附《詩文存》卷二。

清渠詩草一卷

見民國《簡陽縣志》卷二〇。

詩二十首　存

收入光緒《簡州續志》卷一三，民國《簡陽縣志》附《詩文存》卷二。

張嘉會

咸豐九年舉人。見民國《簡陽縣志》卷七。

文一篇 存

收入民國《簡陽縣志》卷一〇。

張祖謙

號坤山。庠生。咸豐十年，與歲貢生湯三徵並充保正，率鄉團防禦滇軍，師敗被殺。見民國《簡陽縣志》卷八。

詩三首 存

收入光緒《簡州續志》卷一三，民國《簡陽縣志》卷五、附《詩文存》卷二。

文一篇 存

收入民國《簡陽縣志》卷一七。

毛榮光

字觀成。咸豐十一年獎以軍功六品。年五十一卒。見民國《簡陽縣志》卷一二。

詩三首 存

收入民國《簡陽縣志》附《詩文存續》卷上。

毛錫圭 (1839—?)

號贊廷，又名希俊，仁壽周樹森弟子。同治六年副貢生。年四十七，中光緒十一年舉人。見民國《簡陽縣志》卷七、卷九。

詩一首 存

收入民國《簡陽縣志》卷一〇。

文一篇 存

收入民國《簡陽縣志》卷二。

毛廷瀚

瀚一作翰，字星源，錫圭子。廩生，援例授州同。見民國《簡陽縣志》卷九、附《詩文存續》卷上，民國《簡陽縣續志》附《詩文存又續》卷上。

詩三首 存

收入民國《簡陽縣志》附《詩文存續》卷上，民國《簡陽縣續志》附《詩文存又續》卷上。

文一篇 存

收入民國《簡陽縣續志》附《詩文存又續》卷下。

易堯堂

增生。卒年九十二。見民國《簡陽縣志》卷九。

詩一首 存

收入民國《簡陽縣志》附《詩文存》卷二。

易象離

字南明，一作虛樓，又名孔美，堯堂侄。少從叔父堯堂受業，中同治六年舉人，十年成進士。主講簡州鳳山書院。光緒五年任潼川府教授，並主講三台書院。年七十餘卒。見民國《簡陽縣志》卷七、卷八。

詩一首 存

收入光緒《簡陽續志》卷一三，民國《簡陽縣志》附《詩文存》卷三。

文二篇　存

收入民國《簡陽縣志》卷一〇、卷一一。

李仙衢

字萃波。同治十二年舉人，任國史館謄録。見民國《簡陽縣志》卷七、卷二〇。

陽安詩文鈔續一卷

見民國《簡陽縣志》卷二〇。

文一篇　存

收入民國《簡陽縣志》卷二〇。

華德輝

字光廷。同治時庠生。見民國《簡陽縣續志》附《詩文存又續》卷上。

詩二首　存

收入民國《簡陽縣續志》附《詩文存又續》卷上。

楊雲巢

字億生。同治中庠生。見民國《簡陽縣志》附《詩文存續》卷上。

詩六首　存

收入民國《簡陽縣志》附《詩文存續》卷上。

葉樹森

字香士。同治中庠生。見民國《簡陽縣續志》附《詩文存又續》卷上。

詩三首　存

收入民國《簡陽縣續志》附《詩文存又續》卷上。

張光地

字和生，一字樸山，又名厚培。庠生。年六十五卒。見民國《簡陽縣志》卷一一、卷一六、附《詩文存》卷三。

勸業齋稿無卷數

見民國《簡陽縣志》卷二〇。

詩十一首　存

收入光緒《簡州續志》卷一三，民國《簡陽縣志》附《詩文存》卷二、《詩文存續》卷上，民國《簡陽縣續志》附《詩文存又續》卷上。

張雲龍

號雨初，光地弟。同治中庠生，入籍華陽。見民國《簡陽縣志》附《詩文存》卷三。

詩三首　存

收入民國《簡陽縣志》附《詩文存》卷三，民國《簡陽縣續志》附《詩文存又續》卷上。

張洸釗

號金門，又名光斗，光地、雲龍弟。同治中庠生。見民國《簡陽縣志》卷一六、附《詩文存》卷三。

詩二首　存

收入民國《簡陽縣志》附《詩文存》卷三、附《詩文存續》卷上。

張仙洲

字莅舟，自號後湖子，原名國士，

光地子。庠生，後援例官州判。見民國《簡陽縣志》卷三、卷一一。

張氏續譜二卷　存

見民國《簡陽縣志》卷一一。

今存光緒二十四年刻本（南大）。

後湖詩文存二卷　陽安師友遺鈔一卷

見民國《簡陽縣志》卷二〇。

詩十七首　存

收入民國《簡陽縣志》卷三、附《詩文存續》卷上。

文五篇　存

收入民國《簡陽縣志》卷三、卷八、卷一七、卷二〇、附《詩文存續》卷下。

易復昭 (1843—1915)

字敦五。光緒二十三年歲貢生。卒於民國四年，年七十三。見民國《簡陽縣志》卷一〇。

文一篇　存

收入民國《簡陽縣志》卷一二。

賀建中 (1844—1916)

庠生。年七十，仍講學不衰。民國五年卒，年七十三。見民國《簡陽縣志》卷一〇。

詩一首　存

收入民國《簡陽縣志》附《詩文存》卷四。

曾國才 (1849—1918)

字華臣。光緒三十一年歲貢生，議敘州判。參分纂光緒《簡州續志》。民國七年卒，年七十。見民國《簡陽縣志》卷七、卷一三、卷一八、卷二三。

簡州攀錄四卷　存

今存民國元年成都聚昌印刷公司鉛印本（南大）。

橘園聯語一卷　存

見民國《簡陽縣志》卷二〇。

今存民國八年刻本（國圖）。

橘園詩鈔六卷附橘園聯偶　存

民國《簡陽縣志》卷二〇錄有橘園詩鈔六卷。

今存民國八年刻本（南大）。

詩一百五十首　存

收入民國《簡陽縣志》卷二、卷三、卷四、卷六、卷一〇、卷一三、卷二〇、附《詩文存》卷四、《詩文存續》卷上。

詞二首　存

收入民國《簡陽縣志》附《詩文存》卷四。

文五十七篇　存

收入民國《簡陽縣志》卷二、卷四、卷一〇、卷一一、卷一三、卷一五、卷一八、卷二〇、附《詩文存》卷八，民國《簡陽縣續志》卷二、附《詩文存又續》卷下。

曾君默

字敬若，又名可傳，國才季子。庠生。幼從名山吳之英遊，為國學校助教。年四十卒。見民國《簡陽縣志》卷一三曾國才條、卷一八。

詩九首　存

收入民國《簡陽縣志》附《詩文存》卷四，民國《簡陽縣續志》附《詩文存又續》卷上。

文七篇　存

收入民國《簡陽縣志》附《詩文存》

卷八、附《詩文存續》卷下。

汪金錫

號鑄堂。歲貢生。見民國《簡陽縣志》卷一一、附《詩文存》卷二，民國《簡陽縣續志》卷四。

詩四首　存

收入民國《簡陽縣志》卷一〇、附《詩文存》卷二、《詩文存續》卷上。

文一篇　存

收入民國《簡陽縣續志》附《詩文存又續》卷下。

汪品光

字評甫。見民國《簡陽縣續志》卷四。

詩三首　存

收入民國《簡陽縣志》附《詩文存》卷四。

汪龍驤

字雨池，一名肇輿，品光子。清末師範學堂畢業後，主邑中多處講席。見民國《簡陽縣續志》卷四。

詩三首　存

收入民國《簡陽縣續志》附《詩文存又續》卷上。

程希洛

字鶴生，又名炳勳。及壯，奉檄佐汪鼎元練團，充里正，創義學以教子弟。宣統時因功奬五品銜，弗受。年八十二卒。見民國《簡陽縣志》卷一一。

詩二首　存

收入民國《簡陽縣志》附《詩文存續》卷上。

曾澤溥

字鏡泉，又名永清。晚由附貢援例縣丞。年七十四卒。見民國《簡陽縣志》卷一一。

詩三首　存

收入民國《簡陽縣志》附《詩文存續》卷上。

曾學詩

字尚志，澤溥子。簡州師範學堂畢業。見民國《簡陽縣志》卷一一，民國《簡陽縣續志》卷三。

詩二首　存

收入民國《簡陽縣志》附《詩文存續》卷上。

李忠炳（1852—1917）

字靈江。宣統三年選任簡州州議會議員。民國六年卒，年六十六。見民國《簡陽縣志》卷四、卷七、卷一一。

詩一首　存

收入民國《簡陽縣志》附《詩文存》卷四。

樊有達

字暢園，一名彬華。童生，享年九十餘。見民國《簡陽縣志》卷一三、卷一七。

文一篇　存

收入民國《簡陽縣志》卷四。

方　璽 (1854—1904)

字璞君，又名開全。廩生。肄業鳳山書院，為易象離、徐樹棠兩院長所稱賞。留學錦江書院，受院長伍齊齡器重。光緒二十八年中舉人。創立鳳樓書院，主教十年。年五十一。見民國《簡陽縣志》卷七、卷一三。

詩三十一首　存

收入民國《簡陽縣志》卷三、附《詩文存》卷三、《詩文存續》卷上。

文二篇　存

收入民國《簡陽縣志》卷三、民國《簡陽縣續志》附《詩文存又續》卷下。

曾茂材 (1854—1928)

字文光。光緒七年廩生，宣統元年為恩貢生，教授縣城女子校及中高各級學校。民國十七年卒，年七十五。見民國《簡陽縣志》卷一〇，民國《簡陽縣續志》卷二。

詩經講義四卷

見民國《簡陽縣續志》卷九。

禮記講義四卷　北上日記一卷　北上吟草一卷　逸廬詩鈔一卷

見民國《簡陽縣續志》卷一〇。

詩三首　存

收入民國《簡陽縣續志》附《詩文存又續》卷上。

李德恒

字月如。監生。卒年八十。見民國《簡陽縣志》卷一八、卷二四。

詩二首　存

收入民國《簡陽縣志》附《詩文存續》卷上。

段均義

號安衢。庠生，少從胡熙齡遊。年八十卒。見民國《簡陽縣志》附《詩文存續》卷上，民國《簡陽縣續志》卷六。

詩一首　存

收入民國《簡陽縣志》附《詩文存續》卷上。

文一篇　存

收入民國《簡陽縣續志》附《詩文存又續》卷下。

戢澍銘

字樸齋。庠生，議敘州判。年七十二卒。見民國《簡陽縣志》卷一三。

松石齋詩鈔三卷

見民國《簡陽縣志》卷二〇。

詩四十四首　存

收入民國《簡陽縣志》卷一、卷二、卷三、卷五、卷六、附《詩文存》卷三。

文一篇　存

收入民國《簡陽縣志》卷一〇。

余崇德

號雲峯。布衣。見民國《簡陽縣志》附《詩文存》卷二。

叢蘭軒詩集一卷

見民國《簡陽縣志》卷二〇。

詩一首　存

收入民國《簡陽縣志》附《詩文存》卷二。

余珍卿

崇德女，戢澍銘繼室。見民國《簡陽縣志》卷一三戢澍銘條附、附《詩文存》卷三。

松花閣詩鈔一卷（附松石齋詩鈔後）

見民國《簡陽縣志》卷二〇。

詩五首　存

收入民國《簡陽縣志》附《詩文存》卷三。

楊永灃（1831—1914）

字渭東，别號樂安。附貢生，援例中書科中書。民國三年卒，年八十四。見民國《簡陽縣志》卷一三、卷一〇、卷一一。

楊氏家範一卷　鴻爪印泥詩文集三卷

見民國《簡陽縣志》卷二〇。

詩二首　存

收入民國《簡陽縣志》附《詩文存續》卷上。

文一篇　存

收入民國《簡陽縣志》卷一〇。

李鳳年

字少白，號沁園。李如茂孫，汪鼎元弟子。庠生。見民國《簡陽縣志》卷九李如茂條附、卷二四。

乾封詩草一卷

見民國《簡陽縣志》卷二〇。

詩二首　存

收入民國《簡陽縣志》卷八、附《詩文存續》卷上。

文一篇　存

收入民國《簡陽縣志》卷一八。

汪基瑞

字輯五，又名溅恩。庠生。見民國《簡陽縣志》卷九、附《詩文存》卷三。

詩三首　存

收入民國《簡陽縣志》附《詩文存》卷三。

汪品章

號瀛洲。增生。見民國《簡陽縣志》附《詩文存》卷三。

詩四首　存

收入民國《簡陽縣志》附《詩文存》卷三。

汪鍾斑

字玉山，布衣。少從族叔汪基瑞、汪品章遊，教授鄉里三十餘年。年五十四卒。見民國《簡陽縣志》卷九、附《詩文存》卷三。

詩一首　存

收入民國《簡陽縣志》附《詩文存》卷三。

王乃壯

字叔猷。庠生。見民國《簡陽縣志》卷一三、附《詩文存》卷三。

詩五首　存

收入民國《簡陽縣志》附《詩文存》卷三。

王周楨（1863—1919）

字介侯，又名乃衛。年二十三，由廩生登光緒十一年拔貢生，考授翰林院孔目，改選西充教諭，署犍為教諭。後又歷任峨眉、蘆山教諭。年五十七卒。見民國《簡陽縣志》卷一三。

退思齋雜存一卷

見民國《簡陽縣志》卷二〇。

詩二首　存

收入民國《簡陽縣志》附《詩文存》卷三。

文九篇　存

收入民國《簡陽縣志》卷一一、附《詩文存》卷七、卷八。

黄紹桂

歲貢生。見民國《簡陽縣志》卷七。

詩七首　存

收入民國《簡陽縣志》卷六、卷一三。

胡仁懷

字翰宇，堯雨岑、胡仁至、徐樹棠弟子。中歲援例補國子生。卒年五十五。見民國《簡陽縣志》卷一三。

詩二首　存

收入民國《簡陽縣志》附《詩文存》卷三。

周紹錡

又名藻侯。歲貢生。見民國《簡陽縣志》卷一二、卷一八。

文二篇　存

收入民國《簡陽縣志》卷九、卷一一。

羅章素（1866—1921）

字雲秋。光緒十三年入泮，旋補增廣生。民國十年卒，年五十六。見民國《簡陽縣志》卷九。

詩四首　存

收入民國《簡陽縣志》附《詩文存續》卷上。

楊淩洲

字華臣，號小滄，又名克聘。同治六年舉人，次年會試，拔取國史館謄錄。屢主金堂、簡陽、中江三邑講席。年六十五卒。見民國《簡陽縣志》卷七。

文一篇　存

收入民國《簡陽縣志》卷一〇。

李芝淮（1871—1924）

字清源。民國中任縣西勸學員，十三年卒，年五十四。見民國《簡陽縣志》卷一三、卷一八。

清源詩文集一卷

見民國《簡陽縣志》卷二〇。

詩一首　存

收入民國《簡陽縣志》附《詩文存續》卷上。

文十二篇　存

收入民國《簡陽縣志》附《詩文存續》卷下。

吳鴻典（？—1884）

字從五，又名天陞。光緒元年中副榜，為銓選訓導。光緒十年卒。見民國《簡陽縣志》卷四、卷一〇、卷一七。

詩一首　存

收入民國《簡陽縣志》卷七。

毛文卓

光緒元年中副榜，官茂州學正，歷遂寧、興文縣教諭。見民國《簡陽縣志》卷七。

文二篇　存

收入民國《簡陽縣志》卷一五、卷一九。

賀宗循

字緝齋。光緒五年舉人，大挑，官教諭。見民國《簡陽縣志》卷七。

文一篇　存

收入民國《簡陽縣志》卷四。

嚴廷襄

號葵圃。歲貢生。見民國《簡陽縣志》附《詩文存》卷二。

詩四首　存

收入光緒《補纂仁壽縣原志》卷二，民國《簡陽縣志》附《詩文存》卷二、《詩文存續》卷上，民國《簡陽縣續志》卷上、附《詩文存又續》卷上。

文一篇　存

收入光緒《補纂仁壽縣原志》卷二，民國《簡陽縣續志》卷下。

陶厚重

又名沛仁，原籍湖北麻城縣孝感鄉，遷簡西陶家溝陶姓一支九世孫。光緒中庠生。見民國《簡陽縣志》卷一七。

陶氏譜二卷　存

見民國《簡陽縣志》卷一七。按原注："清光緒辛巳裔孫沛仁、厚魁、厚銘等先後纂輯。"以下厚魁、厚銘不重列。

今存光緒七年刻本（南大）。

李正保

字衡章。見民國《簡陽縣志》卷二〇。

倚雲居士集二卷

見民國《簡陽縣志》卷二〇。

詩八首　存

收入民國《簡陽縣志》附《詩文存》卷四、《詩文存續》卷上。

文一篇　存

收入民國《簡陽縣志》附《詩文存續》卷下。

鄭承恩

字客笙，增貢生。光緒初，充里正。年七十餘卒。見民國《簡陽縣志》附《詩文存》卷二，民國《簡陽縣續志》卷六。

詩四首　存

收入民國《簡陽縣志》卷三、附《詩文存》卷二。

霍志鴻（1842—1890）

字漸逵，又名為楨。由廩生援例註選訓導，年四十二，中光緒十一年四川鄉試舉人，官綏定府教授兼主書院講席。光緒十六年卒，年四十九。見民國《簡陽縣志》卷七、卷一〇。

文一篇 存

收入民國《簡陽縣志》卷九。

周楨

字克生，又名文楨。廩生。見民國《簡陽縣志》卷一〇。

文一篇 存

收入民國《簡陽縣續志》附《詩文存又續》卷下。

楊子江

字漢卿，又名銀章。光緒十四年舉人，主講三台千字坟書院，年四十二卒。見民國《簡陽縣志》卷四、卷一三。

文一篇 存

收入民國《簡陽縣志》附《詩文存續》卷下。

方淩洲

庠生。見民國《簡陽縣志》卷六。

詩一首 存

收入民國《簡陽縣志》卷六。

何啟焜

廩生。見民國《簡陽縣志》卷六。

詩一首 存

收入民國《簡陽縣志》卷六。

釋隆書

住本縣城隍祠。見民國《簡陽縣志》卷六。

詩四首 存

收入民國《簡陽縣志》卷六。

王謙

字肯堂。庠生。見民國《簡陽縣志》卷二、附《詩文存》卷四。

詩十四首 存

收入民國《簡陽縣志》卷六、附《詩文存》卷四。

文一篇 存

收入民國《簡陽縣志》卷二。

徐成通

耆民。見民國《簡陽縣志》卷六。

詩一首 存

收入民國《簡陽縣志》卷六。

曾鳴盛

字雝廷，又名鸞和。增生。年少游泮，充里正。年三十二卒。見民國《簡陽縣志》卷六，民國《簡陽縣續志》卷六。

詩一首 存

收入民國《簡陽縣志》卷六。

張紹騫

庠生。見民國《簡陽縣志》卷六。

詩一首 存

收入民國《簡陽縣志》卷六。

張紹賢

廩貢生。見民國《簡陽縣志》卷

六、卷七。

文一篇　存

收入民國《簡陽縣志》卷七。

周映藩

庠生。見民國《簡陽縣志》卷六。

詩一首　存

收入民國《簡陽縣志》卷六。

王安鑾（?—1925）

字鳴玉，又名楷。光緒十五年中副榜，宣統三年選任簡州州會議員，為地理教員。民國十三年分纂簡陽縣志，踰年卒。見民國《簡陽縣志》卷七、卷一三楊子江條附、卷一七。

槐蔭山房詩文稿二卷

見民國《簡陽縣志》卷二〇。

詩三首　存

收入民國《簡陽縣志》附《詩文存續》卷上，民國《簡陽縣續志》附《詩文存又續》卷上。

文六篇　存

收入民國《簡陽縣志》卷四、卷一二、卷一七，民國《簡陽縣續志》卷二。

陳元釗

字練如，又名正江。光緒十七年中副榜，初銓選教諭，嗣援例捐納，為銓選內閣中書。見民國《簡陽縣志》卷一一。

詩二首　存

收入民國《簡陽縣志》附《詩文存續》卷上。

廖振宗

字維城。光緒十七年舉人，潛心醫學。見民國《簡陽縣志》卷一三。

醫案合編八卷（陳時瑞校）

見民國《簡陽縣志》卷二〇。

詩四首　存

收入民國《簡陽縣志》卷六。

章道吉

字祥甫。光緒十七年舉人，揀選知縣。見民國《簡陽縣志》卷七、卷一三、卷一七。

北游小草一卷　北游續草一卷　汴游詩草一卷

見民國《簡陽縣志》卷二〇。

詩三十四首　存

收入民國《簡陽縣志》附《詩文存》卷四。

劉濟普

號樂天。光緒十九年舉人。見民國《簡陽縣志》卷七，民國《簡陽縣續志》卷三。

詩一首　存

收入民國《簡陽縣志》卷一〇。

毛鴻猷

字廷輔。庠生。見民國《簡陽縣志》附《詩文存續》卷上。

詩三首　存

收入民國《簡陽縣志》附《詩文存續》卷上。

歐陽淑

字愚生。庠生。見光緒《簡陽續志》卷一三。

文一篇　存

收入光緒《簡州續志》卷一三，民國《簡陽縣志》卷三。

汪夢齡

字壽安，又名鑄光。廩貢生。見民國《簡陽縣志》卷一一。

詩四首　存

收入民國《簡陽縣志》附《詩文存續》卷上。

汪金相

字惠南。光緒二十八年舉人，銓選知縣，三十一年任簡州學務局正董。民國二年，選任第一屆四川省議會議員，縣議事會議議員。十二年，任議長。見民國《簡陽縣志》卷六、卷七、卷一七、卷二四，民國《簡陽縣續志》卷首。

民國《簡陽縣志》二十四卷首一卷末一卷（林志茂等修　汪金相　胡忠閥等纂）　存

今存民國十六年鉛印本（方志聯合目錄）。原注：附《簡陽詩文存》八卷、詩補遺一卷、文補遺一卷、詩文存續二卷。

民國《簡陽縣續志》十卷首一卷末一卷（李青廷修　汪金相　胡忠閥等纂）　存

今存民國二十年鉛印本（方志聯合目錄）。注：附《簡陽詩文存又續》二卷。按：胡宗閥亦該縣人，並見此，下不重列。

文一篇　存

收入民國《簡陽縣續志》卷首。

傅崇榘（1875—1917）

字樵村。廩貢生，候補瀘州教諭，加捐道員。光緒二十六年於成都創辦第一家公衆閱覽室，出版第一張科學性報紙《算學報》。民國二年又創辦第一家民辦報社。民國四年任松潘縣長，後署屏山。見民國《簡陽縣志》卷一三，《成都通覽·出版說明》。

成都通覽八卷　存

見民國《簡陽縣志》卷二〇。

今存宣統元年成都通俗報社石印本（國圖）；宣統二年石印本（川大）；一九八七年巴蜀書社上下二册鉛字排印本。

川省赴會之程途　存

今存光緒三十年刻本（國圖）；光緒間廣聞書局刻本（國圖）。

中國歷史大地圖　存

今存光緒三十一年成都圖書局刻本（國圖）。

詩一首　存

收入民國《簡陽縣志》附《詩文存續》卷上。

劉鳳澂（1878—1920）

字兆平，號三峨居士。民國九年卒，年四十三。見民國《簡陽縣志》卷一三。

詩一首　存

收入民國《簡陽縣續志》附《詩文存又續》卷上。

鄭錫文

字九峯。肄業於錦江書院，年七十七卒。見民國《簡陽縣志》卷一一。

文一篇　存

收入民國《簡陽縣志》附《詩文存續》卷下。

陳松齡

光緒三十二年優貢生，朝考二等，授貴州清溪縣縣丞，陞任知縣。民國中任璧山知事。見民國《簡陽縣志》卷七。

詩二首　存

收入民國《簡陽縣續志》附《詩文存又續》卷上。

王隆詔

字九丹。光緒三十四年恩貢生。見民國《簡陽縣志》卷七、附《詩文存續》卷上。

詩一首　存

收入民國《簡陽縣志》附《詩文存續》卷上。

汪炳星

字宿海。由廩生從軍甘肅，保舉教諭（一作知縣）。見民國《簡陽縣志》附《詩文存》卷三。

北征雜詠一卷

見民國《簡陽縣志》卷二〇。

詩九首　存

收入民國《簡陽縣志》附《詩文存》卷三、《詩文存續》卷上。

文一篇　存

收入民國《簡陽縣志》卷四。

譚均禮

字問聃。光緒間庠生。見民國《簡陽縣志》卷一八、卷二〇。

遜志山房隨草一卷

見民國《簡陽縣志》卷二〇。

譚均義

光緒間庠生，與均禮皆為原籍湖廣麻城縣孝感鄉遷簡陶姓一支之十世孫。見民國《簡陽縣志》卷一八。

詩二首　存

收入民國《簡陽縣志》卷一一。

文一篇　存

收入民國《簡陽縣志》卷一八。

彭燮陽

庠生。民國初，曾任道孚縣知事。見民國《簡陽縣志》卷七。

文一篇　存

收入民國《簡陽縣志》卷九。

賀方澍

字熙霖，歲貢生。宣統三年，選任簡州州議會議員。見民國《簡陽縣志》卷七，民國《簡陽縣續志》附《詩文存又續》卷上。

唾餘隨鈔一卷

見民國《簡陽縣續志》卷一〇。

詩二十二首　存

收入民國《簡陽縣志》卷六，民國《簡陽縣續志》附《詩文存又續》卷上。

文十一篇　存

收入民國《簡陽縣志》卷二，民國《簡陽縣續志》附《詩文存又續》卷下。

魏源溥

畢業於日本宏文學院。宣統三年，任簡州州議會議員。見民國《簡陽縣志》卷七。

詩一首　存

收入民國《簡陽縣志》卷六。

張祥龢

字立先。附貢生，援例敘官中書，復為郎中，以襄雷波夷務，擢蹟道員，授通議大夫，晉封榮祿大夫。年六十五卒。見民國《簡陽縣志》卷七，民國《簡陽縣續志》卷三。

詩一首　存

收入民國《簡陽縣續志》卷三。

陳　周

字獻之。於成都行醫為業。見民國《簡陽縣志》卷一三。

藥性論三篇　醫學卮四卷

見民國《簡陽縣志》卷二〇。

文一篇　存

收入民國《簡陽縣志》卷二〇。

陳宗蘭

自號樂山居士。年逾八十，尤喜讀書。見民國《簡陽縣志》卷一三。

樂山詩草一卷

見民國《簡陽縣志》卷二〇。

樊桂新

字馨如。見民國《簡陽縣續志》附《詩文存又續》卷上。

詩三首　存

收入民國《簡陽縣續志》附《詩文存又續》卷上。

傅能修

號習堂。庠生。見民國《簡陽縣志》附《詩文存》卷二。

詩一首　存

收入民國《簡陽縣志》附《詩文存》卷二。

傅世豐

庠生。清末因慨國事日非，遂悲憤赴水而死。見民國《簡陽縣志》卷八。

文一篇　存

收入民國《簡陽縣志》附《詩文存續》卷下。

辜大安

字崇山。肄業於鳳山書院，後改業醫學。見民國《簡陽縣志》卷一三。

身驗良方一卷

見民國《簡陽縣志》卷二〇。

胡濟全

字成章。以辦團授軍功。學醫於李盈統。後醫學大行，尤精於婦科、兒科。年六十七卒。見民國《簡陽縣志》卷一三。

臨證要訣一卷

見民國《簡陽縣志》卷二〇。

黄紹恒

字次咸。歲貢生，年七十卒。見民國《簡陽縣志》卷一一，民國《簡陽縣續志》卷六。

文一篇　存

收入民國《簡陽縣續志》附《詩文存又續》卷下。

蔣先聲

字松濤，一字松亭。童生。見民國《簡陽縣志》卷七、卷一三、卷二〇。

圍青山房詩草一卷　青山房文集無卷數

見民國《簡陽縣志》卷二〇。

詩四首　存

收入民國《簡陽縣志》附《詩文存續》卷上。

李國雲

監生。見民國《簡陽縣志》卷一八。

文一篇　存

收入民國《簡陽縣志》卷一一。

李天楠

字東榮。師事孝廉徐樹棠。見民國《簡陽縣志》卷一三。

詩一首　存

收入民國《簡陽縣志》附《詩文存續》卷上。

李先祥

監生。見民國《簡陽縣志》附《詩文存》卷三。

詩二首　存

收入民國《簡陽縣志》附《詩文存》卷三。

劉策勳

字鼎臣。庠生。見民國《簡陽縣志》卷二〇。

榆莊詩草一卷

見民國《簡陽縣志》卷二〇。

羅　述

號我彭。庠生。見民國《簡陽縣志》附《詩文存》卷二。

養愚齋詩鈔無卷數

見民國《簡陽縣志》卷二〇。

詩二首　存

收入民國《簡陽縣志》附《詩文存》

卷二。

羅章綺

字琴仿。增生。見民國《簡陽縣志》卷一三。

詩十二首　存

收入民國《簡陽縣志》附《詩文存續》卷上。

文五篇　存

收入民國《簡陽縣志》附《詩文存續》卷下。

卿仲達

治病撮要無卷數

見民國《簡陽縣志》卷二〇。

商國書

字賀孚。庠生。見民國《簡陽縣志》附《詩文存》卷三。

詩四首　存

收入民國《簡陽縣志》附《詩文存》卷三。

文一篇　存

收入民國《簡陽縣志》卷一〇。

施仁生

年八十卒。見民國《簡陽縣志》卷一一。

文一篇　存

收入民國《簡陽縣續志》卷二。

田藝鳳

歲貢生。見民國《簡陽縣志》卷三、卷二四。

詩一首　存

收入民國《簡陽縣志》卷三。

汪景辰

號暉山。庠生，汪菊田門生。見民國《簡陽縣志》附《詩文存》卷二。

詩三首　存

收入民國《簡陽縣志》附《詩文存》卷二。

汪全祿

號兩儀。見民國《簡陽縣志》附《詩文存》卷三。

詩一首　存

收入民國《簡陽縣志》附《詩文存》卷三。

汪寓瑞

字黼堂。見民國《簡陽縣志》附《詩文存續》卷上。

詩一首　存

收入民國《簡陽縣志》附《詩文存續》卷上。

王世潼

字梓齋。監生，充保正四十餘年，年八十卒。見民國《簡陽縣志》卷一一。

見哂集一卷

見民國《簡陽縣志》卷二〇。

詩一首　存

收入民國《簡陽縣續志》附《詩文存又續》卷上。

王于庭

字南軒，世潼子。師範畢業。見民國《簡陽縣續志》附《詩文存又續》卷上。

詩二首　存

收入民國《簡陽縣續志》附《詩文存又續》卷上。

王兆雲

號會風。庠生。見民國《簡陽縣志》附《詩文存》卷二。

詩九首　存

收入民國《簡陽縣志》附《詩文存》卷二、《詩文存續》卷上。

夏龍章

字鳳亭，第仁長子。武生，以軍功保舉把總。見民國《簡陽縣志》卷一〇夏第仁條。

詩一首　存

收入民國《簡陽縣志》附《詩文存續》卷上。

夏龍光

華陽庠生，龍章弟。見民國《簡陽縣志》卷九。

詩一首　存

收入民國《簡陽縣志》附《詩文存續》卷上。

徐朝章

字鳴謙。儒生。見民國《簡陽縣志》卷九。

詩二首　存

收入民國《簡陽縣志》附《詩文存續》卷上。

楊瓊齡

字玉堂。鄉人有藥王之稱。晚歲假館蓉城，與錦江書院院長童棫善。見民國《簡陽縣志》卷一三。

樂我齋醫案四卷

見民國《簡陽縣志》卷二〇。

曾純修

字旭初，號旭齋。布衣。見民國《簡陽縣志》卷二〇、附《詩文存》卷三。

十年錄詩稿一卷

見民國《簡陽縣志》卷二〇。

詩四首　存

收入民國《簡陽縣志》附《詩文存》卷三。

曾德光

字潛庵。廩生。見民國《簡陽縣志》卷二〇。

同人忠告一卷

見民國《簡陽縣志》卷二〇。

文二篇　存

收入民國《簡陽縣志》卷四。

張拱辰

歲貢生。見民國《簡陽縣志》卷七。

文一篇　存

收入民國《簡陽縣志》卷二。

張國謨

庠生。見民國《簡陽縣志》卷二〇。

陽安張氏遺鈔一卷

見民國《簡陽縣志》卷二〇。

張景南

號惠藹。布衣。見民國《簡陽縣志》附《詩文存》卷三。

詩二首　存

收入民國《簡陽縣志》附《詩文存》卷三，民國《簡陽縣續志》附《詩文存又續》卷上。

張魁文

庠生。見民國《簡陽縣志》卷四。

文一篇　存

收入民國《簡陽縣志》卷四。

鄭玉田

庠生。見民國《簡陽縣志》附《詩文存續》卷上。

詩一首　存

收入民國《簡陽縣志》附《詩文存續》卷上。

鍾世錡

字潤南。年八十九卒。見民國《簡陽縣志》卷一二。

文一篇　存

收入民國《簡陽縣志》卷一七。

李爍靈

庠生。見民國《簡陽縣志》卷一〇、卷一八。

文一篇　存

收入民國《簡陽縣志》卷一八。

侯德蕃

又名肇周。歲貢生。見民國《簡陽縣志》卷七、卷一八。

文二篇　存

收入民國《簡陽縣志》卷九、卷一七。

黄紀雲

字子詹，别號石樵道人。增生，工書畫篆隸。見民國《簡陽縣志》卷一三。

覆瓿詩存一卷　覆瓿文存一卷

見民國《簡陽縣志》卷二〇。

詩二十二首　存

收入民國《簡陽縣志》卷二、卷三、附《詩文存》卷三。

詞一首　存

收入民國《簡陽縣志》附《詩文存》卷四。

文八篇　存

收入民國《簡陽縣志》附《詩文存》卷七、卷八。

劉耀春

字曉樓，又名光漢，民國四川軍閥劉存厚祖父。肄武，以府考冠軍，工書法，兼精繪畫，享年六十四歲。見民國《簡陽縣志》卷一二。

詩四首 存

收入民國《簡陽縣志》附《詩文存》卷三。

彭氣溥

又名海濱。庠生。見民國《簡陽縣志》卷一八、附《詩文存》卷三。

詩四首 存

收入民國《簡陽縣志》附《詩文存》卷三。

汪文瀾

字伏波，又名溶光。增生。年八十一卒。見民國《簡陽縣志》卷一一、卷一七、附《詩文存》卷三。

詩一首 存

收入民國《簡陽縣志》附《詩文存》卷三。

鍾文聰

字英山。庠生，戢澍銘弟子。見民國《簡陽縣志》卷一三戢澍銘條附。

石梅山館詩草一卷

見民國《簡陽縣志》卷二〇。

陳崇實

例授州同銜。見民國《簡陽縣志》附《詩文存》卷四。

詩二首 存

收入民國《簡陽縣志》附《詩文存》卷四。

鄧梅修

女，資州舉人吴咫顏妻。見民國《簡陽縣志》附《詩文存》卷四。

蘭芬閣吟草一卷　飲冰齋詩草一卷

見民國《簡陽縣志》卷二〇。

詩十四首 存

收入民國《簡陽縣志》卷二、附《詩文存》卷四。

段大椿

字壽康。畢業於日本某校。見民國《簡陽縣志》卷七，民國《簡陽縣續志》附《詩文存又續》卷下。

文一篇 存

收入民國《簡陽縣志》卷七，民國《簡陽縣續志》附《詩文存又續》卷下。

段于海

字百川，又名雲賡。年六十二卒。見民國《簡陽縣志》卷九、卷一八。

文一篇 存

收入民國《簡陽縣志》卷一八。

段鎮川

字濟舟。廪生，民國中任簡陽縣參事會參事。見民國《簡陽縣志》卷七、卷一八。

師竹山房續篇 存

今存民國二十五年石印本（川大）。

馮錫銘

字三新。資陽楊家珍師。年八十三歲卒。見民國《簡陽縣志》卷一一。

師道輯要一卷

見民國《簡陽縣志》卷二〇。

傅廷輝

字朝珍。庠生。見民國《簡陽縣志》附《詩文存》卷四。

詩二首 存

收入民國《簡陽縣志》附《詩文存》卷四。

賀可芳

字炳昭。國子監生。見民國《簡陽縣志》卷一二、附《詩文存》卷三。

詩二首 存

收入民國《簡陽縣志》附《詩文存》卷三。

黄 筠

字月峯，原名堅，别名星林。廩生，清末畢業於四川法政學堂。民國初歷任廣元、羅江知事，成都審判廳推事，富順地方檢察廳長。見民國《簡陽縣志》卷六、卷七，民國《簡陽縣續志》卷四。

詩三首 存

收入民國《簡陽縣續志》附《詩文存又續》卷上。

戢字林

字君才。年三十三卒。見民國《簡陽縣志》附《詩文存》卷四。

不求工詩草一卷

見民國《簡陽縣志》卷二〇。

詩四首 存

見民國《簡陽縣志》附《詩文存》卷四。

江鎮清

字淵如。增生。見民國《簡陽縣志》附《詩文存續》卷上。

詩三首 存

收入民國《簡陽縣志》附《詩文存續》卷上，民國《簡陽縣續志》附《詩文存又續》卷上。

文七篇 存

收入民國《簡陽縣志》卷二、卷四、卷一一、附《詩文存續》卷下，民國《簡陽縣續志》附《詩文存又續》卷下。

晉 鋆

字毓琳。監生，議敘州同。見民國《簡陽縣志》附《詩文存》卷四。

靈泉詩草四卷

見民國《簡陽縣志》卷二〇。

詩十一首 存

收入民國《簡陽縣志》附《詩文存》卷四。

汪希聖

字緯餘，又名克裕，别號竹畬居士，顔其室曰“小鄉嬛山館”。監生。年五十八卒。見民國《簡陽縣志》卷一三。

詩二首 存

收入民國《簡陽縣志》附《詩文存續》卷上。

吴 劍

字崇齋。庠生。見民國《簡陽縣

志》卷二〇。

慕古山房詩草一卷

見民國《簡陽縣志》卷二〇。

詩一首　存

收入民國《簡陽縣志》附《詩文存續》卷上。

謝紹光

字華亭。庠生。見民國《簡陽縣志》附《詩文存》卷四。

詩一首　存

收入民國《簡陽縣志》附《詩文存》卷四。

蔡維柱

監生。見民國《簡陽縣志》卷一一。

文一篇　存

收入民國《簡陽縣志》卷一八。

蔡文朝

詩二首　存

收入民國《簡陽縣志》卷六，民國《簡陽縣續志》卷九。

陳汝志

歲貢生。見民國《簡陽縣志》卷七。

文一篇　存

收入民國《簡陽縣志》卷一七。

方于彬（？—1928）

字頡雲，原名象矩。廩貢生，又畢業於四川通省師範，光緒中官至貴州直隸州知州。民國歸蜀，歷任第一屆四川省議會議員，國軍二十一師秘書長、通江縣徵收局長、川北鹽運副使。民國十七年卒。見民國《簡陽縣志》卷七、卷一一，民國《簡陽縣續志》卷二、卷三。

觚齋詩存二卷　存

見《清人別集總目》頁228。

今存民國二十五年簡陽方氏刻本（上圖，川圖，復旦，南大，川大）。

觚齋書牘二卷　**觚齋文集一卷**　**觚齋雜俎一卷**　**綠淨居詩存二卷**　**綠淨居隨筆二卷**　**觚齋集聯一卷**　**觚齋聯語二卷**

見民國《簡陽縣續志》卷一〇。

文五篇　存

收入民國《簡陽縣志》附《詩文存》卷首，民國《簡陽縣續志》附《詩文存又續》卷下。

胡世瑗

字禮堂。歲貢生。見民國《簡陽縣續志》附《詩文存又續》卷下。

文一篇　存

收入民國《簡陽縣續志》附《詩文存又續》卷下。

黃偉章

字俊奇。見民國《簡陽縣志》附《詩文存》卷四。

杏園遺稿一卷

見民國《簡陽縣志》卷二〇。

詩三首　存

收入民國《簡陽縣志》附《詩文存》卷四。

黄　宗

字永堂。庠生。見民國《簡陽縣志》附《詩文存》卷三，民國《簡陽縣續志》附《詩文存又續》卷上。

詩五首　存

收入民國《簡陽縣志》附《詩文存》卷三，民國《簡陽縣續志》卷一、附《詩文存又續》卷上。

李文潮

庠生。原籍江南遷簡李姓一支之十世孫。見民國《簡陽縣志》卷一八。

文一篇　存

收入民國《簡陽縣志》卷一八。

李鍾岳

字伊恒，楊瓊齡弟子。見民國《簡陽縣志》卷一三楊瓊齡條附。

文一篇　存

收入民國《簡陽縣續志》卷一〇。

毛　溥

字潛庵。由監生議敘州同，八十餘歲卒。見民國《簡陽縣續志》卷六。

潛庵詩草一卷

見民國《簡陽縣志》卷二〇。

詩六首　存

收入民國《簡陽縣志》卷三、附《詩文存》卷三。

章遠澍

恩貢生。見民國《簡陽縣志》卷七。

詩一首　存

收入民國《簡陽縣續志》卷一。

章祖椿

歲貢生。見民國《簡陽縣志》卷七。

詩一首　存

收入民國《簡陽縣續志》卷二。

鍾輝南

歲貢生。見民國《簡陽縣志》卷七。

詩一首　存

收入民國《簡陽縣志》卷九。

陳應綸

由監生援例同知。見民國《簡陽縣續志》附《詩文存又續》卷上。

詩一首　存

收入民國《簡陽縣續志》附《詩文存又續》卷上。

鄧培藩

字槐軒。布衣。見民國《簡陽縣續志》附《詩文存又續》卷上。

詩四首　存

收入民國《簡陽縣續志》附《詩文存又續》卷上。

樊忠貞

字敬亭。庠生。民國《簡陽縣續志》附《詩文存又續》卷下。

文一篇　存

收入民國《簡陽縣續志》附《詩文存又續》卷下。

傅懷璞

庠生。見民國《簡陽縣續志》卷一。

文一篇　存

收入民國《簡陽縣續志》卷一。

何錫予

監生。見民國《簡陽縣續志》卷九。

詩一首　存

收入民國《簡陽縣續志》卷九。

何永煌

字銘新。布衣。見民國《簡陽縣續志》附《詩文存又續》卷下。

文一篇　存

收入民國《簡陽縣續志》附《詩文存又續》卷下。

胡鶴齡

字真卿，又名忠至。廩生。晚年充里正，年六十四卒。見民國《簡陽縣續志》卷六。

文一篇　存

收入民國《簡陽縣續志》附《詩文存又續》卷下。

胡尊孔

字雲卿。見民國《簡陽縣續志》卷二。

詩一首　存

收入民國《簡陽縣續志》卷二。

華克成

字繹如。庠生。見民國《簡陽縣續志》附《詩文存又續》卷上。

壺天逸叟詩草一卷

見民國《簡陽縣續志》卷一〇。

詩五首　存

收入民國《簡陽縣續志》附《詩文存又續》卷上。

華克賓

字秋農。光緒末庠生。見民國《簡陽縣續志》卷六。

詩二首　存

收入民國《簡陽縣續志》附《詩文存又續》卷上。

華明寬

布衣。見民國《簡陽縣續志》附《詩文存又續》卷上。

詩一首　存

收入民國《簡陽縣續志》附《詩文存又續》卷上。

華明芳

字林園，明寬弟。見民國《簡陽縣續志》附《詩文存又續》卷上。

詩一首　存

收入民國《簡陽縣續志》附《詩文存又續》卷上。

李大美

字尊五。監生。見民國《簡陽縣續志》卷二。

詩二首　存

收入民國《簡陽縣續志》卷二。

毛汝安

監生。見民國《簡陽縣續志》卷九。

詩一首　存

收入民國《簡陽縣續志》卷九。

毛希範

字彦臣。屢躓童試，遂絶意進取，躬親稼穡。見民國《簡陽縣續志》卷六。

詩一首　存

收入民國《簡陽縣續志》附《詩文存又續》卷上。

田隆槐

字玉崑。任團甲，年七十七卒。見民國《簡陽縣續志》卷六。

性靈集一卷

見民國《簡陽縣續志》卷一〇。

詩一首　存

收入民國《簡陽縣續志》附《詩文存又續》卷上。

汪建勳

字敬之，別名泗庭。年七十二卒。見民國《簡陽縣續志》卷六。

詩五首　存

收入民國《簡陽縣續志》卷二、附《詩文存又續》卷上。

汪文堃

布衣。見民國《簡陽縣續志》附《詩文存又續》卷上。

詩三首　存

收入民國《簡陽縣續志》卷九、附《詩文存又續》卷上。

汪永清

字安瀾，庠生。見民國《簡陽縣續志》附《詩文存又續》卷上。

詩一首　存

收入民國《簡陽縣續志》附《詩文存又續》卷上。

文二篇　存

收入民國《簡陽縣續志》附《詩文存又續》卷下。

汪治照

字次舟。布衣。見民國《簡陽縣續志》附《詩文存又續》卷上。

詩二首　存

收入民國《簡陽縣續志》附《詩文存又續》卷上。

王大權

字柄臣。庠生。見民國《簡陽縣續志》卷三、卷六。

文一篇　存

收入民國《簡陽縣續志》卷六。

王兆瀚

增生。見民國《簡陽縣續志》卷二。

文一篇　存

收入民國《簡陽縣續志》卷二。

巫　模

字楷廷。庠生。見民國《簡陽縣續志》附《詩文存又續》卷上。

石竹山房稿一卷

見民國《簡陽縣續志》卷一〇。

詩七首　存

收入民國《簡陽縣續志》附《詩文存又續》卷上。

徐瑞麟

字心齋，别名士維。庠生。年六十六卒。見民國《簡陽縣續志》卷六。

詩一首　存

收入民國《簡陽縣續志》附《詩文存又續》卷上。

徐錫袞

字龍章。援例為州同。見民國《簡陽縣續志》附《詩文存又續》卷上。

丹餘詩草一卷

見民國《簡陽縣續志》卷一〇。

詩三首　存

收入民國《簡陽縣續志》附《詩文存又續》卷上。

嚴滙春

又名汝晶。庠生。見民國《簡陽縣續志》卷六。

文二篇　存

收入民國《簡陽縣續志》卷一、卷二。

楊一清

增生。見民國《簡陽縣續志》卷一。

文一篇　存

收入民國《簡陽縣續志》卷一。

袁長新

字徽猷。布衣。見民國《簡陽縣續志》附《詩文存又續》卷上。

詩一首　存

收入民國《簡陽縣續志》附《詩文存又續》卷上。

張潮齡

庠生。見民國《簡陽縣續志》附《詩文存又續》卷上。

詩一首　存

收入民國《簡陽縣續志》附《詩文存又續》卷上。

張躍然

字試堂，潮齡子。布衣。見民國《簡陽縣續志》附《詩文存又續》卷上。

詩一首　存

收入民國《簡陽縣續志》附《詩文存

又續》卷上。

張雲申

簡州州學附生。見民國《簡陽縣續志》附《詩文存又續》卷上。

詩一首　存

收入民國《簡陽縣續志》附《詩文存又續》卷上。

章炳麟

字桂山。廩生。見民國《簡陽縣續志》附《詩文存又續》卷上。

詩一首　存

收入民國《簡陽縣續志》附《詩文存又續》卷上。

（李榮慧　吴静汶）

崇慶州

（今四川崇州市）

李顯秀

康熙三十九年歲貢生。乾隆三年，以明經官瀘州訓導。見光緒《增修崇慶州志》卷七，民國《崇慶縣志》卷八之一。

詩一首　存

收入光緒《增修崇慶州志》卷七。

廖宏偉

康熙四十四年舉人。試禮部，不獲選，退而講學，循循善誘，邦人士多出其門。見光緒《增修崇慶州志》卷八，民國《崇慶縣志》卷八之二。

澹遠齋文稿

見光緒《增修崇慶州志》卷八，民國《崇慶縣志》卷八之二。

文一篇　存

收入光緒《增修崇慶州志》卷八。

孫　奇

雍正八年歲貢生。見光緒《增修崇慶州志》卷七。

文一篇　存

收入光緒《增修崇慶州志》卷一一。

周　斌

乾隆二年拔貢生。見光緒《增修崇慶州志》卷七。

文一篇　存

收入光緒《增修崇慶州志》卷一一。

郭騰高

本姓敖，字鼈峯。乾隆六年舉人。道光十四年，以截取知縣改教授，任鹽源教諭。後聘兼主西昌書院講席。見光緒《增修崇慶州志》卷八，民國《崇慶縣志》卷八之一。

文一篇　存

收入光緒《增修崇慶州志》卷一一。

門　裔

乾隆十八年拔貢生。見光緒《增修崇慶州志》卷一〇。

文一篇　存

收入光緒《增修崇慶州志》卷一二，民國《崇慶縣志》附《江原文徵·縣人所著之文》。

詩六首　存

收入光緒《增修崇慶州志》卷一〇，民國《崇慶縣志》附《江原文徵·縣人所詠之詩》。

何　渼

字文瀾，雍、乾間人。歲貢生，官昭化訓導。前知州王猶龍雅重其品，金堂庶常高辰贈以“藹然儒者”額。見光緒《增修崇慶州志》卷七，民國《崇慶縣志》卷八之二。

算博士拾遺一卷

見光緒《增修崇慶州志》卷二，民國《崇慶縣志》卷八之二。

詩一首　存

收入光緒《增修崇慶州志》卷二。

何明禮

字希顔，號愚廬，别號化城山人。渼子。乾隆二十四年解元。少從宜興儲日漁遊，深得古文之法。曾佐修成都府、什邡縣、新津縣等志。與閩中鄭天錦、滇南李敬躋稱莫逆。見《錦里新編》卷五，光緒《增修崇慶州志》卷七，民國《崇慶縣志》卷八之二。

浣花草堂志八卷　存

光緒《增修崇慶州志》卷一〇著錄爲六卷，《錦里新編》卷五未著卷數。

今存道光七年刻本（川圖，川大）。按據本書卷首序，是書編成於乾隆十六年，至道光七年始付梓；又存民國十二年重刊本（川大博物館）。

江原文獻四卷　斯邁草正集續集四卷（斯邁草堂正續集）　太平春新曲一卷

見光緒《增修崇慶州志》卷一〇。

陰符經注三卷

見光緒《增修崇慶州志》卷一〇，民國《崇慶縣志》卷一一。

愚廬策論一卷　心謂集一卷　登岱草一卷　斯邁草一卷

見民國《崇慶縣志》卷一一。

斯邁草一卷

見民國《崇慶縣志》卷一一。按：《全蜀詩鈔》卷一三未著卷數。

西山雜詠合集一卷

見民國《崇慶縣志》卷一一。原注：是書爲何明禮與胡德林、李光游遊什邡瑩華山唱和諸作。按：瑩華山，清·顧祖禹《讀史方輿紀要》卷六七什邡縣章山條作鎣華山。

詩三十五首　存

收入嘉慶《漢州志》卷三四，嘉慶《華陽縣志》卷三九，嘉慶《彭山縣志》卷四，光緒《增修崇慶州志》卷一〇，《全蜀詩鈔》卷一三，《清詩匯》卷八八，民國《崇慶縣志》附《江原文徵·縣人所詠之詩》。

文一篇　存

收入光緒《增修崇慶州志》卷一一。

王　達

字上之，號素亭。貢生，有文名，與何明禮交相得。見光緒《增修崇慶州志》卷七。

詩二首　存

收入光緒《增修崇慶州志》卷一，民國《崇慶縣志》附《江原文徵·縣人所詠之詩》。

方　玫

字慊齋。乾隆二十七年副貢生，三十六年中舉人。博學明道，教授生徒，各因其才，人稱方夫子。嘉慶十三年任冕寧教諭。九十餘歲卒。見光緒《增修崇慶州志》卷八，民國《增修崇慶州志》卷八之一。

詩一首　存

收入光緒《增修崇慶州志》卷一〇，民國《崇慶縣志》附《江原文徵·縣人所詠之詩》。

鄭思強

庠生。父經商歿山東，二至濟南，終扶櫬歸葬，乾隆三十九年獲旌表。見光緒《增修崇慶州志》卷七。

詩三首　存

收入光緒《增修崇慶州志》卷七。

田捷元

字春圃。乾隆四十二年舉人，年六十，選浙江嵊縣知縣，莅任九載，甚著治績。享年九十餘。見光緒《增修崇慶州志》卷八，《蜀詩續鈔》卷一，民國《崇慶縣志》卷八之一。

詩一首　存

收入《蜀詩續鈔》卷一，民國《崇慶縣志》附《江原文徵·縣人所詠之詩》。

吳家駒

字已山，號一峯。乾隆四十七年歲貢生。年七十八，端坐講席而逝。見光緒《增修崇慶州志》卷七。

詩二首　存

收入光緒《增修崇慶州志》卷一〇，民國《崇慶縣志》附《江原文徵·縣人所詠之詩》。

文一篇　存

見光緒《增修崇慶州志》卷八。

吳啓鵬

字鳳南，號梧岡，家駒子。中乾隆三十年副貢。見光緒《增修崇慶州志》卷七。

詩三首　存

收入光緒《增修崇慶州志》卷二。

謝攀雲

字翔青，號青庵。弱冠，中乾隆五十三年舉人，以大挑官湖南寧鄉知縣，繼調知湘潭，後擢湖南澧州直隸州知州。見光緒《增修崇慶州志》卷八，民國《崇慶縣志》卷八之二。

重輯浣花草堂志十卷

見民國《崇慶縣志》卷一一。

翠微山房詩集八卷

見光緒《增修崇慶州志》卷八。按：民國《崇慶縣志》卷一一著錄作翠圍山房詩八卷。

詩四十二首　存

收入光緒《增修崇慶州志》卷二、卷一〇，《全蜀詩鈔》卷二二，民國《崇慶縣志》卷一、附《江原文徵·縣人所詠之詩》。

文二篇　存

收入光緒《增修崇慶州志》卷一〇。

周志林

字東園。年十七入伍，乾隆六十年隨征黔楚。道光間，歷山東青州督參將，十一年補山東登州鎮總兵。年九十一卒。見光緒《增修崇慶州志》卷八，民國《崇慶縣志》卷八之一。

行兵要言十卷

見光緒《增修崇慶州志》卷八，民國《崇慶縣志》卷一一。

釋萬明

嘉慶間本縣光嚴寺僧。見光緒《增修崇慶州志》卷八，民國《崇慶縣志》卷九。

嚴園絕筆詩稿

見光緒《增修崇慶州志》卷八。

嚴園詩草二卷

見民國《崇慶縣志》卷九。

詩四首　存

收入民國《崇慶縣志》卷九。

朱昭南

字丙亭。嘉慶元年歲貢生，官馬邊訓導。年八十餘致仕，享壽百齡。見光緒《增修崇慶州志》卷五、卷八，民國《崇慶縣志》卷八之一。

詩一首　存

收入光緒《增修崇慶州志》卷五。

張遠烈

字銘閣。嘉慶九年，年近六旬，以歲貢生中舉人。見光緒《增修崇慶州志》卷八，民國《崇慶縣志》卷八之二。

銘閣詩草一卷

見光緒《增修崇慶州志》卷一〇。

楊國楨

字海梁。嘉慶九年舉人，官至河南巡撫。見《蜀詩續鈔》卷一。

詩一首　存

收入《蜀詩續鈔》卷一。

吴　錦（？——1832）

原名錫川，又名錦川，字月溪。嘉慶十三年舉人。道光十二年會試報罷，歸至灤城旅邸即卒。見光緒《增修崇慶州志》卷八，民國《崇慶縣志》卷八之一吴瑋條附、卷一一。

味江詩集一卷　味江文集一卷

見光緒《增修崇慶州志》卷八，民國《崇慶縣志》卷一一。

詩九首　存

收入同治《大邑縣志》卷一八上，光緒《增修崇慶州志》卷二、卷一〇，民國《崇慶縣志》附《江原文徵·縣人所詠之詩》。

文一篇　存

收入光緒《增修崇慶州志》卷一〇。

張維銶

字澤莽，成都維炯莽門人。道光間中舉人，任夾江訓導。見民國《崇慶縣志》卷八之二。

澤莽詩集一卷　北行日記一卷

見民國《崇慶縣志》卷一一，民國《夾江縣志》卷一一。

詩九首　存

收入民國《崇慶縣志》附《江原文徵·縣人所詠之詩》。

石鳳揚

字瑞岐。道光十五年舉人，次年成進士，任福建知縣。見光緒《增修崇慶州志》卷七，《綠萼梅齋遺稿》卷一。

詩一首　存

收入《綠萼梅齋遺稿》卷一。

吴國麟

字瑞庭。道光二十三年舉人。見光緒《增修崇慶州志》卷八，民國《崇慶縣志》卷八之二。

詩四首　存

收入光緒《增修崇慶州志》卷一〇，民國《崇慶縣志》附《江原文徵·縣人所詠之詩》。

李春鑑（1828—1902）

字鏡三。咸豐元年舉人。授瀘州學正，繼權寧遠、汶川諸儒學。光緒二十八年卒，年七十五。見民國《崇慶縣志》卷八之一，光緒《增修崇慶州志》卷一〇。

詩三首　存

收入光緒《增修崇慶州志》卷一〇，民國《崇慶縣志》附《江原文徵·縣人所詠之詩》。

胡　麟

號仁甫，字瑞生。咸豐二年舉人，相繼任蓬州訓導、綿州學正。掌長江源書院先後十七年，後權綿州州學。卒年六十九。見光緒《增修崇慶州志》卷八，民國《崇慶縣志》卷八之二。

詩四十四首　存

收入光緒《增修崇慶州志》卷一〇，民國《崇慶縣志》附《江原文徵·縣人所詠之詩》。

文十三篇　存

收入光緒《增修崇慶州志》卷一一，民國《崇慶縣志》附《江原文徵·縣人紀事之文》。

黄　鼎（?—1877）

字彝封。咸豐末年，參果毅營務，以功保任教諭，嗣保任知縣，後積功至陝安道道員。光緒三年六月卒於軍。見光緒《增修崇慶州志》卷八，民國《增修崇慶州志》卷八之一。

詩一首　存

收入民國《崇慶縣志》附《江原文徵·縣人所詠之詩》。

文二篇　存

收入《彝軍紀略》，民國《崇慶縣志》附《江原文徵·縣人所著之文》。

張劉文

庠名玉文，字炳堂，一字秉唐。先本姓劉，後奏請複姓張劉，更今名。增生，先就教職。從征陝甘、貴州等處，積功至候補道。少與黄鼎善，後又同辦理營務。見光緒《增修崇慶州志》卷八，民國《增修崇慶州志》卷八之一。

秉唐詩鈔（張觀察詩鈔）　存

按：民國《崇慶縣志》卷一一著錄作秉唐詩鈔二卷。

今存民國十三年成都昌福公司排印本（川大）。按：附於《彝軍紀略》後。

秉唐遺稿文集二卷　存

今存光緒四年刻本（北大）。

秉唐文鈔二卷

見民國《崇慶縣志》卷一一。

詩十九首　存

收入光緒《增修崇慶州志》卷一〇，民國《崇慶縣志》卷一、附《江原文徵·縣人所詠之詩》。

文六篇　存

收入民國《崇慶縣志》附《江原文徵·縣人所著之文》。

黄中理

字楷堂。見《綠萼梅齋遺稿》卷一。

詩二首　存

收入《綠萼梅齋遺稿》卷一。

吳良駿

字伯龍。見《綠萼梅齋遺稿》卷一。

詩二首 存

收入《綠萼梅齋遺稿》卷一。

羅元黼

光緒二十年優貢生。見民國《崇慶縣志》卷八。

彝軍紀略（補訂）一卷 存

見民國《崇慶縣志》卷一一。

今存民國十三年成都昌福公司排印本（川大）。

文二篇 存

收入《唐詩紀事》卷首，《淨住子》卷首。

李世瑛

同治三年舉人，任甘肅知縣。見光緒《增修崇慶州志》卷七。

西山草堂詩集十六卷

見民國《崇慶縣志》卷一一。

詩四十八首 存

收入民國《崇慶縣志》卷一，民國《崇慶縣志》附《江原文徵·縣人所詠之詩》。

楊遇春

字時齋。官制府，世襲一等男、太子太保銜。以一等侯爵致仕。見《蜀詩續鈔》卷一。

詩一首 存

收入《蜀詩續鈔》卷一。

馮錫瓚

字劍亭，一字蘭尊。同治十一年舉人。光緒間以勞績升知州，借補通州分州兼滮縣事。宣統三年春返里，未幾卒。見光緒《增修崇慶州志》卷七，民國《崇慶縣志》卷八之二。

文一篇 存

收入民國民國《崇慶縣志》附《江原文徵·縣人紀事之文》。

高雲松

字淡古。庠生。見光緒《增修崇慶州志》卷八。

詩一首 存

收入民國《崇慶縣志》附《江原文徵·縣人所詠之詩》。

郭維城

庠生。見光緒《增修崇慶州志》卷一〇。

詩一首 存

收入光緒《增修崇慶州志》卷一〇。

韓鎮陽

附生。見光緒《增修崇慶州志》卷首。

蜀州風俗故事八卷　蜀州餘緒一卷

見民國《崇慶縣志》卷一一。

胡　寬

字栗齋。處士，家赤貧，猶吟詠不輟，學正黃廷棟深賞之。年七十餘，卒。見光緒《增修崇慶州志》卷八，民國《崇慶縣志》卷八之二。

詩一首　存

收入光緒《增修崇慶州志》卷八，民國《崇慶縣志》卷八之二。

羅世琥

庠生。見光緒《增修崇慶州志》卷一〇。

詩一首　存

收入光緒《增修崇慶州志》卷一〇，民國《崇慶縣志》卷一。

毛榮封

附生，保舉縣丞。見光緒《增修崇慶州志》卷首《增修崇慶州志姓氏》。

詩一首　存

見民國《崇慶縣志》附《江原文徵·縣人所詠之詩》。

呂　某

自隱其名，自號莫知子。幼習儒，屢試不第，退而學醫。見光緒《增修崇慶州志》卷八，民國《崇慶縣志》卷八之二。

天和脈論一卷

見光緒《增修崇慶州志》卷八，民國《崇慶縣志》卷一一。

任　倫

庠生。見光緒《增修崇慶州志》卷二。

詩三首　存

收入光緒《增修崇慶州志》卷二，民國《崇慶縣志》附《江原文徵·縣人所詠之詩》。

王楚英

由廩生捐訓導。見光緒《增修崇慶州志》卷七。

詩一首　存

見民國《大邑縣志》附《詩徵》卷下。

魏肇榮

附生。見光緒《增修崇慶州志》卷首《增修崇慶州志姓氏》。

詩一首　存

收入民國《崇慶縣志》附《江原文徵·縣人所詠之詩》。

邢夢麟

號東垣。州監生，明於醫理。屢試不第，遂遊學江浙間。卒年八十四。見光緒《增修崇慶州志》卷八，民國《崇慶縣志》卷八之二。

詩四首　存

收入光緒《增修崇慶州志》卷一〇，民國《崇慶縣志》附《江原文徵·縣人所詠之詩》。

張懋昌

處士。家世業儒，獨隱於醫。見光緒《增修崇慶州志》卷八，民國《崇慶縣志》卷八之二。

傷寒溯源論一卷

見光緒《增修崇慶州志》卷八，民國《崇慶縣志》卷一一。

張　師

字紹先，一字教敷。銓長壽教諭，赴任途中因病返，未幾卒。見民國《崇慶縣志》卷八之二。

詩六首　存

收入民國《崇慶縣志》附《江源文徵·縣人所詠之詩》。

朱滋澤

字晦子。官湖北候補道。見《清人別集總目》頁451，《清詩匯》卷一六八。

誨子詩鈔二卷　存

見《清人別集總目》頁451。

今存光緒抄本（國圖）；清刻朱印本（上圖，中科院，粤圖）。

詩一首　存

收入《清詩匯》卷一六八。

胡啟心

字品三。世為崇慶望族。與兄啟甲就學於錦江書院，於光緒十年補博士弟子員，旋入太學肄業，祭酒陸潤庠賞其文，升之上舍。年二十九病卒。見民國《崇慶縣志》卷八之二。

胡明經文錄一卷　存

按《成都市古籍聯合目錄》，又名胡明經文集。民國《崇慶縣志》卷八之二本傳云其著作多遺失，王昌麟"輯遺稿十餘篇，題曰'胡明經文集'，友人劉炬爲序而行之"。

今存清光緒二十三年刻本（國圖，上圖，川大，都江堰市文管所）。

文二篇　存

收入民國《崇慶縣志》附《江原文徵·縣人所著之文》。

高　氏

女，巡檢瑞亭女，石遐齡妻，。工書畫，嫻醫術。光緒十年歸遐齡，甫歲餘自經死。見民國《崇慶縣志》卷八之三。

詩二首　存

收入民國《崇慶縣志》卷八之三。

楊永清

光緒十一年拔貢生。見民國《崇慶縣志》卷八。

詩一首　存

收入民國《崇慶縣志》附《江原文徵·縣人所詠之詩》。

雷炳元

光緒十九年舉人。見民國《崇慶縣志》卷八。

文一篇　存

收入民國《崇慶縣志》附《江原文徵·縣人所著之文》。

李沛元

字資甫，別號亦廬居士，顯秀之曾孫。清末廩生，官教諭。戊戌變法，沛元首改家塾為小學堂，招貧民子弟入學。川督錫良褒以"善良薰德棫樸萌芽"扁額。卒年七十八。見民國《崇慶縣志》卷八之一李顯秀條附。

詩三首　存

收入民國《崇慶縣志》附《江原文

徵・縣人所詠之詩》。

文二篇　存

收入民國《崇慶縣志》附《江原文徵・縣人所著之文》、《江原文徵・縣人紀事之文》。

吴克讓

一作新津人。光緒二十六年主講江源書院。見《彭山紀年二編・正編》，《清人別集總目》頁889。

寶藏山房文集三卷附補遺及遺詩　存

見《清人別集總目》頁889。

今存民國蜀州龔氏雙澤堂抄本（川圖）。

吴孝廉集　存

見《清人別集總目》頁889。

今存清吴氏刻壁經堂叢書本（川圖）。

寶藏山房文鈔三卷　寶藏山房詩鈔三卷

見民國《崇慶縣志》卷一一。

詩七首　存

收入民國《崇慶縣志》附《江原文徵・縣人所詠之詩》，民國《達縣志》卷六。

文七篇　存

收入民國《崇慶縣志》附《江原文徵・縣人紀事之文》、《縣人所著之文》，民國《重修彭山縣志》卷一，民國《達縣志》卷六。

蔡晉元

字曉山，庠生。工詩。見民國《崇慶縣志》卷八之二。

詩一首　存

收入民國《崇慶縣志》附《江原文徵・縣人所詠之詩》。

胡啟敬

字秋帆，庠生。中歲本其家學，究心醫理。見民國《崇慶縣志》卷八之二。

醫會紀要六卷

見民國《崇慶縣志》卷一一。

舒應華

字木生。未弱冠，即補博士弟子員，屢膺鄉薦不第。見民國《崇慶縣志》卷八之一。

詩一首　存

見民國《崇慶縣志》附《江原文徵・縣人所詠之詩》。

文　鈺

字鼓田，一字其相。廩生，後居直隸高邑數年。民國歸里，教授縣立中學校。見民國《崇慶縣志》卷八之二。

燕雲集一卷

見民國《崇慶縣志》卷一一。

詩五首　存

收入民國《崇慶縣志》附《江原文徵・縣人所詠之詩》。

文三篇　存

收入民國《崇慶縣志》卷一一，民國《崇慶縣志》附《江原文徵・縣人所著之文》。

楊和塤

字子賡，別號次敔。十七歲中舉人，官戶部主事，改浙江臨安縣知縣，歷知廣西武宣、馬平諸縣。見民國《崇慶縣志》卷八之一。

詩十九首 存

收入民國《崇慶縣志》附《江原文徵·縣人所詠之詩》。

胡世俊

詩一首 存

收入光緒《增修崇慶州志》卷一〇，民國《崇慶縣志》附《江原文徵·縣人所詠之詩》。

苟 乾

詩四首 存

收入光緒《增修崇慶州志》卷一〇。

陳昌燮

文一篇 存

收入民國《崇慶縣志》附《江原文徵·縣人紀事之文》。

程友琴

詩二首 存

收入民國《崇慶縣志》附《江原文徵·縣人所詠之詩》

戴汝器

詩二首 存

收入民國《大邑縣志》附《詩徵》卷下，民國《崇慶縣志》附《江原文徵·縣人所詠之詩》。

鄧疇九

詩三首 存

收入民國《崇慶縣志》附《江原文徵·縣人所詠之詩》

徐之上

振脩子。見民國《崇慶縣志》附《江原文徵·縣人紀事之文》。

文二篇 存

收入民國《崇慶縣志》附《江原文徵·縣人紀事之文》。

高羅薰

字淑薰。見民國《崇慶縣志》附《江原文徵·縣人所詠之詩》。

詩十五首 存

收入民國《崇慶縣志》附《江原文徵·縣人所詠之詩》。

何朝福

閬苑吟一卷

見民國《崇慶縣志》卷一一。

詩四首 存

收入民國《崇慶縣志》附《江原文徵·縣人所詠之詩》。

江半風

女，字梅谷。見民國《崇慶縣志》附《江原文徵·縣人所詠之詩》。

詩三首 存

收入民國《崇慶縣志》附《江原文徵·縣人所詠之詩》。

龍壽恩

文一篇　存

收入民國《崇慶縣志》附《江原文徵·縣人所著之文》。

秦福綬

詩一首　存

收入民國《崇慶縣志》附《江原文徵·縣人所詠之詩》。

宋庭參

詩一首　存

收入民國《崇慶縣志》附《江原文徵·縣人所詠之詩》。

王尚賓

詩三首　存

收入民國《崇慶縣志》附《江原文徵·縣人所詠之詩》。

王文灝

壺園詩草二卷

見民國《崇慶縣志》卷一一。

謝焯瑩

文一篇　存

收入民國《崇慶縣志》附《江原文徵·縣人紀事之文》。

張淑儀

女，字若知。見民國《崇慶縣志》附《江原文徵·縣人所詠之詩》。

詩十首　存

收入民國《崇慶縣志》附《江原文徵·縣人所詠之詩》。

周起江

詩一首　存

收入民國《崇慶縣志》附《江原文徵·縣人所詠之詩》

周□□

詩十八首　存

收入民國《崇慶縣志》附《江原文徵·縣人所詠之詩》。

（李榮慧　吴静汶）

新津縣

（今成都新津縣）

岳攀桂

康熙五十六年舉人，任福建清流縣知縣。見道光《新津縣志》（道光九年刻本。按：參道光十九年刻本、民國鉛印本，若單採自後二本則特別注明）卷三二，民國《雙流縣志》卷二。

詩一首　存

收入民國《雙流縣志》卷四。

文一篇　存

收入民國《雙流縣志》卷四。

李時敏

副貢生，雍正七年任隆昌縣教諭。見道光《新津縣志》卷三二。

文一篇　存

收入道光《新津縣志》（道光十九年本、民國本）卷四〇。

楊　謨

歲貢生，雍正十三年任雅州教諭。見乾隆《雅州府志》卷八。

詩二首　存

收入乾隆《雅州府志》卷一六。

楊　華

副貢生，乾隆八年任滎經儒學教諭。見乾隆《滎經縣志》卷六。

文一篇　存

收入乾隆《滎經縣志》卷首。

李　岱（1737—?）

號雲峯，祖籍丹稜，世居新津。補弟子員，肄業錦江書院，為彭樂齋高弟。後屢主講書院，從遊者多知名士。年八十二，尚應嘉慶二十三年鄉試，大府循例上聞，恩賜翰林院檢討，由副貢生選授儀隴縣教諭。一百零四歲尚在世。見道光《新津縣志》卷三三。

雲峯家課

見道光《新津縣志》卷三三。

雲峯文稿

見同治《儀隴縣志》卷四。

文二篇　存

收入道光《新津縣志》卷四〇。

陳　瓚

乾隆十八年拔貢生，任慶符縣教諭。後退歸，講學於邑之梓潼宫。見道光《新津縣志》卷三二、卷三三。

文一篇　存

收入道光《新津縣志》卷四〇。

葉芳模（1751—?）

號南台，廷詔子，乾隆四十五年舉人，任雲南太和縣知縣，道光三年以老改教職，任直隸理番廳教諭，九年，任雜谷廳教諭。見道光《新津縣志》卷首、卷三二、卷三三，同治《直隸理番廳志》卷二。

道光《新津縣志》四十卷首一卷（王夢庚原稿　陳霽學修　葉芳模　童宗沛纂）　存

今存道光九年刻本（方志聯合目錄）；道光十九年增刻本（方志聯合目

錄）；民國十九年鉛印本（方志聯合目錄）。

詩七首　存

收入道光《新津縣志》卷三九。

文一篇　存

收入道光《新津縣志》（道光十九年本、民國本）卷四〇。

王　瑋

乾隆六十年舉人，官中江縣教諭。見道光《新津縣志》卷三二。

詩三首　存

收入道光《新津縣志》卷三九，嘉慶《合江縣志》卷四八。

文一篇　存

收入嘉慶《合江縣志》卷四八。

彭好古

廩生。見道光《新津縣志》卷三三。

文一篇　存

收入道光《新津縣志》卷四〇。

彭　滙

好古子。庠生，曾參纂嘉慶《新津縣志》。見道光《新津縣志》卷首、卷三三。

詩二首　存

收入道光《新津縣志》卷三九。

童　鑑

國定子。以子貴，贈奉直大夫。見道光《新津縣志》卷三二。

詩一首　存

收入道光《新津縣志》卷三九。

童宗顏

國定孫，鑑子。嘉慶九年舉人，十四年成進士。道光間官內閣侍讀。見道光《新津縣志》卷三二。

文一篇　存

收入道光《新津縣志》卷四〇。

師世澤

庠生。嘉慶二年，士民臚其事實以應賢良方正之舉。邑令陳常批曰“素行可嘉”。見道光《新津縣志》卷三三。

文一篇　存

收入道光《新津縣志》卷四〇。

陳在朝

貢生，曾參纂嘉慶《新津縣志》。見道光《新津縣志》卷首。

易經一説曉四卷

見道光《新津縣志》卷三四。

詩二首　存

收入道光《新津縣志》卷三九。

文一篇　存

收入道光《新津縣志》卷四〇。

夏文嶸

嘉慶間附生。見道光《新津縣志》卷首。

詩一首　存

收入道光《新津縣志》卷三九。

彭仁湛

嘉慶十八年恩賜舉人。見道光

《新津縣志》卷三二。

文一篇　存

收入道光《新津縣志》卷四〇。

岳東陽

有揆子。嘉慶十八年拔貢生，道光間官江津縣教諭。見道光《新津縣志》卷三二。

文一篇　存

收入道光《新津縣志》卷四〇。

羅　璋

秀才。見道光《新津縣志》卷三九。

詩二首　存

收入道光《新津縣志》卷三九。

文一篇　存

收入道光《新津縣志》卷四〇。

童明惪

歲貢生。見道光《新津縣志》卷三二。

文一篇　存

收入道光《新津縣志》卷四〇。

吴　尹

諸生。見道光《新津縣志》卷三四。

蝸居碎語六卷

見道光《新津縣志》卷三四。

童　棫

字遜莽。咸豐三年進士，官翰林院檢討，為錦江書院主持，後官廣東雷瓊道。卒年七十餘。見光緒《增修崇慶州志》卷一一，《益州書畫錄續編》，《蜀詩續鈔》卷一。

詩二首　存

收入《蜀詩續鈔》卷一。

文一篇　存

收入光緒《增修崇慶州志》卷一一。

彭潤芳

咸豐六年進士。見《清人别集總目》頁2161。

潄六山房遺集八卷　存

見《清人别集總目》頁2161。

今存光緒二十四年彭氏刻本（川圖，南大）。

羅　森

字曇山。見《綠萼梅齋遺稿》卷一。

詩一首　存

收入《綠萼梅齋遺稿》卷一。

胡　淦

文二篇　存

收入《川邊政屑》，《守約盦文集》。

（李榮慧　吴静汶）

漢　州

（今四川廣漢市）

黄于廷

落籍中江。康熙十四年拔貢生，任直隸南宫縣縣丞。見嘉慶《漢州志》卷二二。

文一篇　存

收入嘉慶《漢州志》卷三七。

吴周彦

字燦之。廩生，康熙三十八年、四十四年兩中副榜，年七十二卒。見嘉慶《漢州志》卷二二、卷二七。

文一篇　存

收入嘉慶《漢州志》卷三七。

陳惟謙

字硯北。康熙四十五年舉人，歷官江南六安州州同、湖北均州知州、襄陽府同知。見嘉慶《漢州志》卷二二。

詩四首　存

收入嘉慶《漢州志》卷三四。

侯國棟

字子材，號柏山。康熙五十七年舉人，補冕寧教諭。年八十卒。見嘉慶《漢州志》卷二二、卷二五。

文三篇　存

收入嘉慶《漢州志》卷三七、卷三八上。

王師鷺

字文岳，號密成。康熙四十七年副貢生，任長壽縣教諭，升重慶府教授。卒年七十一。見嘉慶《漢州志》卷二二、卷三五。

文二篇　存

收入嘉慶《漢州志》卷三六。

王　憕

字平甫，師鷺子。乾隆十七年舉人，歷任山東鄆城、浙江遂昌、黄巖等縣知縣。見嘉慶《漢州志》卷二二、卷三五錢陳群《教授王君傳》附。

乾隆《遂昌縣志》十二卷　存

今存乾隆三十年刻本（方志聯合目録）；一九九二年中國書店影印稀見中國地方志彙刊本。

乾隆《黄巖縣志》十二卷（王憕修李汪度　阮培元纂）　存

今存乾隆三十五年刻本（方志聯合目録，上圖）；道光十八年重印本（方志聯合目録）。

詩一首　存

收入嘉慶《漢州志》卷三四。

張朝陽

入籍成都。中乾隆六年舉人。見嘉慶《漢州志》卷二二。

文一篇　存

收入嘉慶《漢州志》卷三七。

張　越

字淩霄。以子邦伸貴，勅贈文林

郎。見嘉慶《華陽縣志》卷三九，同治《續漢州志》卷一三。

詩三首　存

收入嘉慶《華陽縣志》卷三九，嘉慶《漢州志》卷三四。

張邦伸 (1737—1803)

字石臣，號雲谷，張越子。乾隆二十四年舉人，歷任河南襄城、固始知縣。晚年寓居成都，年六十七卒。見嘉慶《漢州志》卷二五、卷三八上，同治《重修成都縣志》卷七、卷一三，《清人別集總目》頁1130。

乾隆《固始縣志》二十六卷　存

今存乾隆四十三年刻本（國圖、存卷12～22)。方志聯合目錄原註：美國國會圖書館藏有全帙。

雲棧紀程八卷　存

見嘉慶《漢州志》卷三八下。

今存乾隆五十九年敦彝堂刻本（國圖，南大，北師大，川大)。

錦里新編十六卷　存

見嘉慶《漢州志》卷三八下。

今存嘉慶五年敦彝堂刻本（國圖，上圖，川圖，北大，南大)；民國二年成都存古書局刻本（國圖，上圖，北師大)；一九八四年十二月巴蜀書社影印嘉慶五年本。

繩鄉紀署十二卷　存

見嘉慶《漢州志》卷三八下。

今存稿本（川大)。

汜南詩鈔四卷　存

見嘉慶《漢州志》卷三八下。

今存乾隆三十九年刻本（國圖)。

慶誕錄二卷（張邦伸纂輯　張懷洵補注）存

按：嘉慶《漢州志》卷三八下注作一卷，而同治《德陽縣志》卷三二作十二卷，同書卷三九作八卷。

今存道光二十八年敦彝堂刻本（國圖，北大，南大)；民國間兩匯陳氏鉛印本（南大)。按：一作慶誕記。

雲谷詩鈔八卷　存

見嘉慶《漢州志》卷三八下，《清人別集總目》頁1130。

今存嘉慶八年刻本（上圖，存卷7至8，溫州，川大)，嘉慶九年刻本（國圖)。

雲谷年譜一卷雲谷詩鈔附　存

《清人別集總目》頁1130。

今存嘉慶九年刻本（國圖)；抄本（南大)。

光郡通志六十八卷　雲谷文鈔四卷　西園唱和集一卷　熱河紀行草一卷　唐詩正音十卷　明詩七律選二卷　全蜀詩匯十二卷　排律韻薈四卷　地理正宗八卷

見嘉慶《漢州志》卷三八下。

詩二十五首　存

收入嘉慶《漢州志》卷三四，嘉慶《華陽縣志》卷三九，道光《保寧府志》卷六一、卷六二，道光《新都縣志》卷一五，同治《重修成都縣志》卷一〇，民國《新都縣志》第六編上《文徵》。

文六篇　存

收入嘉慶《漢州志》卷三五、卷三七、卷三八上，道光《新都縣志》卷一三，民國《松潘縣志》卷一，《新都年鑒·有關文獻之詩文雜作·詩徵》。

張懷洵

字信夫，號玉泉，寄籍德陽。邦伸長子。嘉慶六年舉人，十五年大挑一等，官南部教諭。道光十年任簡州學正，陞會理州學正。見咸豐《簡州志》卷四，同治《德陽縣志》卷二九、卷三二，光緒《德陽縣志續編》卷九，《全蜀詩鈔》卷三三，民國《德陽縣志》卷一。

道光《新都縣志》十八卷首一卷（張奉書等修　張懷洵等纂）　存

同治《德陽縣志》卷三二著錄作新都縣志十卷。

今存道光二十四年刻本（方志聯合目錄）；民國三年刻本（方志聯合目錄）；民國十七年鉛印本（方志聯合目錄）。

慶誕記二卷（張邦伸纂輯　張懷洵補注）　存

按：見前張邦伸條。

蜀詩鈔不分卷（輯）　存

今存抄本（川大）。

蜀經籍志四十卷

見同治《德陽縣志》卷三二、卷三九，同治《重修成都縣志》卷七，同治《續漢州志》卷九。

信夫偶錄二十卷

見同治《德陽縣志》卷三二、卷三九。

信夫讀書錄二十四卷　蜀事雜鈔十六卷

見同治《德陽縣志》卷三二。

讀書偶識　蜀藝文志補

見同治《續漢州志》卷九。

鼎元錄八卷

見同治《德陽縣志》卷三九，同治《續漢州志》卷九。

詩二首　存

收入《全蜀詩鈔》卷三三。

文二篇　存

收入同治《德陽縣志》卷三八。

張懷渭

改名懷湅，更名師凱，字漁璜，或寫作漁篁，邦伸次子，懷洵弟。嘉慶六年舉人，官無為州知州。見同治《續漢州志》卷八、卷九，《蜀詩續鈔》卷二。

續四川通志一百二十卷　護花吟館詩文集　漁璜詩稿四卷　揀花庵尺牘二卷　萱花吟舫試帖四卷　續雲棧紀程八卷

見同治《續漢州志》卷九。

詩八首　存

收入《全蜀詩鈔》卷三三，《蜀詩續鈔》卷二。

張懷溎

字玉溪，邦伸第三子，李調元婿。乾隆五十九年舉人，歷任直隸寧晉、懷安知縣，改授蓉城知縣。從李調元習詩法，後以蒔花種竹為事。見同治《續漢州志》卷八、卷九，《清詩匯》卷一〇九。

磨兜堅館詩鈔六卷

見《全蜀詩鈔》卷三〇。按：同治《續漢州志》卷九、《清詩匯》卷一〇九著錄作四卷。

試帖　國朝四大家詩選（輯）

見同治《續漢州志》卷八。

詩一百零三首　存

收入道光《新都縣志》卷一五，咸豐《簡州志》卷一三下，同治《重修成都縣志》卷一一，《全蜀詩鈔》卷三三，民國《簡陽縣志》卷一，《清詩匯》卷一〇九。

張懷潼

改名柏，字鄘舟，邦伸第五子。邃於醫，並精星緯之學。見同治《續漢州志》卷九。

太倉醫案註

見同治《續漢州志》卷九。

張懋畿

字薊雲，邦伸孫。咸豐十一年拔貢生。見同治《續漢州志》卷九，《全蜀詩鈔》卷五七。

皖遊草四卷　回蜀紀程詩鈔四卷　錦里閒吟集六卷　冬青書屋古文時文八卷

見同治《續漢州志》卷九。

詩六首　存

收入同治《續漢州志》卷二三，同治《重修成都縣志》卷一〇、卷一一，《全蜀詩鈔》卷五七。

吳翼基

字淩霄。乾隆二十一年舉人，二十六年成進士，後任湖廣新田縣知縣。見嘉慶《漢州志》卷二二、卷二五。

詩二首　存

收入嘉慶《漢州志》卷三四。

文一篇　存

收入嘉慶《漢州志》卷三八上。

王明德

乾隆二十四年舉人，歷任定遠縣教諭、廣安州學正。見嘉慶《漢州志》卷二二，光緒《廣安州志》卷三。

文一篇　存

收入嘉慶《漢州志》卷三七。

王　錫

字命三。乾隆二十五年副貢生，任洪雅縣教諭。見嘉慶《漢州志》卷二二、卷二五。

易經輯覽四卷（一作易經集解）

春秋匯覽（一作春秋匯說）

見嘉慶《漢州志》卷二五、卷三八下。

四書解義指事八卷

見嘉慶《漢州志》卷三八下。

張拱宸

字維斗，落籍華陽。中乾隆三十三年舉人。見嘉慶《漢州志》卷二二、卷三七。

文二篇　存

收入嘉慶《漢州志》卷三五、卷三七。

張懷泗

字環甫，號臨川，晚號棗核老人。乾隆四十四年舉人，任宛平知縣。晚主廣漢講道書院三十六年，卒年八十三。見同治《續漢州志》卷九，《清詩匯》卷一〇一，《清人別集總目》頁1149。

嘉慶《漢州志》四十卷首一卷末一卷（劉長庚修　侯肇元　張懷泗纂）　存

今存嘉慶二十二年刻本（方志聯合目錄）；民國間據嘉慶二十二年刻本重印本（國圖，上圖）。

榴榆山館詩鈔六卷附補遺一卷　存

見《清人別集總目》頁1149，《清詩匯》卷一〇一。按：同治《續漢州志》卷九作榴榆山館詩鈔四卷。

今存道光十三年廣漢張氏榴榆山館刻

本（國圖，上圖）；民國四川美學林排印本（川圖，南大）。

抱經堂古文四卷續編一卷　存

見《清人別集總目》頁 1149。按：同治《續漢州志》卷九作四卷。

今存道光二年刻本（國圖）。

楊詩見所見四卷　存

見同治《續漢州志》卷九。

今存道光十三年刻本（國圖）。

抱經堂今文集四卷　安西聞所聞四卷　讀書蠡測一卷　神遊紀畧四卷　補釋原真水法圖局五篇　九十九峯筆記四卷

見同治《續漢州志》卷九。

詩三十一首　存

收入道光《新都縣志》卷一五，《全蜀詩鈔》卷二二，民國《新都縣志》第六編上《文徵》，《清詩匯》卷一〇一。

文八篇　存

收入嘉慶《漢州志》卷首，道光《新都縣志》卷一四，同治《續漢州志》卷首、卷二一，同治《重修成都縣志》卷一五,，民國《新都縣志》第六編上《文徵》。

張懷溥

名一作懷浦，字雨山，懷泗弟。貢生，候選教諭。見同治《續漢州志》卷九，《清詩匯》卷一一二，《清人別集總目》頁 1149。

十笏山房詩鈔（張懷泗輯）五卷　存

見《清人別集總目》頁 1149，《清詩匯》卷一一二。按同治《續漢州志》卷九作四卷。

今存道光四年刻本（上圖，川圖，南開）。

唐宋四家詩鈔(又名唐宋四大家詩選,輯)十八卷　存

今存道光十一年刻本（川大）。按：此爲殘本。

十笏山房文集四卷　唐宋四家詩選六卷

見同治《續漢州志》卷九。

詩四十四首　存

收入道光《新都縣志》卷一五，同治《續漢州志》卷二三，同治《重修成都縣志》卷一〇，《全蜀詩鈔》卷三六，民國《新都縣志》第六編上《文徵》，《清詩匯》卷一一二。

張仁榮

字崇修，號容齋。乾隆五十九年舉人，次年成進士，官翰林院檢討。卒年九十。見嘉慶《漢州志》卷二二、卷三五。

容齋未信稿四卷

見嘉慶《漢州志》卷二五。

雙桂堂詩鈔二卷

見嘉慶《漢州志》卷三八下。

張仁爵

落籍中江，故一作中江人，仁榮弟。乾隆三十年拔貢生。見嘉慶《漢州志》卷二二、卷三五，道光《中江縣志》卷五，民國《中江縣志》卷六。

率性堂課稿四卷

見嘉慶《漢州志》卷三五。

桂軒吟詩鈔二卷

見嘉慶《漢州志》卷三八下，光緒《新修潼川府志》卷一六，民國《中江縣志》卷八。

張仁同

字希文，落籍中江，仁榮、仁爵弟。乾隆三十年舉人，任安徽黟縣知縣。見嘉慶《漢州志》卷二二、卷三五。

一得集四卷　客牕吟詩鈔二卷

見嘉慶《漢州志》卷三八下。

詩二首　存

收入嘉慶《漢州志》卷三四。

鄧良弼

字仲賚。乾隆三十五年舉人，任陝西鄜州州同。卒年七十九。見嘉慶《漢州志》卷二二、卷二五。

文一篇　存

收入嘉慶《漢州志》卷三八上。

陳士珍

字孺明。乾隆四十五年舉人。見嘉慶《漢州志》卷二二、卷二五。

易經撮醇五卷（纂）

見嘉慶《漢州志》卷三八下。按嘉慶《漢州志》卷二五云："從事新都楊西山先生久，西山《易》註未卒業，士珍成之。"

程若楷

歲貢生。見嘉慶《漢州志》卷二二。

詩一首　存

收入嘉慶《漢州志》卷三四。

侯賜桓

廩貢生。見嘉慶《漢州志》卷首，道光《新都縣志》卷一五。

詩一首　存

收入道光《新都縣志》卷一五。

周文彬

歲貢生。見嘉慶《漢州志》卷二二。

文二篇　存

收入嘉慶《漢州志》卷三七、卷三八。

黃　彬

字節文，號映峰。嘉慶十五年舉人，歷署福建政和、福清、福安、惠安等縣知縣，官至漳州府知府。年八十三卒。見嘉慶《漢州志》卷二五。

金華詩錄七十二卷　存

見嘉慶《漢州志》卷三八下。

今存乾隆三十八年重刻本（國圖，北師大）。

金華詩萃五十四卷補遺六卷外集六卷別集四卷（與朱笠亭、陳春溆同修）

見嘉慶《漢州志》卷二五。

詩八首　存

收入嘉慶《漢州志》卷三四。

張邦儀

一名仁壽，落籍中江。廩生，署柳州府通判。見嘉慶《漢州志》卷二三，同治《續漢州志》卷七。

惠林詩鈔八卷

見同治《續漢州志》卷七。

詩一首 存

收入嘉慶《漢州志》卷三四。

陳炳奎

字六橋。增生。見同治《續漢州志》卷一三。

易源測蠡

見同治《續漢州志》卷一三。

詩一首 存

收入同治《續漢州志》卷二四。

賈成楷

字次裴。嘉慶中庠生。見同治《續漢州志》卷九。

漢州志餘一卷 存

今存附于嘉慶《漢州志》卷末（方志聯合目錄）。

朗如詩鈔

見同治《續漢州志》卷九。

文一篇 存

收入同治《續漢州志》卷二四。

賈承謩

名一作成謩，字行可，成楷弟。嘉慶十八年拔貢生，廷試第一，任吏部文選司主事，升郎中。見同治《續漢州志》卷八、卷九。

綠猗書屋詩草

見同治《續漢州志》卷八。

李培炆

字荔仙。嘉慶十八年舉人，二十四年成進士，選授湖北灃州安福縣知縣。見同治《續漢州志》卷八。

荔仙文稿

見同治《續漢州志》卷八。

文一篇 存

收入同治《續漢州志》卷二二。

文廷杰

字鍾山。嘉慶十八年舉人，二十二年成進士，歷任遂溪、信宜、調繁、新會縣知縣，官至六安州知州。見同治《續漢州志》卷八。

平遠山房詩鈔

見同治《續漢州志》卷八。

秦用箴（1796—1857）

字佩程。恩貢生，就州判職。咸豐六年北上改教職，次年卒，年六十二。見同治《續漢州志》卷九。

桂馥山房詩文集

見同治《續漢州志》卷九。

詩二首 存

收入同治《續漢州志》卷二三。

文一篇 存

收入同治《續漢州志》卷二一。

唐端侯

字洵直。中道光十二年副榜，侯選教諭，主講講道書院。年八十三卒。見同治《續漢州志》卷九。

廣思文集　廣思詩集

見同治《續漢州志》卷九。

張　煌

字蘊庵。歲貢生，道光十五年選授大竹縣訓導。卒年八十七。見同治

《續漢州志》卷九。

明鏡錄人則全書四卷　孝義編詩二卷

見同治《續漢州志》卷九。

詩一百零五首　存

收入《全蜀詩鈔》卷三〇、卷三一。

張懋嘉

字樹椿。州增廣生，家成都，講學授徒。見同治《續漢州志》卷九。

樹椿詩文八卷　家塾課存二卷

見同治《續漢州志》卷九。

張懋廉

字赤虹，懋嘉弟。道光十七年副貢生，與兄同家成都，講學授徒。見同治《續漢州志》卷九。

冬青書屋文稿八卷　赤虹詩草二卷

見同治《續漢州志》卷九。

張懋鎔

字石香，一作石薌，又字希陶，後更名濳。道光十七年拔貢生，朝考第一名，分戶部雲南司主事，改任浙江天台縣知縣。見同治《續漢州志》卷七、卷八、卷二三。

聽吟館詩鈔十二卷

見同治《續漢州志》卷七。按：同書卷八小傳著錄作聽松吟館詩鈔，當爲同一書。

史略　錦里續編　小學詩註

見同治《續漢州志》卷八。

詩六首　存

收入同治《續漢州志》卷二三。

張懋康

字春衢，入三台籍。中道光十七年舉人，候選知縣，掌潁上、宿松、亳州各州縣書院。見同治《續漢州志》卷九。

伯子詩鈔十六卷　伯子文鈔四卷　伯子詩餘二卷　小瑯環雜記一卷　皖南日記十二卷

見同治《續漢州志》卷九。

劉文運（？—1867）

字煥亭。道光二十四年舉人，歷署連平、長寧等縣，補靈山縣知縣。同治六年卒。見同治《續漢州志》卷七、卷二四。

文一篇　存

收入同治《續漢州志》卷二二。

王炳墉

道光二十六年舉人，官南充縣教諭。見同治《續漢州志》卷七。

文一篇　存

收入同治《續漢州志》卷二二。

方宗矩

字子隅。見《綠萼梅齋遺稿》卷一。

詩二首　存

收入《綠萼梅齋遺稿》卷一。

沈廷奎

諸生。見《全蜀詩鈔》卷一九。

詩一首　存

收入《全蜀詩鈔》卷一九。

劉文炳

字仙航。同治三年舉人。見同治《續漢州志》卷七、卷二一。

文二篇　存

收入同治《續漢州志》卷二一、卷二二。

劉文澤

字湘帆。同治六年舉人。見同治《續漢州志》卷七、卷二四。

詩一首　存

收入同治《續漢州志》卷二四。

張懋柔

庠生，由軍功保舉訓導。中同治六年舉人。見同治《續漢州志》卷七、卷九。

冬青書屋文鈔四卷　小溪尺牘十卷

見同治《續漢州志》卷九。

成　暻

字育陽。庠生。見同治《續漢州志》卷二三。

詩十一首　存

收入同治《續漢州志》卷二三，同治《重修成都縣志》卷一一。

文八篇　存

收入同治《續漢州志》卷二三。

鄧子駿

字福星。庠生。見同治《續漢州志》卷首、卷二一。

詩一首　存

收入同治《續漢州志》卷二一。

文一篇　存

收入同治《續漢州志》卷二二。

俸　鎮

歲貢生，任射洪訓導。見同治《續漢州志》卷七。

文一篇　存

收入同治《續漢州志》卷二二。

龔佩蘭

字香谷。廩生，中副榜，後選任南川縣教諭。見同治《續漢州志》卷九。

香谷文鈔　香谷詩鈔

見同治《續漢州志》卷九。

郝　鄉

字次封。廩生。見同治《續漢州志》卷二一。

文四篇　存

收入同治《續漢州志》卷二一。

李　氏

女，張懋恒妻。見同治《續漢州志》卷二三。

詩一首　存

收入同治《續漢州志》卷二三。

廖光遠

字溪樓。廩生。見同治《續漢州

志》卷二一。

文一篇　存

收入同治《續漢州志》卷二一。

彭春霖

字淡如，一作金堂人。庠生。潛心《左氏春秋》、孫吴《兵法》。見同治《續漢州志》卷二一，《金堂縣鄉土志》卷二，民國《金堂縣續志》卷一〇。

虎山求政錄　**佩蘭軒古文**　**壺天詩鈔**

壁談

見《金堂縣鄉土志》卷二，民國《金堂縣續志》卷一〇。

詩七首　存

收入同治《續漢州志》卷二三。

文五篇　存

收入同治《續漢州志》卷二一、卷二三、卷二四。

秦　鑾

字金坡。庠生。見同治《續漢州志》卷首、卷二四。

文一篇　存

收入同治《續漢州志》卷二四。

汪毓文

字西山。庠生。見同治《續漢州志》卷二二。

文一篇　存

收入同治《續漢州志》卷二二。

王嘉樹

字德齋。入梓潼縣學，鄉試兩次見遺，遂斂迹林泉。年四十四卒。見同治《續漢州志》卷一三。

四時山房詩稿

見同治《續漢州志》卷一三。

詩一首　存

收入同治《續漢州志》卷二三。

王之翰

字西園。歲貢生，後主講講道書院。見同治《續漢州志》卷九。

西園文鈔

見同治《續漢州志》卷九。

謝恩鴻

字錫三。庠生，援例教職，歷任梓潼、高縣、彰明等縣教官。見同治《續漢州志》卷一五。

文一篇　存

收入同治《續漢州志》卷二二。

張懋襄

增生。見同治《續漢州志》卷九。

杜若山居詩鈔四卷

見同治《續漢州志》卷九。

張培澐

字壽山。庠生。見同治《續漢州志》卷二一。

文一篇　存

收入同治《續漢州志》卷二一。

張懷浣

庠生。見同治《續漢州志》卷九。

六經圖解十卷

見同治《續漢州志》卷九。

曾光旭

字子升。由廪貢生歷署屏山、納溪、寧遠縣訓導。見同治《續漢州志》卷九。

綠林野屋詩草　養癡亭古文時文

見同治《續漢州志》卷九。

曾履中

歲貢生，主講講道書院，同治中任射洪縣訓導。見同治《續漢州志》卷七。

教士條約　嗜古堂古文　野屋閒吟詩草

見同治《續漢州志》卷七。

文一篇　存

收入同治《續漢州志》卷首。

李長燾

號鰲峰。與釋含澈交，為道光至光緒間人。見《蜀詩續鈔》卷五。

照園詩集　廿二史歌括

見《蜀詩續鈔》卷五。

詩五首　存

收入《蜀詩續鈔》卷五。

李　雍

號和欽。增生。與釋含澈為同時人。見《蜀詩續鈔》卷五。

詩十三首　存

收入《蜀詩續鈔》卷五。

張仲芳

詩二首　存

收入《全蜀詩鈔》卷六二。

李德光

號孔璋。布衣，能詩善文，而不應試，年三十二卒。見《蜀詩續鈔》卷八。

詩七首　存

收入《蜀詩續鈔》卷八。

蓋洪春

號靄山。布衣，終身潦倒。見《蜀詩續鈔》卷八。

詩四首　存

收入《蜀詩續鈔》卷八。

李嘉楹

字維柱，號覺堂。貢生。見《及見詩續鈔》卷二。

學拙齋詩草

見《及見詩續鈔》卷二。

詩二十二首　存

收入《及見詩續鈔》卷二。

李培蕃

字衍堂，號青亭。增生。見《及見詩續鈔》卷二。

尋顔齋雜說二卷

見《及見詩續鈔》卷二。

詩七首　存

收入《及見詩續鈔》卷二。

張祥齡（1853—1903）

字子苾，號芝馥。光緒二十年進士，歷任大荔、南鄭知縣。見《清人別集總目》頁1174。

前後蜀雜事詩二卷 存

見《清人別集總目》頁1174。

今存光緒成都刻本（南圖，川圖）。

受經堂集附子苾詞抄 存

見《清人別集總目》頁1174。

今存清末四川存古書院刻本（湖南師大）；六澤館叢書本（旅大）；清刻本（上圖）。

受經堂集一卷 存

今存民國七年四川存古書局刻本（國圖）。

半篋秋詞 存

今存民國三年影印本（國圖）；民國間石印本（北師大）。

和珠玉詞 存

今存光緒二十年刻本（國圖，北大）；清刻本（北大，北師大）；民國十二年趙氏惜陰堂刻本（上圖）；民國間刻本（國圖）。

詞論一卷 存

今存詞話叢編本。

（李榮慧　吳靜汶）

什邡縣

（今四川什邡市）

楊　蕃

康熙二十年舉人。見嘉慶《什邡縣志》卷三五，民國《重修什邡縣志》卷六。

詩一首　存

收入嘉慶《什邡縣志》卷四八之二，民國《重修什邡縣志》卷八之中。

文一篇　存

收入嘉慶《什邡縣志》卷四八之三，民國《重修什邡縣志》卷八之下。

楊元敬

蕃子。康熙五十九年舉人，任廣東新興縣知縣。見嘉慶《什邡縣志》卷三五，民國《重修什邡縣志》卷六。

詩一首　存

收入嘉慶《什邡縣志》卷四八之二，民國《重修什邡縣志》卷八之中。

文一篇　存

收入嘉慶《什邡縣志》卷四八之三，民國《重修什邡縣志》卷八之下。

楊元仁

字愛生，蕃子，元敬弟。雍正六年拔貢生。見嘉慶《什邡縣志》卷三五，民國《重修什邡縣志》卷六。

文一篇　存

收入嘉慶《什邡縣志》卷四八之四，民國《重修什邡縣志》卷八之下。

李　樞

字瑤光，康熙間人。遭吴三桂亂，竄跡淮陽間，亂後歸，築室於龍居山側。見嘉慶《什邡縣志》卷三八，國《重修什邡縣志》卷九之下。

梅花百咏一卷

見民國《重修什邡縣志》卷八之上，民國《重修什邡縣志》卷九。

黄　霖

字玉符，晚號菊隱老人。清初貢生。後寓成都，巡撫李國英辟為記室，不就，年八十餘尚在世。見嘉慶《什邡縣志》卷三五、卷四〇，民國《重修什邡縣志》卷六、卷九之下。

歸農百詠（馮朝彬輯）**一卷**　存

見《清人別集總目》頁2001。

今存光緒二十八年排印本（國圖，南圖，川圖，川大）。

歸農百詠和歸農百詠　存

今存光緒二十八年刻本（國圖）。

朱音恬

字詠清。雍正元年恩科舉人，官蓬州學正。見嘉慶《什邡縣志》卷首、卷三五，民國《重修什邡縣志》卷六。

乾隆《什邡縣志》十八卷首一卷（史進爵修朱音恬纂）　存

今存乾隆十三年刻本（方志聯合目録）。

天玉參注四卷　論語明捷解四卷　易理元樞二卷

見嘉慶《什邡縣志》卷四九，民國《重修什邡縣志》卷八之上。

醫理元樞二卷

見嘉慶《什邡縣志》卷四九，嘉慶《四川通志》卷一八五，民國《重修什邡縣志》卷八之上。

詩一首　存

收入嘉慶《什邡縣志》卷四八之二，民國《重修什邡縣志》卷八之中。

文二篇　存

收入嘉慶《什邡縣志》卷四八之二、之四。

周進爵

字錫九。雍正元年恩貢生，官宜賓縣教諭。見嘉慶《什邡縣志》卷三五，民國《重修什邡縣志》卷六。

文一篇　存

收入嘉慶《什邡縣志》卷四八之三。

周　熙

進爵子。乾隆六年拔貢生。見嘉慶《什邡縣志》卷三五，民國《重修什邡縣志》卷六。

文一篇　存

收入嘉慶《什邡縣志》卷四八之四。

孟衍義

副貢生。見嘉慶《什邡縣志》卷四八之三。

文一篇　存

收入嘉慶《什邡縣志》卷四八之三。按：嘉慶《什邡縣志》卷三五列有雍正十三年副貢孟衍莪，疑爲同一人。

高其哲

雍正二年補行元年癸卯恩科舉人，任蓬州學正。見嘉慶《什邡縣志》卷三五，民國《重修什邡縣志》卷六。

詩一首　存

收入嘉慶《什邡縣志》卷四八之二，民國《重修什邡縣志》卷八之中。

米有年

乾隆十三年歲貢生。見嘉慶《什邡縣志》卷三五，民國《重修什邡縣志》卷六。

文一篇　存

收入嘉慶《什邡縣志》卷四八之三。

王　璠

字耀東，號魯齋。乾隆二十四年舉人，任合江縣教諭。見嘉慶《什邡縣志》卷三五，民國《重修什邡縣志》卷六。

符陽雜湊一卷　耕餘課藝二卷

見嘉慶《什邡縣志》卷四九，民國《重修什邡縣志》卷八之上。

唐　靜

字樂山。乾隆二十五年舉人，官犍為縣教諭。見嘉慶《什邡縣志》卷三五，民國《重修什邡縣志》卷六。

硯貽堂自訂稿

見民國《重修什邡縣志》卷八之上。

楊榮宗

字豫亭。乾隆三十三年舉人，官

河南陽武縣知縣。嘉慶《什邡縣志》卷三五，民國《重修什邡縣志》卷六。

詩一首　存

收入嘉慶《什邡縣志》卷四八之二，民國《重修什邡縣志》卷八之中。

楊　爕

字黼堂，棨宗子。嘉慶五年拔貢生。見嘉慶《什邡縣志》卷三五，民國《重修什邡縣志》卷六。

詩一首　存

見同治《續增什邡縣志》卷四八，民國《重修什邡縣志》卷八之中。

陳乃猷

字懋弼。乾隆四十四年恩科舉人。見嘉慶《什邡縣志》卷三五，民國《重修什邡縣志》卷六。

文一篇

收入嘉慶《什邡縣志》卷四八之四。

劉亨運

字伯珍，號石潭。乾隆間布衣，好讀書，淡於功名。年八十九卒。嘉慶《什邡縣志》卷三八，民國《重修什邡縣志》卷八之上、卷九之上。

石潭詩集二卷

見嘉慶《什邡縣志》卷四九，民國《重修什邡縣志》卷八之上。嘉慶《四川通志》卷一八七不著卷數。

詩二首　存

收入民國《重修什邡縣志》卷八之中。

李　霖

監生。見嘉慶《什邡縣志》卷三五，民國《重修什邡縣志》卷六。

詩一首　存

收入嘉慶《什邡縣志》卷四八之二，民國《重修什邡縣志》卷八之中。

文二篇　存

收入嘉慶《什邡縣志》卷四八之四，民國《重修什邡縣志》卷八之下。

馮朝彬

字煥亭。庠生。見嘉慶《什邡縣志》卷四九，民國《重修什邡縣志》卷八，《綠萼梅齋遺稿》卷二。

綠萼梅齋遺稿二卷　存

見嘉慶《什邡縣志》卷四九，民國《重修什邡縣志》卷八，《清人別集總目》頁359。

今存咸豐六年馮朝楨刻本（國圖，南圖，川圖，南大，川大）。

馮朝楨

字椿年，朝彬弟。諸生，候選縣丞，官榆林、三水縣知縣。見同治《續增什邡縣志》卷四八，《蜀詩續鈔》卷三，《清人別集總目》頁359。

秋蛩吟草四卷　存

見同治《續增什邡縣志》卷四八，《清人別集總目》頁359。

今存光緒十九年什邡馮氏刻本（南大，川大）。

詩一首　存

收入《蜀詩續鈔》卷三。

張宗法

字師古，別號未了翁。工草書，年八十餘卒。見嘉慶《什邡縣志》卷三八，嘉慶《四川通志》卷一八五，同治《續增什邡縣志》卷三八，民國《重修什邡縣志》卷九。

三農記二十四卷　存

見嘉慶《什邡縣志》卷四九，民國《重修什邡縣志》卷八之上。

今存道光十年刻本（北師大）；清刻本（國圖）。

三農紀十卷　存

今存清桂林堂刻本（南大）；清善成堂刻本（上圖，南大）；清文發堂刻本（上圖）；清刻本（國圖，北大）。

正情説二卷

見嘉慶《什邡縣志》卷四九，民國《重修什邡縣志》卷八之上。

詩一首　存

收入嘉慶《什邡縣志》卷四八之二，民國《重修什邡縣志》卷八之中。

羅紹芳

字林一，一作綿竹人。道光五年舉人。見道光《綿竹縣志》卷二七，同治《續增什邡縣志》卷三五，民國《重修什邡縣志》卷九，民國《綿竹縣志》卷一一。

醫學考辨十二卷　存

今存道光間刻本（國圖）。按：民國《綿竹縣志》卷一一未著卷數，民國《重修什邡縣志》卷八之上作十六卷。

顔台英

字俊生。道光二十年舉人，同治元年大挑一等，改授隆昌縣教諭。見同治《續增什邡縣志》卷三五，民國《重修什邡縣志》卷六、卷九之上，《綠萼梅齋遺稿》卷一。

詩一首　存

收入《綠萼梅齋遺稿》卷一。

羅　堃

字復之。道光二十九年拔貢生，候選州判。見同治《續增什邡縣志》卷三五，民國《重修什邡縣志》卷六。

詩一首　存

收入同治《續增什邡縣志》卷四八，民國《重修什邡縣志》卷八之中。

劉學文

字力堂。布衣，博涉群書，不事舉子業。見同治《續增什邡縣志》卷三八，民國《重修什邡縣志》卷九。

韵偶便蒙二卷

見同治《續增什邡縣志》卷三八，民國《重修什邡縣志》卷八之上。

寄園詩草四卷

見民國《重修什邡縣志》卷八之上。

劉繹桐

道光間人。見民國《重修什邡縣志》卷八之上。

醉餘詩草一卷

見民國《重修什邡縣志》卷八之上。

陸才倫

字徽五。咸豐元年恩科副貢生，候選教諭，曾參與分修同治《續增什邡縣志》。見同治《續增什邡縣志》卷首、卷三五，民國《重修什邡縣志》卷六。

文一篇　存

收入同治《續增什邡縣志》卷四八。

譚能高

字仰之，號鳳珊。咸豐六年進士，官陝西定遠縣知縣。後掌什邡方亭書院二十餘年。見同治《續增什邡縣志》卷三五，民國《重修什邡縣志》卷六、卷八、卷九之下。

閑泄山房二卷

見民國《重修什邡縣志》卷八之上。

詩一首　存

收入《綠萼梅齋遺稿》卷一。

文一篇　存

收入同治《續增什邡縣志》卷四八，民國《重修什邡縣志》卷八之下。

汪登瀛

字海仙。咸豐八年副貢生，候選教諭，曾參與分修同治《續增什邡縣志》。見同治《續增什邡縣志》卷首、卷三五，民國《重修什邡縣志》卷六。

文一篇　存

收入同治《續增什邡縣志》卷四八。

唐　烱

字海霞。咸豐九年舉人，候選州同。見同治《續增什邡縣志》卷三五，民國《重修什邡縣志》卷六。

文一篇　存

收入同治《續增什邡縣志》卷四八，民國《重修什邡縣志》卷八之下。

張兆南

咸豐間庠生。見民國《重修什邡縣志》卷八之上。

嘉言會纂四卷

見民國《重修什邡縣志》卷八之上。

王光甸

字禹卿。咸豐間監生。見《綠萼梅齋遺稿》卷一，民國《重修什邡縣志》卷八之上。

寒疫合編四卷

見同治《續增什邡縣志》四八，民國《重修什邡縣志》卷八之上。

茗餘新話十二卷

見民國《重修什邡縣志》卷八之上。

詩四首　存

收入《綠萼梅齋遺稿》卷一、卷二。

文一篇　存

收入同治《續增什邡縣志》卷四八，民國《重修什邡縣志》卷八之下。

戴天良

字醒夫。道光間庠生，性耽吟咏，尤癖茶。見同治《續增什邡縣志》卷三八，民國《重修什邡縣志》卷八之上、卷九之下。

听鸝山房詩集八卷

見同治《續增什邡縣志》卷三八，民國《重修什邡縣志》卷八之上。

詩一首　存

收入嘉慶《什邡縣志》卷四八之二，民國《重修什邡縣志》卷八之中。

劉邦殿

庠生。見同治《續增什邡縣志》卷四八。

詩一首　存
收入同治《續增什邡縣志》卷四八，民國《重修什邡縣志》卷八之中。

陸　潯

歲貢生。見同治《續增什邡縣志》卷三五，民國《重修什邡縣志》卷六。

詩一首　存
收入同治《續增什邡縣志》卷四八，民國《重修什邡縣志》卷八之中。

周冕五

廪生。見同治《續增什邡縣志》卷四八。

詩一首　存
收入同治《續增什邡縣志》卷四八，民國《重修什邡縣志》卷八之中。

王　璽

字古亭。廪生。見同治《續增什邡縣志》卷四八。

詩一首　存
收入同治《續增什邡縣志》卷四八，民國《重修什邡縣志》卷八之中。

徐拱辰

庠生。見同治《續增什邡縣志》卷四八。

詩一首　存
收入同治《續增什邡縣志》卷四八，民國《重修什邡縣志》卷八之中。

吳　宣

庠生。見同治《續增什邡縣志》卷四八。

詩一首　存
收入同治《續增什邡縣志》卷四八，民國《重修什邡縣志》卷八之中。

劉　澤

廪生。見同治《續增什邡縣志》卷四八，民國《重修什邡縣志》卷八之中。

詩一首　存
收入同治《續增什邡縣志》卷四八，民國《重修什邡縣志》卷八之中。

張南珍

廪生。見同治《續增什邡縣志》卷四八。

詩二首　存
收入同治《續增什邡縣志》卷四八，民國《重修什邡縣志》卷八之中。

文一篇　存
收入同治《續增什邡縣志》卷四八。

張瑞桐

庠生。見同治《續增什邡縣志》卷四八。

詩一首　存
收入同治《續增什邡縣志》卷四八，民國《重修什邡縣志》卷八之中。

周道永

庠生。見同治《續增什邡縣志》卷四八。

文一篇　存
收入同治《續增什邡縣志》卷四八。

甘雨培

庠生，曾參纂同治《續增什邡縣志》。見同治《續增什邡縣志》卷首、卷四八。

文一篇 存

收入同治《續增什邡縣志》卷四八，民國《重修什邡縣志》卷八之下。

甘雨祥

庠生。見同治《續增什邡縣志》卷四八。

文一篇 存

收入同治《續增什邡縣志》卷四八，民國《重修什邡縣志》卷八之下。

青步雲

字路門。庠生。見同治《續增什邡縣志》卷四八。

文一篇 存

收入同治《續增什邡縣志》卷四八，民國《重修什邡縣志》卷八之下。

王璽尊

字信夫。庠生。見同治《續增什邡縣志》卷首、卷四八，《綠蕚梅齋遺稿》卷一，

同治《續增什邡縣志》五十四卷（傅華桂修王璽尊等纂） 存

今存同治四年刻本（方志聯合目錄）。

詩二首 存

收入《綠蕚梅齋遺稿》卷一。

文一篇 存

收入同治《續增什邡縣志》卷四八，民國《重修什邡縣志》卷八之下。

唐錫齡

庠生。見同治《續增什邡縣志》卷四八。

文一篇 存

收入同治《續增什邡縣志》卷四八。

王崇樸

字直庵。歲貢生，為雙流劉止唐高足弟子。見民國《重修什邡縣志》卷九之下。

詩二首 存

收入同治《續增什邡縣志》卷四八，民國《重修什邡縣志》卷八之中，《綠蕚梅齋遺稿》卷一。

文一篇 存

收入同治《續增什邡縣志》卷四八。

葉炳堃

字聯峯。庠生，歷署樂山、蓬溪、射洪、馬邊等處訓導。曾參與分修同治《續增什邡縣志》。見同治《續增什邡縣志》卷首，民國《重修什邡縣志》卷九之下。

心性情說　鐘磬同音集

見民國《重修什邡縣志》卷九。

詩七首 存

收入同治《續增什邡縣志》卷四八，民國《重修什邡縣志》卷八之中，《綠蕚梅齋遺稿》卷一。

文二篇 存

收入同治《續增什邡縣志》卷四八，民國《重修什邡縣志》卷八之下。

張瑞廷

詩二首　存

收入《綠蕚梅齋遺稿》卷一。

陳步雲

字化龍。見《綠蕚梅齋遺稿》卷一。

詩三首　存

收入《綠蕚梅齋遺稿》卷一、卷二。

葉馨山

字桂亭。見《綠蕚梅齋遺稿》卷一。

詩一首　存

收入《綠蕚梅齋遺稿》卷一。

鄧　瑛

字寅山。見《綠蕚梅齋遺稿》卷一。

詩一首　存

收入《綠蕚梅齋遺稿》卷一。

王心乾

字乃一。見《綠蕚梅齋遺稿》卷一。

詩一首　存

收入《綠蕚梅齋遺稿》卷一。

羅士欽

字敬之。見《綠蕚梅齋遺稿》卷一。

詩二首　存

收入《綠蕚梅齋遺稿》卷一。

楊　本

字素村。見《綠蕚梅齋遺稿》卷一。

詩一首　存

收入《綠蕚梅齋遺稿》卷一。

傅應賢

字希堂。見《綠蕚梅齋遺稿》卷一。

詩一首　存

收入《綠蕚梅齋遺稿》卷一。

王尊武

字緯堂。見《綠蕚梅齋遺稿》卷一。

詩一首　存

收入《綠蕚梅齋遺稿》卷一。

林茂修

字竹邨。見《綠蕚梅齋遺稿》卷一。

詩二首　存

收入《綠蕚梅齋遺稿》卷一。

江秋帆

字海霞。見《綠蕚梅齋遺稿》卷一。

詩一首　存

收入《綠蕚梅齋遺稿》卷一。

劉光藜

字茂亭。見《綠萼梅齋遺稿》卷一。

詩二首　存

收入《綠萼梅齋遺稿》卷一。

王繡如

女，字墨華。見《綠萼梅齋遺稿》卷一。

詩一首　存

收入《綠萼梅齋遺稿》卷一。

廖騰芳

字桂林。見《綠萼梅齋遺稿》卷一。

詩一首　存

收入《綠萼梅齋遺稿》卷一。

唐　章

字焕亭。見《綠萼梅齋遺稿》卷一。

詩一首　存

收入《綠萼梅齋遺稿》卷一。

劉青照

字藜仙。由翰林官貴州學政。見《綠萼梅齋遺稿》卷二附，《蜀詩續鈔》卷三。

詩一首　存

收入《綠萼梅齋遺稿》卷二附，《蜀詩續鈔》卷三。

劉遠懷

字淡齋。貢生，曾參與分修同治《續增什加縣志》。見同治《續增什加縣志》卷首。

文一篇　存

收入同治《續增什加縣志》卷四八，民國《重修什加縣志》卷八之下。

邱咸治

光緒間人。見民國《重修什加縣志》卷八之上。

先後統真二卷

見民國《重修什加縣志》卷八之上。

馮譽驄

字雨樵。光緒八年舉人，官雲南東川府知縣。見《蜀詩續鈔》卷三，民國《重修什加縣志》卷六，《清人別集總目》頁361。

秀華百詠合刻二卷（與馮譽驥合撰）　存

見《清人別集總目》頁361。

今存光緒十二年避喧園刻本（川圖，南圖，川大）；光緒間刻本（國圖）。

七硯齋詩草八卷　存

見《清人別集總目》頁361。按：民國《重修什加縣志》卷八之上作七硯齋詩集，未標卷數。

今存光緒三十三年什加馮氏刻本（川圖）。

七硯齋詩草二卷　存

今存民國十三年刻本（國圖）。

七硯齋百物銘一卷雜著一卷

見《清人別集總目》頁361。

今存光緒二十九年刻本（國圖）。

翠屏詩社稿（編）十卷　存

今存光緒二十四年刻本（國圖，川大）。

西山唱和集不分卷（與馮譽驤合著）　存

今存光緒宣統間刻本（川大）。

和歸農百詠　存

今存光緒二十八年鉛印本（國圖）。

鈍齋詩鈔二卷　存

今存民國五年鉛印本（國圖）。

七硯齋雜著　存

今存光緒二十九年刻本（國圖）。

七硯齋集聯一卷　存

今存光緒十四年刻本（國圖）。

詩一首　存

收入《蜀詩續鈔》卷三。

馮譽驤

字香浦。光緒十七年舉人，官主事。見《蜀詩續鈔》卷三，民國《重修什邡縣志》卷六。

西山唱和集不分卷（與馮譽驄合著）　存

今存光緒宣統間刻本（川大）。

秀華百詠合刻二卷（與馮譽驄合撰）　存

見《清人别集總目》頁362。

今存光緒十二年避喧園刻本（川圖，南圖，川大）；光緒間刻本（國圖）。

留春詩草二卷

見民國《重修什邡縣志》卷八之上。

詩三首　存

收入《蜀詩續鈔》卷三。

馮譽駿

字藕舲。廩貢生，官訓導。見《蜀詩續鈔》卷三。

詩二首　存

收入《蜀詩續鈔》卷三。

馮譽驥

留餘草堂詩集四卷　存

見《清人别集總目》頁361。

今存民國十三年馮氏成都排印本（川圖，南大）。

曾慶奎

字輝五。宣統元年拔貢生，補用甘肅直隸州判。見民國《重修什邡縣志》卷一、卷六。

民國《重修什邡縣志》十卷（王文照修　曾慶奎　吴江纂）　存

今存民國十八年鉛印本（方志聯合目録）。

文三篇　存

收入民國《重修什邡縣志》卷八之下。

吴　江

由廩生畢業於四川法政學堂。宣統二年，經法官考試，官重慶地方審判廳民庭推事。見民國《重修什邡縣志》卷一、卷六。

民國《重修什邡縣志》十卷　存

參前曾慶奎條。

文一篇　存

收入民國《重修什邡縣志》卷八之下。

（李咏梅）

巴　縣
（治今重慶渝中區）

劉道開

字非眼，號丁庵，原名遠鵬，萬曆解元劉綡子。崇禎六年舉人。入清後依大中丞李國英幕。卒年七十一。見乾隆《巴縣志》卷九。

楞嚴説通十卷　存

今存康熙七年刻本（國圖，上圖）；乾隆五十年宣武門外善果寺刻本（國圖，北大）；民國十一年上海中華書局鉛印本（國圖，上圖）；民國十二年上海中華書局鉛印本（北大，南大）

自怡軒詩文集　擬寒山詩　痛定録

見乾隆《巴縣志》卷九。

各夢草

見《全蜀詩鈔》卷一。

詩十四首　存

收入乾隆《巴縣志》卷一五、卷一六，同治《巴縣志》卷四下，《全蜀詩鈔》卷一。

文三篇　存

收入乾隆《巴縣志》卷一三，道光《江北廳志》卷七，同治《巴縣志》卷四下。

釋大朗

順治五年入大邑天峰山，師書雲。又闡教雙流三聖寺、興化寺及成都圓通寺，晚隱新繁龍藏寺。塏於法雲院。見《蜀詩續鈔》卷八。按：《蜀詩續鈔》卷八署作“渝人”，今姑歸入巴縣。

詩二首　存

收入《蜀詩續鈔》卷八。

簡　上

字謙居，號石潭，一號石湖。順治八年舉人，官鉅鹿縣知縣，以廉能擢吏部文選司郎中，官至廣西右江道。見嘉慶《四川通志》卷一八三，《錦里新編》卷二，道光《重慶府志》卷九，《全蜀詩鈔》卷一，民國《巴縣志》卷一〇下。

四書彙解

見嘉慶《四川通志》卷一八三，《錦里新編》卷二，道光《重慶府志》卷九，民國《巴縣志》卷一〇下。

詩一首　存

收入《全蜀詩鈔》卷一，民國《巴縣志》附《巴縣文徵》上篇。

文一篇　存

收入乾隆《巴縣志》卷一四。

劉如漢

字卓如。順治十六年進士，官副都御史，任江西巡撫。見嘉慶《樂山縣志》卷一四，同治《巴縣志》卷三上，《全蜀詩鈔》卷四。

詩一首　存

收入民國《巴縣志》附《文徵》上篇。

文二篇　存

收入康熙《酆都縣志》卷七，嘉慶《樂山縣志》卷一四，嘉慶《酆都縣志》卷三，同治《嘉定府志》卷四五，光緒《酆都縣志》卷四，《全蜀詩鈔》卷四，民國《樂山縣志》卷一一，民國《重修酆都縣志》卷一一。

鄧子儀

貢生。康熙初為丹陵、宜賓訓導。見道光《重慶府志》卷九。

劍閣芳華錄無卷數

見道光《重慶府志》卷九。

何仕昌

字天一。康熙間歲貢生。見乾隆《巴縣志》卷九。

詩三首　存

收入乾隆《巴縣志》卷一五、卷一六，民國《巴縣志》附《巴縣文徵》上篇。

劉　慈

字康成，號鷺溪。康熙四十一年舉人，任福建將樂縣知縣。見嘉慶《四川通志》卷一八四，《錦里新編》卷五，道光《重慶府志》卷八，《全蜀詩鈔》卷八，《蜀詩續鈔》卷五。

鷺溪集

見《蜀詩續鈔》卷五。

詩二首　存

收入《全蜀詩鈔》卷八，《蜀詩續鈔》卷五。

龍爲霖（1689—1756）

字雨蒼，號鶴坪。康熙四十八年進士。雍正間，官至廣東潮州知府。工書法，草學二王，真、行學魯公。見嘉慶《華陽縣志》卷三九，光緒《廣安州新志》卷四一《僑寓志》，《錦里新編》卷五，同治《巴縣志》卷三上，《全蜀詩鈔》卷八，民國《巴縣志》卷一〇下。按：民國《巴縣志》卷一〇下本傳云：“《四庫全書存目》誤其籍為成都人。”嘉慶《四川通志》卷一八三亦誤其籍為成都。

本韵一得二十卷　存

見嘉慶《四川通志》卷一八三，民國《巴縣志》卷一〇下。

今存道光五年寶泉閣刻蔭松堂全集四種本（北大）。

本韵一得錄　存

見《販書偶記》卷四。

今存乾隆十六年刻本（國圖，北師大，川大）

蔭松堂讀史管見不分卷　存

見民國《巴縣志》卷一〇下。按：嘉慶《四川通志》卷一八四作讀史管見一卷。

今存道光五年成都龍氏敷文閣刻本（北大）；蔭松堂全集四種本（北大）。

蔭松堂詩集八卷　存

見《清人別集總目》頁286。按：嘉慶《四川通志》卷一八七題作松蔭堂文集二卷詩集八卷。“松蔭”當爲“蔭松”之誤。今文集二卷恐已佚。

今存道光五年重慶寶奎閣重刻本（川圖，粵圖）；蔭松堂全集四種本（北大）。

蘭穀草堂稿不分卷　存

見《清人別集總目》頁286。

今存道光五年重慶寶奎閣重刻本（粵圖）；蔭松堂全集四種本（北大）。

詩五十六首　存

收入乾隆《巴縣志》卷一五、卷一六，道光《江北廳志》卷八，同治《巴縣志》卷四下，《全蜀詩鈔》卷八，民國《巴縣志》附《巴縣文徵》上篇。

文十篇　存

收入乾隆《巴縣志》卷一一、卷一二、卷一三、卷一四，道光《江北廳志》卷七，同治《巴縣志》卷四下，民國《巴縣志》附《巴縣文徵》上篇。

陳乃志

字錦石。康熙五十年舉人，官信豐縣令。見乾隆《巴縣志》卷一六，民國《巴縣志》卷八。

詩一首　存

收入乾隆《巴縣志》卷一六。

鷺溪集

見《錦里新編》卷五，道光《重慶府志》卷八，同治《巴縣志》卷四上。

詩十五首　存

收入乾隆《巴縣志》卷一五、卷一六，同治《重修成都縣志》卷一一。

文一篇　存

收入乾隆《巴縣志》卷一三，民國《巴縣志》附《巴縣文徵》上篇。按：此文題爲“滇行日記”，嘉慶《四川通志》卷一八四作“滇行日記無卷數”，似將此文作專書著録。

周開基

字堯農，號邵村，一號郤村。康熙五十年舉人，官中江教諭。卒年九十四。見道光《重慶府志》卷八，同治《巴縣志》卷四上。

文一篇　存

收入乾隆《巴縣志》卷一一。

覃爲穀

字馨宜，號穎長。康熙五十二年舉人，官修仁縣知縣。見嘉慶《四川通志》卷一八七，道光《重慶府志》卷八，民國《巴縣志》卷一〇。

見山堂詩文集

見嘉慶《四川通志》卷一八七，同治《巴縣志》卷四上，民國《巴縣志》卷一〇下。

周開豐

字梅巖。康熙五十九年舉人，官福建龍巖州州同。見道光《重慶府志》卷九，《蜀詩續鈔》卷五。

詩影無卷數　**詩鑠無卷數**

見道光《重慶府志》卷九。

詩二十一首　存

收入乾隆《巴縣志》卷一五、卷一六、卷一七，同治《巴縣志》卷四下，《蜀詩續鈔》卷五，民國《巴縣志》附《巴縣文徵》上篇。

文十八篇　存

收入乾隆《巴縣志》卷一一、卷一三、卷一四、卷一五、卷一七，道光《江北廳志》卷七，同治《巴縣志》卷四上、卷四下，民國《巴縣志》附《巴縣文徵》上篇。

周開曆

康熙間歲貢生，官閬中縣訓導。見乾隆《巴縣志》卷七，民國《巴縣志》卷八。

文一篇　存

收入乾隆《巴縣志》卷一三。

王　徽

字與恭。康熙間歲貢生，官訓導。見乾隆《巴縣志》卷一六，民國《巴縣志》卷八。

詩一首　存

收入乾隆《巴縣志》卷一六。

高繼光

字熙載。雍正十年舉人，乾隆二年成進士，任甘州府知府。見道光《重慶府志》卷八，同治《巴縣志》卷三上，見民國《巴縣志》卷一〇下。

離騷經註　**森玉堂文集**

見道光《重慶府志》卷八，同治《巴縣志》卷三上，民國《巴縣志》卷一〇下。

李爲棟

字粲宸。乾隆元年進士，歷任蒲州府知府、潞安太守。見乾隆《巴縣志》卷一三，同治《巴縣志》卷三上。

文五篇　存

收入乾隆《巴縣志》卷一三、卷一五，道光《江北廳志》卷八，民國《巴縣志》附《巴縣文徵》上篇。

朱　稑

字稼軒，號情田，晚號菊叟。乾隆中歲貢生，見同治《巴縣志》卷三上，民國《巴縣志》卷八、卷一〇下。

歷代系統紀元攷　**經義廣錄**　**易解備忘抄**　**昏喪禮直指**　**經史須知**　**循良軌範**　**詩韻紀名**　**大山村古文**　**詩集**　**叢談脞錄**　**炳燭必記**　**茅簷瑣記**

見同治《巴縣志》卷三上。

希有錄

見同治《巴縣志》卷三上，民國《巴縣志》卷一〇下。

讀蘇軒詩草

見《全蜀詩鈔》卷二一。

詩一首　存

收入《全蜀詩鈔》卷二一。

劉作孚

字應侯。乾隆間貢生，官鹽源縣訓導。見同治《巴縣志》卷四下、卷七。

詩一首　存

收入乾隆《巴縣志》卷一五。

文一篇　存

收入同治《巴縣志》卷四下。

陳廷誾

字一泉。乾隆十五年舉人。見乾隆《巴縣志》卷一六，道光《江北廳志》卷八，同治《巴縣志》卷三上。

詩四首　存

收入乾隆《巴縣志》卷一六，道光《江北廳志》卷八，民國《巴縣志》附《巴縣文徵》上篇。

孫　珏

字藍圃，乾隆四十四年舉人，官貴州修水縣知縣。見民國《巴縣志》卷一〇下。

慎修堂文稿

見民國《巴縣志》卷一〇下。

龔有融

字晴臯，晚年自號拙老人。乾隆四十四年舉人，選山西崞縣知縣。精書善畫，有名於時。見同治《巴縣志》卷四上，《全蜀詩鈔》卷二一，民國《巴縣志》卷一〇下。

退溪詩集

見同治《巴縣志》卷四上，民國《巴縣志》卷一〇下。

詩十首　存

收入《全蜀詩鈔》卷二一，民國《巴縣志》附《巴縣文徵》上篇。

龔　珪

字介三，有融子。嘉慶二十四年舉人，任萬縣訓導。見民國《巴縣志》卷一〇下龔有融條。

味蔗軒詩鈔

見《全蜀詩鈔》卷四四。民國《巴縣志》卷一〇下龔有融條著錄作味蔗軒詩草。

詩五首　存

收入《全蜀詩鈔》卷四四。

張宗蔚

字彬儒。乾隆間貢生。見乾隆《巴縣志》卷七、卷一六，道光《江北廳志》卷八。

詩四首　存

收入乾隆《巴縣志》卷一六，道光《江北廳志》卷八，民國《巴縣志》附《巴縣文徵》上篇。

苗　濟

字方舟。乾隆間貢生。見乾隆《巴縣志》卷八、卷一六，民國《巴縣志》卷八。

詩一首　存

收入乾隆《巴縣志》卷一六，民國《巴縣志》附《巴縣文徵》上篇。

楊顔青

字松崖。乾隆五十二年進士，官河南道御史。見嘉慶《華陽縣志》卷三九中。

文一篇　存

收入嘉慶《華陽縣志》卷三九中。

周　驤

字大生。貢生。見乾隆《巴縣志》卷一六。

詩一首　存

收入乾隆《巴縣志》卷一六，民國《巴縣志》附《巴縣文徵》上篇。

傅良辰

字慎全，號潛齋。邃於《易》，卒年八十四。見乾隆《巴縣志》卷九，道光《重慶府志》卷八。

困學録

見乾隆《巴縣志》卷九，道光《重慶府志》卷八。

陳永澤

字霖蒼。見乾隆《巴縣志》卷一

三。

文一篇　存

收入乾隆《巴縣志》卷一三。

鮮與尚

詩四首　存

收入乾隆《巴縣志》卷一六，民國《巴縣志》附《巴縣文徵》上篇。

羅學源

嘉慶五年舉人。見道光《江北廳志》卷八，民國《巴縣志》卷八。

詩四首　存

收入道光《江北廳志》卷八。

朱　澧

字蘭皋。嘉慶五年舉人。官山東館陶縣知縣。見《全蜀詩鈔》卷三三。

詩三首　存

收入《全蜀詩鈔》卷三三。

文現瑞

字卿雲。嘉慶十三年舉人，大挑二等，選昭化縣教諭。見民國《巴縣志》卷一〇。

登高望遠樓詩集　幕爪緣滇游紀異

見民國《巴縣志》卷一〇下。

詩一首　存

收入民國《巴縣志》附《巴縣文徵》上篇。

王基浩

嘉慶十五年舉人，任桂平縣知縣。見同治《巴縣志》卷三上。

詩一首　存

收入同治《巴縣志》卷四上。

王　劼

字子任，一字海樓，原名駒，一名暉吉。嘉慶十八年舉人，歷任金華、西安、石門縣知縣。見民國《巴縣志》卷一〇下。

毛詩讀三十卷　存

民國《巴縣志》卷一〇云“付刊爲十二卷”。

今存咸豐五年成都刻本（川大）。

毛詩序傳定本三十卷　存

今存同治三年巴縣晚晴樓王氏家塾本（川大）。

周禮存真五卷　矩齋經文二十卷　晚晴樓詩二卷

見民國《巴縣志》卷一〇下。

晚晴軒詩稿

見《全蜀詩鈔》卷四〇。

詩九首　存

收入《全蜀詩鈔》卷四〇，民國《巴縣志》附《巴縣文徵》上篇。

向日高

拔貢生。嘉慶時任合江縣教諭。見嘉慶《合江縣志》卷三四。

詩一首　存

收入嘉慶《合江縣志》卷四八。

黃中瑜

字琢齋。嘉慶二十一年優貢生，歷任溫江、大足學官。見同治《巴縣志》卷四上，民國《巴縣志》卷一〇下。

愛吾廬集

見同治《巴縣志》卷四上，民國《巴縣志》卷一〇下。

黄鍾音

字穀甫。道光十三年進士，授編修，仕至廣西按察使。見《蜀詩續鈔》卷一。

詩一首　存

收入《蜀詩續鈔》卷一。

釋實性

字天然。見道光《重慶府志》卷九。

語錄

見道光《重慶府志》卷九。

釋本堅

字損嵒。沙門道忞法嗣，住錫溫州延福寺。見道光《重慶府志》卷九。

思過堂稿無卷數

見道光《重慶府志》卷九。

李承熙

肄業於東川書院。咸豐元年，任成都錦江書院監院。八年，任龍安府學訓導。見《錦江書院紀略·自序》，《錦江書院紀略·申請發給公費案》。

錦江書院紀略不分卷　存

今存本刊刻年代不詳，當爲咸豐末刊本（川圖，川大）。

張鳳藻

字鏡芝。縣諸生，工詩書畫，篆隸見重於學使何紹基。見民國《巴縣志》卷一〇下。

金石廣韵府

見民國《巴縣志》卷一〇下。

范　坦

字子寬。咸豐十年進士，官戶部主事。工書畫。見民國《巴縣志》卷一〇下。

虛白堂詩草　師虛心齋文稿

見民國《巴縣志》卷一〇下。

潘清蔭（1851—1912）

字季約，一字梧岡，其先湖北蒲圻人。中同治十二年舉人，出張之洞門下；大挑二等，署資州訓導，選達縣訓導。光緒十四年，之洞總督兩廣，召為書局纂校。後歷官山東濟寧州同知、山東大學堂監督，官至學部郎中。嘗主忠州白鹿書院、南川專經書院等。著書十餘種，燬於火災。見民國《巴縣志》卷一〇。

四本堂遺稿文集二卷外集二卷詩集二卷　存

見《清人別集總目》頁2417。

今存民國四年潘氏重慶鉛印本（南大）。

四本堂詩文集六卷（文集二卷外集二卷詩集二卷）　存

民國《巴縣志》卷一〇下云“詩文、雜著刊行者曰四本堂集”。

今存民國四年重慶啟渝印刷公司排印

本（川圖）。按：以上二種當爲同一書同一版本。

直省分道屬境歌畧并圖　存

今存光緒二十七年刻本（國圖）；光緒間刻本（北大）。

趙良檑

字彥文。見《全蜀詩鈔》卷四。

詩一首　存

收入《全蜀詩鈔》卷四。

王金城

字子固。光緒十四年舉人，歷主字水及南川專經書院。見民國《巴縣志》卷一〇。

轉注古義考　說文答問詩文稿

見民國《巴縣志》卷一〇。

周　泗

字磬石。幼慧，九歲賦黄鶴樓詩。弱冠為諸生，客授土酋家，恃才傲物，竟為所害。見《全蜀詩鈔》卷八，《清詩匯》卷六三。

詩一首　存

收入民國《巴縣志》附《巴縣文徵》上篇，《全蜀詩鈔》卷八，《清詩匯》卷六三。

梅際郇 (1873—1934)

字黍雨，晚號念石翁，樹南子。中光緒十九年舉人。清末，與同縣童憲章、楊庶堪、朱之洪加入同盟會。民國間，曾為四川省議會議員，重慶商業高中校長。見民國《巴縣志》卷一〇下梅樹南條附，《清人別集總目》頁 2057。

巴語雅訓一卷　兵覽七篇　篆隸決嫌錄二卷　詩脞説　吕覽校釋　詩餘一卷

見民國《巴縣志》卷一〇下。

念石齋詩三卷　存

見《清人別集總目》頁 2057。

今存民國二十四年任師尚排印本（上圖，南圖）。

念石齋詩五卷古樂府一卷詩餘一卷　存

今存民國二十五年重慶梅氏排印本（川圖，复旦）；民國二十五年鹽亭任師尚鉛印本（國圖，南圖）。

詩二首　存

收入民國《巴縣志》附《巴縣文徵》上篇。

文一篇　存。

收入民國《巴縣志》附《巴縣文徵》上篇。

段　琨

字寶齋。以軍功任提督。見《蜀詩續鈔》卷一。

詩一首　存

收入《蜀詩續鈔》卷一。

費廷瑛

字崑來。原書為重慶人。見《蜀詩續鈔》卷一。按：《蜀詩續鈔》卷一署作“重慶人”，今姑歸入巴縣。

詩一首　存

收入《蜀詩續鈔》卷一。

陳澤霈 (1885—?)

字一禪。善畫，寓居上海。見

《清人別集總目》頁1298。

一廬梅花百詠不分卷　存

見《清人別集總目》頁1298

今存民國十一年成都石印本（川圖）；民國十一年鉛印本（上圖）。

東行詩草不分卷　存

見《清人別集總目》頁1298

今存民國十一年成都昌福公司排印本（川圖）。

鄒　容（1885—1905）

字蔚丹。少慧敏，年十二，誦九經、《史記》、《漢書》。稍長，從成都呂翼文習史學。年十七，赴日本留學，與同學鈕永建規設中國協會，未就學。後歸上海，從章炳麟習國學。為同盟會會員，因蘇報案被捕，死於獄中。見閔爾昌《碑傳集補》卷五七小傳，《清人別集總目》頁963。

圖存編（又名革命軍）　存

見《清人別集總目》頁963。

今存上海光緒二十九年刊本（國圖）；光緒三十年刊本（厦大）；北京中華書局一九五八年排印本。

鄒容文集　存

今存重慶出版社一九八四年排印重慶地方史叢書本。

向　楚（1877—1961）

字先喬，一作仙樵，號觙公。清末於東川書院從趙熙治學，與周善培、江庸為時稱作為趙門三傑。入民國，相繼任蜀軍政府秘書院院長、四川省政務廳長、四川高等師範學校校長、四川教育廳長、四川大學中文系教授兼文學院院長。新中國成立後，任四川省文史館副館長。一九六一年十月去世，年八十五。見《空石居詩存》卷首《前言》。

民國《巴縣志》二十三卷（朱之洪等修　向楚等纂）　存

今存稿本（重慶）；民國二十八年刻本（方志聯合目錄）。原註：附文徵四卷。上列藏書單位所藏間有民國三十二年重印本。

戊申日記一冊　存

見《空石居詩存》卷首《前言》。按：戊申，指光緒三十四年。

今存稿本未刊。

空石居詩存三卷

今存四川大學出版社一九八八年十二月排印本。

陶　闓

峨眉行卷　存

見《清人別集總目》頁1977。

今存民國二十八年陶氏排印本（川圖）。

鄭　詩

書帶草堂詩草附文一卷　存

見《清人別集總目》頁1486。

今存民國十一年巴縣鄭氏刻本（上圖，南圖，川圖）。

陳世虞

文一篇　存

收入民國《犍爲縣志》卷首。

（許孟青　吴靜汶）

江津縣

（今重慶江津區）

龔懋熙

字孟章，號笋湄。崇禎十三年進士，官太常博士。入清屢徵不起，留心著作。見《江津縣鄉土志》卷二。

四書講語一部

見《江津縣鄉土志》卷二。

梧竹居草無卷數

見道光《重慶府志》卷九。

詩六首　存

收入嘉慶《江津縣志》卷一九。

文十一篇　存

收入嘉慶《江津縣志》卷一五，同治《巴縣志》卷四之上，民國《巴縣志》附《巴縣文徵》下篇。

周伯印

名一作伯胤。順治十七年舉人，任嘉定州學正。見嘉慶《江津縣志》卷一〇，光緒《江津縣志》卷一〇、卷一一。

隨身詩集

見光緒《江津縣志》卷一一。

程于夏

康熙中貢士，授梓潼縣訓導，因母老不赴任。年八十卒。見嘉慶《江津縣志》卷一〇，光緒《江津縣志》卷一一，民國《江津縣志》卷七之三。

歷代典故

見光緒《江津縣志》卷一一，民國《江津縣志》卷七之三。

王名符

字輯瑞。康熙間貢生，任蓬州訓導，工書善畫。見嘉慶《江津縣志》卷一〇，道光《重慶府志》卷九，光緒《江津縣志》卷一一，民國《江津縣志》卷七之一。

淡墨詩集

見光緒《江津縣志》卷一一，民國《江津縣志》卷七之一。

求郢吟　粵游草　淡墨齋集無卷數

見道光《重慶府志》卷八、卷九。

詩二首　存

收入嘉慶《江津縣志》卷一九，民國《江津縣志》卷七之一。

周佲祚

康熙間貢生。為文敏捷，書法尤精。見嘉慶《江津縣志》卷一一，民國《江津縣志》卷七之三。

詩一首　存

收入嘉慶《江津縣志》卷一九，民國《江津縣志》卷七之一。

夏　珙

康熙九年歲貢生。年八十一卒。見嘉慶《江津縣志》卷一〇，民國《江津縣志》卷七之三。

書空錄

見道光《重慶府志》卷八，民國《江津縣志》卷七之三。

袁州鎏

康熙二十三年舉人，任河南光山

縣知縣。卒年七十。見嘉慶《江津縣志》卷一〇，光緒《江津縣志》卷一一，民國《江津縣志》卷七之一。

質可詩集

見道光《重慶府志》卷八，光緒《江津縣志》卷一一，民國《江津縣志》卷七之一。

王書升

字秀庵。康熙五十二年舉人，任直隸吴橋縣知縣。見嘉慶《江津縣志》卷一〇，光緒《江津縣志》卷一一。

文四篇　存

收入嘉慶《江津縣志》卷一七，同治《璧山縣志》卷一〇。

江夢花

康熙中由增生捐為例貢生。見嘉慶《江津縣志》卷一〇。

詩一首　存

收入嘉慶《江津縣志》卷一九。

李　專

字知山，號白雲居士。歲貢生。雍正間曾與修《四川通志》，後移家遵義，終老黔中。見嘉慶《四川通志》卷一八七，《錦里新編》卷五，光緒《江津縣志》卷一一，《全蜀詩鈔》卷一〇，民國《江津縣志》卷七之三，民國《巴縣志》卷一〇。

知山詩集無卷數

見嘉慶《四川通志》卷一八七。

白雲詩集十卷

見民國《巴縣志》卷一〇。

詩六首　存

收入《錦里新編》卷五，《全蜀詩鈔》卷一〇，民國《江津縣志》卷七之三。

潘　治

字子政，一作巴縣人。雍正元年舉人，任陕西咸陽縣知縣。年七十二卒。見嘉慶《江津縣志》卷一〇，道光《重慶府志》卷七、卷八。光緒《江津縣志》卷一一，民國《江津縣志》卷七之一。

四書體認錄　五經輯　萊羹記　一得錄

婚喪禮説

見道光《重慶府志》卷八、卷九，光緒《江津縣志》卷一一，民國《江津縣志》卷七之一，《江津縣鄉土志》卷二。

詩二首　存

收入嘉慶《江津縣志》卷一九。

文三篇　存

收入嘉慶《江津縣志》卷一八。

王名必

字時可。太學生，年七十餘卒。見道光《重慶府志》卷八，民國《江津縣志》卷七之三。

亦蘭居詩集無卷數

見道光《重慶府志》卷八，民國《江津縣志》卷七之三。

詩七首　存

收入民國《江津縣志》卷七之三。

潘廷颺

乾隆十三年進士，任江西彭澤縣

知縣。見嘉慶《江津縣志》卷一〇，光緒《江津縣志》卷一〇。

文一篇 存

收入嘉慶《江津縣志》卷一八。

周文權

乾隆十六年進士，歷任江西大庾縣知縣、蘇州同知。見嘉慶《江津縣志》卷一〇、卷一八。

文四篇 存

收入嘉慶《江津縣志》卷一八。

王家駒

字子昂，一字子昇。乾隆十五年舉人，二十五年成進士，任廣西平樂縣知縣，改夔州府教授。年六十餘卒。見嘉慶《江津縣志》卷一〇，道光《重慶府志》卷八，光緒《江津縣志》卷一一，民國《江津縣志》卷七之三。

乾隆《江津縣志》二十二卷（曾受一修 王家駒纂） 存

今存乾隆三十三年刻本（方志聯合目錄）。

嘉慶《江津縣志》二十二卷（曾受一修 王家駒纂 徐鼎續修 楊彥青續纂） 存

今存嘉慶九年增刻本（方志聯合目錄）；嘉慶十七年李寶曾續修刻本（方志聯合目錄）。

硯田草梅影軒文莊彙稿 几江課草詩文

見光緒《江津縣志》卷一一，民國《江津縣志》卷七之三。

詩二十一首 存

收入嘉慶《江津縣志》卷一九，光緒《江津縣志》卷一二。

文十四篇 存

收入嘉慶《江津縣志》卷一七、卷一八，光緒《江津縣志》卷一二。

王椿年

字仙芝，號玉峰。乾隆十七年舉人，三十一年借補蒼溪縣訓導，選廣東吳川縣知縣。回籍，主講几江書院。年九十卒。見嘉慶《江津縣志》卷一〇，光緒《江津縣志》卷一一，民國《江津縣志》卷七之一，《江津縣鄉土志》卷二。

式穀齋經義

見《江津縣鄉土志》卷二。

至性編詩文集

見光緒《江津縣志》卷一一，民國《江津縣志》卷七之一，《江津縣鄉土志》卷二。

文三篇 存

收入嘉慶《江津縣志》卷一八。

程　衡

字公權。見乾隆《巴縣志》卷一六，道光《江北廳志》卷八。

詩一首 存

收入乾隆《巴縣志》卷一六，道光《江北廳志》卷八。

王嗣楷

乾隆三十六年舉人。見嘉慶《江津縣志》卷一〇，光緒《江津縣志》卷一〇。

文一篇 存

收入嘉慶《江津縣志》卷一八。

潘　堦

乾隆三十六年舉人，任陝西鄜州

同知。見嘉慶《江津縣志》卷一〇，光緒《江津縣志》卷一〇。

文一篇　存

收入嘉慶《江津縣志》卷一八。

王萬年

乾隆四十二年舉人。見嘉慶《江津縣志》卷一〇，光緒《江津縣志》卷一〇。

詩三首　存

收入嘉慶《江津縣志》卷一九。

文一篇　存

收入嘉慶《江津縣志》卷一八。

王寶年

乾隆四十二年舉人。見嘉慶《江津縣志》卷一〇，光緒《江津縣志》卷一〇。

詩一首　存

收入嘉慶《江津縣志》卷一九。

文一篇　存

收入嘉慶《江津縣志》卷一八。

楊泰起

乾隆四十五年舉人，任河南密縣知縣。見嘉慶《江津縣志》卷一〇，光緒《江津縣志》卷一〇。

詩一首　存

收入嘉慶《江津縣志》卷一九。

文一篇　存

收入嘉慶《江津縣志》卷一八。

蹇滋善

字廉山。乾隆五十一年舉人，嘉慶四年成進士，任廣東和平縣知縣。見嘉慶《江津縣志》卷一〇，光緒《江津縣志》卷一〇、卷一一，民國《江津縣志》卷八。

詩十三首　存

收入嘉慶《江津縣志》卷一九，光緒《江津縣志》卷一二。

文五篇　存

收入嘉慶《江津縣志》卷一八，光緒《江津縣志》卷一二。

李能勝

更名儀。乾隆五十三年舉人，任安徽休寧縣知縣。見嘉慶《江津縣志》卷一〇，光緒《江津縣志》卷一〇。

詩八首　存

收入嘉慶《江津縣志》卷一九，光緒《江津縣志》卷一二。

潘　埒

乾隆五十四年貢生。見嘉慶《江津縣志》卷一〇。

文二篇　存

收入嘉慶《江津縣志》卷一八。

楊致道

乾隆五十九年舉人，任合江縣教諭。見嘉慶《江津縣志》卷一〇。

詩一首　存

收入嘉慶《江津縣志》卷一九。

文一篇　存

收入嘉慶《江津縣志》卷一八。

潘　堃

乾隆六十年舉人，任蒼溪縣訓導。

見嘉慶《江津縣志》卷一〇，光緒《江津縣志》卷一〇。

詩一首　存

收入嘉慶《江津縣志》卷一九，光緒《江津縣志》卷一二。

文二篇　存

收入嘉慶《江津縣志》卷一八。

潘　塝

乾隆六十年舉人，任隆昌縣教諭。見嘉慶《江津縣志》卷一〇，光緒《江津縣志》卷一〇。

詩二首　存

收入嘉慶《江津縣志》卷一九。

袁光緒

原名標。嘉慶三年舉人，歷任廣東定安、乳源、東安等縣知縣。見嘉慶《江津縣志》卷一〇，光緒《江津縣志》卷一〇。

文一篇　存

收入嘉慶《江津縣志》卷一八。

劉厚基

嘉慶五年舉人，任河南五寨縣知縣。見嘉慶《江津縣志》卷一〇，光緒《江津縣志》卷一〇。

文一篇　存

收入嘉慶《江津縣志》卷一八。

漆　鍠

嘉慶六年舉人，任綿竹縣教諭。見嘉慶《江津縣志》卷一〇，光緒《江津縣志》卷一〇。

文一篇　存

收入嘉慶《江津縣志》卷一八。

劉文載

字伯言。嘉慶十五年舉人，官知縣。見《蜀詩續鈔》卷一。

詩一首　存

收入《蜀詩續鈔》卷一。

潘時鏸

字軒三。嘉慶十八年中副榜，官雲南廣西州州判，升知縣。見《全蜀詩鈔》卷四〇。

詩四首　存

收入《全蜀詩鈔》卷四〇。

潘時鈺

號相亭。嘉慶十八年中副榜，候選教諭。主講几水、桂林兩書院。見光緒《江津縣志》卷一〇、卷一一，民國《江津縣志》卷七之三。

水月間軒課草六卷　詩草一卷

見光緒《江津縣志》卷一一，民國《江津縣志》卷七之三。

易卜年

字修齡。無心仕進，以廪生終。見嘉慶《江津縣志》卷一九，道光《重慶府志》卷九，光緒《江津縣志》卷一一，民國《江津縣志》卷七之三。

碧雲草（一名碧雲詩草）

見道光《重慶府志》卷九，光緒《江津縣志》卷一一，民國《江津縣志》卷七之三。

詩一首　存

收入嘉慶《江津縣志》卷一九，民國《江津縣志》卷七之三。

王昌年

庠生。見嘉慶《江津縣志》卷一八。

詩六首　存

收入嘉慶《江津縣志》卷一九。

文五篇　存

收入嘉慶《江津縣志》卷一八。

李　瑭

拔貢生，官户部七品官。見嘉慶《江津縣志》卷一九。

詩一首　存

收入嘉慶《江津縣志》卷一九。

潘泰行

道光八年舉人，任井研縣教諭，歷署直隸豐縣、完縣知縣。見光緒《江津縣志》卷一〇、卷一一，民國《江津縣志》卷七之一。

詠歷代名臣詩注八卷　退一步齋試帖一卷
遊峨詩記一卷　蒲亭誌别詩鈔一卷

見光緒《江津縣志》卷一一，民國《江津縣志》卷七之一。

江載愔

名一作載英，字星垣，號式琴。道光十七年舉人，官廣西麥嶺同知。歿於戰陣。見道光《重慶府志》卷七，光緒《江津縣志》卷一一，民國《江津縣志》卷七之一。

慎獨齋詩草

見光緒《江津縣志》卷一一，民國《江津縣志》卷七之一。

詩二首　存

收入民國《江津縣志》卷七之一。

李嗣元

字春甫。道光二十三年舉人，三十年成進士，選翰林院庶吉士，改官刑部主事。咸豐中主講東川書院，後以同知為雲南候補知府。見光緒《江津縣志》卷一〇、卷一一，《全蜀詩鈔》卷五六，民國《巴縣志》卷九下。

日慎齋詩草

見光緒《江津縣志》卷一一。民國《巴縣志》卷七下錄作日慎齋詩集。

詩九首　存

收入《全蜀詩鈔》卷五六。

楊維翰

號墨齋。道光二十五年以同知分雲南。咸豐元年調署大關同知。見光緒《江津縣志》卷一一，民國《江津縣志》卷七之一。

詠史詩草一卷

見光緒《江津縣志》卷一一，民國《江津縣志》卷七之一，《江津縣鄉土志》卷二。

哀鴿集一卷

見民國《江津縣志》卷七之二楊爲城條，《江津縣鄉土志》卷二。

李洪昕

按：其輓詩中人為道光十四年舉人，洪昕亦當為道光中人。見光緒

《江津縣志》卷一〇，民國《江津縣志》卷七之一。

詩一首　存

收入民國《江津縣志》卷七之一。

楊曇

字臥雲。拔貢生，嘉慶、道光間人，年未四十卒。見民國《江津縣志》卷七之三。按民國《江津縣志》卷七之三載張彝仲民國二年題詩有云"我生公後將百年"，故推為其時人。

臥雲詩草八卷

見民國《江津縣志》卷七之三。

江含春

字海平。廩生，咸豐初年徵舉，隱逸辭不就。見光緒《江津縣志》卷一一，《江津縣鄉土志》卷二，民國《江津縣志》卷七之三。

孝典蒙求四卷　夏鼎錄一卷　梓里叢談三卷

見《江津縣鄉土志》卷二。按：光緒《江津縣志》卷一一、民國《江津縣志》卷七之三未注卷數。

金丹疑

見光緒《江津縣志》卷一一，民國《江津縣志》卷七之三。按：《江津縣鄉土志》卷二注作九卷，未梓。

榜園雜著

見民國《江津縣志》卷七之三。

文三篇　存

收入民國《江津縣志》卷七之三。

賴汝弼

字風琴。同治十二年拔貢生，以內閣中書致仕。見光緒《江津縣志》卷一〇，民國《江津縣志》卷七之三。

宛在山莊詩草

見民國《江津縣志》卷七之三。

詩八首　存

收入民國《江津縣志》卷七之三。

艾椿年

字喬庵。以軍功官知縣。見《蜀詩續鈔》卷一。

詩一首　存

收入《蜀詩續鈔》卷一。

陳麟圖

字星槎。光緒五年舉人，官至廣安州學正。見《江津縣鄉土志》卷二，民國《江津縣志》卷七之一。

歷代籌邊略八十四卷目錄類編三卷　存

見民國《江津縣志》卷七之一，《江津縣鄉土志》卷二。

今存光緒二十三年四川廣安州學署刻本（北大，南大）。

學校孤衷錄二卷　切時要務說一卷

見《江津縣鄉土志》卷二。

孫榮毓

號蜀芝。光緒元年舉人。嘗主育才書院。見光緒《江津縣志》卷一〇，民國《江津縣志》卷七之三。

映雪山房稿

見民國《江津縣志》卷七之三。

江敬脩

字甸澂。增生。見民國《江津縣

志》卷七之二。

詳注船山詩草　澗谷寤言十二篇

見民國《江津縣志》卷七之二。

劉德萃

字雪樵。增生，善劍術，曾調住尊經書院。光緒三十年赴日，畢業於日本宏文學院師範班。歸任縣中學校長，復任重慶體育校校長及川東師校學習。見民國《江津縣志》卷七之三。

北遊記

見民國《江津縣志》卷七之三。

詩五首　存

收入民國《江津縣志》卷七之三。

戴孟恂

字摯如。優貢生，後調住尊經書院。見民國《江津縣志》卷七之三。

詩八首　存

收入《蜀秀集》卷八。

文一篇　存

收入《蜀秀集》卷七。

鍾祖芬

號耘耪。廩生。著述中聯語尤奇。見民國《江津縣志》卷七之三。

振振堂集

見民國《江津縣志》卷七之三。

振振堂聯稿二卷　存

今存光緒三十二年振振堂刻本（南大）。

官清正

庠生。見民國《江津縣志》卷七之三。

孝經注解名　培根集

見民國《江津縣志》卷七之三。

江含通

字達人。少好俠，稍長，篤於行。道光六年歲旱，周濟鄉鄰。年四十六卒。見光緒《江津縣志》卷一一，民國《江津縣志》卷七之二。

達言一卷

見道光《重慶府志》卷八，光緒《江津縣志》卷一一，民國《江津縣志》卷七之二。

袁虞初

廩生。見民國《江津縣志》卷七之三。

微塵集　蘭樓詩草

見民國《江津縣志》卷七之三。

詩四首　存

收入民國《江津縣志》卷七之三。

張乞襄

庠生，年三十二卒。見民國《江津縣志》卷七之三。

乞襄詩草

見民國《江津縣志》卷七之三。

李兆登

廩生。見嘉慶《江津縣志》卷一九。

詩一首　存

收入嘉慶《江津縣志》卷一九。

夏蘭滋

女，字畹香，新繁諸生潘泰行妻。

見民國《新繁縣志》卷三〇。

繡香閣留草

見民國《新繁縣志》卷三〇。

（許孟青　吳靜汶）

長壽縣
（今重慶長壽區）

黃之玖

字貽我。康熙五十九年舉人，雍正五年成進士，任河南登封縣知縣。後歸鄉教授生徒，卒年七十三。見道光《重慶府志》卷七、卷八，光緒《重修長壽縣志》卷七。

五經文字恒言

見道光《重慶府志》卷八，光緒《重修長壽縣志》卷七，民國《長壽縣志》卷五（民國十七年石印本，以下除民國別本外，皆不標注）。

家訓

見道光《重慶府志》卷八，光緒《重修長壽縣志》卷七，民國《長壽縣志》卷五。

呂正音

字彌節，號咸五。雍正十三年舉人，官永豐州知州。見道光《重慶府志》卷七、卷九。

乾隆《湘潭縣志》二十五卷首一卷續集一卷（呂正音修　歐陽正焕纂）　存

今存乾隆二十一年刻本（方志聯合目錄）。

韓　芳

字若盛。乾隆十五年舉人，任甘肅碾伯縣知縣。見道光《重慶府志》卷八，光緒《重修長壽縣志》卷七，民國《長壽縣志》卷五。

苾園集

見道光《重慶府志》卷八，光緒《長壽縣志》卷七，民國《長壽縣志》卷五。按：民國《長壽縣志》卷一五（民國三十三年鉛印本，以下簡稱鉛印本）著爲其子韓鼎晉作。

韓鼎晉

字峙霍，號樹屏，芳子。乾隆五十三年舉人，六十年由進士改庶吉士，授檢討，歷任河南道、江西道、雲南道監察御史。《清史稿》卷三五四有傳。又見道光《重慶府志》卷七，光緒《重修長壽縣志》卷七，《蜀詩續鈔》卷一。

同治《彰明縣志》五十七卷首二卷（牛樹梅原本　何慶恩　韓樹屏增修　李朝棟等增纂）　存

今存道光二十七年修同治十年增修十三年刻本（方志聯合目錄）。

賜書堂集

民國《長壽縣志》卷五，民國《長壽縣志》卷一五（鉛印本）。

詩四首　存

收入《蜀詩續鈔》卷一。

余　光

字蓮峰。乾隆二十一年舉人，由教諭保舉合浦縣知縣。後致仕歸里，主講鳳山書院。見道光《重慶府志》卷八，光緒《重修長壽縣志》卷七，民國《長壽縣志》卷五。

周禮輯要　樂意堂文稿

見道光《重慶府志》卷八，光緒《重修長壽縣志》卷七，民國《長壽縣志》卷五。

李廷芳

字彤華，號鶴亭。乾隆三十一年進士，官山西襄垣縣知縣。卒年八十四。見道光《重慶府志》卷七、卷八。

乾隆《重修襄垣縣志》八卷（李廷芳修　徐珏　陳于廷纂）　存

今存乾隆四十七年刻本（方志聯合目錄）；光緒六年增補重印本（方志聯合目錄）。

李仲白

字月峰。中乾隆五十三年副榜，官至河南信陽州知州。見《蜀詩續鈔》卷一。

詩一首　存

收入《蜀詩續鈔》卷一。

胡　超

字卓峰。乾隆五十九年，投筆從戎，後以軍功授職巫山，官至甘肅固原提督。見道光《重慶府志》卷九，《蜀詩續鈔》卷一。

軍餘紀詠一卷　存

見道光《重慶府志》卷九，《蜀詩續鈔》卷一。

今存光緒二十二年刻本（南大）。

詩三首　存

收入《蜀詩續鈔》卷一。

釋昌言（1808—1861）

字文林，號虎溪，俗姓萬。岳池華銀山伏虎寺僧。年二十二，禮伏虎寺僧覺鑑為弟子，嘗與巨公名士往來唱酬，有唐四僧風。見光緒《岳池縣志》卷一三、卷一九，《全蜀詩鈔》卷六三，《蜀詩續鈔》卷八，民國《新修合川縣志》卷三三，《清人別集總目》頁2477。

華銀山志十八卷

見民國《新修合川縣志》卷三三。

虎溪詩稿二卷雜著一卷　存

見光緒《岳池縣志》卷一九，《清人別集總目》頁2477。

今存同治元年刻本（南大）。

華銀詩鈔（輯）　銀山志藁（輯）

見光緒《岳池縣志》卷一三。

詩三首　存

收入《全蜀詩鈔》卷六三，《蜀詩續鈔》卷八。

向　瀛

嘉慶二十三年舉人。見道光《重慶府志》卷七。

慎思齋文稿　書法存真

見民國《長壽縣志》卷一五（鉛印本）。

李曾白

名一作曾伯，字魯生。道光五年舉人，任黔江縣教諭。見道光《重慶府志》卷七，光緒《重修長壽縣志》卷七。

爾雅舊書注考證　存

見民國《長壽縣志》卷一五（鉛印本）。

今存光緒三十四年刻本（國圖，北師大）。

封圻扼塞　沿江要害　七省海防

見民國《長壽縣志》卷一五（鉛印

本）。

楊德坤

字子靜。道光二十四年舉人。主講江北嘉陵、遜敏及巴縣蓮瀛各書院。年六十，官奉節教諭、夔府訓導凡十八年。卒年八十六。見民國《長壽縣志》卷九。

三鱣堂文集

見民國《長壽縣志》卷九。

尚友集

見民國《長壽縣志》卷一五（鉛印本）。

楊士瀛

字亮甫。道光二十六年副貢生，遨遊秦、楚、燕、豫、吴、越間，所至講學。見民國《長壽縣志》卷九。

枳欒集

見民國《長壽縣志》卷一五（鉛印本）。

張源深

字子泉。咸豐九年與胞兄炳炎同榜舉人。任湖北安陸縣知縣，卒年六十九歲。見民國《長壽縣志》卷五。

五種遺規淺説

見民國《長壽縣志》卷五，民國《長壽縣志》卷一五（鉛印本）。

周本一

光緒十四年順天榜舉人。見民國《長壽縣志》卷六。

醫學入門　存

見民國《長壽縣志》卷一五（鉛印本）。

今存民國二十年鉛印本（上圖）。

彭光遠

光緒十五年舉人。見民國《長壽縣志》卷六。

詩四首　存

收入民國《長壽縣志》卷一二。

文二篇　存

收入民國《長壽縣志》卷一二。

李滋然

光緒十五年進士，歷任廣東電白、揭陽、順德、文昌、東莞、曲江等縣知縣。見民國《長壽縣志》卷六。

周禮古學考十一卷　存

見民國《長壽縣志》卷一五（鉛印本）。

今存宣統元年鉛印本（國圖，上圖）；民國二十三年鉛印本（國圖，上圖，北大）。

朱子集注古義箋六卷　存

見民國《長壽縣志》卷一五（鉛印本）。

今存宣統間鉛印本（國圖）；民國間鉛印本（國圖）。

群經綱紀考十八卷　存

今存宣統二年鉛印本（國圖，日本江戶）。

四庫全書書目考四卷　存

見民國《長壽縣志》卷一五（鉛印本）。

今存宣統三年京華印書局鉛印本（國圖，北大）；民國京師新華印書局本（北師大）。

明夷待訪錄糾繆一卷　存

見民國《長壽縣志》卷一五（鉛印本）。

今存宣統元年鉛印本（國圖，上圖，北大）；宣統三年鉛印本（國圖，上圖）。

采薇僧集　存

民國《長壽縣志》卷一五（鉛印本）著錄作采薇僧詩集。

今存民國六年刻本（上圖，北大）。

采薇僧集一卷詩草一卷附贈和詩草一卷　存

今存民國刻本（國圖，北師大，南大）。

周　棨

字載石。官知縣。見《蜀詩續鈔》卷一。

詩一首　存

收入《蜀詩續鈔》卷一。

任香湄

嘯聲樓詩草

見民國《長壽縣志》卷一五（鉛印本）。

鄭明郁

五經注　北山文集

見民國《長壽縣志》卷一五（鉛印本）。

呂　策

舉人。見民國《長壽縣志》卷一五（鉛印本）。

雄辨學

見民國《長壽縣志》卷一五（鉛印本）。

聶鳴和

廩生。見光緒《重修長壽縣志》卷一〇。

詩一首　存

收入光緒《重修長壽縣志》卷一〇。

李世燕

詩一首

收入光緒《重修長壽縣志》卷一〇。

劉君錫

字申之。見民國《長壽縣志》卷一一。

文一篇　存

收入民國《長壽縣志》卷一一。

（許孟青　吴静汶）

永川縣

（今重慶永川區）

蔣　楷

字文皋。康熙間歲貢生，乾隆二年任冕寧縣訓導。見道光《永川縣志》卷八、卷一一，光緒《永川縣志》卷七。

建南詩草二卷

見道光《永川縣志》卷一一。

淩育德

乾隆二十一年副貢生，任新都教諭。見道光《永川縣志》卷八，光緒《永川縣志》卷七。

文一篇　存

收入道光《永川縣志》卷一二。

李天英

字星九，號約庵。乾隆二十一年舉人，官貴州開泰縣知縣。後主東川、鶴山書院。卒年七十一。見道光《永川縣志》卷九，光緒《永川縣志》卷八，同治《璧山縣志》卷一〇，《全蜀詩鈔》卷一三，民國《巴縣志》卷九下。

居易堂詩鈔十卷　存

《全蜀詩鈔》卷一三著録作居易堂集十卷。

今存嘉慶間刻本（北大）。

居易堂詩鈔四卷　存

今存嘉慶六年刻本（南大）。

居易堂詩鈔十卷續集二卷

見道光《永川縣志》卷九、卷一一，光緒《永川縣志》卷八、卷一〇。

居易堂詩鈔十六卷

見民國《巴縣志》卷九下。

平山堂唱合詩一卷

見光緒《永川縣志》卷八、卷一〇。

詩十四首　存

收入乾隆《涪州志》卷一一，道光《綦江縣志》卷一一、卷一二，同治《重修涪州志》卷一五，同治《璧山縣志》卷一〇，《全蜀詩鈔》卷一三，《蜀詩續鈔》卷二。

文一篇　存

收入道光《永川縣志》卷一二。

羅景禮

字天秩，後改名掄，號守真子。乾隆二十三年舉人，不仕。卒年八十八。見道光《永川縣志》卷九，光緒《永川縣志》卷八。

四書摘辨

見道光《永川縣志》卷九，光緒《永川縣志》卷八、卷一〇。

學庸語錄

見光緒《永川縣志》卷八、卷一〇。

張國均

乾隆四十四舉人。見道光《永川縣志》卷八，光緒《永川縣志》卷七。

華萼文集四卷

見光緒《永川縣志》卷一〇。下注：與弟國坤同著。

魏傚祖

字宇川。乾隆四十六年進士，官

貴州修文縣令，署開州，陞八寨同知。見道光《永川縣志》卷八，道光《重慶府志》卷七，光緒《永川縣志》卷八。

學庸醒講二卷　字川文稿二卷

見光緒《永川縣志》卷一〇。

吴永達

乾隆間貢生。見道光《永川縣志》卷八，光緒《永川縣志》卷七。

文一篇　存

收入道光《永川縣志》卷一二。

羅世德

字曉峰。嘉慶十五舉人，次年成進士。官河南彰德府湯陰縣知縣。見道光《永川縣志》卷八，光緒《永川縣志》卷七，《蜀詩續鈔》卷一。

古文詩賦　思敬堂制義

見《蜀詩續鈔》卷一。

小峰文集二卷

見光緒《永川縣志》卷一〇。

詩三首　存

收入《蜀詩續鈔》卷一。

周騰蛟

號毓齋。道光元年恩貢生，任眉州訓導。卒年八十四。見道光《永川縣志》卷八，光緒《永川縣志》卷八。

毓齋文集二卷

見道光《永川縣志》卷九，光緒《永川縣志》卷一〇。

戴元裔

字晴帆。道光間歲貢生，歷署南溪、井研、資陽、夾江、犍為教諭。見道光《永川縣志》卷八，光緒《永川縣志》卷八。

詩經音義約編十卷

見光緒《永川縣志》卷一〇。

晏嘉賓

道光十九年舉人。見光緒《永川縣志》卷七。

敦行堂文集五卷

見光緒《永川縣志》卷一〇。

邵鳴喈

字鳳臯。咸豐間貢生，官儀隴縣教諭。見光緒《永川縣志》卷七、卷八、卷一〇。

清意山莊詩集二卷

見光緒《永川縣志》卷一〇。

川北吟（川北吟草）一卷

見光緒《永川縣志》卷八、卷一〇。

黄麟元

字兆瑞。光緒元年制科孝廉方正，朝考一等，用為直隸州州判。八年，中順天副榜，改選知縣。見光緒《永川縣志》卷八。

譜例一卷

見光緒《永川縣志》卷一〇。

文一篇　存

收入光緒《永川縣志》卷八。

劉助杰

字魚溪。例貢生，好善喜捐。見光緒《永川縣志》卷八。

魚溪集唐詩鈔　存

見光緒《永川縣志》卷八。同書卷一〇著錄作集唐詩鈔一卷。

今存永川劉氏清刻本（南大）。

龍昌光

字樸軒，文生。見光緒《永川縣志》卷八。

紅豆山房文集

見光緒《永川縣志》卷八。

紅豆山房詩集一卷

見光緒《永川縣志》卷一〇。

吴正封

字固亭。布衣，篤於孝友。見光緒《永川縣志》卷八。

因病制宜方一卷

見光緒《永川縣志》卷一〇。

楊元捷

字冲三。副貢生，官德陽縣教諭。見《蜀詩續鈔》卷二。

詩四首　存

收入《蜀詩續鈔》卷二。

周述典

疫痧合編注釋

見光緒《永川縣志》卷一〇。

周景衡

地理集成三卷

見光緒《永川縣志》卷一〇。

魏德牖

月溪課草二卷

見光緒《永川縣志》卷一〇。

（許孟青　吴静汶）

榮昌縣

（今重慶榮昌縣）

劉中復

名一作仲復，更名斌。明崇禎中兵部右侍郎劉泌次子。庠生。康熙十一年武舉人。見光緒《榮昌縣志》卷一〇、卷二二。

聽露軒詩（聽露軒詩集）

見光緒《榮昌縣志 》卷一九、卷二二。

詩二首　存

收入光緒《榮昌縣志》卷二二。

敖毓薰

庠生。卒年九十六。見道光《重慶府志》卷八，光緒《榮昌縣志》卷一三、卷一四。

醫方心鏡二卷　戒淫說一卷

見道光《重慶府志》卷八，光緒《榮昌縣志》卷一三。

敖馨祖

毓薰子。乾隆三十年拔貢生，廷試第二，簽發任北河知縣，借補大名河工縣丞。以善書法名。見道光《重慶府志》卷八，光緒《榮昌縣志》卷一〇、卷一一、卷一四。

文一篇　存

收入光緒《榮昌縣志》卷二一。

敖彤臣

字珥卿，馨祖孫。道光十九年中舉人，二十五年成進士，官浙江溫州府知府，誥授中憲大夫，晉受通奉大夫。見道光《重慶府志》卷七，光緒《榮昌縣志》卷一〇、卷一一、卷一四。

初學文藥　桐陰詩集　百梅詩集

見光緒《榮昌縣志》卷二二。

甘雨施

字岱雲。嘉慶十三年舉人，道光十五年大挑一等，歷任貴州桐梓縣知縣、獨山州知州、遵義知縣。見道光《重慶府志》卷七，光緒《榮昌縣志》卷一〇、卷一一，《全蜀詩鈔》卷三五。

棠香文稿

見光緒《榮昌縣志》卷二二。

詩一首　存

收入《全蜀詩鈔》卷三五。

文三篇　存

收入光緒《榮昌縣志》卷二〇、卷二一。

王　謨

嘉慶二十三年舉人。見道光《重慶府志》卷七，光緒《榮昌縣志》卷一〇、卷二二。

靜遠軒文稿

見光緒《榮昌縣志》卷一〇、卷二二。

王致中（？——1858）

字極山。道光八年舉人，官洪雅

縣教諭。咸豐八年卒於官。見道光《重慶府志》卷七，光緒《榮昌縣志》卷一〇、卷一一。

養性園詩集

見光緒《榮昌縣志》卷一一。

甘來旬

字治堂。道光十七年舉人，二十四年大挑一等，官至雲南澄江府知府。見道光《重慶府志》卷七，光緒《榮昌縣志》卷一〇、卷一一。

文一篇　存

收入光緒《榮昌縣志》卷二一。

敖京友（？—1875）

原名旬臣，字蘭蓀。咸豐元年舉孝廉方正，同治元年恩貢生，三年中副榜，歷署正安州知州、仁懷直隸廳同知。光緒元年卒。見光緒《榮昌縣志》卷一〇、卷一一。

文三篇　存

收入光緒《榮昌縣志》卷二〇、卷二一。

敖冊賢

字金甫。咸豐三年進士，官翰林院庶吉士、刑部郎中。見光緒《榮昌縣志》卷一〇、卷一四，光緒《銅梁縣志》卷一三，《蜀詩續鈔》卷二，民國《大足縣志》卷八。

詩一首　存

收入光緒《榮昌縣志》卷二二，《蜀詩續鈔》卷二。

文六篇　存

收入光緒《銅梁縣志》卷一三，光緒《榮昌縣志》卷二〇、卷二一，光緒《內江縣志》卷一四，民國《內江縣志》卷一一，民國《大足縣志》卷八。

林乾

廩生。見光緒《銅梁縣志》卷一六。

詩一首　存

收入光緒《銅梁縣志》卷一六。

甘來朝

庠生。見光緒《榮昌縣志》卷二〇。

文一篇　存

收入光緒《榮昌縣志》卷二〇。

謝廷獻

儒醫。卒年八十四。見光緒《榮昌縣志》卷一九。

醫書益壽一卷

見光緒《榮昌縣志》卷一九。

薛肇齡

候選州同。見光緒《榮昌縣志》卷二二。

詩一首　存

收入光緒《榮昌縣志》卷二二。

朱炳章

官訓導。見光緒《榮昌縣志》卷二二。

詩四首　存

收入光緒《榮昌縣志》卷二二。

李禧鴻

官州同知銜。見光緒《滎昌縣志》卷二二。

詩一首 存

收入光緒《滎昌縣志》卷二二。

（許孟青 吴静汶 鄒艷）

綦江縣

（今重慶綦江區）

任立相

字琶山。崇禎十七年貢生，中南明永曆八年黔南鄉試第三名，知雲南府昆陽州。見道光《綦江縣志》卷七、卷一二。

詩十四首　存

收入道光《綦江縣志》卷一二。

釋古靈（？—1680）

綦江中峰寺住持，康熙十九年卒。見道光《綦江縣志》卷九。

偈一首　存

收入道光《綦江縣志》卷九。

釋蒼桐（？—1684）

法名海華，綦江儒家子。康熙二十三年卒。見道光《重慶府志》卷九，道光《綦江縣志》卷九。

海華語錄無卷數

見道光《重慶府志》卷九。

偈一首　存

收入道光《綦江縣志》卷九。

詩二首　存

收入道光《綦江縣志》卷一二。

陳　愚

字也直，號子忠。康熙初年歲貢生。見道光《綦江縣志》卷七、卷一二。

詩一首　存

收入道光《綦江縣志》卷之一二。

任　宣

康熙二十三年歲貢生。見道光《綦江縣志》卷七。

詩三首　存

收入道光《綦江縣志》卷一二。

楊　蘇

康熙二十三年武舉人，候選守備。見道光《重慶府志》卷七，道光《綦江縣志》卷七、卷一二。

詩一首　存

收入道光《綦江縣志》卷一二。

劉士衡

名一作仕衡，字拙嶺。雍正元年拔貢生，十年中副榜。見道光《綦江縣志》卷七、卷一二。

詩一首　存

收入道光《綦江縣志》卷一二。

羅世茂

字暢齋。乾隆時人，科場不利，於鄉授徒講學近五十年。見道光《綦江縣志》卷七。

課幼捷訣二卷

見道光《綦江縣志》卷七。

羅　弼

世茂長子。廩生。見道光《綦江縣志》卷七羅世茂條附。

詩五首　存

收入道光《綦江縣志》卷一二。

羅　星

字九峰，號春堂，世茂子，羅弼弟。中道光元年舉人，年八十卒。見道光《重慶府志》卷七，道光《綦江縣志》卷七，《蜀詩續鈔》卷一。

道光《綦江縣志》十二卷首一卷（宋灝修羅星纂）　存

今存道光六年綦江縣署刻本（方志聯合目録）；道光十五年鄧仁堃增刻本（方志聯合目録）；同治二年楊銘、伍濬祥增刻本（方志聯合目録）。

詩選便讀六卷　珍珠舫四卷　談鋒鏡一卷　書差福海一卷　九峰制藝四卷　詩古文集三十二卷　滄海談奇一卷　讀史拾要　海疆戎務　流寇瑣聞　外夷傳　西洋事略　蠶桑寶要　家訓

見道光《綦江縣志》卷七。

九峰草堂詩文

見《蜀詩續鈔》卷一。

詩六十一首　存

收入道光《綦江縣志》卷一一，《蜀詩續鈔》卷一。

文二篇　存

收入道光《綦江縣志》卷三。

羅　籍

字嘯園，羅弼、羅星弟。中道光二年副榜。見道光《綦江縣志》卷七、卷一二。

詩一首　存

收入道光《綦江縣志》卷一二。

陳　銘

字書紳，號警堂，一號西軒。乾隆六十年舉人，嘉慶七年成進士，官翰林院庶吉士，後歷任浙江紹興府新昌縣、秀水縣知縣，封朝議大夫。見道光《重慶府志》卷七、卷八，道光《綦江縣志》卷七、卷一二，《蜀詩續鈔》卷一。

詩六首　存

收入道光《綦江縣志》卷一二，《蜀詩續鈔》卷一。

文一篇　存

收入道光《綦江縣志》卷七陳銘條附。

李毓珩

號寶山。諸生。與弟毓璜同出陳銘之門，年八十餘卒。見道光《綦江縣志》卷首、卷一二。

□□名宦賢士録一卷　喪禮摘要一卷

見道光《綦江縣志》卷一二。

李毓璜

字璧堂，毓珩弟。中嘉慶十五年副榜，年五十餘卒。見道光《綦江縣志》卷七、卷一二。

詩六首　存

收入道光《綦江縣志》卷一二。

戴大魁

字梅亭。嘉慶九年舉人，任昭化縣訓導。見道光《重慶府志》卷七，道光《綦江縣志》卷首、卷七。

文一篇　存

收入道光《綦江縣志》卷九。

伍紹曾

號燕堂。先後以子濬祥、輔祥貴，封中憲大夫、户部貴州司員外郎、吏部給事中。見道光《綦江縣志》卷七、卷一一，《全蜀詩鈔》卷三三。

呂新吾小兒語　一説曉開山集　摘明文小題鈔　率□□偶存二十一卷

見道光《綦江縣志》卷七。

率真堂詩文集

見《全蜀詩鈔》卷三三。

詩七首　存

收入道光《綦江縣志》卷一一、卷一二，《全蜀詩鈔》卷三三。

文二篇　存

收入道光《綦江縣志》卷一一。

伍濬祥（1763—1852）

字瓊甫，紹曾子。道光十一年舉人，十六年成進士，官户部郎中。咸豐二年卒於京邸，年九十。見道光《重慶府志》卷七，道光《綦江縣志》卷首、卷七。

詩八首　存

收入道光《綦江縣志》卷一一。

伍輔祥

字翰屏，紹曾子，濬祥弟。道光十四年舉人，次年成進士，官工部主事、吏科給事中。見道光《重慶府志》卷七，道光《綦江縣志》卷首、卷七、卷一一。

詩一首　存

收入道光《綦江縣志》卷一一。

伍奎祥（1813—1862）

字七橋，號緯東，紹曾子，輔祥、濬祥弟。道光十七年舉人，二十七年成進士，任山西陽高縣知縣。同治元年卒，年五十。見道光《重慶府志》卷七，道光《綦江縣志》卷七、卷一二。

詩九首　存

收入道光《綦江縣志》卷一二。

文一篇　存

收入道光《綦江縣志》卷一一。

陳洪圖

字丹渠。中道光十九年副榜。見道光《綦江縣志》卷七、卷一二。

詩一首　存

收入道光《綦江縣志》卷一二。

陳洪猷（？—1865）

字均甫，更名燮堃，洪圖弟。道光二十年舉人，次年成進士，官翰林院庶吉士，授廣西靈川縣知縣。同治四年卒，追贈光禄寺卿。見道光《重慶府志》卷七，道光《綦江縣志》卷七、卷一二。

詩六首　存

收入道光《綦江縣志》卷一二。

陳洪箴

洪圖、洪猷弟。庠生。見道光《綦江縣志》卷一二。

詩一首　存

收入道光《綦江縣志》卷一二。

陳洪憲

庠生。見道光《綦江縣志》卷一一。

詩一首　存

收入道光《綦江縣志》卷一一。

羅泮光

字香渠。貢生。見道光《綦江縣志》卷一一。按：與同書卷七列為道光二十年之歲貢生羅泮元疑為同一人。

文一篇　存

收入道光《綦江縣志》卷一一。

饒履豐

字春臺。道光二十九年拔貢生。見道光《綦江縣志》卷首、卷七、卷一二。

詩一首　存

收入道光《綦江縣志》卷一二。

駱應斌

貢生。見道光《綦江縣志》卷一二。

詩一首　存

收入道光《綦江縣志》卷一二。

王　後

貢生。見道光《綦江縣志》卷一二。

詩一首　存

收入道光《綦江縣志》卷一二。

戴　琛

字潤珊。貢生。見道光《綦江縣志》卷首、卷一一。

文一篇　存

收入道光《綦江縣志》卷一一。

黄　極

詩一首　存

收入道光《綦江縣志》卷一二。

（許孟青　吴靜汶　鄒艷）

南川縣

（今重慶南川區）

周萬殊

字同川。乾隆六年拔貢生，歷署長沙、岳州、衡州府通判，代理道州知州。卒年六十六。見道光《重慶府志》卷七、卷八，道光《南川縣志》卷九，光緒《南川縣志》卷七、卷八，民國《重修南川縣志》卷八。按乾隆《南川縣志·人物》署作乾隆五年拔貢生。

文一篇　存

收入道光《南川縣志》卷一一，光緒《南川縣志》卷一一。

周士孝

字肅齋，號松崖，萬殊長子。乾隆二十五年舉人，歷任山東禹城縣、直隸安縣等縣知縣，官至署理廣東惠州府同知。見道光《南川縣志》卷九，光緒《南川縣志》卷七，民國《重修南川縣志》卷八、卷一一周萬殊條附，《全蜀詩鈔》卷一九。

詩二首　存

收入《全蜀詩鈔》卷一九。

周士岳

萬殊子。嘉慶十八年舉人，授岳池縣教諭。見道光《重慶府志》卷七，道光《南川縣志》卷九，光緒《南川縣志》卷七、卷八，民國《重修南川縣志》卷八、卷一一周萬殊條附。

詩二首　存

收入民國《重修南川縣志》卷一二。

周士澐

字益齋，萬殊子。乾隆五十一年舉人，官保寧府教授，陞至甘肅環縣知縣。見道光《南川縣志》卷九，光緒《南川縣志》卷七，民國《重修南川縣志》卷八、卷一一周萬殊條附，《全蜀詩鈔》卷二二。

詩四首　存

收入《全蜀詩鈔》卷二二。

周士忠（1738—1788）

字移作，號澹齋，一作淡齋，萬殊侄。歲貢生，乾隆五十三年卒，年五十一。見道光《重慶府志》卷七、卷八，道光《南川縣志》卷九，光緒《南川縣志》卷一一，民國《重修南川縣志》卷一一。

詩二首　存

收入道光《南川縣志》卷一一，光緒《南川縣志》卷一二。

文一篇　存

收入道光《南川縣志》卷一一，光緒《南川縣志》卷一一。

周立恭

號鶴田，後更名伯寅，士忠子。乾隆五十九年舉人，任浙江溫州府永嘉場鹽大使。見道光《重慶府志》卷七，道光《南川縣志》卷九，光緒《南川縣志》卷七、卷八、卷一二，民國《重修南川縣志》卷八、卷一一周士忠條附。

國法須知一卷　家禮須知一卷　六事箴言六卷　家常瑣語一卷

見光緒《南川縣志》卷八，民國《重修南川縣志》卷一一、卷一二，《南川縣鄉土志·耆舊》。

焚餘草　醒人淺語　簡便良方

見光緒《南川縣志》卷八，民國《重修南川縣志》卷一一。

詩十五首　存

收入道光《南川縣志》卷一一，光緒《南川縣志》卷一二，民國《重修南川縣志》卷一二。

文二篇　存

收入道光《南川縣志》卷一一，光緒《南川縣志》卷一一。

周立矩

字石書。萬殊孫，士孝子。中乾隆五十一年舉人，官通判。見道光《重慶府志》卷七，道光《南川縣志》卷九，光緒《南川縣志》卷七、卷八，民國《重修南川縣志》卷八、卷一一周萬殊條附。

松風閣詩集十卷

見光緒《南川縣志》卷八、卷一一，民國《重修南川縣志》卷一二。《南川縣鄉土志·耆舊》，《全蜀詩鈔》卷二二。

詩三首　存

收入道光《南川縣志》卷一一，光緒《南川縣志》卷一二，民國《重修南川縣志》卷一二，《全蜀詩鈔》卷二二。

周立規

字石蘭，以字行，更號佛山，萬殊孫，士孝子。乾隆六十年中順天舉人。工草書兼漢隸。見道光《南川縣志》卷九，光緒《南川縣志》卷七、卷八，《全蜀詩鈔》卷三三，民國《重修南川縣志》卷八、卷一一周萬殊條附。

海天閣詩鈔六卷古文二卷

見光緒《南川縣志》卷八、卷一一，民國《重修南川縣志》卷一二，《南川縣鄉土志·耆舊》。

詩二首　存

收入《全蜀詩鈔》卷三三。

周立椿

號篁村。萬殊孫。道光五年重慶府學拔貢生。見道光《重慶府志》卷七，道光《南川縣志》卷九，光緒《南川縣志》卷七、卷八，民國《重修南川縣志》卷八、卷一一周萬殊條附。

思無邪齋詩賦文稿

見光緒《南川縣志》卷八、卷一一，民國《重修南川縣志》卷一二。

詩三首　存

收入光緒《南川縣志》卷一二，民國《重修南川縣志》卷一二。

文一篇　存

收入道光《南川縣志》卷一一，光緒《南川縣志》卷一一。

周立瑛（？—1823）

字席珍，號光圃，萬殊孫，士壽子。嘉慶十八年舉人，次年成進士。未仕，道光三年卒。見道光《重慶府志》卷七，道光《南川縣志》卷九，光緒《南川縣志》卷七，民國《重修南川縣志》卷一一周萬殊條附。

詩一首　存

收入道光《南川縣志》卷一一，光緒《南川縣志》卷一二。

周厚光

號謙堂，萬殊玄孫。同治十二年拔貢生。見光緒《南川縣志》卷七，民國《重修南川縣志》卷八、卷一一。

光緒《南川縣志》十二卷首一卷（黃際飛等修　周厚光等纂）　存

今存光緒二年刻本（方志聯合目錄）。

韋杰生

初名才楫，字紫航。嘉慶十八年拔貢生，道光十四年舉人，十六年成進士，授刑部廣東司主事。見道光《重慶府志》卷七，道光《南川縣志》卷九，光緒《南川縣志》卷七、卷八，民國《重修南川縣志》卷八、卷一一周萬殊條附。

遠山時藝　貽經堂文集　荊坊書屋試帖

見光緒《南川縣志》八卷，民國《重修南川縣志》卷一一、卷一二。

詩五首　存

收入光緒《南川縣志》卷一二，民國《重修南川縣志》卷一二。

文一篇　存

收入道光《南川縣志》卷一一，光緒《南川縣志》卷一一。

韋登嶧

字次瞻，杰生孫。監生。見民國《重修南川縣志》卷一一、卷一二。

詩十一首　存

收入民國《重修南川縣志》卷一二。

文一篇　存

收入民國《重修南川縣志》卷一二。

韋作安

表字作安，佚其名，杰生曾孫。負才不遇，遂入銅坎寺為僧，名永持。見民國《重修南川縣志》卷一一韋杰生條附。

詩四首　存

收入民國《重修南川縣志》卷一一韋杰生條附。

曹文純

一名因培，字作孚。曾祖大倫為乾隆間人。家貧輕財，卒年七十。見民國《重修南川縣志》卷一一曹大倫條附。

詩十四首　存

收入民國《重修南川縣志》卷一二。

楊榮封（？——1852）

字富三。中道光五年副榜，咸豐二年卒於成都。見道光《重慶府志》卷七，道光《南川縣志》卷九，光緒《南川縣志》卷七、卷八，民國《重修南川縣志》卷一一。

宜春山房古文

見光緒《南川縣志》卷八、卷一一，民國《重修南川縣志》卷一一、卷一二。

詩四首　存

收入光緒《南川縣志》卷一二。

文二篇　存

收入道光《南川縣志》卷一一，光緒《南川縣志》卷一一，民國《重修南川縣志》卷一二。

謝鳴謙

道光五年拔貢生，官直隸知縣。見道光《重慶府志》卷七，道光《南川縣志》卷九，光緒《南川縣志》卷七、卷八，民國《重修南川縣志》卷八、卷一一。

詩五首　存

收入道光《南川縣志》卷一一，光緒《南川縣志》卷一二。

康作霖

字雨仁，一寫作雨人。道光十二年舉人，終身從教，掌教本縣隆化書院。見道光《重慶府志》卷七，道光《南川縣志》卷九，光緒《南川縣志》卷七、卷八，民國《重修南川縣志》八、卷一一。

愛晚山房詩集

見光緒《南川縣志》卷一一，民國《重修南川縣志》卷一二。

詩八首　存

收入道光《南川縣志》卷一一，光緒《南川縣志》卷一二。

劉　鎮

字伯方。道光十七年舉人劉鈞之兄。歲貢生。見民國《重修南川縣志》卷一一劉開善條附。

文一篇　存

收入道光《南川縣志》卷一一，光緒《南川縣志》卷一一。

王家賓

道光十七年拔貢生。見道光《重慶府志》卷七，道光《南川縣志》卷九，光緒《南川縣志》卷一一，民國《重修道光縣志》卷八。

文一篇　存

收入道光《南川縣志》卷一一，光緒《南川縣志》卷一一。

唐玉琳

琳一寫作林。道光間歲貢生，喜作善事。見道光《重慶府志》卷七，道光《南川縣志》卷九，光緒《南川縣志》卷八，民國《重修南川縣志》卷一一唐正常條附。

金剛經注解　勸戒私宰

見光緒《南川縣志》卷八，民國《重修南川縣志》卷一一唐正常條附。

唐　鋭

字退庵，歲貢生。見道光《南川縣志》卷九，光緒《南川縣志》卷七，民國《重修南川縣志》卷八、卷一一、卷一二。

彝歡堂時藝　彝歡堂試帖

民國《重修南川縣志》卷一一。

彝歡堂詩文集

見民國《重修南川縣志》卷一二。

袁靄如

號雲樵。道光十九年舉人。見道光《重慶府志》卷七，道光《南川縣志》卷九，光緒《南川縣志》卷七、卷八，民國《重修南川縣志》卷八、卷一一。

讀史一斑六卷

見光緒《南川縣志》卷八、卷一一，民國《重修南川縣志》卷一二，《南川縣鄉土志·耆舊》。

詩九首　存

收入道光《南川縣志》卷一一，光緒《南川縣志》卷一二。

文一篇　存

收入光緒《南川縣志》卷一一。

徐作式

歲貢生，善解族人糾紛。見道光《重慶府志》卷七，道光《南川縣志》卷九，光緒《南川縣志》卷七、卷八，民國《重修南川縣志》卷八、卷一一。

勸規錄六卷

見光緒《重修南川縣志》卷一一，民國《重修南川縣志》卷一二。

詩一首　存

收入道光《南川縣志》卷一一，光緒《南川縣志》卷一二。

鮮與頡

歲貢生。見道光《重慶府志》卷七，道光《南川縣志》卷九，光緒《南川縣志》卷七，民國《重修南川縣志》卷八。

詩一首　存

收入道光《南川縣志》卷一一，光緒《南川縣志》卷一二。

韋葆初

號西崖。入涪州學籍，為監生。曾參纂涪州志。見民國《重修南川縣志》卷一一、卷一二。

韋氏宗譜二十四卷（與韋燦同編）

見民國《重修南川縣志》卷一二。

文三篇　存

收入民國《重修南川縣志》卷一二。

韋　燦

字蘭亭。咸豐九年舉人，同治十年大挑二等，歷任西充縣訓導、夔州府教授，年八十四告歸。見光緒《南川縣志》卷七，民國《重修南川縣志》卷八、卷一一、卷一二。

韋氏宗譜二十四卷（與韋葆初同編）

見民國《重修南川縣志》卷一一、卷一二。

徐大昌

字小蕃，一作筱蕃。同治六年舉人，任平武縣訓導，兼長匡山書院。見光緒《南川縣志》卷七、卷一二，民國《重修南川縣志》卷八、卷一一徐熙績條附。

平武縣學約一卷

見民國《重修南川縣志》卷一二。

南川公業圖說十二卷卷首一卷（張濤修　徐大昌　劉藜光纂）　存

今存光緒十五年刻本（國圖）。

詩二十一首　存

收入民國《重修南川縣志》卷一二。

文八篇　存

收入光緒《南川縣志》卷一二，民國《重修南川縣志》卷一二。

駱國恩

字子安，同治八年舉人。見光緒

《南川縣志》卷七、卷一二，民國《重修南川縣志》卷八。

詩一首　存

收入民國《重修南川縣志》卷一一唐洵條附。

文三篇　存

收入光緒《南川縣志》卷一二，民國《重修南川縣志》卷一一唐洵條附。

張大鑑

號晴江。歲貢生。見民國《重修南川縣志》卷八、卷一一。

詩二首　存

收入民國《重修南川縣志》卷一二。

劉先晉

字鳳廷。廩生，晚為貢生，後掌本縣育才書院。見民國《重修南川縣志》卷一一。

鳳竹軒詩四卷　經誼四卷

見民國《重修南川縣志》卷一一。

劉明昭

字德宣，先晉子。光緒二十三年拔貢生，先後就讀於尊經書院、東川書院。宣統元年廷試，舉貢一等，授七品小京官、陸軍部行走，陞至度支部主事。民國初猶在世。見民國《重修南川縣志》卷八、卷一一劉先晉條附。

詩一首　存

收入民國《重修南川縣志》卷一一劉先晉條附。

文四篇　存

收入民國《重修南川縣志》卷一二。

賴松雲

字馥堂。附貢生。見光緒《南川縣志》卷七，民國《重修南川縣志》卷一一、卷一二。

詩七首　存

收入民國《重修南川縣志》卷一二。

韋　同

字和齋。庠生。見光緒《南川縣志》卷八，民國《重修南川縣志》卷一一。

和齋詩稿

見光緒《南川縣志》卷八，民國《重修南川縣志》卷一二。

詩四首　存

收入民國《南川縣志》卷一二。

曹異三

字牧齋。見光緒《南川縣志》卷一二。

文一篇　存

收入光緒《南川縣志》卷一二。

韋麟書

廩生。入民國，任高小學校教員。見民國《南川縣志》卷首。

民國《重修南川縣志》十四卷首一卷（柳琅聲等修　韋麟書等纂）　存

今存民國二十年鉛印本（方志聯合目錄）。

李天柱

字晴塘。附貢生。見光緒《南川

縣志》卷七，民國《重修南川縣志》卷一一、卷一二。

詩五首 存

收入民國《重修南川縣志》卷一二。

文一篇 存

收入民國《重修南川縣志》卷一二。

嚴燦章

字華山。肄業東川書院，以歲貢生終。見民國《重修南川縣志》卷一一、卷一二。

文一篇 存

收入民國《重修南川縣志》卷一二。

駱式三

字小瞻。以布衣終。見民國《重修南川縣志》卷一一、一二。

韻學約編

見民國《重修南川縣志》卷一二。

周紹堯

字福堂。監生。見民國《重修南川縣志》卷一一、卷一二。

八柱集八卷

見民國《重修南川縣志》卷一二。

許廷陞

字士伯。附生。見民國《重修南川縣志》卷一一、卷一二。

周易集解二卷　辯善瑣言上下篇

見民國《重修南川縣志》卷一一。

文一篇 存

收入民國《重修南川縣志》卷一二。

周相雍

附生。見民國《重修南川縣志》卷一二。

文一篇 存

收入民國《重修南川縣志》卷一二。

楊福瓊

字彩峰。附生。見民國《重修南川縣志》卷一一、卷一二。

孝典四卷

見民國《重修南川縣志》卷一一、卷一二。

文一篇 存

收入民國《重修南川縣志》卷一二。

傅公溥（？——1921）

字子明。民國十年病卒。見民國《重修南川縣志》卷一一傳銳條附。

詩十六首 存

收入民國《重修南川縣志》卷一一、卷一二。

吴炳奎

字萃軒。監生。見民國《重修南川縣志》卷一一。

詩十首 存

收入民國《重修南川縣志》卷一二。

（許孟青　吴靜汶　鄒艷）

合　州

（今重慶合川區）

苟金薇

字井生。康熙二十三年舉人，卒年五十三。見民國《新修合川縣志》卷三四、卷四一。

曲江吏事紀實一卷

見民國《新修合川縣志》卷三三、卷四一。

素園寓集一卷　西粤草一卷

見民國《新修合川縣志》卷三四、卷四一。

出粤日記

見民國《新修合川縣志》卷四一。

朱　圻

字素存，號默齋。康熙二十七年庠生。見民國《新修合川縣志》卷四四朱耀先條附。

三餘詩草八卷文鈔一卷

民國《新修合川縣志》卷三四。

詩十九首　存

收入民國《新修合川縣志》卷六九、卷七〇。

石　璵

康熙四十七年舉人。見光緒《合州志》卷一一。

詩一首　存

收入乾隆《合州志》卷一五，光緒《合州志》卷一五。

羅醇仁

字濟英，號嶽峰。乾隆六年舉人，十年成進士。見乾隆《合州志》卷一〇，道光《重慶府志》卷七，光緒《合州志》卷一〇，民國《新修合川縣志》卷四四。

嶽峰集　中巴紀聞

見乾隆《合州志》卷一〇，光緒《合州志》卷一〇，民國《新修合川縣志》卷三四、卷四四。

詩八首　存

收入乾隆《合州志》卷一五，乾隆《巴縣志》卷一六，光緒《合州志》卷一五。

羅守仁

字用存，號鈍漢，醇仁弟。寄籍巴縣，雍正七年中舉人。乾隆中歷攝諸暨、平陽、縉雲、麗水、松陽、秀水、寧海七縣。性伉爽不阿，清白自守。卒寧海任，貧無以殮。見乾隆《合州志》卷一〇，乾隆《巴縣志》卷一六，光緒《合州志》卷一〇，民國《新修合川縣志》卷四一。

方溪集四卷

見乾隆《合州志》卷一〇，光緒《合州志》卷一〇，民國《新修合川縣志》卷三四。

詩五首　存

收入乾隆《合州志》卷一五，乾隆《巴縣志》卷一六，道光《江北廳志》卷八，光緒《合州志》卷一五。

張衡猷

字方崖。乾隆二十六年進士，官江蘇新陽縣知縣。見光緒《合州志》卷一〇，《蜀詩續鈔》卷二。

詩一首　存

收入《蜀詩續鈔》卷二。

蒙　選

字升野，譜名慶雲。乾隆間州學附生。見民國《新修合川縣志》卷三三。

西里思居沱蒙氏族譜四卷

見民國《新修合川縣志》卷三三。

劉泰山

名一作泰三，字鶴坪。乾隆六十年恩貢生，以明經主講雲峰鄉校二十餘年，與乾隆間舉人馮鎮巒為文字交。見道光《重慶府志》卷八，光緒《合州志》卷一〇、卷一一，《蜀詩續鈔》卷二，民國《新修合川縣志》卷七、卷四四。

硯農詩鈔四卷（馮鎮巒選輯）　存

見民國《新修合川縣志》卷三四。按：道光《重慶府志》卷八、光緒《合州志》卷一〇著錄作硯農詩草六卷。

今存道光七年敬業書屋刻本（北大）。

詩四十二首　存

收入乾隆《合州志》卷一五，光緒《合州志》卷一五、卷七〇，《蜀詩續鈔》卷二，民國《新修合川縣志》卷六九、卷七〇。

張乃孚（1755—1818）

字西村，號閬賓，一作銅梁人。乾隆四十八年舉人，舉孝廉方正，官花縣知縣。以母老病改教職，授蓬州學正。見光緒《合州志》卷一〇，光緒《銅梁縣志》卷八，《清人別集總目》頁1109。

乾隆《合州志》十六卷（周澄修　张乃孚等纂）　存

今存乾隆五十四年刻本（方志聯合目錄）；嘉慶間據乾隆五十四年刻版增刻本（國圖）；抄本（川圖）。

小白華山人詩鈔十二卷　存

見《清人別集總目》頁1109。

今存道光二年合川張氏半舫書屋刻本（川圖）。

小白華山人詩抄續編八卷附試帖詩一卷　存

見《清人別集總目》頁1109。

今存道光六年合川張氏半舫書屋刻本（川圖）。

閬濱餘草十六卷

見道光《重慶府志》卷九。

濮西草堂聊復存稿詩集

見光緒《銅梁縣志》卷八。

詩二百一十九首　存

收入乾隆《合州志》卷一五，光緒《合州志》卷一五，民國《新修合川縣志》卷六九、卷七〇，《全蜀詩鈔》卷二二，《蜀詩續鈔》卷二。

文八篇　存

收入乾隆《合州志》卷一四，光緒《合州志》卷一四、卷七三、卷七五、卷七六。

王應庚

字筆洲。庠生，乾隆間人。見光緒《合州志》卷一〇，民國《新修合川縣志》卷四四。

詩五首　存

收入乾隆《合州志》卷一五，光緒《合州志》卷一五。

文一篇　存

收入乾隆《合州志》卷一四，光緒《合州志》卷一四。

彭世儀 (1758—1815)

字象可，號約齋，又號柏里。乾隆四十八年舉人。嘉慶二十年卒，年五十八。見乾隆《合州志》卷一一、卷一五，光緒《合州志》卷一一，《蜀詩續鈔》卷二，民國《新修合川縣志》卷二九下、卷三八。

彭氏喬梓詩存一卷

見民國《新修合川縣志》卷二九下。

詩七首　存

收入乾隆《合州志》卷一五，光緒《合州志》卷一五，《蜀詩續鈔》卷二，民國《新修合川縣志》卷六九。

文一篇　存

收入乾隆《合州志》卷一二。

彭懋琪

字金沙，世儀子。嘉慶十八年拔貢生。見《全蜀詩鈔》卷四〇，民國《新修合川縣志》卷四四彭世儀條附。

養雲書屋詩集（一名金沙詩草）五卷

見民國《新修合川縣志》卷四四彭世儀條附。

詩十五首　存

收入《全蜀詩鈔》卷四〇。

彭定仁

字愛泉，懋琪子。道光元年舉人，任崇寧縣訓導。同治初卒，年六十餘。見光緒《合州志》卷一一，民國《新修合川縣志》卷四四。

詩四首　存

收入光緒《合州志》卷一五，民國《新修合川縣志》卷六九、卷七〇。

文五篇　存

收入光緒《合州志》卷一六，民國《新修合川縣志》卷七五、卷七六。

楊士鑅

名一作鑠，字振齋，號綠邨。中乾隆四十八年第二名舉人，官浙江東防同知。與張乃孚、彭世儀、馮鎮巒齊名，謂之合州四子。卒年六十餘。見乾隆《合州志》卷一一，道光《重慶府志》卷九，光緒《合州志》卷一一，民國《新修合川縣志》卷四四。

海塘挈要十二卷

見道光《重慶府志》卷九，民國《新修合川縣志》卷三三、卷四四。

詩四首　存

收入乾隆《合州志》卷一五，光緒《合州志》卷一五，《蜀詩續鈔》卷一，民國《新修合川縣志》卷六九。

文六篇　存

收入乾隆《合州志》卷一二、卷一三、卷一四，光緒《合州志》卷一四、卷一五、卷一六，民國《新修合川縣志》卷七一、卷七六。

熊　炳

字庸齋。嘉慶六年舉人，與張乃孚、彭世儀、馮鎮巒友善。見光緒《合州志》卷一一，民國《新修合川縣志》卷四四。

庸齋文稿若干卷

見民國《新修合川縣志》卷四四。

馮鎮巒（1760—1830）

字遠村。乾隆五十七年舉人，大挑二等，官清溪縣訓導。見道光《重慶府志》卷八，見光緒《合州志》卷一〇，民國《新修合川縣志》卷四四，《清人別集總目》頁362。

遠村詩文集十八卷

見道光《重慶府志》卷九。

晴雲山房全集文集十七卷補遺二卷詩集三卷補遺一卷附紅椒山房筆記七卷　存

見光緒《合州志》卷一〇，《清人別集總目》頁362。

今存道光二十四年合邑龍門鄉刻本（國圖，川圖，南大）

晴雲山房詩集三卷詩集補刻一卷文集補遺二卷新刻紅椒山房筆記七卷　存

今存道光二十四年刻本（國圖）。

詩一百二十六首　存

收入民國《新修合川縣志》卷六九、卷七〇。

文五十一篇　存

收入乾隆《合州志》卷一四，光緒《合州志》卷一四，民國《新修合川縣志》卷七二、卷七三、卷七五、卷七六、卷七七、卷七八、卷七九、卷八〇。

胡忠簡

明侍郎世賞七代孫，受業於舉人馮鎮巒。

胡氏光裕堂族譜

見民國《新修合川縣志》卷三三。

刁大琩

仕履無考，與馮鎮巒為同時人。見民國《新修合川縣志》卷三三。

合陽刁氏族譜

見民國《新修合川縣志》卷三三。

李廷蕻（？—1838）

字南邨，名一作廷英。嘉慶三年舉人。見道光《重慶府志》卷七，光緒《合州志》卷一一，民國《新修合川縣志》卷四一。

行程紀略一卷續一卷

見民國《新修合川縣志》卷四一。

永里南壩李氏光裕家乘四卷

見民國《新修合川縣志》卷三三。

詩一首　存

收入民國《新修合川縣志》卷七〇。

苟文熻

字月邨。嘉慶三年，以諸生距賊死之。見民國《新修合川縣志》卷四六。

半課堂遺稿一卷

見民國《新修合川縣志》卷三四。

苟文炎

字凌霄，號雨峰。屢試不利，以

太學生終。見民國《新修合川縣志》卷三四。

來雅堂遺稿

見民國《新修合川縣志》卷三四。

苟文焜

字漢照，文炎從兄弟。增廣生。見民國《新修合川縣志》卷三四。

棣萼堂遺稿一卷

見民國《新修合川縣志》卷三四。

潘一崙 (1798—1879)

字瑩臺，原名大川。以歲貢生終。光緒五年卒，年八十二。見光緒《合州志》卷之一一，民國《新修合川縣志》卷四八。

詩一首　存

收入民國《新修合川縣志》卷六九。

文一篇　存

收入民國《新修合川縣志》卷七六。

易玉澤 (1799—1852)

字金濟，號靜山，別號伴雲山人。州庠生，肄業錦江書院。咸豐二年卒，年五十四。見民國《新修合川縣志》卷四五易安宇條附。

合州易氏族譜　敦實堂稿

見民國《新修合川縣志》卷四五易安宇條附。

彭應祥

嘉慶二十四年舉人，官江蘇知縣。見《全蜀詩鈔》卷四四。

詩一首　存

收入《全蜀詩鈔》卷四四。

羅衡

原名天衡，字尚柄，號玉亭。嘉慶二十一年舉人，道光六年成進士，官江蘇，補荊溪縣知縣。見光緒《合州志》卷一〇，民國《新修合川縣志》卷四四。

雅萃集　樂育堂時藝

見光緒《合州志》卷一〇，民國《新修合川縣志》卷四四。

莫春暉

字南軒，一字載陽，號蘊庵。嘉慶二十四年舉人，大挑一等，歷署歸善、昌化、儋州等邑，補始興縣知縣。見光緒《合州志》卷一〇，民國《新修合川縣志》卷四四。

粵遊飛鴻詩草

見光緒《合州志》卷一〇，民國《新修合川縣志》卷四四。

曠超凡

字相山。嘉慶間人，究心堪輿學，年七十四卒。見民國《新修合川縣志》卷五五。

相山撮要二卷　存

見民國《新修合川縣志》卷五五。

今存道光十八年一經堂刻本（上圖）。

何榮爵

字健齋。道光十一年中副榜，教讀自給，前後約六十年。光緒初，年九十猶在世。見民國《新修合川縣志》卷七、卷六〇。

詩一首　存

收入光緒《合州志》卷一五，民國《新修合川縣志》卷六九。

朱　奐（1825—1858）

名一作渙，字章士，號礪山，一號雪邨。朱虎臣門人。中道光二十六年舉人，次年成進士。咸豐八年卒，年三十四。見光緒《合州志》卷一一，民國《新修合川縣志》卷三四、卷四九。

師竹軒詩草二卷　文賦一卷　時藝一卷

見民國《新修合川縣志》卷三四。

詩五十首　存

收入民國《新修合川縣志》卷六九、卷七〇。

文一篇　存

收入民國《新修合川縣志》卷七三。

劉崇爚

字伯能，號裕齋，一號雲莊，原名自綽。道光二十年試入州庠，以諸生終。見民國《新修合川縣志》卷四四。

東里瓦房溝劉氏族譜四冊

見民國《新修合川縣志》卷三三。

禹　湛

字注元，號洳江。嘉慶、道光間人，以歲貢生終。見光緒《合州志》卷一一，民國《新修合川縣志》卷四四。

詩一百三十首　存

收入光緒《合州志》卷一五，民國《新修合川縣志》卷六九、卷七〇。

文一篇　存

收入光緒《合州志》卷一六。

張可輿

號農溪。家世清貧，科場不利，乃改為醫，有能名。見民國《新修合川縣志》卷四四張世璵條附。

農溪瑣言一卷　楓落吳江詩稿一卷

見民國《新修合川縣志》卷四四張世璵條附。

張世璵

字雲泉。少承家業，有良醫名。按世璵子正嵛為光緒五年舉人。見光緒《合州志》卷一〇，民國《新修合川縣志》卷四四。

他山吟草

見光緒《合州志》卷一〇，民國《新修合川縣志》卷四四。

劉善述

名輿□，以字行。少讀書能文，屢試童生試不利，改習醫。年六十餘卒。見民國《新修合川縣志》卷五五。

草木便方一元集二卷　存

見民國《新修合川縣志》卷五五。

今存光緒六年岳池學文堂刻本（國圖）。

劉紹熙（1840—1905）

字庶咸，善述族孫。州庠生，旋充增廣生員。屢試不中，專力於醫。光緒三十一年卒，年六十六。見民國《新修合川縣志》卷五五劉善述條附。

公餘醫錄六卷

見民國《新修合川縣志》卷三四、卷五五劉善述條附。

周作孚

字明德，一字子惠，號峻庵，又號卜元，原名遠視。咸豐五年（一作二年）舉人，同治四年會試試場疾作，旋卒。見光緒《合州志》卷一〇，民國《新修合川縣志》卷四四。

詩四首　存

收入民國《新修合川縣志》卷七〇。

文三篇　存

收入民國《新修合川縣志》卷七三、卷八三。

蔣璧方

字輯亭，初名道成，字集廷。咸豐九年舉人，還主合宗書院，同治十三年成進士，官翰林院庶吉士，授職編修。見光緒《合州志》卷一一，民國《新修合川縣志》卷七、卷四一。

一得隨錄二卷

見民國《新修合川縣志》卷三四。

見所見齋文鈔一卷　史論一卷　蔣氏家約一卷

見民國《新修合川縣志》卷四一。

詩五首　存

收入民國《新修合川縣志》卷六九、卷七〇。

文二十四篇　存

收入民國《新修合川縣志》卷七一、卷七二、卷七三、卷七五、卷七六、卷七七、卷七八、卷八〇、卷八一。

杜紹堂

一作紹唐，字懷赤，號子揚，一號培庵，原名良辟。寄籍岳池。同治元年舉人，十一年揀發新疆知縣。見民國《新修合川縣志》卷三三、卷四一。

東里涓子溪杜氏聯合族譜十二卷

見民國《新修合川縣志》卷三三。

陸慶錕

字玉山，號公若。同治初庠生。見民國《新修合川縣志》卷三三。

西里福壽場陸氏族譜

見民國《新修合川縣志》卷三三。

李二文（1824—1871）

字華國。屢試童生試不利，乃絕意進取。善相地。同治十年卒，年四十八。見民國《新修合川縣志》卷四六。

堪輿真傳若干卷

見民國《新修合川縣志》卷四六。

陳志冰

女，何大成妻。嫠居近四十年，光緒二十七年旌為節婦。見民國《新修合川縣志》卷五四。

志冰詩草二卷

見民國《新修合川縣志》卷三四。

劉世儀

字蔚亭。官廣東欽州吏目。見

《蜀詩續鈔》卷二。

詩一首　存

收入《蜀詩續鈔》卷二。

秦世泰

字階平。太學生。見民國《新修合川縣志》卷四四秦代馨條附。

合城防守事宜　事餘詩草若干卷

見民國《新修合川縣志》卷四四秦代馨條附。

秦代馨

字薦香，一作劍湘，世泰子。中同治六年舉人。卒年二十七。見民國《新修合川縣志》卷四四。

薦香遺稿三卷　存

見《清人別集總目》頁1721。按：民國《新修合川縣志》卷四四著錄作劍湘遺稿一卷。

今存光緒四年刻本（上圖，南圖，粵圖，復旦）。

鄧德敏

字惠先。承父業貿葯，兼知醫理。見民國《新修合川縣志》卷三四。

長沙串注方歌二卷

見民國《新修合川縣志》卷三四。

丁樹誠（1835—1902）

字至堂，號治棠。光緒初，入讀尊經書院，五年，中舉人，後任本州瑞山書院主講、隴縣學訓導。二十八年卒，年六十八。見民國《新修合川縣志》卷四四。

治棠經說七卷　史考一卷　文集四卷詩集六卷　儀隴雜著不分卷

見民國《新修合川縣志》卷三四、卷四四。

仕隱齋涉筆不分卷　存

見民國《新修合川縣志》卷四四。

今存四川人民出版社一九八五年出版龍門陣叢書本。

丁治棠紀行四種　存

今存四川人民出版社一九八四年出版排印本。

詩一百五十五首　存

收入民國《新修合川縣志》卷六九、卷七〇。

文六十二篇　存

收入民國《新修合川縣志》卷七一、卷七二、卷七四、卷七五、卷七六、卷七七、卷七八、卷八一、卷八二。

張森楷

號式卿，又號石親。光緒十九年舉人，以四品頂戴為揀選知縣。入民國，任四川總司令部參議。有著述稿本數十種藏於家。見民國《新修合川縣志》卷首、卷三三、卷三四，《蜀詩續鈔》卷五。

民國《新修合川縣志》八十三卷（鄭賢書等修　張森楷纂）　存

今存民國十年刻本（方志聯合目錄）。

東里雙鳳場張氏族譜附夏史要三十二卷

見民國《新修合川縣志》卷三三。

聲律典麗四卷

見民國《新修合川縣志》卷三四。

史記新校注緣起　存

今存民國二十四年鉛印本（上圖）。

詩二十一首　存

收入民國《新修合川縣志》卷六九、

卷七〇，《蜀詩續鈔》卷五。

文十三篇　存

收入民國《新修合川縣志》卷七一、卷七五、卷七六、卷七八、卷八三。

王啟霖

歲貢生。見光緒《合州志》卷一一。

詩十一首　存

收入光緒《合州志》卷一五，民國《新修合川縣志》卷七〇。

文二篇　存

收入民國《新修合川縣志》卷七一、卷八三。

陳澤民

字潤生。年十三入邑庠，又肄業於東川書院。年五十卒。與張森楷曾有交往。見民國《新修合川縣志》卷四四。

詩八首　存

收入民國《新修合川縣志》卷六九、卷七〇。

文十三篇　存

收入民國《新修合川縣志》卷七二、卷七五、卷七六、卷七七、卷八〇、卷八一。

陳在德

字樹堂。廩生，授徒多所成就。年四十卒。見光緒《合州志》卷一〇，民國《新修合川縣志》卷四三。

衆星堂餘草二卷（與陳在寬各撰一卷）

見民國《新修合川縣志》卷三四。

詩十四首　存

收入民國《新修合川縣志》卷六九、七〇。

陳在寬 (1803—1882)

字敬敷，號裕齋，在德弟。咸豐元年充歲貢生。見光緒《合州志》卷一一，民國《新修合川縣志》卷四三。

衆星堂餘草二卷（與陳在德各撰一卷）

見民國《新修合川縣志》卷三四。按：衆，同書卷四三陳在寬小傳作“聚”。

詩二十九首　存

收入光緒《合州志》卷一五，民國《新修合川縣志》卷六九、卷七〇。

陳炳煊 (1839—1899)

字春午，原名用儀，字春庭。在寬子。以廩生中光緒二年舉人，次年成進士，以知縣即用。二十五年卒，年六十一。見民國《新修合川縣志》卷七、卷四一、卷四三。

詩二首　存

收入民國《新修合川縣志》卷七〇。

文三篇　存

收入民國《新修合川縣志》卷七三、卷八三。

周　禮 (1849—1901)

字制宜，原名定禮。尤留心堪輿之學。光緒二十七年卒，年五十三。見民國《新修合川縣志》卷五五。

仁知格言稿

見民國《新修合川縣志》卷五五。

蕭望崧

字鍾嶽，號子高，一號翰雙，亦稱小白華山館主。以歲貢生終。見民國《新修合川縣志》卷四四。

銜石集一卷　上青天集一卷　秋吟回文百首一卷　師儉齋遺詩六卷　卷瀾餘稿詞二卷　蕭齋駢文一卷

見民國《新修合川縣志》卷三四、卷四四。

詩七十二首　存

收入民國《新修合川縣志》卷六九、卷七〇。

文三篇　存

收入民國《新修合川縣志》卷七六、卷七七。

孔祥珂

字端堂，孔子七十五代孫，襲封衍聖公爵。光緒中卒，謚莊慤。見民國《新修合川縣志》卷三三。

西里馬頭溪孔氏譜一冊

見民國《新修合川縣志》卷三三。

苟鍾濟

字溥廷。按下所撰族譜刊於光緒十年，鍾濟當為此時人。見民國《新修合川縣志》卷三三。

西里白沙場苟氏族譜（合撰）

見民國《新修合川縣志》卷三三。

胡宏岱

字東峰，同治、光緒間人。見民國《新修合川縣志》卷三三。

東里獅灘橋麒麟廟胡氏家譜一冊

（與胡宏坦同修）

見民國《新修合川縣志》卷三三。

陳雲逵

庠生，教授於家塾，有時名。見民國《新修合川縣志》卷四五陳翊條附。

西里瓦子山陳氏族譜一冊

見民國《新修合川縣志》卷三三。

李三清

字封山，清末人。見民國《新修合川縣志》卷三三、卷四五李一德條附。

東里高石坎李氏族譜三卷

見民國《新修合川縣志》卷三三。

李定所

原名懋樞，字斗南。見民國《新修合川縣志》卷三三。

東里小趕漕李氏族譜六卷

見民國《新修合川縣志》卷三三。

張炳炎

字浩然。光緒中廩生。見民國《新修合川縣志》卷三三。

左氏同修宗譜六卷（合撰）

見民國《新修合川縣志》卷三三。

潘開鏛

字南軒。見民國《新修合川縣志》卷三三。

西里潘氏支譜一卷

見民國《新修合川縣志》卷三三。

張天造

字書紳。國學生。見民國《新修合川縣志》卷三三。

太井灣張氏族譜二冊（合撰，光緒五年重修本）

見民國《新修合川縣志》卷三三。

王　□

西來里白沙興隆場王氏族譜一冊

見民國《新修合川縣志》卷三三。

朱虎臣

字寅上，號春浦。廩生，卒年五十。當為光緒中人。見光緒《合州志》卷一〇，民國《新修合川縣志》卷四四。

味醇軒古近體詩十五卷　試帖詩一卷

見民國《新修合川縣志》卷四四。

詩九十六首　存

收入民國《新修合川縣志》卷七〇。

文一篇　存

收入民國《新修合川縣志》卷七一。

秦大恒

字安溪，號岱松。國子監生。後隱居安溪，年三十卒。見民國《新修合川縣志》卷三四。

岱松詩集一卷

見民國《新修合川縣志》卷三四。

蕭中佑

字保衡。清末人，畢業於合州中校。見民國《新修合川縣志》卷三三。

東里龍鳳場國東山蕭氏族譜二卷

見民國《新修合川縣志》卷三三。

蘇　□

來里二郎廟蘇氏譜一冊

見民國《新修合川縣志》卷三三。

（許孟青　吴静汶　鄒艷）

涪　州

（今重慶涪陵區）

夏景宣

字南輝。康熙二十年舉人，官御史。見乾隆《涪州志》卷九、卷一一，同治《重修涪州志》卷七。

詩八首　存

收入乾隆《涪州志》卷一一。

文一篇　存

收入乾隆《涪州志》卷一一，同治《重修涪州志》卷一四。

何　鉽

字元鼎，一作字元昇，號厚溪。康熙三十八年舉人，官浙江鄞縣知縣。見乾隆《涪州志》卷九，道光《重慶府志》卷八，同治《重修涪州志》卷七、卷一〇，《全蜀詩鈔》卷八，民國《涪陵縣續修涪州志》卷一九。

芝田詩稿無卷數

見道光《重慶府志》卷八、卷九，民國《涪陵縣續修涪州志》卷一九。

詩一首　存

收入《全蜀詩鈔》卷八。

何　鎧

字元章。康熙四十四年舉人，官夏津縣知縣。見乾隆《涪州志》卷九，道光《重慶府志》卷八，民國《涪陵縣續修涪州志》卷一九。

永言隨筆一卷

見道光《重慶府志》卷八，民國《涪陵縣續修涪州志》卷一九。

詩九首　存

收入乾隆《涪州志》卷一一。

何裕基

字竹田，何鎧子。乾隆元年舉人，任溫江縣教諭。見乾隆《涪州志》卷九，道光《重慶府志》卷七、卷九，同治《重修涪州志》卷七，民國《涪陵縣續修涪州志》卷一九。

樸園存稿無卷數

見道光《重慶府志》卷九，民國《涪陵縣續修涪州志》卷一九。

詩一首　存

收入乾隆《涪州志》卷一一。

何啟昌

字晴嵐，裕基子。乾隆二十四年舉人，任靖安縣知縣。見乾隆《涪州志》卷九、卷一一，道光《重慶府志》卷七，同治《重修涪州志》卷一五。

詩一首　存

收入乾隆《涪州志》卷一一，同治《重修涪州志》卷一五。

何浩如

字養充，號海門，裕基孫，啟昌子。乾隆四十四年舉人，任安化縣知縣。見乾隆《涪州志》卷九，道光《重慶府志》卷七，同治《重修涪州志》卷七、卷八。

詩九首　存

收入乾隆《涪州志》卷一一，同治《重修涪州志》卷一五。

文一篇　存

收入乾隆《涪州志》卷一一，同治《重修涪州志》卷一四，民國《涪陵縣續修涪州志》卷二一。

陳　堅

字採聞。康熙四十七年舉人，官河工同知。精堪輿學。見乾隆《涪州志》卷九，道光《重慶府志》卷七，民國《涪陵縣續修涪州志》卷一三、卷一九。

地理辨疑

見民國《涪陵縣續修涪州志》卷一三、卷一九。

何行先

字退之。康熙五十年解元，任嘉定府教授。見乾隆《涪州志》卷九，道光《重慶府志》卷七、卷八，同治《重修涪州志》卷七。

詩一首　存

收入乾隆《涪州志》卷一一，同治《重修涪州志》卷一五。

文一篇　存

收入乾隆《涪州志》卷一一。

陳于中

字太常。雍正四年舉人，任廣東糧驛道。見乾隆《涪州志》卷九，道光《重慶府志》卷七，同治《重修涪州志》卷七，民國《涪陵縣續修涪州志》卷一二。

嗚鶴堂宦游草

見民國《涪陵縣續修涪州志》卷一二。

李天鵬

字圖南。雍正十年舉人，任奉新縣知縣。見乾隆《涪州志》卷九，道光《重慶府志》卷七，同治《重修涪州志》卷七。

詩十一首　存

收入乾隆《涪州志》卷一一，同治《重修涪州志》卷一五。

陳于宣

字寧敷。雍正十三年舉人，任綏寧縣知縣。見乾隆《涪州志》卷九，道光《重慶府志》卷七，同治《重修涪州志》卷七，民國《涪陵縣續修涪州志》卷一九。

乾隆《涪州志》十二卷（多澤厚修陳于宣纂）　存

今存乾隆五十年刻本（故宮，川大）；抄本（川圖）。

陳廷璠

字六齋。一字理存，于宣子。乾隆四十五年舉人，嘉慶六年大挑一等，歷任廣西荔圃、籐縣知縣。見乾隆《涪州志》卷九，道光《重慶府志》卷七、卷八，同治《重修涪州志》卷七，民國《涪陵縣續修涪州志》卷一二、卷一九。

學制拙工錄

見民國《涪陵縣續修涪州志》卷一二。

詩一首　存

收入乾隆《涪州志》卷一一。

文一篇　存

收入同治《重修涪州志》卷一四。

鄒錫彤

字德文。雍正十三年舉人，乾隆元年成進士，官觀察。見乾隆《涪州志》卷九，道光《重慶府志》卷七，同治《重修涪州志》卷七，民國《涪陵縣續修涪州志》卷一〇。

文一篇　存

收入乾隆《涪州志》卷一一。

周　煌（1643—1714）

字楚緒，一字景垣，號海山。乾隆二年進士，授翰林院編修，官至兵部尚書，進太子太傅。卒年七十二，謚文恭。見乾隆《涪州志》卷九，道光《重慶府志》卷七，同治《重修涪州志》卷七，《涪乘新啟》卷三，民國《涪陵縣續修涪州志》卷一一，《全蜀詩鈔》卷一一，《清人別集總目》頁1444。《清史稿》卷三二一有傳。

琉球國志略　存

見道光《重慶府志》卷九，《清史稿》卷三二一本傳。

今存乾隆二十四年漱潤堂刻本（國圖，上圖，南大）；乾隆四十二年福建刻本（上圖）；乾隆間刻本（北大，川大）；乾隆間武英殿活字印本（國圖）；同治七年福建刻本（北大）；同治間據乾隆刻本重修本（國圖）；光緒二十一年福建布政使署刻本（國圖，北大）；光緒二十五年廣雅書局刻本（國圖，上圖）；光緒十九年刻本（北師大）；光緒刻本（北大）；民國抄本（北大）。

海山存稿内集八卷外集十二卷　存

見《清人別集總目》頁1444。

今存乾隆三十四年刻本（華東師大）；乾隆五十八年涪陵周氏葆素家塾金陵刻本（國圖，川圖，粤圖，魯圖，中科院，復旦，太谷，祁縣）；嘉慶元年葆素家塾刻本（湘圖）。

海山存稿二十卷　存

今存乾隆五十八年刻本（國圖，北大）；嘉慶元年刻本（北大）。

海山存稾内集八卷　存

見《清人別集總目》頁1444。

今存嘉慶金陵刻本（川圖）。

海東集二卷續一卷　存

見《清人別集總目》頁1444。

今存乾隆刻本（國圖，上圖，中科院）。

應制集　海東集　豫章集　湖海集

蜀道吟（蜀吟）

見道光《重慶府志》卷九，民國《涪陵縣續修涪州志》卷一九。

黄　坦

字明寬。乾隆六年解元，官棗陽縣知縣。見乾隆《涪州志》卷九，道光《重慶府志》卷七，同治《重修涪州志》卷七、卷一〇，民國《涪陵縣續修涪州志》卷一九。

輝萼堂詩文集

見道光《重慶府志》卷九，同治《重修涪州志》卷一〇，民國《涪陵縣續修涪州志》卷一九。

黄　基

字崇坦，坦弟。乾隆六年舉人，官婁縣知縣。見乾隆《涪州志》卷九，道光《重慶府志》卷七，同治《重修涪州志》卷七。

詩二首　存

收入乾隆《涪州志》卷一一，同治《重修涪州志》卷一五，民國《涪陵縣續修涪州志》卷二二。

文一篇　存

收入乾隆《涪州志》卷一一。

張一載

字五良。乾隆十二年舉人。見乾隆《涪州志》卷九，道光《重慶府志》卷七，同治《重修涪州志》卷七，民國《涪陵縣續修涪州志》卷一〇。

文一篇　存

收入乾隆《涪州志》卷一一，同治《重修涪州志》卷一四。

陳于藩

字莫安。乾隆十七年舉人，任定襄縣知縣。見乾隆《涪州志》卷九，道光《重慶府志》卷七，同治《重修涪州志》卷七，民國《涪陵縣續修涪州志》卷一〇。

詩三首　存

收入乾隆《涪州志》卷一一。

陳鵬飛

字之南。乾隆二十四年舉人，二十八年成進士，任萊蕪縣知縣。見乾隆《涪州志》卷九，道光《重慶府志》卷七，民國《涪陵縣續修涪州志》卷一〇。

詩六首　存

收入乾隆《涪州志》卷一一，同治《重修涪州志》卷一五。

潘喻謙

字穆堂。乾隆二十七年舉人，官直隸知縣。見乾隆《涪州志》卷九，道光《重慶府志》卷七，民國《涪陵縣續修涪州志》卷一〇。

詩二首　存

收入乾隆《涪州志》卷一一。

文一篇　存

收入乾隆《涪州志》卷一一。

潘履謙

字益存。恩貢生。見乾隆《涪州志》卷九，民國《涪陵縣續修涪州志》卷一〇。

文一篇　存

收入乾隆《涪州志》卷一一，同治《重修涪州志》卷一四。

舒國珍

字后平。寄籍貴州，中乾隆三十九年舉人。見乾隆《涪州志》卷九，同治《重修涪州志》卷七，民國《涪陵縣續修涪州志》卷一〇。

詩一首　存

收入乾隆《涪州志》卷一一，同治《重修涪州志》卷一五。

陳夔讓

字郁度。乾隆四十四年舉人，官晉安縣知縣。見乾隆《涪州志》卷九，道光《重慶府志》卷七，同治《重修涪州志》卷七，民國《涪陵縣續修涪州志》卷一〇。

詩八首　存

收入乾隆《涪州志》卷一一。

周宗泰

字懷源。乾隆四十五年舉人，官武進縣知縣。見乾隆《涪州志》卷九，道光《重慶府志》卷七，同治《重修涪州志》卷七，民國《涪陵縣續修涪州志》卷一〇。

詩八首　存

收入乾隆《涪州志》卷一一，同治《重修涪州志》卷一五。

鄒洢寧

字豫川。乾隆四十五年舉人，官浙江寧海縣知縣。見乾隆《涪州志》卷九，嘉慶《漢州志》卷三五，道光《重慶府志》卷七，同治《重修涪州志》卷七，《民國涪陵縣續修涪州志》卷一四。

詩一首　存

收入乾隆《涪州志》卷一一，同治《重修涪州志》卷一五。

文一篇　存

收入嘉慶《漢州志》卷三五。

鄒澍寧

字潤蒼。乾隆四十八年舉人，官朔州知州。見乾隆《涪州志》卷九，道光《重慶府志》卷七，同治《重修涪州志》卷七，民國《涪陵縣續修涪州志》卷一〇。

詩二首　存

收入乾隆《涪州志》卷一一。

陳永圖

字固庵。乾隆五十三年舉人，嘉慶七年成進士，官翰林院庶吉士，任宜章縣知縣。見道光《重慶府志》卷七、卷八，同治《重修涪州志》卷七、卷一〇；民國《涪陵縣續修涪州志》卷一〇。

章水唱和集

見同治《重修涪州志》卷一〇，民國《涪陵縣續修涪州志》卷一九。

詩一首　存

收入同治《重修涪州志》卷一五。

彭應槐

字文軒。乾隆五十九年舉人，任江安縣訓導。見道光《重慶府志》卷七，同治《重修涪州志》卷七，民國《涪陵縣續修涪州志》卷一三。

地輿便覽

見民國《涪陵縣續修涪州志》卷一九。

彭應桂

名一作應柱，應槐弟。見民國《涪陵縣續修涪州志》卷一三、卷一九。

馥元堂詩草

見民國《涪陵縣續修涪州志》卷一三、卷一九。

陳于銘

字西齋。府學明經。見乾隆《涪州志》卷一一，同治《重修涪州志》卷一四，民國《涪陵縣續修涪州志》

卷一三。

文一篇　存

收入乾隆《涪州志》卷一一，同治《重修涪州志》卷一四。

侯天章

舉人。見乾隆《涪州志》卷一一。

詩二首　存

收入乾隆《涪州志》卷一一，同治《重修涪州志》卷一五，民國《涪陵縣續修涪州志》卷二二。

陳祖烈

庠生。見乾隆《涪州志》卷一一。

詩一首　存

收入乾隆《涪州志》卷一一。

劉邦柄

字握亭，號寅谷。嘉慶六年舉人，十三年成進士，任廣東東海縣知縣，又歷署化州石城、吳川等縣。見道光《重慶府志》卷七、卷八，同治《重修涪州志》卷七，民國《涪陵縣續修涪州志》卷一〇。

海上吟一卷（海上吟詩集）

見道光《重慶府志》卷八，民國《涪陵縣續修涪州志》卷一九。

詩三首　存

收入同治《重修涪州志》卷一五。

周汝梅

字雪樵。嘉慶九年舉人，任郫縣教諭。見道光《重慶府志》卷七，同治《重修涪州志》卷七、卷一〇，民國《涪陵縣續修涪州志》卷一〇。

綠韻山莊古文

見同治《重修涪州志》卷一〇，民國《涪陵縣續修涪州志》卷一九。

況掄標

又名正標，字樹巖。嘉慶十八年副榜。見同治《重修涪州志》卷七，民國《涪陵縣續修涪州志》卷一三、卷一九。

周易一說

見民國《涪陵縣續修涪州志》卷一九。

石彦恬

字麟士，晚號素翁。嘉慶二十一年舉人。見道光《重慶府志》卷七，同治《重修涪州志》卷七、卷一〇，民國《涪陵縣續修涪州志》卷一〇。

道光《涪州志》十卷（德恩修　石彦恬　李樹玆纂）　存

今存道光二十五年刻本刻本（方志聯合目録）。

三君子堂詩存五卷　存

見《清人别集總目》頁282。按：同治《重修涪州志》卷一〇、民國《涪陵縣續修涪州志》卷一九著録作三君子堂詩文集。

今存光緒十四年涪陵謝氏傳經堂刻本（川圖）。

詩八首　存

收入民國《涪陵縣續修涪州志》卷二三。

文一篇　存

收入同治《重修涪州志》卷一四，民國《涪陵縣續修涪州志》卷二一。

譚道衢

字逵九。嘉慶二十一年副貢生，二十四年中舉人。見道光《重慶府志》卷七，同治《重修涪州志》卷七，民國《涪陵縣續修涪州志》卷一〇。

文一篇　存

收入同治《重修涪州志》卷一四，民國《涪陵縣續修涪州志》卷二一。

陳　瀚

字蓮舫。道光二年舉人，官郫縣教諭。見《全蜀詩鈔》卷四六。

詩二首　存

收入《全蜀詩鈔》卷四六。

陳　爔

字春荑。道光八年舉人，十二年成進士，授翰林院編修，官至江南河庫道。見《全蜀詩鈔》卷四六。

詩一首　存

收入《全蜀詩鈔》卷四六。

周　莊

字六衢。中咸豐元年副榜，主講本邑桂馨書院。見同治《重修涪州志》卷七，民國《涪陵縣續修涪州志》卷一三。

峽中吟詩稿

見民國《涪陵縣續修涪州志》卷一三。

詩三首　存

收入民國《涪陵縣續修涪州志》卷二三。

王應元

字春圃。咸豐二年舉人，長於古文。見同治《重修涪州志》卷七，民國《涪陵縣續修涪州志》卷一〇、卷一三。

同治《涪州志》十六卷首一卷（吕紹衣等修　王應元　傅炳墀等纂）　存

今存同治九年刻本（方志聯合目録）。

文一篇　存

收入民國《涪陵縣續修涪州志》卷二一。

傅炳墀

字紫卿，一作字紫鵠。咸豐八年舉人，同治四年成進士，仕滇前後二十餘年。詩文外，書法猶精。見同治《重修涪州志》卷七，民國《涪陵縣續修涪州志》卷一〇、卷一三。

同治《涪州志》十六卷首一卷（吕紹衣等修　王應元　傅炳墀等纂）　存

見上王應元條。

薇雲山館雜存

見民國《涪陵縣續修涪州志》卷一三。

詩五首　存

收入民國《涪陵縣續修涪州志》卷二三。

文二篇　存

收入民國《涪陵縣續修涪州志》卷二一。

鄒增吉

字迪邨，一作迪偁。同治九年舉人。見同治《重修涪州志》卷七，民國《涪陵縣續修涪州志》卷一〇、卷一三。

詩九首　存

收入民國《涪陵縣續修涪州志》卷二二。

鄒增祜

字受丞，增吉堂弟。光緒二十一年進士，官至嘉應直隸州知州。晚年尤長於醫學。與增吉齊名。見民國《涪陵縣續修涪州志》卷一〇、卷一三。

天風海水樓詩文集　薏言

見民國《涪陵縣續修涪州志》卷一三。

醫學叢鈔

見民國《涪陵縣續修涪州志》卷一九。

詩十一首　存

收入民國《涪陵縣續修涪州志》卷二三。

文四篇　存

收入民國《涪陵縣續修涪州志》卷二一。

陳援世

字獨醒，一作獨惺。拔貢生，官江南鳳陽府蒙城縣知縣，攝壽州事。見同治《重修涪州志》卷七，民國《涪陵縣續修涪州志》卷一三。

北上集　南游集　皖道蟬音　浪游小草

見民國《涪陵縣續修涪州志》卷一三。

張克鎮

字重夫，貢生。藏書萬卷，富甲於涪屬。見同治《重修涪州志》卷一〇，民國《涪陵縣續修涪州志》卷一三。

思及堂詩文集

見同治《重修涪州志》卷一〇，民國《涪陵縣續修涪州志》卷一三。

詩四首　存

收入同治《重修涪州志》卷一五。

文一篇　存

收入同治《重修涪州志》卷一四。

方　正

字守之。光緒二十三年舉人，二十四年成進士，仕黔。見民國《涪陵縣續修涪州志》卷一〇、卷一一。

磨硯齋詩集

見民國《涪陵縣續修涪州志》卷一一。

薛騰霄

歲貢生。見民國《涪陵縣續修涪州志》卷一〇。

詩一首　存

收入民國《重修合川縣志》卷六九。

陳驤瀚

字嵩泉，號古薌子。廩生，善詩文書畫，諳算術。見民國《涪陵縣續修涪州志》卷一三，《清人別集總目》頁1327。

古薌吟館雜說　四元通變　騃癡譎譚

見民國《涪陵縣續修涪州志》卷一三。

古香吟館詩存一卷　存

見《清人別集總目》頁1327。

今存抄本（首都）

余士彬

更名藩，字筠甫。入酆都學籍，

廩生。見民國《涪陵縣續修涪州志》卷一三。

竹林居集

見民國《涪陵縣續修涪州志》卷一三。

陳光綸

字少竺。工書、詩。見民國《涪陵縣續修涪州志》卷一三。

絢秋山房

見民國《涪陵縣續修涪州志》卷一三。

陳鳳喈

字桐村。工詩善畫。見民國《涪陵縣續修涪州志》卷一三。

鰤生詭談　痴蘭詩話

見民國《涪陵縣續修涪州志》卷一三。

羅　宿

字星垣。見民國《涪陵縣續修涪州志》卷一三。

四書衡

見民國《涪陵縣續修涪州志》卷一三。

陳　梓

字君木，一作號君牧。貢生。見《蜀詩續鈔》卷五，民國《涪陵縣續修涪州志》卷一三。

思貽堂草稿

見民國《涪陵縣續修涪州志》卷一三。

詩六首　存

收入《蜀詩續鈔》卷五。

周廷授

字執庵。廕生，官道員。見《蜀詩續鈔》卷一。

詩一首　存

收入《蜀詩續鈔》卷一。

周廷援

字持庵。官別駕。見《蜀詩續鈔》卷一。

詩三首　存

收入《蜀詩續鈔》卷一。

汪如漢

字丹崖。平生專研理學。見民國《涪陵縣續修涪州志》卷一三。

一貫圖說

見民國《涪陵縣續修涪州志》卷一三。

向　氏

詩一首　存

收入《全蜀詩鈔》卷六一。

潘　嵩

詩一首　存

收入同治《重修涪州志》卷一五。

（許孟青　吴静汶　鄒艷）

銅梁縣

（今重慶銅梁縣）

胡宗夏

貢生。順治、康熙間人。見光緒《銅梁縣志》卷一三。

文一篇 存

收入光緒《銅梁縣志》卷一三。

王恕

字中安，一作仲安，號樓山。康熙四十一年舉人，六十年成進士，改翰林院庶吉士，官至福建巡撫。見道光《重慶府志》卷九，光緒《銅梁縣志》卷六、卷八、卷一六，《全蜀詩鈔》卷九。

樓山詩集六卷 存

見道光《重慶府志》卷九，光緒《銅梁縣志》卷八。按：《全蜀詩鈔》卷九未注卷數。

今存光緒十九年好鵝山房刻本（上圖）；光緒二十年京師刻本（國圖，上圖，北大，南大）。

詩二十首 存

收入光緒《銅梁縣志》卷一四，《全蜀詩鈔》卷九。

文一篇 存

收入光緒《銅梁縣志》卷一三。

王汝嘉

字士會，號榕軒，王恕子。乾隆三十年舉人，三十七年成進士，授翰林院檢討。後主本縣書院數年。見道光《重慶府志》卷七，光緒《銅梁縣志》卷六、卷八、卷一六。

詩一首 存

收入光緒《銅梁縣志》卷一四。

王汝璧（1741—1806）

字鎮之，王恕子。乾隆三十一年進士，官至安徽巡撫、刑部右侍郎。嘉慶十一年卒。見道光《重慶府志》卷七、卷八、卷九，光緒《銅梁縣志》卷六、卷八、卷一四、卷一五，《清人別集總目》頁127。

易林注　漢書考證　夏小正傳考　星象勾股　脂玉詞蓮果詞二卷

見道光《重慶府志》卷八，光緒《銅梁縣志》卷八。

銅梁山人詩集二十三卷 存

見道光《重慶府志》卷九，《清人別集總目》頁127。

今存嘉慶十五年刻本（上圖）；光緒二十四年王氏百研樓重刻本（豫圖）。

銅梁山人詩集二十五卷 存

今存嘉慶二年刻本（上圖）；嘉慶十五年刻本（上圖）；光緒二十年京師刻本（國圖，上圖，北大，南大）；北京中國書店一九九二年重刻光緒二十年京师本。

銅梁山人詞四卷 存

今存光緒二十年京師刻本（國圖）；北京中國書店一九九二年重刻光緒二十年京師本。

銅梁山人詞 存

今存光緒間刻本（國圖）。

銅梁山人詩詞集 存

今存光緒二十年京師刻本（北大）。

銅梁山人詩集二十五卷詩餘四卷 存

見《清人別集總目》頁127。

今存光緒二十年刻本（南圖，南大）。

銅梁山人詩集二十五卷雲籭偶存二卷　存

見《清人别集總目》頁127。

今存嘉慶二年刻本（上圖）；光緒二十年刻本（上圖，粵圖，南開，旅大，清人詩集叙錄）。原按：此本附王恕撰樓山詩集六卷。

銅梁山人詩集存十八卷

見《清人别集總目》頁127。

今存清刻本（臺大）。

雲籭偶存二卷　存

今存嘉慶二年刻本（北大考古）；光緒二十年刻本（國圖），北京中國書店一九九二年重刻光緒二十年京師本。

詩二百五十八首　存

收入光緒《銅梁縣志》卷一四，《全蜀詩鈔》卷一五、卷一六、卷一七、卷一八。

王　廉

汝璧子。監生。見《全蜀詩鈔》卷三三。

詩一首　存

收入《全蜀詩鈔》卷三三。

高承元

字龍堤。康熙五十六年解元，任湖南龍陽縣知縣。見道光《重慶府志》卷七，光緒《銅梁縣志》卷六、卷八、卷一一。

文一篇　存

收入光緒《銅梁縣志》卷一一。

王汝梅

雍正四年舉人，官山東樓霞縣知縣。見道光《重慶縣志》卷七，光緒《銅梁縣志》卷六。

詩一首　存

光緒《銅梁縣志》卷一四。

王　蕖

字濂夫，一字化巖，汝梅子。乾隆五十四年拔貢生，任澧州州判，權寧遠縣。年七十四卒。見道光《重慶府志》卷七，光緒《銅梁縣志》卷六、卷八、卷一四。

詩一首　存

收入光緒《銅梁縣志》卷一四。

施仁爵

字星巖。歲貢生，少與弟義爵齊名，晚任大邑縣訓導，年八十卒於官。見道光《重慶府志》卷七，光緒《銅梁縣志》卷六、卷八、卷一四。

詩一首　存

收入光緒《銅梁縣志》卷一四。

施義爵

字方齋，仁爵弟。雍正七年舉人，歷任河南尉氏縣知縣，白色同知。見道光《重慶府志》卷七、卷八、卷九，光緒《銅梁縣志》卷六、卷八。

方齋詩集十六卷

見道光《重慶府志》卷九。

井觀集十六卷　蓬池錄四卷

見光緒《銅梁縣志》卷八。

詩三首　存

收入光緒《銅梁縣志》卷一四。

譚洪儒

乾隆三年舉人。見道光《重慶府志》卷七，光緒《銅梁縣志》卷六。

文一篇　存

收入光緒《銅梁縣志》卷一二。

王我師

字文若。從岳鍾琪西征五年，官彭山訓導。嘉慶五年，由恩貢生賜舉人。卒年七十九。見道光《重慶府志》卷七、卷八，光緒《銅梁縣志》卷六、卷八、卷一一、卷一六。

岳留偶記　馬上吟　鐵莊餘墨

見光緒《銅梁縣志》卷八。

詩八首　存

收入光緒《銅梁縣志》卷一四。

文一篇　存

收入光緒《銅梁縣志》卷一一。

王　搢

字康侯，我師子。嘉慶五年由恩貢生賜舉人，次年，賜翰林院檢討銜。卒年八十一。見道光《重慶府志》卷九，光緒《銅梁縣志》卷六、卷八王我師條附。

格言若干卷

見光緒《銅梁縣志》卷八王我師條附。

王明誠

字西崖，搢子。道光初與白玉楷、廖先達協纂縣志。卒年八十。見光緒《銅梁縣志》卷八王我師條附、卷一四。

詩一首　存

收入光緒《銅梁縣志》卷一四。

賈思謨（？—1782）

字雲浦，號克諧。乾隆十二年舉人，歷任茂州學正、湖北宣恩縣知縣。乾隆四十七年卒。見道光《重慶府志》卷七，光緒《銅梁縣志》卷六、卷八。

韻學　風塵稿

見光緒《銅梁縣志》卷八。

詩二首　存

收入光緒《銅梁縣志》卷一四。

文一篇　存

收入光緒《銅梁縣志》卷一三。

程日憲

乾隆十二年舉人。歷任廣東鹽大使、饒平縣知縣。見道光《重慶府志》卷七，光緒《銅梁縣志》卷六。

文一篇　存

收入光緒《銅梁縣志》卷一三。

任其昌

字燕村。乾隆十八年舉人，任湖南桑植縣知縣，擢浙江玉環廳同知。見道光《重慶府志》卷七、卷八，光緒《銅梁縣志》卷六、卷八。

莘和堂詩集一卷

見光緒《銅梁縣志》卷八。按：莘，道光《重慶府志》卷八著錄作翠，當誤。

任士驥

號翼川，其昌孫。以監生老。見

光緒《銅梁縣志》卷八任其昌條附。

秦中集　廿七山房試帖二卷

見光緒《銅梁縣志》卷八任其昌條附。

張衡猷 (1718—1775)

字莘逸，號方崖。乾隆二十四年舉人，二十六年成進士，任江蘇新陽縣知縣。乾隆四十年卒，年五十八。見道光《重慶府志》卷七，光緒《銅梁縣志》卷六、卷八。

詩三首　存

收入乾隆《合州志》卷一五，光緒《合州志》卷一五。

文一篇　存

收入乾隆《合州志》卷一二。

蕭春元

字善長。乾隆三十六年舉人，任貴州安南知縣。見道光《重慶府志》卷七，光緒《銅梁縣志》卷六、卷八。

寶訓合編四卷（輯）

見光緒《銅梁縣志》卷八。

戴健行

字乾夫。乾隆四十五年舉人，學者稱長溪先生。見道光《重慶府志》卷七，光緒《銅梁縣志》卷六、卷八。

文三篇　存

收入光緒《銅梁縣志》卷一二。

曾廷欽

號環山。道光間恩貢生，少從戴健行讀。卒年七十二。見光緒《銅梁縣志》卷六、卷八、卷一二。

文一篇　存

收入光緒《銅梁縣志》卷一二。

谷　容

字介臣。文生，少從戴健行讀。見光緒《銅梁縣志》卷八、卷一四。

詩一首　存

收入光緒《銅梁縣志》卷一四。

任其旋

字吉齋。乾隆五十一年舉人，任名山教諭。見光緒《銅梁縣志》卷六、卷八、卷一二。

古文尚書注　思復堂詩集

見光緒《銅梁縣志》卷八。

文一篇　存

收入光緒《銅梁縣志》卷一二。

劉　澐

榜名潛，號岳庵。乾隆五十四年舉人，家居授徒，後歷任山西、直隸知縣。卒年九十二。見道光《重慶府志》卷七，光緒《銅梁縣志》卷六、卷八、卷一二。

文一篇　存

收入光緒《銅梁縣志》卷一二。

姚志敏

字癡崖。恩貢生，年八十餘卒。見光緒《銅梁縣志》卷六、卷八。

癡崖集

見光緒《銅梁縣志》卷八。

詩一首　存

收入光緒《銅梁縣志》卷一四。

周際同

字季可。乾隆五十七年舉人，授敘永廳教諭。見道光《重慶府志》卷七，光緒《銅梁縣志》卷六、卷八、卷一四。

詩八首　存

收入光緒《銅梁縣志》卷一四。

周　培

字篠峰，一作小峰，際同子。廩貢生，曾官參軍，後任至福建漳浦縣知縣。見道光《重慶府志》卷七，光緒《銅梁縣志》卷六、卷八、卷一三、卷一四，《蜀詩續鈔》卷二。

篠峰詩鈔

見光緒《銅梁縣志》卷八。

詩二首　存

收入光緒《銅梁縣志》卷一四，《蜀詩續鈔》卷二。

文一篇　存

收入光緒《銅梁縣志》卷一三。

王　泮

原名榮朝，字芹村。嘉慶初廩生。卒年三十四。見光緒《銅梁縣志》卷八、卷一四。

槐陰時藝一卷　蘭香詩草一卷　春秋摘要一卷

見光緒《銅梁縣志》卷八。

詩六首　存

收入光緒《銅梁縣志》卷一四。

彭清漣

增生。工書法，道光二十八年就養侄藎忠署，卒於滇。見光緒《銅梁縣志》卷九彭宗緒條附。

靈臺集

見光緒《銅梁縣志》卷九彭宗緒條附。

彭藎忠

原名世忠，字端笏，清漣侄。道光十四年舉人，大挑，歷署雲南嶍峨、彌勒縣事，尋補宜良縣知縣。咸豐間卒。見道光《重慶府志》卷七，光緒《銅梁縣志》卷六、卷八、卷九彭宗緒條附。

石倉山房遺稿

見光緒《銅梁縣志》卷八。

文一篇　存

收入光緒《銅梁縣志》卷一三。

吴乃賡

字補雲。嘉慶十三年副貢生。見光緒《銅梁縣志》卷六、卷一二、卷一四。

詩二首　存

收入光緒《銅梁縣志》卷一四。

文一篇　存

收入光緒《銅梁縣志》卷一二。

張培本

字茂亭。嘉慶十三年舉人。見道光《重慶府志》卷七，光緒《銅梁縣志》卷六、卷一四。

詩一首　存

收入光緒《銅梁縣志》卷一四。

張培倫

字明齋，培本弟。庠生，年二十

七卒。見光緒《銅梁縣志》卷八。

竹溪集　歸瓊集詩草

見光緒《銅梁縣志》卷八。

曾毓璜

原名聞省，一作聞少，字小坪。嘉慶十五年舉人，道光三年成進士，由庶吉士除知雲南羅次縣。見道光《重慶府志》卷七，光緒《銅梁縣志》卷六、卷八、卷一二。

文一篇　存

收入光緒《銅梁縣志》卷一二。

任秉南

一名丙南，號濟之、清之，又號寅山。嘉慶十八年拔貢生，道光元年任山東德州州同。年七十八卒。見道光《重慶府志》卷七，光緒《銅梁縣志》卷六、卷八。

詩二首　存

收入光緒《銅梁縣志》卷一四。

周定南（1784—1856）

號可軒。嘉慶二十三年舉人，道光間以大挑官名山縣訓導。咸豐六年卒於任，年七十三。見光緒《銅梁縣志》卷六、卷八、卷一二。

文一篇　存

收入光緒《銅梁縣志》卷一二。

釋照明

字無岸，俗姓彭。嘉慶中為金鐘寺僧。見光緒《銅梁縣志》卷九。

詩一首　存

收入光緒《銅梁縣志》卷一四。

郭和熙

字伯融，號琴舟。道光元年舉人，大挑，官冕寧縣教諭，又歷署蒼溪、梓潼、昭化、犍為、珙縣教職。年六十八卒。見道光《重慶府志》卷七，光緒《銅梁縣志》卷六、卷八、卷一二、卷一四、卷一五。

榕窗小草二卷　臺登集一卷　友竹山房時文二卷

見光緒《銅梁縣志》卷八。

四川鄉試朱卷　存

今存清刻本（國圖）。

詩四首　存

收入光緒《銅梁縣志》卷一四。

文三篇　存

收入光緒《銅梁縣志》卷一二。

黄啟心（？—1840）

號鶴峰。道光二年舉人，當時有蜀東才子之稱。十九年補受新城縣知縣，次年卒。見道光《重慶府志》卷七，光緒《銅梁縣志》卷六、卷八。

鶴峰詩鈔

見光緒《銅梁縣志》卷八。

詩六首　存

收入光緒《銅梁縣志》卷一四。

黄啟愚

文生，啟心弟。見光緒《銅梁縣志》卷一三。

文一篇

收入光緒《銅梁縣志》卷一三。

金元音

字鶴林，號省軒。道光間歲貢生，主巴川書院數年。年七十三卒。見道光《重慶府志》卷七，光緒《銅梁縣志》卷八。

文四篇　存

收入光緒《銅梁縣志》卷一二。

陳啟後

號南浦。道光八年舉人，歷官永寧、南充教諭。卒年五十餘。見道光《重慶府志》卷七，光緒《銅梁縣志》卷六、卷八。

文一篇　存

收入光緒《銅梁縣志》卷一三。

左昌華（？—1829）

字秩亭。歲貢生，主巴川書院。道光九年選天全州訓導，未赴任，卒。見光緒《銅梁縣志》卷八。

詩一首　存

收入光緒《銅梁縣志》卷一四。

張　慎（1790—1845）

字鶴山，一作錫山。年五十中道光十九年舉人。卒年五十六。見光緒《銅梁縣志》卷六、卷八。

文一篇　存

收入光緒《銅梁縣志》卷一三。

白玉楷

字小裴，一作小培，更名豫愷。道光二十年以訾山拔貢生中舉人，主巴川書院，晚選巴縣教諭，未履任而沒，年五十八。見光緒《銅梁縣志》卷八、卷一二。

道光《銅梁縣志》八卷首一卷（徐瀛修白玉楷纂）　存

今存道光十二年銅梁縣署刻本（方志聯合目錄）。

藕花吟詩稿　誦清芬堂試帖　維風要言

見光緒《銅梁縣志》卷八。

詩八首　存

收入光緒《銅梁縣志》卷一四。

文二篇　存

收入光緒《銅梁縣志》卷一二。

古森庭

號立齋，白玉楷門人，年五十八卒。見光緒《銅梁縣志》卷八。

五經疑難　易經要義　周禮會纂　爾雅釋文　省過編　敦原詩草

見光緒《銅梁縣志》卷八。

廖先達

字春帆。廩生。本縣詩派以之為繼王汝璧後之大宗。道光初，參纂《銅梁縣志》。見光緒《銅梁縣志》卷八，光緒《銅梁縣志》卷一五，《全蜀詩鈔》卷五五。

春帆詩集六卷　波羅雲舫詩集若干卷

見光緒《銅梁縣志》卷八。

詩十二首　存

收入光緒《銅梁縣志》卷一四，《全蜀詩鈔》卷五五。

文一篇　存

收入光緒《銅梁縣志》卷一六。

朱修誠

字二雲。廪生，與白玉楷、廖先達結社賦詩。見光緒《銅梁縣志》卷八、卷一二。

小綠雲館試帖　綠雲詩鈔

見光緒《銅梁縣志》卷八。

詩四首　存

收入光緒《銅梁縣志》卷一四。

文一篇　存

收入光緒《銅梁縣志》卷一二。

丁顯元

字萃函，號韻泉。道光間歲貢生。見光緒《銅梁縣志》卷八、卷一二。

花嶼吟草　韻泉雜説　蘧廬詩話　綺霞閣偶成

見光緒《銅梁縣志》卷八。

詩七首　存

收入光緒《銅梁縣志》卷一四，民國《新修合川縣志》卷七〇。

文二篇　存

收入光緒《銅梁縣志》卷一二。

吴鴻恩

字春海。道光二十九年拔貢生，同治元年成進士，歷官廣西平樂府知府。見光緒《銅梁縣志》卷六，《蜀詩續鈔》卷五。

詩四首　存

收入光緒《銅梁縣志》卷一四，《蜀詩續鈔》卷五。

文二篇　存

收入光緒《銅梁縣志》卷一二、卷一三。

張　習

字念茲。貢生，主講本縣書院，年七十授青神訓導。卒年九十一。見道光《重慶府志》卷七，光緒《銅梁縣志》卷六、卷八。

文一篇　存

收入光緒《銅梁縣志》卷一二。

周彦邦

貢生。見道光《重慶府志》卷七，光緒《銅梁縣志》卷一四。

詩一首　存

收入光緒《銅梁縣志》卷一四。

蘇　璋

字蘭亭。恩貢生，卒年八十六。見道光《重慶府志》卷七，光緒《銅梁縣志》卷八。

蘭亭制藝二卷

見光緒《銅梁縣志》卷八。

文一篇　存

收入光緒《銅梁縣志》卷一三。

談昌達

字棨卿，咸豐間人。廪生，年四十九卒。見光緒《銅梁縣志》卷八。

話雨軒詩草二卷

見光緒《銅梁縣志》卷八。

詩十一首　存

收入光緒《銅梁縣志》卷一四。

文一篇　存

收入光緒《銅梁縣志》卷一二。

宗正邦

文生。咸豐同治間人。見光緒《銅梁縣志》卷一二。

文一篇 存

收入光緒《銅梁縣志》卷一二。

張 堃

增生。咸豐、同治間人。曾參纂光緒《銅梁縣志》。見光緒《銅梁縣志》卷首、卷一三。

文一篇 存

收入光緒《銅梁縣志》卷一三。

邱宗岳

字龍田。咸豐初恩貢生。卒年七十六。見光緒《銅梁縣志》卷六、卷八。

野叟卮言若干卷　後三國演義　高士傳　蛙堂集詩稿

見光緒《銅梁縣志》卷八。

王俊三（？—1861）

字君常。以咸豐十一年拔貢生選為戶部小京官，未踰年病卒。見光緒《銅梁縣志》卷六、卷八。

詩一首 存

收入光緒《銅梁縣志》卷一四。

左蔭樾

字棠村，咸豐同治間人。恩貢生。年五十卒。見光緒《銅梁縣志》卷六、卷八。

文一篇 存

收入光緒《銅梁縣志》卷一二。

李清楨

字秀夫，國楨兄。縣庠生，年未三十卒。見光緒《銅梁縣志》卷八李國楨條附。

韻秋逸史稿

見光緒《銅梁縣志》卷八李國楨條附。

李國楨

字君庸，清楨弟。咸豐同治間人，拔貢生。見光緒《銅梁縣志》卷八。

詩一首 存

收入光緒《銅梁縣志》卷一四。

李懷楨

字巽齋，清楨、國楨弟。拔貢生，年二十餘卒。見光緒《銅梁縣志》卷八李國楨條附、卷一二。

古榕齋詩草

見光緒《銅梁縣志》卷八李國楨條附。

詩一首 存

收入光緒《銅梁縣志》卷一四。

文一篇 存

收入光緒《銅梁縣志》卷一二。

李宗燾

字石泉，咸豐同治間人。廪生。見光緒《銅梁縣志》卷一二。

文一篇 存

收入光緒《銅梁縣志》卷一二。

劉爲梁

字柏亭，咸豐同治間人。卒年八十四。見光緒《銅梁縣志》卷九。

鄉團集要一卷　保安策一卷

見光緒《銅梁縣志》卷九。

陳　昌

字世五。同治三年舉人，十三年成進士。曾參纂光緒《銅梁縣志》。見光緒《銅梁縣志》卷首、卷六。

文五篇　存

收入光緒《銅梁縣志》卷一二。

劉泰春

字寅谷。同治三年舉人。見光緒《銅梁縣志》卷六、卷一二。

文一篇　存

收入光緒《銅梁縣志》卷一二。

向時鳴

字鹿芩。同治四年進士。見光緒《銅梁縣志》卷六、卷一二。

詩一首　存

收入光緒《銅梁縣志》卷一四。

文三篇　存

收入光緒《銅梁縣志》卷一二。

游履安

字靜軒。同治九年舉人。見光緒《銅梁縣志》卷六、卷一二。

文一篇　存

收入光緒《銅梁縣志》卷一二。

王朝佐

字海帆。廩生，卒年三十五。見光緒《銅梁縣志》卷八。

文一篇　存

收入光緒《銅梁縣志》卷一二。

陳祚暟

字西坡。年十四為庠生，年二十六卒。見光緒《銅梁縣志》卷八。

玉灘詩草

見光緒《銅梁縣志》卷八。

詩四首　存

收入光緒《銅梁縣志》卷一四。

周德立

文生。見光緒《銅梁縣志》卷一四。

詩一首　存

收入光緒《銅梁縣志》卷一四。

高聯岳

字橘圃。文生。見光緒《銅梁縣志》卷一四。

詩一首　存

收入光緒《銅梁縣志》卷一四。

楊正依

字絜橋。文生。見光緒《銅梁縣志》卷一四。

詩一首　存

收入光緒《銅梁縣志》卷一四。

朱枝青

字小梅。貢生。見光緒《銅梁縣志》卷一四。

詩一首　存

收入光緒《銅梁縣志》卷一四。

姜子成

字佐卿。光緒元年舉人。見光緒《銅梁縣志》卷六、卷一二。

文一篇　存

收入光緒《銅梁縣志》卷一二。

吴燮熙

字庶堂。貢生，任石泉縣訓導。見光緒《銅梁縣志》卷一三、卷一四。

詩一首　存

收入光緒《銅梁縣志》卷一四。

文一篇　存

收入光緒《銅梁縣志》卷一三。

宋崇德

字敬六。文生。見光緒《銅梁縣志》卷一二、卷一四。

詩八首　存

收入光緒《銅梁縣志》卷一四。

文二篇　存

收入光緒《銅梁縣志》卷一二。

全于天

文生。見光緒《銅梁縣志》卷一一。

文一篇　存

收入光緒《銅梁縣志》卷一一。

廖正原

字懷清。卒年七十五。見光緒《銅梁縣志》卷九。

方脈切要　内景圖說

見光緒《銅梁縣志》卷九。

廖顯廷

字晴嵐，正原子。增廣生。見光緒《銅梁縣志》卷九廖正原條附、卷一四。

詩一首　存

收入光緒《銅梁縣志》卷一四。

劉俊章

增生。見光緒《銅梁縣志》卷一三。

文一篇　存

收入光緒《銅梁縣志》卷一三。

姜　墉

字兆渭，號皤溪。年八十五卒。見光緒《銅梁縣志》卷九。

嫁娶要論　婦女箴規

見光緒《銅梁縣志》卷九。

釋悟賢

號愚嶺，俗姓周。壽隆寺僧。見光緒《銅梁縣志》卷九。

六寅唱和集　海山詩一卷

見光緒《銅梁縣志》卷九。

詩一首　存

見光緒《銅梁縣志》卷一四。

（許孟青　吴静汶　鄒艶）

大足縣
（今重慶大足縣）

江宏衢

字司秘。康熙五十九年舉人，官內閣中書，任雲南通海縣知縣，升曲靖府同知。見嘉慶《大足縣志》卷八，光緒《大足縣志》卷七，道光《重慶府志》卷七。

詞十首 存

收入嘉慶《大足縣志》卷一，民國《重修大足縣志》卷九。

文二篇 存

收入嘉慶《大足縣志》卷三，民國《重修大足縣志》卷八。

劉天成

號乙齋。乾隆十八年舉人，次年成進士，授翰林院檢討，歷官福建江南道監察御史，吏科掌印給事中，官至大理寺少卿。年六十四卒。見嘉慶《大足縣志》卷八，道光《重慶府志》卷九，光緒《大足縣志》卷八。

綿潭山館詩集二卷

見光緒《大足縣志》卷八。

詩一首 存

收入《全蜀詩鈔》卷一二。

文四篇 存

收入嘉慶《大足縣志》卷三，民國《重修大足縣志》卷八。

劉炳旭

天成第六子。廪生，授平武縣教諭。見民國《重修大足縣志》卷五。

繼蘂堂詩集

見民國《重修大足縣志》卷五。

劉道溢

號竹堂。乾隆四十四年舉人，屢考進士不第，退而教授生徒。見光緒《大足縣志》卷八。

文一篇 存

收入嘉慶《大足縣志》卷二。

李型廉

字介生。道光五年拔貢生，候選州判。見嘉慶《大足縣志》卷首，光緒《大足縣志》卷七。

嘉慶《大足縣志》八卷（張澍修　李型廉等纂） 存

今存嘉慶二十三年刻本（方志聯合目錄）；道光十六年王松增補嘉慶本（方志聯合目錄）。

詩一首 存

收入民國《重修大足縣志》卷九。

文六篇 存

收入嘉慶《大足縣志》卷二，光緒《大足縣志》卷一，民國《重修大足縣志》卷一、卷八。

楊天懷

布衣。家貧力學，科考不利，遂絕意進取。年八十，為縣令王德嘉所禮。見光緒《大足縣志》卷八。

讀史摘要

見光緒《大足縣志》卷八。

高繼元

拔貢生。見民國《大足縣志》卷九。

詩一首　存

收入民國《大足縣志》卷九。

梁海觀

字伯涌。歲貢生。見民國《大足縣志》卷九。

詩竹山房遺稿

見民國《大足縣志》卷九。

詩四首　存

收入民國《大足縣志》卷九。

饒國梁

參加宣統三年辛亥革命，殉難於廣州。見民國《大足縣志》卷九。

詩三首　存

收入民國《大足縣志》卷九。

（許孟青　吴静汶）

璧山縣

（今重慶璧山縣）

按《清史稿》卷六九《地理志》作壁山，今同。本書姑從舊志作璧山。

劉　志

字泮溪。乾隆二十二年進士，官江南溧水知縣。歸主大足縣棠香書院。見同治《璧山縣志》卷七、卷八。

泮溪文稿

見同治《璧山縣志》卷八。

詩二首　存

收入同治《璧山縣志》卷一〇。

鄧樹極

字練江。乾隆三十年拔貢生，官洪雅教諭。見同治《璧山縣志》卷七、卷一〇。

詩一首　存

收入同治《璧山縣志》卷一〇。

何增元（1783—1862）

號申畬。嘉慶九年舉人，次年成進士，官翰林院庶吉士，散館，分刑部主事。道光中，歷署撫州、饒州府事，借補南康府知府。後主嘉定九峰書院、成都錦江書院。同治元年卒，年八十。見同治《璧山縣志》卷八。

詩二首　存

收入同治《璧山縣志》卷一〇。

文二篇　存

收入同治《璧山縣志》卷一〇。

陳本謨

字乃彰。嘉慶十二年舉人。見《璧山縣志》卷七。

詩二首　存

收入同治《璧山縣志》卷一〇。

向增元

字子益。嘉慶十五年歲貢生。鄉舉屢挫，遂設館教授生徒。見同治《璧山縣志》卷八。

遊峨錄一卷

見同治《璧山縣志》卷八。

詩二十一首　存

收入同治《璧山縣志》卷一〇。

黄履中

字瓚堂。嘉慶二十一年舉人，任江安訓導。見同治《璧山縣志》卷七。

詩一首　存

收入同治《璧山縣志》卷一〇。

劉臻理

榜名篤勝，號厚莽。以乾隆舉人應嘉慶六年大挑一等，歷官江西信豐、贛縣知縣。卒年六十五。見同治《璧山縣志》卷八。

果善堂詩

見同治《璧山縣志》卷八。

劉宇昌

號次言，臻理第三子。嘉慶二十三年舉人，次年成進士。歷任山東肥城知縣。道光間，官至署黎平府知府兼攝泰縣事。見同治《璧山縣志》卷八。

覺初制義詩鈔　義泉治略說存

見同治《璧山縣志》卷八。

詩五首　存

收入同治《璧山縣志》卷一〇。

向培元

字子厚。道光八年歲貢生，與其兄增元齊名，人稱二向。見同治《璧山縣志》卷八。

周易集解　詩文集

見同治《璧山縣志》卷八。

詩五首　存

收入同治《璧山縣志》卷一〇。

羅天錦

字織雲。道光十二年貢生。見同治《璧山縣志》卷七。

詩一首　存

收入同治《璧山縣志》卷一〇。

何泰然

字保之。道光十七年舉人，任會理州學正。見同治《璧山縣志》卷七、卷一〇。

詩一首　存

收入同治《璧山縣志》卷一〇。

黃　鈺 (1817—1886)

字天錦，號寶臣。廩貢生。因厭仕途，遂以醫為業。見四川人民出版社一九九六年出版《新編璧山縣志·人物志》。

平辨脈法歌括一卷　存

今存陳修園醫書五十種本（叢書綜錄）；陳修園醫書全集六十種本（叢書綜錄）；陳修園醫書四十八種本（叢書綜錄）。

本經便讀一卷（輯）　存

今存民國間上海錦章圖書局石印本（國圖）；民國五年上海廣益書局增輯陳修園醫書七十種石印本（國圖）；陳修園醫書五十種本（叢書綜錄）；陳修園醫書全集六十種本（叢書綜錄）；陳修園醫書四十八種本（叢書綜錄）。

名醫別錄一卷（輯）　存

今存陳修園醫書五十種本（叢書綜錄）；陳修園醫書全集六十種本（叢書綜錄）；陳修園醫書四十八種本（叢書綜錄）。

傷寒辯證集解五卷　經方歌括二卷　脈訣規正一卷

見《新編璧山縣志·人物志》。

郭正笏

字搢軒。廩生。見同治《璧山縣志》卷一〇。

詩一首　存

收入同治《璧山縣志》卷一〇。

羅炳倫

字篠園。咸豐八年舉人。見同治《璧山縣志》卷七、卷一〇。

詩一首　存

收入同治《璧山縣志》卷一〇。

鄒　偀

字吉三。廩生。見同治《璧山縣志》卷一〇。

詩一首　存

收入同治《璧山縣志》卷一〇。

胡開仕

字淡意。庠生，享年一百又四歲。見同治《璧山縣志》卷七、卷一〇。

詩一首　存

收入同治《璧山縣志》卷一〇。

劉篤勝

字厚庵。見同治《璧山縣志》卷一〇。

詩一首　存

收入同治《璧山縣志》卷一〇。

（許孟青　吴静汶）

定遠縣

（今四川武勝縣）

王　治

雍正元年舉人，官鉛山縣知縣。見光緒《定遠縣志》卷三。

詩二首　存

收入光緒《定遠縣志》卷五。

劉順璽

雍正二年舉人，官江南沭陽縣知縣。見光緒《定遠縣志》卷三。

詩一首　存

收入光緒《定遠縣志》卷五。

易一龍

雍正十年舉人，官北直隸容城縣知縣。見光緒《定遠縣志》卷三。

詩一首　存

收入光緒《定遠縣志》卷五。

謝　彥

雍正十三年舉人，官翰林院典簿。見光緒《定遠縣志》卷三。

詩二首　存

收入光緒《定遠縣志》卷五。

曾天爵

乾隆九年舉人，官湖南零陵縣知縣。見光緒《定遠縣志》卷三。

詩二首　存

收入光緒《定遠縣志》卷五。

王清遠

字宇曙，號翠岩，別號蝶園，又號宇水。入巴縣學籍，故一作巴縣人。乾隆十三年進士，歷任湖南靈湘、城步、長樂、湖北監利縣知縣。後主東川書院講席。見嘉慶《定遠縣志》卷二八，道光《續定遠縣志》卷一，同治《巴縣志》卷三之上，光緒《定遠縣志》卷三，民國《巴縣志》卷九下。

巴蜀薪傳集

見嘉慶《定遠縣志》卷二八。

修竹堂集

見道光《續定遠縣志》卷一。

竹草堂詩集

見民國《巴縣志》卷九下。

徐廷貴

乾隆三十六年任廣東海康縣知縣。見光緒《定遠縣志》卷三、卷五。

詩二首　存

收入光緒《定遠縣志》卷五，民國《武勝縣志》卷首。

胡大成

號柏坪。一作巴中人。少時為南充縣令劉清賞識，召至任所，遂占南充籍。中乾隆五十九年舉人，嘉慶四年成進士，官至廣東雷瓊道。見嘉慶《定遠縣志》卷二五，光緒《定遠縣志》卷三，民國《新修武勝縣志》卷九，民國《巴中縣志》第二編《文學》。

墨耕軒文集

見民國《新修武勝縣志》卷九，民國《巴中縣志》第二編《文學》。

詩一首　存

收入光緒《定遠縣志》卷五。

聶元珪

榜名元璋。乾隆六十年舉人，任茂州學正。見道光《重慶府志》卷七，光緒《定遠縣志》卷三，《定遠縣鄉土志·學問》。

研經山館時文

見《定遠縣鄉土志·學問》。

彭仲英

嘉慶五年舉人。見光緒《定遠縣志》卷三。

詩二首　存

收入光緒《定遠縣志》卷五。

何昌大

嘉慶九年舉人。見嘉慶《定遠縣志》卷三。

詩二首　存

收入光緒《定遠縣志》卷五。

文一篇　存

收入嘉慶《定遠縣志》卷三二，光緒《定遠縣志》卷五。

何　蘇

號魚門。嘉慶六年、十五年兩中副榜。主講印山書院十餘年。見光緒《定遠縣志》卷三。

嘉慶《定遠縣志》三十五卷（沈遠標　吳人傑修　何蘇　何烋纂）　存

今存嘉慶二十年刻本（方志聯合目錄）；抄本（方志聯合目錄）。

詩三首　存

收入光緒《定遠縣志》卷五，民國《武勝縣志》卷首。

何　烋

何蘇堂弟。嘉慶十五年舉人，任巫山縣訓導。纂修縣志（見上何蘇條）。見光緒《定遠縣志》卷三。

詩一首　存

收入光緒《定遠縣志》卷五。

劉世昌

嘉慶十五年舉人，任儀隴縣教諭。見光緒《定遠縣志》卷三。

詩一首　存

收入光緒《定遠縣志》卷五。

蔣培元

道光五年拔貢生。見光緒《定遠縣志》卷三。

詩二首　存

收入光緒《定遠縣志》卷五。

王志灼

道光十九年舉人，任滎縣教諭。見光緒《定遠縣志》卷三。

詩二首　存

收入光緒《定遠縣志》卷五。

梁大宇

道光二十四年副貢生。見光緒《定遠縣志》卷三，同治《續修定遠縣志》卷一。

詩一首　存

收入光緒《定遠縣志》卷五。

曹鴻儒

字魯生。弱冠，由優行廩生考選同治十二年拔貢生，官至安康縣知縣。見民國《新修武勝縣志》卷九。

經史算術細草　新疆地理志　樂畊堂隨筆

見民國《新修武勝縣志》卷九。

李樹春

字厚庵。光緒二十三年舉人，任本縣高等小學堂校長、四川省咨議局議員。入民國，任縣立高級小學校校長、臨時省議員。見民國《新修武勝縣志》卷九。

定遠縣鄉土志　（何承道修　李樹春等纂）存

今存光緒三十一年修抄本（川圖，川大）。

譚孔安

號惠軒。同治中廩貢生。見《定遠縣鄉土志·學問》，民國《新修武勝縣志》卷八。

惠軒集

見《定遠縣鄉土志·學問》。

陸之濬

歲貢生。見同治《續修定遠縣志》卷一，民國《新修武勝縣志》卷八。

詩三首　存

收入光緒《定遠縣志》卷五。

余宗靖

歲貢生。見光緒《定遠縣志》卷五。

詩二首　存

收入光緒《定遠縣志》卷五。

何學書

號香齋。歲貢生。見《定遠縣鄉土志·學問》。

薌齋隨筆

見《定遠縣鄉土志·學問》。

楊焕章

譜名文彩，字錦成。光緒中歲貢生。見民國《新修武勝縣志》卷九。

錦城文集

見民國《新修武勝縣志》卷九。

楊宗五

歲貢生。見光緒《定遠縣志》卷五。

詩一首　存

收入光緒《定遠縣志》卷五。

（許孟青　吴静汶）

江北廳
（今重慶江北區）

羅愔

字武昭，一作巴縣人。乾隆四年進士，官翰林院檢討。見乾隆《巴縣志》卷一七，道光《江北廳志》卷八，道光《重慶府志》卷七，同治《巴縣志》卷三上。

詩四首　存

收入乾隆《巴縣志》卷一六、卷一七，道光《江北廳志》卷八，同治《巴縣志》卷四下。

曾習傳

字省齋，乾隆間廪生。嘉慶間復入京師入國學肄業，官至潼川府教授，卒年四十一。見《江北廳鄉土志・耆舊録》。

字法

見《江北廳鄉土志・耆舊録》。

曾繼倫

字謙亭，習傳庶母弟，年八十六卒。見《江北廳鄉土志・耆舊録》。

武城家訓　聖教正學集　壽世醫方

見《江北廳鄉土志・耆舊録》。

釋聖可

俗姓王，破山第十二法嗣。童年披剃，潛心内典。破山深器之，傳法於雙桂堂，創華巖法幢。年九十圓寂。見道光《江北廳志》卷六。

道德經順釋

見道光《江北廳志》卷六。

劉會

字以文，貢生。見道光《江北廳志》卷八。

詩五首　存

收入道光《江北廳志》卷八。

（許孟青）

閬中縣

（今四川閬中市）

張注慶

字元長，號曲山。順治八年舉人，十二年成進士，官監察御史、廣東巡按御史。見道光《保寧府志》卷三六、卷四二，咸豐《閬中縣志》卷四、卷五，《全蜀詩鈔》卷四，民國《閬中縣志》卷一九、卷二二，《清詩匯》卷二七。

詩一首 存

收入《全蜀詩鈔》卷四，民國《閬中縣志》卷二九，《清詩匯》卷二七。

文一篇 存

收入道光《保寧府志》卷五六，咸豐《閬中縣志》卷二。

吳 暹

順治八年舉人，十二年成進士，任嘉祥縣知縣。見道光《保寧府志》卷三六、卷三七，咸豐《閬中縣志》卷四，民國《閬中縣志》卷一九。

文一篇 存

收入咸豐《閬中縣志》卷二。

劉沛先

字棠溪。順治十一年舉人，任山東阿縣知縣，擢刑科給事中，遷兵科掌印。見道光《保寧府志》卷三七，咸豐《閬中縣志》卷四，《全蜀詩鈔》卷四，民國《閬中縣志》卷一九、卷二二。

康熙《東阿縣志》十二卷（劉沛先修　王吉成纂） 存

今存康熙四年刻本（方志聯合目錄）。

康熙《東阿縣志》十二卷（劉沛先原修　鄭廷瑾　蘇日增增修） 存

今存五十四年增刻本（方志聯合目錄）。

詩一首 存

收入《全蜀詩鈔》卷四。

劉 迪

字康民，號梅潭。順治十七年舉人，康熙六年成進士，官吏部考功司郎中。見道光《保寧府志》卷三六、卷三七、卷四二，咸豐《閬中縣志》卷四、卷五，《全蜀詩鈔》卷四，民國《閬中縣志》卷一九。

詩二首 存

收入道光《保寧府志》卷六〇，《全蜀詩鈔》卷四。

文一篇 存

收入道光《保寧府志》卷五六。

任文儀

康熙十一年舉人，任永嘉縣知縣。見道光《保寧府志》卷三七，咸豐《閬中縣志》卷四，民國《閬中縣志》卷一九。

文一篇 存

收入道光《保寧府志》卷五六，咸豐《閬中縣志》卷二，民國《閬中縣志》卷八。

羅廷璋

字文成，一作文城。康熙二十年

舉人，官山東諸縣知縣。見嘉慶《四川通志》卷一八七，道光《保寧府志》卷三七、卷四二，咸豐《閬中縣志》卷四、卷五，《全蜀詩鈔》卷六，民國《閬中縣志》卷一九、卷二二。

花院集無卷數

見嘉慶《四川通志》卷一八七，道光《保寧府志》卷四二，咸豐《閬中縣志》卷五，民國《閬中縣志》卷二二。

詩二首　存

收入道光《保寧府志》卷六〇，《全蜀詩鈔》卷六。

劉承莆

字堯草。嘗於廣元嘉川壩教授生徒，自號嘉川逸叟。中康熙四十四年舉人，官至江西高安縣知縣。見道光《保寧府志》卷三七、卷四二，咸豐《閬中縣志》卷四、卷五，民國《閬中縣志》卷一九、卷二二。

詩一首　存

收入民國《閬中縣志》卷二九。

黎原豫

字章乘，劉承莆婿。乾隆二十七年舉人。見嘉慶《四川通志》卷一八三，道光《保寧府志》卷三七、卷四四，咸豐《閬中縣志》卷四、卷五，民國《閬中縣志》卷一九。

四書大全無卷數（輯）

見嘉慶《四川通志》卷一八三，道光《保寧府志》卷四四。

詩二首　存

收入道光《保寧府志》卷六二，道光《南江縣志》卷三，民國《閬中縣志》卷二九，民國《南江縣志》卷四。

劉　崑

字玉巖。遷居華陽，又作華陽人。中康熙四十七年武舉人，以軍功歷任東川游擊、澄江鎮游擊。見嘉慶《華陽縣志》卷三九，民國《華陽縣志》卷一八。

詩一首　存

收入嘉慶《華陽縣志》卷三九上。

嚴瑞龍

字凌雲。康熙五十七年進士，由翰林改御史，轉給事中，官至湖南巡撫。見道光《保寧府志》卷三六、卷四二，咸豐《閬中縣志》卷四，民國《閬中縣志》卷一九、卷二二。

漢上題襟集

見嘉慶《四川通志》卷一八七。

顧　鴻

字農以，號蘭溪。雍正十年舉人，由陝西延平知縣擢商州知州，後陞至山西汾州府知府。年六十卒。見嘉慶《四川通志》卷一八七，道光《保寧府志》卷三七、卷四二，咸豐《閬中縣志》卷四、卷五，《全蜀詩鈔》卷一〇，民國《閬中縣志》卷一九、卷二二、卷二八。

寄餘集三卷

見嘉慶《四川通志》卷一八七。

游浙詩草一卷　存

見《清人別集總目》頁1776。

今存咸豐四年超然堂刻祖孫合稿本

（叢書綜錄補編）。

詩五首　存

收入道光《保寧府志》卷六〇，《全蜀詩鈔》卷一〇，民國《閬中縣志》卷二九。

劉灝先

字曉江。雍正十一年進士。官工部郎中。見道光《保寧府志》卷三六、卷四二，咸豐《閬中縣志》卷四、卷五，《全蜀詩鈔》卷一〇，民國《閬中縣志》卷一九。

詩一首　存

收入《全蜀詩鈔》卷一〇。

楊思溥

字方溪。康熙四十四年舉人，雍正初任犍為教諭。見嘉慶《犍為縣志》卷六，道光《保寧府志》卷三七、卷四二，咸豐《閬中縣志》卷四，民國《閬中縣志》卷一九、卷二二。

詩一首　存

收入嘉慶《犍爲縣志》卷九。

劉世宏

名一作仕宏。雍正十年舉人。見道光《保寧府志》卷三七，咸豐《閬中縣志》卷四，民國《閬中縣志》卷一九、卷二八。

文一篇　存

收入道光《保寧府志》卷五六，民國《閬中縣志》卷二八。

嚴　恭

號翼亭，別號古塘。乾隆十五年舉人，主懋修書院。見咸豐《閬中縣志》卷四、卷八，民國《閬中縣志》卷一九。

也宜軒詩

見咸豐《閬中縣志》卷八。

詩一首　存

收入民國《閬中縣志》卷二九。

王淑昭

女，字慎怡。乾隆二十五年解元王用中之妹，蘇厚澤妻。見嘉慶《四川通志》卷一八七，道光《保寧府志》卷四七，咸豐《閬中縣志》卷六，《全蜀詩鈔》卷六一，民國《閬中縣志》卷二三。

王太夫人遺稿三卷　存

按：嘉慶《四川通志》卷一八七著錄作王淑昭詩集無卷數。

今存嘉慶十三年刻本（國圖）。

繡餘吟草一冊

見咸豐《閬中縣志》卷八，民國《閬中縣志》卷二八。

詩六首　存

收入道光《保寧府志》卷六〇，《全蜀詩鈔》卷六一，民國《閬中縣志》卷二九。

文一篇　存

收入民國《閬中縣志》卷二八。

蘇兆熊（1764—?）

字渭占，號皤溪，王淑昭子。優貢生，任重慶府學訓導。見道光《保寧府志》卷三八，咸豐《閬中縣志》卷四，民國《閬中縣志》卷一九、卷二三蘇王氏條附。

詩一首　存

收入民國《閬中縣志》卷二九。

王應詔

字東埜。一字聘三，自號四素先生。中乾隆三十年舉人，由大挑發福建，歷署連城、長泰縣事。卒年八十五。見道光《保寧府志》卷三七，咸豐《閬中縣志》卷四、卷五，《全蜀詩鈔》卷一九，民國《閬中縣志》卷一九、卷二二。

閬苑吟草

見咸豐《閬中縣志》卷八。

東埜詩鈔

見《全蜀詩鈔》卷一九。

詩二十六首　存

收入咸豐《閬中縣志》卷八，《全蜀詩鈔》卷一九，民國《閬中縣志》卷二九。

王承志

字藕船，應詔孫。嘉慶十八年拔貢生。見道光《保寧府志》卷三八，咸豐《閬中縣志》卷四，《全蜀詩鈔》卷四〇，民國《閬中縣志》卷一九、卷二二、卷二八。

聲應集　仰山堂詩集　退想軒駢體古文

閬風錄　怡齋卒語

見民國《閬中縣志》卷二二。

詩十首　存

收入《全蜀詩鈔》卷四〇。

文五篇　存

收入民國《閬中縣志》卷二八。

王承謨

字宇恬。諸生。見民國《閬中縣志》卷九。

詩八首　存

收入《二瓦硯齋詩鈔》卷一，民國《閬中縣志》卷九、卷二九。

文三篇　存

收入民國《閬中縣志》卷二八。

顧柄叔

字鶴儕。見《二瓦硯齋詩鈔》卷一。

詩一首　存

收入《二瓦硯齋詩鈔》卷一。

劉中理

字奉若。乾隆三十年拔貢生，任成都府學教授。見道光《保寧府志》卷三八，咸豐《閬中縣志》卷四、卷五，民國《閬中縣志》卷二二。

易纂十卷

見民國《閬中縣志》卷二二。

許　梨

字意樓。道光五年拔貢生，書法別出一派，為當世所推重。見咸豐《閬中縣志》卷四，民國《閬中縣志》卷一九、卷二七。

詩一首　存

收入民國《閬中縣志》卷二九。

金玉麟（1807—1863）

字石船。道光十二年舉人，十八年成進士，官陝西寧羌州知州，死於太平軍攻城。見咸豐《閬中縣志》卷四，《全蜀詩鈔》卷五二，民國《閬中縣志》卷一九，《清詩匯》卷一四二，《清人別集總目》頁1422。

咸豐《澄城縣志》三十卷（金玉麟修　韓亞熊纂）　存

今存咸豐元年刻本（方志聯合目錄）。

原注：附北徵文鈔、北徵詩鈔各一卷。

二瓦硯齋詩鈔五卷　存

見《清人別集總目》頁1422。按：《全蜀詩鈔》卷五二、《清詩匯》卷一四二録作二瓦硯齋詩集。

今存嘉慶刻本（川圖）。

二瓦硯齋詩鈔十卷詞一卷　存

見《清人別集總目》頁1422。

今存咸豐元年刻本（國圖，上圖，遼圖，豫圖，北大，川大）。

二瓦硯齋詩鈔十卷　存

今存咸豐間刻本（國圖）。

詩十六首　存

收入《全蜀詩鈔》卷五二，《清詩匯》卷一四二。

顧書紳

一室吟稿二卷　存

見《清人別集總目》頁1784。

今存咸豐四年超然堂刻祖孫合編本（叢書綜錄補編）。

超然堂稿一卷　存

見《清人別集總目》頁1784。

今存祖孫合編本（叢書綜錄補編）。

龔敬敷

字教五。咸豐元年舉人，次年成進士，官知縣。見《蜀詩續鈔》卷二，民國《閬中縣志》卷一九。

詩一首　存

收入《蜀詩續鈔》卷二。

蒲輪聘

咸豐十一年拔貢生，任資陽縣教諭。見民國《閬中縣志》卷一九。

詩一首　存

收入民國《閬中縣志》卷二九。

蒲輪召

光緒十一年拔貢生。見民國《閬中縣志》卷一九。

詩三首　存

收入民國《閬中縣志》卷二九。

孔廣燾

咸豐、同治間人。見《醒予山房文存》卷首。

文一篇　存

收入《醒予山房文存》卷首。

孫樹穀

號東埭。歲貢生，同治間經理河堤。見民國《閬中縣志》卷二二。

春秋韻言二卷

見民國《閬中縣志》卷二二。

周　禮

字爾立。副貢生，官德陽縣教諭。見《蜀詩續鈔》卷二。

詩二首　存

收入《蜀詩續鈔》卷二。

何鵬霄

字雲陔。清末人。見民國《閬中

縣志》卷二九。

詩十一首　存

收入民國《閬中縣志》卷二九。

張星輝

官制營千總，任儀隴防務。見民國《閬中縣志》卷二二。

射餘吟草

見民國《閬中縣志》卷二二。

董　文

女，字學舒，焦士宏妻。見《清詩匯》卷一八五。

詩一首　存

收入《清詩匯》卷一八五。

（鄒　艷）

蒼溪縣

（今四川蒼溪縣）

任鍾麟

順治八年舉人，由通山知縣升任直隸涿州知州。見乾隆《蒼溪縣志》卷四，民國《蒼溪縣志》卷一四。

文一篇　存

收入乾隆《蒼溪縣志》卷四。

任　紳

鐘麟子。康熙間歲貢生。見民國《蒼溪縣志》卷一四。

詩一首　存

收入民國《蒼溪縣志》卷一一。

文一篇　存

收入民國《蒼溪縣志》卷一一。

薛之佐

字晉卿，號鶴齋。順治八年舉人，官至光祿寺署正。康熙十九年，任江南盧州府知府。見乾隆《蒼溪縣志》卷二、卷三，道光《保寧府志》卷三七，民國《蒼溪縣志》卷一四。

文二篇　存

收入乾隆《蒼溪縣志》卷四，道光《保寧府志》卷五七，民國《蒼溪縣志》卷一一。

薛景珏

字玉佩，之佐子。康熙三十五年解元，任河南光山縣知縣。見道光《保寧府志》卷三七，民國《蒼溪縣志》卷一四。

詩三首　存

收入乾隆《蒼溪縣志》卷四，民國《蒼溪縣志》卷一一。

薛景瑄

字霞舉，景珏弟。任常州宣城令，後遷河南南陽府同知。見民國《蒼溪縣志》卷一四。

詩一首　存

收入民國《蒼溪縣志》卷一一。

薛景瑩

字崧生，景珏從弟。任江西豐城縣知縣。見民國《蒼溪縣志》卷一四。

詩一首　存

收入民國《蒼溪縣志》卷一一。

陳　藎

字青霞。順治八年舉人，任江西永新縣知縣，陞山西渾源州知州。見乾隆《蒼溪縣志》卷三，道光《保寧府志》卷三七，民國《蒼溪縣志》卷一四。

文一篇　存

收入乾隆《蒼溪縣志》卷四，道光《保寧府志》卷五七。

周瑞岐

字鳳喈。順治十一年舉人，任江陰縣知縣。見道光《保寧府志》卷三七，民國《蒼溪縣志》卷一四。

詩一首　存

收入民國《蒼溪縣志》卷一一。

李鍾崙

順治十一年舉人。見道光《保寧府志》卷三七，民國《蒼溪縣志》卷一四。

詩一首 存

收入民國《蒼溪縣志》卷一一。

崔 岱

康熙二十九年舉人，任山西沁水縣知縣。見道光《保寧府志》卷三七，民國《蒼溪縣志》卷一四。

詩一首 存

收入民國《蒼溪縣志》卷一一。

熊良輔

康熙三十八年舉人，任福建德化縣知縣。見乾隆《蒼溪縣志》卷三。

詩一首 存

收入民國《蒼溪縣志》卷一一。

陶淑禮

字公衡，號樂齋。康熙五十九年歲貢生。見民國《蒼溪縣志》卷六、卷一四。

文三篇 存

收入乾隆《蒼溪縣志》卷四，道光《保寧府志》卷五七，民國《蒼溪縣志》卷一一。

陳明寵

康熙間拔貢生，中副榜，署洪雅縣令。見民國《蒼溪縣志》卷一四。

詩一首 存

收入民國《蒼溪縣志》卷一一。

文二篇 存

收入乾隆《蒼溪縣志》卷四，民國《蒼溪縣志》卷一一。

呂 濳

字石隱。康熙間邑博士。見民國《蒼溪縣志》卷一三。

文一篇 存

收入民國《蒼溪縣志》卷一一。

薛燕孫

乾隆六年拔貢生，任江油縣教諭。見乾隆《蒼溪縣志》卷四，民國《蒼溪縣志》卷六。

文一篇 存

收入乾隆《蒼溪縣志》卷四，民國《蒼溪縣志》卷一一。

陶於濱

舉人。見乾隆《蒼溪縣志》卷四。

文一篇 存

收入乾隆《蒼溪縣志》卷四。

陶懋業

生員。見乾隆《蒼溪縣志》卷四。

文一篇 存

收入乾隆《蒼溪縣志》卷四。

簫 蕙

生員。見乾隆《蒼溪縣志》卷四。

文一篇 存

收入乾隆《蒼溪縣志》卷四。

賀廷獻

字雲臺，號卓然，一號鍾離子。乾隆五十四年拔貢生，任富順縣教諭。見民國《蒼溪縣志》卷一四。

詩一首　存

收入民國《蒼溪縣志》卷一一。

陳允修

字成均。乾隆間監生。見乾隆《蒼溪縣志》卷三。

文一篇　存

收入乾隆《蒼溪縣志》卷四，民國《蒼溪縣志》卷一一。

謝維城

本名鈞，字雲峯。咸豐間貢生。八年，任鶴山書院院長。見民國《蒼溪縣志》卷一四。

詩三首　存

收入民國《蒼溪縣志》卷一一。

李天育

字獲山。同治十二年恩貢生。見民國《蒼溪縣志》卷一四。

詩一首　存

收入民國《蒼溪縣志》卷一一。

楊家法

字心傳。附貢生。見民國《蒼溪縣志》卷一四。

詩一首　存

收入民國《蒼溪縣志》卷一一。

權　任

拔貢生，任夾江縣令。民國《蒼溪縣志》卷一四。

詩一首　存

收入民國《蒼溪縣志》卷一一。

賀百齡

恩貢生。見民國《蒼溪縣志》卷六。

詩一首　存

收入民國《蒼溪縣志》卷一一。

羅奇峯

字西麓。恩貢生。見民國《蒼溪縣志》卷六。

詩一首　存

收入民國《蒼溪縣志》卷一一。

（王阿陶）

南部縣

（今四川南部縣）

楊繼生

字爾敘。順治九年進士，任江南太倉州學正。見道光《南部縣志》卷一四、卷一六。

詩三首　存

收入道光《南部縣志》卷三〇。

文一篇　存

收入道光《南部縣志》卷二九。

孫雲錦

順治十一年舉人。見道光《保寧府志》卷三七。

詩一首　存

收入道光《南部縣志》卷三〇。

汪匡鼎

順治十一年舉人。見道光《保寧府志》卷三七。

詩二首　存

收入道光《南部縣志》卷三〇。

李允修

順治十一年舉人。見道光《保寧府志》卷三七，道光《南部縣志》卷一四。

詩十五首　存

收入道光《南部縣志》卷二九，道光《保寧府志》卷六〇。

孫公謨

順治十四年舉人。見道光《南部縣志》卷一四。

詩二首　存

收入道光《南部縣志》卷三〇。

李先復 (1651—1728)

字曲江。康熙十一年舉人，初任山東曹縣知縣，五十九年，官至工部尚書。雍正六年卒，年七十八。見道光《南部縣志》卷一五，《全蜀詩鈔》卷五。

詩五首　存

收入道光《南部縣志》卷三〇，《全蜀詩鈔》卷五，《清詩匯》卷三七。

文十一篇　存

收入乾隆《雅州府志》卷一四，道光《南部縣志》卷三〇，道光《保寧府志》卷四二。

鄧世珩

名一作在珩。拔貢生。乾隆二十年任彰明縣訓導，五十年署華陽縣丞。見嘉慶《華陽縣志》卷二六，道光《南部縣志》卷一四，同治《彰明縣志》卷三四，民國《南充縣志》卷八、卷九。

詩二首　存

收入同治《彰明縣志》卷五七。

文一篇　存

收入民國《南充縣志》卷一四。

陳　琮

字國華，號蘊山。中乾隆二十一

年鄉試副榜，歷官州判、清和縣丞，遷固安縣知縣，升南河同知，官至永定河道。見嘉慶《四川通志》卷一八七，道光《南部縣志》卷一五，《全蜀詩鈔》卷一二。

永定河志無卷數

見嘉慶《四川通志》卷一八四。

永定河志十九卷首一卷　存

今存乾隆五十四年内府抄本（北大）；據乾隆内府抄本影印續修四庫全書本。

永定河志十二卷　存

今存清抄本（國圖）。

煙草譜　存

今存嘉慶二十年刻本（國圖）。

煙草譜八卷題詞一卷　存

今存嘉慶刻本（國圖，浙江）；續修四庫全書影印嘉慶刻本。

煙草譜八卷首一卷末一卷　存

今存嘉慶刻本（國圖）。

煙草譜四卷　存

今存清刻本（南大）；民國二十五年孫滏岑抄本（北師大）。

歷代帝王圖不分卷　存

今存乾隆刻本（國圖）。

蘊山詩文集二卷

見嘉慶《四川通志》卷一八七。

詩一首　存

收入《全蜀詩鈔》卷一二。

曲阜昌

字魯瞻。乾隆三十年舉人，任饒州府知府。見道光《南部縣志》卷一四，《蜀詩續鈔》卷一。

詩二首　存

收入道光《保寧府志》卷六二，道光《南部縣志》卷三〇，《蜀詩續鈔》卷一。

文一篇　存

收入道光《南部縣志》卷二九。

張廷賢

字德齋。乾隆三十五年舉人，官懷來縣知縣。見道光《保寧府志》卷三七，道光《南部縣志》卷一五，《南部縣鄉土志·學問》。

詩四首　存

收入道光《南部縣志》卷三〇。

文一篇　存

收入道光《南部縣志》卷二八。

趙紫華

乾隆五十三年恩科舉人，任直隸高陽縣知縣。見道光《保寧府志》卷三七。

詩一首　存

收入道光《南部縣志》卷三〇。

文一篇　存

收入道光《南部縣志》卷二八。

謝德玉

字比亭。乾隆五十四年恩科舉人，任西昌縣教諭。見道光《保寧府志》卷三七，道光《南部縣志》卷一六。

文一篇　存

收入道光《南部縣志》卷二九。

陶明德

字克齋。嘉慶六年拔貢生，由國子監肄業，歸，教讀燕山書室。見道光《南部縣志》卷一四、卷一五。

文一篇　存

收入道光《南部縣志》卷二八。

趙紫來

字德庵。嘉慶十三年舉人。見道光《保寧府志》卷三七，道光《南部縣志》卷一四、卷一八。

詩五首　存

收入道光《南部縣志》卷三〇。

文一篇　存

收入道光《南部縣志》卷二九。

謝繼申

字小山。道光二十年舉人，部銓鹽源縣教諭。咸豐七年，任南充訓導。道光間，曾參纂《南部縣志》。見嘉慶《南充縣志》卷二，道光《南部縣志》卷首，《南部縣鄉土志·學問》，民國《南充縣志》卷八。

素位雜錄

見《南部縣鄉土志·學問》。

張士琦

拔貢生。見道光《南部縣志》卷一四。

詩二首　存

收入道光《南部縣志》卷三〇。

曲　曜

字映垣，饒州太守阜昌子。見道光《南部縣志》卷一七。

詩三首　存

收入道光《南部縣志》卷三〇。

曲　瀛

字海觀，阜昌次子。見道光《南部縣志》卷一八。

詩二首　存

收入道光《南部縣志》卷三〇。

李炳麟

歲貢生。見道光《南部縣志》卷一八。

詩一首　存

收入道光《南部縣志》卷三〇。

陶　成

號玉齋。歲貢生。教授生徒，從學者衆。見道光《南部縣志》卷一八。

詩一首　存

收入道光《南部縣志》卷三〇。

張　焱

原名文楷。咸豐二年進士，分發刑部河南司主事。見道光《南部縣志》卷一四。

詩五首　存

收入道光《南部縣志》卷三〇。

文一篇　存

收入道光《南部縣志》卷二九。

林　澍

同治三年舉人，候補主事。見道光《南部縣志》卷一四。

文一篇　存

收入道光《南部縣志》卷二九。

劉　沆

號琴舫。光緒十一年拔貢生，以詞賦名。見《南部縣鄉土志·學問》。

琴舫文鈔

見《南部縣鄉土志·學問》。

張作珣

廪生。見光緒《江油縣志》卷一六。

文二篇　存

收入光緒《江油縣志》卷二四。

蘭開基

號肇修。見《南部縣鄉土志·學問》。

復聖經大學古本醒注

見《南部縣鄉土志·學問》。

秦　樹

號葵圃。見《綠萼梅齋遺稿》卷一。

詩一首　存

收入《綠萼梅齋遺稿》卷一。

（王阿陶）

廣元縣

（今四川廣元市）

魯　觀

順治十四年舉人，任廣西崇善縣知縣。見民國《重修廣元縣志稿》卷一九、卷二二。

詩四首　存

收入《四川保寧府廣元縣志》卷一三，民國《重修廣元縣志稿》卷二五。

魯　性

詩一首　存

收入《四川保寧府廣元縣志》卷一三。

冉　德

字公讓。康熙五年舉人，官甘肅西寧縣知縣。見《全蜀詩鈔》卷四。

詩一首　存

收入《全蜀詩鈔》卷四。

魯　璿

拔貢生。見《四川保寧府廣元縣志》卷一三。

文一篇　存

收入《四川保寧府廣元縣志》卷一三。

石法魯

歲貢生，選授峨嵋縣訓導，辭职未任。見道光《保寧府志》卷四二，民國《重修廣元縣志稿》卷二二。

詩五首　存

收入《四川保寧府廣元縣志》卷一三，民國《重修廣元縣志稿》卷二五。

石　田

詩六首　存

收入《四川保寧府廣元縣志》卷一三，民國《重修廣元縣志稿》卷二五。

楊　璽

字輯五，號瑞圃。一作南江人。乾隆二十五年舉人，任納溪縣教諭，升潼川教授，任江南安東縣知縣，官至松江府知府。見道光《保寧府志》卷三七，民國《重修廣元縣志稿》卷一九、卷二二，民國《南江縣志》第三編《人士》。

詩一首　存

收入嘉慶《納溪縣志》卷九。

楊繼端

女，字古雪，號西川女史。一作南江人。楊璽女，太平縣主簿遂寧張問萊妻。見光緒《遂寧縣志》卷五，光緒《新修潼川府志》卷一六，民國《遂寧縣志》卷五，《全蜀詩鈔》卷六二，《清人別集總目》頁726。

古雪詩鈔十二卷

見光緒《新修潼川府志》卷一六，《全蜀詩鈔》卷六二。

古雪詩鈔一卷　存

見《清人別集總目》頁726。

今存抄本（上圖）。

古雪詩鈔一卷續鈔一卷詩餘一卷　存

見《清人別集總目》頁726。

今存乾隆刻本（國圖）；嘉慶十四年刻本（國圖，上圖，南圖）；嘉慶二十一年增刻十四年刻本（國圖）。

古雪詩鈔古雪續鈔古雪詩餘　存

今存嘉慶元年刻本（國圖）。

古雪詩鈔一卷續鈔二卷詩餘一卷　存

今存嘉慶二十一年增刻十四年刻本（國圖）。

古雪詩鈔　存

今存嘉慶十四年刻本、抄本（上圖）。

古雪詩餘一卷　存

今存嘉慶間刻本（國圖）；光緒二十一至二十二年南陵徐乃昌刻小檀欒室彙刻閨秀詞叢書第一集本（國圖）。

詩十一首　存

收入道光《保寧府志》卷六，光緒《遂寧縣志》卷五，民國《遂寧縣志》卷五，《全蜀詩鈔》卷六二。

楊　冕

字周五。乾隆間國子監監生，為劉鏞、鄒炳泰器重。嘉慶二年自練團勇，立有軍功。後歷成都、樂山、內江及川東等縣學事；晚選華陽訓導，陞崇慶州學正。見民國《重修廣元縣志稿》卷二五。

讀易必究二卷　洪範五行傳二卷　儀象新書一卷　易經圖說二卷

見民國《重修廣元縣志稿》卷二五。

何現書

字雲崖。道光二十六年舉人，咸豐三年任潼川教授，薦保知縣；歷長清江書院，卒於漢州學正任。見民國《重修廣元縣志稿》卷二二。

言行錄韻語

見民國《重修廣元縣志稿》卷二二。

文一篇　存

收入民國《重修廣元縣志稿》卷二六。

貫玉鉉

恩貢生。見民國《重修廣元縣志稿》卷一九。

詩一首　存

收入民國《重修廣元縣志稿》卷二五。

曾性紀

詩二首　存

收入民國《重修廣元縣志稿》卷二五。

黎啟明

詩十五首　存

收入民國《重修廣元縣志稿》卷二五。

石崇憲

詩五首　存

收入民國《重修廣元縣志稿》卷二五。

金庭和

字禹香。見民國《重修廣元縣志稿》卷二二。

聚者居古文二卷

見民國《重修廣元縣志稿》卷二二。

詩九首　存

收入民國《重修廣元縣志稿》卷二五。

文一篇　存

收入民國《重修廣元縣志稿》卷二五。

梁清芬

女，字慧蘭，肇昌府知府石亭長女，廣東候補巡檢孔功可妻。見民國《重修廣元縣志稿》卷二五。

誦芬小榭詩草不分卷　存

今存光緒二十四年刻本（川大）。按：民國《重修廣元縣志稿》卷二五作一卷。

（王阿陶）

昭化縣

（今四川廣元市）

吳珍奇

字苞符。康熙二十五年歲貢生，任中江訓導。見嘉慶《四川通志》卷一八四，道光《重修昭化縣志》卷三六，道光《保寧府志》卷四二。

康熙《新纂昭化縣志》不分卷（吳珍奇 苟翰俊輯） 存

今存清抄本（上圖）。按《方志聯合目錄》原註："今併入廣元縣。秩官記載至康熙五十七年。"又嘉慶《四川通志》卷一八四著爲"昭化縣志六卷"，道光《重修昭化縣志》卷三六言其"纂輯《昭化全志》二卷，至康熙五十一年止，殫二十二年之功，年七十六，猶搜訂不輟，甫脱稿而卒"。

與優者言一卷

見道光《重修昭化縣志》卷三六。

董繼舒

字正誼。康熙三十六年武進士，任常州守備。見道光《保寧府志》卷四二。

非分集

見道光《保寧府志》卷四二。

董　照

乾隆四十七年歲貢生。見道光《重修昭化縣志》卷三六。

詩五首 存

收入道光《保寧府志》卷六二，道光《重修昭化縣志》卷一六。

楊祖德

嘉慶九年歲貢生。見道光《重修昭化縣志》卷首、卷三六。

詩五首 存

收入道光《重修昭化縣志》卷一六。

（王阿陶）

巴　州

（今四川巴中市）

宋　鼎

歲貢生。康熙四十二年任西充訓導，陞聊城縣丞。見光緒《西充縣志》卷六。

詩一首　存

收入光緒《西充縣志》卷一三。

張　鍠

州貢生。乾隆元年朝考，授廣東欽州吏目。見民國《巴中縣志》第二編《文學》。

效顰集

見民國《巴中縣志》第二編《文學》。

謝一鳴

號八愚。嘉慶二十四年舉人，道光間，曾參纂《巴州志》。見民國《巴中縣志》卷首、第二編《文學》。

文二篇　存

收入民國《巴中縣志》第四編《古蹟》。

謝金門

名承光，以字行，一鳴少弟。歲貢生。見民國《巴中縣志》第二編《文學》。

舊雨詩鈔

見民國《巴中縣志》第二編《文學》。

張正壁

號星垣。道光十九年舉人，官綏定府教授。見民國《巴中縣志》第二編《行誼》。

童蒙正軌　閨閣要語

見民國《巴中縣志》第二編《行誼》。

李汝琬

文一篇　存

收入道光《巴州志》卷九，道光《保寧府志》卷五。

張復旦

咸豐初，以歲貢生舉孝廉方正。道光十三年，曾參修《巴州志》。見民國《巴中縣志》卷首、第二編《文學》。

龍山詩草

見民國《巴中縣志》第二編《文學》。

余　堃

光緒十六年進士，官翰林院編修，陝西提學兼布政使。見民國《巴中縣志》第二編《科第》、《仕進》。

文一篇　存

收入民國《巴中縣志》第二編《文學》。

李本善

字性生。光緒十一年舉人，官山東河東鹽運大使。民國初，曾參修《續巴州志》。見民國《巴中縣志》卷首、第二編《仕進》。

課孫隨筆　岫雲詩稿　女學養正新編

見民國《巴中縣志》第二編《鄉賢》。

何汝舟

文一篇　存

收入《麗矚亭詞》卷首。

馮　藻

鏡日軒詩存　存

見《清人別集總目》頁352。

今存光緒十四年馮氏刻本（川圖）。

徐有章

號玉峯，與兵部主政金玉麟為文字交。見民國《巴中縣志》第二編《文學》。

懷夢山館集

見民國《巴中縣志》第二編《文學》。

詩一首　存

收入《二瓦硯齋詩鈔》卷首。

成　章

字華卿。貢生。為張之洞賞識，調任尊經書院院長。後為王壬秋所器重。晚年設帳巴渠。見民國《巴中縣志》第二編《文學》、《科第》。

醉經堂集

見民國《巴中縣志》第二編《文學》。

李瑞熙

號宇恬。歲貢生，年七十卒。見民國《巴中縣志》第二編《文學》。

宇恬詩草

見民國《巴中縣志》第二編《文學》。

文尚雅

字二亭，歲貢生。年九十六終。見民國《巴中縣志》第二編《文學》。

碧淵集六卷　易象詳注十卷　巴州方言八卷　巴州志略

見民國《巴中縣志》第二編《文學》。

按：今存佚名《巴州志略》不分卷，爲傳抄乾隆六十年本（方志聯合目錄）。上引小傳言其《巴州志略》爲道光間朱錫穀（字蕻原）“籍以成書”，又稱其“壽九十六終”，疑尚雅爲乾隆間人，今佚名之《巴州志略》即其所撰。

（王阿陶）

通江縣

（今四川通江縣）

向玉軒

字元昇，號西崑。崇禎七年進士，歷户科都給事中。入清，任順治二年山東鄉試正主考、吏科給事中。見道光《通江縣志》卷七、卷一三。

詩二首　存

收入道光《通江縣志》卷一三。

文一篇　存

收入道光《通江縣志》卷九。

李馥榮

字錦山，清初諸生。見道光《保寧府志》卷四二。

灩澦囊五卷　存

按：道光《保寧府志》卷四二未標卷數。

今存雍正間刻本（國圖）；道光二十七年鐵嶺鳴謙退思軒刻本（國圖，北大）；光緒四年雙流黄氏濟忠堂刻本（國圖）；光緒六年鐵嶺鳴氏刻本（北師大）；成都昌福公司排印本（川大）；民國二十七年雙流黄氏濟忠堂刻本（北師大，南大）；四庫全書未收書輯刊本。

屈升瀛

字君賜，號錦山。順治十一年舉人，官江南南陵縣令，升雲南寧州知州。康熙十八年中會試第一，歷翰林、汀州太守。見道光《保寧府志》卷三七，道光《通江縣志》卷七、卷九。

二南草　滇遊草　朗陵課藝

見道光《通江縣志》卷七。

詩十五首　存

收入道光《通江縣志》卷九。

向　謙

字撝吉。舉人，順治十一年，官馬平知縣。見道光《保寧府志》卷三七，道光《通江縣志》卷七。

詩四首　存

收入道光《通江縣志》卷九、卷一三。

文二篇　存

收入道光《通江縣志》卷九、卷一三。

李能白

字春顔，又字存蓼。歲貢生。見道光《通江縣志》卷七、卷八、卷一三。

詩三首　存

收入道光《通江縣志》卷一三。

李　蕃

字錫徵，一字振公，號懶庵，能白子。順治十四年舉人，官山東黄縣知縣。見道光《通江縣志》卷七、卷八，《全蜀詩鈔》卷四，《清人别集總目》頁756。

康熙《黄縣志》八卷（李蕃修　范廷鳳纂）　存

今存康熙十二年刻本（方志聯合目錄）；清代孤本方志選第二輯本。

明末清初雅安受害記　存

今存抄本（南大）；民國六年石印本（北師大）。

雪鴻堂文集十卷　存

見《清人別集總目》頁756。按：道光《保寧府志》卷四二、道光《通江縣志》卷七、《全蜀詩鈔》卷四著錄作雪鴻堂集，未標卷數。

今存康熙五十七年刻通江三李文集本（川圖）。

雪鴻堂文集十八卷又四卷又二卷（與子鍾峨、鍾壁合撰）　存

見《清人別集總目》頁756。

今存康熙間通江李氏刻本（北大）；康熙五十八年刻本（國圖）。

雪鴻堂文集十八卷　存

見嘉慶《四川通志》卷一八七，《清人別集總目》頁756。

今存康熙五十七年通江李氏刻本（南圖，湘圖，中科院文研所，南大，新疆大學，旅大）；康熙五十八年通江李氏刻本（北大）；據康熙五十七年刻本影印四庫全書存目叢書補編本。

雪鴻堂文集二十四卷　存

今存康熙間刻本（北大）。

詩一首　存

收入《全蜀詩鈔》卷四。

李鍾壁

號鹿嵐，一字元修，李蕃長子。康熙三十五年舉人，官平南縣知縣。見嘉慶《四川通志》卷一八七，道光《通江縣志》卷七，道光《保寧府志》卷三七，《全蜀詩鈔》卷八。

燕喜堂集四卷　存

見《清人別集總目》頁805。按：道光《保寧府志》卷四二著錄作燕喜堂詩集，未標卷數；道光《通江縣志》卷七、《全蜀詩鈔》卷八、《清詩匯》卷五四著錄作燕喜堂集，亦未標卷數。

今存康熙五十七年刻通江三李文集本（國圖，川圖）。

燕喜堂詩文集四卷　存

今存康熙間刻雪鴻堂文集本（國圖）。

雪鴻堂文集四卷　存

見《清人別集總目》頁805。按：嘉慶《四川通志》卷一八七著錄作雪鴻堂文集四卷，又注："一名燕喜堂集"，當與《燕喜堂集》異名而爲同一書。

今存康熙刻本（國圖，復旦）；康熙五十七年刻雪鴻堂全集本（北大）；四庫全書存目叢書影印雪鴻堂全集本。

詩一首　存

收入《全蜀詩鈔》卷八。

李鍾峨

字雪原，一字西原，號芝麓，李蕃次子。康熙三十二年舉人，任遵義仁懷縣教諭；四十五年成進士，官至太常寺少卿。見道光《保寧府志》卷四二，道光《通江縣志》卷七，見《全蜀詩鈔》卷九。

垂雲亭集二卷　存

見《清人別集總目》頁805。

今存康熙五十七年刻通江三李文集本（國圖，川圖）。

雪鴻堂文集二卷　存

按：嘉慶《四川通志》卷一八七著錄作雪鴻堂文集二卷，又注：是集乃其提學福建時所編，多館課及應酬之作。其父蕃，有《雪鴻堂集》。其兄鍾壁之集襲用其名，鍾峨又襲用，皆各爲卷第。是集又名《垂雲亭集》。當與《垂雲亭集》異名而爲同一書。

今存康熙五十七年刻雪鴻堂全集本（北大）；四庫全書存目叢書影印雪鴻全集本。

詩一首　存

收入《全蜀詩鈔》卷九。

李其椅

字鳳木，李蕃曾孫，李夏子。乾隆三年舉人，任巴縣教諭；十八年，任高縣教諭。見嘉慶《高縣志》卷三四，道光《保寧府志》卷三七，道光《通江縣志》卷七。

文一篇　存

收入嘉慶《南充縣志》卷六，民國《南充縣志》卷五。

朱紹顏

字體一。乾隆三年舉人。十一年任梓潼縣教諭。見道光《保寧府志》卷三七，道光《通江縣志》卷七，咸豐《重修梓潼縣志》卷三、卷五。

文一篇　存

收入咸豐《重修梓潼縣志》卷五。

朱　昱

字又旦，紹顏次子。乾隆十年進士，歷任陝西華陰、山東禹城、河南商河知縣。見道光《保寧府志》卷三六，道光《通江縣志》卷七。

文一篇　存

收入道光《通江縣志》卷九。

張　芬

字芳自。乾隆十七年舉人。見道光《通江縣志》卷七、卷九。

文一篇　存

收入道光《通江縣志》卷九。

李其謙

乾隆二十五年恩科舉人，官綿州學正。見道光《保寧府志》卷三七，道光《通江縣志》卷七。

文一篇　存

收入道光《通江縣志》卷九。

向百辟

字型之。歲貢生。見道光《通江縣志》卷七。

文一篇　存

收入道光《通江縣志》卷一三。

向玉篆

字萬枝。諸生。見道光《通江縣志》卷一三。

詩一首　存

收入道光《通江縣志》卷一三。

（王阿陶）

南江縣

（今四川南江縣）

袁　澈

字松岫。順治八年舉人，官福建晉江縣知縣。見道光《保寧府志》卷四二，民國《南江縣志》第二編《選舉》、第三編《人士》。

湖居雜錄

見道光《保寧府志》卷四二。

詩一首　存

收入道光《保寧府志》卷六二，道光《南江縣志》卷下，民國《南江縣志》第四編《藝文》。

岳　貞

字石齋。順治十一年舉人，官戶部員外。見道光《保寧府志》卷四二，民國《南江縣志》第二編《選舉》、第三編《人物》。

几江集

見道光《保寧府志》卷四二。

詩七首　存

收入道光《保寧府志》卷六二，道光《南江縣志》卷下，民國《南江縣志》第四編《藝文》，民國《蒼溪縣志》卷一一。

岳　度

字文江。岳貞第四子。康熙三十三年進士，任翰林院編修、檢討。見道光《保寧府志》卷四二，民國《南江縣志》第二編《選舉》、第三編《人物》。

文一篇　存

收入道光《南江縣志》卷下。

楊廷賢

高浣花夫。嘉慶十八年拔貢生。見民國《南江縣志》第二編《選舉》。

冠山詩集二卷附高浣花撰鵑血草二卷　存

見《清人別集總目》頁709。

今存道光二十三年春暉書屋刻本（川圖）。

何爾泰

歲貢生。見民國《南江縣志》第三編《人士》。

詩三首　存

收入道光《南江縣志》卷下，民國《南江縣志》第四編《藝文》。

岳光虞

字紹鄉，中華長子。同治三年舉人。見民國《南江縣志》第三編《人士》。

文二篇　存

收入民國《南江縣志》第四編《藝文》。

岳凌雲

字小山，號七星山人。歲貢生。見《蜀詩續鈔》卷六，民國《南江縣志》第二編《選舉》、第三編《人士》。

七星山人集二卷　存

見《清人別集總目》頁1410。

今存光緒十九年成都志經堂刻本（上

圖，川圖）

七星山人詩集

見《蜀詩續鈔》卷六。

秋窗摘錄

見民國《南江縣志》第三編《人士》。

詩三首 存

收入《蜀詩續鈔》卷六。

岳 森

字林宗，凌云長子。光緒十一年拔貢生。少受知張之洞，以高材生調入尊經書院，肄業後又受聘襄校尊經書院。見民國《南江縣志》第二編《選舉》、第三編《人士》。

癸甲襄校錄五卷 存

見《清人別集總目》頁 1409。按：民國《南江縣志》第三編《人士》未標卷數。

今存光緒二十年成都尊經書局刻本（國圖，川圖，南大）；光緒二十年南江岳氏刻本（北大）。

文四篇 存

收入民國《南江縣志》第四編《藝文》。

熊輔周

字傳南。見《弄丸心法》卷一。

文一篇 存

收入《弄丸心法》卷一。

何昌齡

字鹿泉，號梅村。歲貢生。見民國《南江縣志》第三編《人士》。

詩五首 存

收入民國《南江縣志》第四編《藝文》。

岳賡颺

字熙廷，晚年號居易子。歲貢生。見民國《南江縣志》第三編《人士》。

周易精言　史事輯要　錦繡集　修篁齋詩賦鈔

見民國《南江縣志》第三編《人士》。

姜華山

字紹甫。見民國《南江縣志》第三編《人士》。

閒樂吟詩草

見民國《南江縣志》第三編《人士》。

熊一飛

字雲陸。增生。見民國《南江縣志》第三編《人士》。

雲林詩草

見民國《南江縣志》第三編《人士》。

詩三首 存

收入民國《南江縣志》第四編《藝文》。

（王阿陶）

劍　州

(今四川劍閣縣)

嘉天寵

字錫我。順治十一年舉人，任南充教諭。見同治《劍州志》卷九，民國《劍閣縣志續志》卷七嘉玉振條附、卷九下，民國《南充縣志》卷八。

詩一首　存

收入民國《劍閣縣志續志》卷九下。

嘉玉振

字元希，别號蘭溪，天寵玄孫。乾隆三十九年舉人，官漢州學正。見道光《保寧府志》卷四二，同治《劍州志》卷九，民國《劍閣縣志續志》卷七。

詩義精華　存

今存清敬慎堂抄本（上圖）。按：嘉慶《漢州志》卷二四、道光《保寧府志》卷四二著錄作詩經精華二十卷，民國《劍閣縣志續志》卷七作詩經精華三十卷，而卷九上又錄作詩經精華十一卷。與“詩義精華”當爲同一書。

春秋舉要四十四卷

見嘉慶《漢州志》卷二四，道光《保寧府志》卷四二。

春秋探微十五卷

見民國《劍閣縣志續志》卷七、卷九上。

詩十首　存

收入見民國《劍閣縣志續志》卷九下。

文四篇　存

收入咸豐《重修梓潼縣志》卷五，民國《劍閣縣志續志》卷九上。

嘉　石

字璞玉，玉振長子。恩貢生，舉孝廉方正，不就。卒年九十三。見《全蜀詩鈔》卷四〇，民國《劍閣縣志續志》卷七。

(璞)山詩草　璞山詩話

見民國《劍閣縣志續志》卷七。

詩一首　存

收入《全蜀詩鈔》卷四〇，民國《劍閣縣志續志》卷九下。

嘉汝封

字康伯，嘉石子。歲貢生。見《全蜀詩鈔》卷五五，民國《劍閣縣志續志》卷七嘉石條附、卷八。

詩二首　存

收入《全蜀詩鈔》卷五五，民國《劍閣縣志續志》卷九下。

趙宏覽

字僧照。順治十四年舉人，明年成進士，官安徽虹縣知縣。見雍正《劍州志》卷九，同治《劍州志》卷九《全蜀詩鈔》卷四，民國《劍閣縣志續志》卷九下。

詩一首　存

收入《全蜀詩鈔》卷四，民國《劍閣縣志續志》卷九下。

李　榕 (1819—1889)

字申甫，一字申夫。原名甲先。

道光二十六年舉人，咸豐二年成進士，任翰林院庶吉士，改禮部主事，官至湖南布政使。見同治《劍州志》卷九，《蜀詩續鈔》卷五，民國《劍閣縣志續志》卷七，《清人別集總目》頁754。

同治《劍州志》十卷（李榕　余文煥修　李榕等纂）　存

今存同治十二年劍州州署刻本（方志聯合目錄）；民國十六年鉛印本（方志聯合目錄）；一九九二年巴蜀書社影印同治十二年刻本。

十三峰書屋集外書札三卷　存

見《清人別集總目》754頁。

今存抄本（廣元檔案局）。

十三峰書屋全集九卷　存

見《清人別集總目》頁754。

今存光緒十六年龍州書局刻本（北大）；光緒十六年至十八年湘鄉蔣氏龍安書院刻本（國圖，上圖，南圖，湘圖，川圖，粵圖，北大，南大，成都，台灣史語）；光緒匡山書院翻刻本（川大，西南民院，江油）；光緒二十五年上海袖海山房石印本（上圖，南圖，遼圖，豫圖，贛圖，閩圖，粵圖，中科院，北師大，安徽師大，旅大，諸暨）；臺北文海版近代中國史料叢刊本。

原按：本書一名李申夫先生全集。收文稿一卷、詩集二卷、書札四卷、批牘二卷。

十三峰書屋全集八卷　存

今存清光緒二十五年袖海山房石印本（上圖，北大，北師大）。

十三峰書屋全集五種十一卷　存

見《清人別集總目》頁754。

今存民國三年成都文倫書局排印本（川圖，廣元檔案局）；民國十一年成都迪毅書社排印本（南圖），原按：本書另增遺集二卷；民國十四年墨磨人齋排印本（川圖）。

十三峰書屋全集　存

見《清人別集總目》頁754。

今存民國十年鉛印本（國圖）；一九九五年成都巴蜀書社排印王顯春等整理本（川大，南大）。

十三峰書屋書札四卷　存

見《清人別集總目》頁754。

今存宣統三年志古堂刻本（北大，南圖）；民國三年成都文倫書局鉛印本（國圖）。

十三峰書屋批牘二卷　存

今存民國三年成都文倫書局鉛印本（國圖）。

十三峰書屋詩集二卷　存

今存清光緒十六年龍安書院刻本（國圖）。

十三峰書屋墨迹　存

今存手稿本（川大）。

國朝春曹題名　存

今存光緒三年刻本（北師大）。

詩十二首　存

收入《蜀詩續鈔》卷五，民國《劍閣縣志續志》卷九下。

文四篇　存

收入民國《劍閣縣志續志》卷九上。

温　恭

字竹虛，李榕入室弟子。歲貢生。民國《劍閣縣志續志》卷七。

詩二首　存

收入民國《劍閣縣志續志》卷九下。

李開元

字善卿。道光二十九年拔貢生，

歷任榮縣教諭、重慶府及順慶府教授。見民國《劍閣縣志續志》卷七、卷八。

詩二首　存

收入民國《劍閣縣志續志》卷九下。

王居中

咸豐元年舉人，任南充縣教諭。民國《劍閣縣志續志》卷八。

詩二首　存

收入民國《劍閣縣志續志》卷九下。

姚克諧

字海樓。咸豐十一年拔貢生，歷任江西宜春、安仁、萍鄉、廣豐知縣。見民國《劍閣縣志續志》卷七、卷八。

二松壑齋詩稿　脈學歸源

見民國《劍閣縣志續志》卷七。

詩三首　存

收入民國《劍閣縣志續志》卷九下。

宋煥章

咸豐間文生。見咸豐《重修梓潼縣志》卷六。

詩一首　存

收入咸豐《重修梓潼縣志》卷六。

王心一

字子誠。咸豐間文生。見咸豐《重修梓潼縣志》卷六。

詩二首　存

收入咸豐《重修梓潼縣志》卷六。

朱世榮

字錦堂。咸豐間文生。見咸豐《重修梓潼縣志》卷六。

詩二首　存

收入咸豐《重修梓潼縣志》卷六。

衛閑道

字友于。咸豐元年舉人，十一年任南溪訓導，揀選知縣。見咸豐《重修梓潼縣志》卷六，同治《南溪縣志》卷五。

詩一首　存

收入咸豐《重修梓潼縣志》卷六。

杜　漸

字疊峰。宣統元年拔貢，朝考，籤分甘肅直州判。見民國《劍閣縣志續志》卷八。

詩一首　存

收入民國《劍閣縣志續志》卷九下。

尤雪新

字煥南。見民國《劍閣縣志續志》卷九下。

詩一首　存

收入民國《劍閣縣志續志》卷九下。

王　介

字埒唐。見民國《劍閣縣志續志》卷九下。

詩四首　存

收入見民國《劍閣縣志續志》卷九下。

文二篇　存

收入見民國《劍閣縣志續志》卷九上。

石含璋

字玉峯。歲貢生。見民國《劍閣縣志續志》卷八。

詩一首　存

收入見民國《劍閣縣志續志》卷九下。

王文淵

字卓如。見民國《劍閣縣志續志》卷九下。

詩三首　存

收入民國《劍閣縣志續志》卷九下。

徐安成

詩一首　存

收入民國《劍閣縣志續志》卷九下。

張鵬程

字翮舒。見民國《劍閣縣志續志》卷九下。

詩二首　存

收入見民國《劍閣縣志續志》卷九下。

趙樹和

字受符。見民國《劍閣縣志續志》卷九下。

詩一首　存

收入見民國《劍閣縣志續志》卷九下。

（王阿陶）

南充縣

（今四川南充市）

釋印豁

俗姓楊，字寂光，明末清初人。出家後遍歷名山，遊漢上，至蓬溪，徙西充。曾至梁山參破山和尚，深得宗旨。見道光《蓬溪縣志》卷一三。

寂光禪師前後語錄六卷　續錄四卷

見民國《蓬溪縣近志》卷一三。

韓國相（1623—1703）

原名必慶，字一韓，號栗坡。順治十一年歲貢生，十四年成進士，任夔府奉節縣教諭；乾隆元年封登仕郎。卒於康熙四十二年，年八十一。見民國《南充縣志》卷八、卷一六。

文二篇　存

收入嘉慶《南充縣志》卷六，民國《南充縣志》一六。

李兆襄

若梓子。順治十五年歲貢生，年六十卒。見嘉慶《南充縣志》卷三，民國《南充縣志》卷八、卷一〇。

詩一首　存

收入嘉慶《南充縣志》卷四，康熙《順慶府志》卷七，民國《南充縣志》卷二。

文一篇　存

收入康熙《順慶府志》卷八，嘉慶《南充縣志》卷六，民國《南充縣志》卷二。

冉存異

名一作存意，字同人，號平川，世維子。康熙八年舉人，任廣東增城縣知縣，後升主事。見《全蜀詩鈔》卷五，民國《南充縣志》卷九。

旅貞草初集　增江雜錄

見嘉慶《南充縣志》卷六，民國《南充縣志》卷一五。

詩二首　存

收入嘉慶《南充縣志》卷四，《全蜀詩鈔》卷五，民國《南充縣志》卷二。

韓　敬

康熙二十一年歲貢生，官南部訓導。見民國《南充縣志》卷八。

文一篇　存

收入康熙《順慶府志·增續》，民國《南充縣志》卷一二。

王　升

字南征，號方山，瑞鳳曾孫。康熙二十六年舉人，次年成進士，官山西壽陽縣知縣，陞吏部主事，歷文選司掌印郎中，後致仕歸。見民國《南充縣志》卷八、卷九。

方山逸草

見嘉慶《南充縣志》卷六，民國《南充縣志》卷一五。

詩三首　存

收入嘉慶《南充縣志》卷四，民國《南充縣志》卷二。

文二篇　存

收入嘉慶《南充縣志》卷六，民國《南充縣志》卷一二、卷一四。

張有光

字善充，號雙洲。康熙二十六年副貢生，三十二年中舉人，次年成進士，任直隸知縣，陞吏部文選司郎中。後遊林下二十餘年，年七十三卒。見民國《南充縣志》卷八、卷九。

北山逸草　拾遺集　見聞前集　見聞後集

見嘉慶《南充縣志》卷六，民國《南充縣志》卷一五。

詩一首　存

收入嘉慶《南充縣志》卷六。

文一篇　存

收入民國《南充縣志》卷一四。

楊元玠

字冠六，號清泉。康熙三十五年拔貢生，授資縣教諭，歷寧番衛教授，陞山西繁峙縣令。見民國《南充縣志》卷八、卷九。

克復齋集　勸懲集　文家要法四卷

見嘉慶《南充縣志》卷六，民國《南充縣志》卷一五。

何　琬

字楚材。康熙四十四年順慶府學舉人，官福建閩清縣知縣，陞署磁州知州。見民國《南充縣志》卷八、卷九。

詩二首　存

收入嘉慶《南充縣志》卷四，民國《南充縣志》卷四。

文一篇　存

收入嘉慶《南充縣志》卷五，民國《南充縣志》卷四。

宋時濂

長輝子。康熙四十四年舉人，後賜進士，官山西芮城知縣。九十一歲猶在世。見民國《南充縣志》卷八、卷一〇。

文一篇　存

收入民國《南充縣志》卷二。

彭長泰

監生，與康熙二十六年舉人王升有詩奉答。見康熙《順慶府志》卷四，嘉慶《南充縣志》卷四。

螺溪詩鈔

見嘉慶《南充縣志》卷六，民國《南充縣志》卷一五。

詩九首　存

收入嘉慶《南充縣志》卷四，光緒《西充縣志》卷一三，民國《南充縣志》卷二、卷四、卷一二。

韓祥龍（1732—1818）

字子雲，號青巖。庠生。卒於嘉慶二十三年，年八十七。見民國《南充縣志》卷一六。

文一篇　存

收入民國《南充縣志》卷一六。

吳國泰

乾隆三十六年舉人，官雲南大姚縣知縣。見民國《南充縣志》卷八。

文一篇　存

收入民國《南充縣志》卷二。

杜伯宣

字惠南，號甘亭。乾隆四十二年舉人，截取知縣，辭不就。卒年七十三。見民國《南充縣志》卷八、卷九。

文二篇　存

收入嘉慶《南充縣志》卷四，光緒《西充縣志》卷四、卷一四。

何以善

乾隆四十二年拔貢生，任敘州府教授。見民國《南充縣志》卷八。

文一篇　存

收入民國《南充縣志》卷三。

賈廷輯

從龍子。嘉慶六年舉人，特授仁壽縣教諭。見嘉慶《南充縣志》卷首，民國《南充縣志》卷八、卷九。

文一篇　存

收入民國《南充縣志》卷四。

青文典

嘉慶十二年舉人，任雲南雲南縣知縣。見民國《南充縣志》卷八、卷九。

文一篇　存

收入民國《南充縣志》卷一四。

唐學全

字晞三，一作蓬州人。處士，居空桐山。見見光緒《蓬州志》卷一五，民國《南充縣志》卷一五。

文廟通錄七卷（輯）

見光緒《蓬州志》卷一五。按：嘉慶《南充縣志》卷六、民國《南充縣志》卷一五未著卷數。

王秉三

字奉齋。道光二年舉人，任湖南安鄉縣知縣；改官教職，在家候補，教授生徒。見民國《南充縣志》卷九、卷一〇。

詩一首　存

收入民國《南充縣志》卷四。

文五篇　存

收入民國《南充縣志》卷一三、卷一四、卷一五、卷一六。

蕭應元

號燭軒。道光二十九年舉人，官永寧縣訓導，主講嘉湖、朱鳳兩書院。見民國《南充縣志》卷八。

詩一首　存

收入民國《南充縣志》卷四。

陳　玉

咸豐二年貢生，官石柱縣訓導。見民國《南充縣志》卷八、卷一〇。

詩一首　存

收入民國《南充縣志》卷一〇劉三姑條。

文　焯

咸豐六年府學恩貢生。見民國《南充縣志》卷八。

詩二首　存

收入民國《南充縣志》卷一二。

王秉縉

字笏山。咸豐七年歲貢生。民國《南充縣志》卷八、卷九。

詩四首 存

收入民國《南充縣志》卷四。

文一篇 存

收入民國《南充縣志》卷四。

文邦從

字子義。同治三年帶補咸豐十一年辛酉科舉人，歷任直隸平谷、順義、房山、東安等縣知縣。見民國《南充縣志》卷八、卷九。

詩一首 存

收入民國《南充縣志》卷一二。

劉德鈞

名一寫作德均，字秉衡，號功亭。廩生，咸豐末年以城防功議敘正九品，就職翰林院待詔。見民國《南充縣志》卷九。

詩四首 存

收入民國《南充縣志》卷四。

文一篇 存

收入嘉慶《南充縣志》卷首，民國《南充縣志》卷一六。

蒲　穀

同治三年帶補咸豐十一年辛酉科貢生。見民國《南充縣志》卷八。

詩七首 存

收入民國《南充縣志》卷三、卷一〇、卷一二。

唐文炳

字子彪。同治三年帶補咸豐十一年辛酉科歲貢生。見民國《南充縣志》卷八、卷九。

文一篇 存

收入民國《南充縣志》卷一四。

涂卿雲

字杏庵。同治三年甲子帶補咸豐十一年辛酉科歲貢生。見民國《南充縣志》卷八、卷九。

杏庵詩草

見民國《南充縣志》卷九。

張受謙

字吉人，岱雲子。同治三年帶補咸豐十一年辛酉科舉人。光緒二十四年，選會理州學正，未赴任，卒。見民國《南充縣志》卷八、卷九。

詩十首 存

收入民國《南充縣志》卷一二。

文一篇 存

收入民國《南充縣志》卷一。

王家鎬

字子謙，同治九年歲貢生。見民國《南充縣志》卷八、卷九。

文二篇 存

收入民國《南充縣志》卷一二、卷一四。

何兆熊

字雲帆，衢亨子。同治十二年舉

人，次年成進士，改官禮部主政總理各國衙門章京實缺，掌印郎中，記名海關道，在京供職卅餘年。見民國《南充縣志》卷八、卷九。

詩一首　存

收入民國《南充縣志》卷一二。

文二篇　存

收入民國《南充縣志》卷五、卷一四。

歐陽暄

文一篇　存

收入民國《南充縣志》卷二。

奚玉麟

字石橋，一作石樵。光緒五年解元。見民國《南充縣志》卷八、卷一六。

詩一首　存

收入民國《南充縣志》卷一六。

文一篇　存

收入民國《南充縣志》卷一六。

李生榮

光緒間人。見民國《南充縣志》卷二。

文一篇　存

收入民國《南充縣志》卷二。

蒲明發

字曉帆。光緒十七年舉人，二十年成進士，官吏部文選司主事，兼稽勳司行走。見民國《南充縣志》卷八、卷一六。

詩三首　存

收入民國《南充縣志》卷一二、卷一六。

文一篇　存

收入民國《南充縣志》卷一六。

劉際暹

字笏丞。光緒二十年舉人。見民國《南充縣志》卷八。

詩二首　存

收入民國《南充縣志》卷一二。

任志伊

字萃田。中副榜，官教習。見《蜀詩續鈔》卷二。

詩一首　存

收入《蜀詩續鈔》卷二。

蒲毓庚

字繩武，一字蜀農。光緒二十三年（一作二十年）拔貢生。見民國《南充縣志》卷一、卷八。

文三篇　存

收入民國《南充縣志》卷一、卷四、卷一三。

王學海

光緒二十年恩貢生。見民國《南充縣志》卷八。

詩一首　存

收入民國《南充縣志》卷一二。

李香國

字蘊玉。光緒二十三年（一作二十年）舉人，任循化廳同知。見民國

《南充縣志》卷一、卷八。

文一篇　存

收入民國《南充縣志》卷三。

劉毓椝

宣統元年歲貢生。見民國《南充縣志》卷八。

詩四首　存

收入民國《南充縣志》卷一二。

任步瓊（？—1922）

字玉階。光緒三十三年（一作宣統元年）歲貢生，歷任縣高小、中學及女校教員十餘年，民國十一年九月卒於端明女校。見民國《南充縣志》卷八、卷九。

文一篇　存

收入民國《南充縣志》卷三。

王競華

女，家勤女，終身不嫁。清末捐資為倡，興辦女學。民國初，四川軍府準於女校勒石立碑，以“女界偉人”四字褒揚。見民國《南充縣志》卷一〇。

詩四首　存

收入民國《南充縣志》卷一〇。

（李榮慧　吴靜汶）

西充縣

（今四川西充縣）

李映庚（1636—1675）

字白符。明末，以父廕授都察院司務。入清後隱居不仕，康熙十四年卒，年四十。見康熙《西充縣志》卷六、光緒《西充縣志》卷九。

詩一首　存

收入康熙《西充縣志》卷一二，光緒《西充縣志》卷一三。

文一篇　存

收入康熙《西充縣志》卷一一，光緒《西充縣志》卷一四。

李昭濟（1660—1705）

字康海，號錦江，映庚長子。康熙二十三年舉人，初授威州學正，遷松潘衛教授，再補夔州府教授。卒於康熙四十四年，年四十六。見康熙《西充縣志》卷六，光緒《西充縣志》卷七、卷九、卷一一。

詩二首　存

收入康熙《西充縣志》卷一二，光緒《西充縣志》卷一三。

李昭治

字虞臣，映庚次子。康熙三十八年舉人，官江南儀徵縣知縣。見康熙《西充縣志》卷六，光緒《西充縣志》卷八。

康熙《西充縣志》十二卷（李棠等修　李昭治纂）　存

今存康熙六十一年揚州精刊本（方志聯合目錄）；抄本（上圖，川圖）。

詩十三首　存

收入康熙《西充縣志》卷一二，光緒《西充縣志》卷一三。

文三篇　存

收入康熙《西充縣志》卷首、卷一〇、卷一二，光緒《西充縣志》卷一二、卷一四。

李　伸

昭治長子。康熙六十一年歲貢生，官樂山縣訓導。見康熙《西充縣志》卷六，光緒《西充縣志》卷九。

詩一首　存

收入康熙《西充縣志》卷一二，光緒《西充縣志》卷一三。

李　昂

昭治次子，伸弟。康熙五十九年歲貢生。見康熙《西充縣志》卷六，光緒《西充縣志》卷七。

詩一首　存

收入康熙《西充縣志》卷一二，光緒《西充縣志》卷一三。

陳　扆

字補衮。順治八年貢生，十四年中舉人，官山東鉅野縣知縣。見康熙《西充縣志》卷六，光緒《西充縣志》卷七、卷八。

丹六齋詩稿

見光緒《西充縣志》卷一二。

陳我愚

扆子。康熙二十二年貢生，官鞏縣（一作珙縣）訓導。見康熙《西充縣志》卷六，光緒《西充縣志》卷七。

詩三首　存

收入康熙《順慶府志》卷七，康熙《西充縣志》卷一二，光緒《西充縣志》卷一三。

文一篇　存

收入康熙《順慶府志》卷九，光緒《西充縣志》卷一四。

馮天培

字含初，號念庵。順治十一年解元，官陝西漳縣令（一作福建漳平縣知縣）。見康熙《西充縣志》卷六，光緒《西充縣志》卷七、卷八。

詩一首　存

收入光緒《西充縣志》卷一三，《全蜀詩鈔》卷一。

吉頤貞

字程若。順治十一年舉人，官甘肅兩當縣知縣。見康熙《西充縣志》卷六，光緒《西充縣志》卷八。

詩一首　存

收入光緒《西充縣志》卷一三。

陳我志

順治十四年舉人。見康熙《西充縣志》卷六，光緒《西充縣志》卷七、卷九。

詩一首　存

收入康熙《西充縣志》卷一二，光緒《西充縣志》卷一三。

陳　策

我志子。康熙五十二年歲貢生。見康熙《西充縣志》卷六，光緒《西充縣志》卷七。

詩一首　存

收入康熙《西充縣志》卷一二，光緒《西充縣志》卷一三。

袁錫袞

字慧生。順治十四年舉人。見光緒《西充縣志》卷七、卷九。

詩一首　存

收入康熙《順慶府志》卷七，光緒《西充縣志》卷一三。

李　彔

順治十七年歲貢生。見康熙《西充縣志》卷六，光緒《西充縣志》卷七。

詩一首　存

收入康熙《順慶府志》卷七，光緒《西充縣志》卷一三。

龐　[illegible]

康熙二年舉人，官蒼溪縣訓導。見光緒《西充縣志》卷七、卷九。

雪山晨講解四卷

見《西充縣鄉土志・學問》。按：光緒《西充縣志》卷九小傳作雪山講解四卷，無晨字，疑是。同書卷一二著錄無卷數。

流水詩百篇

見光緒《西充縣志》卷九，《西充縣鄉

土志·學問》。

詩二首 存

收入光緒《西充縣志》卷一三。

馬士琪

女，字韞雪，江西南城知縣雲錦女，舉人士瓊、士璵、士玠姊，晉城知縣祥符張應垣妻。見《全蜀詩鈔》卷六〇，《西充縣鄉土志·學問附閨秀》。

片石齋燼餘草五卷 存

見光緒《西充縣志》卷一二，《西充縣鄉土志·學問附閨秀》，《清人別集總目》頁34。

今存康熙精刻本（復旦）；康熙五十六年刻本（泰州，常州）。

片石齋燼餘草一卷 存

見《清人別集總目》頁34。

今存道光二十四年序刻國朝閨閣詩抄本（叢書綜錄）。

漱泉集

見光緒《西充縣志》卷一二，《西充縣鄉土志·學問附閨秀》。

詩四十三首 存

收入《全蜀詩鈔》卷六〇。

馬士璵

雲錦子，士琪弟。康熙二十六年舉人。與兄士瓊、弟士玠，時稱"三鳳"。見康熙《西充縣志》卷六，光緒《西充縣志》卷七、卷八馬士瓊條附。

學海詩集

見光緒《西充縣志》卷一二。

趙心抃 (1652—1714)

字清章。年二十一，中康熙十一年舉人，除山西太平縣知縣，擢兵科給事中。卒，年六十三。見光緒《西充縣志》卷七、卷八。按：康熙《西充縣志》卷六列為康熙十二年舉人，當誤。

清章疏稿

見光緒《西充縣志》卷一二。按：康熙《西充縣志》卷一〇作疏稿二卷。

詩一首 存

收入光緒《西充縣志》卷一三，《全蜀詩鈔》卷五。

文三篇 存

收入康熙《順慶府志·增續藝文》，光緒《西充縣志》卷一四。

趙心普

字懋宣，心抃弟。中康熙十一年副榜，官長壽縣教諭。赴京引見，以疾卒於京城。見康熙《西充縣志》卷七。按同書卷六列為康熙十二年貢生。當誤。

詩一首 存

收入康熙《西充縣志》卷一二。

趙心鼎

心抃、心普弟。康熙三十五年拔貢生，官遂寧縣教諭。見康熙《西充縣志》卷六，光緒《西充縣志》卷七。

詩一首 存

收入康熙《西充縣志》卷一二，光緒《西充縣志》卷一三。

李昭漢

康熙三十三年監生。見康熙《西

充縣志》卷六。

詩一首 存

收入康熙《西充縣志》卷一二，光緒《西充縣志》卷一三。

崔　鰲

文岸子。康熙四十一年舉人，官馬湖府教授。見康熙《順慶府志》卷末《增續科第》，光緒《西充縣志》卷七。

詩一首 存

收入康熙《西充縣志》卷一二，光緒《西充縣志》卷一三。

王之鵬

聘臣次子，之麟弟。康熙五十一年貢生。見康熙《西充縣志》卷六，光緒《西充縣志》卷七。

詩二首 存

收入康熙《西充縣志》卷一二，光緒《西充縣志》卷一三。

馮天樞

天祐弟。康熙四十七年歲貢生。見康熙《西充縣志》卷六，光緒《西充縣志》卷七。

詩一首 存

收入康熙《西充縣志》卷一二，光緒《西充縣志》卷一三。

黄　倜

康熙四十七年舉人，以子瑞鶴貴，贈文林郎。見康熙《西充縣志》卷六，光緒《西充縣志》卷七、卷九。

詩一首 存

收入康熙《西充縣志》卷一二，光緒《西充縣志》卷一三。

黄　篁

字師望，黄倜孫。恩貢生。卒年七十六。見光緒《西充縣志》卷九。

文一篇 存

收入光緒《西充縣志》卷一四。

張星曜

康熙五十九年舉人。見光緒《西充縣志》卷七、卷九。

詩一首 存

收入康熙《西充縣志》卷一二，光緒《西充縣志》卷一三。

黄瑞鶴

字舉千。雍正四年舉人、乾隆元年進士，歷官湖北蒲圻縣、福建長樂知縣。見光緒《西充縣志》卷七、卷八。

地理指迷　經驗奇方

見光緒《西充縣志》卷一二。

詩一首 存

收入康熙《西充縣志》卷一二，光緒《西充縣志》卷一三。

王　冕

生員。見康熙《西充縣志》卷首。

詩一首 存

收入康熙《西充縣志》卷一二，光緒《西充縣志》卷一三。

楊元章

詩一首 存

收入康熙《西充縣志》卷一二，光緒《西充縣志》卷一三。

袁家隆

名一寫作家龍。見光緒《西充縣志》卷一三。

詩一首 存

收入康熙《順慶府志》卷七，康熙《西充縣志》卷一二，光緒《西充縣志》卷一三。

趙 檣

字善本。康熙五十六年拔貢生，官龍安府教授。見光緒《西充縣志》卷九。按：康熙五十六，縣志原作"雍正丁酉"。雍正無丁酉年，其詩又載於康熙《西充縣志》，此志刊於康熙六十一年，無載康熙以後人之理，當作康熙丁酉，丁酉即五十六年。據此徑改。

詩一首 存

收入康熙《西充縣志》卷一二，光緒《西充縣志》卷一三。

王世泰

字錫安。雍正七年拔貢生。見光緒《西充縣志》卷七、卷九。

制藝傳稾

見光緒《西充縣志》卷九。

趙源治

字椅溪。乾隆三十年拔貢生，官江蘇江陰縣知縣。見光緒《西充縣志》卷七、卷八。

逆旅亦詩

見光緒《西充縣志》卷一二。

詩一首 存

收入光緒《西充縣志》卷一三。

周 煒

號霽亭。乾隆十二年舉人，官江蘇華亭縣知縣。見光緒《西充縣志》卷七、卷八。

周易易知錄　三江水利

見《西充縣鄉土志·學問》。

綱鑑鈔略（輯）

見光緒《西充縣志》卷一二。

詩四首 存

收入光緒《西充縣志》卷一三。

陳懋修

歲貢生。主講鹿巖書院七年，署綏定教授。年五十六卒。見光緒《西充縣志》卷九。

詩一首 存

收入光緒《西充縣志》卷一三。

李 倓

生岐子。歲貢生。見光緒《西充縣志》卷七、卷九。

詩一首 存

收入光緒《西充縣志》卷一三。

李光陽

號旭亭，生岐孫。嘉慶六年舉人，攝甘肅岷州，又署成縣。見光緒《西充縣志》卷八。

西充志稿　雲山漫錄

見光緒《西充縣志》卷一二。

詩一首　存

收入光緒《西充縣志》卷一三。

龐正道

號醇齋。嘉慶三年舉人。幼從杜甘亭先生遊，年三十餘卒。見光緒《西充縣志》卷九。

詩二首　存

收入光緒《西充縣志》卷一三。

李　莊

字墨君，號一坡。嘉慶十五年舉人，二十五年成進士，官知縣。旋歸，主講鹿巖書院十年。見光緒《西充縣志》卷九。

望雲廬制藝　墨稼軒文集

見光緒《西充縣志》卷九。

鏡俗錄　識近錄　史論三十三篇　翠柏堂詩草　墨君文集

見光緒《西充縣志》卷一二。

詩五首　存

收入光緒《西充縣志》卷一三，民國《南充縣志》卷四。

文六篇　存

收入光緒《西充縣志》卷一四。

徐濳修

號見巖。歲貢生。卒年八十四。見光緒《西充縣志》卷九。

訓家格言

見光緒《西充縣志》卷九。

何紱榮

字朱圃。道光二年舉人，主講鹿巖書院。見光緒《西充縣志》卷九，《西充縣鄉土志·學問》。

詩一首　存

收入光緒《西充縣志》卷一三。

文一篇　存

收入光緒《西充縣志》卷一四。

龐澤新

字潤溥。道光十七年舉人，主講鹿巖書院。見光緒《西充縣志》卷七、卷九。

詩七首　存

收入光緒《西充縣志》卷一三。

楊之亭

字卓三。道光十七年舉人，任屏山（一作什邡）訓導。見光緒《西充縣志》卷七、卷九。

文一篇　存

收入光緒《西充縣志》卷一四。

杜毓英

字江城。咸豐二年舉人。見光緒《西充縣志》卷七、卷九。

詩一首　存

收入光緒《西充縣志》卷一三。

蓬　州

（今四川蓬安縣）

李　昭

字朗如。嘉慶二十三年舉人，遊幕，充甘肅布政司書記，後選冕寧教諭。歸鄉後嘗主蓬山書院。見光緒《蓬州志》卷九。

詩義提綱　禹貢提要　自娱齋詩文集

見光緒《蓬州志》卷一五。

咸豐《冕寧縣志》十二卷首一卷末一卷

（李英粲修　李昭纂）　存

今存咸豐七年刻本（方志聯合目録）；光緒十七年林駿元、林茂光增刻本（方志聯合目録）。

伍聯芳

拔貢生，歷署江西南安府總捕、水利同知、豐城知縣。見光緒《蓬州志》卷九。

環翠山房詩草

見光緒《蓬州志》卷一五。

遏欲文帖體詩三十六首

見光緒《蓬州志》卷九。

劉含章

咸豐十一年，受委興辦團練。光緒三年饑，以助賑納貲授敘府知事銜。卒年八十一。見光緒《蓬州志》卷九。

文一篇　存

收入光緒《蓬州志》卷一二。

沈國光

字子觀。廩生。見光緒《蓬州志》卷一五。

救命新書

見光緒《蓬州志》卷一五。

文一篇　存

收入光緒《蓬州志》卷一二。

沈國體

字季常，國光季弟。以布衣終。見光緒《蓬州志》卷一五。

青囊存真録一卷

見光緒《蓬州志》卷一五。

唐　恒

字次咸。歲貢生。見光緒《蓬州志》卷一五。

修齊要史　敎學須遵

見光緒《蓬州志》卷一五。

魏　鼎

同治六年舉人，官大足縣教諭。見光緒《蓬州志》卷九。

文一篇　存

收入光緒《蓬州志》卷一五。

黄禮中

同治九年舉人，官江北廳教諭。見光緒《蓬州志》卷九。

文一篇　存

收入光緒《蓬州志》卷一五。

（李榮慧　吴静汶）

營山縣

（今四川營山縣）

陳　瑗

順治九年補八年辛卯科舉人，官河南郾城縣知縣。見同治《營山縣志》卷二一、卷二二。

四書彙解

見同治《營山縣志》卷二二。

陳汝明

陳瑗侄。康熙十一年舉人，官直隸矩鹿縣知縣。見同治《營山縣志》卷二一、卷二二。

詩二首　存

收入康熙《順慶府志》卷七，同治《營山縣志》卷二九。

陳懷玉

字孚尹，汝明孫，紘子。乾隆二十一年舉人，次年成進士，官夔州府教授，歷掌郡縣書院。見同治《營山縣志》卷二一、卷二二、卷二六。

挨星水法秘篇

見同治《營山縣志》卷二六。

文一篇　存

收入同治《營山縣志》卷二八。

白不淄

順治十一年順慶府學舉人，任河南扶溝縣知縣。見同治《營山縣志》卷二一、卷二二，民國《南充縣志》卷八。

錦山遺稿四卷　存

見《清人別集總目》頁339。

今存嘉慶十六年榴蔭書屋刻本（販書偶記續編）。

偶園文集不分卷　存

見《清人別集總目》頁339。

今存謝國楨藏抄本（溫州圖書館）；據謝國楨藏抄本復印本（南開）。

詩三首　存

收入同治《營山縣志》卷二九。

文五篇　存

收入康熙《順慶府志》卷九，同治《營山縣志》卷二八、卷三〇。

羅在公

心醇子。順治十四年舉人，初任山西夏縣知縣，再補房山縣知縣，轉刑部主事。見同治《營山縣志》卷二一、卷二二。

詩十一首　存

收入康熙《順慶府志》卷七，同治《營山縣志》卷二九。

李以寧

字朗仙，號雪樵，沂子。康熙十一年舉人，官廣東西寧、三水縣知縣。與王璲、僧靜默交最契。見乾隆《巴縣志》卷七、卷九，《錦里新編》卷五，道光《重慶府志》卷八，同治《營山縣志》卷二一、卷二二，光緒《廣安州志》卷八，光緒《廣安州新志》卷四一，《全蜀詩鈔》卷六，《清人別集總目》頁772。

綏山草堂詩集　存

見乾隆《巴縣志》卷九，道光《重慶

府志》卷八，《全蜀詩鈔》卷六，《清人別集總目》頁772。按：《錦里新編》卷五、光緒《廣安州新志》卷四一皆著錄作十卷。

今存清刻本（上圖）。原按：殘存卷八至十。

詩三十八首　存

收入乾隆《巴縣志》卷一五、卷一六，咸豐《廣安州志》卷八，同治《營山縣志》卷二九，同治《重修成都縣志》卷一二，光緒《廣安州志》卷一二，《全蜀詩鈔》卷六，《清詩匯》卷四八。

文四篇　存

收入乾隆《巴縣志》卷一五，同治《營山縣志》卷二八、卷三〇，同治《嘉定府志》卷三九。

王曰俞

康熙三十二年舉人，三十九年成進士，官江南句容縣知縣。見同治《營山縣志》卷二一。

詩一首　存

收入同治《營山縣志》卷二九。

于之輻

在心子。康熙三十二年舉人，三十九年成進士，歷湖南常德府同知，陞寶慶府知府。卒年七十五。見同治《營山縣志》卷二一、卷二二。

詩一首　存

收入同治《營山縣志》卷二九。

文一篇　存

收入同治《營山縣志》卷二八。

侯學修

字敬公。康熙三十八年舉人，官浙江淳安縣知縣。因子侯度貴，贈儒林郎、翰林院編修加一級。見同治《營山縣志》卷二一、卷二三。

詩一首　存

收入同治《營山縣志》卷二九。

文一篇　存

收入同治《營山縣志》卷三〇。

侯　度

字伯正，學修子。康熙五十年舉人，五十四年成進士，官翰林院編修、工部虞衡司郎中。歸掌錦江書院。卒年八十。見同治《營山縣志》卷二一、卷二二。

文一篇　存

收入同治《營山縣志》卷二九。

張　琪

康熙五十六年舉人，官灌縣教諭。卒於官。見同治《營山縣志》卷二一、卷二二。

詩一首　存

收入道光《鄰水縣志》卷六。

陳所學

康熙中歲貢生，官遂寧訓導。見同治《營山縣志》卷二一。

五經訓詁

見同治《營山縣志》卷二一。

李欲仁

字力行，昌子。康熙中歲貢生，官峨眉縣訓導。見同治《營山縣志》卷二一、卷二二。

詩一首　存

收入同治《營山縣志》卷二九。

張乾元

字健也。雍正五年進士，改庶吉士，授檢討，升御史。見《全蜀詩鈔》卷一〇。

詩一首　存

收入《全蜀詩鈔》卷一〇。

張斐然

嘉慶五年舉人，欽賜内閣中書，官貴州長寨同知。見同治《營山縣志》卷二一、卷二三。

燕寓詩草

見同治《營山縣志》卷二三。

詩一首　存

收入同治《營山縣志》卷二八。

文一篇　存

收入同治《營山縣志》卷三〇。

白萼聯

維易子。嘉慶六年拔貢生，官浙江瑞安縣知縣。見同治《營山縣志》卷二一。

詞十五首　存

收入同治《營山縣志》卷二九。

文三篇　存

收入同治《營山縣志》卷二八、卷二九。

于德培

嘉慶六年拔貢生，十二年中舉人，次年成進士，歷官翰林院編修、浙江副主考、江西道御史、禮部主客司主事。見同治《營山縣志》卷二一。

詩十二首　存

收入同治《營山縣志》卷二九。

李　廉

嘉慶七年歲貢生，以軍功議敘主簿。見同治《營山縣志》卷二一。

詩一首　存

收入光緒《蒲江縣志》卷五。

羅金聲

嘉慶十二年舉人，官合州學正。見同治《營山縣志》卷二一、卷二二。

詩十二首　存

收入同治《營山縣志》卷二九。

于鼎培

嘉慶十五年順天榜副貢生，十八年中舉人，官浙江溫州府知府，遷員外郎。見同治《營山縣志》卷二一。

詩二十三首　存

收入同治《營山縣志》卷二九。

文一篇　存

收入同治《營山縣志》卷三〇。

周德烜

嘉慶二十四年舉人。見同治《營

山縣志》卷二二。

柏蔭堂制藝

見同治《營山縣志》卷二二。

周作鑾

道光五年拔貢生。見同治《營山縣志》卷二一。

詩七首　存

收入同治《營山縣志》卷二九。

白豫愷

字小裴。道光五年拔貢生，二十年舉人，官巴縣教諭。見《全蜀詩鈔》卷四六。

詩二首　存

收入《全蜀詩鈔》卷四六。

白濬銑

道光九年進士，歷官直隸南皮、廣昌、靜海縣知縣。見同治《營山縣志》卷二一、卷二二。

景陽山房制藝

見同治《營山縣志》卷二二。

于　恕

號心如。入籍岳池。道光八年順天府舉人，三十年任墊江縣教諭。見道光《岳池縣志》卷三一，光緒《岳池縣志》卷一三。

文一篇　存

收入道光《岳池縣志》卷三八。

蔡文鈺

咸豐八年舉人，候選知縣。曾參纂同治《營山縣志》。見同治《營山縣志》卷首、卷一、卷二一。

文一篇　存

收入同治《營山縣志》卷首。

蔡茂秩

原名掄科，字蓮裳。同治六年帶補咸豐十一年辛酉科舉人，由西口外軍功賞戴藍翎，任雲南馬龍州知州。曾參纂同治《營山縣志》。見同治《營山縣志》卷一、卷二一，民國《犍為縣志》卷七。

詩十二首　存

收入同治《營山縣志》卷二九，民國《犍爲縣志》卷七。

文一篇　存

收入同治《營山縣志》卷首。

唐昌愷

舉人，任教於岳池縣鳳山掌院。見光緒《岳池縣志》卷一八。

文二篇　存

收入道光《岳池縣志》卷三八、卷三九，光緒《岳池縣志》卷一八。

白玉屏

字硯芸。見同治《儀隴縣志》卷六。

詩二首　存

收入同治《營山縣志》卷二九。

文三篇　存

收入同治《營山縣志》卷二九，同治《儀隴縣志》卷六。

龔懋黄

廩生。見同治《營山縣志》卷二三。

紅豆花館詩集

見同治《營山縣志》卷二三。

于立堃

廩貢生。見同治《營山縣志》卷二一。

詩一首　存

收入同治《營山縣志》卷二九。

陳汝楫

詩一首　存

收入同治《營山縣志》卷二九。

張閲巖

詩一首　存

收入同治《營山縣志》卷二九。

于錦恂

字實甫。貢生，官主事。見《蜀詩續鈔》卷一。

詩一首　存

收入《蜀詩續鈔》卷一。

鮮于薰

字鑑齋。舉人，官知縣。見《蜀詩續鈔》卷一。

詩一首　存

收入《蜀詩續鈔》卷一。

（李榮慧　吴静汶）

儀隴縣

（今四川儀隴縣）

李　會

字文山。乾隆三十一年進士，任浙江江山縣知縣。持躬廉介，致仕歸，祇餘圖書數篋。見同治《儀隴縣志》（光緒三十三年補刻本，以下不標注版本者即此本）卷四、卷六。

詩一首　存

收入同治《儀隴縣志》卷六。

鄭之杰

名一寫作之傑。乾隆三十一年舉人，任鹽源縣教諭。見同治《儀隴縣志》卷四、卷六。

詩一首　存

收入同治《儀隴縣志》卷六。

陳以典

字欽若。恩貢生。曾為廉訪使楊重雅幕客。見同治《儀隴縣志》卷四。

文稿十二卷

見同治《儀隴縣志》卷四。

陳以謨

字襄廷，以典弟。道光二十年副榜。善鼓琴，工尺牘。後掌金粟書院。見同治《儀隴縣志》卷四。

文一篇　存

收入同治《儀隴縣志》卷六。

胡輯瑞

字遇唐，同治四年進士，官戶部員外郎、雲南司行走。見同治《儀隴縣志》卷四。

同治《儀隴縣志》六卷（曹紹樾　胡晉熙修　胡輯瑞等纂）　存

今存同治十年刻本（方志聯合目錄）；光緒三十三年補刻本（方志聯合目錄，川大）。

詩九首　存

收入同治《儀隴縣志》卷六。

文七篇　存

收入同治《儀隴縣志》（同治十年刻本）卷首、卷末，同治《儀隴縣志》卷首、卷六。

蔣　山

字靜軒。為生員時，從進士白濬銑遊，博學彊記，有剌股風。同治二年成進士，任安徽太平縣令。見同治《儀隴縣志》卷四。

致遠齋文集　鐵山吟草

見同治《儀隴縣志》卷四。

詩二首　存

收入同治《儀隴縣志》卷六。

文一篇　存

收入同治《儀隴縣志》卷六。

蔣　炤

字麗軒。附生。見同治《儀隴縣志》卷首、卷六。

文一篇　存

收入同治《儀隴縣志》卷六。

李敷榮

字錦堂。歲貢生。見同治《儀隴縣志》卷四、卷六。

文一篇 存

收入同治《儀隴縣志》卷六。

馬良眉

字晉三。廩膳生。見同治《儀隴縣志》卷首、卷六。

詩二首 存

收入同治《儀隴縣志》卷六。

文一篇 存

收入同治《儀隴縣志》卷六。

馬瑞麟

字慶亭。歷任梓潼、大足、酉陽訓導。廉介不苟取，卒於官，貧無以斂，酉陽人醵金以賻，乃得歸葬。見同治《儀隴縣志》卷四。

詩二首 存

收入同治《儀隴縣志》卷六。

彭鶴齡

字孟玖。同治六年優貢生，次年朝考一等引見，以知縣用，加同知銜。見同治《儀隴縣志》卷四、卷六。

詩十首 存

收入同治《儀隴縣志》卷六。

文一篇 存

收入同治《儀隴縣志》卷六。

王之楠

字勺山，一作字與山。歲貢生，以授徒為業。見同治《儀隴縣志》卷四、卷六。

粹言日錄（輯）

見同治《儀隴縣志》卷四。

文一篇 存

收入同治《儀隴縣志》卷六。

王之槐

之楠弟。以明經為業，教授生徒，與兄齊名，時稱二王。見同治《儀隴縣志》卷四王之楠條附。

小學滙參　左傳折衷

見同治《儀隴縣志》卷四王之楠條附。

詩四首 存

收入同治《儀隴縣志》卷六。

文一篇 存

收入同治《儀隴縣志》卷六。

張耀辰

字紫垣，自號了了子，學者稱為了了先生。歲貢生，以教授生徒為業。見同治《儀隴縣志》卷四。

勸孝新編　三才寶錄

見同治《儀隴縣志》卷四。

文一篇 存

收入同治《儀隴縣志》卷六。

張玉彩

歲貢生。見同治《儀隴縣志》卷四。

列國纂要（輯）

見同治《儀隴縣志》卷四。

鄭德玉

女，號姚華，南江貢生岳小山妻。

見《蜀詩續鈔》卷八。

留仙閣詩存

見《蜀詩續鈔》卷八。

詩二十七首　存

收入《蜀詩續鈔》卷八。

蔣沁蘭

女，儀隴進士止山女，林毓棠妻。幼讀父書，工詩達禮，流寓京師，任各女校教師。見民國《南充縣志》卷一〇。

詩五首　存

收入民國《南充縣志》卷一〇。

詞二首　存

收入民國《南充縣志》卷一〇。

（李榮慧　吴静汶）

廣安州

（今四川廣安市）

歐陽直

一作渠縣人。原名睿年，又名養直，後更今名，字公衡，號淇竹，又號存一。生萬曆末。明崇禎六年廪生，以諸生任安居令，後隨蜀王仕永曆於雲南，官至兵部郎中。清初任樂山知縣。又入楊展幕，因流寓嘉州。後卒於滇。見光緒《廣安州志》卷一二，光緒《廣安州新志》卷二一，民國《樂山縣志》卷一一下。

歐陽遺書三卷　存

見光緒《廣安州志》卷一二，光緒《廣安州新志》卷二一。按：原注："《通志》作紀亂，無卷數。"是書作於康熙八年，於張獻忠屠戮事尤詳。始刻于道光二十七年。

今存廣安歐陽氏光緒二十六年刻本（國圖，上圖）；廣安歐陽氏民國元年刻本（國圖）。

蜀警錄一卷（又名蜀亂、歐陽氏遺書）　存

見《清人別集總目》頁1382。

今存道光二十年成都歐陽氏梅花書屋刻本（北大，臺灣史語）；道光二十七年廣安歐陽氏刻本（國圖）；光緒五年梅花書屋刻本（上圖）；光緒二十六年刻本（國圖）；清鉛印本（國圖）；民國元年據成都三味堂藏板重刊本（川大）；民國元年廣安歐陽氏刻本（國圖）；民國郭慎行刻本（北師大）；民國二十六年古臥龍礄淥記書莊刻本（國圖，北師大）；民國成都茹古書局刻本（南圖）；民國成都昌福公司鉛印本（上圖）。

新刻歐陽遺書　存

今存光緒二十六年安居闢瀸場紫雲官刻本（上圖）。

文一篇　存

收入光緒《廣安州志》卷一二。

王　珣

字穉泉，明尚書王德完第三子。生崇禎末，七歲入庠，九歲食餼，以明經承父蔭，官至貴州安順太守、畢節道副使。後隱居牧育土司山中卒。見光緒《廣安州新志》卷二四。

穀城集

見光緒《廣安州新志》卷二一。

鄭之珖（？—1661）

字於斯，別號峩眉道人。明崇禎三年舉人，初任廣東高州府推官，官至禮部精膳司郎中。入清，隱貴州湄潭，著述自娱，三徵不就。順治十八年卒，贈奉政大夫，謚忠慤。見光緒《廣安州志》卷八，光緒《廣安州新志》卷二四。

滌蘆集二十卷　湄潭詩四卷

見光緒《廣安州志》卷一二，光緒《廣安州新志》卷二一。

張維勝（1610—1657）

字心軒。以子玉齡貴，贈文林郎、河南永寧縣知縣。見咸豐《廣安州志》卷四、卷五，光緒《廣安州新志》卷二一。

家訓八則

見咸豐《廣安州志》卷五。

張天鳳

字羽伯，生明崇禎末。康熙八年舉人，任貴州修文縣知縣。見光緒《廣安州志》卷八，光緒《廣安州新志》卷二一、卷二四。

羽伯集

見光緒《廣安州新志》卷二一。

王　璲

字元佩，一作子京，德完仲子。順治初授江南驛鹽副使，尋擢荊南大參。卒年八十二。見乾隆《巴縣志》卷一六，咸豐《廣安州志》卷四，光緒《廣安州志》卷一二，光緒《廣安州新志》卷二一、卷二四。

船政新書無卷數　青城山人集八卷

見光緒《廣安州新志》卷二一。

傷寒醫論四卷　十七史刪評　古詩自怡篇八卷　唐詩自怡篇八卷

見光緒《廣安州志》卷一二，光緒《廣安州新志》卷二一。

詩五首　存

收入乾隆《巴縣志》卷一六，咸豐《廣安州志》卷八，光緒《廣安州志》卷一二。

文四篇　存

收入咸豐《廣安州志》卷四、卷七，光緒《廣安州志》卷一二。

李若榛

名一作若蓁。歲貢生，康熙中任巴州學正。見咸豐《廣安州志》卷八，光緒《廣安州新志》卷二五。

詩一首　存

收入咸豐《廣安州志》卷八。

楊奇昌

康熙四十四年舉人，任直隸臨城縣知縣。見光緒《廣安州志》卷八。

詩一首　存

收入咸豐《廣安州志》卷八，光緒《廣安州志》卷一二。

王　鏞

字聞遠，有師子。歲貢生。康熙中手輯廣安州志稿四帙，屬其婿李源長考證編次。曾參與雍正八年州志之修撰。見咸豐《廣安州志》卷一、卷四，光緒《廣安州志》卷八，光緒《廣安州新志》卷二一、卷二八。

詩一首　存

收入咸豐《廣安州志》卷八，光緒《廣安州志》卷一二。

李源長

字文莽。康熙三十八年舉人，由明通榜進士任江南華亭縣知縣，陞知州。見咸豐《廣安州志》卷一、卷四。

雍正《廣安州志書》八卷（曹蘊錦修　李源長等撰）　存

今存雍正十一年刻本（方志聯合目錄）。

詩二首　存

收入咸豐《廣安州志》卷八，光緒《廣安州志》卷一二。

文一篇　存

收入咸豐《廣安州志》卷一，光緒

《廣安州志》卷首。

李　昀

源長子。康熙八年拔貢生，雍正十年舉人。乾隆中任蒲江縣教諭，後選任山西壽陽縣知縣。見咸豐《廣安州志》卷四，光緒《廣安州新志》卷二五。

詩一首　存

收入咸豐《廣安州志》卷八。

胥　績

雍正元年舉人，康熙中任廣東會同縣知縣。見咸豐《廣安州志》卷四，光緒《廣安州新志》卷二五。

詩一首　存

收入咸豐《廣安州志》卷八，光緒《廣安州志》卷一二。

陳　銓

字品三，治才次子。康熙三十年舉人，明通榜進士。乾隆中任江南含山縣知縣，調任當塗縣知縣，授文林郎。見咸豐《廣安州志》卷四，光緒《廣安州新志》卷二五。

詩二首　存

收入咸豐《廣安州志》卷八。

鄭人康

字澈亭，又字敬亭。乾隆四十四年恩科副貢生，任高縣教諭，歷署郫縣、仁壽等縣儒學，兼管錦江書院監院。以辦軍餉功，升江蘇金山縣知縣。年九十四，卒。見咸豐《廣安州志》卷四，光緒《廣安州新志》卷二四，《蜀詩續鈔》卷二。

保禦策略無卷數　賑荒六則

見光緒《廣安州新志》卷二一。

詩一首　存

收入《蜀詩續鈔》卷二。

鄭爲基

字平浦，人康之子。監生。道光初，補淮安縣主簿。以治河有方，授修職郎。見光緒《廣安州新志》卷二一、卷二五。

篆山吟草二十卷

見光緒《廣安州新志》卷二一。

鄧　琳（1669—1744）

字佩蒼，號石山，時敏父。廩貢生。年二十，受知於學使者關中周燦公。雍正十三年任中江縣訓導。年七十六卒。見咸豐《廣安州志》卷四、卷七，光緒《廣安州志》卷一二，光緒《廣安州新志》卷二五。

詩三首　存

收入咸豐《廣安州志》卷八，光緒《廣安州志》卷一二。

鄧時敏

字遜齋，號夢崖，鄧琳子。雍正十年舉人，乾隆元年進士，選庶常，授編修，擢侍講，為江南宣諭化導使，官至大理寺正卿。年六十六卒。曾校鄉試，袁枚出其門。見咸豐《廣安州志》卷四、卷八，《全蜀詩鈔》卷一一。

乾隆《廣安州志》十三卷（陸良瑜修 鄧時敏撰）　存

今存乾隆三十四年刻本（方志聯合目錄）。按：光緒《廣安州新志》卷二一作州志十三帖。

夢巖文集二卷　雅詩一卷

見光緒《廣安州新志》卷二一。

詩十二首　存

收入咸豐《廣安州志》卷八，光緒《廣安州志》卷一二，《全蜀詩鈔》卷一一。

文二篇　存

收入咸豐《廣安州志》卷七，道光《岳池縣志》卷三九，光緒《廣安州志》卷一二。

蒲永信

字敬齋。年十九為諸生，康熙、乾隆間在世，以書畫名。年九十三卒。見咸豐《廣安州志》卷五，光緒《廣安州志》卷一二。

詩七首　存

收入光緒《廣安州志》卷一二。

蒲　全

字用周，永信次子。好吟嗜酒，隱居以終。見咸豐《廣安州志》卷五，光緒《廣安州新志》卷二一。

守愚夫錄（一作守愚錄）

見咸豐《廣安州志》卷五，光緒《廣安州新志》卷二一。

詞二首　存

收入光緒《廣安州志》卷一二。

蕭懷正

歲貢生，雍正間任漢州訓導。見光緒《廣安州志》卷八，光緒《廣安州新志》卷二五。

詩一首　存

收入咸豐《廣安州志》卷八，光緒《廣安州志》卷一二。

淡景符

乾隆三十九年舉人，任金堂縣教諭，陞湖北通城縣知縣。見嘉慶《汶志紀略》卷一，咸豐《廣安州志》卷四，光緒《廣安州新志》卷二五。

文一篇　存

收入道光《岳池縣志》卷三九，光緒《岳池縣志》卷一九。

黎　燕

字濃西。乾隆三十五年恩科舉人，後任河南西華縣知縣。見咸豐《廣安州志》卷四，光緒《廣安州新志》卷二五。

詩一首　存

收入咸豐《廣安州志》卷八，光緒《廣安州志》卷一二。

黎毓賢

字象齋。舉人。乾隆中，挑取明通榜，任什邡縣教諭。見咸豐《廣安州志》卷四，光緒《廣安州新志》卷二五。

詩二首　存

收入咸豐《廣安州志》卷八，光緒《廣安州志》卷一二。

蒲天培

副貢生，乾隆中任新都縣教諭。

見光緒《廣安州志》卷八，光緒《廣安州新志》卷二五。

詩一首　存

收入咸豐《廣安州志》卷八，光緒《廣安州志》卷一二。

劉大伸

字春堂，本立父。乾隆五十三年恩科舉人，嘉慶中任通江縣教諭。見咸豐《廣安州志》卷四，光緒《廣安州新志》卷二五、卷二八。

文二篇　存

收入光緒《廣安州志》卷三八、卷三九，光緒《岳池縣志》卷一九。

劉大瑄（1764—1818）

字崑田，一字鶴邨，人彥子。乾隆五十七年副貢生。嘉慶七年成進士，任浙江紹興府上虞縣知縣。二十三年卒，年五十五。見咸豐《廣安州志》卷四、卷七，光緒《廣安州新志》卷二四。

詩七首　存

收入咸豐《廣安州志》卷八，光緒《廣安州志》卷一二。

文十篇　存

收入咸豐《廣安州志》卷六、卷七、卷八，光緒《廣安州志》卷一二。

鄭　佩

字鳴珂，一作飾可，大壯子。歲貢生。嘉慶中選瀘州訓導，自郴州回籍赴任。以病，卒於家。見咸豐《廣安州志》卷四，光緒《廣安州志》卷八，光緒《廣安州新志》卷二五。

文一篇　存

收入光緒《廣安州志》卷一二。

鄭人慶（1741—1806）

字餘齋，號瑞亭。歷任湖北興山縣、浙江太平縣知縣、雲南順寧府知府，官至山西河東兵備道。嘉慶十一年七月卒，年六十六。見光緒《廣安州志》卷八、卷一二，光緒《廣安州新志》卷二四。

苗疆邊防八卷

見光緒《廣安州新志》卷二一。

釋祖轉

字西來，俗姓張。乾隆中為白衣庵（嘉慶間，即其庵改建為桐林寺）僧。嘉慶間在世。見光緒《廣安州志》卷八，光緒《廣安州新志》卷三二。

心燈語錄（一作心燈錄）四卷

見光緒《廣安州志》卷一二，光緒《廣安州新志》卷三二。

余步雲（1774—1842）

字世蟾，號紫松。行伍出身，嘉慶中歷任川、楚、雲、貴、閩、浙提督，加太子太保、乾清門行走、世襲一等輕車都尉。見咸豐《廣安州志》卷七，光緒《廣安州志》卷八，光緒《廣安州新志》卷二四。

西征日記　行軍紀略　訓兵要言

見光緒《廣安州志》卷一二，光緒《廣安州新志》卷二一。

詩一首　存

收入《蜀詩續鈔》卷一。

屈 恪

幼受教於叔伯祖子[illegible]，後為廪生。見咸豐《廣安州志》卷四屈子勅條附。

朱子家訓衍說（註）

見咸豐《廣安州志》卷四屈子勅條附。

陳秉錡

字淮西，人康之甥。見光緒《廣安州新志》卷二一。

寶篆山賦一卷

見光緒《廣安州新志》卷二一。

陳功炯

嘉慶十三年舉人，任平武縣訓導，繼任湖南慈利縣知縣。見咸豐《廣安州志》卷四，光緒《廣安州新志》卷二五。

文一篇　存

收入光緒《廣安州志》卷一二。

淡春臺

字星亭，景符孫。嘉慶二十五年進士，授江蘇嘉定縣令。道光中，擢任河南督糧道。未幾獲罪戍新疆，辦理屯田十年，林則徐對其業績大為贊許。後歸鄉，年六十六卒。見咸豐《廣安州志》卷四，光緒《廣安州志》卷一二，光緒《廣安州新志》卷二四。

嘉定賑災條例一卷　擬辦新疆屯田事狀三卷　雜著偶存二卷　星亭文集二卷

見光緒《廣安州志》卷一二，光緒《廣安州新志》卷二一。

劉學厚

大瑄子，號載庵。嘉慶十九年進士，除翰林院庶吉士，授編修；後任山西道監察御史、福建邵武府知府。道光中告歸。見咸豐《廣安州志》卷四，光緒《廣安州志》卷八，光緒《廣安州新志》卷二四，《蜀詩續鈔》卷一。

嘉慶《廣安州志》六卷（吳栻修　劉學厚撰）　存

今存嘉慶二十五年刻本（方志聯合目錄）；抄本（方志聯合目錄）。

駢體文集四卷　雲鵠老人詩二卷

見光緒《廣安州志》卷一二，光緒《廣安州新志》卷二一。

詩二首　存

收入《蜀詩續鈔》卷一。

文二篇　存

收入咸豐《廣安州志》卷一、卷七，光緒《廣安州志》卷首、卷一二。

張必達

歲貢生。見咸豐《廣安州志》卷一。

文一篇　存

收入咸豐《廣安州志》卷六。

周元音

字新峯。廪貢生。屢試不第，遂隱居州鳳凰山翔鳳巖以終。見光緒《廣安州志》卷八，光緒《廣安州新志》卷二一、卷二九。

德純堂文稿二卷

見光緒《廣安州志》卷一二，光緒

《廣安州新志》卷二一。

周之珀

號琥西。見光緒《廣安州新志》卷二一。

琥西錄

見光緒《廣安州新志》卷二一。

李　芬

號心芝。嘉慶二十一年解元，道光五年大挑，任溫江縣教諭。見咸豐《廣安州志》卷四，光緒《廣安州新志》卷二五。

詩一首　存

收入光緒《廣安州志》卷一二。

文一篇　存

收入光緒《廣安州志》卷一二。

劉本清

字東渠，學厚姪。道光三年進士，歷任隴西河水縣、鎮番縣知縣，後任山東朝城縣知縣。見咸豐《廣安州志》卷四，光緒《廣安州新志》卷二四。

沁心齋文集四卷

見光緒《廣安州志》卷一二，光緒《廣安州新志》卷二一。

鄭瑞玉（1790—1848）

後更名體椿，字朗如。嘉慶二十四年進士，除翰林院庶吉士，明年授編修。道光二年，任順天鄉試同考官。六年，任會試同考官，掌福建道監察御史。十一年任江南副主考、江西學政。官至吏部主事、稽勳司掌印員外郎。道光二十八年卒，年五十九。見咸豐《廣安州志》卷四，光緒《廣安州志》卷一二，光緒《廣安州新志》卷二四，《蜀詩續鈔》卷一。

朗如奏議二卷　詩集四卷

見光緒《廣安州志》卷一二，光緒《廣安州新志》卷二一。

詩十二首　存

收入光緒《廣安州志》卷一二，《蜀詩續鈔》卷一。

蕭肇緒

字衣堂，名一作紹緒。歲貢生，道光間在本邑花橋講學，學者多宗之。見光緒《廣安州志》卷八，光緒《廣安州新志》卷二八。

衣堂文稿二卷

見光緒《廣安州新志》卷二一。

袁爲佐

歲貢生，道光二十年任直隸理番廳教諭。見同治《直隸理番廳志》卷二。

詩十首　存

收入同治《直隸理番廳志》卷五。

周懷瑾

字聘軒。道光中生員。見光緒《廣安州新志》卷三〇。

感應篇（註釋）　存

見光緒《廣安州新志》卷三〇。

今存民國六年富順凝善堂刻本（南大）。

周玉振

字月溪。附貢生，咸豐末在鄉主

理蒲蓮砦務。見光緒《廣安州新志》卷二一。

警世鍼砭四卷　紫蘭山館文集一卷　詩集四卷

見光緒《廣安州新志》卷二一。

周克堃

字子厚，號幼安，玉振子。同治十二年優貢生，授廣西興安縣知縣，又歷署荔浦、岑溪、桂平等縣知縣。光緒間官至湖南知府，授通奉大夫。見光緒《廣安州志》卷首、卷八，光緒《廣安州新志》卷二五。

光緒《廣安州志》十三卷首一卷（顧懷壬等修　周克堃等撰）　存

按：光緒《廣安州新志》卷二一著錄其有“增修廣安州志五十七卷”，今不存，疑即爲今存十三卷本所據之稿本。

今存光緒十三年刻本（方志聯合目錄）

光緒《廣安州新志》四十三卷首一卷（周克堃等纂）　存

見光緒《廣安州新志》卷二一。

今存光緒三十三年修宣统三年刻本（方志聯合目錄）；民國十六年重印本（方志聯合目錄）。

經史問答二卷　經藝五卷　史論三卷　廣安文類十六卷　外集三卷　雜詩十卷　試帖詩二卷　賦鈔四卷

見光緒《廣安州新志》卷二一。

詩一首　存

收入《綠蕁梅齋遺稿》卷一。

文三篇　存

收入光緒《廣安州志》卷首、卷一二。

張　堉

原名人堪，後改名堉，字惠亭。道光十九年舉人，吏部註選知縣。咸豐初，講學於復城砦，繼講渠江書院十年。同治八年以截取任涪州學正。見咸豐《廣安州志》卷四，光緒《廣安州新志》卷二五、卷二八。

惠亭詩集二卷　惠亭文集二卷

見光緒《廣安州新志》卷二一。

蒲崧榮

字次桓，坤佐子。恩貢生，吏部註冊候選教諭。屢試不第，歸鄉授徒。卒年八十五。見咸豐《廣安州志》卷四蒲坤佐條附，光緒《廣安州志》卷八蒲坤佐條附。

砭俗錄

見光緒《廣安州新志》卷二一。按：咸豐《廣安州志》卷四蒲坤佐條作俗語鍼砭，當爲同一書。

思賢錄　授受淵源錄　維教錄　本身要知錄

見光緒《廣安州新志》卷二一。

次桓全集

見光緒《廣安州志》卷一二，光緒《廣安州新志》卷二一。

崇善集

按：光緒《廣安州新志》卷二一作“崇善集，蒲坤佐撰”，當誤。咸豐《廣安州志》卷四蒲坤佐條云：“生子三，季崧榮，性方正，尤多善行，著有《崇善集》、《俗語鍼砭》刊刻行世。”光緒《廣安州志》卷八蒲坤佐條亦云“子崧榮能紹其志，尤多善行，著有《崇善集》等書行世”。

文一篇　存

收入咸豐《廣安州志》卷七，光緒《廣安州志》卷一二。

張朝憲

恩貢生，候選訓導。見咸豐《廣安州志》卷四。

文一篇 存

收入咸豐《廣安州志》卷六。

李　晊

歲貢生。見咸豐《廣安州志》卷四。

詩一首 存

收入咸豐《廣安州志》卷八，光緒《廣安州志》卷一二。

文鳳翔

字賓林，成潔子。歲貢生。見咸豐《廣安州志》卷五文永若條附，光緒《廣安州新志》卷二一。

福善明徵錄六卷

見光緒《廣安州新志》卷二一。

周之鼎

字朝珍。歲貢生。道光十四年任江北廳訓導，廉儉自守，治官如家，授文林郎。見光緒《廣安州志》卷八，光緒《廣安州新志》卷二五。

郁文堂稿八卷

見光緒《廣安州志》卷一二，光緒《廣安州新志》卷二一。

紫蘭詩草二卷　游歷詩草四卷　仿古賦鈔五卷　鹿山文集十卷

見光緒《廣安州志》卷一二。按：原志此書目前，每書目下即或數種爲同一人撰，每條下皆署撰人姓名。此五種著述下，則未署撰人，而接於周之鼎"郁文堂文稿八卷"後。原志体例不純，或編者意有存疑。今姑置於周之鼎名下，待考。

陳瑞森

字心言。歲貢生，註選訓導。咸豐中受聘為教讀。同治初遊幕南越。見光緒《廣安州志》卷八，光緒《廣安州新志》卷二一。

倦鴻雪樵吟草二卷

見光緒《廣安州志》卷一二。按：光緒《廣安州新志》卷二一作三卷。

陳錦黻

字黼卿，瑞森子。咸豐十一年拔貢生，同治初任兵部額外主事。後歸里講教培文書院。年五十九卒。見光緒《廣安州志》卷八，光緒《廣安州新志》卷二一、卷二五、卷二九。

黼卿詩草二卷 存

見《清人別集總目》頁1321。按：光緒《廣安州新志》卷二一作四卷。今存光緒二十八年渠縣刻本（川圖）。

鄧宏聲

字九皋。同治三年副貢生。見光緒《廣安州志》卷八、卷一二。

文一篇 存

收入光緒《廣安州志》卷一二。

蒲懷瑾

字端溪，自號逸人，世號隱君子。庠生。曾參與光緒《廣安州志》的纂修。年六十餘卒。見光緒《廣安州新志》卷二一、卷二九。

思省益書三十二卷　文最類次十六卷　儷文選體十卷　韻事增華六卷　干支典引四卷　五代詩鈔六卷

見光緒《廣安州新志》卷二一。按：此六種著述，光緒《廣安州志》卷一二分列於"篆水外史文稿蒲春銘撰"條後，各條下皆不署撰人。今姑置於蒲懷瑾名下，待考。

蒲春銘

字鼎九。同治十三年進士，任戶部主事。光緒二年歸里掌教渠江書院，授朝議大夫。同治中，增訂《廣安州志》八卷，未梓，今存光緒十三年《廣安州志》刻本，即知州顧懷壬等據其稿本補輯而成。見光緒《廣安州志》卷首、卷八，光緒《廣安州新志》卷二一、卷二四。

篆水外史文稿無卷數

見光緒《廣安州新志》卷二一，光緒《廣安州志》卷一二。

文七篇　存

收入光緒《廣安州志》卷首、卷一二。

淡含培

字雲川。歲貢生，幕遊甘肅慶陽、寧夏，撰《鑑略分韻》八卷，寧夏太守毓石屏為序，書未梓。見光緒《廣安州志》卷一二，光緒《廣安州新志》卷二一。

文一篇　存

收入光緒《廣安州志》卷一二。

胡駿

字葆生。進士，翰林院庶吉士，授編修，加侍講銜。見光緒《廣安州新志》卷二五。

文一篇　存

收入《寄情草堂詩鈔》卷首。

（李榮慧　吴静汶）

鄰水縣

（今四川鄰水縣）

甘明鶴

字羽嘉。明末貢生，聚徒講學。卒年六十四。見道光《鄰水縣志》卷四。

天逸齋稿

見道光《鄰水縣志》卷四。

詩四首　存

收入道光《鄰水縣志》卷六。

馮志章

康熙四十一年舉人，官江南和州州同。見道光《鄰水縣志》卷四。

文一篇　存

收入道光《鄰水縣志》卷五。

楊伯龍

曦垣子。康熙四十一年舉人，歷任福建清流、山西太原知縣。見道光《鄰水縣志》卷四。

詩十首　存

收入道光《鄰水縣志》卷六。

文五篇　存

收入道光《鄰水縣志》卷五。

吴存珌

康熙四十四年舉人。見道光《鄰水縣志》卷首、卷四。

文一篇　存

收入道光《鄰水縣志》卷五。

楊宗道

歲貢生，任九姓司訓導。見道光《鄰水縣志》卷四。

詩一首

收入道光《鄰水縣志》卷六。

陳加儒

字掄士，號退齋。雍正七年舉人，任浙江宣平知縣。見道光《鄰水縣志》卷四。

鄰山雜録詩二卷　靜淵齋稿

見道光《鄰水縣志》卷四。

文八篇　存

收入道光《鄰水縣志》卷五、卷六。

甘文林（1719—1788）

字筆峰，號鹿圃。年三十四中乾隆十七年恩科舉人，二十五年成進士，歷任貴州平越縣、廣東廣寧縣知縣。年七十卒。見道光《鄰水縣志》卷六。

詩一首　存

收入道光《鄰水縣志》卷六。

文二篇　存

收入道光《鄰水縣志》卷六。

甘采和

文林子。乾隆五十七年順天府舉人，官至河南衛輝府知府。見道光《鄰水縣志》卷六甘家斌《廣寧侯甘鹿圃先生家傳》附，《蜀詩續鈔》卷一。

詩一首　存

收入道光《鄰水縣志》卷六，《蜀詩續鈔》卷一。

屈鳴介

字美才，號健庵、惠庵。乾隆五十五年恩貢生，初任越嶲廳教授，補長壽縣教諭，後選浙江昌化縣知縣。見道光《鄰水縣志》卷四，《蜀詩續鈔》卷三。

詩一首　存

收入《蜀詩續鈔》卷三。

文一篇　存

收入道光《鄰水縣志》卷五。

吳瓊家

增生。見道光《鄰水縣志》卷首。

詩一首　存

收入道光《鄰水縣志》卷六。

甘家斌

號秩齋。乾隆五十四年拔貢生，五十七年舉人，明年成進士，歷官御史、工部給事中、大理寺卿。見道光《鄰水縣志》卷一、卷四、卷五。

道光《鄰水縣志》六卷首一卷（曾燦奎　劉光第修　甘家斌等纂）　存

今存道光十五年刻本（方志聯合目錄）。

詩一首　存

收入咸豐《簡州志》卷一三下。

文十三篇　存

收入劉體恕《文昌帝君全書》，道光《鄰水縣志》卷首、卷五、卷六，咸豐《簡州志》卷一三中。

廖　寅（1752—1825）

字亮工，號復堂。乾隆四十四年恩科舉人，六十年大挑一等，題補河南葉縣知縣。嘉慶間，歷任鎮江知府、江西吉南贛寧兵備道，官至兩淮都轉。道光五年正月卒，年七十四。見道光《隣水縣志》卷四、卷六，《蜀詩續鈔》卷一。

震復堂制義

見道光《鄰水縣志》卷六。

詩一首　存

收入道光《鄰水縣志》卷六，《蜀詩續鈔》卷一。

文二篇　存

收入道光《鄰水縣志》卷五。

夏貢廷

號鼓山。嘉慶六年舉人，道光中任江油教諭。見道光《鄰水縣志》卷四。

文一篇　存

收入道光《鄰水縣志》卷五。

馮學濬

號鑑塘，一作鎰堂。歲貢生。見道光《鄰水縣志》卷一、卷四。

文一篇　存

收入道光《鄰水縣志》卷五。

甘丙昌

原名大琛，字棠牧。道光十九年舉人，官太平教諭。見光緒《鄰水縣續志·選舉志》，《全蜀詩鈔》卷五二，《清人別集總目》頁270。

生香閣詩草四卷　存

今存同治五年刻本（川圖，中科院）。

詩二十一首　存

收入《全蜀詩鈔》卷五二。

王際盛

字贊篁。道光元年恩貢生。見道光《鄰水縣志》卷一、卷四。

詩一首　存

收入道光《鄰水縣志》卷六。

熊文樓

號易崖。歲貢生。見道光《鄰水縣志》卷首、卷四。

詩一首　存

收入道光《鄰水縣志》卷六。

文一篇　存

收入道光《鄰水縣志》卷五。

王盛嶷

號岐齋。見道光《鄰水縣志》卷四。

程朱講義

見道光《鄰水縣志》卷四。

邱錫章

字子明。光緒十一年拔貢生。見光緒《鄰水縣續志·選舉志》。

光緒《鄰水縣續志》五卷（鄭傑修　邱錫章纂）　存

今存光緒三十三年抄本（方志聯合目錄）。

（李榮慧　吴静汶）

岳池縣

（今四川岳池縣）

陳建忠（1629—1700）

字懷赤。平三藩有功，由大定鎮守備陞大定府遊擊。康熙十九年，以軍功授懷遠將軍。三十九年卒，年七十二。見光緒《岳池縣志》卷一九。

集腋新書

見光緒《岳池縣志》卷一九。

羅爲賡

字西溪，一作南充人。歲貢生，順治十一年舉人，任浙江孝豐縣令，內陞行人司。見道光《岳池縣志》卷二八，光緒《岳池縣志》卷一二，《全蜀詩鈔》卷一，民國《南充縣志》卷九。

敦庵集　茗西問答錄　西溪前稿　西溪後稿　西溪雜著　諸家圖攷

見嘉慶《南充縣志》卷六。

詩四首　存

收入嘉慶《南充縣志》卷四，《全蜀詩鈔》卷一，民國《南充縣志》卷一二，《清詩滙》卷二七。

文十一篇　存

收入嘉慶《南充縣志》卷五，道光《岳池縣志》卷三九，光緒《岳池縣志》卷一九，民國《南充縣志》卷一三、卷一四。

郭崇鼎

康熙八年歲貢生，任井研縣教諭，陞重慶府學教授。見光緒《岳池縣志》卷一二。

文一篇　存

收入道光《岳池縣志》卷三九，光緒《岳池縣志》卷一九。

楊　昂

字千里。康熙五十三年舉人，任廣東增城縣知縣。見光緒《岳池縣志》卷一二、卷一七。

詩十二首　存

收入道光《岳池縣志》卷三七，光緒《岳池縣志》卷一七。

文二篇　存

收入道光《岳池縣志》卷三八、卷三九，光緒《岳池縣志》卷一八、卷一九。

楊　縉

康熙五十三年舉人，任江油縣教諭。見光緒《岳池縣志》卷一二。

詩一首　存

收入道光《岳池縣志》卷三七，光緒《岳池縣志》卷一七。

陳三恪

乾隆十五年解元，任湖南零陵縣知縣。見光緒《岳池縣志》卷一二、卷一七。

羣玉書院志　嶽屏書院志

見道光《岳池縣志》卷四〇，光緒《岳池縣志》卷一九。

我愚偶存一卷附宦迹抄略一卷　存

見《清人別集總目》頁1256。按：所附爲陳丹心撰。

今存乾隆四十一年四川補曠堂刻本（南圖，川圖）。

唐有訓

乾隆十八年拔貢生，任資州內江縣教諭。見光緒《岳池縣志》卷一二。

詩一首 存

收入道光《岳池縣志》卷三七，光緒《岳池縣志》卷一七。

王子詔

號儀亭。乾隆三十年府學拔貢生，朝考二等，授成都府成都縣教諭。見光緒《岳池縣志》卷一二、卷一七。

詩四首 存

收入道光《岳池縣志》卷三七，光緒《岳池縣志》卷一七。

文二篇 存

收入道光《岳池縣志》卷三七、卷三八，光緒《岳池縣志》卷一八。

宋　珌

乾隆三十八年府學歲貢生，官中江縣訓導。見道光《岳池縣志》卷二八。

詩三首 存

收入道光《岳池縣志》卷三七，光緒《岳池縣志》卷一七。

何　澂

乾隆五十五年恩貢生，晉封奉直大夫。見道光《岳池縣志》卷二九，光緒《岳池縣志》卷一二。

文一篇 存

收入道光《岳池縣志》卷三九，光緒《岳池縣志》卷一八。

賀天模

乾隆四十三年恩貢生。見道光《岳池縣志》卷二八。

詩一首 存

收入道光《岳池縣志》卷三七。

楊翔鶴

乾隆四十八年舉人，任漢州學正。見光緒《岳池縣志》卷一二。

詩一首 存

收入道光《岳池縣志》卷三七，光緒《岳池縣志》卷一七。

黄萬品

乾隆五十四年舉人。見光緒《岳池縣志》卷一二。

文三篇 存

收入道光《岳池縣志》卷三七、卷三九，光緒《岳池縣志》卷一八、卷一九。

李惟裕

字近濂。乾隆五十二年府學歲貢生。見光緒《岳池縣志》卷一二、卷一八。

詩一首 存

收入道光《岳池縣志》卷三七，光緒《岳池縣志》卷一二、卷一七。

文一篇 存

收入道光《岳池縣志》卷三八，光緒《岳池縣志》卷一八。

康以銘

字新之，號惺齋。乾隆六十年舉人，嘉慶六年成進士，授翰林院庶吉士。見光緒《岳池縣志》卷一二。

詩二十三首 存

收入道光《岳池縣志》卷三七，光緒《岳池縣志》卷一七。

文三篇 存

收入道光《岳池縣志》卷三九，光緒《岳池縣志》卷一九。

何　榘

號中庵。嘉慶六年拔貢生，授新繁縣教諭。見光緒《岳池縣志》卷一二、卷一七。

詩四首 存

收入道光《岳池縣志》卷三七，光緒《岳池縣志》卷一七。

李　峩

嘉慶二十三年優貢生。見道光《岳池縣志》卷二八。

詩一首 存

收入道光《岳池縣志》卷三七，光緒《岳池縣志》卷一七。

陳令德

字鏡堂。道光二十五年恩貢生。見光緒《岳池縣志》卷一二、卷一七。

諸經總目

見光緒《岳池縣志》卷一九。

詩五首 存

收入道光《岳池縣志》卷三七，光緒《岳池縣志》卷一七。

文二篇 存

收入道光《岳池縣志》卷三九，光緒《岳池縣志》卷一八。

鄧林盛

道光元年恩貢生。見光緒《岳池縣志》卷一二。

文一篇 存

收入光緒《岳池縣志》卷一九。

胡作仁

道光二年舉人，十五年大挑二等，以教諭銓選。見道光《岳池縣志》卷二八。

詩二十一首 存

收入道光《岳池縣志》卷三七，光緒《岳池縣志》卷一七。

文四篇 存

收入道光《岳池縣志》卷三八、卷三九，光緒《岳池縣志》卷一八。

張鳳彩

字絢堂。道光五年副貢生。見光緒《岳池縣志》卷一二、卷一七。

詩一首 存

收入光緒《岳池縣志》卷一七。

熊昌瑞

號應軒。道光八年補博士弟子員，以授徒為業。見光緒《岳池縣志》卷一九。

詩一首 存

收入光緒《岳池縣志》卷一七。

胡懋璋

字西峩。道光十五年舉人。見光緒《岳池縣志》卷一二、卷一八。

文五篇 存

收入道光《岳池縣志》卷三九，光緒《岳池縣志》卷一八、卷一九。

康啓濂

字荷生。道光十七年拔貢生，二十四年舉人，大挑一等，以知縣用，分發河工。見光緒《岳池縣志》卷一二、卷一八。

文三篇 存

收入道光《岳池縣志》卷三七，光緒《岳池縣志》卷一八、卷一九。

王　輅

號右五。道光十七年歲貢生，由貢生加捐訓導，歷署忠州、金堂等處學。見光緒《岳池縣志》卷一二。

詩二首 存

收入光緒《岳池縣志》卷一七。

蕭守訓

號謹堂。道光二十一年府學歲貢生。見光緒《岳池縣志》卷一二、卷一八。

文一篇 存

收入光緒《岳池縣志》卷一八。

周炳盛

字虎臣。道光二十九年拔貢生，註選直隸州州判。見光緒《岳池縣志》卷一二、卷一七。

詩一首 存

收入光緒《岳池縣志》卷一七。

劉　泮

字樂溪。增生，議敘八品。見道光《岳池縣志》卷三七，光緒《岳池縣志》卷一七。

詩十八首 存

收入道光《岳池縣志》卷三七，光緒《岳池縣志》卷一七。

文一篇 存

收入道光《岳池縣志》卷三八。

覃紹衣

恩貢生，在籍候選註銓教諭。見道光《岳池縣志》卷三九。按光緒《岳池縣志》卷一二注作咸豐元年恩貢生，當誤。

文二篇 存

收入道光《岳池縣志》卷三九，光緒《岳池縣志》卷一八。

林錦舒

號心齋。廩生。見光緒《岳池縣志》卷一八。

文三篇 存

收入道光《岳池縣志》卷三八，光緒《岳池縣志》卷一八。

李長華

歲貢生。見道光《岳池縣志》卷二八、卷三八。

文二篇　存

收入道光《岳池縣志》卷三八，光緒《岳池縣志》卷一八。

蔡克猷

字熙亭。咸豐八年歲貢生，候選訓導。光緒《岳池縣志》卷一二、卷一七。

詩三首　存

收入光緒《岳池縣志》卷一七。

文一篇　存

收入光緒《岳池縣志》卷一八。

范兆蘭

字廷香。咸豐二年舉人，同治二年註銓揀選知縣。見光緒《岳池縣志》卷一二、卷一七。

詩二首　存

收入光緒《岳池縣志》卷一七。

周國用

字曉霞。咸豐三年，委署五河縣典史。見光緒《岳池縣志》卷一二、卷一七。

詩一首　存

收入光緒《岳池縣志》卷一七。

宋精珏

字琢堂。咸豐八年舉人。見光緒《岳池縣志》卷一二、卷一七。

詩一首　存

收入光緒《岳池縣志》卷一七。

周鍾璠

字丹崖。由監生報捐通判，並加提舉銜，分發雲南。咸豐十年，委署鄧川州。見光緒《岳池縣志》卷一二。

詩一首　存

收入光緒《岳池縣志》卷一七。

韓大謨

同治四年歲貢生。見光緒《岳池縣志》卷一二。

詩一首　存

收入光緒《岳池縣志》卷一七。

李昌一

字克生。附貢生。見光緒《岳池縣志》卷一七。

詩一首　存

收入光緒《岳池縣志》卷一七。

羅宗秩

號禮卿。舉孝廉方正。見光緒《岳池縣志》卷一二。

詩一首　存

收入光緒《岳池縣志》卷一七。

王宣猷

復見心室詩草附雜著　存

見《清人別集總目》頁157。

今存民國十一年王氏刊本(川圖)。

楊于蕃

號華祝。補博士弟子員，後以明

經例授教職。年八十五，卒。見光緒《岳池縣志》卷一八。

尚書淩雲集

見光緒《岳池縣志》卷一九。

（李榮慧　吴静汶）

宜賓縣

（今四川宜賓市）

樊星煒

字紫景。明季選貢生，清初隱居山林。見嘉慶《宜賓縣志》卷三八，光緒《敘州府志》卷三三。

詩一首 存

收入嘉慶《宜賓縣志》卷四八。

樊 曙

字旭東。明末以門蔭襲指揮僉事。入清隱居，曾拒受吳三桂任命。年七十二卒。見光緒《敘州府志》卷三三，《全蜀詩鈔》卷六。

五石齋詩集 存

見光緒《敘州府志》卷四一，《清人別集總目》頁 2387。按：嘉慶《宜賓縣志》卷四九作五石齋稿二卷。

今存清刻本（粵圖）。

楚澤吟無卷數

見嘉慶《四川通志》卷一八七，光緒《敘州府志》卷四一。

詩六首 存

收入嘉慶《宜賓縣志》卷四八，光緒《敘州府志》卷三三，《全蜀詩鈔》卷六。

文二篇 存

收入嘉慶《宜賓縣志》卷四八，光緒《敘州府志》卷三三。

樊澤達

字昆來，曙子。康熙二十四年進士，改庶吉士，授編修，官至贊善提督，廣東學政。見《全蜀詩鈔》卷六，《清詩匯》卷四八，《清人別集總目》頁 2387。

江山雜詠一卷 存

見《清人別集總目》頁 2387。

今存清抄三樊古近體詩合抄本（南開）。

按：嘉慶《四川通志》卷一八七、光緒《敘州府志》卷四一著錄作江山雜詠十三集三十二卷，此一卷本當爲殘本。

敬業堂稿無卷數

見嘉慶《四川通志》卷一八七，光緒《敘州府志》卷四一。

王公□治绩纪略一卷 存

今存康熙刻本（國圖）。

詩六首 存

收入嘉慶《宜賓縣志》卷四八，嘉慶《華陽縣志》卷三九，光緒《敘州府志》卷三三，《全蜀詩鈔》卷六，《清詩匯》卷四八。

文三篇 存

收入嘉慶《華陽縣志》卷三九，同治《高縣志》卷四八，民國《富順縣志》卷一一。

樊澤迴

字賡郇，澤達弟。一作成都人。見嘉慶《宜賓縣志》卷三八，同治《重修成都縣志》卷七，光緒《敘州府志》卷三三，《全蜀詩鈔》卷六。

詩一首 存

收入同治《重修成都縣志》卷七，光緒《敘州府志》卷三三，《全蜀詩鈔》卷六。

樊澤遠

字昆來。康熙二十四年進士。授翰林院檢討，官至贊善。見《蜀詩續鈔》卷五。

詩一首 存

收入《蜀詩續鈔》卷五。

何　煥

康熙三十二年舉人，任福建大田縣知縣。見嘉慶《宜賓縣志》卷三五。

文一篇 存

收入乾隆《屏山縣志》卷七。

李　暢

字琴生。康熙四十一年舉人，官山西聞喜縣知縣。見嘉慶《宜賓縣志》卷三五、卷四八，光緒《敘州府志》卷三一。

詩四首 存

收入嘉慶《宜賓縣志》卷四八。

何其昱

康熙四十一年舉人，官廣西橫州知州。見嘉慶《四川通志》卷一八五，嘉慶《宜賓縣志》卷三五，光緒《敘州府志》卷四一。

驅睡錄無卷數

見嘉慶《宜賓縣志》卷四九，嘉慶《四川通志》卷一八五，光緒《敘州府志》卷四一。

一上草

見嘉慶《宜賓縣志》卷四九。

遣此吟

見嘉慶《宜賓縣志》卷四九。按：光緒《敘州府志》卷四一將以上二書合爲一書著錄。又嘉慶《宜賓縣志》卷四九“何其昱”作“何其是”，當誤。

楊鵬羽

康熙五十年任劍州學正。見道光《保寧府志》卷五九。

文二篇 存

收入道光《保寧府志》卷五九，咸豐《重修梓潼縣志》卷四，同治《劍州志》卷一〇。

胡　瀛

字一山。康熙五十二年舉人，五十七年成進士，官至山西布政使。見嘉慶《四川通志》卷一八七，嘉慶《宜賓縣志》卷三五，光緒《敘州府志》卷四一，《全蜀詩鈔》卷九。

石溪集無卷數

見嘉慶《四川通志》卷一八七，光緒《敘州府志》卷四一，《全蜀詩鈔》卷九。

成人集四卷

見嘉慶《四川通志》卷一八七，光緒《敘州府志》卷四一。

守中子成人集五卷 存

今存雍正六年刻本（國圖）。

詩十首 存

收入嘉慶《宜賓縣志》卷四八，光緒《敘州府志》卷三三，《全蜀詩鈔》卷九。

文一篇 存

收入嘉慶《高縣志》卷四八，同治《高縣志》卷四八。

楊　端

字正夫，號立庵。雍正間拔貢生，任成都縣教諭。見光緒《敘州府志》卷三三。

雍正《劍州志》二十四卷圖一卷（李梅賓修　楊端纂）　存

今存雍正五年刻本（方志聯合目錄）；抄本（川圖）。

存古録無卷數

見嘉慶《四川通志》卷一八五，嘉慶《宜賓縣志》卷三八，光緒《敘州府志》卷四一。

詩二首　存

收入嘉慶《宜賓縣志》卷四八。

周濬修

乾隆十二年舉人，任雲南州牧。見嘉慶《宜賓縣志》卷三五、卷四八。

文一篇　存

收入嘉慶《宜賓縣志》卷四八。

趙士元

乾隆二十七年舉人，任直隸贊皇縣知縣。見嘉慶《宜賓縣志》卷三五，光緒《敘州府志》卷三三。

詩二首　存

收入光緒《慶符縣志》卷四九。

李彭齡

乾隆二十五年舉人。見嘉慶《四川通志》卷一八七，嘉慶《宜賓縣志》卷三五，光緒《敘州府志》卷四一。

西山適興草無卷數

見嘉慶《四川通志》卷一八七，光緒《敘州府志》卷四一。

西湖覽勝集無卷數

見嘉慶《四川通志》卷一八七。

趙　城

乾隆三十年舉人，任浙江新城縣知縣。見嘉慶《四川通志》卷一八七，嘉慶《宜賓縣志》卷三五，光緒《敘州府志》卷四一。

東軒集無卷數

見嘉慶《四川通志》卷一八七，光緒《敘州府志》卷四一。

制藝詩賦

見光緒《敘州府志》卷三三。

王　轔

字蘧軒。乾隆三十六年副榜，四十四年舉人，官直隸完縣知縣。見嘉慶《四川通志》卷一八四，嘉慶《宜賓縣志》卷三五，光緒《敘州府志》卷三三。

川省人物考

見嘉慶《宜賓縣志》卷三八，嘉慶《四川通志》卷一八四，光緒《敘州府志》卷四一。

趙鍾嵋

字少峨。乾隆四十四年副貢，嘉慶六年舉人，相繼任奉節、溫江縣教諭。見光緒《敘州府志》卷三一，民國《溫江縣志》卷七。

詩九首　存

收入嘉慶《溫江縣志》卷三一，民國《溫江縣志》卷七。

趙士愷

乾隆五十三年舉人。見嘉慶《宜賓縣志》卷三五，光緒《敘州府志》卷三一。

文二篇　存

收入嘉慶《續編屏山縣志》，光緒《屏山縣續志》卷下。

趙鍾琳

字玉圃。乾隆五十四年拔貢生。任東鄉教諭。年七十八卒。見光緒《敘州府志》卷三三。

勉齋文集二卷　雜著一卷

見光緒《敘州府志》卷三三。

詩一首　存

收入光緒《慶符縣志》卷四九。

周道昌

乾隆六十年副貢生，中嘉慶九年舉人，任洪雅教諭。見嘉慶《宜賓縣志》卷三五，光緒《敘州府志》卷三一。

文二篇　存

收入光緒《洪雅縣志》卷七。

趙鍾山

嘉慶六年舉人，任山西右玉縣知縣。見光緒《敘州府志》卷三一。

詩一首　存

收入光緒《慶符縣志》卷四九。

章寶綸

原名熲，字春漪。嘉慶十五年舉人。見《全蜀詩鈔》卷四〇。

詩一首　存

收入《全蜀詩鈔》卷四〇。

李恒吉

廩貢生，嘉慶十八年任溫江訓導，道光十年任南溪教諭。見嘉慶《溫江縣志》卷二四，同治《南溪縣志》卷五。

詩二首　存

收入光緒《洪雅縣志》卷一二。

趙　榮

字涪溪。嘉慶十八年拔貢生，歷署廣東和平、徐聞、陽春、會同等縣知縣，補清遠，署化州。晚年歸鄉，貧幾不爨。見光緒《敘州府志》卷三三。

涪溪詩草四卷

見光緒《敘州府志》卷三三。

章寶箴

原名熉，字鼎香。嘉慶二十四年舉人。見光緒《敘州府志》卷四一。

南宋樂府一卷　存

見光緒《敘州府志》卷四一。

今存道光間會稽章氏稿本（北大）。

詩三十五首　存

收入《全蜀詩鈔》卷四五。

徐　勳

字稽臣。道光二年進士，官至湖北歸州知州。見《蜀詩續鈔》卷二。

詩一首　存

收入《蜀詩續鈔》卷二。

樊敘倫

字仲彝。歲貢生。見嘉慶《宜賓縣志》卷三五，光緒《敘州府志》卷三三，《全蜀詩鈔》卷六。

詩二首　存

收入光緒《敘州府志》卷三三，《全蜀詩鈔》卷六。

樊一蘅

詩一首　存

收入嘉慶《直隸瀘州志》卷二。

龍戴恬

字棻明。道光二年進士，官通州知州，年七十四卒。見《清人別集總目》頁288。按：光緒《敘州府志》卷三三作"龍在田，字熙明，道光壬午進士，……遷通州知州"。同書卷四一又寫作"龍載田"，與戴恬皆當為同一人。

雨舲詩集十一卷　存

見光緒《敘州府志》卷四一，《清人別集總目》頁288。

今存道光二十五年自刻本（上圖，南開）。

邱應華

字公實。道光十一年舉人，晚任眉州學正。卒年六十四。見光緒《敘州府志》卷三三。

課徒草

見光緒《敘州府志》卷三三。

趙樹桐

字聽齋。道光十二年舉人。官河南濬縣知縣。見《全蜀詩鈔》卷五二。

詩一首　存

收入《全蜀詩鈔》卷五二。

李映棻

字香雪，號石琴。道光二十四年進士，歷官湖北候補知府。見《清詩匯》卷一四五，《清人別集總目》頁804。

石琴詩鈔十二卷補遺一卷

見光緒《敘州府志》卷四一。

石琴詩鈔十二卷　存

見《全蜀詩鈔》卷五一，《清人別集總目》頁804。

今存同治三年天香堂刻本（國圖，上圖，南圖，遼圖，粵圖，中科院）；清末刻本（川大）。

石琴詩鈔八卷　存

今存清末刻本（川大）。

詩七十六首　存

收入《全蜀詩鈔》卷五一。

文一篇　存

收入《石莊詩集》卷首。

趙樹吉

字沅青。道光三十年進士，改庶吉士，授編修，歷官雲南迤西道。光緒十年尚在世。見《蜀詩續鈔》卷二，《清詩匯》卷一五〇，《清人別集總目》頁1556。

郁鄢山房疏草二卷　存

見光緒《敘州府志》卷三三、卷四一。

今存光緒七年刻郁鄢山房集本（叢書綜錄，南圖，川圖，北大，川大，南開，山東師大，旅大）。

甕天瑣錄一卷 存

見光緒《敘州府志》卷三三、卷四一。

今存光緒八年刻郁鄢山房集本（叢書綜錄，南圖，川圖，北大，川大，南開，山東師大，旅大）。

郁鄢山房詩存八卷 存

見光緒《敘州府志》卷四一，《清人別集總目》頁1556。

今存光緒七年刻郁鄢山房集本（叢書綜錄，南圖，川圖，北大，川大，南開，山東師大，旅大）。

郁鄢山房文略二卷 存

見光緒《敘州府志》卷四一，《清人別集總目》頁1556。

今存光緒十一年刻郁鄢山房集本（叢書綜錄，南圖，川圖，北大，川大，南開，山東師大，旅大）。

郁鄢山房駢文二卷 存

見《清人別集總目》頁1556。

今存光緒七年刻郁鄢山房集本（叢書綜錄，川圖，北大，川大，山東師大，華東師大，華中師大，旅大）。

詩四十四首 存

收入《蜀詩續鈔》卷二。

張啓辰（1820—1888）

字星階。咸豐二年進士，歷雲南江川縣，官至雲南景東同知。歸鄉主敷文、翠屏兩書院講席，年六十九卒。見光緒《敘州府志》卷三三，《蜀詩續鈔》卷六，《清人別集總目》頁1149。

鷗榭詩鈔四卷 存

見《蜀詩續鈔》卷六，《清人別集總目》頁1149。

今存光緒二十三年宜賓張氏知足知不足齋刻本（川圖）。按：光緒《敘州府志》卷四一著錄作二卷。

詩五十三首 存

收入《蜀詩續鈔》卷六。

陳代卿

字雲笙。咸豐十一年舉人，官膠州知州。見《清人別集總目》頁1270。

慎節齋文存二卷 存

見《清人別集總目》頁1270。

今存光緒三十一年江陰曹倜濟南鉛印本（國圖，上圖，南圖，魯圖，洛陽，北大，人大，南大）。

趙鍾淳

舉人，官浙江縉雲縣令。見光緒《慶符縣志》卷四九。

詩一首 存

收入光緒《慶符縣志》卷四九。

李世新

字玉成。歲貢生。見《全蜀詩鈔》卷四〇。

妙兒樵吟草

見《全蜀詩鈔》卷四〇。

詩一首 存

收入《全蜀詩鈔》卷四〇。

李映冠

字方山。貢生，官訓導。見《全蜀詩鈔》卷五八。

瘦仙詩草

見《全蜀詩鈔》卷五八。

詩一首 存

收入《全蜀詩鈔》卷五八。

彭家穦

字菊圃。官知縣。見《蜀詩續鈔》卷一。

強恕堂詩文稿

見《蜀詩續鈔》卷一。

詩一首 存

收入《蜀詩續鈔》卷一。

彭運畊

字心田。貢生，任儒學教官。見《蜀詩續鈔》卷一。

詩一首 存

收入《蜀詩續鈔》卷一。

彭運謙

字地山。副貢生，官知縣。見《蜀詩續鈔》卷一。

詩三首 存

收入《蜀詩續鈔》卷一。

彭荀鶴

字夢仙。優貢生，候選知縣。見《蜀詩續鈔》卷二。

詩五首 存

收入《蜀詩續鈔》卷二。

邱晉成

字雲颿。成都尊經書院高材生。見《清詩匯》卷一八〇，《清人別集總目》頁336。

光緒《敘州府志》四十三卷首一卷末一卷（王麟祥修　邱晉成等纂） 存

今存光緒二十二年刻本（方志聯合目錄）。

古苔精舍詩存二卷 存

見《清人別集總目》頁336。

今存光緒十六年刻本（國圖）。

古苔精舍詩存二卷雜著一卷詩續錄一卷 存

見《清人別集總目》頁336。

今存光緒十六至二十一年刻本（上圖，南圖）。

古苔精室雜著一卷古苔精室詩續錄一卷 存

今存光緒二十一年刻本（國圖）。

攀轅詩錄一卷 存

今存光緒二十二年刻本（國圖）。

聶炳柟

女，字雉梅，光緒二十四年江安進士傅增湘聘妻，未婚而殞。見《清詩匯》卷一九二。

詩一首 存

收入《清詩匯》卷一九二。

黃耀明

號次誠。嘉慶二十三年舉人。大挑，補江蘇婁縣知縣。先後受知於總督陶澍、林則徐。道光間，則徐督雲、貴，聘佐幕府。年七十卒。見光緒《敘州府志》卷三三。

叢秀山房制藝一冊

見光緒《敘州府志》卷三三。

阮　鐄

字時谿。拔貢生。見光緒《敘州

府志》卷三五、卷三六。

詩一首　存

收入光緒《敘州府志》卷三五、卷三六。

汪香祖

字梧村。庠生。見光緒《敘州府志》卷三三。

衍元筆算今式二卷　存

今存光緒二十三年江蘇書局刻本（國圖，上圖，北師大，北大，南大）。

中算斠

見光緒《敘州府志》卷四一。

蒓安詩集

見光緒《敘州府志》卷三三。

趙惟熙

字一臣。拔貢生，官上高知縣。見《清人別集總目》頁1559。

宦游草初集一卷二集一卷　存

見《清人別集總目》頁1559。

今存民國四年成都排印本（川圖，中科院，南大）。

宦遊詩草二集　存

今存民國初年（1912—1921）宜賓趙氏鉛印本（國圖）。

宦游詩草　存

今存民國四年鉛印本（上圖）。

張瑩彦

光緒二十九年在世。見《山憨山房雜箸》卷首。

文一篇　存

收入《山憨山房雜箸》卷首。

趙增瑀

字聘璵，號鵜山。光緒間遊成都，其文為江南名士祁壽麐、黄葆年賞識，詩文亦多為成、渝二地諸報所刊載。民國間尚在世。見《鵜山文稿初集》卷首楊幼霞序、各卷首頁題名。

鵜山詩草　存

見《清人別集總目》頁1563。

今存民國五年成都雲錦印刷社排印本（上圖，川圖）。

鵜山文稿初集三卷外集一卷　存

見《清人別集總目》頁1563。

今存民國八年成都聚昌公司排印本（國圖，川圖，北大，川大）。

鵜山全集　存

見《清人別集總目》頁1563。

今存民國十四年文通印刷局鉛印本（南大）；民國二十二年趙氏成都天水碧齋刻本（川圖，上圖）。

鵜山文砭一卷　存

今存民國十四年刻本（上圖）；民國十四年排印本（川大）。

鵜山文緯一卷　存

今存民國十一年聚昌公司排印本（上圖，川大）。

鵜山瑣言　存

今存民國間鉛印本（上圖）。

鵜山文約　存

今存民國八年鉛印本（上圖）。

鵜山文纂　存

今存民國十五年鉛印本（上圖）。

鵜山文鈔　存

今存民國八年刻本（上圖）；民國十四年鉛印本（上圖）。

鵜山詩鈔六卷　存

今存民國十七年宜賓趙氏刻本（上圖，

南大)；民國二十二刻本（上圖)。

鵝山外集　存

今存民國十三年鉛印本（上圖)。

鵝山文草　存

今存民國四年大昌印刷公司鉛印本（南大)；民國間鉛印本（國圖)。

鵝山文摘抄一卷　存

今存民國間成都昌福公司鉛印本（國圖)。

（王阿陶）

慶符縣
（今四川高縣）

李華松

雍正元年舉人，十一年成進士，任浙江桐鄉縣知縣。見光緒《敘州府志》卷三一，光緒《慶符縣志》卷三五。

文二篇　存

收入光緒《慶符縣志》卷四九。

李合和

華松子。乾隆三十九年舉人，由大挑一等歷任直隸滿城、浙江平陽知縣。見光緒《敘州府志》卷三一，光緒《慶符縣志》卷三五。

文一篇　存

收入光緒《慶符縣志》卷四九。

陳而新

雍正六年恩貢生，任大邑縣教諭。見光緒《慶符縣志》卷三五。

詩四首　存

收入光緒《慶符縣志》卷四九。

樊嵩齡

道光五年貢生，咸豐二年舉人。見光緒《敘州府志》卷三一，光緒《慶符縣志》卷三五。

詩三首　存

收入光緒《慶符縣志》卷四九。

樊肇新

道光十一年舉人，十六年成進士，任翰林院庶吉士。見光緒《敘州府志》卷三一，光緒《慶符縣志》卷三五。

詩四首　存

收入光緒《慶符縣志》卷四九。

樊榮祖

道光二十年舉人。見光緒《敘州府志》卷三一，光緒《慶符縣志》卷三五。

詩三首　存

收入光緒《慶符縣志》卷四九。

胡行達

道光二十三年副貢生，歷任教諭。同治二年任崇慶州訓導。見光緒《慶符縣志》卷三五，光緒《增修崇慶州志》卷六。

詩四首　存

收入光緒《慶符縣志》卷四九。

文一篇　存

收入光緒《慶符縣志》卷四九。

胡錫祜

原名錫純。咸豐八年舉人。見光緒《敘州府志》卷三一，光緒《慶符縣志》卷三五。

詩四首　存

收入光緒《慶符縣志》卷四九。

文一篇　存

收入光緒《慶符縣志》卷四九。

馮宗翰

同治六年舉人，任浙江知縣。見光緒《敘州府志》卷三一，光緒《慶符縣志》卷三五。

詩一首　存

收入光緒《慶符縣志》卷四九。

何映雩

貢生，任州判。見光緒《慶符縣志》卷三五。

詩一首　存

收入光緒《慶符縣志》卷四九。

李合用

歲貢生。見光緒《慶符縣志》卷三五。

詩二首　存

收入光緒《慶符縣志》卷四九。

文　元

歲貢生。見光緒《慶符縣志》卷三五。

文一篇　存

收入光緒《慶符縣志》卷四九。

（王阿陶）

富順縣
（今四川富順縣）

范　璐

字與石。康熙十一年舉人，官陝西宜君縣令。見乾隆《富順縣志》卷四、卷五，同治《富順縣志》卷二二，《全蜀詩鈔》卷五，《清詩匯》卷三七。

葛山詩集

見同治《富順縣志》卷二二，光緒《敘州府志》卷四一，民國《富順縣志》卷一一。

詩三首　存

收入乾隆《富順縣志》卷五，同治《富順縣志》卷二二，光緒《敘州府志》卷三四，《全蜀詩鈔》卷五，《清詩匯》卷三七。

文一篇　存

收入同治《富順縣志》卷二二。

周天任

號克亮。康熙二十年舉人，任雲南河西縣令。見乾隆《富順縣志》卷五。

康熙《河西縣志》六卷（劉芳　王芷纂修　周天任增修）　存

今存康熙五十一年刻本（方志聯合目錄）；一九六〇年傳抄本（上圖）。

日行稿

見乾隆《富順縣志》卷五，同治《富順縣志》卷二一，民國《富順縣志》卷一一。

李爾振

字子宜，號西溪。康熙二十年舉人。見乾隆《富順縣志》卷五。

一鑿堂草

見乾隆《富順縣志》卷五，同治《富順縣志》卷二一，光緒《敘州府志》卷三四，民國《富順縣志》卷一一。

李九霞

字飲仙，爾振子。康熙五十三年副榜，任巴縣教諭。見乾隆《富順縣志》卷五，同治《富順縣志》卷二二，民國《富順縣志》卷一一。

卓山詩文二集

見乾隆《富順縣志》卷五，同治《富順縣志》卷二二，民國《富順縣志》卷一一。

卓山文集嗱齋詩草無卷數

見光緒《敘州府志》卷四一。

文一篇　存

收入嘉慶《宜賓縣志》卷四八。

李　謨

字采臣。康熙二十三年舉人，官河南太康縣知縣。見《全蜀詩鈔》卷六。

詩一首　存

收入《全蜀詩鈔》卷六。

張翔鳳

字鳴岡。康熙三十年進士授翰林院庶吉士，官福建建寧府知府。見《全蜀詩鈔》卷八。

詩一首　存

收入《全蜀詩鈔》卷八。

郭于蕃

字偉仲，一作隆昌人。康熙二十六年舉人，任丹稜教諭，三十六年成進士，選翰林院庶吉士，改廣東饒平知縣。見乾隆《富順縣志》卷四、卷五，道光《隆昌縣志》卷二六，同治《富順縣志》卷二一，光緒《敘州府志》卷三四、卷四一，光緒《丹稜縣志》卷五，民國《丹稜縣志》卷五。

敦厚堂詩集

見乾隆《富順縣志》卷五，同治《富順縣志》卷二一，光緒《敘州府志》卷四一，民國《富順縣志》卷一一，民國《丹稜縣志》卷五。

晝莊類稿二卷

見咸豐《隆昌縣志》卷三七。

詩二首　存

收入乾隆《富順縣志》卷五，光緒《敘州府志》卷三四，民國《丹稜縣志》卷五。

陳暻雯

一作景雯，字東起，一字泉亭，號果亭，自號破愚子。康熙五十四年進士，官樂昌知縣。見乾隆《富順縣志》卷五，同治《富順縣志》卷二二，光緒《敘州府志》卷三四，《全蜀詩鈔》卷九，《清詩匯》卷五九。

殿餘集

見同治《富順縣志》卷二二，《清詩匯》卷五九。

破愚子集

見乾隆《富順縣志》卷五，光緒《敘州府志》卷四一，民國《富順縣志》卷一一。

詩一首　存

收入同治《富順縣志》卷二二，《全蜀詩鈔》卷九，《清詩匯》卷五九。

周祀

字龍門。康熙年間貢生。見乾隆《富順縣志》卷五，民國《富順縣志》卷一一。

詩三首　存

收入乾隆《富縣志》卷五，同治《富順縣志》卷二二，光緒《敘州府志》卷三四，光緒《珙縣志》卷一〇，民國《富順縣志》卷一一。

晏玿（？—1756）

字玉美，號輝山。乾隆三年舉人，十三年成進士，選庶吉士，任編修。二十一年八月卒於官。見乾隆《富順縣志》卷四，同治《富順縣志》卷二二，《全蜀詩鈔》卷一二。

詩二首　存

收入同治《富順縣志》卷二二，《全蜀詩鈔》卷一二。

文二篇　存

收入嘉慶《華陽縣志》卷三九。

李芝

字鶴田，又字瑞五，號吉山。乾隆三年鄉試第二名，十三年成進士，初任山東招遠縣令，繼任湖北宜都縣令。見乾隆《富順縣志》卷四，光緒《敘州府志》卷三四，《全蜀詩鈔》卷一二，民國《富順縣志》卷一五。

乾隆《富順縣志》五卷首一卷（段玉裁 李芝纂修） 存

今存光緒八年重刻乾隆四十二年本（方志聯合目錄）。

俟秋吟詩二卷　鴻爪集詩二卷　賢己堂文集四卷

見光緒《敘州府志》卷三四，民國《富順縣志》卷一五。

職思齋課稿十二卷

見光緒《敘州府志》卷三四。

詩七首 存

收入同治《富順縣志》卷二二，《全蜀詩鈔》卷一二。

文三篇 存

收入同治《嘉定府志》卷四五。

郭　泳

乾隆三十九年舉人。見乾隆《富順縣志》卷四。

詩一首 存

收入光緒《補纂仁壽縣原志》卷二。

李長笏

乾隆四十二年舉人。見光緒《敘州府志》卷三一。

文一篇 存

收入同治《富順縣志》卷二二。

张德荣

字容大。乾隆四十四年舉人。見民國《富順縣志》卷一一。

雲衢文集

見光緒《敘州府志》卷三四，民國《富順縣志》卷一一。

王廷弼

乾隆四十八年舉人，六十年成進士。見光緒《敘州府志》卷三一。

文一篇 存

收入同治《富順縣志》卷二二。

黃靖圖

號定湖。乾隆五十一年舉人，官雲南開化府同知。見同治《富順縣志》卷二一，民國《富順縣志》卷一一。

道光《富順縣志》三十八卷（張利貞修 黃靖圖纂） 存

今存道光七年刻本（方志聯合目錄）。

文一篇 存

收入同治《富順縣志》卷二二。

劉　匡

字正夫。中乾隆五十四年副榜，任江油教諭，升龍安府教授。見民國《富順縣志》卷一一。

詩一首 存

收入同治《富順縣志》卷二二。

朱　偓

字石佺，一作右佺、佑佺，號曦園。入興文學籍，故一作興文人。乾隆十六年舉人，五十五年成進士，任湖南寧鄉縣知縣。嘉慶中升直隸郴州知州，又歷署永順、岳州、長沙等府知府。後官至刑部主事、浙江道監察御史。見乾隆《興文縣志・科第》，同治《富順縣志》卷一七、卷一九、卷二一，光緒《敘州府志》卷三一，光緒《興文縣志》卷二，民國《富順縣志》卷一一，民國《興文縣志》卷二九。

詩四首 存

收入同治《富順縣志》卷二二。

文一篇 存

收入道光《富順縣志》卷七，民國《南江縣志》卷四。

朱　堅

號石友，朱偓季子。道光九年進士，官至中憲大夫、浙江道監察御史。見同治《富順縣志》卷一九、卷二一。

文一篇 存

收入同治《富順縣志》卷二二，民國《富順縣志》卷一一。

李復元

乾隆五十八年進士。見光緒《敘州府志》卷三一。

文一篇 存

收入同治《嘉定府志》卷四五。

熊　迥

官至監察御史。見乾隆《屏山縣志》卷六。

文一篇 存

收入乾隆《屏山縣志》卷六。

張　震

字位東，號竹亭。嘉慶九年舉人，十四年成進士，任山東曲阜縣知縣。道光中，邑宰宋廷楨聘同黄靖圖纂修縣志。見同治《富順縣志》卷一七，民國《富順縣志》卷一一。

愛竹山房文稿

見同治《富順縣志》卷二一，光緒《敘州府志》卷三四，民國《富順縣志》卷一一。

朱斗南

字松皋。嘉慶十九年進士，任陝西白河知縣。見光緒《敘州府志》卷三一，民國《富順縣志》卷一五。

尋樂堂詩文集

見民國《富順縣志》卷一五。

文一篇 存

收入同治《富順縣志》卷二二。

李榮恩

詩一首 存

收入嘉慶《合江縣志》卷四八。

扈　湘

進士，官戶部主事。見嘉慶《長寧縣志》卷一〇。

詩一首 存

收入嘉慶《長寧縣志》卷一〇。

朱濈成

道光十五年舉人，二十八年任通江教諭。見道光《通江縣志》卷二。

注經堂詩文集

見民國《富順縣志》卷一五。

朱　基

字樹卿。道光十五年舉人。見民

國《富順縣志》卷一一、卷一五。

十笏山房彙稿

見民國《富順縣志》卷一五。

楊青雲

道光十九年舉人。見光緒《敘州府志》卷三一，《候蟲吟草》卷首。

詩一首　存

收入《候蟲吟草》卷首。

洪　璋

字璞山。道光二十三年舉人。咸豐七年任南充縣教諭，十一年任崇慶學正。見光緒《敘州府志》卷三一，民國《南充縣志》卷八、卷九。

文一篇　存

收入民國《南充縣志》卷一六。

王鳳鳴

官學正。見咸豐《廣安州志》卷八，光緒《廣安州志》卷一二。

文二篇　存

收入咸豐《廣安州志》卷八，光緒《廣安州志》卷一二。

趙世超

字北海。庠生。見民國《富順縣志》卷一五。

眠雲小草詩集　管見初編文集

見民國《富順縣志》卷一五。

詩一首　存

收入《綠萼梅齋遺稿》卷一。

蕭世本（？—1874）

字廉甫。同治二年進士，任刑部主事。十二年，歷署天津府、正定府知府。次年卒。見光緒《敘州府志》卷三一，民國《富順縣志》卷一一。

秋審事宜四卷（輯）

見民國《富順縣志》卷一一。

呂上珍

字席卿。中同治三年副榜，官丹稜教諭。見民國《富順縣志》卷一一。

同治《富順縣志》三十八卷（羅廷權等修　呂上珍等纂）　存

今存同治十一年刻本（方志聯合目錄）；抄本（川圖）。

宜賓金石志（纂輯）　存

今存一九八六年臺北新文豐出版公司出版本。

羅文玉

字輝山。官教諭。見同治《富順縣志》卷二二。

詩一首　存

收入同治《富順縣志》卷二二。

文一篇　存

收入同治《富順縣志》卷二二。

廖煜明

字熙廷。拔貢生。見同治《富順縣志》卷二二。

詩一首　存

收入同治《富順縣志》卷二二。

文一篇　存

收入同治《富順縣志》卷二二。

李榮安

字定堂。文生。見同治《富順縣志》卷二二。

詩一首　存

收入同治《富順縣志》卷二二。

榮天寵

字葛峯。拔貢生。見同治《富順縣志》卷二二。

文一篇　存

收入同治《富順縣志》卷二二。

陳淑芳

女，同里劉光代妾。見《全蜀詩鈔》卷六二。

詩一首　存

收入《全蜀詩鈔》卷六二。

陳世卿

官教諭，見光緒《銅梁縣志》卷一二。

文一篇　存

收入光緒《銅梁縣志》卷一二。

簡伯璋

字君達，初名世珍，字幕州。光緒二年舉人。見民國《富順縣志》卷一一、卷一五。

愚千堂文集三卷　存

按：民國《富順縣志》卷一五作四卷。

今存抄本（川大）。

漢書舉要

見民國《富順縣志》卷一五。

田倬甫

字敘九。光緒二年舉人。見民國《富順縣志》卷一一。

醒世俗言　保嬰秘録

見民國《富順縣志》卷一一。

劉光第 (1859—1898)

字裴村。光緒九年進士，官刑部主事。戊戌變法，入軍機，加四品卿銜參與新政，旋被害。見民國《富順縣志》卷一一，《清人別集總目》頁525。

道光《鄰水縣志》六卷首一卷（曾燦劉光第修　甘家斌等纂）　存

今存道光十五年鄰水縣署刻本（方志聯合目錄）；道光十八年增刻本（國圖）。

介白堂詩稿二卷　存

見《清人別集總目》頁525。

今存清杜大恒抄手稿本（國圖）。

介白堂詩稿　存

今存清稿本（國圖）。

介白堂詩集二卷　存

見《清人別集總目》頁525。

今存光緒抄本（國圖）；光緒二十九年富順儷峰書屋刻本（國圖，上圖，南圖，粵圖，川圖，北師大，復旦，南大，南開）；清末介白堂六君子遺集鉛印本（國圖）；民國六年上海商務印書館張元濟輯刻戊戌六君子遺集本（叢書綜錄，日本人文）；民國七年上海商務印書館鉛印本（國圖）；民國十五年上海商務印書館鉛印本第四版（國圖）。

介白堂詩集　存

今存光緒二十九年鉛印本（上圖）；光緒間宜賓爨氏抄本（國圖）；民國二十六年上海商務印書館鉛印本（國圖）。

衷聖齋詩集二卷　存

見民國《富順縣志》卷一一，《清人別集總目》頁525。

今存光緒二十九年刻本（南圖，遼圖）；民國成都昌福公司排印本（川圖）。

衷聖齋詩集　存

今存民國三年成都昌福公司劉楊合刊鉛印本（國圖）。

衷聖齋文集　存

見《清人別集總目》頁525。

今存光緒劉氏藜光閣抄本（國圖）；光緒二十年儷峰書屋刻本（上圖）；光緒三十年儷峰書屋刻本（國圖）；民國三年成都昌福公司鉛印本（國圖）。

衷聖齋文集二卷　存

見民國《富順縣志》卷一一，《清人別集總目》頁525。

今存光緒二十年儷峰書屋刻本（上圖，中科院）；光緒三十年儷峰書屋刻本（國圖，川圖，日本東洋）；民國三年成都昌福公司刻本（川圖）。

衷聖齋文集一卷詩集二卷　存

見《清人別集總目》頁525。

今存民國三年成都昌福公司刻劉楊合刊本（國圖，上圖，南圖，中科院，武漢師院，叢書綜錄補編）；民國三年成都昌福公司鉛印劉楊合刊本（國圖，北大）；一九九五年上海古籍出版社影印民國三年成都昌福公司鉛印劉楊合刊續修四庫全書本。按：楊爲楊鋭，所作爲楊叔嶠先生文集一卷詩集二卷。

衷聖齋文集不分卷　存

今存光緒三十年儷峰書屋刻本（北大）。

衷聖齋文集一卷　存

今存民國三年成都昌福公司鉛印本（國圖）。

衷聖齋文集一卷外編一卷　存

今存光緒三十年儷峯書屋刻本（南大）。

詩擬議　存

今存民國間抄本（國圖）。

改補詩擬議　存

今存抄本（國圖）。

離騷擬議　存

今存清抄本（上圖）。

劉光第集　存

見《清人別集總目》頁525。

今存一九八六年中華書局排印本。

易　林

字春泉。貢生。見《蜀詩續鈔》卷一。

詩一首　存

收入《蜀詩續鈔》卷一。

李宗道

字棫如。官雲南晉寧州知州。見《蜀詩續鈔》卷三。

詩一首　存

收入《蜀詩續鈔》卷三。

宋溥仁

字少泉。候選巡檢。見《蜀詩續鈔》卷五。

詩二首　存

收入《蜀詩續鈔》卷五。

劉　氏

女，參將蕭某妻。見《蜀詩續鈔》卷八。

詩四首　存

收入《蜀詩續鈔》卷八。

簡　榮

八代文粹二百二十卷目錄十八卷（與陳崇哲合編）　存

見民國《富順縣志》卷一五。

今存光緒十一年富順考雋堂刻本（國圖，上圖，北大，北師大，南大）。

陳崇哲

字元叡，一字子元，一作子沅。光緒八年優貢生，朝考二等；十一年中舉人，官秀山訓導。見《蜀詩續鈔》卷三，民國《富順縣志》卷一一，《清人別集總目》頁1311。

禮禮士喪虞器服釋證四卷

見民國《富順縣志》卷一一、卷一五。

饋食儀節一卷　江漢源流考二卷

見民國《富順縣志》卷一一。

蜀歷代文學贊二卷

見民國《富順縣志》卷一五。

甋春蕢閣詩錄一卷　存

見《清人別集總目》頁1311。

今存清刻本（南圖）。

甋春蕢閣詩集四卷　存

見《清人別集總目》頁1311。

今存光緒二十年刻本（川圖）。

甋春蕢閣詩集四卷文集七卷　存

見《清人別集總目》頁1311。按：民國《富順縣志》卷一五著錄作甋春蕢閣詩四卷文七卷詞一卷。

今存光緒二十年富順刻本（川圖，南大，川大）；光緒二十年刻本（南大）。

甋春蕢閣八代雜言詩抄　存

今存光緒十年富順考雋堂刻本（上圖）。

八代文章志二十卷

見民國《富順縣志》卷一一、卷一五。

八代文粹二百二十卷目錄十八卷（與簡榮合編）　存

按：見上“簡榮”條。

詩一首　存

收入《蜀詩續鈔》卷三。

宋子貞

女，字令修，育仁之姐，同縣諸生易昌楫妻。見民國《富順縣志》卷一五。

裳華閣詩二卷詞一卷

見民國《富順縣志》卷一五。

宋育仁（1858—1931）

字芸子、芸崖，號道復。光緒十二年進士，官翰林院檢討。曾任駐英法意比等國參贊。見《蜀詩續鈔》卷五，《清人別集總目》頁1071。

詩經説例一卷　禮記曲禮上下内則説例一卷　學記補注一卷　大學修身章説例一卷　論語學而里仁説例一卷　孟子説例一卷　孝經正義一卷　許氏説文解字説例一卷　管子弟子職説例一卷　國語敬姜論勞逸説例一卷　存

今存民國十三年刊問琴閣叢書本（叢

書綜錄）。

詩經綱要大義（又名毛詩講義）四卷　存

今存民國排印本（川大）。

夏小正説例一卷　存

今存民國四年鉛印本（北大）；民國十三年刊問琴閣叢書本（叢書綜錄）。

夏小正文法舉例一卷　存

今存民國四年鉛印問琴閣叢書本（北大，川大）。

周官古經舉例　存

今存清末民初刻本（北大）。

樂律舉隅　存

今存民國七年四川存古書局刊本（川大）。

爾雅講義八卷

今存民國鉛字排印本（川大）。

爾雅今釋七卷　存

今存民國十三年刻本（北大）。

説文解字部首箋正二卷　存

今存民國十三年刻本（北大，南大）。

同文畧例小篆通古文舉要一卷　存

民國十三年刻本（北大）。

四川通志目錄不分卷　存

今存稿本（川大）。

重修四川通志目錄不分卷　存

今存民國二十五年鉛印本（川大）。

泰西各國采風記五卷　存

今存光緒二十一年上海書局石印本（北師大）；光緒二十一年袖海山房石印本（北師大）；光緒二十二年袖海山房石印本（北大）；光緒二十二至二十三年武昌質學會刻本（北大）；光緒二十二年成都刻本（北大）。

泰西各國采風記一卷　存

今存小方壺齋輿地叢鈔再補編第十一帙本（叢書綜錄）。

采風記五卷紀程感事詩一卷時務論一卷　存

今存光緒二十三年成都刻本（川大）。

研究經籍古書方法　存

今存民國刻本（南大）。

時務論　存

今存清刻本（南大）。

經術公理學四卷　存

今存光緒三十年上海同文社鉛印本（南大）。

道德經上經講義　存

今存民國間鉛印本（南大）。

經世財政學六卷　存

今存光緒三十一年上海同文書社鉛印本（北大）；清鉛印本（南大）。

紀程感事詩一卷　存

見《清人别集總目》頁 1071。

今存光緒二十二年刻采風記本附（國圖）。

問琴閣詩錄二卷詞一卷　存

見《清人别集總目》頁 1071。

今存光緒富順宋氏成都刻本（川圖，旅大）；民國鉛印本（國圖）。

哀怨集一卷附城南詞一卷　存

見《清人别集總目》頁 1071。

今存宣統二年羊鳴山房鉛印本（國圖，粤圖，中科院，北大，南大，鎮江）。

哀怨集一卷附一卷　存

今存民國四年鉛印問琴閣叢書本（北大，川大）。

問琴閣詩指　存

見《清人别集總目》頁 1071。

今存民國二十年成都協美印刷公司排印本（川圖）。

問琴閣詩指一卷　存

今存民國二十年宋氏鉛印本（南大）。

庸書内外篇四卷　存

見《清人别集總目》頁 1071。

今存光緒鉛印本（復旦）。

問琴閣文錄二卷　存

見《清人别集總目》頁 1071。

今存光緒考雋堂刻本（國圖，南圖，南開，南京師大，湖南師大，青島）；光緒刻本（北師大）；民國四年鉛印問琴閣叢書本（北大，川大）。

問琴閣文二卷詩錄二卷詞一卷三唐詩品三卷　存

見《清人别集總目》頁 1071。

今存民國考雋堂刻本（南圖）。

問琴閣文二卷　存

今存光緒刻本（北大）。

問琴閣詩錄一卷　存

今存民國四年鉛印問琴閣叢書本（北大，川大）。

借籌記　存

今存民國間鉛印本（北師大）。

三唐詩品三卷　存

今存清蒼茫齋抄本（北師大）；清考雋堂刻本（北師大）；民國四年鉛印問琴閣叢書本（北大，川大）；民國二年至四年上海廣益書局排印本（川大）；民國鉛印本（南大）。

聞琴閣詞一卷　存

今存清刻本（北師大）。

詩二首　存

收入《蜀詩續鈔》卷五。

胡光國

字奠川。官國子監學錄。見《蜀詩續鈔》卷一。

詩一首　存

收入《蜀詩續鈔》卷一。

馬德修

字芝田。廪貢生，歷任簡州、潼川訓導。見光緒《簡州續志》卷上，民國《富順縣志》卷一五。

周易直解　芝田詩稿

見民國《富順縣志》卷一五。

周樹岐

文一篇　存

收入光緒《内江縣志》卷一三。

何　鍾

詩一首　存

收入光緒《屏山縣續志》卷下。

鄭德輝

字吉人。廪貢生，官貴州仁懷廳同知。見民國《富順縣志》卷一一。

書帶草堂詩集

見民國《富順縣志》卷一五。

張少蘇

字小坡。歲貢生。見民國《富順縣志》卷一五。

小坡詩集四卷

見民國《富順縣志》卷一五。

劉國光

進士。宣統三年，選任為簡州州會議員。見民國《簡陽縣志》卷四、卷七。

文一篇　存

收入民國《簡陽縣志》卷七。

王振績

字北荷。見民國《富順縣志》卷一五。

榕樹山房詩稿二卷　芸臺詩稿二卷

見民國《富順縣志》卷一五。

宋時儒

字慰農。見民國《富順縣志》卷一五。

味農詩草二卷

見民國《富順縣志》卷一五。

聶相烇

字少瞻。廩生。見民國《富順縣志》卷一一。

韻府補遺四卷　魚山詩草

見民國《富順縣志》卷一五。

羅惠汸

字筱南。布衣。見民國《富順縣志》卷一五。

羅處士集四卷

見民國《富順縣志》卷一五。原注："原本存宋育仁宅，遭兵燹，失去三卷，僅存一卷。"

呂光堃

廩生。見民國《富順縣志》卷一五。

怡怡齋詩稿七卷

見民國《富順縣志》卷一五。

吴極垓

詩一首　存

收入民國《松潘縣志》卷三。

文一篇　存

收入民國《松潘縣志》卷五。

（王阿陶）

南溪縣

（今四川南溪縣）

何瑞圖

字伯祥。康熙間歲貢生。雍正五年，選授郫縣訓導。見嘉慶《南溪縣志》卷七、卷八，同治《南溪縣志》卷六，民國《南溪縣志》卷五。

詩六首　存

收入嘉慶《南溪縣志》卷九，同治《南溪縣志》卷八。

稅惟學

字貫一。乾隆四十五年恩貢生。見嘉慶《南溪縣志》卷七，光緒《敘州府志》卷三四，民國《南溪縣志》卷五。

詩二首　存

收入嘉慶《南溪縣志》卷九，同治《南溪縣志》卷八，民國《南溪縣志》附《南溪文徵》卷二。

郎汝瑛

字白玉。乾隆五十一年舉人，任內江教諭。見嘉慶《南溪縣志》卷七、卷八，同治《南溪縣志》卷五、卷六，民國《南溪縣志》卷五。

詩一首　存

收入嘉慶《南溪縣志》卷一〇，同治《南溪縣志》卷七。

郭　城

字敬基。乾隆五十四年舉人，年四十卒。見嘉慶《南溪縣志》卷七、卷八，同治《南溪縣志》卷六，光緒《敘州府志》卷三四，民國《南溪縣志》卷五。

詩一首　存

收入嘉慶《南溪縣志》卷九，同治《南溪縣志》卷八。

高　松

字蒼齡。廩生。從華陽敬華南遊，學益進。年三十六卒。見嘉慶《南溪縣志》卷八，同治《南溪縣志》卷六，民國《南溪縣志》卷五。

春暉堂詩鈔

見民國《南溪縣志》卷六。

包學崧

字樂山。嘉慶歲貢生。見嘉慶《南溪縣志》卷七，同治《南溪縣志》卷六，光緒《敘州府志》卷三四，民國《南溪縣志》卷五。

目耕堂塾鈔

見嘉慶《南溪縣志》卷八，光緒《敘州府志》卷三四，民國《南溪縣志》卷五。

詩一首　存

收入嘉慶《南溪縣志》卷九，同治《南溪縣志》卷八。

呂　聲

詩一首　存

收入嘉慶《南溪縣志》卷九，同治

《南溪縣志》卷八。

劉天祚

詩三首 存

收入嘉慶《南溪縣志》卷九，同治《南溪縣志》卷八，民國《南溪縣志》附《南溪文徵》卷二。

蕭　穎 (1805—1884)

字亦士。恩貢生。少學書於包寬，學詩文於萬清浩。家貧，授徒垂四十年。光緒十年卒，年八十。見光緒《敘州府志》卷三一，民國《南溪縣志》卷五。

學詩初乳一卷

見民國《南溪縣志》卷六。

詩五首 存

收入民國《南溪縣志》附《南溪文徵》卷一。

文二篇 存

收入民國《南溪縣志》附《南溪文徵》卷一。

高明烈

字丕承。庠生。道光初，薦舉孝廉方正，丁艱未赴，尋卒。見同治《南溪縣志》卷六，民國《南溪縣志》卷五。

詩一首 存

收入民國《南溪縣志》附《南溪文徵》卷二。

高友适 (1814—1834)

字亞伯，明烈長子。補郡廩膳生。道光十四年卒，年二十一。見民國《南溪縣志》卷五高明烈條附。

詩一首 存

收入民國《南溪縣志》附《南溪文徵》卷二。

高友益

字樂三，明烈次子，友适弟。以目疾失明，終於布衣。年二十六卒。見民國《南溪縣志》卷五高明烈條附、卷六。

詩一首 存

收入民國《南溪縣志》附《南溪文徵》卷二。

高友歐

字次韓，明烈第三子。見民國《南溪縣志》卷五。

守耕軒文集

見民國《南溪縣志》卷六。

詩一首 存

收入民國《南溪縣志》附《南溪文徵》卷二。

文四篇 存

收入同治《南溪縣志》卷八，民國《南溪縣志》附《南溪文徵》卷一。

高瑞葵

字小韓，友歐子。歲貢生。見民國《南溪縣志》卷五。

詩三首 存

收入民國《南溪縣志》附《南溪文徵》卷二。

萬清泙

字洛川。見民國《南溪縣志》卷五。

詩一首　存

收入民國《南溪縣志》附《南溪文徵》卷二。

萬清涪

字師黄，清泙弟。道光五年拔貢生，朝考二等。見民國《南溪縣志》卷五。

又川詩遺

見民國《南溪縣志》卷六。

詩四首　存

收入民國《南溪縣志》附《南溪文徵》卷二。

文一篇　存

收入民國《南溪縣志》附《南溪文徵》卷二。

萬　甡

字梅軒，原名時恬，清涪子。見民國《南溪縣志》卷五。

客窗吟草無卷數

見民國《南溪縣志》卷六。

詩二首　存

收入民國《南溪縣志》附《南溪文徵》卷二。

萬永祺

字壽臣，清泙孫。庠生。卒年四十八。見民國《南溪縣志》卷五萬清泙條附。

詩二首　存

收入民國《南溪縣志》附《南溪文徵》卷二。

鍾鼎榮

字大本。道、咸間應童試不售。年八十餘卒。見民國《南溪縣志》卷六。

山英集無卷數

見民國《南溪縣志》卷六。

詩二十首　存

收入民國《南溪縣志》附《南溪文徵》卷二。

王聲璽 (1855—1923)

字旭初，鍾鼎榮甥。補縣學廩生。光緒中，曾創辦李莊兩等小學堂。民國十二年卒，年六十九。見民國《南溪縣志》卷五。

持涉録

見民國《南溪縣志》卷六。

董　森

字柏亭，號南喬。道光時庠生。見民國《南溪縣志》卷六。

南喬詩文集無卷數

見民國《南溪縣志》卷六。

羅仕輔

字贊之。由廩生應本省鄉試，五薦不售，以歲貢生老。設教四十年，卒年七十。見民國《南溪縣志》卷五。

文一篇　存

收入民國《南溪縣志》附《南溪文徵》

卷一。

羅維靜

字似山，仕輔子。道光五年拔貢生。見光緒《敘州府志》卷三一、卷三四，同治《南溪縣志》卷六，民國《南溪縣志》卷五。

百藥山房詩鈔 存

見光緒《敘州府志》卷三四，同治《南溪縣志》卷六，民國《南溪縣志》卷五,《清人別集總目》頁1404。

今存道光八年羅氏刻本（川圖，川大）。

文四篇 存

收入民國《南溪縣志》附《南溪文徵》卷一。

包本芳

字立蓀，包寬子。年十二入庠生。年八十卒。見民國《南溪縣志》卷五包寬條附。

詩十二首 存

收入同治《南溪縣志》卷八，民國《南溪縣志》附《南溪文徵》卷二。

文一篇 存

收入同治《南溪縣志》卷七，民國《南溪縣志》附《南溪文徵》卷一。

包欣芳

字雲皐，包寬季子。道光二十四年舉人，咸豐三年成進士，授翰林院庶吉士，改授刑部廣西司主事。屢掌琴山書院。見同治《南溪縣志》卷六，光緒《敘州府志》卷三一，民國《南溪縣志》卷五。

留雲館塾課

見同治《南溪縣志》卷六，光緒《敘州府志》卷三四，民國《南溪縣志》卷六。

陳春田

原名春恬。歲貢生。咸豐十一年在世。見同治《南溪縣志》卷六，光緒《敘州府志》卷三四。

詩一首 存

收入同治《南溪縣志》卷八，民國《南溪縣志》附《南溪文徵》卷二。

曾紹一

字貫之。年五十餘，始中同治三年科舉人。見光緒《敘州府志》卷三一，民國《南溪縣志》卷六。

月潭詩鈔一卷

見民國《南溪縣志》卷六。

詩十首 存

收入民國《南溪縣志》附《南溪文徵》卷二。

羅　肅

字令義，一字穉威。同治十二年舉人，次年成進士，官江西知縣。見同治《南溪縣志》卷五，光緒《敘州府志》卷三一。

棄餘草二卷

見民國《南溪縣志》卷六。

詩十三首 存

收入民國《大邑縣志》附《詩徵》卷下，民國《南溪縣志》附《南溪文徵》卷二。

文四篇　存

收入民國《南溪縣志》附《南溪文徵》卷一。

溫以廷

字驗修。與羅肅交篤。年四十餘卒。見民國《南溪縣志》卷五。

詩三首　存

收入民國《南溪縣志》附《南溪文徵》卷二。

文一篇　存

收入民國《南溪縣志》附《南溪文徵》卷一。

歐陽拔

字克先。歲貢生。弱冠從羅肅學。見民國《南溪縣志》卷五。

文五篇　存

收入民國《南溪縣志》附《南溪文徵》卷一。

何先生

佚名。咸豐、同治間授徒為業。見民國《南溪縣志》附《南溪文徵》卷二。

詩三首　存

收入民國《南溪縣志》附《南溪文徵》卷二。

包汝雲

字晴峰。增貢生。見民國《南溪縣志》卷五。

詩三首　存

收入同治《南溪縣志》卷八，民國《南溪縣志》附《南溪文徵》卷二。

包汝諧

字弼臣。同治六年帶補同治元年舉人，選授鹽源縣訓導。見同治《南溪縣志》卷五，民國《南溪縣志》卷五。

南士遺吟錄一卷（選輯）　存

按：民國《南溪縣志》卷六著錄作二卷，下注："一名邑先輩各體詩。""選邑先輩詩自嘉、道以來至光緒末凡三十家，生存者不録。"

今存宣統三年刻本（國圖）。

詩七十三首　存

收入民國《大邑縣志》附《詩徵》卷下，民國《南溪縣志》附《南溪文徵》卷二。

文十二篇　存

收入民國《南溪縣志》附《南溪文徵》卷一。

包崇祐

字鐵孟，汝諧子。光緒二年舉人，歷任安岳、成都縣訓導，法部主事。見光緒《敘州府志》卷三一，民國《南溪縣志》卷五、卷六。

六僧詩存無卷數

見民國《南溪縣志》卷六。

包汝璠

字韞齋，融芳季子。貢生。見民國《南溪縣志》卷五。

詩一首　存

收入民國《南溪縣志》附《南溪文徵》卷二。

廖文中（1852—1916）

字柄南。諸生，入貲為訓導。清末，曾創辦本鄉團練。民國五年卒，年六十五。見民國《南溪縣志》卷五、卷六。

焦桐集

見民國《南溪縣志》卷六。

廖文成

字集之，文中弟。庠生。署巴縣訓導，卒年五十五。見民國《南溪縣志》卷五廖文中條附。

蠶桑韻言經

見民國《南溪縣志》卷五廖文中條附。

溫以忱

字子忠。庠生。見民國《南溪縣志》卷五。

燕豫輪蹄草一卷

見民國《南溪縣志》卷六。

詩三首　存

收入同治《南溪縣志》卷八，民國《南溪縣志》附《南溪文徵》卷二。

張學颺

字相庚，入籍慶符。補廪生。光緒中卒，年五十餘。見民國《南溪縣志》卷五。

張氏家譜　**蓴香館算學**

見民國《南溪縣志》卷六。

文三篇　存

收入民國《南溪縣志》附《南溪文徵》卷一。

黃炳章

字虎臣。廪生。光緒二十三年，以年逾八十，恩賜舉人。卒年八十七。見光緒《敘州府志》卷三一，民國《南溪縣志》卷五。

詩一首　存

收入同治《南溪縣志》卷八，民國《南溪縣志》附《南溪文徵》卷二。

董　策（1861—1906）

字梅初。弱冠，補縣學生員。光緒三十二年病卒，年四十六。見民國《南溪縣志》卷五。

汗漫吟無卷數

見民國《南溪縣志》卷六。

曾鶴齡

字鳴皋。由廪生中光緒二年舉人，官戶部郎中。見光緒《敘州府志》卷三一，民國《南溪縣志》卷五。

瓣香堂詩集二卷

見民國《南溪縣志》卷六。

文五篇　存

收入同治《南溪縣志》卷七，民國《南溪縣志》附《南溪文徵》卷一。

何　棫

字蔭周，一字少樸，自號花屋道人。從包汝諧學，中光緒二十八年舉人。年六十八卒。見民國《南溪縣志》卷五。

詩二十一首　存

收入民國《南溪縣志》附《南溪文徵》

卷二。

鍾毓靈

字紫銘。光緒時從戎黔、楚間，以軍功保舉同知。因事牽連入華陽獄十年，事白釋歸。民國初卒。見民國《南溪縣志》附《南溪文徵》卷二。

詩九首　存

收入民國《南溪縣志》附《南溪文徵》卷二。

孫炳文

字俊民。北京大學畢業，任成都造幣廠廠長。見民國《南溪縣志》卷五歐陽拔條附。

詩二首　存

收入民國《南溪縣志》附《南溪文徵》卷二。

曾錫齡

字壽山，以醫行世。見民國《南溪縣志》卷五曾繁昌條附。

文一篇　存

收入民國《南溪縣志》附《南溪文徵》卷一。

曾繼勳

字克成，錫齡子。庠生。見民國《南溪縣志》卷五。

詩一首　存

收入民國《南溪縣志》附《南溪文徵》卷一。

陳鈞品

字和韻。廩生。見民國《南溪縣志》附《南溪文徵》卷二。

詩二首　存

收入民國《南溪縣志》附《南溪文徵》卷二。

董　鑄

增貢生。見民國《南溪縣志》卷六。

詩五首　存

收入民國《南溪縣志》附《南溪文徵》卷二。

羅紹穌

增生。見民國《南溪縣志》卷六。

詩二首　存

收入民國《南溪縣志》附《南溪文徵》卷二。

高明曜

號鑑冰。廩生。見民國《南溪縣志》卷六。

抱默堂詩鈔

見民國《南溪縣志》卷六。

詩二首　存

收入民國《南溪縣志》附《南溪文徵》卷二。

顧廷澧

字又東。庠生。見民國《南溪縣志》附《南溪文徵》卷二。

詩二首　存

收入民國《南溪縣志》附《南溪文徵》卷二。

黄　鼎

字瑞圖。補廩生，調尊經書院肄業。年五十四卒。見民國《南溪縣志》卷五。

詩五首　存

收入民國《南溪縣志》附《南溪文徵》卷二。

文三篇　存

收入民國《南溪縣志》附《南溪文徵》卷一。

黄開寅

字東甫。恩貢生。見民國《南溪縣志》卷五。

琴秀軒詩集

見民國《南溪縣志》卷五。

黄汝華

字稚春。年甫弱冠，卒。見民國《南溪縣志》卷六。

蕩炎室吟草無卷數

見民國《南溪縣志》卷六。

詩十一首　存

收入民國《南溪縣志》附《南溪文徵》卷二。

黄載元

字立三。恩貢生。見民國《南溪縣志》卷五。

樹滋堂詩草二卷　存

見民國《南溪縣志》卷六。

今存抄本（川大）。

東皐草堂賦稿一卷試帖一卷

見民國《南溪縣志》卷六。

詩十九首　存

收入民國《南溪縣志》附《南溪文徵》卷二。

文一篇　存

收入民國《南溪縣志》附《南溪文徵》卷一。

廖景游

字師顔，號吴村。見民國《南溪縣志》卷五。

詩一首　存

收入民國《南溪縣志》附《南溪文徵》卷二。

劉代元

字伯愷，一字少甫。以廩生調成都尊經書院肄業。見民國《南溪縣志》卷五。

詩三首　存

收入民國《南溪縣志》附《南溪文徵》卷二。

劉武炤

任墊江縣訓導。見民國《南溪縣志》卷六。

蠶桑寶要無卷數

見民國《南溪縣志》卷六。

王宗澤

字澍洲。廩生。見民國《南溪縣志》卷六。

三峨詩草無卷數

見民國《南溪縣志》卷六。

王達勛

字淡緣，宗澤子。廪生。見民國《南溪縣志》卷五。

詩二首　存

收入民國《南溪縣志》附《南溪文徵》卷二。

蕭成貴

詩十一首　存

收入民國《南溪縣志》附《南溪文徵》卷二。

蕭鴻圖

字吉堂。授徒善於啓發，以庠生終。見民國《南溪縣志》附《南溪文徵》卷二。

詩五首　存

收入民國《南溪縣志》附《南溪文徵》卷二。

謝榮澤

字霈青。庠生。家貧，以授徒為業。見民國《南溪縣志》卷六。

壎篪集（與弟榮勛合著）

見民國《南溪縣志》卷六。

謝榮勛

字著霖，榮澤弟。庠生。先同兄授徒，後為縣團局文牘。見民國《南溪縣志》卷六。

壎篪集

見上謝榮澤條。

詩二首　存

收入民國《南溪縣志》附《南溪文徵》卷二。

董清峻（1875—1925）

字漢蒼，一字平子，自號鶴後身。補廪生，調尊經書院肄業。宣統初，選為四川省咨議局議員，旋援例捐內閣中書，改安徽知縣。入民國，任職清史館。十四年卒，年五十一。見民國《南溪縣志》卷五。

平子詩集四卷　存

見《清人别集總目》頁2179。

今存抄本（中科院）。

西湖百詠不分卷　存

見《清人别集總目》頁2179。

今存民國四年鉛印本（國圖，中科院）。

西湖百詠一卷　存

見民國《南溪縣志》卷六。

今存民國四年鉛印本（國圖，北師大）。按：北師大僅存九葉。以上二本當爲同一印本。

鶴後身詩文集

見民國《南溪縣志》卷六。

羅公出處紀事一卷　存

今存光緒二十八年刻本（上圖，北大，北師大）。

文五篇　存

收入民國《南溪縣志》附《南溪文徵》卷一。

鍾致和

文一篇　存

收入《可社戎州集》卷首。

（王阿陶）

長寧縣

（今四川長寧縣）

吴之章（1663—1740）

字松若，號槎叟。諸生。見《清人別集總目》頁868。

泛梗集八卷　存

見《清人別集總目》頁867。

今存光緒六年刻本（贛圖，漳州，日本大阪）；尋鄔曾明先刻本（皖圖）；民國二年排印本（國圖，南圖，豫圖，首都，川圖，中科院，北大，北師大，南開，復旦，川大，日本國會）；民國三年鉛印本（國圖，北大，北師大）；民國間鉛印本（北大）。

泛梗集　存

今存民國元年鉛印本（上圖）。

邱上峯

字篛村，號眉三。雍正二年進士，官知縣。見《清人別集總目》頁333。

曉山草堂詩集十二卷

見《清人別集總目》頁333。

今存乾隆間刻本（北大）；清刻本（販書偶記續編）。

邱篛村詩全集四十四卷

見《清人別集總目》頁333。

今存雍正寸耕堂刻本（復旦）；乾隆寸耕堂刻本（上圖）。原按：一名篛村詩全集。

魏肇興

字子銘。嘉慶十五年舉人，選授桐梓縣知縣，不赴。見民國《長寧縣志》卷七魏懷忠條附。

詩一首　存

收入民國《長寧縣志》卷一六。

周興郃

字有堂。道光元年舉人。見民國《長寧縣志》卷七。

詩一首　存

收入民國《長寧縣志》卷一六。

劉春生

字香亭。監生。道光元年舉孝廉方正，以無宦情，杜門隱居以終。見嘉慶《長寧縣志》卷末，民國《長寧縣志》卷七。

長寧縣志補遺一卷　存

今存清刻本（方志聯合目錄）。

藕花舟唱和集一卷

見民國《長寧縣志》卷一五。

袁　端

字覲亭。道光五年拔貢生。見民國《長寧縣志》卷七。

留刪集二卷

見民國《長寧縣志》卷一五。

詩二首　存

收入民國《長寧縣志》卷一六。

沈毓新（1824—1891）

字秀珊。道光二十九年舉人。光

緒十七年卒，年六十八。見民國《長寧縣志》卷六、卷七。

愛荊堂詩文集七卷

見民國《長寧縣志》卷一五。

詩一首　存

收入民國《長寧縣志》卷一六。

文五篇　存

收入民國《長寧縣志》卷一五。

劉發萃

字子拔，號聚星。同治十二年舉人。後與弟發葵主講棫山書院。見民國《長寧縣志》卷六、卷七。

寸草亭詩鈔四卷

見民國《長寧縣志》卷一五。

詩七首　存

收入民國《長寧縣志》卷一六。

張羅澄

字明源。光緒五年舉人。民國五年卒。見民國《長寧縣志》卷六、卷七。

九通輯要　存

見民國《長寧縣志》卷一五。

今存光緒二十八年石印本（北大）。

文獻通考輯要欽定續文獻通考輯要　存

今存光緒二十八年夢孔山房石印本（上圖）。

商部呈驗中西電化製造圖說二卷　存

今存光緒三十一年孔顔樂處鉛印本（國圖，北大）。

劍吷錄　天口錄二卷　孔教宗旨鉅一卷

見民國《長寧縣志》卷一五。

詩三首　存

收入民國《長寧縣志》卷一六。

文十篇　存

收入民國《長寧縣志》卷一五。

趙蘭皋

光緒五年舉人。見民國《長寧縣志》卷六。

文二篇　存

收入民國《長寧縣志》卷一五。

梁正麟

光緒二十三年拔貢生，官廣西候補知府，補缺後以道員用。民國間，歷任建昌道道尹、四川鹽運使專員、四川第四區行政督察。見民國《長寧縣志》卷六。

民國《長寧縣志》十六卷（汪泳龍修　梁正麟　沈崇元纂）　存

今存民國二十七年油印本（方志聯合目錄）；一九八五年長寧縣志辦公室據民國二十七年油印本翻印本。按：方志聯合目錄注錄作十三卷。

二知堂聯語二卷　二知堂文存一卷　二知堂詩存二卷

見民國《長寧縣志》卷一五。

杜德輿 (1864—1929)

字若州，晚自署柴扉老人，後改名杜闕。一作華陽人。光緒二十年舉人，二十四年成進士，官戶部主事。入民國，任內務部禮俗司司長。民國十八年卒，年六十六。見《柴扉詩草》卷首，民國《長寧縣志》卷六、卷七，《清人別集總目》頁682、688。

柴扉闕詩草（柴扉詩草）二卷　存

見民國《長寧縣志》卷一五，《清人別

集總目》頁682、688。

今存清刻本（湘圖，川圖，贛圖）；岳池中興鉛石印社排印本（川大）；民國二十一年排印本（國圖）；民國二十二年長寧杜氏鉛印本（南大）；民國間鉛印本（國圖）。

柴扉集拾餘一卷　存

今存民國十一年四川刻壁經堂叢書第一集（國圖）。

柴扉文存

見民國《長寧縣志》卷一五。

文四篇　存

收入民國《長寧縣志》卷一五。

余泗賢

光緒二十八年舉人，官國史館謄錄。見民國《長寧縣志》卷六。

文二篇　存

收入民國《長寧縣志》卷一五。

梁正銘

字幼新。光緒二十八年舉人，官至廣西憑祥廳同知。見民國《長寧縣志》卷六、卷七。

萱澤堂詩存一卷

見民國《長寧縣志》卷一五。

劉昌仁

字伯楊。光緒二十八年舉人，次年成進士，官雲南祿勸知縣。見民國《長寧縣志》卷六、卷七。

詩四首　存

收入民國《長寧縣志》卷一六。

文三篇　存

收入民國《長寧縣志》卷一五。

沈宗元

光緒二十九年恩賜舉人，三十四年又畢業於京師大學堂，奏獎內閣中書。民國中，歷任四川教育司長、四川政務廳長、四川省公署秘書長兼教育廳長等職。見民國《長寧縣志》卷六。

曾文正公學案（輯錄）**四卷**　存

見民國《長寧縣志》卷一五。

今存民國八年成都昌福公司鉛印本（國圖，南大）；二〇〇四年北京圖書館出版社影印歷朝學案拾遺本（國圖）。

曾文正書牘彙鈔（輯錄）**四卷**

見民國《長寧縣志》卷一五。

東坡逸事（輯錄）　存

民國《長寧縣志》卷一五。

今存民國七年上海商務印書館鉛印本（國圖）；民國十六年上海商務印書館鉛印本（國圖，南圖）。

東坡逸事續編（輯錄）　存

今存民國十五年上海商務印書館本（南圖）。

養生秘訣　存

今存民國二十一年萬有書局石印本（上圖）。

中國養生說輯覽　存

今存民國十八年鉛印本（國圖）；民國十九年鉛印本（國圖）；一九九三年北京書目文獻出版社中國傳統養生學二種本。

中國養生說輯覽十八編　存

按：民國《長寧縣志》卷一五著錄作中國養生說十八卷。

今存民國二十一年上海萬有書局石印本（上圖）。

瀛海逸聞（翻譯）四卷　存

見民國《長寧縣志》卷一五。

今存昌福公司本（南圖）。

西藏社會調查記（翻譯）一卷　存

見民國《長寧縣志》卷一五，下注："自英國百科全書中譯出。"

今存商務印書館東方文庫本。

西藏風俗記一卷　存

今存民國九年成都昌福公司鉛印滿清野史本（國圖）。

嘉園詞（輯錄）十卷

見民國《長寧縣志》卷一五。

詩一首　存

收入民國《長寧縣志》卷一六。

文五篇　存

收入民國《長寧縣志》卷一五。

周　錫

古今詩源無卷數

見光緒《敘州府志》卷四一。

盧學銘

字亦新。廪生，曾任三臺縣佐。卒年七十三。見民國《長寧縣志》卷一五。

惜蔭館詩鈔一卷

見民國《長寧縣志》卷一五。

詩二首　存

收入民國《長寧縣志》卷一六。

吳子斌

出遊草一卷

見民國《長寧縣志》卷一五。

熊澤鑾

字玉堦。優貢生。見民國《長寧縣志》卷一五。

聽春館隨筆四卷　聽春館詩集八卷

見民國《長寧縣志》卷一五。

詩十首　存

收入民國《長寧縣志》卷一六。

向正笏

廪生。見民國《長寧縣志》卷一六。

詩一首　存

收入民國《長寧縣志》卷一六。

胡朝璋

廪生。見民國《長寧縣志》卷一六。

詩二首　存

收入民國《長寧縣志》卷一六。

張羅樫

字公啟。廪生。充縣小學教員，任女校校長。卒年七十。見民國《長寧縣志》卷七。

張羅家訓二卷

見民國《長寧縣志》卷一五。

文二篇　存

收入民國《長寧縣志》卷一五。

張紹陶

字敏皋。廪生。見民國《長寧縣志》卷一五。

燕游詩草一卷

見民國《長寧縣志》卷一五。

詩二首　存

收入民國《長寧縣志》卷一六。

梁正鏞

字聲甫。縣學增生，任國史館謄錄，候選通判。見民國《長寧縣志》卷七。

詩一首　存

收入民國《長寧縣志》卷一六。

繆光敏

貢生。見民國《長寧縣志》卷一六。

詩二首　存

收入民國《長寧縣志》卷一六。

梁維宗

詩二首　存

收入民國《長寧縣志》卷一六。

梁　鑄

字仲子。監生，以軍功於雲南補用知縣。見民國《長寧縣志》卷六。

梁氏四修族譜六卷

見民國《長寧縣志》卷一五。

詩一首　存

收入民國《長寧縣志》卷一六。

文一篇　存

收入民國《長寧縣志》卷一五。

沈文軫

詩一首　存

收入民國《長寧縣志》卷一六。

蘇紹泉

詩一首　存

收入民國《長寧縣志》卷一六。

（王阿陶）

高　縣

（今四川高縣）

刁季麟

康熙四十七年恩貢生，任平武縣教諭，陞夔州府教授。見嘉慶《高縣志》卷三八，光緒《敘州府志》卷三五。

學步草無卷數

見嘉慶《四川通志》卷一八七，嘉慶《高縣志》卷三八，光緒《敘州府志》卷四一。

胡廷獻

嘉慶十三年恩貢生。見嘉慶《高縣志》卷三八。

詩三首　存

收入嘉慶《高縣志》卷四八，同治《高縣志》卷四八。

曾毓佐

字黼卿。道光二十三年副榜，咸豐初，主講文江書院，旋以州判分雲南，歷權騰越、雲龍、江川篆。同治四年，复掌講席。見光緒《敘州府志》卷三五。

文一篇　存

收入同治《高縣志》卷四八。

李光琳

舉人。見同治《高縣志》卷四八。

詩三首　存

收入同治《高縣志》卷四八。

周　霆

號銳生。恩貢生。見同治《高縣志》卷四八。

文一篇　存

收入同治《高縣志》卷四八。

（王阿陶）

筠連縣

（今四川筠連縣）

葉　筠

康熙四十七年舉人，任直隸茂州學正。見民國《續修筠連縣志》卷三。

文一篇　存

收入同治《筠連縣志》卷一三，民國《續修筠連縣志》卷一。

詹紹文

雍正七年拔貢生，任山西潞城縣知縣。見民國《續修筠連縣志》卷三。

文一篇　存

收入同治《筠連縣志》卷一四，民國《續修筠連縣志》卷七。

葉鳳立

乾隆九年舉人，初任雲南大姚知縣，後陞授湖廣武岡州佐。見民國《續修筠連縣志》卷三、卷七。

文一篇　存

收入同治《筠連縣志》卷一三。

唐　錦

乾隆間貢生。見民國《續修筠連縣志》卷三。按：其文作於乾隆五十一年。

文一篇　存

收入民國《續修筠連縣志》卷三。

詹書帷

嘉慶六年拔貢生，十八年中舉人。見光緒《敘州府志》卷三一，民國《續修筠連縣志》卷三、卷七。

詩十首　存

收入民國《續修筠連縣志》卷一、卷七。

詹贊元

書帷子。嘉慶十八年拔貢生，以教授終。見民國《續修筠連縣志》卷三、卷七。

詩一首　存

收入同治《筠連縣志》卷一五，民國《續修筠連縣志》卷七。

陳世鎮（1822—1866）

字公撫。道光二十九年拔貢生，署貴州興義縣。同治五年，殉難於貴州普安廳任所老膺卡，年四十五。見民國《續修筠連縣志》卷七。

異辭隨筆　游黔三草詩集

見民國《續修筠連縣志》卷七。

陳世銘

字君陶。貢生。見民國《續修筠連縣志》卷七。

詩一首　存

收入民國《續修筠連縣志》卷七。

尹春濃

字子孺，自號省意子。見民國

《續修筠連縣志》卷七。

文一篇 存

收入民國《續修筠連縣志》卷七。

文爾炘

同治三年舉人，檢選知縣。見同治《筠連縣志》卷首，光緒《敘州府志》卷三一，民國《續修筠連縣志》卷二、卷三。

同治《筠連縣志》十六卷（程熙春修文爾炘等纂） 存

今存同治十二年刻本（方志聯合目錄）。

詩三首 存

收入同治《筠連縣志》卷一五，民國《續修筠連縣志》卷二。

文三篇 存

收入同治《筠連縣志》卷一三、卷一四，民國《續修筠連縣志》卷二、卷五。

傅　焻

貢生。見同治《筠連縣志》卷一四，民國《續修筠連縣志》卷一。

詩一首 存

收入同治《筠連縣志》卷一五，民國《續修筠連縣志》卷一。

文一篇 存

收入同治《筠連縣志》卷一四，民國《續修筠連縣志》卷一。

傅之慧

恩貢生。見同治《筠連縣志》卷一五，民國《續修筠連縣志》卷二。

詩一首 存

收入同治《筠連縣志》卷一五，民國《續修筠連縣志》卷二。

黄　鎰

貢生。見同治《筠連縣志》卷一三，民國《續修筠連縣志》卷一。

文一篇 存

收入同治《筠連縣志》卷一三，民國《續修筠連縣志》卷一。

葉鳳傅

貢生。見同治《筠連縣志》卷一五，民國《續修筠連縣志》卷一。

詩二首 存

收入同治《筠連縣志》卷一五，民國《續修筠連縣志》卷一。

尹至仁

貢生，任定遠縣訓導。見同治《筠連縣志》卷一〇尹居恒條附，民國《續修筠連縣志》卷三。

文二篇 存

收入同治《筠連縣志》卷一三，民國《續修筠連縣志》卷一。

尹錫朋

至仁子。貢生，任萬縣訓導。見同治《筠連縣志》卷一〇尹居恒條附，民國《續修筠連縣志》卷三。

文一篇 存

收入同治《筠連縣志》卷一三，民國《續修筠連縣志》卷三。

詹焯

貢生。見民國《續修筠連縣志》卷一。

文一篇 存

收入同治《筠連縣志》卷一五，民國《續修筠連縣志》卷一。

詹錦

貢生，任綦江縣訓導。見同治《筠連縣志》卷一三，光緒《慶符縣志》卷四九，民國《續修筠連縣志》卷三。

詩一首 存

收入光緒《慶符縣志》卷四九。

文一篇 存

收入同治《筠連縣志》卷一三。

尹孝慕

同治間貢生。見同治《筠連縣志》卷一五，民國《續修筠連縣志》卷一。

詩三首 存

收入同治《筠連縣志》卷一五，民國《續修筠連縣志》卷一。

文二篇 存

收入同治《筠連縣志》卷一五，民國《續修筠連縣志》卷一。

黄正中

字冕端。廩生，清末，選任議事會議員。見民國《續修筠連縣志》卷七。

詩三首 存

收入民國《續修筠連縣志》卷一。

劉作銘

字西堂。附貢生。見民國《續修筠連縣志》卷七。

文一篇 存

收入民國《續修筠連縣志》卷一。

母澤賢 (1864—1939)

字敘賓。成都尊經書院肄業，由歲貢生注選縣丞，以知縣用。民國中任中學教員凡二十年。見民國《續修筠連縣志》卷三、卷七。

詩一首 存

收入民國《續修筠連縣志》卷一。

曾肇焜 (1855—1927)

原名肇堃，字次乾，一字晴珊，晚號窳叟。以歲貢生歷任敘永廳、江北廳訓導，再調署瀘州學正兼九姓鄉訓導，移補敘永廳教諭，改授永寧州學正，加五品銜，授奉直大夫。見民國《續修筠連縣志》卷七，《窳園老人年譜》。

瓜棚閒話一卷 存

見《窳園老人年譜》。

今存民國三十年重慶排印本（川大）。

瓜棚閒話 存

見民國《續修筠連縣志》卷七。

今存民國八年鉛印本（北大）；民國十五年筠連曾氏鉛印本（國圖，上圖，北大，北師大）。

窳園詩文

見民國《續修筠連縣志》卷七。

窳園叢稿

見《窳園老人年譜》。

文一篇　存

收入民國《續修筠連縣志》卷七。

曾恕傳

字魯之，肇焜子。嘗佐軍幕至打箭鑪。入民國，供職内務部。見民國《續修筠連縣志》卷七。

鴉笑軒存稿一卷

見民國《續修筠連縣志》卷七。

□園延慶錄（合作編輯）　存

今存民國十五年筠連曾氏鉛印本（國圖）。

文一篇　存

收入民國《續修筠連縣志》卷七。

詹有美

恩貢生，候選州判。見民國《續修筠連縣志》卷一、卷三。

詩二首　存

收入民國《續修筠連縣志》卷一。

詹運樞

字文虎。宣統元年拔貢生。見民國《續修筠連縣志》卷二、卷三。

文一篇　存

收入民國《續修筠連縣志》卷七。

（王阿陶）

珙縣

（今四川珙縣）

李之藻

順治十七年舉人，任合州學正。見同治《珙縣志》卷之九，光緒《敘州府志》卷三五。

詩二首 存

收入同治《珙縣志》卷一二。

范嗣鎮

康熙四十一年舉人。見同治《珙縣志》卷九。

文二篇 存

收入同治《珙縣志》卷一一，光緒《珙縣志》卷一一。

范垕

嗣鎮長子。乾隆十五年舉人。見同治《珙縣志》卷九，光緒《敘州府志》卷三五。

隨手拈來集無卷數

見嘉慶《四川通志》卷一八七，光緒《珙縣志》卷一〇，光緒《敘州府志》卷三五。

詩五首 存

收入同治《珙縣志》卷一二，光緒《珙縣志》卷一二。

李楝

一作南充人。乾隆六年府學拔貢生。見同治《珙縣志》卷一二，民國《南充縣志》卷八。

詩一首 存

收入同治《珙縣志》卷一二，光緒《珙縣志》卷一二。

文一篇 存

收入民國《南充縣志》卷三。

高序

乾隆十一年歲貢生。見同治《珙縣志》卷九，光緒《敘州府志》卷三五。

詩一首 存

收入同治《珙縣志》卷一二，光緒《珙縣志》卷一二。

武緯

乾隆十五年恩貢生。見同治《珙縣志》卷九。

文一篇 存

收入同治《珙縣志》卷一一，光緒《珙縣志》卷一一。

袁海鯤

乾隆二十一年舉人。見同治《珙縣志》卷九。

詩一首 存

收入同治《珙縣志》卷一二，光緒《珙縣志》卷一二。

李書

乾隆三十七年恩貢生。見光緒《敘州府志》卷三五。

周易合注六卷（輯纂）　續明紀綱目二十二卷（輯纂）　經世紀年十四卷（輯纂）

兩晉衍義二十二卷（輯纂）　希聖録十二卷（輯纂）　天文地輿圖地理鈎元四卷（輯纂）　龍穴要訣四卷（輯纂）　催官注二卷（輯纂）　曆法志要六卷（輯纂）　天文摘要三卷（輯纂）　律呂全書二卷（輯纂）　閨閣元珠醫録四卷（輯纂）

樂岸堂文稿　草堂燕集詩鈔

見光緒《珙縣志》卷一〇，光緒《敘州府志》卷三五。

文八篇　存

收入同治《珙縣志》卷一一、卷一二，光緒《珙縣志》卷一一。

范孝事

乾隆五十四年舉人。見同治《珙縣志》卷九。

詩一首　存

收入同治《珙縣志》卷一二，光緒《珙縣志》卷一二。

李樹芹

嘉慶七年歲貢生。見光緒《珙縣志》卷一一。

文一篇　存

收入同治《珙縣志》卷一二，光緒《珙縣志》卷一一。

李成祚

歲貢生，嘉慶十二年任西充訓導。見光緒《西充縣志》卷六。

詩二首　存

收入同治《珙縣志》卷一二。

黄廷棟

字秋坪，德元子。嘉慶二十四年舉人，道光十二年任崇慶州學正，改劍州學正。年六十八卒。見同治《珙縣志》卷九，光緒《增修崇慶州志》卷六。

芙蓉山房詩文集

見同治《珙縣志》卷九，光緒《珙縣志》卷一一，光緒《敘州府志》卷三五。

詩二首　存

收入同治《珙縣志》卷一二，光緒《珙縣志》卷一二，《全蜀詩鈔》卷四四，《二瓦硯齋詩鈔》。

趙世臣

歲貢生，由仁壽訓導陞江寧縣丞。見嘉慶《四川通志》卷一八七，光緒《敘州府志》卷三五。

陵陽集無卷數

見嘉慶《四川通志》卷一八七。

雨花臺集無卷數

見嘉慶《四川通志》卷一八七。按：光緒《敘州府志》卷三五作“陵陽集雨花臺集詩數百篇傳世”。光緒《珙縣志》卷一〇所載略同。

鄧桂林

號香樹。同治元年恩貢生。見同治《珙縣志》卷九。

詩一首　存

收入光緒《珙縣志》卷一〇。

李步璋

同治三年歲貢生。見同治《珙縣志》卷九。

詩二首　存

收入同治《珙縣志》卷一二，光緒《珙縣志》卷一二。

李　楷

庠生。見同治《珙縣志》卷一二。

詩一首　存

收入同治《珙縣志》卷一二，光緒《珙縣志》卷一二。

李憲章

廩生。見同治《珙縣志》卷一二，光緒《珙縣志》卷一二。

詩一首　存

收入同治《珙縣志》卷一二，光緒《珙縣志》卷一二。

羅邦輔

庠生。見光緒《珙縣志》卷一二。

詩一首　存

收入光緒《珙縣志》卷一二。

謝正綵

附貢生。見光緒《珙縣志》卷一〇。

夢草閣詩集

見光緒《珙縣志》卷一〇。

袁際昇

字旭初，號東亭。道光五年舉人，任峨眉縣訓導。見光緒《珙縣志》卷一〇。

卧雪山房文稿　修月山房詩稿

見光緒《珙縣志》卷一〇。

黎　焜

增生。見光緒《珙縣志》卷一二。

詩一首　存

收入光緒《珙縣志》卷一二。

李成祥

廩貢生。見光緒《珙縣志》卷一二。

詩二首　存

收入光緒《珙縣志》卷一二。

（王阿陶）

興文縣

（今四川興文縣）

萬　恪

字允恭。一作富順人。康熙二十年舉人，任鹽井衛教授。見康熙《興文縣志》卷一，乾隆《富順縣志》卷四、卷五，光緒《興文縣志》卷二，光緒《敘州府志》卷三四，民國《興文縣志》卷二九。

藤坡詩集無卷數

見嘉慶《四川通志》卷一八七，民國《興文縣志》卷二九。

藤坡集

見乾隆《富順縣志》卷五，同治《富順縣志》卷二一，光緒《敘州府志》卷四一，民國《富順縣志》卷一一。

文一篇　存

收入嘉慶《漢州志》卷三頁。

劉世禄

康熙間庠生。見光緒《敘州府志》卷三六，民國《興文縣志》卷二九。

康熙《建武志》一卷（張官紀修　劉世祿纂）　存

今存康熙二十五年刻本（方志聯合目錄）。原注：今珙縣。原刻本在日本上野圖書館。按：民國《興文縣志》卷三七著錄爲若干卷，又云北平圖書館有寫本。

張　珩

字殿武。雍正四年舉人，歷任陝西鳳翔、懷遠知縣，後補湖南房縣知縣，所至有循良聲。見光緒《興文縣志》卷二，光緒《敘州府志》卷三六，民國《興文縣志》卷二九。

龍潭閣詩集無卷數

見嘉慶《四川通志》卷一八七，光緒《敘州府志》卷四一，光緒《興文縣志》卷二，民國《興文縣志》卷二九、三七。

詩一首　存

收入民國《興文縣志》卷二九。

文一篇　存

收入光緒《興文縣志》卷六。

石　璧

字璞翁。以歲貢生選拔嘉定州訓導，升劍州學正。雍正二十二年致仕。見光緒《興文縣志》卷二，民國《興文縣志》卷二五、卷二九。

文一篇　存

收入民國《興文縣志》卷二九。

余曜堂

字吉星。嘉慶三年舉人，十三年大挑，官什邡訓導。見光緒《興文縣志》卷二，光緒《敘州府志》卷三六，民國《興文縣志》卷二九。

文一篇　存

收入光緒《興文縣志》卷六。

石文卓

字孔之，號海門。道光十九年副榜，二十四年中舉人。見光緒《興文縣志》卷二，民國《興文縣志》卷二九。

文一篇　存

收入光緒《興文縣志》卷六。

朱鉅成

字小封，一作富順人。道光二十四年鄉試經魁，任廣東文昌縣知縣。見光緒《敘州府志》卷三一，光緒《興文縣志》卷二，《全蜀詩鈔》卷五六，民國《富順縣志》卷一一。

小封詩集

見民國《富順縣志》卷一五。

端本閣詩文集

見民國《富順縣志》卷一五。

詩九首　存

收入《全蜀詩鈔》卷五六，民國《富順縣志》卷一一。

朱鑑成（1820—1865）

字眉君，鉅成弟。同治三年舉人，官内閣中書。見《全蜀詩鈔》卷五八，《蜀詩續鈔》卷五，《清詩匯》卷一六一，民國《興文縣志》卷二九，《清人别集總目》頁452。

嵋君詩鈔一卷　存

見《清人别集總目》頁451。

今存同治二年序刻柳堂師友詩錄初編本（叢書綜錄）；同治十二年刻柳堂師友詩錄本（國圖）。

題鳳館詩文稿不分卷　存

見《清人别集總目》頁451。

今存清刻本（中科院）。

題鳳館遺稿二卷　存

見《清人别集總目》頁451。

今存同治刻本（南圖）。

原按：收春華集、大笑集各一卷。又按：《蜀詩續鈔》卷五著錄有春華、大笑二集，不著卷數。

題鳳館遺稿十卷　存

見《清人别集總目》頁451。

今存同治十年成都刻本（上圖，南圖，皖圖，南開）。

原按：收詞稿一卷、詩稿八卷、文稿一卷。南圖書卡署另一同治十年成都刻本爲十二卷、附詞一卷。

題鳳館詩稿五卷詞稿一卷文稿一卷　存

見《清人别集總目》頁452。按：光緒《敘州府志》卷四一著錄作題鳳館詩稿十三卷詞稿一卷文稿一卷。

今存同治十一年刻本（皖圖，南大）。

題鳳館稿　存

按：民國《興文縣志》卷三七著錄作十三卷。

今存同治十年成都刻本（上圖，北大）。

題鳳館稿八卷　存

今存同治十年刻本（國圖）。

題鳳館詩錄一卷　存

今存民國十六年天津高淩霨蒼檜簃刻思舊集本（國圖）。

苟美集　井梧集　懷器集　代風集　歸雅集　徙溟集　拂珊集

見光緒《敘州府志》卷三四，《蜀詩續鈔》卷五。

詩五十二首　存

收入《全蜀詩鈔》卷五八，《蜀詩續鈔》卷五，《清詩匯》卷一六一，同治《富順縣志》卷二二。

文九篇　存

收入同治《富順縣志》卷二二，光緒《洪雅縣志》卷六，《樂餘靜廉齋詩稿初集》卷首，民國《興文縣志》卷二九。

黃相堯

由歲貢生中同治三年舉人，候選知縣。光緒中曾協修興文縣志。見光緒《敘州府志》卷三一，光緒《興文縣志》卷首、卷二，民國《興文縣志》卷二五。

文二篇　存

收入光緒《興文縣志》卷六，民國《興文縣志》卷三九。

龐大品

同治九年歲貢生。見民國《興文縣志》卷二五。

三禮注若干卷

見民國《興文縣志》卷三七。

王元祚

光緒六年歲貢生，候選訓導。見民國《興文縣志》卷二五、卷三九。

文一篇　存

收入民國《興文縣志》卷三九。

何肇勳

字紹放。光緒二十四年進士，官工部曹郎，後至貴州思州府知府。見民國《興文縣志》卷二五、卷三七。

涘園詩文集若干卷

見民國《興文縣志》卷三七。

文一篇　存

收入民國《興文縣志》卷一〇。

鄧　煥

字堯章。貢生。見光緒《敘州府志》卷三六。

詩一首　存

收入光緒《敘州府志》卷三六。

劉之綸

字輿歐。見光緒《興文縣志》卷六。

文一篇　存

收入光緒《興文縣志》卷六。

羅存繇

字景山。廩生，以授徒為業，舍多柏樹，人稱柏亭先生。見光緒《興文縣志》卷六，民國《興文縣志》卷二九。

文一篇　存

收入光緒《興文縣志》卷六。

羅裴山

貢生。見光緒《敘州府志》卷三六。

文一篇　存

收入光緒《興文縣志》卷六。

羅萬紀

歲貢生。見光緒《興文縣志》卷六。

文一篇　存

收入光緒《興文縣志》卷六。

王世霖

恩貢生，候選教諭。見光緒《興文縣志》卷首。

文一篇　存

收入光緒《興文縣志》卷六。

（王阿陶）

隆昌縣

（今四川隆昌縣）

喻其黄

雍正元年舉人。見道光《隆昌縣志》卷二六，光緒《敘州府志》卷三一。

文一篇 存

收入道光《隆昌縣志》卷三六，咸豐《隆昌縣志》卷三六，同治《隆昌縣志》卷三六。

唐德一

字長民。雍正四年舉人，官山東平原縣知縣。見道光《隆昌縣志》卷二六，光緒《敘州府志》卷三六。

仁本堂文集八卷

見同治《隆昌縣志》卷三七，光緒《敘州府志》卷三六。

詩一首 存

收入道光《隆昌縣志》卷三六，同治《隆昌縣志》卷三六。

文二篇 存

收入嘉慶《南溪縣志》卷一〇，道光《隆昌縣志》卷三六，咸豐《隆昌縣志》卷三六，同治《隆昌縣志》卷三六，同治《南溪縣志》卷七，民國《南溪縣志》附《南溪文徵》卷三。

王夢桂

雍正七年舉人，官蓬州學正。見道光《隆昌縣志》卷二六，光緒《敘州府志》卷三一。

文一篇 存

收入道光《隆昌縣志》卷三六，同治《隆昌縣志》卷三六。

彭　湜

字文瀾，號北溪。雍正十三年拔貢生，中本科舉人，官直隸武強縣知縣。見道光《隆昌縣志》卷二六、卷三六，光緒《敘州府志》卷三六。

文一篇 存

收入道光《隆昌縣志》卷三六，同治《隆昌縣志》卷三六。

晏　恒

字立方。乾隆七年拔貢生，十二年中舉人，官兩淮鹽大使。見道光《隆昌縣志》卷二六。

詩一首 存

收入道光《隆昌縣志》卷三六，同治《隆昌縣志》卷三六。

秦先明

乾隆十七年舉人。見道光《隆昌縣志》卷二六。

文一篇 存

收入道光《隆昌縣志》卷三六，同治《隆昌縣志》卷三六。

熊　皐

字鶴鳴。乾隆三十年舉人，任彭縣訓導。乾隆六十年，官山東莘縣知縣。見道光《隆昌縣志》卷二八，同治《隆昌縣志》卷三六，光緒《敘州府志》卷三六。

文二篇 存

收入道光《隆昌縣志》卷三六，同治《隆昌縣志》卷三六。

徐 昶

乾隆三十三年舉人，官廣東三水縣知縣。見道光《隆昌縣志》卷二六，同治《隆昌縣志》卷二六。

淩雲堂文集四卷

見同治《隆昌縣志》卷三七。

詩一首 存

收入道光《隆昌縣志》卷三六，同治《隆昌縣志》卷三六。

劉騰龍

乾隆三十五年舉人，官山東鹽場大使。見道光《隆昌縣志》卷二六。

詩一首 存

收入道光《隆昌縣志》卷三六，同治《隆昌縣志》卷三六。

郭 書

字玉麟，號瑞庵。乾隆三十九年舉人，任廣西興業縣知縣。後回籍主講蓮峰書院，卒年七十九。見道光《隆昌縣志》卷二六，光緒《敘州府志》卷三六。

耕餘草文集二卷

見咸豐《隆昌縣志》卷三七，光緒《敘州府志》卷三六。

文二篇 存

收入道光《隆昌縣志》卷三六，同治《隆昌縣志》卷三六。

郭 濛

郭泳從弟，垣孫。嘉慶十二年選拔為亞元，主講富順、榮昌、綿竹三邑書院，官終涪州訓導。見道光《隆昌縣志》卷二六，同治《隆昌縣志》卷二八，光緒《敘州府志》卷三六。

桂軒詩草

見同治《隆昌縣志》卷二八郭泳條附，光緒《敘州府志》卷三六郭泳條附。

孔廣其

乾隆五十一年貢生，後官犍為縣教諭。見同治《隆昌縣志》卷二六、卷二八，光緒《敘州府志》卷三一。

文一篇 存

收入同治《隆昌縣志》卷三六。

鄭國楹

字漁溪。乾隆五十九年舉人，官合江訓導。見道光《隆昌縣志》卷二六，同治《隆昌縣志》卷二八，光緒《敘州府志》卷三一、卷三六。

嘉慶《合江縣志》五十四卷（秦湘修 楊致道 鄭國楹纂） 存

今存嘉慶十八年刻本（方志聯合目錄）；抄本（川圖）。

同治《合江縣志》五十四卷首一卷（秦湘修 楊致道 鄭國楹纂 瞿樹蔭等增修 羅增垣等增纂） 存

今存同治十年增刻本（方志聯合目錄）。

淡香齋詩文集

見同治《隆昌縣志》卷三七，光緒《敘州府志》卷三六。

詩十首　存

收入嘉慶《合江縣志》卷四八。

文三篇　存

收入嘉慶《合江縣志》卷四八。

耿履端

嘉慶三年舉人，十六年成進士，官咸安宫教習、直隸平谷縣知縣。見同治《隆昌縣志》卷二六，光緒《敘州府志》卷三一。

文一篇　存

收入同治《隆昌縣志》卷三六。

李輝斗

字玉文，號映南，一號可庵。嘉慶十五年舉人，次年成進士，官内閣中書。見道光《隆昌縣志》卷二六，光緒《敘州府志》卷三一、卷三六。

文一篇

收入同治《隆昌縣志》卷三六。

郭其釗

貢生，官仁壽教諭。見嘉慶《補纂仁壽縣志》卷三，光緒《敘州府志》卷三二。

詩七首　存

收入嘉慶《補纂仁壽縣志》卷三，道光《隆昌縣志》卷三六，同治《隆昌縣志》卷三六，同治《仁壽縣志》卷一、卷一三、卷三六，光緒《補纂仁壽縣原志》卷二。

郭人經

字敘五。道光元年舉人，挑補階州、西固州州同。見道光《隆昌縣志》卷三六，光緒《敘州府志》卷三六。

四川鄉試朱卷　存

今存清刻本（國圖）。

宦遊草

見同治《隆昌縣志》卷二八，光緒《敘州府志》卷三六。

李茂材

道光十一年舉人，官廣西灌陽知縣，改選廣安州學正。見同治《隆昌縣志》卷二六，光緒《敘州府志》卷三一。

文一篇　存

收入同治《隆昌縣志》卷三六。

范泰衡

字百崇。道光十四年舉人，任萬縣訓導。見同治《隆昌縣志》卷二六，光緒《敘州府志》卷三六。

道光《中江縣志》八卷首一卷（楊霈修　李福源　范泰衡纂）　存

今存道光十九年刻本（方志聯合目録）；同治五年重印本（方志聯合目録）。

同治《增修萬縣志》三十六卷首一卷附典禮備考八卷（王玉鯨　張琴等修　范泰衡等纂）　存

今存同治五年萬縣縣署刻本（國圖，北師大，南大）；同治五年萬川書院刻本（北大）；同治五年萬縣公立圖書館補刻本（南大）。

同治《增修萬縣志》三十六卷首一卷（王玉鯨　張琴等修　范泰衡等纂）　存

今存同治五年刻本（方志聯合目録）；民國十五年補刻本（方志聯合目

錄)。

增修萬縣志典禮備考　存

今存同治五年刻本(上圖);民國十五年萬縣公立圖書館補刻本(上圖)。

讀尚書記一卷讀周易記六卷讀大學中庸記一卷讀孝經記一卷　存

今存光緒十二年刻本(北師大)。

讀周易記六卷附補記　存

見光緒《敘州府志》卷三六。

今存光緒十二年范氏家塾刻本(北師大)。

讀尚書記一卷

見光緒《敘州府志》卷三六。

讀大學中庸記二卷　存

見光緒《敘州府志》卷三六。

今存道光三十年刻本(國圖);光緒四年刻本(北師大)。

讀孝經記　存

見光緒《敘州府志》卷三六、卷四一。

今存光緒四年刻本(北師大)。

讀論語孟子記二卷

見光緒《敘州府志》卷四一。

我心録一卷

見光緒《敘州府志》卷四一。

文二篇　存

收入同治《隆昌縣志》卷三六。

晏　棻

字芳若,號馨亭。道光十五年舉人,二十年成進士。見光緒《敘州府志》卷三一、卷三六。

文三篇　存

收入同治《隆昌縣志》卷三六。

彭達訓

道光二十三舉人。見光緒《敘州府志》卷三一。

文一篇　存

收入同治《隆昌縣志》卷三六。

王炳森

道光二十六年舉人,官井研、納溪縣訓導。見同治《隆昌縣志》卷二六,光緒《敘州府志》卷三一。

文二篇　存

收入同治《隆昌縣志》卷三六。

范泰亨

字云吉。道光二十九年拔貢生,授刑部七品小京官,洊升員外郎,官至江西吉安府知府。卒贈太僕寺卿。見《全蜀詩鈔》卷五六。

谷海集

見《全蜀詩鈔》卷五六。

詩十二首　存

收入《全蜀詩鈔》卷五六。

郭其俊

拔貢生,官仁壽訓導。見道光《隆昌縣志》卷三六,光緒《敘州府志》卷三一。

文一篇　存

收入道光《隆昌縣志》卷三六,同治《隆昌縣志》卷三六。

耿光祜

字篤卿。咸豐八年舉人,官館陶、夏津縣知縣。見同治《隆昌縣志》卷首、卷二六,光緒《敘州府志》卷三一。

同治《隆昌縣志》四十二卷首一卷
（魏元燮　花映均修　耿光祜纂）　存
今存同治元年刻本（方志聯合目録）；同治十三年晏棻增刻本（方志聯合目録）。

文四篇　存
收入咸豐《隆昌縣志》卷三六，同治《隆昌縣志》卷三六。

杜源琳

任富順縣訓導。見同治《隆昌縣志》卷三六。

文一篇　存
收入同治《隆昌縣志》卷三六。

王命來

官御史。見道光《隆昌縣志》卷三六。

文一篇　存
收入道光《隆昌縣志》卷三六，同治《隆昌縣志》卷三六。

王奕清

官學使。見道光《隆昌縣志》卷三六，同治《隆昌縣志》卷三六。

文一篇　存
收入道光《隆昌縣志》卷三六，同治《隆昌縣志》卷三六。

胡克開

任雲南提學。見道光《隆昌縣志》卷三六。

文二篇　存
收入道光《隆昌縣志》卷三六，同治《隆昌縣志》卷三六。

郭　卓

歲貢生。見同治《隆昌縣志》卷三六。

文一篇　存
收入道光《隆昌縣志》卷三六，同治《隆昌縣志》卷三六。

郭　通

貢生。見光緒《敘州府志》卷三一。

文一篇　存
收入道光《隆昌縣志》卷三六，同治《隆昌縣志》卷三六。

杜　梁

貢生。見光緒《敘州府志》卷三一。

文一篇　存
收入道光《隆昌縣志》卷三六，同治《隆昌縣志》卷三六。

晏　楷

增生。見同治《隆昌縣志》卷三六。

文二篇　存
收入同治《隆昌縣志》卷三六。

劉國唐

同治九年舉人。見光緒《敘州府志》卷三一。

文一篇　存
收入同治《隆昌縣志》卷三六。

郭人澍

同治間恩貢生，保舉選用為訓導。見同治《隆昌縣志》卷二六，光緒《敘州府志》卷三一。

文一篇 存

收入同治《隆昌縣志》卷三六。

張培爵（1876—1915）

字列五，號智涵、志韓。入同盟會，民國後任總統府顧問，為袁世凱所殺。見《清人別集總目》頁1176。

民國《大理縣志稿》三十二卷首一卷（張培爵等修　周宗麟等纂　周宗洛校訂） 存

今存民國六年鉛印本（方志聯合目錄）。

張列五先生手札 存

今存民國二十七年鉛印本（上圖，北大，南大）；民國二十八年夏之時鉛印本（上圖，北師大）；民國間成都鉛印本（國圖）。

先烈張列五先生手札 存

見《清人別集總目》頁1176。

今存民國二十八年成都球新印刷廠排印本（國圖，川大，武漢師院）。

李　言

字蓮史。見《二瓦硯齋詩鈔》卷首。

詩一首 存

收入《二瓦硯齋詩鈔》卷首。

（王阿陶）

屏山縣

（今四川屏山縣）

蕭　韶

康熙中歲貢生，任開縣訓導。見光緒《敘州府志》卷三六。

文一篇　存

收入乾隆《屏山縣志》卷七。按：乾隆《屏山縣志》卷七載其文作於康熙五十年。

羅應運

字名世。康熙五十年舉人，官通道知縣。見乾隆《屏山縣志》卷五，光緒《敘州府志》卷四一。

丹桂亭集

見乾隆《屏山縣志》卷五，嘉慶《四川通志》卷一八七，光緒《屏山縣續志》卷下，光緒《敘州府志》卷三六、卷四一。

詩二首　存

收入乾隆《屏山縣志》卷七。

文一篇　存

收入乾隆《屏山縣志》卷七。

鄧　瑛

雍正七年拔貢生，任蓬溪教諭。見乾隆《屏山縣志》卷五，嘉慶《四川通志》卷一八七。

蓮癡集

見乾隆《屏山縣志》卷五，嘉慶《四川通志》卷一八七，光緒《敘州府志》卷三六、卷四一。

詩三首　存

收入乾隆《屏山縣志》卷七。

方　荇

乾隆十八年貢生，任大竹縣教諭。見乾隆《屏山縣志》卷五，光緒《屏山縣續志》卷下，光緒《敘州府志》卷四一。

懷古堂集無卷數

見乾隆《屏山縣志》卷五，嘉慶《四川通志》卷一八七，光緒《屏山縣續志》卷下，光緒《敘州府志》卷三六、卷四一。

文一篇　存

收入乾隆《屏山縣志》卷七。

郭　岱

字東藩，一作丹稜人。乾隆五十一年歲貢生，任灌縣訓導。見光緒《敘州府志》卷三六，民國《丹稜縣志》卷七。

望笑録文稿無卷數

見光緒《屏山縣續志》卷下，光緒《敘州府志》卷三六。

詩五首　存

收入民國《丹稜縣志》卷一、卷三、卷七。

聶汝佶

字吉人，號藹庭。嘉慶十八年舉人，官至川沙同知。年八十卒。見光緒《屏山縣續志》卷上，光緒《敘州府志》卷三六。

硯香齋詩集一卷試帖二卷

見光緒《屏山縣續志》卷下。

詩二首　存

收入光緒《屏山縣續志》卷下。

聶光鑾

原名璽，字東涪，號陶齋，汝佶子。道光二十四年進士。同治中，歷任宜昌、武昌知府。見光緒《敘州府志》卷三六，光緒《屏山縣續志》卷下，《全蜀詩鈔》卷五二。

同治《宜昌府志》十六卷首一卷（聶光鑾修　王柏心　雷春沼纂）　存

見光緒《屏山縣續志》卷下。

今存同治四年刻本（國圖）；同治五年刻本（方志聯合目録）。

同治《宜昌府志》十四卷卷首一卷　存

今存一九七〇年臺北成文出版社據同治三年刊本影印中國方志叢書本。

槐陰書屋詩草二卷制藝二卷試帖二卷公餘雜箸一卷公牘偶存一卷附賓僚投贈集一卷

見光緒《屏山縣續志》卷下，光緒《敘州府志》卷四一。

詩四首　存

收入光緒《屏山縣續志》卷下，《全蜀詩鈔》卷五二。

聶培庠

光鑾子。廩貢生，曾參纂光緒《屏山縣續志》。見光緒《屏山縣續志》卷下。

詩三首　存

收入光緒《屏山縣續志》卷下。

吳　紳

字子縉。歲貢生，任蒼溪縣訓導。見光緒《敘州府志》卷三六、卷四一。

鏡山集

見嘉慶《四川通志》卷一八七，光緒《屏山縣續志》卷下，光緒《敘州府志》卷四一。

聶　鈴

道光二十九年亞元，任雙流訓導。見光緒《屏山縣續志》卷上。

詩一首　存

收入光緒《屏山縣續志》卷下。

聶　錬

字雲芝。同治十二年舉人。見光緒《敘州府志》卷三一，光緒《屏山縣續志》卷上、卷下。

同聲館詩鈔六卷

見光緒《屏山縣續志》卷下。

詩四首　存

收入光緒《屏山縣續志》卷下。

李國楠

字雲亭，號靜山。歲貢生，任江南教諭。見光緒《敘州府志》卷三六，光緒《屏山縣續志》卷上。

雲皐詩話

見光緒《屏山縣續志》卷下，光緒《敘州府志》卷三六。

盧秉鈞

增貢生。光緒元年，以孝廉方正舉署樂山、達縣訓導。見光緒《屏山縣續志》卷上、卷下。

紅杏山房聞見隨筆二十八卷　存

按：光緒《屏山縣續志》卷下録作

"見聞隨筆十二卷，紅杏山房自刻本"。

今存光緒十八年盧氏家塾刻本（北大）；一九九六年河北教育出版社影印歷代筆記小說集成本。

紅杏山房聞見隨筆　存

今存光緒十六年刻本（上圖）；一九九八年北京出版社影印四庫未收書輯刊本。

聶培蔭

光绪十七年舉人。見光緒《屏山縣續志》卷下，光緒《敘州府志》卷三一。

僮笘録一卷

見光緒《屏山縣續志》卷下。

聶辰熙

光緒中拔貢生。見光緒《屏山縣續志》卷下。

文一篇　存

收入光緒《屏山縣續志》卷下。

聶培惺

貢生。見光緒《敘州府志》卷三一。

詩六首　存

收入光緒《屏山縣續志》卷下。

聶　鉞

字左卿。增生。見光緒《屏山縣續志》卷上、卷下。

桂叢山館試帖二卷

見光緒《屏山縣續志》卷下。

彭應芳

庠生。見光緒《屏山縣續志》卷下。

香谷筆記七卷

見光緒《屏山縣續志》卷下。

詩七首　存

收入光緒《屏山縣續志》卷下。

宋成佳

字晴溪。附貢生。見光緒《屏山縣續志》卷上、卷下。

醫學正源十六卷　屏城妙策無卷數

見光緒《屏山縣續志》卷下。

詩一首　存

收入光緒《屏山縣續志》卷下。

（王阿陶）

馬邊廳

（今四川馬邊彝族自治縣）

劉汝楫

字济川。康熙五十六年經魁，任茂州保縣教諭。見嘉慶《馬邊廳志略》卷四、卷五。

文二篇 存

收入嘉慶《馬邊廳志略》卷五。

呂文賓

康熙中廩生。見嘉慶《馬邊廳志略》卷五。按：其文自題為“鎮城”人。據文意，鎮城即指馬邊城。

文一篇 存

收入嘉慶《馬邊廳志略》卷五。

劉廷基

字啟宇，號馥巘。嘉慶二年恩貢生。見嘉慶《馬邊廳志略》卷四。

詩一首 存

收入嘉慶《馬邊廳志略》卷五。

楊藝林

字載文，號西山。嘉慶六年歲貢生。見嘉慶《馬邊廳志略》卷四。

詩一首 存

收入嘉慶《馬邊廳志略》卷五。

張正榜

字廷選，號雁峰。嘉慶十四年恩貢生。道光二十二年，任梓潼縣教諭。見嘉慶《馬邊廳志略》卷四，咸豐《重修梓潼縣志》卷三。

詩二首 存

收入嘉慶《馬邊廳志略》卷五。

朱朝棟

字任庵，號竹溪。見嘉慶《馬邊廳志略》卷四。

詩一首 存

收入嘉慶《馬邊廳志略》卷五。

（王阿陶）

奉節縣

（今重慶奉節縣）

傅作楫（約 1657—?）

字濟庵，號聖泉，又號雪堂。一作巫山人。康熙二十六年舉人，官至都察院副都御史。見嘉慶《四川通志》卷一八七，道光《夔州府志》卷二七，光緒《巫山縣志》卷二四、卷二六，《全蜀詩鈔》卷七，《清人别集總目》頁 2255。

雪堂詩集四卷　存

見嘉慶《四川通志》卷一八七，《清人别集總目》頁 2255。

今存康熙刻本（復旦）；乾隆五十九年四川翻刻康熙本（川圖）。

雪堂詩四卷　存

見《清人别集總目》頁 2255。

今存民國九年守墨齋刻本（國圖）。

雪堂詩賦四卷　存

見《清人别集總目》頁 2255。

今存清刻本（粤圖，鄭州，復旦）。

雪堂遼海集　存

見《清人别集總目》頁 2255。光緒《奉節縣志》卷二八題作遼海詩集。

今存康熙間刻本（國圖）。

築雲樓詩集　燕山詩集　西征詩集

見光緒《奉節縣志》卷二八，《全蜀詩鈔》卷七。

詩五十八首　存

收入《全蜀詩鈔》卷七。

王陳錫

康熙五十六年拔貢生。見光緒《奉節縣志》卷二六。

詩一首　存

收入光緒《奉節縣志》卷三六。

馬天麟

字瑞生。康熙五十三年舉人，官忠州學正。見《全蜀詩鈔》卷九。

詩一首　存

收入《全蜀詩鈔》卷九。

譚　譯

雍正十年舉人，次年成進士，任刑部山東司主事。見道光《夔州府志》卷二五，光緒《奉節縣志》卷二六。

文一篇　存

收入光緒《奉節縣志》卷三六。

曾　茂

字德音，號聖泉。乾隆三十年拔貢生，任南江縣教諭。見道光《夔州府志》卷二五、卷二七，光緒《奉節縣志》卷二六、卷二八。

中庸解一卷

見道光《夔州府志》卷二七。

陳　鎮

字殿邦，號靜齋。乾隆四十二年拔貢生，任珙縣訓導，四十九年保陞山西洪洞縣知縣，擢絳州直隸州知州。嘉慶四年，保舉授廣東潮州府知府。見道光《夔州府志》卷二五、卷二七。

詩八首　存

收入道光《夔州府志》卷三六。

曹珍貴

乾隆五十一年舉人。見光緒《奉節縣志》卷二六。

詩一首 存

收入咸豐《開縣志》卷二七。

張宗世

道光十二年舉人，次年成進士，任吏部郎中，充河南副主考，官至陝西興安府知府。見光緒《奉節縣志》卷二六。

詩十二首 存

收入光緒《奉節縣志》卷三六。

鮑　超（？—1886）

字春霆。咸豐初隨曾國藩水師，官游擊。同治間，官至浙江提督。光緒六年，補授湖南提督。光緒十二年卒。見《清史稿》卷四〇九本傳，光緒《奉節縣志》卷二六。

文三篇 存

收入光緒《奉節縣志》卷三六。

劉玉璋

同治十二年舉人，歷署福建寧德、連江、甌寧、福安、閩縣知縣。見光緒《奉節縣志》卷二六。

我我軒詩草

見光緒《奉節縣志》卷二六。

蘡薁堂詩略一卷 存

今存民國六年鉛印本（國圖，上圖，南大）；民國間鉛印本（北大）。

蘡薁堂詩草四卷 存

今存宣統三年福州印刷公司鉛印本（北大）。

張朝墉（？—約1920）

字伯翔，號半園。廩生，任國史館謄錄，光緒間入劉心源幕，曾參修光緒《奉節縣志》。年八十餘卒。見光緒《奉節縣志》卷首，《清人別集總目》頁1184。

白翔先生自抄詩 存

見《清人別集總目》頁1184。

今存宣統三年石印本（旅大）。

半園先生集九集 存

見《清人別集總目》頁1184。

今存民國十三年奉節張氏北京排印本（川圖）。

半園老人詩集 存

今存民國奉節張氏上海聚珍仿宋鉛印本（國圖）。

半園詩集四卷 存

今存民國間上海鉛印本（上圖）。

張朝墉詩集 存

見《清人別集總目》頁1184。

今存仿宋排印本（徐州）。

乙丑集一卷 存

按：《清人別集總目》頁1184未著錄卷數。

今存民國十四年鉛印本（遼圖）；民國十七年東方學會鉛印本（北大，川大）；民國間鉛印本（國圖）。

丁巳集一卷 存

按：《清人別集總目》頁1184著錄作不分卷。

今存民國六年上海聚珍仿宋印書局鉛印本（南圖，湘圖）；上海聚珍仿宋印書局刻本（南大）。

戊午集 存

見《清人別集總目》頁1184。

今存民國上海聚珍仿宋印書局鉛印本（湘圖，復旦）；民國七年奉節張氏鉛印本（南大）；民國二十年鉛印本（國圖）。

己未集 存

見《清人別集總目》頁1184。

今存民國上海聚珍仿宋印書局鉛印本（上圖，南圖，湘圖）。

庚申集 存

見《清人別集總目》頁1184。

今存民國間上海鉛印本（上圖，青島）。

辛酉集一卷 存

見《清人別集總目》頁1184。

今存民國十一年刻本（國圖，南圖）；民國間鉛印本（國圖）。

壬戌集 存

見《清人別集總目》頁1184。

今存鉛印本（南圖，中科院，川大）。

癸亥集 存

見《清人別集總目》頁1184。

今存民國十三年上海聚珍仿宋印書局鉛印本（上圖，南圖，復旦）；民國間鉛印本（國圖）。

甲子集 存

今存民國間鉛印本（國圖，上圖）。

己巳集一卷 存

今存民國間鉛印本（國圖）。

丙寅集 存

今存民國間鉛印本（國圖）。

丁卯集 存

今存民國間鉛印本（國圖）。

戊辰集 存

今存民國間鉛印本（國圖）。

漫社集二卷 存

今存民國間鉛印本（國圖）。

張北牆詩集丁巳集戊午集己未集 存

見《清人別集總目》頁1184。按：北牆，疑作“伯翔”。

今存上海聚珍仿宋印書局鉛印本（中科院）。

成多祿張朝墉詩稿（合撰） 存

今存民國間刻本（國圖）。

謝永齡

歲貢生，任崇慶州訓導。見道光《夔州府志》卷二五，光緒《奉節縣志》卷二六。

詩二首 存

收入道光《夔州府志》卷三六，光緒《奉節縣志》卷三六。

余啟志

歲貢生，任直隸順義縣知縣。見光緒《奉節縣志》卷二六。

詩一首 存

收入道光《夔州府志》卷三六，光緒《奉節縣志》卷三六。

王藻鑑

歲貢生，任犍為縣訓導。見光緒《奉節縣志》卷二六。

詩一首 存

收入道光《夔州府志》卷三六，光緒《奉節縣志》卷三六。

程紹洙

歲貢生。見道光《夔州府志》卷二五，光緒《奉節縣志》卷二六。

文一篇 存

收入道光《夔州府志》卷三六，光緒《奉節縣志》卷三六。

邱景遲

光緒元年舉人，任儀隴縣教諭。見光緒《奉節縣志》卷二六。

詩二首　存

收入光緒《奉節縣志》卷三六。

梅　娘

女，適某諸生。見《全蜀詩鈔》卷六二。

詩一首　存

收入《全蜀詩鈔》卷六二。

潘樹申

光緒十一年拔貢生。見光緒《奉節縣志》卷二六。

文一篇　存

收入光緒《奉節縣志》卷三六。

傅汝和

字梅之。見《全蜀詩鈔》卷五。

詩三首　存

收入《全蜀詩鈔》卷五。

（李咏梅）

巫山縣

（今重慶巫山縣）

余　价

字君維，一作奉節人。明末貢生，康熙八年舉人。後寓於渝，絕意仕進。見乾隆《巴縣志》卷九，道光《夔州府志》卷二七，同治《巴縣志》卷三下，光緒《巫山縣志》卷二六，光緒《奉節縣志》卷二六。

夢尋紀事詩

見乾隆《巴縣志》卷九，同治《巴縣志》卷三下。

詩二首　存

收入乾隆《巴縣志》卷一五、卷一六，同治《增修萬縣志》卷三六。

文一篇　存

收入同治《巴縣志》卷四下。

余德中（1654—?）

字子龍，价子。年十六，中康熙八年舉人。見乾隆《巴縣志》卷七、卷九余价條附。

橘園集

見乾隆《巴縣志》卷九余价條附。

詩五首　存

收入乾隆《巴縣志》卷一五、卷一六，民國《巴縣志》附《巴縣文徵》下篇。

文一篇　存

收入見乾隆《巴縣志》卷一一，同治《巴縣志》卷四上。

焦懋熙

雍正七年拔貢生，官儀隴教諭，為候選學正。見光緒《巫山縣志》卷二四、卷二六，光緒《奉節縣志》卷二六，光緒《大寧縣志》卷首。

乾隆《大寧縣志》四卷（閻源清修　焦懋熙纂）　存

今存乾隆十一年刻本（方志聯合目錄）；民國二十四年涂鳳書抄本（川圖）；抄本（故宮）。

乾隆《夔州府志》十卷（崔邑俊修　楊崇　焦懋熙纂）　存

今存乾隆十一年刻本（方志聯合目錄）。

詩一首　存

收入道光《夔州府志》卷三六，光緒《巫山縣志》卷三二。

文二篇　存

收入道光《夔州府志》卷三六，光緒《大寧縣志》卷八。

杜秉直

乾隆二十七年歲貢生，任蓬州訓導。見道光《夔州府志》卷二五，光緒《巫山縣志》卷二四、卷二六。

文一篇　存

收入道光《夔州府志》卷三六，光緒《巫山縣志》卷三二。

黃先猷

號子安，道光五年拔貢生。見光緒《巫山縣志》卷二四、卷二六。

文一篇　存

收入光緒《巫山縣志》卷三二。

王思曾

號小沂。道光十九年舉人，同治元年大挑一等，任浙江龍游縣知縣。見光緒《巫山縣志》卷二四、卷二六。

文一篇 存

收入光緒《巫山縣志》卷三二。

王 庚

字少白。道光二十九年解元，歷任廣東始興、海豐知縣。見光緒《巫山縣志》卷二四。

文一篇 存

收入光緒《巫山縣志》卷三二。

楊學啟

字東星。光緒十六年歲貢生。見光緒《巫山縣志》卷首、卷二四。

文一篇 存

收入光緒《巫山縣志》卷三二。

（李咏梅）

雲陽縣
（今重慶雲陽縣）

袁聞性

字子言。康熙五十二年舉人，任江西安義縣知縣。見道光《夔州府志》卷二五，咸豐《雲陽縣志》卷七，民國《雲陽縣志》卷三〇、卷三一。

文一篇　存

收入咸豐《雲陽縣志》卷一〇，民國《雲陽縣志》卷四三。

袁汪樞

聞性長子。歲貢生，銓選為訓導，不就職。見道光《夔州府志》卷二五，咸豐《雲陽縣志》卷七、卷八，民國《雲陽縣志》卷三〇、卷三一。

文一篇　存

收入咸豐《雲陽縣志》卷一〇，民國《雲陽縣志》卷四三。

李應發

字亦山，自號盤谷老人，又號看蟹山人。嘉慶十八年拔貢生，教授鄉里。見咸豐《雲陽縣志》卷七，民國《雲陽縣志》卷三〇、卷三二。

敬業堂詩文集

見民國《雲陽縣志》卷三二。

詩四首　存

收入咸豐《雲陽縣志》卷一二，民國《雲陽縣志》卷四二。

程　禮

字敍典，號螺峰先生。道光元年恩貢生，隱居教授三十餘年。見咸豐《雲陽縣志》卷七、卷一一，民國《雲陽縣志》卷三〇、卷三二，《雲陽縣鄉土志》卷上。

賓日齋集

見民國《雲陽縣志》卷三二。

文一篇　存

收入咸豐《雲陽縣志》卷一〇，民國《雲陽縣志》卷四三。

劉　堃

字載山。道光五年拔貢生。見咸豐《雲陽縣志》卷七、卷一一，民國《雲陽縣志》卷三〇。

文一篇　存

收入咸豐《雲陽縣志》卷一一。

魏　瀚

字海槎。道光二十九年拔貢生。見咸豐《雲陽縣志》卷七，民國《雲陽縣志》卷三〇、卷三二。

鐵檠山館詩鈔

見《全蜀詩鈔》卷五六。

詩十七首　存

收入咸豐《雲陽縣志》卷一二，《全蜀詩鈔》卷五六，民國《雲陽縣志》卷四二。

戴華萬

字樂村。嘉慶、道光間人。見民國《雲陽縣志》卷二五。

文一篇　存

收入咸豐《雲陽縣志》卷一〇。

劉海鼇

字曉瀾。咸豐二年舉人，捐分刑部主事。同治七年成進士，選庶吉士，改編修，補授雲南糧儲道。見咸豐《雲陽縣志》卷七，民國《雲陽縣志》卷三〇、卷三一。

詩三首　存

收入咸豐《雲陽縣志》卷一二，民國《雲陽縣志》卷四二。

周　密

字宥亭。咸豐六年恩貢生。見民國《雲陽縣志》卷三〇、卷三三。

文一篇　存

收入咸豐《雲陽縣志》卷一〇。

陶壽朋

字鳳崗。咸豐八年歲貢生。見咸豐《雲陽縣志》卷一〇，民國《雲陽縣志》卷三〇。

文三篇　存

收入咸豐《雲陽縣志》卷一〇、卷一一。

譚　燮

譜名明提，字南皋。同治七年歲貢生。咸豐間曾參與協修《雲陽縣志》。見咸豐《雲陽縣志》卷一，民國《雲陽縣志》卷三〇、卷三三。

文一篇　存

收入咸豐《雲陽縣志》卷一〇。

楊　塝

字海峯。咸豐間以文生為修志採輯人員，光緒元年恩貢生。見咸豐《雲陽縣志》卷一、卷一一，民國《雲陽縣志》卷三〇。

詩五首　存

收入咸豐《雲陽縣志》卷一二。

文一篇　存

收入咸豐《雲陽縣志》卷一一。

楊映墀

按其自稱："咸豐三年，雲邑開志局，余職任採訪。"然咸豐《雲陽縣志》卷一職名中無此人，疑即楊塝。見咸豐《雲陽縣志》卷一〇。

文一篇　存

收入咸豐《雲陽縣志》卷一〇。

譚定中

字杏栽。廩生。見咸豐《雲陽縣志》卷一〇。

文一篇　存

收入咸豐《雲陽縣志》卷一〇。

譚能珪

字秋帆。咸豐間修志曾參與校閲。見咸豐《雲陽縣志》卷一、卷一〇。

文二篇　存

收入咸豐《雲陽縣志》卷一〇。

譚兆藍

字柳堂。廩生，教徒垂二十年。

辛年七十。見咸豐《雲陽縣志》卷一〇，民國《雲陽縣志》卷三三。

文一篇　存

收入咸豐《雲陽縣志》卷一〇，民國《雲陽縣志》卷四三。

賈維祥

字應泰，號瑞山。生員。見咸豐《雲陽縣志》卷一一，《雲陽縣鄉土志》卷上。

文一篇　存

收入咸豐《雲陽縣志》卷一〇。

譚　鈺

字琢溪。增生。見咸豐《雲陽縣志》卷一、卷一〇。

文一篇　存

收入咸豐《雲陽縣志》卷一〇。

黎汝銓

字梅卿。廩生。見咸豐《雲陽縣志》卷一〇。

文一篇　存

收入咸豐《雲陽縣志》卷一〇。

賈正清

字晏門。增生，咸豐間參與修志。見咸豐《雲陽縣志》卷一、卷一〇。

文一篇　存

收入咸豐《雲陽縣志》卷一〇。

彭中立

字卓山。咸豐間曾參與協修縣志。見咸豐《雲陽縣志》卷一、卷一〇。

文一篇　存

收入咸豐《雲陽縣志》卷一〇。

譚仁職

字竹塢。增生，咸豐間曾參與協修縣志。見咸豐《雲陽縣志》卷一、卷一〇。

詩六首　存

收入咸豐《雲陽縣志》卷一二。

文六篇　存

收入咸豐《雲陽縣志》卷一〇、卷一一。

楊忠遠

庠生。見咸豐《雲陽縣志》卷一〇、卷一二。

詩二首　存

收入咸豐《雲陽縣志》卷一二，民國《雲陽縣志》卷四二。

文一篇　存

收入咸豐《雲陽縣志》卷一〇。

何鳴盛

字月山。增生，咸豐間曾參與協修縣志。見咸豐《雲陽縣志》卷一、卷一一。

文一篇　存

收入咸豐《雲陽縣志》卷一一。

吳從周

字竹軒。增生，咸豐間曾參與協修縣志。見咸豐《雲陽縣志》卷一、卷一一。

文一篇　存

收入咸豐《雲陽縣志》卷一一。

張　詠

字同仙。文生。見咸豐《雲陽縣志》卷一、卷一一。

文一篇　存

收入咸豐《雲陽縣志》卷一一。

方廷桂

字月山。監生，咸豐間曾參與協修縣志。見咸豐《雲陽縣志》卷一、卷一一。

詩七首　存

收入咸豐《雲陽縣志》卷一二，民國《雲陽縣志》卷四二。

文一篇　存

收入咸豐《雲陽縣志》卷一一。

向蘭盎

歲貢生。見咸豐《雲陽縣志》卷七。

文一篇　存

收入咸豐《雲陽縣志》卷一一。

王光照

字臨川。歲貢生。見咸豐《雲陽縣志》卷七、卷一一。

文一篇　存

收入咸豐《雲陽縣志》卷一一。

秦　焜

字熙堂。咸豐間曾參與協修縣志。見咸豐《雲陽縣志》卷一、卷一二。

詩二首　存

收入咸豐《雲陽縣志》卷一二，民國《雲陽縣志》卷四二。

廬志修

字小晉。同治六年舉人，官達縣教諭。中舉時年甚少，主試孫毓汶、李文田均器賞之。見民國《雲陽縣志》卷三〇、卷三一。

秋齋詞稿二卷

見民國《雲陽縣志》卷三一。

胡瀛濤

字海客。同治十三年進士，任陝西城固縣知縣。見《蜀詩續鈔》卷五。

詩二首　存

收入《蜀詩續鈔》卷五。

甘桂森

原名國權，字月秋。光緒二十八年舉人。見民國《雲陽縣志》卷三〇、卷三一。

雲陽縣鄉土志二卷（武丕文　甘桂森編）存

今存光緒三十二年修抄本（川圖，川大）。

李肇律

字懷庚。光緒二十三年舉人，二十九年成進士，官思恩縣知縣。見民國《雲陽縣志》卷三〇、卷三一。

啟賢堂文鈔　駟槐居隨筆　深遠堂詩文集　聽彝齋座銘

見民國《雲陽縣志》卷三一。

文一篇　存

收入民國《雲陽縣志》卷四三。

郭文珍

譜名啓儒，字聘初。光緒二十八年順天府鄉試舉人，官内閣主計局僉事。曾遊學日本。見民國《雲陽縣志》卷首、卷三〇、卷三一。

雍頣堂文集　岑柴詩集詞鈔

見民國《雲陽縣志》卷三一。

詩一首　存

收入民國《雲陽縣志》卷四二。

文四篇　存

收入民國《雲陽縣志》卷四三。

涂鳳書

光緒二十九年舉人，官黑龍江提學使、國務院參議。見民國《雲陽縣志》卷三〇。

詩十六首　存

收入民國《雲陽縣志》卷四二。

文七篇　存

收入民國《雲陽縣志》卷四三。

曾在衡

原名運轂，字推之，亦字盂蓀。應順天府試，挑選國史館謄錄。入民國終。見民國《雲陽縣志》卷二六。

詩十二首　存

收入民國《雲陽縣志》卷四二。

文一篇　存

收入民國《雲陽縣志》卷四三。

程德全

字雪樓。廩生。光緒十四年應順天府鄉試不第，赴黑龍江入將軍幕府。光緒末年，為黑龍江巡撫。宣統初歷任奉天、江蘇巡撫。民國元年，為南京都督。見民國《雲陽縣志》卷三三。

文一篇　存

收入民國《雲陽縣志》卷四二。

（李咏梅）

萬　縣

（今重慶萬州區）

程正性

字存存。順治十六年以貢生任直隸開州州同，陞河南睢州知州，遷雲南永寧同知，卒於官。見道光《夔州府志》卷二六、二七，同治《增修萬縣志》卷二九。

詩二首　存

收入同治《增修萬縣志》卷三六。

沈巨儒

字越雞，號西溪野人。康熙二十五年，太守許嗣印聘修郡志。見道光《夔州府志》卷二七。

詩八首　存

收入道光《夔州府志》卷三六。

文三篇　存

收入同治《增修萬縣志》卷三六。

陶仁明

康熙三十五年舉人，四十五年成進士，官忠州學正。見道光《夔州府志》卷二五，同治《增修萬縣志》卷二五。

文二篇　存

收入嘉慶《什邡縣志》卷四八之三。

程　訓

字佩齋。乾隆三十九年舉人，官知縣。見《蜀詩續鈔》卷一。

詩一首　存

收入《蜀詩續鈔》卷一。

杜渙南

字棠村。官藍翎訓導。咸豐間在世。見《全蜀詩鈔》卷五八，《萬縣志採訪事實·藝文》。

假齋詩存

見《全蜀詩鈔》卷五八。

假齋文存一卷詩存一卷　存

見《清人別集總目》頁687。

今存稿本（復旦）。

假齋遺集（杜煥章編次）二卷　存

見《清人別集總目》頁687。

今存稿本（復旦）。

詩十一首　存

收入《全蜀詩鈔》卷五八，《萬縣志採訪事實·藝文》。

文三篇　存

收入《萬縣志採訪事實·藝文》。

易　瀚

字海恬。道光十二年舉人，官灌縣訓導。見同治《增修萬縣志》卷二五，民國《灌縣志》附《灌志文徵》卷一。

詩一首　存

收入民國《灌縣志》附《灌志文徵》卷九。

陳光烈

字揚之。道光十七年舉人。見咸豐《雲陽縣志》卷一一，同治《增修萬縣志》卷二五。

文二篇　存

收入咸豐《雲陽縣志》卷一一。

朱仁宇

字熙臺。副貢生，道光間在世。見《萬縣志採訪事實·學行》、《萬縣志採訪事實·藝文》。

文二篇　存

《萬縣志採訪事實·藝文》。

胡　憬

廩生。見同治《增修萬縣志》卷三六。

詩二首　存

收入同治《增修萬縣志》卷三六。

劉用儀

恩貢生。見同治《增修萬縣志》卷三六。

詩一首　存

收入同治《增修萬縣志》卷三六。

王繼掄

號環山。歲貢生。見道光《夔州府志》卷二五，同治《增修萬縣志》卷二九。

文二篇　存

收入同治《增修萬縣志》卷三六。

何志高

號西夏。廩生。見同治《增修萬縣志》卷二九，《萬縣志採訪事實·學行》。

西夏經義　存

今存道光十八年刻本（川大）。

穀語一卷　存

見《萬縣志採訪事實·學行》。

今存光緒十四年刻本西夏經義注釋十三種（國圖）。

易經本義四卷卷首一卷卷末一卷　存

見同治《增修萬縣志》卷二九。

今存光緒十四年刻本西夏經義注釋十三種（國圖）。

大象一卷　存

今存光緒十四年刻本西夏經義注釋十三種（國圖）。

渾天易象一卷　存

見《萬縣志採訪事實·學行》。

今存光緒十四年刻本西夏經義注釋十三種（國圖）。

將步一卷　存

見《萬縣志採訪事實·學行》。

今存光緒十四年刻本西夏經義注釋十三種（國圖）。

王道九功一卷　存

見《萬縣志採訪事實·學行》。

今存光緒十四年刻本西夏經義注釋十三種（國圖）。

禮論一卷　存

見同治《增修萬縣志》卷二九。

今存光緒十四年刻本西夏經義注釋十三種（國圖）。

釋詩一卷　存

見同治《增修萬縣志》卷二九。

今存光緒十四年刻本西夏經義注釋十三種（國圖）。

釋書一卷　存

見同治《增修萬縣志》卷二九。

今存光緒十四年刻本西夏經義注釋十三種（國圖）。

通書一卷　存

見《萬縣志採訪事實·學行》。

今存光緒十四年刻本西夏經義注釋十三種（國圖）。

春秋大傳補說四卷　存

見同治《增修萬縣志》卷二九。

今存光緒十四年刻本西夏經義注釋十三種（國圖）。

中庸集注一卷　存

見《萬縣志採訪事實·學行》。

今存光緒十四年刻本西夏經義注釋十三種（國圖）。

四論解一卷　存

見《萬縣志採訪事實·學行》。

今存光緒十四年刻本西夏經義注釋十三種（國圖）。

文一篇　存

收入同治《增修萬縣志》卷三六。

沈復瑛

字伯溫，號慕廬。生員。見同治《增修萬縣志》卷二九。

理性彙要

見同治《增修萬縣志》卷二九。

醫方輯要無卷數

見嘉慶《四川通志》卷一八五。

劉嘉謨

字紀三。同治六年舉人。見《全蜀詩鈔》卷五八。

蠢忍軒詩存

見《全蜀詩鈔》卷五八。

詩四首　存

收入《全蜀詩鈔》卷五八。

杜翰藩

號詩笠。光緒十九年舉人，任溫江縣教諭。見《蜀詩續鈔》卷五。

笠盦詩草

見《蜀詩續鈔》卷五。

詩十六首　存

收入《蜀詩續鈔》卷五。

杜煥章 (1836—1912)

字成軒，晚號畬經老人。光緒二十八年舉人，官嘉應府學教授。見《清人別集總目》頁688。

畬經館詩鈔一卷文鈔三卷駢體文鈔一卷聯語一卷　存

見《清人別集總目》頁688。

今存民國十二年杜成德堂鉛印本（北大）；民國十七年上海中華書局排印本（浙圖，蘇大，日本國會，日本京圖，日本人文）。原按：一名畬經館遺集。又按：北大藏本即名“畬經館遺集”。

畬經老人自述年譜　存

今存民國十二年鉛印本（上圖）；民國十七年鉛印本（國圖）。

劉秉堃

字敦山。見《全蜀詩鈔》卷五七。

詩十三首　存

收入《全蜀詩鈔》卷五七。

陳光照

字雲巖。歲貢生，授徒講學四十餘年。見《萬縣志採訪事實·學行》。

讀書立本集　集礫詩鈔續鈔

見《萬縣志採訪事實・學行》。

詩三首　存

收入《萬縣志採訪事實・藝文》。

程　訓

字奉伊。舉人，任江西武寧縣知縣。見《萬縣志採訪事實・藝文》。

詩一首　存

收入《萬縣志採訪事實・藝文》。

王子珍

字聘侯。舉人，任雷波廳教諭。見《萬縣志採訪事實・藝文》。

詩四首　存

收入《萬縣志採訪事實・藝文》。

楊發枝

字望亭。舉人，任温江縣教諭。見《萬縣志採訪事實・藝文》。

詩二首　存

收入《萬縣志採訪事實・藝文》。

張　嵐

字岑崖。歲貢生，任汶川縣訓導。見《萬縣志採訪事實・藝文》。

詩一首　存

收入《萬縣志採訪事實・藝文》。

王家祥

字雲瞻。歲貢生。見《萬縣志採訪事實・藝文》。

詩十一首　存

收入《萬縣志採訪事實・藝文》。

羅永植

字樹生。歲貢生。見《萬縣志採訪事實・藝文》。

詩六首　存

收入《萬縣志採訪事實・藝文》。

（李咏梅）

開　縣

（今重慶開縣）

徐行德

字樹滋，號果亭。乾隆四十二年拔貢生，嘉慶十二年任納溪縣教諭。年七十五卒。見嘉慶《直隸瀘州志》卷六，咸豐《開縣志》卷一一、卷二五。

詩三首　存

收入嘉慶《直隸瀘州志》卷二，咸豐《開縣志》卷二七。

程煜聞

字輝緒，以字行。廩生。嘉慶十三年，例得恩貢生，乃乞病以讓。見咸豐《開縣志》卷二五。

四書便抄

見咸豐《開縣志》卷二五。

陳　堃

字舉山。道光十五年進士，官翰林院編修，嘗主講雲安書院。見咸豐《開縣志》卷一一、卷二五，咸豐《雲陽縣志》卷八。

陳太史時文　醉六軒試帖

見咸豐《雲陽縣志》卷八。

詩一首　存

收入咸豐《開縣志》卷二七。

文二篇　存

收入咸豐《雲陽縣志》卷一〇。

陳　昆

昆一作崑，字友松，堃弟。道光二十年舉人，二十五年成進士，歷官永清、宜春縣知縣。見咸豐《開縣志》卷一一、卷二五，《全蜀詩鈔》卷五二，《清人别集總目》頁1234。

咸豐《開縣志》二十七卷首一卷（朱肇奎等修　陳崑等纂）　存

今存咸豐三年刻本（方志聯合目錄）。

咸豐《雲陽縣志》十二卷（江錫麒修　陳崑纂）　存

今存咸豐四年刻本（方志聯合目錄）。

小桃溪館文鈔四卷　存

見《清人别集總目》頁1234。

今存同治十一年萬縣盛山書院刻本（國圖，南大）。

小桃溪館詩鈔六卷文鈔十五卷　存

見《清人别集總目》頁1234。

今存同治十一年刻本（華東師大）。

詩二十一首　存

收入《全蜀詩鈔》卷五二。

陳　嵩

道光十五年進士，官翰林院編修。見《蜀詩續鈔》卷一。

詩一首　存

收入《蜀詩續鈔》卷一。

沈延廣

字心如，一字賓生。道光十五年舉人。掌巴川書院，後選大足教諭。工詩書畫，時稱三絕。見光緒《銅梁縣志》卷九，光緒《大足縣志》卷六，民國《新修合川縣志》卷五八，光緒

《銅梁縣志》卷九。

惜分陰齋吟草二册　心如試帖詩草一册

見民國《新修合川縣志》卷五八。

詩二首　存

收入民國《新修合川縣志》卷六九。

沈西序

號秋帆。道光二十四進士，官貴州畢節縣知縣。咸豐間曾協纂《開縣志》。見咸豐《開縣志》卷首、卷一一。

文一篇　存

收入咸豐《開縣志》卷二七。

彭士超

庠生。見咸豐《開縣志》卷二七。

文一篇　存

收入咸豐《開縣志》卷二七。

沈以鴻

字子衡。以軍功議敘縣丞。見民國《新修合川縣志》卷五八。

間雲山館詩集若干卷

見民國《新修合川縣志》卷五八。

沈以淑

女，自號瀟湘女士。嫁大足劉光龍，早寡。見民國《新修合川縣志》卷五八。

瀟湘吟稿二卷　隨筆一卷

見民國《新修合川縣志》卷五八。

釋采薇 (1847—?)

俗姓謝，名臨春。光緒十五年進士，曾出使日本。民國後寄迹空門。見《清人別集總目》頁2478。

采薇僧集不分卷　存

見《清人別集總目》頁2478。

今存民國六年刻本（南圖，粤圖，常州）。

李本方 (1852—1904)

字仲壺。見《清人別集總目》頁774。

頤園書牘二卷　存

見《清人別集總目》頁774。

今存民國三年鉛印本（北大）；民國六年排印本（國圖，南圖）；民國十一年聚珍排印本（贛圖）；民國十五年四川李氏排印本（國圖，上圖，晉圖，湘圖，川圖，北大）。

李大防 (1878—?)

附貢生，歷任趙州知州、安徽省政務廳廳長、安慶道尹、安徽大學教授。見《清人別集總目》頁761。

趙州集　存

見《清人別集總目》頁761。

今存民國三年排印本（粤圖）。

趙州集一卷　存

今存民國三年開縣李氏鉛印本（國圖，上圖）。按：以上二本當爲同一本。

嘯樓集　存

見《清人別集總目》頁761。

今存民國十一年安慶排印本（川圖，中科院，洛陽）。

嘯樓集一卷　存

今存民國十一年鉛印本（國圖，上圖）。按：以上二本當爲同一本。

嘯樓續集九卷 存

見《清人別集總目》頁761。

今存民國二十三年排印本（杭大）；民國十一年至十四年鉛印本（北師大）。

嘯樓續集五卷 存

今存民國二十三年鉛印本（上圖）。

嘯樓續集二卷 存

今存民國十一年至十四年鉛印本（國圖）。

訒庵詩存 存

見《清人別集總目》頁761。

今存石印本（洛陽）；宣統元年開縣李氏鉛印本（上圖，北師大）。

彭作楨

原名洪。早年師事章太炎，後隱居北京。見《清人別集總目》頁2156。

翹勤軒文集二卷 存

見《清人別集總目》頁2156。

今存民國十九年至二十二年排印彭作楨翹勤軒叢稿本（津圖，滇圖）；民國三十二年成都新新新聞社印本。

翹勤軒文集續編一卷 存

見《清人別集總目》頁2156。

今存民國十九年至二十二年排印彭作楨翹勤軒叢稿本（津圖，滇圖，湘圖）。

翹勤軒文二卷讀書拾餘 存

今存民國二十年鉛印本（國圖）。

癸酉文存 存

見《清人別集總目》頁2156。

今存民國二十三年北平擷華印書局印本（湘圖）。

蓬萊箋啟 存

今存民國二十年擷華印書局鉛印本（國圖）。

歷史人名對 存

今存民國二十年擷華印書局鉛印本（國圖）。

讀書識餘 存

今存民國二十年鉛印本（國圖）。

翹懃軒謎語 存

今存民國十九年擷華印書局鉛印本（國圖）。

翹勤軒集聯 存

今存民國十九年擷華印書局鉛印本（國圖）。

戴錫章

西夏記二十八卷 存

今存民國十三年開縣戴氏京華印書局鉛印本（國圖，上圖，北師大，北大，南大，川大）。

西夏紀凡例（又作序例校本） 存

今存民國六年抄本（上圖，北師大）。

（李咏梅）

大寧縣

（今重慶巫溪縣）

譚謙吉

字六皆。乾隆朝歲貢生。見道光《夔州府志》卷二五，光緒《大寧縣志》卷七。

文二篇 存

收入光緒《大寧縣志》卷八。

王啓鰲

嘉慶六年優貢生。見光緒《大寧縣志》卷七。

詩一首 存

收入光緒《大寧縣志》卷八。

馮大觀

字浣齋。道光三十年歲貢生。見光緒《大寧縣志》卷七。

詩二首 存

收入光緒《大寧縣志》卷八。

魏光烈

字炳堂。道光朝增貢生，官南部縣訓導。見光緒《大寧縣志》卷七。

詩一首 存

收入光緒《大寧縣志》卷八。

沈　增

字補齋。貢生，同治二年府註選訓導。設教近四十年，年七十八卒。見光緒《大寧縣志》卷七。

詩四首 存

收入光緒《大寧縣志》卷八。

文一篇 存

收入光緒《大寧縣志》卷八。

李善登

字梯雲。由廩貢生歷署崇慶州、越嶲廳訓導，以勞績保升知縣，加同知銜。見光緒《大寧縣志》卷七。

詩一首 存

收入光緒《大寧縣志》卷八。

姚　誠

庠生。見光緒《大寧縣志》卷八。

詩一首 存

收入光緒《大寧縣志》卷八。

賀治平

字小峯。由廩貢生署高縣訓導，加翰林院待詔銜。見光緒《大寧縣志》卷七。

詩一首 存

收入光緒《大寧縣志》卷八。

魏光勳

字昆堂。庠生。見光緒《大寧縣志》卷七。

救生船 **晨鐘自醒集**

見光緒《大寧縣志》卷七。

詩一首 存

收入光緒《大寧縣志》卷八。

（李咏梅）

江油縣

（今四川江油市）

楊廷杰

號本衷。順治八年舉人，任昭化縣教諭。見道光《重修昭化縣志》卷三二，光緒《江油縣志》卷一六、卷一八。按：道光《重修昭化縣志》卷三二將其任昭化教諭列在順治六年，疑誤。

詩一首　存

收入道光《江油縣志》卷四，光緒《江油縣志》卷二四。

文一篇　存

收入道光《江油縣志》卷四，光緒《江油縣志》卷二四。

羅經國

號世勛。歲貢生。康熙三十三年，任保縣訓導，致仕後，家居授徒。年八十一終。見道光《江油縣志》卷三，光緒《江油縣志》卷一八。

詩四首　存

收入道光《江油縣志》卷四，同治《彰明縣志》卷五七，光緒《江油縣志》卷二四。

舒　展

貢生，乾隆五年任江安訓導。見光緒《江油縣志》卷一六。

文一篇　存

收入同治《彰明縣志》卷五七。

熊載陞

字松山。乾隆三十六年舉人。官知州。見《蜀詩續鈔》卷一。

詩一首　存

收入《蜀詩續鈔》卷一。

吴大焜

乾隆四十二年拔貢生，歷任潼川府教授、慶符縣教諭。見光緒《江油縣志》卷一六。

文六篇　存

收入光緒《慶符縣志》卷四九。

釋達空

詩一首　存

收入咸豐《重修梓潼縣志》卷六。

張　琴

光緒十四年舉人，二十年成進士，任翰林院庶吉士，改安徽廬江縣知縣。見光緒《江油縣志》卷一六。

文一篇　存

收入光緒《江油縣志》卷二四。

劉光奎

字星五。廩生。見光緒《江油縣志》卷一八。

文一篇　存

收入光緒《江油縣志》卷二四。

胡　樸

優廩生。見入光緒《江油縣志》

卷二四。

文一篇　存

收入光緒《江油縣志》卷二四。

胡　梓

廩生。見光緒《江油縣志》卷二四。

文一篇　存

收入光緒《江油縣志》卷二四。

歐培垓

廩生。見光緒《江油縣志》卷二四。

文一篇　存

收入光緒《江油縣志》卷二四。

歐培槐

拔貢生。按：探其所撰文意，或當為咸豐以後人。見光緒《江油縣志》卷二四。

文一篇　存

收入光緒《江油縣志》卷二四。

歐培澐

附生。按：據所撰文意，或當為光緒間人。見光緒《江油縣志》卷二四。

文一篇　存

收入光緒《江油縣志》卷二四。

涂　殿

字丹廷。廩生。見光緒《江油縣志》卷一八。

文一篇　存

收入光緒《江油縣志》卷二四。

王　佐

增貢生。見光緒《江油縣志》卷二四。

詩一首　存

收入光緒《江油縣志》卷二四。

張津源

拔貢生。見光緒《江油縣志》卷二四。

文一篇　存

收入光緒《江油縣志》卷二四。

陳錫煒

字寶光。見《綠萼梅齋遺稿》卷一。

詩一首　存

收入《綠萼梅齋遺稿》卷一。

（王阿陶）

石泉縣

（今四川北川羌族自治縣）

李又白

康熙二十六年歲貢生，任仁壽縣教諭。見嘉慶《補纂仁壽縣志》卷三，道光《石泉縣志》卷七，同治《仁壽縣志》卷九。

文一篇　存

收入嘉慶《補纂仁壽縣志》卷三，同治《仁壽縣志》卷九。

李景澄

文二篇　存

收入民國《北川縣志》卷一。

吳文翰

文一篇　存

收入民國《北川縣志》卷一。

（王阿陶）

彰明縣

（今四川江油市）

何在朝

乾隆四十四年舉人，任湖北房縣知縣。見同治《彰明縣志》卷三五、卷四二。

文一篇 存

收入同治《彰明縣志》卷五七。

蒲　琮

歲貢生。見同治《彰明縣志》卷三五。

詩一首 存

收入同治《彰明縣志》卷五七。

蒲中蘭

貢生。見同治《彰明縣志》卷五七。

詩一首 存

收入同治《彰明縣志》卷五七。

向春臺

字雲衢。見《綠萼梅齋遺稿》卷一。

詩一首 存

收入《綠萼梅齋遺稿》卷一。

楊雪娥

女，賓華孫女，適遂寧蔡姓。見《蜀詩續鈔》卷八。

詩六首 存

收入《全蜀詩鈔》卷六一，《蜀詩續鈔》卷八。

王麟煐

字獻廷，一作綿陽人。光緒十四年舉人，次年成進士，官內閣中書。見光緒《江油縣志》卷二四，民國《綿陽縣志》卷七。

文二篇 存

收入光緒《江油縣志》卷二四，民國《綿陽縣志》卷九。

蘇繼祖

字季培，號鑿公，戊戌變法六君子之楊鋭為其外舅。見《清廷戊戌朝變記》卷末蘇繼祖《跋戊戌朝變記後》，《鑿空詩草》卷首張夢餘《鑿空詩草次編序文》。

清廷戊戌朝變記一卷 存

今存民國二十年彰明鎰昌石印社石印本（國圖，北大，川大）。

鑿空詩草一卷 存

今存民國七年成都一德社刻本（國圖，南大）；民國八年成都昌福公司排印本（川大）。

（王阿陶）

西昌縣

（今四川西昌市）

毛萬銓

字清齋。乾隆十七年舉人，十九年成進士，任湖北漢陽通判，補松滋縣知縣。見乾隆《西昌縣志》，民國《西昌縣志》卷七、卷一〇。

文一篇　存

收入民國《西昌縣志》卷一一。

黄　景

字春召，名一作錦。乾隆二十一年舉人。見民國《西昌縣志》卷七、卷一一。

文一篇　存

收入民國《西昌縣志》卷一一。

李拔萃

入鹽源學籍，中乾隆二十七年舉人。見民國《西昌縣志》卷七。

喪禮百不篇一卷

見民國《西昌縣志》卷一一。

詩四首　存

收入民國《西昌縣志》卷一一。

文二篇　存

收入民國《西昌縣志》卷一一。

楊學述

乾隆三十三年舉人，大挑二等，授筠連縣教諭，調監錦江書院，兼署彭山縣學教諭；分發福建，署安溪知縣。見民國《西昌縣志》卷七。

詩三十一首　存

收入光緒《西昌縣志》卷一，民國《西昌縣志》卷一、卷一一。

文四篇　存

收入道光《西昌縣志略》卷二。

釋廣福

字寧遠。禪居南昌。見《清人别集總目》頁2465。

半間梅花吟一卷春游紀事詩一卷　存

見《清人别集總目》頁2465。

今存乾隆五十二年序刻本（上圖）。

楊鼎才

字養田。嘉慶三年舉人，歷官湖南攸寧、安仁縣縣令。見光緒《西昌縣志》卷一，民國《西昌縣志》卷七、卷一〇。

愛日堂文集二卷　續知堂匪我詩集三卷

見民國《西昌縣志》卷一一。

詩十四首　存

收入光緒《西昌縣志》卷一，民國《西昌縣志》卷一一。

文一篇　存

收入民國《西昌縣志》卷一〇。

張以存

字義門。嘉慶六年，與學使何紹基同科中拔貢生。曾主講瀘峯書院。補射洪縣教諭，履任匝月病卒。見民國《西昌縣志》卷七、卷一〇。

文一篇　存

收入民國《西昌縣志》卷一一。

張　瓊

字華堂，以存侄。嘉慶六年拔貢生，主講瀘峰書院。年八十五猶健。見民國《西昌縣志》卷一〇。

深林詩學一卷

見民國《西昌縣志》卷一〇。

張錫蝦

以存弟子。見民國《西昌縣志》卷一〇張以存條。

詩十一首　存

收入民國《西昌縣志》卷一〇張以存條、卷一一。

饒克強

字炳南。道光元年舉人，十五年大挑二等，任渠縣訓導。見民國《西昌縣志》卷七、卷一〇。

邛都信史

見民國《西昌縣志》卷一〇。

熊映岑

字筱山。入鹽源學籍，中道光二十九年拔貢生。同治初，保同知銜，不仕，主講瀘峰書院。見民國《西昌縣志》卷七、卷一〇。

敦孝堂家訓　克己山房文稿

見民國《西昌縣志》卷一〇。

許國琮

字問山。道光二十九年優貢生，候選知縣。見光緒《西昌縣志》卷一，民國《西昌縣志》卷七、卷一〇。

詩十四首　存

收入光緒《西昌縣志》卷一，民國《西昌縣志》卷一〇、卷一一。

朱蘭如

按所著刊刻年代，當為道光前後人。見下《藏真吟草》版本。

藏真吟草　存

見《清人別集總目》頁427。

今存道光三十年刻本（贛圖）。

顏啓芳

字桂三，自號半隱山人。道光二十九年拔貢生，朝考二等，而淡泊榮利，返鄉授徒講學。見民國《西昌縣志》卷七、卷一〇。

讀說文一卷　志所樂齋文三卷

見民國《西昌縣志》卷一〇。

寤語拾存一卷　顏氏先德錄一卷

見民國《西昌縣志》卷一一。

詩二十首　存

收入光緒《西昌縣志》卷一，民國《西昌縣志》卷一一。

文二篇　存

收入民國《西昌縣志》卷一一。

顏啓華

字實甫，號竹邨，啓芳弟。考取山東教習，不就，歸，主講冕寧禮州書院。見民國《西昌縣志》卷一〇。

文二篇　存

收入民國《西昌縣志》卷一一。

顔汝玉

字琢庵，啓芳長子。入鹽源學籍，中光緒十一年拔貢生。主講瀘峯書院。晚年為省立第二師範等校國文教員。年七十四卒。見民國《西昌縣志》卷七、卷一〇。

桂山府君年譜一卷　經史講義　蟲吟詩草四卷　風謠集　四餘書屋雜著四卷　學務小識

見民國《西昌縣志》卷一〇。

趨庭蠡測一卷

見民國《西昌縣志》卷一一。

詩三十一首　存

收入民國《西昌縣志》卷一一。

文一篇　存

收入民國《西昌縣志》卷一一。

顔世儒

字席珍，汝玉子。畢業於四川通省師範。見民國《西昌縣志》卷七、卷一〇。

詩二首　存

收入民國《西昌縣志》卷一一。

馬　暲

字少宣，以父字立之，故號小立。咸豐八年舉人，大挑一等，改銓太平教諭。見光緒《太平縣志》卷六，民國《西昌縣志》卷一〇。

詩一首　存

收入光緒《太平縣志》卷九。

文一篇　存

收入光緒《太平縣志》卷九。

鄭宗瑞

字覲臣。咸豐九年舉人，同治四年成進士，任福建永福縣知縣。見民國《西昌縣志》卷七、卷一〇。

光緒《西昌縣志》四卷（胡薇元修　鄭宗瑞纂）　存

今存光緒二十二年刻本（方志聯合目錄）；抄本（川圖，存卷1～2）。

吳　驫（1836—1911）

字茂三。補博士弟子員，授徒講學於鄉里。宣統三年卒，年七十六。見民國《西昌縣志》卷一一。

詩一首　存

收入民國《西昌縣志》卷一一。

劉文珍

字寶廷，顔啓芳弟子。廩生，終生教授。見民國《西昌縣志》卷一〇。

防意齋語錄　論語膚說三卷　詩草求正四卷　文草求正四卷

見民國《西昌縣志》卷一一。

文四篇　存

收入民國《西昌縣志》卷一一。

曾曰唯

字魯齋。以軍功補授湖南船溪分司。見民國《西昌縣志》卷一〇。

德昌志略一卷

見民國《西昌縣志》卷一一。

讕言集

見民國《西昌縣志》卷一〇。

文一篇　存

收入民國《西昌縣志》卷一一。

何品玉

字子璋，一作鉡璋。由廩生中同治六年舉人，大挑，補江西龍南縣縣令。見民國《西昌縣志》卷一〇。

蠶桑會粹 存

見民國《西昌縣志》卷一一。

今存光緒二十二年刻本（北大）。

兩龍瑣志八卷 存

按：民國《西昌縣志》卷一一著錄作六卷。

今存光緒宣統間刻本（川大）。

桃川聯讐集一卷

見民國《西昌縣志》卷一一。

張聯芳

字桂亭。光緒五年，與宋芸、廖季平、曾篤齋、顧印愚、陳孟甫等蜀中名宿為同榜舉人。宣統元年大挑二等，任教諭，復考取內閣中書。後歷任雅安縣訓導、龍安府教授。民國十四年，參纂《西昌縣志》。年七十七卒。見民國《西昌縣志》卷一〇。

詩六首 存

收入民國《西昌縣志》卷一一。

文一篇 存

收入民國《西昌縣志》卷一。

張　斐

字偉儒。鹽源學籍廩生，光緒二十三年拔貢生，分安徽候補知縣，不赴，主講瀘峰書院。見民國《西昌縣志》卷七、卷一〇。

文一篇 存

收入民國《西昌縣志》卷一一。

倪星朗

字晴初。鹽源學籍廩生，光緒十五年恩貢生，選州判不就，以教學終身。見民國《西昌縣志》卷七、卷一〇。

詩九首 存

收入民國《西昌縣志》卷一一。

文三篇 存

收入民國《西昌縣志》卷一一。

劉景松

名一作景崧，字鶴樵。光緒二十年舉人。光緒中，先後主亮善臺、登瀛峰、研經各書院講席。光緒三十年考取國史館謄錄，敘知縣，未任。見民國《西昌縣志》卷七、卷一〇。

詩一首 存

收入光緒《西昌縣志》卷一，民國《西昌縣志》卷一一。

文三篇 存

收入民國《西昌縣志》卷一、卷一一。

吴博文

字約之，廖成章弟子。光緒十一年拔貢生。見民國《西昌縣志》卷七、卷一〇。

文一篇 存

收入民國《西昌縣志》卷一一。

吴光源

字清渠，博文侄，王闓運弟子。廩生，任尊經書院齋長，善治《公羊春秋》。見民國《西昌縣志》卷一〇。

西南夷本末

見民國《西昌縣志》卷一〇吳王氏條附。

文一篇　存

收入民國《西昌縣志》卷一一。

徐則謙

字益齋。光緒十八年歲貢生。晚年歷任廣安、滎經訓導。年七十二卒。見民國《西昌縣志》卷七、卷一〇。

詩二首　存

收入光緒《西昌縣志》卷一。

陳光前

字耀先。宣統元年，舉孝廉方正，以教授終生。民國二十六年曾參纂《西昌縣志》。卒年八十。見民國《西昌縣志》卷首、卷一〇陳振美條附。

詩一首　存

收入光緒《西昌縣志》卷一，民國《西昌縣志》卷一一。

文二篇　存

收入民國《西昌縣志》卷一〇、卷一一。

馮範堂

字廷模。見民國《西昌縣志》卷一〇。

詩一首　存

收入光緒《西昌縣志》卷一。

張鳴鳳

字廉撝。光緒二十三年舉人，補湖北咸寧縣令，署咸豐縣。入民國，回鄉任團練局長。見民國《西昌縣志》卷七、卷一〇。

文一篇　存

收入光緒《西昌縣志》卷一，民國《西昌縣志》卷一一。

王熙章

字筱根。光緒二十四年尚在世。見《及時山房文草》卷首《自序》。

及時山房詩草十二卷　存

今存光緒二十四年刻本（川大）。

及時山房文草六卷　存

今存光緒二十六年刻本（川大，存卷1～4）。

顏汝恕

字梓盟。光緒二十七年歲貢生，年八十一卒。見民國《西昌縣志》卷七、卷一〇。

詩三首　存

收入民國《西昌縣志》卷一一。

文一篇　存

收入民國《西昌縣志》卷一一。

康敷鎔

字陶然，劉景松弟子。以諸生肄業研經書院，中光緒二十九年舉人，入貲為北城兵馬司。宣統改元，署甘肅丹噶爾廳，超陞至候補道。民國二十六年曾參纂《西昌縣志》。見民國《西昌縣志》卷首、卷一〇。

籌邊管見一卷　畊香堂詩一卷　寧遠設省議一冊

見民國《西昌縣志》卷一一。

何品鋭

字一峯。光緒三十年，任寧雅學堂教授。民國十四年、三十年，先後參加《西昌縣志》之採訪與編纂。見民國《西昌縣志》卷首、卷一一。

寧雅教本（編纂）　**玉榴軒聯稿一卷**

見民國《西昌縣志》卷一一。

文一篇　存

收入民國《西昌縣志》卷一〇。

蕭　藩

字价人。光緒末，與同仁創辦寧雅學堂。見民國《西昌縣志》卷一一。

文一篇　存

收入民國《西昌縣志》卷一一。

胡光暉

光緒中人。見民國《西昌縣志》卷一〇。

文一篇　存

收入民國《西昌縣志》卷一〇。

李時品

字必貞。宣統元年拔貢生，畢業於北京法律學校。民國二十二年猶在世。見民國《西昌縣志》卷七，《富順宋氏考訂四禮》卷首序。

程子四箴略解　**天華館服務箴規**　**心相篇註解**

見民國《西昌縣志》卷一一。

文一篇　存

收入《富順宋氏考訂四禮》卷首

楊肇基

字啓周。畢業於日本大學，歸國考試中式，為宣統三年舉人。見民國《西昌縣志》卷首、卷七。

民國《西昌縣志》十二卷（鄭少成等修　楊肇基等纂）　存

今存民國三十一年鉛印本（方志聯合目錄）。

民法親屬法講義一冊　**民法總則講義一冊**　**邛廬詩草二卷**

見民國《西昌縣志》卷一一。

文一篇　存

收入民國《西昌縣志》卷首。

傅樹銘

字敬西。增生。中年精醫，後任本縣戒煙分局長。見民國《西昌縣志》卷一〇。

戒煙方略

見民國《西昌縣志》卷一〇。

任興澤

字潤生。廩生。見民國《西昌縣志》卷一〇。

詩二首　存

收入民國《西昌縣志》卷一一。

葉照臨

字東山。好遊歷，以書法名。見民國《西昌縣志》卷一〇。

舟車草

見民國《西昌縣志》卷一〇。

張琴

字試之。七赴秋闈不第，以抑鬱終。曾主講德昌功聖書院七載。見民國《西昌縣志》卷一〇。

亦是館草

見民國《西昌縣志》卷一〇。

詩一首　存

收入民國《西昌縣志》卷一一。

傅驥才

字鴻齋。為鹽源生員。入民國，任團務局長。年七十餘卒。見民國《西昌縣志》卷一〇。

詩五首　存

收入民國《西昌縣志》卷一〇、卷一一。

文一篇　存

收入光緒《西昌縣志》卷一，民國《西昌縣志》卷一一。

傅宏才

字定之，驥才弟。庠生。見民國《西昌縣志》卷一〇。

文一篇　存

收入民國《西昌縣志》卷一一。

傅光逐（？—1934）

字讓三，傅驥才弟子。肄業研經書院。清末考入四川高等學堂，旋以公費送赴日本宏文學院習師範。回川後，在成都及開縣開辦教育，有名於時。歸鄉仍任師範及中學教員。民國二十三年卒。見民國《西昌縣志》卷一〇。

文五篇　存

收入民國《西昌縣志》卷首、卷一一。

馬駘

字企周，又字子驤，號環中子，又號邛池漁父。回族。繪畫師同邑周鏡塘。入民國，僑居上海，與國內外名流相接。曾農髯稱為當代畫學博士。見民國《西昌縣志》卷一〇、卷一一。

馬駘畫訣大全二十卷　四言畫訣一卷

見民國《西昌縣志》卷一一。

馬駘畫問　存

按：民國《西昌縣志》卷一一著錄作四卷。

今存民國十三年上海校經山房書局石印本（國圖）；民國二十二年上海校經山房成記書局影印本（國圖）。

企周畫集一卷　存

見民國《西昌縣志》卷一一。

今存民國二十四年上海滬濱攝影社影印本（上圖）。

企周畫賸一卷

見民國《西昌縣志》卷一一。

企周畫勝第一集　存

今存民國十一年爛漫社惟誠印書局影印本（國圖）；民國十八年爛漫社影印本（上圖）。按：勝，疑作“賸”字。

自習畫譜大全三集　存

按：民國《西昌縣志》卷一一錄作馬駘自習畫譜二十四卷。

今存民國十七年上海世界書局影印本（南大）。

楊端宇

字宙平。諸生，四川高等巡警學

堂畢業。民國初歷任名山、資中、灌縣等縣知事。五年後，歷任西川道道尹、建昌道道尹、河南郾城縣知事。十五年回籍，任寧遠中學校長。年五十三，卒於成都。見民國《西昌縣志》卷一〇。

治身要義一卷

見民國《西昌縣志》卷一一。

文一篇　存

收入民國《西昌縣志》卷一一。

由雲龍

字夔舉。清末舉人。民國中，任雲南省長署省務委員。見民國《西昌縣志》卷一〇由從政條附、卷一一。

滇錄八卷　存

按：民國《西昌縣志》卷一一錄作十二卷。

今存民國二十二年雲南省教育會鉛印本（北大，南大）。按：北大館藏未注卷數。

桂堂賸錄二卷　存

按：民國《西昌縣志》卷一一作八卷。

今存民國二十一年雲南財政廳印刷局鉛印本（北大，南大）。

定厂日記八卷　定厂詩存四卷　定厂詩話二卷　定厂文存四卷　涵翠樓書目四卷　清史備徵志十二卷　石鼓文彙考二卷　越縵堂讀書記十卷　越縵堂詩續集十卷

見民國《西昌縣志》卷一一。

吴錫玲

字藍莊。志曰安寧河右岸樟木鄉士族，當為清末人。見民國《西昌縣志》卷一一。

醫聖合璧十六卷

見民國《西昌縣志》卷一一。

（李榮慧　吴靜汶）

冕寧縣

（今四川冕寧縣）

陳鵬舉

歲貢生。見咸豐《冕寧縣志》卷一二。

詩二首　存

收入咸豐《冕寧縣志》卷一二。

陳九德

字浩然。文生。見咸豐《冕寧縣志》卷一二。

詩十一首　存

收入咸豐《冕寧縣志》卷一二。

（吴諾曼）

鹽源縣

（今四川鹽源縣）

陳震宇

字一岩，號人齋。嘉慶十二年舉人，任金江書院山長。見同治《會理州志》卷一一，光緒《鹽源縣志》卷一二，《鹽邊廳鄉土志》。

詩八首　存

收入同治《會理州志》卷一一，光緒《鹽源縣志》卷一二。

文三篇　存

收入光緒《鹽源縣志》卷一二，《鹽邊廳鄉土志》。

曹永賢

咸豐間優貢生。見光緒《鹽源縣志·貢生》。按：本卷及前後卷數皆標著不清。

文七篇　存

收入光緒《鹽源縣志》卷一二。

（吴諾曼）

鹽邊廳

（今四川鹽邊縣）

楊松年

清末民初人。見《鹽邊廳鄉土志》。

鹽邊廳鄉土志不分卷 存

見《鹽邊廳鄉土志》。

今存民國元年藍印刻本（國圖）；民國元年刻本（國圖，川大）。

（吴諾曼）

越巂廳

（今四川越西縣）

郭如玉

恩貢生，曾任廳書院院長。見光緒《越巂廳全志》卷九之二。

文一篇 存

收入光緒《越巂廳全志》卷五之一。

李鳳翔

字集廷。道光二十三年舉人。咸豐三年大挑二等，病歿於京師。見光緒《越巂廳全志》卷九之二。

詩一首 存

收入光緒《越巂廳全志》卷二之四。

文一篇 存

收入光緒《越巂廳全志》卷九之四。

余梯雲

字景萊。咸豐九年恩貢生。同治九年贊周達武剿普雄有功，保國子監學正銜。光緒十一年，授蒲江縣學教諭。見光緒《越巂廳全志》卷八之二、卷九之二。

聖諭佐證四卷

見光緒《越巂廳全志》卷九之二。

詩一首 存

收入光緒《越巂廳全志》卷九之四。

許亮卿

咸豐十一年拔貢生。見光緒《越巂廳全志》卷八之一。

詩四首 存

收入光緒《越巂廳全志》卷二之四、卷二之五、卷二之六。

馬忠良

字襄鄰，號遂庵。歲貢生，候選訓導，教授鄉里。見光緒《越巂廳全志》卷首、卷九之二。

光緒《越巂廳全志》十二卷（馬忠良修 馬湘等纂 孫鏘等續修） 存

今存光緒三十二年鉛印本（方志聯合目録）；舊抄本（雲南）。按：舊抄本不全。

詩一首 存

收入光緒《越巂廳全志》卷九之四。

文二篇 存

收入光緒《越巂廳全志》卷首、卷五之二。

戴名揚

貢生。見光緒《越巂廳全志》卷九之四。

文一篇 存

收入光緒《越巂廳全志》卷九之四。

游月恒

副貢生。見光緒《越巂廳全志》卷九之二。

詩四首 存

收入光緒《越巂廳全志》卷二之四、卷一二。

張昭明

恩貢生，註選教諭。見光緒《越

巂廳全志》卷八之一。

詩九首　存

收入光緒《越巂廳全志》卷二之一〇、卷一二。

（李榮慧　吴静汶）

雅安縣

（今四川雅安市）

陳如平

康熙二十九年舉人，官山西壺關縣知縣，升雲南石屏州知州。見民國《雅安縣志》卷三。

文一篇　存

收入民國《雅安縣志》卷五。

古天機

乾隆元年武舉人。見民國《雅安縣志》卷三。

文一篇　存

收入民國《雅安縣志》卷五。

鄧　倫

字晦齋。乾隆六年舉人。見民國《雅安縣志》卷三。

鄧批四書七卷（批注）　存

今存道光五年成都龍氏敷文閣刻本（北大）。

詩書易三經詁要　四書美善合璧　晦齋文稿

見民國《雅安縣志》卷三。

古宜今

乾隆十八年拔貢生，官梁山縣教諭，後轉南川別駕。見民國《雅安縣志》卷三。

水□詩詩文集

見民國《雅安縣志》卷三。

詩二首　存

收入民國《雅安縣志》卷六。

古運淳

字敦樸，維哲從兄。歲貢生，曾參與民國《雅安縣志》的修纂。見民國《雅安縣志》卷三，《雅安縣鄉土志・學問》。

詩八首　存

收入民國《雅安縣志》卷六。

古維哲

字坦園，宜今子。嘉慶十二年解元。見民國《雅安縣志》卷三。

古解元文稿

見民國《雅安縣志》卷三。

捉野心齋詩文集

見《雅安鄉土志・學問》。

文三篇　存

收入民國《雅安縣志》卷五。

劉祖向

貢生，任汶川訓導。見乾隆《雅州府志》卷九。

文一篇　存

收入乾隆《雅州府志》卷一四。

李登元

字崇階。拔貢生，道光五年任江津縣教諭。見民國《雅安縣志》卷三。

詩一首　存

收入民國《雅安縣志》卷六。

張泰基

字東喬。道光十七年拔貢生。見民國《雅安縣志》卷三。

晨鐘錄　試帖　勸孝百詠題詞

見民國《雅安縣志》卷三。

張肇棠

字南村。咸豐五年舉人，歷署綦江、越巂、銅梁等縣教職。見民國《雅安縣志》卷一。

瑯環仙館詩草

見《雅安縣鄉土志·學問》。

詩二首　存

收入民國《雅安縣志》卷六。

余世俊

字輔堂。咸豐十一年拔貢生，考授武英殿校錄，繼任長寧縣教諭。見民國《雅安縣志》卷三。

詩二首　存

收入民國《雅安縣志》卷六。

余良選

字銓卿，世俊長子。光緒十一年拔貢生，任縣視學。見民國《雅安縣志》卷一、卷三。

民國《雅安縣志》（胡榮堪修　余良選總纂）　存

今存民國十二年修十七年石印本（方志聯合目錄）。

文一篇　存

收入民國《雅安縣志》卷一。

余彦良

字少銓，良選子。見民國《雅安縣志》卷首。

文二篇　存

收入民國《雅安縣志》卷首、卷五。

余良遇

字聘卿，世俊第三子。光緒二十二年恩科解元，主講雅材書院。見民國《雅安縣志》卷一、卷三。

文一篇　存

收入民國《雅安縣志》卷一。

余世德

字心齋。庠生，歷署廣東九龍、洸口、湛江等司巡檢。曾隨鄧承修出使越南，勘中越邊境；又隨王之春出使日本。見民國《雅安縣志》卷三。

詩二首　存

收入民國《雅安縣志》卷六。

陸秉哲

字季岷。同治十二年拔貢生，歷署鹽源、大邑、渠縣等縣教諭，特授江北廳教諭，藍翎五品銜。見民國《雅安縣志》卷三。

詩二首　存

收入民國《雅安縣志》卷六。

賈鴻基

字固之。光緒二十年舉人，任兩淮鹽場大使。見光緒《雅安歷史》卷三，民國《雅安縣志》卷一。

雅安歷史四卷　存

見民國《雅安縣志》卷一。

今存民國十四年石印本（國圖，北師大，南大，川大）。

孝經講義一卷

見民國《雅安縣志》卷一。

李景復

字心畬。光緒二十三年拔貢生。見民國《雅安縣志》卷三。

詩二首　存

收入民國《雅安縣志》卷六。

余良述

光緒三十六年舉人，朝考中式，授吏部主事。見民國《雅安縣志》卷一。

文一篇　存

收入民國《雅安縣志》卷一。

蕭茂乾

字健堂。由優廩生舉孝廉方正，任樂至縣教諭，光緒間主講雅材書院。見民國《雅安縣志》卷三。

文一篇　存

收入民國《雅安縣志》卷六。

劉永鎮

字子靜。歲貢生。見民國《雅安縣志》卷三。

詩三首　存

收入民國《雅安縣志》卷六。

張氏

魯泉先生之姊。見民國《雅安縣志》卷六。

詩一首　存

收入民國《雅安縣志》卷六。

（吴諾曼）

名山縣

（今四川名山縣）

李　蕃

字用錫。原雅州人，以避難徙居名山。康熙二十三年歲貢生，以授徒為業。見民國《名山縣新志》卷一二、卷一三。

詩一首　存

收入民國《名山縣新志》卷一五。

文二篇　存

收入民國《名山縣新志》卷一五。

胡秉珚

字玉山。道光十七年拔貢生，主講仰山書院十年。見民國《名山縣新志》卷一三。

文一篇　存

收入民國《名山縣新志》卷一五。

陳善言

字賡唐。咸豐元年舉人，主講仰山書院。見光緒《名山縣志》卷一三。

蒙山志略　凌雲山房詩鈔

見光緒《名山縣志》卷一三。

詩十首　存

收入光緒《名山縣志》卷一三。

胡體仁

字樂山。同治六年舉人，師事珙縣張澍、墊江李惺。歷主郡縣講席，曾偕樊包等人倡辦鄉團。見民國《名山縣新志》卷一三。

詩四首　存

收入民國《名山縣新志》卷一五。

胡文楷

字香亭。同治八年府學歲貢生。曾遊幕江西，得六品軍秩，不之官。見光緒《名山縣志》卷一三，民國《名山縣新志》卷一二。

挹翠山房詩集

見民國《名山縣新志》卷一二。

張錫衡

字與九。光緒二年舉人，左右縣局數十年。見民國《名山縣新志》卷一三。

文一篇　存

收入民國《名山縣新志》卷一五。

閔　璽

字伯鴻，號雅堂。光緒五年舉人。曾主講蘆山文明書院，襄校成都尊經、錦江兩院，時與廖平、楊鋭、范溶齊名。見民國《名山縣新志》卷一三。

讀詩證異

見民國《名山縣新志》卷一三。

詩十一首　存

收入民國《名山縣新志》卷一五。

文四篇　存

收入民國《名山縣新志》卷一五。

王敬德

字懋齋。光緒七年歲貢生。見光緒《名山縣志》卷一三。

文一篇　存

收入民國《名山縣新志》卷一五。

吳之英

字伯朅。光緒八年優貢生，任灌縣訓導，又主講尊經、錦江各書院。宣統初，蜀開國學，受聘任國學院院長三年。見民國《名山縣新志》卷一二、卷一三，民國《簡陽縣志》卷六。

儀禮奭固十七卷　存

見民國《名山縣新志》卷一五。

收入壽櫟廬叢書（叢書綜錄）。

儀禮奭固禮事圖十七卷　存

按：民國《名山縣新志》卷一五著錄作禮事圖四百有二。

收入壽櫟廬叢書（叢書綜錄）。

儀禮奭固禮器圖十七卷首一卷末三卷　存

按：民國《名山縣新志》卷一五著錄作禮器圖五百六十三周政圖三篇。

收入壽櫟廬叢書（叢書綜錄）。

經學初程一卷（與廖平同撰）　存

今存民國刻本（北大）；壽櫟廬叢書本（叢書綜錄）；新訂六譯館叢書本（叢書綜錄）。

漢師傳經表一卷　存

見民國《名山縣新志》卷一五。

收入壽櫟廬叢書（叢書綜錄）。

經脉分圖四卷　存

見民國《名山縣新志》卷一五。

收入壽櫟廬叢書（叢書綜錄）。

天文圖攷四卷　存

見民國《名山縣新志》卷一五。

收入壽櫟廬叢書（叢書綜錄）。

壽櫟廬文集一卷詩集一卷　存

見民國《名山縣新志》卷一五。

收入壽櫟廬叢書（叢書綜錄）。

壽櫟廬巵言和天四卷　存

見民國《名山縣新志》卷一五。

收入壽櫟廬叢書（叢書綜錄）。

李含貞

字可軒。優廩生。見民國《名山縣新志》卷一三。

槐溪堂稿

見民國《名山縣新志》卷一三。

詩四首　存

收入民國《名山縣新志》卷一五。

龐騰閣

貢生。見光緒《名山縣志》卷一三。

詩一首　存

收入光緒《名山縣志》卷一三。

劉澤沅

字莒灣。廩生，遊湘潭王闓運之門，年三十餘卒。見光緒《名山縣志》卷一三。

詩二首　存

收入光緒《名山縣志》卷一三。

文二篇　存

收入光緒《名山縣志》卷一三。

王樹滋

字劍門，王闓運弟子。諸生。見民國《新繁縣志》卷一四。

文三篇　存

收入民國《新繁縣志》附《新繁文徵》卷三。

楊楨

字敬亭，王闓運弟子。光緒中為歲貢生，候選訓導。為廖平、吳之英、宋育仁之友。見民國《新繁縣志》卷一四、卷二四。按：疑與井研縣之楊楨為同一人。

晚秀堂詩鈔一卷

見民國《新繁縣志》卷三〇。

詩五十首　存

收入民國《新繁縣志》附《新繁文徵》卷一九。

文七篇　存

收入民國《新繁縣志》卷三〇、附《新繁文徵》卷三、卷五、卷一二。

趙正和

字順堂。光緒二十三年舉人。民國初，歷任名山教育局局長，高級小學校長，又任《名山縣新志》修志局之纂輯長。見民國《名山縣新志》卷首、卷一二。

文一篇　存

收入民國《名山縣新志》卷末。

胡國甫

字新柏，一作惺伯。光緒二十三年拔貢生，三十一年，任縣視學，未幾，調辦藏文學校。民國初，歷任川南宣慰參贊、屏山縣知事。見民國《名山縣新志》卷首、卷六、卷一三。

斗酒吟一卷　存

見民國《名山縣新志》卷一五。

今存民國成都昌福公司鉛印本（國圖）。

東湖詩草一卷

按：民國《名山縣新志》卷一五著錄胡國甫撰《龍門詩鈔》，民國十年刊行，凡二種，即上列斗酒吟一卷，東湖詩草一卷。

胡存琮

字禮之。增生，日本師範卒業。民國間，歷任名山雅聯中學校長，察隅、稻城等縣知事。見民國《名山縣新志》卷首。

民國《名山縣新志》十六卷首一卷末一卷（胡存琮等纂修）　存

今存民國十九年刻本（方志聯合目錄）。

文一篇　存

收入民國《名山縣新志》卷首。

魏洪遠

字湘泉。歲貢生，執教四十餘年。見民國《名山縣新志》卷一三《魏含忠傳》附。

達道約編

見民國《名山縣新志》卷一五。

殷樹藩

字柏參。廪生。入民國，教授高小學校十餘年，繼任女校校長、本縣教育局長。見民國《名山縣新志》卷一三。

文三篇　存

收入民國《名山縣新志》卷首、卷一五。

張秉權

字宇男。廪生，高等師範卒業。民國間，曾任名山縣教育局长。見民國《名山縣新志》卷首。

文三篇 存

收入民國《名山縣新志》卷一五。

徐國良

字藎臣。廪生。民國間，任雅聯中學校教習。見民國《名山縣新志》卷首。

文一篇 存

收入民國《名山縣新志》卷末。

（吴諾曼）

滎經縣

（今四川滎經縣）

王以寬

字克敬。乾隆十九年進士，官雲南楚雄知府。見民國《滎經縣志》卷一六。

詩七首　存

收入民國《滎經縣志》卷一六。

王宅琅

以寬子。乾隆四十二年拔貢生。見民國《滎經縣志》卷一六。

詩一首　存

收入民國《滎經縣志》卷一六。

石朝安

字雲根。道光五年拔貢生，年未三十卒。見民國《滎經縣志》卷一〇。

雲根詩草二卷

見民國《滎經縣志》卷一〇、卷一七。

詩十一首　存

收入民國《滎經縣志》卷一六。

黄履康

字達夫，别號似懶。道光二十年舉人。見民國《滎經縣志》卷一〇。

詩集二卷

見民國《滎經縣志》卷一七。

詩四首　存

收入民國《滎經縣志》卷一六。

閻悦泗

字誠齋。咸豐十一年拔貢生。見民國《滎經縣志》卷一六。

詩一首　存

收入民國《滎經縣志》卷一六。

陶　江

咸豐時恩貢生。見民國《滎經縣志》卷一〇。

率臆狂歌一卷

見民國《滎經縣志》卷一七。

王　均

字平遠。咸豐時恩貢生。見民國《滎經縣志》卷一〇、卷一六。

詩四首　存

收入民國《滎經縣志》卷一六。

何文焕

字有章。咸豐時恩貢生。見民國《滎經縣志》卷一〇、卷一五。

文一篇　存

收入民國《滎經縣志》卷一五。

汪元藻

字春圃。同治三年舉人。見民國《滎經縣志》卷一四。

周易通義四卷　縣志補二卷　桑榆問話二卷

見民國《滎經縣志》卷一七。

詩四首　存

收入民國《滎經縣志》卷一六。

文四篇　存

收入民國《滎經縣志》卷一四、卷一五。

郭文蔚

字豹南。同治十二年拔貢生，官雲南直隸州州判。見民國《滎經縣志》卷一六。

詩一首　存

收入民國《滎經縣志》卷一六。

何文光

字斗南。同治間歲貢生。見民國《滎經縣志》卷一〇、卷一六。

燼餘草二卷

見民國《滎經縣志》卷一七。

詩一首　存

收入民國《滎經縣志》卷一六。

朱聘坤

字徵三。光緒十一年拔貢生。見民國《滎經縣志》卷首。

仰晦堂詩文集四卷

見民國《滎經縣志》卷一七。

詩五首　存

收入民國《滎經縣志》卷一六。

王朝治

字履平。光緒二十年舉人，歷任國史館謄錄、河南知縣。見民國《滎經縣志》卷一〇。

植槐軒駢散文稿　遊梁詩草二卷

見民國《滎經縣志》卷一七。

植槐軒詩賦稿

見民國《滎經縣志》卷一〇。

詩六首　存

收入民國《滎經縣志》卷一六。

文十五篇　存

收入民國《滎經縣志》卷一四、卷一五。

李萬鈺

字相如。光緒三十二年優貢生，參纂民國《滎經縣志》。見民國《滎經縣志》卷首、卷一〇。

詩六首　存

收入民國《滎經縣志》卷一六。

文三篇　存

收入民國《滎經縣志》卷一四、卷一五。

黃汝鑑

字筱衡。光緒三十四年進士，任內閣中書。民國時任眾議院議員，曾參纂民國《滎經縣志》。見民國《滎經縣志》卷首、卷一〇、卷一五。

法制講義二卷

見民國《滎經縣志》卷一七。

文一篇　存

收入民國《滎經縣志》卷一五。

宋廷獻

光绪間歲貢生。見民國《滎經縣志》卷一〇。

詩存一卷

民國《滎經縣志》卷一七。

廖高燦

字星垣。廩貢生。見民國《滎經

縣志》卷一四。

環瀛紀事詩二卷　紀史學吟二卷

見民國《滎經縣志》卷一七。

文一篇　存

收入民國《滎經縣志》卷一四。

司馬正華

字蓮峯。廪生，又畢業於四川高等學堂。民國時任大樹堡縣佐。見民國《滎經縣志》卷首、卷一〇。

詩四首　存

收入民國《滎經縣志》卷一六。

文二篇　存

收入民國《滎經縣志》卷一五。

司馬彰

字實齋。增生。見民國《滎經縣志》卷一五。

文一篇　存

收入民國《滎經縣志》卷一五。

朱啟宇

字芙舟。光緒間歲貢生。見民國《滎經縣志》卷一〇、卷一六。

滎經縣鄉土志　存

按：民國《滎經縣志》卷一七作二卷。今存抄本（首都）。注：記事至光緒三十二年。

詩二首　存

收入民國《滎經縣志》卷一六。

李永忠

字藎臣。廪生。見民國《滎經縣志》卷一六。

詩九首　存

收入民國《滎經縣志》卷一六。

鄭樹芬

字移香。見民國《滎經縣志》卷一六。

詩一首　存

收入民國《滎經縣志》卷一六。

譚必康

字樂齋。增生。見民國《滎經縣志》卷一六。

詩一首　存

收入民國《滎經縣志》卷一六。

鄭鐘英

字俊卿。增廪生。見民國《滎經縣志》卷一六。

詩一首　存

收入民國《滎經縣志》卷一六。

廖大桂

字香山。增生。見民國《滎經縣志》卷一六。

海防策畧一卷　知止山房詩四卷

見民國《滎經縣志》卷一七。

詩三首　存

收入民國《滎經縣志》卷一六。

譚其炳

字煥如。增生。見民國《滎經縣志》卷一六。

自怡齋詩稿二卷

見民國《滎經縣志》卷一七。

詩一首　存

收入民國《滎經縣志》卷一六。

匡　佐

原名裕禎，字馥如。增廣生，民國時任道孚、爐霍知事。見民國《滎經縣志》卷一〇、卷一六。

詩三首　存

收入民國《滎經縣志》卷一六。

譚其章

字言理。增生。見民國《滎經縣志》卷一六。

詩四首　存

收入民國《滎經縣志》卷一六。

張趙璧

字玉門。見民國《滎經縣志》卷一六。

詩一首　存

收入民國《滎經縣志》卷一六。

黄履豐

字厚村。增生。見民國《滎經縣志》卷一六。

詩一首　存

收入民國《滎經縣志》卷一六。

王宗懷

字念哉。貢生。見民國《滎經縣志》卷一六。

詩二首　存

收入民國《滎經縣志》卷一六。

何之麟

字瑞生。光緒間歲貢生。見民國《滎經縣志》卷一〇、卷一六。

詩一首　存

收入民國《滎經縣志》卷一六。

王廷楨

字羹梅。貢生。見民國《滎經縣志》卷一六。

詩三首　存

收入民國《滎經縣志》卷一六。

石朝仕

字玉山。廩貢生。見民國《滎經縣志》卷一六。

詩三首　存

收入民國《滎經縣志》卷一六。

何　煜

字桂山。廩生。見民國《滎經縣志》卷一六。

詩三首　存

收入民國《滎經縣志》卷一六。

譚其莊

字香濤，别字創之。官中書。民國十二年，署川西道觀察使。見民國《滎經縣志》卷一六。

中等物理學教科書二卷

見民國《滎經縣志》卷一七。

詩二首　存

收入民國《滎經縣志》卷一六。

張趙才

字衡齋。宣統元年拔貢生，畢業於四川高等學堂。民國時任川邊鎮撫府一等科員。見民國《滎經縣志》卷首。

民國《滎經縣志》二十卷首一卷（賀澤等修 張趙才等纂） 存

今存民國四年刻本（方志聯合目錄）；民國十七年重刻本（南大）；民國十八年漢源王琢增刻本（方志聯合目錄）。

文體摭言四卷　黃河變遷志一卷

見民國《滎經縣志》卷一七。

詩四首　存

收入民國《滎經縣志》卷一六。

文二篇　存

收入民國《滎經縣志》卷一四、卷一五。

王汝馴

字道安。宣統時歲貢生。民國時任天全縣知事。見民國《滎經縣志》卷首、卷一〇、卷一六。

詩三首　存

收入民國《滎經縣志》卷一六。

譚必清

字心淵。宣统時歲貢生。見民國《滎經縣志》卷一〇、卷一六。

澹澄室詩集二卷

見民國《滎經縣志》卷一七。

詩二首　存

收入民國《滎經縣志》卷一六。

李東陽

詩二首　存

收入民國《滎經縣志》卷一六。

（吳諾曼）

蘆山縣

（今四川蘆山縣）

程翔鳳

崇禎三年舉人。入清，任監軍僉事。見康熙《蘆山縣志》卷上、卷下。

文一篇　存

收入康熙《蘆山縣志》卷下。

程翺鳳

字羽伯。見康熙《蘆山縣志》卷下。

文一篇　存

收入康熙《蘆山縣志》卷下。

王心廣

康熙元年歲貢生。見民國《蘆山縣志》卷九。

詩七首　存

收入康熙《蘆山縣志》卷下。

竹郎裔

字水生。明末廩生，康熙元年貢生，人稱清伏生。見康熙《蘆山縣志》卷上。

詩四首　存

收入康熙《蘆山縣志》卷上、卷下。

詞一首　存

收入康熙《蘆山縣志》卷下。

文四篇　存

收入康熙《蘆山縣志》卷上、卷下。

竹全仁

字冬茁，世號興朝伏生，郎裔孫。康熙間舉人。見康熙《蘆山縣志》卷上，民國《蘆山縣志》卷一〇。

康熙《蘆山縣志》二卷（楊廷琚　劉時遺修　竹全仁等纂）　存

今存康熙六十年刻本（臺灣）；傳抄康熙本（方志聯合目錄）；乾隆十年曾符升補刻本（故宫，北大）；傳抄乾隆本（方志聯合目錄）；民國抄本（國圖，北大）。

詩二十五首　存

收入康熙《蘆山縣志》卷上、卷下。

文八篇　存

收入康熙《蘆山縣志》卷上、卷下。

樊澤遙

康熙二十九年舉人，任蘆山學博。見康熙《蘆山縣志》卷上。

詩二首　存

收入康熙《蘆山縣志》卷上、卷下。

竹雍朝

文一篇　存

收入康熙《蘆山縣志》卷上。

胡聯雲

康熙三十八年舉人，任福建羅源知縣。見康熙《蘆山縣志》卷上。

詩十首　存

收入康熙《蘆山縣志》卷下。

竹琦

康熙五十三年舉人，任雲南蒙自縣知縣。見康熙《盧山縣志》卷上。

詩一首 存

收入康熙《蘆山縣志》卷下。

文一篇 存

收入民國《蘆山縣志》卷二。

羊瑾玉

歲貢生。見民國《蘆山縣志》卷九。

詩一首 存

收入康熙《蘆山縣志》卷下。

竹鶴齡

歲貢生。見民國《蘆山縣志》卷九。

詩一首 存

收入康熙《蘆山縣志》卷下。

竹永齡

文二篇 存

收入康熙《蘆山縣志》卷下。

竹錫齡

貢生。見康熙《蘆山縣志》卷上。

文一篇 存

收入康熙《蘆山縣志》卷下。

竹文光

廩膳生。見康熙《蘆山縣志》卷下。

詩一首 存

收入康熙《蘆山縣志》卷下。

文一篇 存

收入康熙《蘆山縣志》卷下。

陳茂書

乾隆間生員。見民國《蘆山縣志》卷二。

文一篇 存

收入民國《蘆山縣志》卷二。

竹樹琪

嘉慶時人。見民國《蘆山縣志》卷二。

文一篇 存

收入民國《蘆山縣志》卷二。

何廷熙

貢生。見民國《蘆山縣志》卷二。

文一篇 存

收入民國《蘆山縣志》卷二。

王運通

字紹文。中同治十二年副榜，銓敘直隸州州判。後主講縣文明書院八年。入民國，研醫診治，有名於時。十年，受聘為川軍第三軍參議官。卒年七十四。見民國《蘆山縣志》卷九、卷一〇。

文一篇 存

收入民國《蘆山縣志》卷二。

周瑞岐

字鳳山。光緒二十三年拔貢生，

任晃寧教諭，卒年六十二歲。見民國《蘆山縣志》卷二、卷九、卷一〇。

蘆山縣樊碑釋文二卷　存

收入民國《蘆山縣志》卷六。

文四篇　存

收入民國《蘆山縣志》卷二。

程述洛

歲貢生。見民國《蘆山縣志》卷九。

文一篇　存

收入民國《蘆山縣志》卷一。

（吳諾曼）

天全州

（今四川天全縣）

高一柱

字梅坡。康熙十一年襲父蹻泰職，為世襲土司官，任天全正招討使。見咸豐《天全州志》卷四。

漫吟詩集

見咸豐《天全州志》卷四。

詩十六首 存

收入咸豐《天全州志》卷七、卷八。

楊振業

字鐸仲。為另一世襲土司天全宣慰使自唐仲子，嘗從自唐軍，以戰功官都司。見咸豐《天全州志》卷四。

靈和雜記

見咸豐《天全州志》卷八。

詩一首 存

收入咸豐《天全州志》卷八。

楊 垕

字子載，一字恥夫。世襲土司大業子、自唐孫。生於天全，六歲從父祖遷南昌，由博士弟子員充乾隆十八年選拔貢生。以詩名，時江右詩有“汪楊蔣趙”之稱（垕與武寧汪軔、鉛山蔣士銓、南豐趙由儀）。年三十二卒。見咸豐《天全州志》卷四《楊大業傳》附。

方悅錄（一名耻夫詩鈔）二卷 存

按：咸豐《天全州志》卷四未著卷數。今存嘉慶五年南昌楊氏刻本（國圖）。

耻夫詩鈔二卷附校勘記一卷 存

今存豫章叢書本。按：校勘記一卷爲民國魏元曠撰。

詩二首 存

收入《全蜀詩鈔》卷一二。

楊昌業

生員。見咸豐《天全州志》卷五。

文一篇 存

收入咸豐《天全州志》卷五。

楊 健

乾隆四十四年歲貢生。見咸豐《天全州志》卷四。

文二篇 存

收入咸豐《天全州志》卷六。

高雲登

乾隆五十五年歲貢生，任直隸邛州大邑縣訓導。見咸豐《天全州志》卷四。

文一篇 存

收入咸豐《天全州志》卷六。

湯全貴

字聿修。嘉慶九年歲貢生。見咸豐《天全州志》卷四、卷七。

詩十二首 存

收入咸豐《天全州志》卷四、卷七。

文一篇 存

收入咸豐《天全州志》卷八。

高履潔

咸豐元年恩貢生，候選直隸州州

判，曾參與分修咸豐《天全州志》。見咸豐《天全州志》卷首、卷四。

文一篇　存

收入咸豐《天全州志》卷八。

楊甲秀

咸豐五年歲貢生，候選儒學訓導，曾協修咸豐《天全州志》。見咸豐《天全州志》卷首、卷四。

詩一首　存

收入咸豐《天全州志》卷七。

文七篇　存

收入咸豐《天全州志》卷六。

釋本堅

行脚僧，號仔磨。幼習儒業，壯年失偶，遺子亦亡，遂遊峨眉出家。見咸豐《天全州志》卷四、卷八。

詩十二首　存

收入咸豐《天全州志》卷四、卷七、卷八。

董之善

諸生，以教授生徒為業，年九十終。見咸豐《天全州志》卷四。

周易輯解無卷數

見嘉慶《四川通志》卷一八三，咸豐《天全州志》卷四。

胡嘉言

文生，議敘從九品銜，曾參與分修咸豐《天全州志》。見咸豐《天全州志》卷首、卷四。

文一篇　存

收入咸豐《天全州志》卷八。

高　某

佚名，號空世子。見咸豐《天全州志》卷四。

詩一首　存

收入咸豐《天全州志》卷四。

邱映梧

貢生，曾參與分修咸豐《天全州志》。見咸豐《天全州志》卷首。

詩一首　存

收入咸豐《天全州志》卷八。

王文熙

號夢樵。廩生。見咸豐《天全州志》卷四。

詩三十五首　存

收入咸豐《天全州志》卷四、卷八。

張　耀

庠生，年三十七而歿。見咸豐《天全州志》卷四。

詩一首　存

收入咸豐《天全州志》卷四。

楊幼霞

字樹榮，師從趙增瑀。見《鵝山文稿》卷首。

文一篇　存

收入《鵝山文稿》卷首。

（李榮慧　吳靜汶）

清溪縣

（今四川漢源縣）

郝方基

乾隆四十二年拔貢生。見嘉慶《清溪縣志》卷二。

詩二首　存

收入嘉慶《清溪縣志》卷一，民國《漢源縣志·寺廟志》。

李日盛

字旭亭。乾隆五十三年舉人，於越嶲任書院院長，歷任官府皆尊仰之。見光緒《越嶲廳全志》卷九之五，民國《漢源縣志·人物志上》。

詩十首　存

收入光緒《越嶲廳全志》卷九之五。

曹　棨

字贊元。乾隆間恩貢生，任長壽縣訓導。工駢體文。見嘉慶《清溪縣志》卷二，民國《漢源縣志·人物志上》、《人物志中》。

文一篇　存

收入嘉慶《清溪縣志》卷三，民國《漢源縣志·教育志》。

劉萬鵬

字雲翊。乾隆間歲貢生，選儒學訓導。見民國《漢源縣志·人物志中》。

詩一首　存

收入民國《漢源縣志·人物志中》。

姜允中

嘉慶六年拔貢生，官東鄉教諭。見民國《漢源縣志·人物志上》。

詩一首　存

收入嘉慶《清溪縣志》卷一。

李如楠

字香山。嘉慶間廩生。見民國《漢源縣志》卷首、《人物志中》。

詩二首　存

收入嘉慶《清溪縣志》卷一。

羊世儀

嘉慶間生員。見嘉慶《清溪縣志》卷一。

按：民國《漢源縣志·人物志上》列爲咸豐中歲貢生，恐誤。

詩一首　存

收入嘉慶《清溪縣志》卷一。

曾日福

嘉慶間生員。見嘉慶《清溪縣志》卷一。

詩二首　存

收入嘉慶《清溪縣志》卷一，民國《漢源縣志·建置志》。

張應台

字雲麓。道光五年拔貢生，後任新都縣儒學官。見民國《漢源縣志·

人物志上》、《人物志中》。

文一篇 存

收入民國《漢源縣志·寺廟志》。

聶正聲

庠生。見民國《漢源縣志·寺廟志》。

文一篇 存

收入民國《漢源縣志·寺廟志》。

周崇豐

字卜靈，一號卜年。生員。見民國《漢源縣志·人物志中》。

詩四首 存

收入民國《漢源縣志·人物志中》。

駱鳳鳴

字蔗坪。咸豐間歲貢生。見民國《漢源縣志·人物志上》、《人物志中》。

梅花百韻詩

見民國《漢源縣志·人物志中》。

張岱坤

字海山，號東峯。咸豐年間恩貢生，後主崃山書院講席。見民國《漢源縣志·人物志上》、《人物志中》。

易案一卷（馮蕙襟補） 存

今存光緒十三年刻本（國圖，北大）。

文一篇 存

收入民國《漢源縣志·人物志下》。

張大成

字集庵。咸豐十一年拔貢生，光緒二年中舉人，後掌教崍山、崇文兩書院。年八十一卒。見民國《漢源縣志·人物志上》、《人物志中》。

文三篇 存

收入民國《漢源縣志·賦役志》、《教育志》、《交通志》。

曹鴻基

字子宅。光緒二十三年拔貢生，官雲南浪穹縣知縣。民國元年，任四川臨時省會議員。七年，曾參纂縣志。見民國《漢源縣志·人物志上》《人物志中》曹之涵條附。

文三篇 存

收入民國《漢源縣志》卷首序、《寺廟志》、《武備志下》。

曹宧庥

鴻儒長子，鴻基侄。見民國《漢源縣志·人物志中》曹鴻儒條附。

文一篇 存

收入民國《漢源縣志·人物志下》。

曹宅庥

字伯禹，鴻儒次子，宧庥弟。增生，畢業於四川高等學堂，任昭覺縣知事。見民國《漢源縣志·人物志上》曹鴻儒條附。

文一篇 存

收入民國《漢源縣志·交通志》。

張運昌

字乃邦。庠生。見民國《漢源縣志·人物志中》。

文一篇　存

收入民國《漢源縣志·寺廟志》。

李正清

字玉冰。光緒十一年拔貢生，朝考，為註銓教諭，主講峽山書院十餘年。清末學制變更，任高小校長。宣統元年，任四川諮議局議員。年七十一卒。見民國《漢源縣志·人物志上》、《人物志中》。

文一篇　存

收入民國《漢源縣志·寺廟志》。

馬世勲

字名丞。光緒十九年舉人。曾以郡屬經古第一名調充尊經書院高才生。見民國《漢源縣志·人物志上》、《人物志中》。

詩一首　存

收入民國《漢源縣志·寺廟志》。

殷銘新

庠生，以授徒為業。見民國《漢源縣志·人物志中》。

詩草三百首

見民國《漢源縣志·人物志中》。

王　琢

增生。又畢業於四川志城法政專門學校。見民國《漢源縣志》卷首序。

民國《漢源縣志》四卷（劉裕常修　王琢等纂）　存

今存民國三十年鉛印本（方志聯合目錄）。按：是志實未分卷。

李奎聚

文生。民國二十九年，參纂《漢源縣志》，任編纂委員。見民國《漢源縣志》卷首序。

文一篇　存

收入民國《漢源縣志·交通志》。

曹伯珩

文一篇　存

收入民國《漢源縣志·寺廟志》。

（李榮慧　郄艷）

樂山縣

（今四川樂山市）

冷　然

字善也。康熙二年舉人，九年成進士。曾參纂州志。見嘉慶《樂山縣志》卷八、卷一〇，同治《嘉定府志》卷二五，《蜀詩續鈔》卷一，民國《樂山縣志》卷九。

詩一首　存

收入《蜀詩續鈔》卷一。

冷岐暉

冷然子。康熙四十一年舉人。見嘉慶《樂山縣志》卷八，同治《嘉定府志》卷二六、卷二七，民國《樂山縣志》卷八、卷九冷然條附。

學圃詩集　文山易解三卷

見民國《樂山縣志》卷一一下。

羅　芳

字擷州。康熙二十六年舉人，官直隸武清縣知縣。見嘉慶《樂山縣志》卷八，同治《嘉定府志》卷二六，民國《樂山縣志》卷八、卷九。

擷州詩集

見民國《樂山縣志》卷九、卷一一。

鄭居廣

字心遠。康熙十一年舉人，官湖南枝江縣知縣。見嘉慶《樂山縣志》卷八，卷一〇，嘉慶《四川通志》卷一八七，同治《嘉定府志》卷二六、卷三四，民國《樂山縣志》卷八、卷九。

靜存集無卷數

見嘉慶《樂山縣志》卷一〇，《四川通志》卷一八七，同治《嘉定府志》卷三四、卷四六，民國《樂山縣志》卷九、卷一一下。

朱曙蓀

康熙五十年舉人，五十二年成進士，歷官山西、陝西提學，轉通政司。見嘉慶《樂山縣志》卷八、卷一〇，同治《嘉定府志》卷二六、卷三四，民國《樂山縣志》卷九。

和聲集（輯）

見民國《樂山縣志》卷一一下。

丁文燦

字翰儀。乾隆十年進士，官員外郎。見嘉慶《樂山縣志》卷八、卷一〇，嘉慶《四川通志》卷一八七，同治《嘉定府志》卷三四，民國《樂山縣志》卷八、卷九。

蓼浦誦言餞言

見同治《嘉定府志》卷四六，民國《樂山縣志》卷一一下。

遊峨詩文集（遊峨集無卷數）

見嘉慶《四川通志》卷一八七，同治《嘉定府志》卷四六，民國《樂山縣志》卷一一下。

帥士安

乾隆十三年副貢生。見嘉慶《樂山縣志》卷九，同治《嘉定府志》卷二七，民國《樂山縣志》卷八。

漢嘉詩歸草（輯）

見民國《樂山縣志》卷一一下。

阮鳴鸞

字友桐。乾隆三十三年舉人，官終越巂廳教授。見嘉慶《樂山縣志》卷八、卷九、卷一〇，同治《嘉定府志》卷二六、卷三四、卷四二，民國《樂山縣志》卷八、卷九。

方響集　皇華集　橦溝集　白水集

見嘉慶《樂山縣志》卷一五，同治《嘉定府志》卷四六，民國《樂山縣志》卷一一下。

全臺集

見民國《樂山縣志》卷一一下。

友桐詩集無卷數

見《四川通志》卷一八七，民國《樂山縣志》卷一一下。

詩一首　存

收入嘉慶《樂山縣志》卷一二，同治《嘉定府志》卷四二。

張　倖

字廉夫。副貢生，官德陽縣教諭。見嘉慶《樂山縣志》卷九，《蜀詩續鈔》卷二，民國《樂山縣志》卷八。

詩一首　存

收入《蜀詩續鈔》卷二。

馮大田

恩貢生。見嘉慶《樂山縣志》卷九，同治《嘉定府志》卷二七，民國《樂山縣志》卷八。

唱和記載別集（輯）

見民國《樂山縣志》卷一一下。

張　瑞（1751—?）

字輯五，號凌雲叟。乾隆四十二年拔貢生，選華陽教諭，後陞夔州府教授。道光十年致仕，年八十。見嘉慶《樂山縣志》卷九，同治《嘉定府志》卷三四、卷四二，民國《樂山縣志》卷九，《清人別集總目》頁1098。

挹爽軒遺集十四卷（莫鳴岐選編）　存

見《清人別集總目》頁1098。按：民國《樂山縣志》卷一一下著錄作挹爽軒文集詩集詩話雜記共十四卷。

今存同治十二年樂山莫氏半畝園刻本（川圖）。

紅袖集　消夏集　歸田集

見民國《樂山縣志》卷一一下。

詩一首　存

收入嘉慶《樂山縣志》卷一二，同治《嘉定府志》卷四二。

文二篇　存

收入民國《樂山縣志》卷一一下。

陳宗源

號茗岡。嘉慶六年拔貢生。見嘉慶《樂山縣志》卷九，同治《嘉定府志》卷四二，民國《樂山縣志》卷八、卷九。

詩七首　存

收入同治《嘉定府志》卷四二。

李嘉秀

字君實，號東山。嘉慶二十三年舉人，次年成進士，授內閣中書，改保寧府教授。卒年七十。見同治《嘉定府志》卷三四，《全蜀詩鈔》卷四四，《蜀詩續鈔》卷五，民國《樂山縣志》卷八。

虛白堂文集

見同治《嘉定府志》卷三四，民國《樂山縣志》卷一一下。

聽雨樓隨筆

見民國《樂山縣志》卷一一下。

詩一首　存

收入《全蜀詩鈔》卷四四，《蜀詩續鈔》卷五。

文二篇　存

收入同治《嘉定府志》卷四五，民國《樂山縣志》卷一二。

謝　渭

字仲膺，號臨江。道光五年舉人，十五年大挑，選任井研縣訓導，學者稱臨江先生。後歸鄉設教館於東山寺。年六十八卒。見同治《嘉定府志》卷二六，民國《樂山縣志》卷八、卷九。

平夷備覽十二略

見民國《樂山縣志》卷九、卷一一下。

文一篇　存

收入民國《樂山縣志》卷一二。

謝金元

字乾初，謝渭子。咸豐十年官榮昌縣教諭，官至福建安溪縣知縣。年七十八卒。見民國《樂山縣志》卷九。

復城紀詠不分卷　存

見《清人別集總目》頁2299。

今存光緒二十七年刻本（復旦）。

蜀閩宦蹟紀事　存

見《清人別集總目》頁2299。按：民國《樂山縣志》卷一一下著錄作蜀閩宦蹟紀事詩存一卷。

今存光緒樂山刻本（川圖）。

虎口餘生錄四卷　鄂遊小草　石室詩文鈔二卷　安溪政餘詩草四卷

見民國《樂山縣志》卷一一下。

徐　岱

道光十一年舉人。見同治《嘉定府志》卷二六，民國《樂山縣志》卷八。

東藩文集

見民國《樂山縣志》卷一一下。

羅星煥

字麗垣。道光二十三年舉人，歷任貴州綏德縣知縣、仁懷廳同知。見同治《嘉定府志》卷二六，民國《樂山縣志》卷八、卷九。

還山詞一卷

見民國《樂山縣志》卷一一下。

劉肇春

字熙臺。咸豐十一年歲貢生。見民國《樂山縣志》卷八、卷九。

嘯笑齋存草五卷　存

見《清人別集總目》頁556。

今存光緒二十一年刻本（上圖）。

嘯笑齋存草八卷詞一卷文二卷　存

見《清人別集總目》頁556。按：民國《樂山縣志》卷一一下著錄作嘯笑齋詩文集。

今存光緒二十三年刻本（國圖）。

鐘琦

字伯農。祖籍江西，入籍樂山，咸豐、同治間人。年八十七卒。見民國《樂山縣志》卷九。按：《清人别集總目》頁1620作西嘉州人。

賃花館隨筆十六卷　存

按：民國《樂山縣志》卷九作憑花館隨筆，無卷數。

今存光緒二十六年嘉州鍾氏刻本（國圖）。

亦囂囂堂稿十卷　存

按：民國《樂山縣志》卷九未標卷數。

今存光緒宣統間刻本（川大）。

亦囂囂堂詩鈔八卷　存

見《清人别集總目》頁1620。

今存光緒三十年嘉州鍾氏刻本（南大）。

亦囂囂堂尺牘十六卷　存

見《清人别集總目》頁1620。

今存光緒南充刻本（川圖）。

皇朝瑣屑錄四十四卷　存

按：民國《樂山縣志》卷九未標卷數。

今存光緒二十三年嘉州鍾氏刻本（國圖，上圖，北大，北師大，南大）；臺北文海出版社一九七〇年影印本。

叢書雜議十二卷　存

按：民國《樂山縣志》卷九未標卷數。

今存光緒二十八年嘉州鍾氏刻本（南大）。

叢書雜議十二卷續集八卷三集六卷四集四卷　存

今存光緒二十八年通奉大夫第刻本（北師大）。

潘大定

字子静，號虚齋。咸豐、同治間人。清末卒，年八十八。見民國《樂山縣志》卷九。

感應類鈔六卷（輯）　**四時撮要四卷**（輯）

見民國《樂山縣志》卷一一下。

許承志

字述齋。同治三年舉人，選昭化教諭，主講嘉定九峰書院。見民國《樂山縣志》卷八、卷九。

文一篇　存

收入民國《樂山縣志》卷一二。

王翰章（1877—1900）

字紹槐，許承志孫婿。先後師從黄經華、廖平、周鑄九，中光緒二十三年舉人，二十六年卒，年二十四。見民國《樂山縣志》卷八、卷九。

推步圖説一卷　**臥月山房詩文稿一卷**

見民國《樂山縣志》卷一一下。

彭懷瑾

同治十二年恩貢生。年七十五卒。見民國《樂山縣志》卷八、卷九。

怡情詩草

見民國《樂山縣志》卷一一下。

潘俊

字宅三。光緒元年舉人，選授冕寧教諭，卒年七十六。見民國《樂山縣志》卷八、卷九。

萃秀山房詩文集　**困後錄**　**温病舉隅**　**醫學揭要**

見民國《樂山縣志》卷一一下。

詒穀堂家訓

見民國《樂山縣志》卷九。

王兆涵

字敬符，室號潛志齋。光緒十一年優貢生，朝考知縣，補湖南嘉禾縣，後歷署永興、藍山、沅陵等縣。入民國，回籍，署仁壽縣。見民國《樂山縣志》卷九，《清人別集總目》頁124。

喟觚齋文錄　存

今存稿本（上圖）。

喟觚齋詩錄　存

今存光緒二十九年樂山王氏刻本（國圖）。

喟觚文錄二卷　存

見民國《樂山縣志》卷一一下。

今存光緒二十八年刻本（國圖）。

喟觚齋詩文錄詩一卷文二卷　存

見《清人別集總目》頁124。

民國《樂山縣志》卷九著錄作渭觚齋詩文集，同書卷一一下著錄有喟觚齋詩錄一卷。

今存光緒二十八年長沙刻本（湘圖，皖圖，南大）。

杜光第

字荔樓。見民國《樂山縣志》卷一一下。

拙筆存真詩集二卷

見民國《樂山縣志》卷一一。

王元盛

字次和。少補博士弟子員，晚年自號聾隱。見民國《樂山縣志》卷九。

半園詩存二卷　壽愷堂雜俎一卷　蛩吟草一卷

見民國《樂山縣志》卷一一下。

王沛霖

雨蒼文集四卷　金匱總括詳解　韻言一卷　六經部位證治　一串錄一卷

見民國《樂山縣志》卷一一下。

郭肇修

字敬五。歲貢生，調尊經書院肄業，後教授於鄉。見民國《樂山縣志》卷九。

文山龕詩集一卷文集一卷

見民國《樂山縣志》卷一一下。

王秉鍾

字靈生，一作犍為人。調尊經書院充高材生，歷任嘉定中校、女師范學校、樂山高小學校文科教師。年六十，以歲貢生終。見民國《樂山縣志》卷八、卷九，民國《犍為縣志》卷二。

居易軒詩草二卷　日記二十八卷　犍廠鄉土記一卷　詩講義四卷　書講義四卷　易講義四卷

見民國《樂山縣志》卷一一下。

詩四首　存

收入民國《犍爲縣志》卷二。

黄　鎔

字經華，廖平入室弟子。光緒二十三年舉人，任長蘆運庫大使。年六十一卒。見民國《樂山縣志》卷一、卷八、卷九。

書尚書弘道編一卷（廖平撰　黃鎔筆述）　存

按：民國《樂山縣志》卷一一下作二卷。

今存新訂六譯館叢書本（叢書綜錄）。

周禮定本略注三卷（廖平撰　黃鎔筆述）　存

按：民國《樂山縣志》卷一一下作六卷。

今存新訂六譯館叢書本（叢書綜錄）。

四益館經學四變記一卷五變記二卷（廖平撰　黃鎔筆述）　存

今存新訂六譯館叢書本（叢書綜錄）。

經傳九州通解一卷　存

見民國《樂山縣志》卷一一下。

今存新訂六譯館叢書本（叢書綜錄）；清末刻本（國圖）。

書中候弘道篇一卷（廖平撰　黃鎔箋述）　存

今存新訂六譯館叢書本（叢書綜錄）。

詩緯新解一卷（廖平撰　黃鎔補證）　存

見民國《樂山縣志》卷一一下。

今存新訂六譯館叢書本（叢書綜錄）。

撼龍經傳訂本注一卷（廖平撰　黃鎔筆述）　存

今存新訂六譯館叢書本（叢書綜錄）；成都存古書局民國六年石印本（國圖）。

地理辨正補正三卷（廖平撰　黃鎔筆述）　存

今存新訂六譯館叢書本（叢書綜錄）。

世界哲理進化退化演說一卷（廖平撰　黃鎔箋釋）　存

按：民國《樂山縣志》卷一一下著錄作世界哲理箋釋一卷。

今存新訂六譯館叢書本（叢書綜錄）。

春秋王制尚書周禮九州疆域大小考　存

今存光緒間刻本（國圖）。

王制孟子合證一卷　左傳杜氏五十凡駁例箋一卷　左傳經證一卷　史記百編書序考一卷

見民國《樂山縣志》卷一一下。

民國《樂山縣志》十二卷（唐受潘修　黃鎔　謝世瑄等纂　王畏嚴補正）　存

今存民國十三年修、二十三年鉛印本（方志聯合目錄）。

文二篇　存

收入民國《樂山縣志》卷一二。

謝世瑄

字碧岑。光緒二十三年拔貢生，任綏德直隸州知州。年六十五卒。見民國《樂山縣志》卷一、卷八、卷九。

毛詩義述十二卷　周禮義述　十三經源流詩注二卷　杜宇國志二卷　古文辭鈔三卷　秦中財政提綱二卷

見民國《樂山縣志》卷一一下。

民國《樂山縣志》十二卷　存

見上黃鎔條。

松桂堂集句詩　存

見民國《樂山縣志》卷一一，《清人別集總目》頁2295。

今存民國九年樂山石印本（川圖）。

謝碧岑半園尺牘初集　存

見《清人別集總目》頁2295。

今存油印本（粵圖）。

文一篇　存

收入民國《樂山縣志》卷一二。

謝崇成

女，字益生，世瑄女，夾江江德忠妻。見民國《樂山縣志》卷一一下。

孤燕樓寒燈記三卷

見民國《樂山縣志》卷一一下。

謝崇安

女，世瑄女，崇成妹，夾江江德龍妻。見民國《樂山縣志》卷一一下。

倚蘭閣文詩稿

見民國《樂山縣志》卷一一下。

李光珠

字子璠。從廖平學，中光緒二十八年舉人，三十一年留學日本政法大學，後任四川官紳法政校教授，後舉為四川省議會議員，歷任高等法院推事、檢察長及彭縣知事等職。見民國《樂山縣志》卷八、卷九。

刑法總類三編　刑法各論四編　民事訴訟法四編　刑事訴訟法五編

見民國《樂山縣志》卷一一下。

劉秉鉞

字子方。見民國《樂山縣志》卷一一下。按：以下數人，皆疑為民國初人。

吟齋小草一卷

見民國《樂山縣志》卷一一下。

劉澤楨

中西數學通解　微積學細草

見民國《樂山縣志》卷一一下。

宋懷璟

合山文集一卷　傷寒論翼一卷

見民國《樂山縣志》卷一一下。

陳化新

藥性辨要

見民國《樂山縣志》卷一一下。

劉國棟

通鑒要錄

見民國《樂山縣志》卷一一下。

楊　氏

女，本縣鍾生敏妻。見《全蜀詩鈔》卷六二。

詩一首　存

收入《全蜀詩鈔》卷六二。

羅其宴

文一篇　存

收入民國《樂山縣志》卷一一。

（何艷艷　鄒艷）

峨嵋縣

（今四川峨嵋山市）

張宏昳

字日升，號如翁。康熙五十六年舉人（一作三十二年），任房縣知縣。見嘉慶《峨嵋縣志》卷六、卷七、卷九，同治《嘉定府志》卷四五。

文三篇 存

收入嘉慶《峨嵋縣志》卷九，同治《嘉定府志》卷四五。

王國祚

字懋勲，號守中，別號綏山。康熙五十九年舉人，雍正八年成進士，官至都匀府知府。後歸田，教授鄉里。見嘉慶《峨嵋縣志》卷六、卷九。

文一篇 存

收入嘉慶《峨嵋縣志》卷九。

楊世珍

按其所作《重建平遠橋紀事》文意，當為康熙中邑人。見嘉慶《峨嵋縣志》卷九。

文三篇 存

見嘉慶《峨嵋縣志》卷九。

江萬鎰

乾隆二十一年舉人，以大挑選任知縣。見嘉慶《峨嵋縣志》卷六、卷九。

文一篇 存

收入嘉慶《峨嵋縣志》卷九。

堯 濬

字溶川。歲貢生。父茂德為乾隆五十六年進士。至濬，始遷温江，故一作温江人。與温江王侃、蕭常芬、車酉相友善。見民國《溫江縣志》卷九。

溶川詩集

見民國《溫江縣志》卷五。

詩一首 存

收入《全蜀詩鈔》卷四四。

堯 湛

字露華，號東郎，濬弟。一作温江人。嘉慶二十四年舉人。年未三十而卒。見《溫江縣鄉土志》卷五，民國《溫江縣志》卷九。

志果齋詩集

見民國《溫江縣志》卷九。

詩二十九首 存

收入《全蜀詩鈔》卷四四，民國《溫江縣志》卷五。

馮 睿

歲貢生，任金堂縣訓導。見嘉慶《峨嵋縣志》卷六、卷九。

詩一首 存

收入嘉慶《峨嵋縣志》卷九。

饒桂陽

歲貢生，任龍安府教授。見嘉慶《峨嵋縣志》卷六。

詩一首　存

收入嘉慶《峨嵋縣志》卷九，同治《嘉定府志》卷四二，民國《丹稜縣志》卷一。

張朝策

庠生。見嘉慶《峨嵋縣志》卷九。

文一篇　存

收入嘉慶《峨嵋縣志》卷九。

張朝錫

庠生。見嘉慶《峨嵋縣志》卷九。

詩三首　存

收入嘉慶《峨嵋縣志》卷九。

張宣訓

增生。見嘉慶《峨嵋縣志》卷九。

詩一首　存

收入嘉慶《峨嵋縣志》卷九。

彭舒英

女，王某之妻。見嘉慶《峨嵋縣志》卷九。

詩三首　存

收入嘉慶《峨嵋縣志》卷九。

釋實如

號眉巖。居伏虎寺，受業於可聞法師，為四世法嗣。見嘉慶《四川通志》卷一八五，同治《嘉定府志》卷三七。

禪餘集無卷數

見嘉慶《四川通志》卷一八五。

眉巖語録一卷

見同治《嘉定府志》卷三七、卷四六。

詩二首　存

收入嘉慶《峨嵋縣志》卷九。

釋懷古

詩一首　存

收入嘉慶《峨嵋縣志》卷九。

李　楷

字桂田。道光元年舉人。見宣統《峨嵋縣續志》卷六、卷九。

文一篇　存

收入宣統《峨嵋縣續志》卷九。

朱世重

字石亭。道光二年優貢生，同年中舉人。見宣統《峨嵋縣續志》卷六，《清詩匯》卷一三一，《清人別集總目》頁424。

峨秀堂詩鈔十二卷　存

今存同治九年新刊藍印本（川大）。

峨秀堂詩鈔四卷　存

見《清人別集總目》頁424。

今存光緒十五年刻懷潞園叢刊本（叢書綜錄）；光緒二十八年潞河李氏代耕堂本（國圖，南圖，中科院）。

張熙宇

字玉田，號曉滄。嘉慶十三年舉人，道光十三年成進士，歷官安徽按察使。咸豐三年革職。卒年七十一。評選七家詩，刻行於世。見宣統《峨嵋縣續志》卷七，《清詩匯》卷一三七，《清人别集總目》頁1196。

花洋山館詩鈔十二卷　存

見《清人别集總目》頁1196。

今存光緒七年刻本（湘圖，中科院）。

花洋山館詩鈔十二卷文鈔四卷　存

見《清人别集總目》頁1196。

今存光緒七年敍州汗青簃刻本（國圖，南圖，川圖，南大）。

花洋山館文鈔四卷詩鈔十二卷補遺二卷　存

見《清人别集總目》頁1196。

今存光緒七年刻本（國圖）。

花洋山館文鈔四卷詩鈔十二卷試帖二卷　存

今存光緒七年刻本（國圖）。

花洋山館試帖二卷　存

今存光緒七年刻本（國圖）。

花洋山館文鈔　存

今存光緒七年敘州汗青簃刻本（上圖）。

詩十九首　存

收入《全蜀詩鈔》卷三五。

林嘉會

咸豐間歲貢生，試用訓導，歷署丹稜、南溪、彭縣教諭。見同治《嘉定府志》卷二七，光緒《丹稜縣志》卷五，宣統《峨嵋縣續志》卷六，民國《丹稜縣志》卷八。

詩二首　存

收入民國《丹稜縣志》卷八，光緒《丹稜縣志》卷五。

李嘉瑞

字鳳岡。同治三年舉人。見宣統《峨嵋縣續志》卷六、卷九。

詩六首　存

收入宣統《峨嵋縣續志》卷九。

文一篇　存

收入宣統《峨嵋縣續志》卷九。

許榮壽

字仁山。同治九年舉人。見宣統《峨嵋縣續志》卷六、卷九。

詩一首　存

收入宣統《峨嵋縣續志》卷九。

張　愉

字樹藩。官雲南永北廳同知。見宣統《峨嵋縣續志》卷六、卷七、卷九。

南游雜草

見宣統《峨嵋縣續志》卷九。

詩一首　存

收入宣統《峨嵋縣續志》卷九。

張志遠

字定侯，愉子。光緒間恩貢生，兼襲雲騎尉世職。見宣統《峨嵋縣續志》卷六、卷七。

詩三首　存

收入宣統《峨嵋縣續志》卷九。

釋行密

字澹竹，一作淡竹，破山祖師弟子。峨眉山僧。為成都草堂寺方丈，退隱天彭白鹿寺。見《全蜀詩鈔》卷六三，《蜀詩續鈔》卷八。

詩五首　存

收入《全蜀詩鈔》卷六三，《蜀詩續

鈔》卷八。

釋行喜

字雪峨，一作雲峨。峨眉山僧。見《全蜀詩鈔》卷六三，《蜀詩續鈔》卷八。

詩一首 存

收入《全蜀詩鈔》卷六三，《蜀詩續鈔》卷八。

釋永宣

字化機。峨眉山僧。見《全蜀詩鈔》卷六三，《蜀詩續鈔》卷八。

詩二首 存

收入《全蜀詩鈔》卷六三，《蜀詩續鈔》卷八。

釋兩山

字荊門。峨眉山僧。見《全蜀詩鈔》卷六三，《蜀詩續鈔》卷八。

詩一首 存

收入《全蜀詩鈔》卷六三，《蜀詩續鈔》卷八。

釋海源

字可閣。峨眉山僧。見《全蜀詩鈔》卷六三，《蜀詩續鈔》卷八。

詩二首 存

收入《全蜀詩鈔》卷六三，《蜀詩續鈔》卷八。

釋元溫

字瓊曰。峨眉山僧。見《全蜀詩鈔》卷六三，《蜀詩續鈔》卷八。

詩一首 存

收入《全蜀詩鈔》卷六三，《蜀詩續鈔》卷八。

釋照裕

字與峨。峨眉山僧。見《全蜀詩鈔》卷六三，《蜀詩續鈔》卷八。

詩一首 存

收入《全蜀詩鈔》卷六三，《蜀詩續鈔》卷八。

釋福昆

字禪明。峨眉山僧。見《全蜀詩鈔》卷六三，《蜀詩續鈔》卷八。

詩二首 存

收入《全蜀詩鈔》卷六三，《蜀詩續鈔》卷八。

釋元英

字肖白。峨眉山僧。見《全蜀詩鈔》卷六三。

詩一首 存

收入《全蜀詩鈔》卷六三。

釋覺和

字屢生。峨眉山僧。見《全蜀詩鈔》卷六三，《蜀詩續鈔》卷八。

詩一首 存

收入《全蜀詩鈔》卷六三，《蜀詩續鈔》卷八。

釋通醉

字文雪。峨眉山僧。見《全蜀詩

鈔》卷六三。

詩一首 存

收入《全蜀詩鈔》卷六三。

徐玉照

字月如，號象恒，一號醒齋。廩生，補山西柳林鎮巡檢，升補通判。見宣統《峨嵋縣續志》卷六、卷七。

深柳堂詩稿

見宣統《峨嵋縣續志》卷七。

張于銘

廩生。由軍功保陞知縣，分發山西。見宣統《峨嵋縣續志》卷九。

詩一首 存

收入宣統《峨嵋縣續志》卷九。

（何艷艷）

洪雅縣

（今四川洪雅縣）

袁文亮

康熙八年舉人。見同治《嘉定府志》卷二六。

詩一首　存

收入嘉慶《洪雅縣志》卷一八。

祝　廙

字赤音，號龍坡。康熙三十五年舉人，官漢州學正。見嘉慶《洪雅縣志》卷二四，嘉慶《四川通志》卷一八七，同治《嘉定府志》卷二六。

行餘詩稿二卷

見嘉慶《洪雅縣志》卷二四，嘉慶《四川通志》卷一八七。

行餘詩文稿

見同治《嘉定府志》卷四六。

詩八首　存

收入嘉慶《洪雅縣志》卷一八。

李若沆

康熙四十四年舉人，任仁壽縣教諭。見嘉慶《補纂仁壽縣志》卷三，同治《嘉定府志》卷二六。

詩一首　存

收入嘉慶《洪雅縣志》卷一八。

袁心頤

康熙五十年舉人，任恩平縣知縣。見嘉慶《洪雅縣志》卷二四，同治《嘉定府志》卷二六。

易經酌疑彙註三卷

見嘉慶《洪雅縣志》卷二四，嘉慶《四川通志》卷一八三。

周又頤

孝廉維新仲子。康熙間，偕其父入籍新津。雍正初，為縣庠生。見道光《新津縣志》卷三三。

舉業良箴

見道光《新津縣志》卷三三。

歐紹脩

字慕廬。雍正元年拔貢生，官教諭。見嘉慶《洪雅縣志》卷一三，同治《嘉定府志》卷二七。

詩一篇　存

收入嘉慶《洪雅縣志》卷一八。

鄒　梁

字鎮庵，號玉川。乾隆三年副貢生，官廬山教諭。見嘉慶《洪雅縣志》卷一三，同治《嘉定府志》卷三四。

四書瑣言　**玉川行稿**　**尋樂樓集**

見嘉慶《洪雅縣志》卷二四，同治《嘉定府志》卷四六。

文一篇　存

收入嘉慶《洪雅縣志》卷二三。

張燦祖

字葆光。乾隆三十年拔貢生。見嘉慶《洪雅縣志》卷一三，同治《嘉定府志》卷二七。

大學中庸衍義二卷　**困游記一卷**

見嘉慶《洪雅縣志》卷二四，同治

《嘉定府志》卷四六。

詩一首　存

收入嘉慶《洪雅縣志》卷一八。

袁文藻

嘉慶間貢生，曾任什邡訓導。見同治《嘉定府志》卷二七，光緒《洪雅縣志》卷九。

詩十二首　存

收入光緒《洪雅縣志》卷九，同治《嘉定府志》卷四二。

陳仕麒

嘉慶間拔貢生，任兵部主事。見同治《嘉定府志》卷二七。

詩五首　存

收入光緒《洪雅縣志》卷九。

張　柱

號帶江。嘉慶六年拔貢生，由教諭保舉出宰石首，後署孝感。見同治《嘉定府志》卷二七、卷三四，光緒《洪雅縣志》卷五。

文一篇　存

收入同治《嘉定府志》卷四五，光緒《洪雅縣志》卷七。

盧見曾

字抱孫，號澹園。官至兩淮運使。見嘉慶《洪雅縣志》卷一〇。

雅江新政

見嘉慶《洪雅縣志》卷二四。

張大用

字行庵，號鳳山。選通江教諭，不就。見嘉慶《洪雅縣志》卷一三。

鳳山文集

見嘉慶《洪雅縣志》卷一三、卷二四，同治《嘉定府志》卷四六。

詩一首　存

收入嘉慶《洪雅縣志》卷一八。

文一篇　存

收入嘉慶《洪雅縣志》卷二三。

侯之鼎

廩生。見嘉慶《洪雅縣志》卷二三。

文一篇　存

收入嘉慶《洪雅縣志》卷二三。

鄒恒遠

歲貢生。見嘉慶《洪雅縣志》卷二三。

文一篇　存

收入嘉慶《洪雅縣志》卷二三。

胡世宗

任合江縣訓導。見嘉慶《合江縣志》卷四八。

詩一首　存

收入嘉慶《合江縣志》卷四八。

傅大貞

字石樵。道光二十九年舉人，同治四年成進士，官兵部主事。見同治

《嘉定府志》卷二六，《全蜀詩鈔》卷五七。

詩五首　存

收入光緒《洪雅縣志》卷九，《全蜀詩鈔》卷五七。

文十三篇　存

收入光緒《洪雅縣志》卷七。

陳仕騏

字石桐。道光五年拔貢生，官兵部主事。見《全蜀詩鈔》卷四六。按：疑與前陳仕麒為同一人。

海棠山館詩草

見《全蜀詩鈔》卷四六。

詩一首　存

收入《全蜀詩鈔》卷四六。

曾璧光

道光三十年進士，改翰林院庶吉士。咸豐二年散館，授編修，九年，授貴州鎮遠府知府。見《清史稿》卷四二〇本傳，光緒《洪雅縣志》卷六。

詩十首　存

收入光緒《洪雅縣志》卷九。

文一篇　存

收入光緒《洪雅縣志》卷七。

李代琳

同治中恩貢生，歷署灌縣、仁壽教諭。見光緒《洪雅縣志》卷四。

文一篇　存

收入同治《嘉定府志》卷四五，光緒《洪雅縣志》卷七。

傅大亨

咸豐元年舉人，官貴州平越州知州。見同治《嘉定府志》卷二六，光緒《洪雅縣志》卷九。

詩一首　存

收入光緒《洪雅縣志》卷九。

文二篇　存

收入光緒《洪雅縣志》卷七。

文代言

字立三。咸豐二年舉人，任合州學正。見同治《嘉定府志》二六，光緒《洪雅縣志》卷五。

詩六首　存

收入光緒《洪雅縣志》卷九。

鄧敏修

咸豐中廩生，任長寧教諭。見光緒《洪雅縣志》卷五鄧敏泰條附、卷七。

文一篇　存

收入光緒《洪雅縣志》卷七。

祝如山

銓選訓導。見光緒《洪雅縣志》卷九。

詩一首　存

收入光緒《洪雅縣志》卷九。

唐汝楨

庠生。見光緒《洪雅縣志》卷九。

詩二首　存

收入光緒《洪雅縣志》卷九。

張德均

增生。見光緒《洪雅縣志》卷七。

文一篇 存

收入光緒《洪雅縣志》卷七。

嚴道尊

同治、光緒間，於本縣巽崖書院從羅錫尊遊學。後為嘉定中學堂校長。見民國《丹稜縣志》卷二。

文一篇 存

收入民國《丹稜縣志》卷二。

（何艷艷）

夾江縣

（今四川夾江縣）

王庭詔

字宣子，號遯庵，別號文崖道人。康熙五年舉人，九年成進士，任湖南江華縣知縣。年八十九卒。見嘉慶《夾江縣志》卷七，同治《嘉定府志》卷二五、卷二六，《全蜀詩鈔》卷五，民國《夾江縣志》卷七、卷八。

耕餘嘯集無卷數（耕餘集）

見嘉慶《四川通志》卷一八七，民國《夾江縣志》卷一一，《全蜀詩鈔》卷五，《清詩匯》卷三六。

紀亂始末　慶治鴻篇

見民國《夾江縣志》卷一一。

詩一首　存

收入《全蜀詩鈔》卷五。

申　直

康熙時人。庠生，精於醫道。見嘉慶《夾江縣志》卷八，民國《夾江縣志》卷八。

花蜜經十二卷

見嘉慶《夾江縣志》卷八，民國《夾江縣志》卷一一，《夾江縣鄉土志略》卷下。

宋　惟

雍正七年舉人，任武陵縣知縣。見嘉慶《夾江縣志》卷七，同治《嘉定府志》卷二六，民國《夾江縣志》卷七。

詩二首　存

收入嘉慶《夾江縣志》一〇，同治《嘉定府志》卷四二，民國《夾江縣志》卷一〇。

宿生澍

字霖蒼。雍正十年舉人，歷任江蘇豊縣、直隸安平知縣。見嘉慶《夾江縣志》卷七，同治《嘉定府志》卷二六、卷三四，民國《夾江縣志》卷七、卷八。

宿光祿遺事一卷

見嘉慶《四川通志》卷一八四，嘉慶《夾江縣志》卷一一，民國《夾江縣志》卷一一。

先光祿遺事二卷

見同治《嘉定府志》卷四六。

劉敬臨

乾隆十七年舉人，歷任合州學正、蓬州訓導。見嘉慶《夾江縣志》卷七，光緒《蓬州志》卷八。

文一篇　存

收入光緒《蓬州志》卷一五。

宋履培

字補之。乾隆間歲貢生，嘉慶中任長寧訓導，陞敘州府教授。見嘉慶《夾江縣志》卷七，民國《夾江縣志》卷八，民國《長寧縣志》卷五。

詩書易叶韶三部　四書辨真一部

見民國《夾江縣志》卷一一。

鄧文端

一作眉州人。乾隆十八年拔貢生，

任保寧府教授。見嘉慶《夾江縣志》卷七，《鶴鶊集》卷首，民國《夾江縣志》卷七。

詩一首　存

收入道光《隆昌縣志》卷三六，咸豐《隆昌縣志》卷三六，同治《隆昌縣志》卷三六。

文一篇　存

收入《鶴鶊集》卷首，道光《隆昌縣志》卷三六，咸豐《隆昌縣志》卷三六，同治《隆昌縣志》卷三六。

吴廷傑

孝廉。見乾隆《屏山縣志》卷五、卷七。

詩七首　存

收入乾隆《屏山縣志》卷七。

文一篇　存

收入乾隆《屏山縣志》卷七。

吴伯毅

字牧山。優貢生。見嘉慶《夾江縣志》卷七，同治《嘉定府志》卷二七。

文一篇　存

收入嘉慶《夾江縣志》卷一一，同治《嘉定府志》卷四五，民國《夾江縣志》卷一〇，《夾江縣鄉土志略》卷下。

李華峯

一名華封，字蔚亭。嘉慶六年舉人，年居七十，始選直隸唐縣知縣。解任後，聘為唐縣煥文書院山長。回蜀，改任屏山縣教諭。見嘉慶《夾江縣志》卷七，同治《嘉定府志》卷二六，民國《夾江縣志》卷七、卷八。

文二篇　存

收入民國《夾江縣誌》卷一一。

王汝賢

嘉慶九年舉人。見嘉慶《夾江縣志》卷七，同治《嘉定府志》卷二六，民國《夾江縣志》卷七。

文三篇　存

收入民國《夾江縣志》卷一一。

李炳奎（1791—?）

原名屺瞻，字石筠。嘉慶十八年舉人，歷官長沙、武黄同知，湖南常德府知府。見同治《嘉定府志》卷二六，《全蜀詩鈔》卷四〇，《蜀詩續鈔》卷二，民國《夾江縣志》卷七、卷八，《清人別集總目》頁808。

常惺惺齋集二十六卷　存

見《清人別集總目》頁808。

今存道光二十九年武黄官署來鶴堂刻本（魯圖）。原按：缺詩六、七卷。

常惺惺齋文集十卷詩集十一卷　存

見民國《夾江縣志》卷一一，《清人別集總目》頁808。

今存宣統二年陳偉勛排印本（國圖，北大，天津師大，南大）。

人海詩六十餘卷（選輯）　人海文鈔四十餘卷（選輯）　古文輯述若干卷

見民國《夾江縣志》卷一一。

詩四十二首　存

收入《全蜀詩鈔》卷四一，《蜀詩續鈔》卷二，民國《溫江縣志》卷一，民國《夾江縣志》卷一〇。

文四篇　存

收入民國《夾江縣志》卷一一，光緒《洪雅縣志》卷七。

劉光閣

光緒間歲貢生，任井研縣教諭。見民國《夾江縣志》卷七，民國《峨邊縣志》卷四。

文一篇　存

收入民國《峨邊縣志》卷四。

雷春翂

字籥雲，號平川。同治、光緒中人。由廩貢生報捐訓導，歷任三臺、蓬溪、遂寧等縣訓導，陞潼川府訓導。後主講本縣雲吟書院。見民國《夾江縣志》卷八、卷一一。

文一篇　存

收入民國《夾江縣志》卷一一。

幹端生

字潛園。清末庠生，調住尊經書院肄業，繼又考入高等學堂畢業。入民國，歷任教育、軍政各職。見《夾江縣鄉土志》卷首。

夾江縣鄉土志略二卷　存

今存民國三十七年石印本（方志聯合目錄）。

劉　鏊

字東堂。見《夾江縣鄉土志》卷二。

松橋山房集

見《夾江縣鄉土志》卷二。

劉星南

崇禮堂集

見《夾江縣鄉土志》卷二。

黃雲生

秀華百詠

見《夾江縣鄉土志》卷二。

（王阿陶）

犍為縣

（今四川犍爲縣）

楊　葳

字聖與。康熙二十年舉人，任湖廣宜章縣知縣，康熙二十五年任四川永川教諭。見民國《犍為縣志》卷六。

文一篇　存

收入嘉慶《犍爲縣志》卷九。

李世廉

康熙間人。按：其文作於康熙十五年。見民國《犍為縣志》卷二。

文一篇　存

收入民國《犍爲縣志》卷二。

余光祖

字孫通，號念峯。康熙四十七年舉人，五十二年成進士，官至江南亳州知州。見嘉慶《犍為縣志》卷七、卷八，同治《嘉定府志》卷二五、卷二六、卷三四，民國《犍為縣志》卷六。

雍正《安東縣志》十七卷（余光祖修　孫超宗纂）　存

今存抄稿本（復旦）；雍正五年刻本（方志聯合目錄）；抄本（方志聯合目錄）。

漣水錄　念峯文集

見嘉慶《犍爲縣志》卷九，同治《嘉定府志》卷四六，民國《犍爲縣志》卷七。

志遠堂詩

見同治《嘉定府志》卷四六，民國《犍爲縣志》卷七。

詩五首　存

收入嘉慶《犍爲縣志》卷九，民國《犍爲縣志》卷一、卷二、卷七、卷一三。

文四篇　存

收入同治《嘉定府志》卷四五、嘉慶《犍爲縣志》卷九，民國《犍爲縣志》卷首。

康如對

字龍山。乾隆元年舉人，次年官漢州學正。卒年七十。見嘉慶《犍為縣志》卷七、卷八，同治《嘉定府志》卷二六，民國《犍為縣志》卷六。

周易解註十二卷

見嘉慶《犍爲縣志》卷九，同治《嘉定府志》卷四六，民國《犍爲縣志》卷七。

醫方秘要單方二卷

見嘉慶《犍爲縣志》卷九，同治《嘉定府志》卷四六。按：秘要，民國《犍爲縣志》卷七作“提要”，當誤。

余　臺

字諫夫。乾隆三年舉人，任直隸博野縣知縣。見嘉慶《犍為縣志》卷七，民國《犍為縣志》卷六。

文二篇　存

收入嘉慶《犍爲縣志》卷九，同治《嘉定府志》卷四五，民國《犍爲縣志》卷二。

李　拔

號峩峯。乾隆十六年進士，累官至湖北荊宜施道。見嘉慶《犍為縣志》卷八，《錦里新編》卷五有傳，同治《嘉定府志》卷三四，民國《犍為縣志》卷六。

乾隆《犍為縣志》九卷（宋錦修　李拔纂）　存

按：嘉慶《犍爲縣志》卷九作重修犍爲志九卷，民國《犍爲縣志》卷七亦作重修犍爲縣志九卷。

今存乾隆十一年犍爲縣署刻本（方志聯合目錄）；乾隆刻本（國圖）。

乾隆《福寧府志》四十四卷首一卷（李拔等纂修）　存

今存乾隆二十七年刻本（方志聯合目錄）；光緒六年張其曜刻本（方志聯合目錄）；抄本（福博，福師大）。

乾隆《長陽縣志》六卷　存

按：嘉慶《犍爲縣志》卷九、民國《犍爲縣志》卷七作八卷。

是志乾隆十九年修，今存抄本（故宫）。

福寧府補藝文志四卷

見嘉慶《犍爲縣志》卷九，民國《犍爲縣志》卷七。

衡州續藝文志四卷　四書旁註　困學心傳　羣編瑣論　讀書樂趣廣類　行部紀略　課兒隨筆　訓子剩言　退思偶記　星軺便覽　西軒客話　東西行錄　壯遊見聞　公餘寄興　學步外編　讞牘紀要　養生質語　教養迂説　離騷解意

見民國《犍爲縣志》卷七。

史學緒論

見嘉慶《犍爲縣志》卷九，民國《犍爲縣志》卷七。同治《嘉定府志》卷四六作讀史緒論，當爲同一書。

理學探原　綱鑑折衷　東溪文集

見嘉慶《犍爲縣志》卷九，同治《嘉定府志》卷四六，民國《犍爲縣志》卷七。

道香園集

見嘉慶《犍爲縣志》卷九，民國《犍爲縣志》卷七。

詩九首　存

收入民國《犍爲縣志》卷一、卷七。

文二篇　存

收入嘉慶《犍爲縣志》卷九，嘉慶《漢州志》卷三五，同治《嘉定府志》卷四五，民國《犍爲縣志》卷二。

李元模

字洪鑄，號範堂，拔長子。乾隆四十五年舉人，四十六年成進士。卒年五十二。見同治《嘉定府志》卷二六，民國《犍為縣志》卷六。按：嘉慶《犍為縣志》卷八載為“乾隆辛未（十六年）進士”，當誤。

浣綬山房文集　松風閣詩草

見民國《犍爲縣志》卷七。

詩四首　存

收入《全蜀詩鈔》卷二〇，民國《犍爲縣志》卷一、卷七。

文四篇　存

收入嘉慶《犍爲縣志》卷九，同治《嘉定府志》卷四五，民國《犍爲縣志》卷二、卷七。

余　續

字嗣徽，號樸齋。乾隆二十四年舉人，官永川縣教諭，升成都府教授。

見嘉慶《犍為縣志》卷八，民國《犍為縣志》卷六。

詩一首　存

收入同治《嘉定府志》卷四二，民國《犍爲縣志》卷二。

田俶虞

乾隆三十年拔貢生。見嘉慶《犍為縣志》卷八，同治《嘉定府志》卷二七、卷三四，民國《犍為縣志》卷六。

文一篇　存

收入嘉慶《犍爲縣志》卷九，同治《嘉定府志》卷四五。

王廷弼

字匯川，號弓百。乾隆四十二年拔貢生，嘉慶十一年任四川遂寧縣教諭。見民國《犍為縣志》卷六。

文二篇　存

收入嘉慶《犍爲縣志》卷九，同治《嘉定府志》卷四五，民國《犍爲縣志》卷六。

余　才

字在三。乾隆中生員，嘗與邑人李拔協修縣志。年六十餘卒。見嘉慶《犍為縣志》卷八，民國《犍為縣志》卷七。

文一篇　存

收入同治《嘉定府志》卷四五。

李周氏

女。乾隆間人。見民國《犍為縣志》卷七。

愛蓮軒詩草

見民國《犍爲縣志》卷七。

詩二首　存

收入民國《犍爲縣志》卷七。

李長馥

乾隆間廩生。見同治《嘉定府志》卷四五，民國《犍為縣志》卷二。

文一篇　存

收入同治《嘉定府志》卷四五，民國《犍爲縣志》卷二。

楊　暹

字旭和，號梧岡，原籍閬中。卒年六十餘。見嘉慶《犍為縣志》卷八，民國《犍為縣志》卷六。

朗齋古文一卷　隨意吟詩集一卷

見民國《犍爲縣志》卷七。

詩二首　存

收入民國《犍爲縣志》卷六、卷七。

楊秉清

字聖泉，號德天，暹第五子。嘉慶九年舉人，生平專力教育，主講印清書院。嘉慶間曾分纂縣志。見民國《犍為縣志》卷六。

文二篇　存

收入民國《犍爲縣志》卷二，民國《樂山縣志》卷一〇二。

李懋寅

字春波，號小山。乾隆五十九年副貢生，嘉慶二十三年舉人。見嘉慶

《犍為縣志》卷七，民國《犍為縣志》卷六。

文一篇　存

收入嘉慶《犍爲縣志》卷九，民國《犍爲縣志》卷六。

李錦源

字蓉艭，號仲岷，又號季蓮。道光三年進士，歷任湖北黄岡、竹溪、武昌縣知縣。見民國《犍為縣志》卷六。

竹谿縣志十二卷　存

見民國《犍爲縣志》卷七。

今存道光八年刻本（北大）。

詩四首　存

收入民國《犍爲縣志》卷七。

王　柱

字衮臣。道光十九年副貢生。見民國《犍為縣志》卷六。

文一篇　存

收入民國《犍爲縣志》卷二。

李　蓉

字芙史。一作樂山人。道光二十年舉人。見《全蜀詩鈔》卷五二，民國《犍為縣志》卷六。

薇露香巢詩集

見民國《犍爲縣志》卷七。

詩九首　存

收入《全蜀詩鈔》卷五二，民國《犍爲縣志》卷七。

羅祥麟

道光間太學生。民國《犍為縣志》卷二、卷七。

金剛經註釋

見民國《犍爲縣志》卷七。

文二篇　存

收入民國《犍爲縣志》卷二。

王南鵬

字丹雲。咸豐時監生，官廣西容縣知縣。見民國《犍為縣志》卷六。

詩二十九首　存

收入民國《犍爲縣志》卷七。

李　經

增生。按其詩所紀為咸豐間當時事，當為咸豐時人。見民國《犍為縣志》卷六。

詩一首　存

收入民國《犍爲縣志》卷六。

魏吉賢

按其詩紀咸豐間當時事，當為咸豐時人。見民國《犍為縣志》卷六。

詩一首　存

收入民國《犍爲縣志》卷六。

袁新琨

庠生。按其詩紀咸豐間當時事，當為咸豐時人。見民國《犍為縣志》卷六。

詩二首　存

收入民國《犍爲縣志》卷六、卷一三。

黄尚恩

按其詩紀咸豐間當時事，當為咸

豐時人。見民國《犍為縣志》卷六。

詩一首　存

收入民國《犍爲縣志》卷六。

文朝輔

字静岩，一作静崖。同治六年舉人，十年成進士，任成都府教授。見民國《犍為縣志》卷六。

詩五首　存

收入民國《犍爲縣志》卷一、卷六、卷七。

寧廷弼

字傅崖。同治十二年舉人，十三年成進士，官户部主事，曾任嘉定九峯書院院長。見民國《犍為縣志》卷六、卷七。

文一篇　存

收入民國《犍爲縣志》卷二。

秦拱北

字乙軀。同治十二年舉人。見民國《犍為縣志》卷五、卷六。

詩六首　存

收入民國《犍爲縣志》卷一、卷五。

陳藴華

字虞賓。同治十二年拔貢生。見民國《犍為縣志》卷六。

北馬南船記一卷

見民國《犍爲縣志》卷七。

詩十五首　存

收入民國《犍爲縣志》卷二、卷七。

余佩芬

字曉窗。同治間歲貢生。見嘉慶《犍為縣志》卷七，同治《嘉定府志》卷二七、卷四五。

揖雲山館詩鈔　留香館詩集

見民國《犍爲縣志》卷七。

詩十六首　存

收入民國《犍爲縣志》卷二、卷七。

袁葆琨

同治時文生。見民國《犍為縣志》卷七。

伏齋吟草一卷

見民國《犍爲縣志》卷七。

詩二首　存

收入民國《犍爲縣志》卷七。

江　璜

字渭臣。光緒八年商學恩貢生，亦為尊經書院高才生。見民國《犍為縣志》卷六、卷七。

詩一首　存

收入民國《犍爲縣志》卷一。

吴紹周

字宗塘。光緒十二年歲貢生。見民國《犍為縣志》卷六。

詩一首　存

收入民國《犍爲縣志》卷六。

楊建春

光緒時文生。見民國《犍為縣志》

卷二。

文一篇　存

收入民國《犍爲縣志》卷二。

吳廷佐

字崧岩。光緒十九年歲貢生，肄業尊經書院。見民國《犍為縣志》卷六、卷七。

地理心悟一卷　小學權輿二卷　說文重文表八卷　醉徑堂駢文集四卷　佛岩詩草二卷　報恩經懺二卷　人生第一當讀書一卷

見民國《犍爲縣志》卷七。

詩二首　存

收入民國《犍爲縣志》卷二。

吳廷俊

字筱岩，廷佐弟。光緒二十四年歲貢生，肄業尊經書院，與其兄廷佐齊名。見民國《犍為縣志》卷六、卷七。

稻香樓詩草

見民國《犍爲縣志》卷七。

詩四首　存

收入民國《犍爲縣志》卷一、卷六、卷一三。

李澍生

字雨田。貢生，官知縣。見《蜀詩續鈔》卷一。

詩一首　存

收入《蜀詩續鈔》卷一。

吳廷傅

字湘岩。光緒二十六年歲貢生。見民國《犍為縣志》卷六。

玉潤山房詩鈔一卷

見民國《犍爲縣志》卷七。

李嗣沆

字子端。光緒時歲貢生。見民國《犍為縣志》卷六。

詩九首　存

收入民國《犍爲縣志》卷一、卷二、卷六。

邱懷貞

女，增生世榮長女，年二十七卒。光緒三十三年奉旌。見民國《犍為縣志》卷六。

詩三首　存

收入民國《犍爲縣志》卷六。

邱明貞

女，增生世榮次女，懷貞妹。光緒中，其未婚夫病故次年，服毒自盡。見民國《犍為縣志》卷六。

詩四首　存

收入民國《犍爲縣志》卷六。

吳運鴻

拔貢生。見民國《犍為縣志》卷二。

詩一首　存

收入民國《犍爲縣志》卷二。

印維精

商科進士。按：當為清末人。見

民國《犍為縣志》卷二。

詩三首　存

收入民國《犍爲縣志》卷二。

向上達

字恬庵。襲父職為粵順德營遊擊，四載後，以父老乞歸。見《全蜀詩鈔》卷四，民國《犍為縣志》卷七。

詩三首　存

收入同治《嘉定府志》卷四二，《全蜀詩鈔》卷四，民國《犍爲縣志》卷七。

金光祖

字念峰。見《全蜀詩鈔》卷四。

詩一首　存

收入《全蜀詩鈔》卷四。

李　坦

字平山。諸生，官浙江杭州杭嘉湖道。見《全蜀詩鈔》卷二〇。

詩四首　存

收入《全蜀詩鈔》卷二〇。

宋燮鈞

庠生。見民國《犍為縣志》卷一。

詩二首　存

收入民國《犍爲縣志》卷一。

楊易霖

字雨蒼。見《山禽餘響》卷首署名。

山禽餘響一卷　存

今存民國二十五年壯學堂刊本（川大）。

劉雲漢

涵香閣詩草一卷（與劉玉亭合著）

見民國《犍爲縣志》卷七。

釋性一

字貫之。少出家從三濟和尚，亂後歸嘉州，開講峨嵋山伏虎寺，今寺堂廡皆其募建。見《全蜀詩鈔》卷六三，民國《犍為縣志》卷六。

詩一首　存

收入《全蜀詩鈔》卷六三。

偈一首　存

收入民國《犍爲縣志》卷六。

（何艷艷）

榮　縣

（今四川榮縣）

丁時英

康熙二年舉人，官仁壽縣教諭。見嘉慶《補纂仁壽縣志》卷三，同治《嘉定府志》卷二六，同治《仁壽縣志》卷九。

文一篇　存

收入嘉慶《補纂仁壽縣志》卷三，同治《仁壽縣志》卷九。

劉世璋

康熙二年舉人。嘗據前明邑人簡勅所撰《榮縣志》增修之，亦為今存黄大本所纂修乾隆縣志所本。見道光《榮縣志》卷三六，同治《嘉定府志》卷二六、卷三四。

文二篇　存

收入道光《榮縣志》卷首、卷三四，同治《嘉定府志》卷四五，民國《榮縣志》卷一四。

張　容

字心如。康熙二十三年舉人，官安徽青陽縣知縣。後授徒青巖山。曾纂修榮縣志。見道光《榮縣志》卷二九、卷三〇，同治《嘉定府志》卷三四。

九華山志　青陽宦蹟草二卷

見同治《嘉定府志》卷三四，道光《榮縣志》卷三六。

文一篇　存

收入道光《榮縣志》卷三四。

鄧錫綸

乾隆三十五年舉人，授湖北知縣，未就任卒。見道光《榮縣志》卷二九、卷三四。

文一篇　存

收入道光《榮縣志》卷三四，民國《榮縣志》卷一四。

鄒學山

乾隆五十九年舉人。見道光《榮縣志》卷二九、卷三四。

丙水考

見道光《榮縣志》卷五。

文二篇　存

收入道光《榮縣志》卷三四、卷三五。

鄒學明

字海山。歲貢生。見道光《榮縣志》卷三〇。

步月山房稿

見道光《榮縣志》卷三〇。

廖朝翼

字東崖，又字扶九。道光五年拔

貢生，十五年成進士，官至陝西同知，加知府銜。見道光《榮縣志》卷首、卷二九、卷三〇，《蜀詩續鈔》卷五，民國《榮縣志》卷八。

寶硯齋文稿　四書音畫略辨　覺世經試帖

見道光《榮縣志》卷三〇。

詩六首　存

收入道光《榮縣志》卷三五，《蜀詩續鈔》卷五。

文二篇　存

收入道光《榮縣志》卷三四，民國《榮縣志》卷一四。

丁光陛

字紫垣。道光五年副貢生，署犍為教諭。見道光《榮縣志》卷二九，民國《榮縣志》卷八。

詩四首　存

收入道光《榮縣志》卷三五。

張軒鵬

號海雲。道光十五年舉人，分發湖北試用知縣。見道光《榮縣志》卷首、卷二九。

詩一首　存

收入道光《榮縣志》卷三五。

曹俊亮

字灼三。道光二十九年舉人，咸豐三年成進士，任陝西候補同知，署臨潼縣、潼關廳等職。見道光《榮縣志》卷二九、卷三四，民國《榮縣志》卷八。

文二篇　存

收入道光《榮縣志》卷三四，民國《榮縣志》卷一四。

彭鳴盛

道光中歲貢生。見道光《榮縣志》卷二九、卷三四。

文一篇　存

收入道光《榮縣志》卷三四。

郝元琛

貢生。見道光《榮縣志》卷二九、卷三五。

詩一首　存

收入道光《榮縣志》卷三五。

吳　邁

廩生。見道光《榮縣志》卷三五。

詩三首　存

收入道光《榮縣志》卷三五。

劉德綱

庠生。見道光《榮縣志》卷三五。

詩一首　存

收入道光《榮縣志》卷三五。

汪　涵

庠生。見道光《榮縣志》卷三五。

詩一首　存

收入道光《榮縣志》卷三五。

詹　崇

字季高，號長坡。邑增生。見道光《榮縣志》卷三〇。

廣聞錄　學統纂要

見道光《榮縣志》卷三〇。

知過齋詩文集　存

見《清人別集總目》頁 2323。

今存民國七年四川詹氏刻本（川圖）。

張敦敘

號一心。見道光《榮縣志》卷三〇。

醒世俚語

見道光《榮縣志》卷三〇。

曾省三（1827—1867）

字習之，又字佑卿，號又卿。咸豐元年舉人，二年成進士，官至南康知府。見道光《榮縣志》卷二九，民國《榮縣志》卷八，《清人別集總目》頁 2282。

托素齋集六卷　存

見《清人別集總目》頁 2282。

今存光緒十七年榮縣王氏五甫堂刻本（川圖，南大）。

廖朝匯

咸豐中恩貢生。見道光《榮縣志》卷二九。

詩一首　存

收入道光《榮縣志》卷三五。

趙　熙（1867—1948）

字堯生，號香宋，自稱休庵先生。光緒十七年舉人，十八年成進士，官翰林院編修，記名御史。官至江西道監察御史。見宣統《峨嵋續志》卷九，民國《榮縣志》卷八，民國《三臺縣志》卷二，《清人別集總目》頁 1535。

香宋詩前集五卷　存

見《清人別集總目》頁 1535。

今存一九五四年上海排印本（國圖，南圖，遼圖，川圖，復旦，湖南師大）。

香宋詩前集二卷　存

今存一九五四年鉛印本（北大）。

香宋詩前集　存

今存光緒二十年鉛印本（北師大）；一九五四年諸暨周善培鉛印本（南大）。

香宋詞二卷　存

今存民國六年成都圖書館刻本（國圖，南大，北師大，川大）；民國八年上海鉛印本（上圖，北師大）。

香宋雜記　存

今存民國二十一年兩彙陳氏鉛印本（南大）；民國二十一年德陽馬自廣校刻本（北師大）。

雪玉堪尺牘　存

見《清人別集總目》頁 1536。

今存抄稿本（川圖）。

詞一首　存

收入《秋雁詞》卷首。

文六篇　存

收入《秋雁詞》卷首，《能登集》卷首，民國《樂山縣志》卷一二，民國《三臺縣志》卷八，民國《榮縣志》卷八、卷一四。

劉炳勛

字燦如。同治三年帶補咸豐十一年舉人，主桂林鳳鳴講席、昭通鳳池精舍，任慶符訓導。光緒二十四年補山東樂安知縣。見道光《榮縣志》卷

二九、卷三〇、卷三四，民國《榮縣志》卷八。

詩二首　存

收入道光《榮縣志》卷三五。

文二篇　存

收入道光《榮縣志》卷三四，民國《榮縣志》卷一四。

郝映清

字江亭。同治中恩貢生。見道光《榮縣志》卷二九、卷三〇。

初學淪靈文集

見道光《榮縣志》卷三〇。

張紹華

字藻庭。諸生。見《全蜀詩鈔》卷四六。

詩三首　存

收入《全蜀詩鈔》卷四六。

釋雲空

字月庵。榮縣某寺僧。見《全蜀詩鈔》卷六三。

詩一首　存

收入《全蜀詩鈔》卷六三。

詹鴻章

字劭逵。歲貢生，曾就讀於日本弘文師範。見民國《榮縣志》卷八、卷八附《學校表》，《清人別集總目》頁2324。

詹言詩鈔八卷　存

見《清人別集總目》頁2324。

今存民國七年四川詹氏刻穀貽堂家刻本（川圖）。

詹言詩文鈔詩鈔八卷附聯語文鈔三卷　存

今存民國七年榮縣詹氏刻本（南大，川大）。按：川大爲殘本，存詩鈔八卷聯語一卷。

穀貽堂集續編十一卷　存

見《清人別集總目》頁2324。

今存民國十六年詹氏石印本（川圖）。

文淵津逮六卷首一卷附組莊詩鈔一卷（又名增輯文淵津逮）　存

今存民國十年犍爲王氏刻本（北師大，南大，川大）。

（何艷艷）

威遠縣
（今四川威遠縣）

倪象愷

康熙四十四年舉人，任直隸長盧鹽運使司鹽運使，授中憲大夫。一作榮縣人。見嘉慶《威遠縣志》卷二、卷五。

文一篇 存

收入嘉慶《威遠縣志》卷六。

陳嘉祚

乾隆四十八年舉人。見光緒《威遠縣志》卷二。

文一篇 存

收入嘉慶《威遠縣志》卷六。

鄒光第

字仲堪。嘉慶十二年舉人，官茂州學正。見嘉慶《威遠縣志》卷五，《全蜀詩鈔》卷三四。

字學三書十五卷（輯） 存

今存道光二十一年十芝堂刻本（北大）。

丹崖詩鈔二卷 存

按：《全蜀詩鈔》卷三四錄作丹崖詩草。

今存道光二十一年刻本（南大）。

百忍圖集注

見光緒《威遠縣志》卷三。

詩二首 存

收入《全蜀詩鈔》卷三四。

文一篇 存

收入道光《樂至縣志》卷一〇。

鄒景興

原名光一，嘉慶十八年更名景興。嘉慶年間舉人。見光緒《威遠縣志》卷二。

農恬瑣言

見光緒《威遠縣志》卷三。

刑名輯要

見光緒《威遠縣志》卷三。

羅　珍

嘉慶二十一年舉人，二十四年成進士。其生平共著書六百四卷。見光緒《威遠縣志》卷二、卷三。

歷代帝王謚號年譜一卷 存

今存清刻本（國圖，北大）。

四書講義一卷　歷代編年四卷　删餘贅語　燈下舊聞　瑤華摘錄　吉光片羽　古文四六　删存詩稿十一卷

見光緒《威遠縣志》卷三。

戡靖教匪述編十二卷 存

按：光緒《威遠縣志》卷三著錄作戡靖教匪述略二十卷。

今存道光六年琉璃廠刻本（北大）；道光十四年刻本（北大）。

詩八首 存

收入光緒《威遠縣志》卷三。

文二篇 存

收入光緒《威遠縣志》卷三。

鄒景任

原名光鉞，嘉慶二十三年更名景任。舉人。見光緒《威遠縣志》卷二、卷三。

詩一首 存

收入光緒《威遠縣志》卷三。

劉紹赤

咸豐中歲貢生。見光緒《威遠縣志》卷二、卷三。

籟鳴草享帚自珍集

見光緒《威遠縣志》卷三。

倪人驤

庠生。見光緒《威遠縣志》卷三。

詩二首 存

收入光緒《威遠縣志》卷三。

鄒德煐

生員。見同治《嘉定府志》卷四六。

鄒氏家譜

見同治《嘉定府志》卷四六。

夏時清

庠生。見光緒《威遠縣志》卷三。

詩四首 存

收入光緒《威遠縣志》卷三。

周汝揚

廩生。見光緒《威遠縣志》卷三。

詩三首 存

收入光緒《威遠縣志》卷三。

袁　籴

訓導。見光緒《威遠縣志》卷三。

詩四首 存

收入光緒《威遠縣志》卷三。

林玉書

廩生。見光緒《威遠縣志》卷三。

詩二首 存

收入光緒《威遠縣志》卷三。

周彦威

舉人。見民國《蓬溪縣近志》卷一三。

邛都詞二卷 存

今存清刻本（北師大）。

邛都詞 存

今存民國四年刻本（上圖）。

文一篇 存

收入民國《蓬溪縣近志》卷一三。

（何艷艷）

峨邊廳

（今四川峨邊彝族自治縣）

賈希曾

光緒二十九年增生，三十三年任勸學員。宣統元年任縣師範傳習所所長。民國元年，任縣參事會參事，民國三年任縣農業講習所所長。後任峨邊縣高等小學校長。見民國《峨邊縣志》卷一、卷三。

詩二首　存

收入民國《峨邊縣志》卷四。

文二篇　存

收入民國《峨邊縣志》卷一。

廖能光

文生，光緒時人。見民國《峨邊縣志》卷三。

詩二首　存

收入民國《峨邊縣志》卷四。

文一篇　存

收入民國《峨邊縣志》卷四。

呂調律

文生。見民國《峨邊縣志》卷四。

詩二首　存

收入民國《峨邊縣志》卷四。

（李榮慧　吴静汶）

三臺縣

（今四川三臺縣）

王新命

字純嘏。清初，全家死於戰亂，時年十二。諸生，官河道總督。見《全蜀詩鈔》卷一。

東山集

見《全蜀詩鈔》卷一。

詩三首　存

收入《全蜀詩鈔》卷一。

王程焰

乾隆元年舉人，四年成進士。見民國《三臺縣志》卷一九。

文一篇　存

收入民國《三臺縣志》卷二二。

趙思善

乾隆二十九年歲貢生。見民國《三臺縣志》卷一九。

柳溪詩集

見光绪《新修潼川府志》卷一六，民國《三臺縣志》卷二〇。

吴方松

字竹友，號青園。乾隆四十四年副榜，學者私謚端節先生。見嘉慶《四川通志》卷一八三，民國《三臺縣志》卷八。

韻彙二卷

見光绪《新修潼川府志》卷一六，民國《三臺縣志》卷二〇。按：嘉慶《四川通志》卷一八三著錄有韻索二卷，當爲同一書。

青園文集四卷

見光绪《新修潼川府志》卷一六，民國《三臺縣志》卷二〇。

文三篇　存

收入嘉慶《三臺縣志》卷八。

諶孝本

乾隆五十九年舉人，任簡州學正。見民國《三臺縣志》卷二二。

文一篇　存

收入民國《三臺縣志》卷二二。

王國敬

字榮黼，號龍山。嘉慶二十三年舉人。見民國《三臺縣志》卷六、卷一九。

文一篇　存

收入民國《三臺縣志》卷四。

蕭鴻吉

字儀可，號韻鑱。道光五年拔貢生，官雅安教諭，年八十三卒。見《清詩匯》卷一三二，光绪《新修潼川府志》卷二二，民國《三臺縣志》卷六。

羣經通義　續方言　續雅州府志

見《清詩匯》卷一三二。

續續方言

見光绪《新修潼川府志》卷一六，民國《三臺縣志》卷二〇。

後漢三公表　韻庵隨筆

見光绪《新修潼川府志》卷一六，《清

詩匯》卷一三二，民國《三臺縣志》卷二〇。

川西南蠻夷種族記　遊戈壁記　南陵堂筆記　正雅堂筆記

見民國《三臺縣志》卷二〇。

樅塘詩稿

見光緒《新修潼川府志》卷一六，民國《三臺縣志》卷二〇。《清詩匯》卷一三二作樅塘詩草。

詩十首　存

收入民國《三臺縣志》卷二三，光緒《遂宁縣志》卷五，《清詩匯》卷一三二。

李志學

字敏齋，別號如山。道光十二年舉人，官靖遠縣知縣。見光绪《新修潼川府志》卷一五、卷二二，民國《三臺縣志》卷六。

養猿堂詩稿

光绪《新修潼川府志》卷一六，民國《三臺縣志》卷二〇。

養源書屋唐詩選　存

今存稿本（上圖）。

詩五首　存

收入《全蜀詩鈔》卷五二。

張樹猷

字雲閣。道光二十年舉人，官湖北公安縣知縣。見民國《三臺縣志》卷八、卷一九。

詩二首　存

收入民國《三臺縣志》卷二三。

張永亮

道光間歲貢生。見民國《三臺縣志》卷一九。

文一篇　存

收入民國《三臺縣志》卷二二。

尹亮臣

字覺亭。道光初年恩貢生。見民國《三臺縣志》卷九、卷一九。

文一篇　存

收入民國《三臺縣志》卷二二。

陳　謙

字吉林。道光間歲貢生。見民國《三臺縣志》卷八、卷一九。

蘿溪詩草　存

見光绪《新修潼川府志》卷一六，民國《三臺縣志》卷二〇，《清人別集總目》頁1246。

今存光緒五年陳氏刻本（川圖）。

文一篇　存

收入民國《中江縣志》卷二三。

馮大中

道光間歲貢生。見光緒《蓬溪縣續志》卷四，民國《三臺縣志》卷一九。

百孝詩

見民國《三臺縣志》卷二〇。

文三篇　存

收入民國《三臺縣志》卷二二，光緒《蓬溪縣續志》卷四。

謝韞芳

女，泰春女，華陽曾光煦妻。按：泰春為同治三年副貢生。見民國《三臺縣志》卷一九、卷二〇。

玉輝館詩稿一卷

見光緒《新修潼川府志》卷一六，民國《三臺縣志》卷二〇。

諶元基

同治六年舉人。見民國《三臺縣志》卷一九。

文一篇 存

收入民國《三臺縣志》卷一七。

蕭端澍

字雨根，號水卿。同治十二年拔貢生，光緒十四年舉人，歷官湖北大冶、藻陽、武昌知縣，升直隸州知州。見《蜀詩續鈔》卷三，民國《三臺縣志》卷一九，《清詩匯》卷一七六。

賞松石齋詩存

見《清詩匯》卷一七六。

詩四首 存

收入《蜀詩續鈔》卷三，《清詩匯》卷一七六。

王龍勳

字汝言，號魯畬，一號蟄庵。光緒二年舉人。見民國《三臺縣志》卷六。

詩經大義

見民國《三臺縣志》卷二〇。

光緒《新修潼川府志》三十卷（阿麟修王龍勳等纂） 存

今存光緒二十三年刻本（方志聯合目錄）。

誌學掌錄　脩身輯義四卷　歷代理學名儒贊　宋元學案約鈔六卷　百孝吟　讀詩隨筆一卷　蟄庵筆談　可存不可存詩鈔　可存不可存文鈔

見民國《三臺縣志》卷二〇。

詩十五首 存

收入民國《三臺縣志》卷二三。

文四篇 存

收入民國《三臺縣志》卷七、卷二二、卷二三，《涪雅堂詩草》卷首。

羅意辰

光緒十四年舉人，由教習官河南淇縣知縣。見民國《三臺縣志》卷一九。

文一篇 存

收入民國《三臺縣志》卷二二。

謝緒璠

光緒十四年舉人，次年成進士，任翰林院編修、國史方略等館提調。見民國《三臺縣志》卷一九。

文一篇 存

收入民國《三臺縣志》卷二二。

王世芬

字潤蒼。光緒十四年舉人，官天全州訓導。見民國《三臺縣志》卷一七。

文二篇 存

收入民國《三臺縣志》卷一七。

陳錫儒

光緒十九年舉人。見民國《三臺

縣志》卷一九。

文二篇　存

收入民國《三臺縣志》卷五，卷二二。

何　淞

字蓉生。按：原署作潼川人。潼川府治三臺縣，故姑繫於本縣。見《蜀詩續鈔》卷三。

詩一首　存

收入《蜀詩續鈔》卷三。

蕭方駿

光緒二十三年拔貢生，官山東嘉祥、濟陽知縣。民國時任財政部國務院秘書。見民國《三臺縣志》卷一九。按：嘉祥，原志作"嘉禾"，山東無嘉禾縣，徑改。

文二篇　存

收入《宋代蜀文輯存》卷首，民國《三臺縣志》卷二二。

王道立

字卓如。光緒二十九年舉人，先後辦學務二十年。入民國卒，年七十三。民國《三臺縣志》卷六。

文一篇　存

收入民國《三臺縣志》卷二二。

孫忠淪（1866—1926）

號達泉。由生員調尊經書院肄業，光緒二十九年優貢生，歷任山東館陶厘金局局長、商埠科長及師範校經學教師。民國十五年卒，年六十一。見民國《三臺縣志》卷八、一九。

文一篇　存

收入民國《三臺縣志》卷二二。

劉福慶

字心田。庠生。卒年八十。見民國《三臺縣志》卷八。

了緣詩草二卷

見民國《三臺縣志》卷八、卷二〇。光绪《新修潼川府志》卷一六無卷數。

詩四首　存

收入民國《三臺縣志》卷二三。

羅洪峨

號廷瞻，别號柳村逸人。見民國《三臺縣志》卷九。

歷代建都考　歷代君道論　歷代臣道論

見光绪《新修潼川府志》卷一六，民國《三臺縣志》卷二〇。

羅克忠

號鐘山。廩生。見民國《三臺縣志》卷八。

歷代史解

見光绪《新修潼川府志》卷一六，民國《三臺縣志》卷二〇。

歷代史詩四十六首

見民國《三臺縣志》卷八。

甘草傳　楊花傳　峨眉小記　詠歷代史

見民國《三臺縣志》卷二〇。

文一篇　存

收入民國《三臺縣志》卷二二。

秦邦碩

字吉人，號篁村，一作中江人。

少耽吟咏，不應童子試。卒年八十三。見民國《三臺縣志》卷九。

篁村詩集(篁村詩草)　唾餘集　未了緣集

見光绪《新修潼川府志》卷一六，民國《三臺縣志》卷二〇，民國《中江縣志》卷八。

李靜山

以農桑起家，受學於胡炳奎。見民國《三臺縣志》卷八。

三種藏書

見民國《三臺縣志》卷二〇。

鄒秀夫

胡炳奎門人。見民國《三臺縣志》卷八。

明明臣傳（輯）

見民國《三臺縣志》卷二〇。

陳開沚

字宛溪。弱寇入泮，後為塾師。入民國，從事實業，建裨農絲廠。卒年七十一。見民國《三臺縣志》卷八。

裨農最要　存

見民國《三臺縣志》卷二〇。

今存光緒二十三年潼川文明堂刻本（上圖）。

裨農最要三卷　存

今存光緒二十三年潼川永義和刻本（國圖，北大，北師大，南大）。按：以上二本疑爲同一刻本。

蠶桑淺説

見民國《三臺縣志》卷二〇。

憂患集　存

按：民國《三臺縣志》卷二〇作憂患集文稿。

今存民國十六年鉛印本（上圖）。

王麟勳

字肇穀。清末任南川縣教諭。見民國《三臺縣志》卷八。

詩四首　存

收入民國《三臺縣志》卷二三。

張之紳

字夢餘，一字茂乙。光緒時人。見民國《三臺縣志》卷八。

餘樂園集

見民國《三臺縣志》卷二〇。

劉　靖

星階詩草四卷

見光绪《新修潼川府志》卷一六，民國《三臺縣志》卷二〇。

劉善慶

福緣詩草

見光绪《新修潼川府志》卷一六，民國《三臺縣志》卷二〇。

羅汝峨

歷代建都考

見民國《三臺縣志》卷二〇。

張味風

詠史六百首

見民國《三臺縣志》卷二〇。

胥靈明

續太極圖說　大學述義　學根錄　醫門真鉢　玄丹正宗　金玉全書　道學三家合

見民國《三臺縣志》卷二〇。

陳毓涪

養正類篇輯解

見民國《三臺縣志》卷二〇。

洪　猷

讀譚子化書贅言

見民國《三臺縣志》卷二〇。

詩二首　存

收入民國《三臺縣志》卷二三。

趙天衢

數學初階一卷　代數草一卷

見民國《三臺縣志》卷二〇。

諶福基

保性命説

見民國《三臺縣志》卷二〇。

王申命

太極圖說

見民國《三臺縣志》卷二〇。

李逢吉

檢驗實則

見民國《三臺縣志》卷二〇。

劉　瑩

醫錄便覽　痢疾探源

見民國《三臺縣志》卷二〇。

陳孟和

維世叢書

見民國《三臺縣志》卷二〇。

梁甫東

道味淺嘗一卷　道學芻言一卷

見民國《三臺縣志》卷二〇。

黄　喆

此君山房詩草

見民國《三臺縣志》卷二〇。

王汝密

慎庵文存

見民國《三臺縣志》卷二〇。

劉藜齋

花庵詩草　藜齋詩草

見民國《三臺縣志》卷二〇。

諶繼光

童山詩文集

見民國《三臺縣志》卷二〇。

萬國亨

吉升詩草

見民國《三臺縣志》卷二〇。

（何艷艷）

射洪縣

（今四川射洪縣）

楊　鼎

順治二年舉人，官清和縣知縣。見光緒《射洪縣志》卷一〇。

文一篇　存

收入光緒《射洪縣志》卷一六下。

廖有恒

字成之，一字柴坡。順治十一年舉人，官山東濟寧州知州。見嘉慶《四川通志》卷一八七，嘉慶《射洪縣志》卷二。

柴坡詩集

見嘉慶《四川通志》卷一八七，嘉慶《射洪縣志》卷一七，光緒《射洪縣志》卷一六上，光绪《新修潼川府志》卷一六。

黄錫策

康熙二十三年舉人，任酆都教諭。見光緒《射洪縣志》卷一〇。

文一篇　存

收入光緒《射洪縣志》卷首。

楊應魁

字斗垣。康熙間以兵部郎中出巡台州，著政績，郡人作《保台實績錄》紀其功。後任分巡敘瀘道四川按察使僉事。見嘉慶《四川通志》卷一八四，嘉慶《射洪縣志》卷五，光緒《射洪縣志》卷一一。

文一篇　存

收入嘉慶《射洪縣志》卷五。

楊甲仁

字乃所，號愧庵。康熙三十四年以明經赴京考取中書，年八十卒。見光緒《鹽亭縣志續編》卷二，《清人別集總目》頁707。

易學驗來錄一卷

見嘉慶《射洪縣志》卷一七，光绪《新修潼川府志》卷一六。

下學錄要　存

按：嘉慶《射洪縣志》卷一七作下學錄一卷，光绪《新修潼川府志》卷一六作下學錄二卷。

今存清末刻本（國圖）。

憂患錄要　存

見嘉慶《射洪縣志》卷一七。光绪《新修潼川府志》卷一六作憂患錄一卷。

今存清末刻本（國圖）。

北遊錄要　存

光绪《新修潼川府志》卷一六作北遊錄一卷。

今存清末刻本（國圖）。

遊城北錄

見嘉慶《射洪縣志》卷一七。按：疑爲“北遊錄要”之誤。

芙蓉錄要　存

按：嘉慶《射洪縣志》卷一七作芙蓉日錄，光绪《新修潼川府志》卷一六作芙蓉日錄一卷。

今存清末刻本（國圖）。

自驗錄要　存

按：光绪《新修潼川府志》卷一六作自驗錄二卷。

今存清末刻本（國圖）。

楊愧庵集五卷 存

見《清人別集總目》頁707。

今存清刻本（南圖）。

愧庵遺集 存

見《清人別集總目》頁707。

今存抄本（上圖）；民國十三年刻本（南大，廣州社科所，臺灣史語）；民國十三年成都明道總院鉛印本（南大）。

愧庵遺著集要五卷 存

見《清人別集總目》頁707。

今存光緒三年桐城馬氏刻本（上圖，南圖）；民國十年刻本（上圖，中科院，北大，人大）；民國二十二年刻本（南圖）。

愧庵遺著集要五種 存

今存清末刻本（國圖）。

文二篇 存

收入嘉慶《華陽縣志》卷三九中。

周　氏

女，楊甲仁妾。見嘉慶《射洪縣志》卷一七。

了心宗傳

見嘉慶《射洪縣志》卷一七。

楊秉乾

字樞然，甲仁子。康熙四十一年舉人，任貴州永從令，擢户部福建司主事，又相繼陞刑部、工部員外郎。年五十卒。見嘉慶《射洪縣志》卷一一，光緒《新修潼川府志》卷一五，光緒《射洪縣志》卷一〇。

楊工部集

見光绪《新修潼川府志》卷一六。

文一篇 存

收入光緒《射洪縣志》卷一六上。

張星瑞

字薇垣，號玉壘。康熙四十四年舉人，官湖州知府。見嘉慶《四川通志》卷一八七，光緒《射洪縣志》卷一〇、卷一一。

玉壘集八卷

見嘉慶《四川通志》卷一八七，光緒《新修潼川府志》卷一六，光緒《射洪縣志》卷一六上。

詩一首 存

收入光緒《射洪縣志》卷一八。

黄　泳

康熙五十年舉人，歷任陝西成縣、渭南縣令。見光緒《射洪縣志》卷一〇。

乾隆《成縣新志》四卷（黄泳修　汪於雍等纂） 存

今存乾隆六年修十七年刻本（方志聯合目錄）。

李　潛

字懋修。少學於唐麟祥，雍正元年舉人，官江西吉水令。見嘉慶《射洪縣志》卷一一，光緒《射洪縣志》卷一一。

文二篇 存

收入光緒《射洪縣志》卷一六下、卷一八。

李廷瑞

乾隆二十七年舉人。見光緒《射

洪縣志》卷一〇。

詩一首　存

收入光緒《射洪縣志》卷一六中。

楊　洄

乾隆四十二年舉人，官保寧府教授。見光緒《射洪縣志》卷一〇。

陽安詩草二卷

見嘉慶《射洪縣志》卷一七，光緒《新修潼川府志》卷一六。

趙燮元

字衡軒。嘉慶十二年舉人，官雲南永平縣知縣。曾纂修縣志。見光绪《新修潼川府志》卷一五、卷一六，光緒《射洪縣志》卷首、卷一一。

讀易管見二卷

見光緒《射洪縣志》卷一六上。按：光绪《新修潼川府志》卷一六作一卷。

屯田遏盜海運三策　浩然錄

見光绪《新修潼川府志》卷一六。

陼海遏盜數策　性原一卷

見光绪《射洪縣志》卷一六上。

知非齋日錄三卷　澹遠軒詩四卷

見光绪《新修潼川府志》卷一六，光緒《射洪縣志》卷一六上。

虎帳元機四卷

見光緒《射洪縣志》卷一六上。按：光绪《新修潼川府志》卷一六錄作無卷數。

知非齋文二卷

見光绪《新修潼川府志》卷一六。按：光緒《射洪縣志》卷一六上無“文”字。

澹遠軒文集上集　存

今存光緒九年刻本（上圖）。

澹遠軒文集二卷　存

今存光緒十二年子春曦刻本（南大）。

黃繼黻

名一作繼紱。嘉慶二十一年副貢生。見光緒《射洪縣志》卷一〇。

古文鐸　制藝鐸

見光緒《新修潼川府志》卷一六。

釋明梁

大覺寺僧。見嘉慶《射洪縣志》卷一七。

金剛經解

見嘉慶《射洪縣志》卷一七。

于靖安

字屏山。中道光元年副榜。見光緒《射洪縣志》卷一一。

後正誼集一卷

見光绪《新修潼川府志》卷一六，光緒《射洪縣志》卷一六上。

詩一首　存

收入光緒《射洪縣志》卷一八。

李　詩

道光間人。見光緒《射洪縣志》卷一六中。

詩一首　存

收入光緒《射洪縣志》卷一六中。

胡文魁

道光十九年舉人，官刑部主事。

見光緒《射洪縣志》卷一〇。

詩二首 存

收入光緒《射洪縣志》卷一八，光緒《蓬溪縣續志》卷四。

文四篇 存

收入光緒《射洪縣志》卷一六下、卷一八。

謝紹伯

道光十九年舉人，官鄷都縣訓導。見光緒《射洪縣志》卷一〇。

孝經注解

見光绪《新修潼川府志》卷一六，光緒《射洪縣志》卷一六上。

袁 霖

道光時貢生。見光緒《射洪縣志》卷一〇。

詩一首 存

收入光緒《射洪縣志》卷一八。

文二篇 存

收入光緒《射洪縣志》卷一八。

鍾體志

字澤生。同治六年舉人，官江西新喻知縣。見光緒《射洪縣志》卷一〇，《清人别集總目》頁1622。

黜邪編 存

今存光緒四年刻本（上圖）。

籌海蠡言黜邪編 存

今存光緒十一年刻本（上圖）。

柴桑傭錄四卷 存

今存光緒十六年藻雪堂刻本（國圖，北大）。

籌海蠡言 存

今存光緒刻本（北大）。

保嬰編 存

今存光緒十六年刻本（國圖）。

澡雪堂詩鈔一卷 存

見《清人别集總目》頁1622。

今存光緒十一年刻本（南圖）。

潯聲集二卷 存

見《清人别集總目》頁1622。

今存光緒十六年刻本（安慶）。

澡雪堂文鈔十卷 存

今存光緒二十年灌城刻本（北大，北師大）；光緒二十二年灌城刻本（國圖）。

籌海蠡言一卷澡雪堂詩鈔一卷綿江别話一卷澡雪堂聯語一卷 存

見《清人别集總目》頁1622。

今存光緒十一年刻本（南圖）。

澡雪堂文鈔十卷詩鈔一卷聯語一卷綿江别話一卷籌海蠡言一卷 存

見《清人别集總目》頁1622。

今存光緒二十年刻本（國圖，南圖，川圖，豫圖，贛圖，中科院，人大，日本東洋）。

澡雪堂集 存

今存光緒二十年刻本（北大）。

澡雪堂文集十卷新吳雜佩六卷詩鈔一卷聯語一卷 存

見《清人别集總目》頁1622。

今存光緒二十一年灌城刻本（上圖）。

夏肇庸

同治七年進士，官山西和顺縣知縣。見嘉慶《射洪縣志》卷一〇，光緒《射洪縣志》卷一〇，民國《三臺縣志》卷一七，《清人别集總目》頁1770。

光緒《交城縣志》十卷首一卷（夏肇庸修許惺南纂）　存

今存光緒八年刻本（方志聯合目錄）。

蓉村詩稿四卷　存

見《清人別集總目》頁1770。

今存光緒九年刻本（北大，南大）；光緒刻清江棹秀集本（叢書綜錄補編）。原按：清江棹秀集本今存三、四兩卷。

蓉村詩稿　存

今存光緒十二年刻本（上圖）。

京珊文抄一卷附文品二十四則　存

今存清刻本（川大）。

舒雲逵

同治十二年舉人。見光緒《射洪縣志》卷一〇。

紫雲山館吟草二卷　存

見《清人別集總目》頁2247。

今存光緒舒氏刻本（川圖）。

文二篇　存

收入光緒《射洪縣志》卷一六下，民國《遂宁縣志》卷一。

楊德芝

同治間舉人，官渠縣訓導。見嘉慶《射洪縣志》卷一〇，民國《三臺縣志》卷二二。

文一篇　存

收入光緒《射洪縣志》卷一六下，民國《三臺縣志》卷二二。

楊芳春

字曉溪。庠生。見光緒《射洪縣志》卷一一。

四書日新編八卷　讀禮饜心錄二卷　詩考一卷　內省日錄二卷

見光绪《新修潼川府志》卷一六，光緒《射洪縣志》卷一六上。

家範文集一卷

見光绪《射洪縣志》卷一六上。光绪《新修潼川府志》卷一六作家範一卷。

詩一首　存

收入光緒《射洪縣志》卷一六中。

文二篇　存

收入光緒《射洪縣志》卷一六下。

楊昌邠

北山草堂詩紀三卷首一卷　存

見《清人別集總目》頁718

今存宣統元年寧國學舍刻本（國圖）；宣統元年寧國學舍活字排印本（津圖）。原按：有周馥等評、周叔弢等校。

北山草堂全集文編偶存二卷游覽詩紀八卷　存

見《清人別集總目》頁718。

今存宣統元年射洪楊氏刻本（南大）；宣統元年木活字本（南大）。

陳璋美

續老學究語

見光绪《新修潼川府志》卷一六。

劉國翼

字輔堂。年六十九卒。見光緒《射洪縣志》卷一一。

古本大學集詁　籌荒策一卷

見光绪《新修潼川府志》卷一六，光

緒《射洪縣志》卷一六上。

請復社倉議一卷　練團保甾書二卷

見光绪《新修潼川府志》卷一六。

劉光謨

字文卿，國翼子。一作富順人。廪生。光緒元年入成都尊經書院肄業。民國十二年尚在世。見光緒《射洪縣志》卷一六、卷一一，《清人别集總目》頁526。

高石齊經世邇言二卷　存

今存光緒二十四年刻本（國圖，川大）。

高石齋經世邇言二卷附桂林陣法一卷　存

今存光緒二十六年富順劉氏刻本（南大）。

高石齋文鈔三卷附射洪縣修志議一卷　存

見《清人别集總目》頁526。

今存光緒十年富順刻本（上圖，川圖，南大，華東師大）。

羅　雲

字北霖。廪生。見光緒《射洪縣志》卷首。

涪村詩稿四卷

見光绪《新修潼川府志》卷一六，光緒《射洪縣志》卷一八。

四六二卷　時藝四卷

見光緒《射洪縣志》卷一八。

盧宏林

養氣軒詩稿

見光绪《新修潼川府志》卷一六。

釋巳露

巳露詩集一卷

見光绪《新修潼川府志》卷一六。

楊光普

日錄二卷

見光绪《新修潼川府志》卷一六。

楊　均

半古齋詩草

見光緒《射洪縣志》卷一六上，光緒《新修潼川府志》卷一六。

趙遠熙

周易郛説三卷　周易説解　治原論一卷

治道約言一卷　琴山詩草一卷

見光绪《新修潼川府志》卷一六。

文二篇　存

收入光緒《射洪縣志》卷一六下，卷一八。

趙遠昭

好泉齋詩集五卷

見光绪《新修潼川府志》卷一六。

趙　浙

邑增生。見光緒《射洪縣志》卷首。

致知錄四卷　達用錄二卷

見光绪《新修潼川府志》卷一六。

胥繼昭

女，邑庠生相四女，于錫寵妻。見光緒《射洪縣志》卷一八。

詩一首　存

收入嘉慶《射洪縣志》卷一四。

謝夢貞

女，芳亭女。見光緒《射洪縣志》卷一八。

幽蘭集

見光緒《射洪縣志》卷一八。

詩三首　存

收入光緒《射洪縣志》卷一八。

顧與治

字堯平。布衣。見《蜀詩續鈔》卷三。

詩一首　存

收入《蜀詩續鈔》卷三。

（何艷艷）

鹽亭縣

（今四川鹽亭縣）

張泰階

字徵平。順治八年舉人，官深州知州。見乾隆《鹽亭縣志》卷六，嘉慶《四川通志》卷一八四。

鹽亭志略無卷數

見嘉慶《四川通志》卷一八四。按：光绪《新修潼川府志》卷一六著錄作古鹽志略。

文二篇 存

收入乾隆《鹽亭縣志》卷首、卷八。

陳　書

字玉簡。康熙二十六年舉人，二十七年成進士，授內閣中書。見光绪《新修潼川府志》卷一五，光緒《鹽亭縣志續編》卷二，《全蜀詩鈔》卷八。

鵑聲詩集

光绪《新修潼川府志》卷一六，光緒《鹽亭縣志續編》卷二。

詩七首 存

收入乾隆《鹽亭縣志》卷八，光绪《新修潼川府志》卷三〇，光緒《鹽亭縣志續編》卷二，《全蜀詩鈔》卷八。

文一篇 存

收入見乾隆《鹽亭縣志》卷八。

桑爲灼

字華公，號雙峰。原籍江寧，康熙中隨父入川。見乾隆《鹽亭縣志》卷六。

握珠堂稿

見乾隆《鹽亭縣志》卷六，光绪《新修潼川府志》卷一六。

張　浦

孝廉。見乾隆《鹽亭縣志》卷二。

文一篇 存

收入乾隆《鹽亭縣志》卷二。

曹正中

乾隆六十年舉人，官仁壽縣教諭。見光緒《鹽亭縣志續編》卷一。

文一篇 存

收入光緒《鹽亭縣志續編》卷一。

趙文傑

文一篇 存

收入乾隆《鹽亭縣志》卷四。

張　錦

文一篇 存

收入乾隆《鹽亭縣志》卷四。

徐　福

詩一首 存

收入乾隆《鹽亭縣志》卷八。

姚紹中

道光五年拔貢生。見光緒《鹽亭縣志續編》卷二。

詩三首 存

收入光緒《鹽亭縣志續編》卷一。

張鵬騫

同治六年舉人，大挑二等，以教職用。見光緒《鹽亭縣志續編》卷一、卷二。

文一篇 存

收入光緒《鹽亭縣志續編》卷一。

馮　書

光緒時人。按馮書文作於光緒二十二年。

文二篇 存

收入《測圜海鏡通釋》卷末。

（何艷艷）

中江縣

（今四川中江縣）

彭襄

字思贊，號退庵。順治十二年進士，任河南南汝道副使。見道光《中江縣新志》卷五、卷八，《全蜀詩鈔》卷四，民國《中江縣志》卷二一。

詩一首 存

收入道光《中江縣志補遺》卷一，《全蜀詩鈔》卷四。

文一篇 存

收入道光《中江縣新志》卷八。

吳詵

字子羽。中康熙二十年副榜，官墊江教諭，升重慶府教授。見道光《中江縣新志》卷五，民國《中江縣志》卷六、卷八。

在田詩集

見道光《中江縣志》卷五，光緒《新修潼川府志》卷一六。按：民國《中江縣志》卷八作東山詩集四卷，下注："府志作在田詩集。"知爲同一書。

詩一首 存

收入道光《中江縣新志》卷二。

李芃

貴中子。康熙二十年舉人，官山西臨縣知縣。見道光《中江縣新志》卷五，民國《中江縣志》卷六。

詩一首 存

收入道光《中江縣新志》卷二。

文一篇 存

收入道光《中江縣新志》卷二。

孟侯

康熙二十年舉人，任廣通縣知縣。見道光《中江縣新志》卷一，卷五，民國《中江縣志》卷六。

詩二首 存

收入道光《中江縣新志》卷一、卷二。

孟佺

字瀛海。康熙四十四年舉人，任江西廣昌縣知縣。見道光《中江縣志》卷五。

詩七首 存

收入道光《中江縣新志》卷一、卷二，民國《中江縣志》卷二三。

李藻

字席文，號東溪。康熙四十一年舉人，補雲南蒙自縣知縣。見道光《中江縣新志》卷五，民國《中江縣志》卷六。

詩二首 存

收入道光《中江縣新志》卷二。

林愈蕃（1714—1771）

字青山，號澗松。乾隆十六年進士，官鄖縣知縣。見《錦里新編》卷五，道光《中江縣志》卷五，《全蜀詩鈔》卷一二，民國《中江縣志》卷二一，《清人別集總目》頁1377。

論語讀朱求是編二十卷　存

見道光《中江縣新志》卷五，光緒《新修潼川府志》卷一六，民國《中江縣志》卷八。

今存乾隆三十五年補過齋刻本（川大）。

孝經刊誤要義一卷

見道光《中江縣新志》卷五，光緒《新修潼川府志》卷一六，民國《中江縣志》卷八。

孟子大義

見民國《中江縣志》卷八。

乾隆《酈縣志》二十三卷首一卷（林愈藩修　段維翰纂）　存

按：光緒《新修潼川府志》卷一六、民國《中江縣志》卷八錄作三十二卷。

今存乾隆三十一年酈縣縣署刻本（方志聯合目錄）；抄本（湖南）。

痘科辨證二卷　存

今存咸豐二年刻本（國圖）。

省心要覽一卷　學規一卷　得心偶錄一卷

見光緒《新修潼川府志》卷一六，民國《中江縣志》卷八。

醫方集要

見民國《中江縣志》卷八。

醫方錄驗　敬義堂制義四卷

見光緒《新修潼川府志》卷一六。

敬義堂稿五卷

見道光《中江縣新志》卷五，民國《中江縣志》卷八。

林青山先生文集八卷詩五卷　存

見《清人別集總目》頁1377。

今存乾隆三十八年中江林氏敬義堂刻本（川圖）。

林青山先生文集十三卷　存

見道光《中江縣新志》卷五，光緒《新修潼川府志》卷一六，民國《中江縣志》卷八。

今存乾隆三十八年斑竹園書屋刻本（上圖，北大）。

四友軒詩草六卷

見道光《中江縣新志》卷五，光緒《新修潼川府志》卷一六，民國《中江縣志》卷八。

詩二首　存

收入《全蜀詩鈔》卷一二。

孟　邵

字少逸，號鷺洲。乾隆二十四年進士，歷任宗人府府丞、都察院左副都御史。見嘉慶《四川通志》卷一八四，嘉慶《華陽縣志》卷三九，道光《中江縣志》卷五，民國《中江縣志》卷六。

蝶叟集

見光緒《新修潼川府志》卷一六，道光《中江縣新志》卷五，民國《中江縣新志》卷六。

詩九首　存

收入民國《中江縣志》卷二三。

文四篇　存

收入嘉慶《三臺縣志》卷二，嘉慶《華陽縣志》卷三九，道光《樂至縣志》卷一〇，民國《中江縣志》卷二一。

戴　治（？—1790）

字繩書，號琴風，惟樞子。乾隆二十四年中副榜，次年中舉人，官至霸州知州，乾隆五十五年卒於官。見道光《中江縣新志》卷五，民國《中江縣新志》卷六、卷八。

聖壽寺聯句詩題壁

見民國《中江縣志》卷八。

李世保

號雲亭。乾隆三十六年副貢生。見道光《中江縣新志》卷五，民國《中江縣志》卷八。

雲亭詩草

見民國《中江縣志》卷八。

王履吉

字謙六。入三臺縣籍。乾隆四十二年舉人，歷署福鼎、壽寧、龍溪等縣知縣，補長樂縣知縣，署邵武分府。見道光《中江縣新志》卷五，民國《中江縣志》卷六，民國《三臺縣志》卷一九。

歸田吟

見道光《中江縣新志》卷五，民國《中江縣志》卷八。

吳啟泰

拔貢生，乾隆五十三年任永寧縣儒學教諭。見嘉慶《直隸敘永廳志》卷三二。

文一篇　存

收入嘉慶《直隸敘永廳志》卷四三。

羅汝价

紹政子。乾隆六十年舉人。見道光《中江縣新志》卷五，民國《中江縣志》卷六。

羅氏詩文草

見民國《中江縣志》卷八。

戴䄷

字耆卿，號敞亭。嘉慶六年進士，歷任陝西延長縣、洋縣知縣。見道光《中江縣新志》卷五，光緒《新修潼川府志》卷二二，民國《中江縣志》卷六。

敞亭遺訓十二則

見光緒《新修潼川府志》卷一六，民國《中江縣志》卷八。

李蕁

字漪園，號可亭。嘉慶十二年舉人，任南充縣教諭。見道光《中江縣新志》卷二、卷五，光緒《新修潼川府志》卷一六，《全蜀詩鈔》卷三四，民國《中江縣志》卷八。

新竹山房詩草八卷

見道光《中江縣新志》卷五，光緒《新修潼川府志》卷一六，民國《中江縣志》卷七、卷八。《全蜀詩鈔》卷三四錄作新竹山房小草。

詩十三首　存

收入道光《中江縣新志》卷二，《全蜀詩鈔》卷三四。

文二篇　存

收入道光《中江縣新志》卷三，民國《中江縣志》卷二一。

熊太占

原名夢吉，字吉堂。嘉慶十二年舉人，選敘州府訓導。見道光《中江縣新志》卷五，民國《中江縣志》卷六。

春煦堂詩文稿　管見瑣言　逸園文集

見民國《中江縣志》卷八。

吳與九

一名錫齡，號鶴年。嘉慶十三年舉人，官紫陽縣知縣。見道光《中江縣新志》卷首，民國《中江縣志》卷六、卷八。

燕翼堂集

見民國《中江縣志》卷八。

劉體仁

字樂山。嘉慶十三年舉人，十六年成進士，官翰林院庶吉士，歷官湖北應山縣、直隸懷柔縣、武清縣知縣，道光時任成都府儒學教授。見道光《中江縣新志》卷五，民國《中江縣志》卷六。

身世範圍二十六卷

見民國《中江縣志》卷八。

劉楚英（1814—?）

原名煐，字湘芸，一字香[illegible]，體仁子。道光十五年舉人，署廣西鹽法道布政使，官梧州知府。見道光《中江縣新志》卷五，民國《中江縣志》卷六，《清人別集總目》頁551。

石龕詩卷十卷　存

見《清人別集總目》頁551。

今存同治九年刻本（中科院）。

石龕詩卷二十四卷詩餘偶存一卷　存

見光緒《新修潼川府志》卷一六，《清人別集總目》頁551。

今存同治九年粵西鹺署刻本（上圖，川圖，南圖，南開，復旦，南大）。

原按：各館書目著錄卷數略有出入。

石龕詩卷二十一卷詩餘偶存一卷　存

今存同治九年粵西鹺署刻本（川大）。

石龕詩十八卷詩餘偶存　存

今存同治九年粵西鹺署劉氏刻本（上圖，北大）。

石龕詩二十一卷　存

今存同治九年粵西鹺署刻本（南大）。

石龕詩草八卷　石龕雜著

見民國《中江縣志》卷八。

李崧霖（?—1833）

原名特壽，字夢蓮，號蕭樓。嘉慶二十一年舉人，曾官眉州學正，主眉山書院。道光十三年卒。見道光《中江縣志》卷五，光緒《新修潼川府志》卷二二，《清人別集總目》頁815。

三十樹梅花書屋詩鈔四卷　存

見光緒《新修潼川府志》卷一六，《清人別集總目》頁815。

今存同治光緒刻息柯居士全集本（叢書綜錄）。

詩四十首　存

收入《全蜀詩鈔》卷四二。

李鴻裔（1831—1885）

字眉生，號香嚴，晚號蘇鄰，崧霖子。道光五年拔貢生，咸豐元年順天舉人，官至江蘇按察使。見《蜀詩續鈔》卷五，民國《中江縣志》卷六、卷二二，《清人別集總目》頁818。

蘇鄰日記　存

今存稿本（上圖）。

李眉生尺牘　存

今存咸豐同治間稿本（國圖）。

李氏筆記 存

今存稿本（上圖）。

蘇鄰隨筆 存

今存稿本（上圖）。

蘇詩便讀 存

今存稿本（上圖）。

履坦園五雜俎 存

今存稿本（上圖）。

懷新閣雜鈔 存

今存稿本（上圖）。

濫觴錄 存

今存稿本（上圖）。

金石書畫雜記 存

今存稿本（上圖）。

研譜 存

今存稿本（上圖）。

靠蒼閣日記 存

今存稿本（上圖）。

香嚴詩稿 存

今存抄本（上圖）。

蘇鄰遺詩二卷 存

見《清人别集總目》頁818。按：光绪《新修潼川府志》卷一六、民國《中江縣志》卷八未著卷數。

今存光緒十四年遵義黎氏日本刻本（國圖，上圖，南圖，豫圖，魯圖，皖圖，湘圖，川圖，粤圖，中科院，北大，南開，南大，復旦，湖南師大，旅大，無錫，溫州，臺灣師大）；民國七年成都昌福公司排印本（川圖）。

蘇鄰遺詩續集一卷 存

見《清人别集總目》頁818。按：民國《中江縣志》卷八未著卷數。

今存光緒十七年中江李氏上海石印本（國圖，上圖，南圖，湘圖，川圖，粤圖，中科院，南大，安徽師大）；民國七年成都昌福公司排印本（南圖，川圖，臺灣史語）。

髯仙詩舫遺稿 存

見光绪《新修潼川府志》卷一六，《蜀詩續鈔》卷五，民國《中江縣志》卷八。

今存光緒十四年遵義黎氏日本刻本（上圖）。

髯仙詩舫遺稿二卷 存

今存光緒十四年遵義黎氏日本刻本（國圖，北大）；民國成都昌福公司鉛印本（國圖）。

髯仙詩舫遺稿二卷附錄一卷 存

見《清人别集總目》頁818。

今存民國成都昌福公司排印本（南圖，湘圖）。

高陶堂遺集八卷 存

今存光緒八年平湖朱氏經注經齋刻本（北大）。

林居雜稿不分卷 存

見《清人别集總目》頁818。

今存稿本（南圖）。

東方先生畫贊 存

今存手跡（上圖）。

趙之謙等書劄不分卷 存

今存清稿本（國圖）。

詩六首 存

收入《蜀詩續鈔》卷五。

戴　鈐

字豹臣。嘉慶二十四年舉人，道光二年成進士，官山西翼城縣知縣。見《全蜀詩鈔》卷四四。

詩一首 存

收入《全蜀詩鈔》卷四四。

吴爲昺

字涣若。官綦江教諭。見道光

《中江縣新志》卷五，民國《中江縣志》卷八。

寒門三十六舌

見民國《中江縣志》卷八。

岳維城

字方亭。道光三年進士，選庶吉士，官至山西澤州府同知。見《蜀詩續鈔》卷二。

詩一首 存

收入《蜀詩續鈔》卷二。

何盛斯（？—1850）

一名淞，字蓉生。道光五年拔貢生，八年舉人。見民國《中江縣志》卷六，《清人別集總目》頁946。

柳汁吟舫詩草十四卷賦草一卷古文一卷

見《清人別集總目》頁946。

今存咸豐元年敘樂園刻本（國圖，南圖，中科院，南大，湖南師大）。

柳汁吟舫詩草十三卷附賦草一卷外集一卷 存

今存咸豐元年敘樂園刻本（北大）。按：疑與上一本爲同一刻本。

柳汁吟舫詩草一卷 存

今存咸豐元年刻本（國圖）。

柳汁吟舫詩草 存

見光緒《新修潼川府志》卷一六，《清詩匯》卷一三二。《全蜀詩鈔》卷四七著錄爲柳汁吟館詩鈔。

今存咸豐三年敘樂園刻本（上圖）。

詩五十九首 存

收入《全蜀詩鈔》卷四七。

黄世喆（1806—1871）

字曉谷，號玉江。歲貢生。見民國《中江縣志》卷六、卷二二，《清人別集總目》頁2010。

四硯堂集十四卷 存

見《清人別集總目》頁2010。按：光緒《新修潼川府志》卷一六、民國《中江縣志》卷八作四硯堂文集十六卷。

今存同治十年銅山黄氏四硯堂刻本（川圖，南大）。

銅山崇賢輯古錄

見光绪《新修潼川府志》卷一六。按：民國《中江縣志》卷八作銅山集古錄。

日錄十六卷

見光绪《新修潼川府志》卷一六，民國《中江縣志》卷八。

四硯堂詩話一卷　詩文剩稿

見民國《中江縣志》卷八。

曉谷時話

見光绪《新修潼川府志》卷一六。

黄易齡

字硯京，世喆子。見民國《中江縣志》卷八。

黄曉谷先生年譜

見民國《中江縣志》卷八。

林有仁（1836—1920）

字心甫，號愛山。庠生。黄世喆婿，早亦受業於世喆。民國九年卒，年八十五。見民國《中江縣志》卷八、卷二二。

讀易日鈔三十卷　易原管窺二卷　中庸求復性篇二卷　讀論語内省隨筆八卷　孔子小學二卷　禹貢淺說一卷　曾子心傳三卷　周子圖書翼二卷　從祀孔庭先儒經學錄二

十卷　終身譜一卷　歷代從祀聖學淵源錄二卷　古銅山縣志五卷　朱陸王合通篇二卷　漢宋合通篇二卷　孔子家人卦象家則二卷　孟子心學錄三卷　明本堂求是錄一卷　誌仁法天求合德錄一卷　勵誌求學知本末錄二卷　先儒靜坐說一卷　滄浪文社約一卷　龍溪詩話五卷　重修林氏譜一卷　味道齋古文二十卷　龍溪日錄十二卷　可象山館詩存十卷

見民國《中江縣志》卷八。

輯景賢錄四卷（輯）　存

見民國《中江縣志》卷八。

今存光緒十八年銅山龍溪書堂刻本（南大）。

林龍溪先生年譜二卷　存

今存民國十二年林氏鉛印本（南大）。

詩六首　存

收入民國《中江縣志》卷二三。

文二篇　存

收入民國《中江縣志》卷二二，民國《三臺縣志》卷六。

李福源

原名復元，字容海。郡增生，道光二年舉人，六年成進士，官咸安宫教習，任河南閿鄉縣知縣。見道光《中江縣新志》卷首、卷二、卷五，民國《中江縣志》卷六。

道光《中江縣新志》八卷首一卷（楊霈修　李福源　范泰衡纂）　**存**

今存道光十九年中江縣署刻本（方志聯合目錄）；同治五年重印本（方志聯合目錄，南大）。

容海詩草

見民國《中江縣志》卷八。

詩五首　存

收入民國《中江縣志》卷二三。

文八篇　存

收入道光《中江縣新志》卷二。

鄧永堂

字少荷。嘉慶六年拔貢生，又中道光五年副榜，官鄰水縣教諭。見道光《中江縣新志》卷首、卷五，民國《中江縣志》卷六。

文一篇　存

收入道光《中江縣新志》卷二。

李開言

恩貢生，官教諭。見道光《中江縣新志》卷五，民國《中江縣志》卷六。

詩一首　存

收入道光《中江縣新志》卷二。

張時珩

恩貢生。見道光《中江縣新志》卷首。

文一篇　存

收入道光《中江縣新志》卷二。

陳聲宜

字葉六。道光二十年副貢生，官榮昌縣訓導。見民國《中江縣志》卷六。

千字文解義

民國《中江縣志》卷六。

三字經解義

見民國《中江縣志》卷八。

李星根

字斗垣，一字苴綠。歲貢生，以國子監學政銜署理簡州學政事。見道光《續增樂至縣志》卷首，民國《中江縣志》卷六、卷七、卷八。

爾雅纂義　史學提要續釋　李氏新譜　不踐蹟室詩鈔　不踐蹟室古文鈔

見民國《中江縣志》卷八。

光緒《遂寧縣志》六卷首一卷（孫海等修　李星根等纂）　存

今存光緒五年遂寧縣署刻本（方志聯合目錄）。

同治《中江縣新志補遺續編》二卷　存

今存同治五年刻本（方志聯合目錄）。

光緒《續增樂至縣志》四卷首一卷（胡書雲修　李星根等纂）　存

今存光緒九年刻本（方志聯合目錄）；民國十八年鉛印本（方志聯合目錄）。

文二十一篇　存

收入光緒《遂寧縣志》卷四，光緒《續增樂至縣志》卷首，民國《三臺縣志》卷二二，民國《中江縣志》卷二一，民國《遂宁縣志》卷四、卷七。

劉兆麟

字秋浦。武庠生。見道光《中江縣新志》卷首，民國《中江縣志》卷八。

龍山吟草

見光绪《新修潼川府志》卷一六，民國《中江縣志》卷八。

李上梅

字有松。歲貢生。見道光《中江縣新志》卷五，民國《中江縣志》卷六。

李氏詩草

見民國《中江縣志》卷八。

北游草

見光绪《新修潼川府志》卷一六，民國《中江縣志》卷八。

淩　焯

字鏡之。咸豐九年舉人，官吳江知縣。見民國《中江縣志》卷六、卷二二。

光緒《丹陽縣志》三十六卷首一卷（劉誥　淩焯等修　徐錫麟　姜璘等纂）　存

今存光緒十一年鴻鳳書院刻本（方志聯合目錄）；民國十六年重印本（方志聯合目錄）。

王建中

字師竹，一字虛竹。同治六年舉人。見民國《中江縣志》卷六、卷七、卷二一、卷二二。

文二篇　存

收入民國《中江縣志》卷二一、卷二二。

林愈芳

字桂山，號香遠。見民國《中江縣志》卷八。

香遠堂遺文一卷　桂山詩賦記序一卷

見光绪《新修潼川府志》卷一六，民

國《中江縣志》卷八。

劉開蒙

字性吾，號濟帆。見民國《中江縣志》卷八。

明性堂文集八卷

見民國《中江縣志》卷八。

人譜補義

見光绪《新修潼川府志》卷一六，民國《中江縣志》卷八。

明性堂文集

見光绪《新修潼川府志》卷一六。

宋述祖

伴鶴軒稿八卷

見光绪《新修潼川府志》卷一六。

謝緒岷

字芰洲，一作字芰舟。一作三臺人。年十四，補博士弟子員。光緒十六年卒。見民國《中江縣志》卷八，民國《三臺縣志》卷八。

有清音室詩集　彈鋏集

見光绪《新修潼川府志》卷一六，民國《中江縣志》卷八。

西歸草四卷　夢蝶山房十卷

見民國《三臺縣志》卷二〇。按：光绪《新修潼川府志》卷一六、民國《中江縣志》卷八西歸草未著卷數。

詩二首　存

收入民國《三臺縣志》卷二三。

曾維慶

字孝履。見民國《中江縣志》卷八。

孝行略

見光绪《新修潼川府志》卷一六，民國《中江縣志》卷八。

王　灊 (1861—1933)

原名乃徵，字聘三、病山，號平珊。光緒十六年進士，選庶吉士，官至湖北布政使。見民國《三臺縣志》卷六、卷二二，《清人別集總目》頁86。

嵩洛吟草　存

見《清人別集總目》頁86。

今存宣統三年排印本（粵圖）。

文四篇　存

收入民國《中江縣志》卷二一，民國《三臺縣志》卷二二。

劉宋祺

字芝生。光緒二年副貢生。見民國《中江縣志》卷六、卷八。

周易鉤玄　四書提要　全史精華　說文綱領　雜體十四卷

見民國《中江縣志》卷八。

詩一首　存

收入民國《三臺縣志》卷二三。

李　昂

字樹軒。光緒五年舉人，官永豐縣知縣。見民國《中江縣志》卷六、卷二二。

文二篇　存

收入民國《中江縣志》卷二二。

戴汝先

字莘田。舉人，官知縣。見民國《中江縣志》卷六、卷二一。

文一篇　存

收入民國《中江縣志》卷二一。

彭光弼

字智平，又字季直。光緒二十年優貢生，二十三年中舉人，官候補中書。見民國《中江縣志》卷六、卷八。

毛詩辭例表　公羊春秋例表　三禮類表　周官經製表　儀禮宮室例表　禮記諸子源流闡略　左傳九流家說攷　諸子九流源流攷略　諸子格致原理　莊子釋　荀子述　墨子駁　韓子糾　八代文評　晉宋五言詩評　齊梁新體詩評一卷　鐸軒文集六卷　孽由病惺草一卷　國文編檢讀本一卷　詩文叢稿十卷

見民國《中江縣志》卷八。

文二篇　存

收入民國《中江縣志》卷二一，《涪雅堂詩草》卷首。

陳品全

光緒二十年進士，任禮部祠祭司主事，廣西永淳縣知縣。見民國《中江縣志》卷首、卷六。

詩一首　存

收入民國《中江縣志》卷二三。

文十一篇　存

收入民國《中江縣志》卷二二，民國《三臺縣志》卷八。

匡學源

字子淵。恩貢生，官教諭。見民國《中江縣志》卷六、卷二二。

文一篇　存

收入民國《中江縣志》卷二二。

游夔一

字錦雯。歲貢生。見民國《中江縣志》卷二二。

文一篇　存

收入民國《中江縣志》卷二二。

劉代聘

字徵三。見民國《中江縣志》卷二二。

文一篇　存

收入民國《中江縣志》卷二二。

彭　釗

字德生。歲貢生。見民國《中江縣志》卷六、卷二二。

文一篇　存

收入民國《中江縣志》卷二二。

劉德華

字華亭。庠生。見民國《中江縣志》卷首。

文一篇　存

見民國《中江縣志》卷二二。

胡懷濬

字小川。光緒十一年副貢。見民

國《中江縣志》卷六、卷八。

冰壺小草

見民國《中江縣志》卷八。

劉弼良

字心荃。宣統元年為軍械官駐防西藏，三年，因拉薩事變而走印度。見《清人別集總目》頁550。

鎮西吟草二卷　存

見《清人別集總目》頁550。

今存民國八年昌福公司排印本（川圖）。

汪茂元

字心如。歲貢生。見民國《中江縣志》卷六，《守約盦文集》卷首。

心如經説稿　**心如文鈔一卷**　**心如詩鈔二卷**

見民國《中江縣志》卷八。

詩一首　存

收入《守約盦文集》卷首。

文一篇　存

收入《守約盦文集》卷首。

鍾錫玳

字頌玉。恩貢生，官教諭。見民國《中江縣志》卷六、卷八。

棣華集（與鍾錫瓚合撰）

見民國《中江縣志》卷八。

李文恕

字约卿。歲貢生。見民國《中江縣志》卷六、卷八。

李氏詩稿六卷

見民國《中江縣志》卷八。

許永賓

字寅谷。歲貢生。見民國《中江縣志》卷六、卷八。

采葑集

見民國《中江縣志》卷八。

王紹中

字孚泉。歲貢生。見民國《中江縣志》卷六、卷八。

硯耕吟草

見民國《中江縣志》卷八。

吴孔昭

字伯明。歲貢生。見民國《中江縣志》卷六、卷八。

吴氏族譜

見民國《中江縣志》卷八。

曾應奎

字柯山。歲貢生。見民國《中江縣志》卷六、卷八。

蓉軒賦草

見民國《中江縣志》卷八。

王　雨

字雨農。署新化縣典吏。見民國《中江縣志》卷六、卷八。

幕蓼山房吟草

見民國《中江縣志》卷八。

岳禪寶

字夢禪。官樂山縣訓導。見民國

《中江縣志》卷六、卷八。

金剛經攷正

見民國《中江縣志》卷八。

曾德治

任雲南候補道。見民國《中江縣志》卷六。

籌滇六條

見民國《中江縣志》卷八。

劉昌蘭

字香澤。見民國《中江縣志》卷七、卷八。

劉香澤年譜一卷

見民國《中江縣志》卷八。

李祖容

字學海。官至八品。見民國《中江縣志》卷六、卷八。

保家訓　綠雲書屋詩集

見民國《中江縣志》卷八。

邱仁體

字岸山。庠生。見民國《中江縣志》卷八、卷二二。

岸山詩文遺藁

見民國《中江縣志》卷八。

梁用光

字又丞。清末民初人，入籍蓬溪縣為附生，襄縣政。年四十五卒。見民國《蓬溪縣近志》卷四。

頤園詩文稿二卷

見民國《蓬溪縣近志》卷一三。

文一篇　存

收入民國《蓬溪縣近志》卷一三。

廖雲溪

醫學五則　存

見光緒《新修潼川府志》卷一六。

今存光緒十三年興發堂刻本（國圖，上圖）。

（何艷艷）

遂寧縣

（今四川遂寧市）

呂　潛

字石山，號半隱，明崇禎間兵部右侍郎大器子。中崇禎十六年進士，授太常寺博士。康熙二十四年歸鄉，名其樓曰課耕。年八十六卒。見乾隆《遂寧縣志》卷六、卷七，光緒《遂寧縣志》卷二，民國《遂寧縣志》卷三。

呂半隱詩集三卷　存

今存民國間刻沈氏述志堂叢書本（國圖），民國二十六年成都沈氏梧龕刻本（南大）。

明呂半隱先生詩集　存

今存光緒十五年重刻本（上圖）。

守閑堂詩懷歸草堂詩課耕樓詩　存

今存光緒十五年重刻本（上圖）。

呂半隱山水冊　存

今存民國十四年上海文明書局影印本（國圖，上圖，川大）；民國二十二年上海文明書局影印本（上圖）。

吕半隐山水十二幀　存

今存民國八年上海文明書局影印本（國圖）。

詩二十九首　存

收入乾隆《遂寧縣志》卷七，民國《遂寧縣志》卷三。

文三篇　存

收入乾隆《遂寧縣志》卷七。

呂柳文

字長在，號旂山，大器子。康熙二年舉人，任河南葉縣知縣。見光緒《遂寧縣志》卷三，《全蜀詩鈔》卷四，民國《遂寧縣志》卷五。

詩一首　存

收入光緒《遂寧縣志》卷五，《全蜀詩鈔》卷四，民國《遂寧縣志》卷四。

呂其樽

字尚素，大器孫。康熙五十九年舉人，任湖北竹山縣知縣。見乾隆《遂寧縣志》卷六，民國《遂寧縣志》卷三、卷四。

詩二首　存

收入乾隆《遂寧縣志》卷七，光緒《遂寧縣志》卷五，民國《遂寧縣志》卷四。

李仙根

字子靜，號南津。順治十一年舉人，十八年成進士，授翰林院編修，官至戶部侍郎。見乾隆《遂寧縣志》卷六，《錦里新编》卷二，同治《巴縣志》卷四之下，光绪《新修潼川府志》卷一五，《全蜀詩鈔》卷四。

安南使事紀要　存

見《全蜀詩鈔》卷四。按：嘉慶《四川通志》卷一八四、光绪《新修潼川府志》卷一六著錄作安南使事紀一卷，光緒《遂寧縣志》卷三著錄作安南使紀略一卷，皆當爲同一書。

今存清抄本（國圖）；康熙八年刻本（上圖）；一九九七年山東齊魯書社影印四庫全書存目叢書本。

安南使事紀要四卷　存

今存清抄本（國圖）。

民國《峨邊縣志》四卷首一卷（李宗鍠等修　李仙根等纂）　存

今存民國四年鉛印本（方志聯合目錄）。

高惕庵語錄一卷　游野浮生集

見光绪《新修潼川府志》卷一六。

南津館詩文集

見光緒《遂寧縣志》卷三。

安南雜記一卷　存

今存康熙三十六年刻昭代叢書（康熙本）甲集第四帙（叢書綜錄）；說鈴（康熙本、道光本）前集（叢書綜錄）；學海類編（道光本、景道光本）集餘八（叢書綜錄）；昭代叢書（道光本）甲集第四帙（叢書綜錄）；光绪二年後印道光間世楷堂昭代叢書本（北大）；光緒間重印道光十三年吳江沈氏世楷堂刻昭代叢書本（國圖）；清重印乾隆間刻昭代叢書本（國圖）；小方壺齋輿地叢鈔第十帙（叢書綜錄）；叢書集成初編本；民國九年上海涵芬樓影印學海類編本。

詩一首　存

收入光緒《遂寧縣志》卷五，《全蜀詩鈔》卷四。

文二篇　存

見同治《巴縣志》卷四之下。

彭王垣

字君藩，别號覺山。康熙二年舉人，任順慶府教授。見乾隆《遂寧縣志》卷六、卷八，《錦里新编》卷七，光绪《新修潼川府志》卷一五，光緒《遂寧縣志》卷四之下。

四書纂要無卷數

見乾隆《遂寧縣志》卷八，嘉慶《四川通志》卷一八三，光绪《新修潼川府志》卷一六。

彭鎔

字粹中，王垣子。康熙二十六年舉人，雍正四年，由成都府教授遷震澤縣知縣。見乾隆《遂寧縣志》卷八，民國《遂寧縣志》卷三。

文一篇　存

收入乾隆《遂寧縣志》卷三，光緒《遂寧縣志》卷四之下，民國《遂寧縣志》卷一。

張烺

字仲裒。康熙間人，以子張鵬翮貴，累贈至文華殿大學士。見乾隆《遂寧縣志》卷九，光緒《遂寧縣志》卷四之下，民國《遂寧縣志》卷三、卷五、卷七。

松龄老人筆記

見光绪《新修潼川府志》卷一六，民國《遂寧縣志》卷五。

文一篇　存

見光緒《遂寧縣志》卷四之下，民國《遂寧縣志》卷七。

張鵬翮（1649—1725）

字運青，號寬宇，張烺子。康熙八年舉人，次年成進士，歷官兵部侍郎、武英殿大學士。謚文端。見乾隆《遂寧縣志》卷六、卷八，嘉慶《四川通志》卷一八四，《錦里新编》卷二，光緒《遂寧縣志》卷四之下，《全蜀詩鈔》卷五，民國《遂寧縣志》卷三。《清史稿》卷二七九有傳。

張公奏議二十四卷　存

見光緒《遂寧縣志》卷三，光緒《新修潼川府志》卷一六。

今存嘉慶五年江南河庫道刻本（國圖，上圖，北大）；清刻本（南大）。

張公奏議　存

今存康熙間刻本（上圖）。

江防述略一卷　存

今存學海類編（道光本、景道光本）集餘二（叢書綜録）；民國九年上海涵芬樓影印學海類編本。

河防志十二卷　存

今存清刻本（北師大）。

河防志　存

今存一九六九年臺北文海出版社影印中國水利要籍叢編本。

黄河全圖　存

今存康熙間繪本（國圖）。

黄河運河全圖　存

今存嘉慶間繪本（國圖）。

治河奏牘　存

今存清抄本（國圖）。

聖謨治河全書二十四卷　存

光緒《遂寧縣志》卷三著録作治河書十卷，光緒《新修潼川府志》卷一六 作治河方畧二十四卷。

今存清抄本（北大）。

治河全書二十四卷　存

今存清抄本（津圖）；一九九五年上海古籍出版社據清抄本影續修四庫全書本；二〇〇七年天津古籍出版社影印本。

治下河論一卷　存

今存光緒十七年上海著易堂鉛印小方壺齋輿地叢鈔第四帙（叢書綜録）。

治下河水論一卷　存

今存民國間揚州陳恒和書林刻揚州叢刻本（叢書綜録）；一九八〇年揚州江蘇廣陵古籍刻印社影印揚州叢刻本。

河決考　存

今存雍正間抄本（北大）。

奉使倭羅斯日記一卷　存

今存説鈴（康熙本、道光本）前集。

奉使俄羅斯行程錄一卷　存

今存藝海珠塵竹集（丁集）本（叢書綜録）；滿蒙叢書第二集（叢書綜録）。

奉使俄羅斯日記一卷　存

今存清刻本（上圖）；説鈴（叢書綜録）；小方壺齋輿地叢鈔第三帙（叢書綜録）；中國内亂外禍歷史叢書第十一輯（叢書綜録）。

奉使俄羅斯行程錄　存

今存同治四年京都龍威閣刻北徼彙編本（叢書綜録）；叢書集成初編本。

奉使俄羅斯國　存

今存清抄本（國圖）。

出使倭羅斯紀略（使俄羅斯紀略）二卷

見嘉慶《四川通志》卷一八四，光緒《新修潼川府志》卷一六。按：光緒《遂寧縣志》卷三作使俄羅斯一卷。

康熙《兖州府志》四十卷首一卷（張鵬翮修　葉鳴鑾纂）　存

今存康熙二十四年刻本（方志聯合目録）；康熙五十八年兖州府署重印康熙二十四年刻本（北大）。

康熙《遂寧縣志》四卷　存

今存康熙二十九年刻本（方志聯合目録）。

敦行録　存

見光緒《遂寧縣志》卷三。按：光緒《新修潼川府志》卷一六著録作一卷。

今存康熙間刻燕山于氏易簡堂祥刑要覽（清・于琨輯）（國圖）。

信陽子卓錄八卷　存

見光绪《新修潼川府志》卷一六，《清人别集總目》頁1194。

今存康熙五十五年刻本（西安文管會，上圖，北師大）；康熙間刻本（國圖）。

信陽子卓録八卷補遺二卷　存

今存康熙間刻本（北大）；上海古籍出版社據康熙間刻本影印續修四庫全書本；山東齊魯書社據康熙間刻本影印四庫全書存目叢書本。

三才儒要

見光緒《遂寧縣志》卷三，光绪《新修潼川府志》卷一六。

忠武志　存

見光绪《遂寧縣志》卷三。

忠武志八卷　存

今存康熙四十四年冰雪堂刻本（上圖，遼圖，北大，南大）；康熙四十五年遂寧張氏刻本（北大）；康熙五十一年刻本（北大）；康熙間麻城周氏刻本（北師大）；康熙間刻本（國圖）；嘉慶十九年重刻本（上圖）；山東齊魯書社據冰雪堂刻本影印四庫全書存目叢書本。

諸葛忠武志十卷（忠武志十卷）　存

今存嘉慶十九年麻城周畹蘭刻本（上圖，國圖，南大，北大）；清刻本（國圖）。

三國蜀諸葛忠武侯亮年表（輯）　存

今存一九七八年臺灣商務印书館印新編中國名人年譜集成本。

關夫子志（輯）　存

今存康熙四十四年董禮用刻本（上圖）。

張文端公集（遂寧張文端公全集）八卷　存

見光绪《新修潼川府志》卷一六，《清詩匯》卷三六，《清人别集總目》頁1194。按：光緒《遂寧縣志》卷三著錄作如意堂詩文集。

今存光緒三年張氏刻本（北師大）；光緒七年刻本（國圖，上圖，南圖，皖圖，魯圖，中科院，人大，天津師大，華東師大，川大，臺灣史語，日本國會）；光緒八年刻本（國圖）。

張懋誠

字孟一，號存庵，鵬翮長子。康熙二十六年舉人，任安徽懷寧縣知縣，陞通政司，署工部侍郎，以子張勤望貴晉封通議大夫。見乾隆《遂寧縣志》卷六、卷八，光绪《新修潼川府志》卷一五、卷二二，光緒《遂寧縣志》卷三，民國《遂寧縣志》卷三。

通政詩集一卷

見光绪《新修潼川府志》卷一六。

張懋齡

字與九，鵬翮子。官江南山安河務同知。見《全蜀詩鈔》卷六。

詩二首　存

收入《全蜀詩鈔》卷六。

張懋宗

康熙三十七年拔貢生，河工議敘州同，以子勤哲貴贈登仕郎。見光緒《民國縣志》卷三。按：民國《遂寧縣志》卷三作康熙三十二年拔貢生。

詩三首　存

收入乾隆《遂寧縣志》卷一〇，民國《遂寧縣志》卷二、卷七。

張勤望（? —1757）

字孚嘉，號後齋，鵬翮孫。康熙五十二年，蔭補順天府糧馬通判；乾隆中，官至山東登州府知府。二十二年卒。見乾隆《遂寧縣志》卷八，民國《遂寧縣志》卷四。

詩八首　存

收入乾隆《遂寧縣志》卷九，光緒《遂寧縣志》卷五，民國《遂寧縣志》卷二、卷四。

張顧鑑

鵬翮曾孫。乾隆六年副貢，官至開化府知府。以其子張問陶貴誥贈朝議大夫。見乾隆《遂寧縣志》卷六，民國《遂寧縣志》卷二、卷三。

擷芳齋晚窗集　近花集

見光緒《新修潼川府志》卷一六。

文一篇　存

收入乾隆《遂寧縣志》卷首，光緒《遂寧縣志》卷首，民國《遂寧縣志》卷一。

張問安（1756—1815）

字亥白，一字香門，鵬翮玄孫，顧鑑長子，問陶兄。中乾隆五十三年舉人，曾主講華陽温江書院。見嘉慶《四川通志》卷一八七，光緒《遂寧縣志》卷四之下，《全蜀詩鈔》卷二二，《清人別集總目》頁1139。

小琅環詩集（小嫏嬛詩集）四卷

見嘉慶《四川通志》卷一八七，光緒《新修潼川府志》卷一六 。

外集七種

見光绪《新修潼川府志》卷一六。

亥白詩草八卷　存

《全蜀詩鈔》卷二二著錄作亥白詩鈔。

按：今存嘉慶二十一年遂寧張氏家刻本（國圖，上圖，諸暨，豫圖）；嘉慶二十年至道光二十九年刻張氏三先生集三種本（國圖）；道光四年清白齋刻本（川圖）；道光二十九年刻本（國圖）；咸豐八年舞雩樓刻本（南圖）；光緒玉燕堂七年重印本（上圖，川圖，粵圖，南大）。

詩十九首　存

收入《全蜀詩鈔》卷二二。

張問彤

字受之，問安、問陶從弟。乾隆五十七年解元，補什邡教諭，晚授和順縣知縣。見光绪《新修潼川府志》卷一五、卷二二，光緒《遂寧縣志》卷三，《全蜀詩鈔》卷三三，民國《遂寧縣志》卷三，《清人別集總目》頁1139。

飲杜集　存

今存道光五年四川張氏刻本（川圖）。

飲杜文集一卷詩集二卷　存

見光绪《新修潼川府志》卷一六，《清人別集總目》頁1139。按：《全蜀詩鈔》卷三三著錄作飲杜詩鈔。

今存重刻本（諸暨）；嘉慶二十年至道光二十九年刻張氏三先生集三種本（國圖）。

詩二首　存

收入《全蜀詩鈔》卷三三。

張問陶（1764—1814）

字仲冶、柳門，又字樂祖，號船

山，鵬翮玄孫，問安弟。乾隆五十三年舉人，五十五年成進士，官翰林院檢討，改京畿道監察御史，任山東萊州府知府。見嘉慶《四川通志》卷一八七，光緒《遂寧縣志》卷三，《全蜀詩鈔》卷二三，民國《遂寧縣志》卷三，《清人别集總目》頁1140。

治河奇策一卷（清・劉昌軫　張問陶合撰）　存

今存清抄本（北大）。

新編評注張船山判牘菁華一卷（又名張船山判牘菁華　張船山判牘）　存

今存民國間上海東亞書局鉛印清朝名吏判牘本（北大）。

張船山自寫詩冊　存

今存宣統元年上海神州國光社銅版印神州國光集（國圖，上圖）。

張船山先生詩畫冊　存

今存宣統二年游藝圖書社影印本（國圖，上圖）。

張船山書劄不分卷　存

今存清稿本（國圖）。

張船山手書詩稿一卷　存

見《清人别集總目》頁1139。

今存稿本（川圖）。

京朝集三卷　存

見《清人别集總目》頁1139。

今存稿本（上圖）。原按：有陳用光、吳嵩梁評。

張船山詩選　存

見《清人别集總目》頁1139。

今存抄本（香港中文大學）。

張船山詩選六卷　存

今存影印本（贛圖）。

張船山手稿一卷　存

見《清人别集總目》頁1139。

今存乾隆遂寧張氏手鈔袖珍本（川圖）。原按：有虎癡記語、唐百川印。

張船山先生詩鈔一卷　存

見《清人别集總目》頁1139。

今存同治三年抄本（上圖）。

船山詩鈔一卷　存

見《清人别集總目》頁1139。

今存日本江戶廣獺建軒寫本（日本國會）。

船山詩鈔　存

見《清人别集總目》頁1139。

今存寫本（韓國延世大學）。

船山詩草　存

見《清人别集總目》頁1139。

今存乾隆五十七年刻本（華中師大）；清刻本（徐州，洛陽）。

船山詩草二十卷　存

見光绪《新修潼川府志》卷一六、卷二二，《清人别集總目》頁1140。

今存嘉慶十三年刻本（國圖）；嘉慶十三年山西河東道衙刻本（贛圖，遼圖，粵圖，山大，南大）；嘉慶二十年石韞玉刻本（國圖，上圖，南圖，皖圖，川圖，遼圖，湘圖，豫圖，北大，南開，人大，華南師大，安徽師大，湖南師大，溫州，安慶，日本國會）；嘉慶刻本（北大，復旦，杭大，南通師專，青島，太原）；同治九年席珍山館刻本（北大）；同治九年刻本（旅大）；同治十三年刻本（國圖）；同治十三年綰繡閣序刻本（日本國會）；同治十三年味經堂重刻本（魯圖，豫圖，安慶，無錫）；光緒十年刻本（南圖）；光緒十八年刻本宏道堂新刻本（豫圖）；清刻本（贛圖，魯圖，豫圖，粵圖，臺灣中圖分館）；宣統二年掃葉山房石印本（國圖，魯圖，豫圖，川圖，滇圖，粵圖，廈門，旅大，北大)；民國七年上海掃葉山房石印本（南圖，皖圖，贛圖，北京師院)；民國十年上海掃葉山房石印本(溫州)；民國十四年上海掃葉山房石印本（國圖，豫圖，華中師大，韓國成均館大學)；掃葉山房石印本(南通師專，青島)。

船山詩草二十卷補遺六卷　存

見《清人別集總目》頁1140。

今存嘉慶二十年刻本、道光二十九年增刻本（浙圖)；嘉慶二十年至道光二十九年遂寧張氏刻張氏三先生集本（國圖)；嘉慶二十年刻、道光五年補刻本（國圖，粵圖，首都，北師大，南京師大，諸暨)；道光二十九年刻本（川圖，南大)；同治十三年味經堂刻本（北大)；同治十三年刻本（南圖，皖圖，粵圖，遼圖，復旦，臺灣東海)；光緒十八年瀘州宏道堂翻刻本（川圖，皖圖，華東師大)；續修四庫全書本。

船山詩草　存

見《清人別集總目》頁1140。

今存清抄本（國圖)；嘉慶二十年經文堂刻本（上圖)；嘉慶二十二年吳門學耕堂刻本（上圖)；道光二十九年重印嘉慶二十年刻本（上圖)；同治十三年味經堂刻本（上圖)；宣統二年掃葉山房石印本（上圖)；民國十年掃葉山房石印本（上圖)；一九七五年臺灣學生書局影印歷代畫家詩文集；一九八六年中華書局排印本。

船山詩草十卷　存

今存嘉慶間刻本（國圖)。

船山詩草補遺六卷　存

見《清人別集總目》頁1140。

今存嘉慶道光間刻本（國圖)；道光五年刻本（魯圖)；道光二十九年刻本（國圖)；同治十三年重刻本（皖圖)；版本待考（常州)。

張船山詩草初集三卷二集六卷　存

見《清人別集總目》頁1140。

今存日本嘉永元年京都山城屋佐兵衛等刻本（南圖，遼圖，旅大)；日本嘉永三年京都山城屋佐兵衛等刻本（遼圖)。

船山詩草三卷二集六卷　存

見《清人別集總目》頁1140。

今存日本上野圭庵筱崎長平點嘉永元皇都山田茂助刻本（日本國會)。

船山詩草選　存

見《清人別集總目》頁1139。

今存嘉慶二十二年刻本（國圖，北大)，嘉慶道光間刻士禮居叢書本（叢書綜錄)；叢書集成初編本。

船山詩選(船山詩草選)六卷(石韞玉輯)　存

見《清人別集總目》頁1139。

今存嘉慶二十二年刻本（國圖)；嘉慶道光吳縣黄氏刻黄丕烈輯士禮居黄氏叢書本附（叢書綜錄)；光緒十三年上海蜚英館影印士禮居黄氏叢書附（叢書綜錄)；民國四年上海石竹山房影印士禮居黄氏叢書（叢書綜錄)；民國十一年上海博古齋影印士禮居黄氏叢書（叢書綜錄)；民國影印嘉慶二十二年吳縣學耕堂刻本(臺灣東海)；民國間影印嘉慶二十二年刻士禮居黄氏叢書本（國圖)；叢書集成初編本。

船山詩注二十卷（李岑注　江海清增注）　存

見《清人別集總目》頁1140。

今存同治九年席珍山館刻本（國圖，南圖，川圖，皖圖，溫州)。

增注船山詩草八卷　存

見《清人别集總目》頁1140。

今存民國二十二年陳氏鉛印本（川圖，南大）。

船山刪剩文鈔　存

見《清人别集總目》頁1140。

今存抄本（閩圖）。

船山刪剩詩文抄二卷　存

見《清人别集總目》頁1140。

今存抄本（南圖）。

船山詩集　存

按：嘉慶《四川通志》卷一八七著錄有船山詩集十二卷。

今存二〇〇三年蘭州大學出版社影印本。

文一篇　存

收入道光《樂至縣志》卷九。

張瑤緗

女，字懷芸，問陶妹。見《全蜀詩鈔》卷六一。

詩一首　存

收入《全蜀詩鈔》卷六一。

張知簡

字子敬，問彤子。監生。見光緒《遂寧縣志》卷五，民國《遂寧縣志》卷五。

詩十七首　存

收入光緒《遂寧縣志》卷五，民國《遂寧縣志》卷五。

文一篇　存

收入光緒《遂寧縣志》卷四之下。

黄　暢

字易田。康熙四十七年舉人。見乾隆《遂寧縣志》卷六，光緒《遂寧縣志》卷三，民國《遂寧縣志》卷三。

詩一首　存

收入光緒《遂寧縣志》卷五。

何毓聰

乾隆六年舉人，歷任山西榮河縣知縣、絳州知州。見乾隆《遂寧縣志》卷六，光緒《遂寧縣志》卷三，民國《遂寧縣志》卷三。

文一篇　存

收入民國《遂寧縣志》卷二。

張　瑗

乾隆三十九年舉人，任寧國縣知縣。見乾隆《遂寧縣志》卷六，光緒《遂寧縣志》卷三。

文二篇　存

收入乾隆《遂寧縣志》卷三、卷一〇，民國《遂寧縣志》卷七。

釋了用

俗姓張，字雪機。見乾隆《遂寧縣志》卷九，《全蜀詩鈔》卷六三，《蜀詩續鈔》卷八。

詩二首　存

收入《全蜀詩鈔》卷六三，《蜀詩續鈔》卷八。

周榮昌

文一篇　存

收入乾隆《遂寧縣志》卷三，民國《遂寧縣志》卷一。

曾守鋭

字鈍庵。嘉慶九年舉人，十四年成進士，任朝城縣知縣。見光緒《遂寧縣志》卷三，民國《遂寧縣志》卷三。

文一篇 存

收入民國《遂寧縣志》卷七。

郭道成

號竹坪，晚號魚山。嘉慶二十四年舉人，任甘肅靖遠縣知縣。見光緒《遂寧縣志》卷三，民國《遂寧縣志》卷三、卷四。

江安詩草二卷　出山小草二卷　囊裏閒吟（囊琴閒吟）一卷

見光绪《新修潼川府志》卷一六，民國《遂寧縣志》卷三。

養蒙詩瀹一卷（選輯）

見民國《遂寧縣志》卷三。

詩二首 存

收入民國《遂寧縣志》卷四。

文一篇 存

收入民國《遂寧縣志》卷四。

劉士奎

字聚五。咸豐間歲貢生，見光緒《遂寧縣志》卷三，民國《遂寧縣志》卷三、卷五。

圖衍辨正二卷

見民國《遂寧縣志》卷五。按：光绪《新修潼川府志》卷一六作一卷。

文一篇 存

收入光緒《遂寧縣志》卷四之下，民國《遂寧縣志》卷五。

歐陽綸

咸豐九年舉人，一作道光十六年舉人，任富順縣教諭。見光緒《遂寧縣志》卷首、卷三，民國《遂寧縣志》卷三。

詩一首 存

收入光緒《遂寧縣志》卷五。

曾　璨

字范周。咸豐間歲貢生。見光緒《遂寧縣志》卷三，民國《遂寧縣志》卷三、卷五。

經世要言　尊聞錄

見光绪《新修潼川府志》卷一六，民國《遂寧縣志》卷三。

文一篇 存

收入光緒《遂寧縣志》卷四之下，民國《遂寧縣志》卷五。

詹矗宇

光緒中於旗山書院講學。見民國《遂寧縣志》卷七所錄文。按：民國《遂寧縣志》卷三列有同治三年副貢生詹矗，疑為同一人。

詩二首 存

收入光緒《遂寧縣志》卷五，民國《遂寧縣志》卷一、卷二。

文一篇 存

收入民國《遂寧縣志》卷七。

陳　彩

字德村。同治六年舉人。見光緒《遂寧縣志》卷首、卷三，民國《遂寧縣志》卷五。

文一篇 存

收入光緒《遂寧縣志》卷四之下。

蒲如川

字活源。同治間歲貢生。見光緒《新修潼川府志》卷一六，民國《遂寧縣志》卷三。

五經纂二十卷 感懷集一卷

見光緒《新修潼川府志》卷一六，民國《遂寧縣志》卷五。

張知雄

字介史。同治間恩貢生，署彭縣教諭。見光緒《遂寧縣志》卷首，民國《遂寧縣志》卷三、卷五。

詩二首 存

收入光緒《遂寧縣志》卷五，民國《遂寧縣志》卷四、卷五。

文二篇 存

收入光緒《遂寧縣志》卷首、卷四之下，民國《遂寧縣志》卷一。

甘大璋

字少南。光緒十一年拔貢生，中十五年舉人。見民國《遂寧縣志》卷三、卷四。

文三篇 存

收入民國《遂寧縣志》卷四。

夏 璜

光緒十四年舉人。見光緒《蓬溪縣續志》卷四，民國《遂寧縣志》卷三。

文二篇 存

收入光緒《蓬溪縣續志》卷四。

李庭賡

名一寫作廷賡，字殷颺。光緒十九年舉人。見民國《遂寧縣志》卷三、卷五。

詩三十三首 存

收入民國《遂寧縣志》卷五。

徐 冕

光緒二十八年舉人，次年成進士，官吏部主事。見光緒《内江縣志》卷一四，民國《遂寧縣志》卷三。

文一篇 存

收入民國《遂寧縣志》卷一。

奉 楷

光緒二十八年中副榜，宣統二年考用法官。民國中任本縣教育局局長。見民國《遂寧縣志》卷一、卷三。

文一篇 存

收入民國《遂寧縣志》卷一。

段會昌

光緒間歲貢生。見民國《遂寧縣志》卷三。

文一篇 存

收入民國《遂寧縣志》卷七。

卓思順

諸生。見光緒《遂寧縣志》卷四之下。

文一篇　存

收入光緒《遂寧縣志》卷四之下。

李奕栢

字麟武。諸生。見光緒《遂寧縣志》卷五,《全蜀詩鈔》卷四。

詩三首　存

收入光緒《遂寧縣志》卷五,《全蜀詩鈔》卷四。

張遂良

字梓屏。廩生。見民國《遂寧縣志》卷五。

寶恒堂稿

見光绪《新修潼川府志》卷一六。

許燮鈞

諸生。見光緒《遂寧縣志》卷五。

詩三首　存

收入光緒《遂寧縣志》卷五。

傅廷江

諸生。見光緒《遂寧縣志》卷五。

詩二首　存

收入光緒《遂寧縣志》卷五。

曠　英

字鍾莪,一字千騏。見民國《遂寧縣志》卷三、卷五。

飛閣狂吟　斯園漫稿　笑笑集

見光绪《新修潼川府志》卷一六。

劉　顗

臨邛詩草一卷　江陽詩草一卷

見光绪《新修潼川府志》卷一六。

釋大亨

字雲林。本縣廣德寺僧,籍貫不詳。見《蜀詩續鈔》卷八。

詩一首　存

收入《蜀詩續鈔》卷八。

張遇枚

字卜臣。蔭雲騎尉。見《蜀詩續鈔》卷三。

詩一首　存

收入《蜀詩續鈔》卷三。

張勤淑

女,字友琴。舉人吴翀妻。見《蜀詩續鈔》卷八。

翠荇齋吟稿

見《蜀詩續鈔》卷八。

詩一首　存

收入《蜀詩續鈔》卷八。

詹　氏

詩一首　存

收入光緒《遂寧縣志》卷五,民國《遂寧縣志》卷五。

釋雪機

雪機詩集

見光绪《新修潼川府志》卷一六。

蔡承封

字瑞庵。諸生。見民國《遂寧縣志》卷五。

教學金鑑録

見民國《遂寧縣志》卷五。

陳文馨

字秋航。庠生。見民國《遂寧縣志》卷五。

西清散人集

見民國《遂寧縣志》卷五。

陳雲奎

字茂堂。清末人。見民國《遂寧縣志》卷五。

冠婚喪祭四禮

見民國《遂寧縣志》卷五。

王運亨

字杏隝。庠生，見民國《遂寧縣志》卷五。

詩二首　存

收入光緒《遂寧縣志》卷五，民國《遂寧縣志》卷五。

郭炳墀

詩四首　存

收入光緒《遂寧縣志》卷五。

（何艷艷）

蓬溪縣

（今四川蓬溪縣）

楊兆龍

出王士正門下。康熙十一年解元，任涪州學正。見嘉慶《四川通志》卷一八七，道光《蓬溪縣志》卷一二、卷一六，光绪《新修潼川府志》卷一五。

楊兆龍詩集無卷數

見嘉慶《四川通志》卷一八七，道光《蓬溪縣志》卷一六。按：光绪《新修潼川府志》卷一六作楊學正詩集。

王飛鯤

一作樂至人。康熙五十二年舉人。見道光《蓬溪縣志》卷一一，道光《樂至縣志》卷九。

文一篇　存

收入道光《樂至縣志》卷九，民國《蓬溪縣近志》卷一三。

蒲心豫

字則立。乾隆九年解元，十年成進士，歷任湖南麻陽縣、山東青城、觀城知縣。見道光《蓬溪縣志》卷一一、卷一六。按：嘉慶《四川通志》卷一八七云“官麻城知縣”。

歸林集

見嘉慶《四川通志》卷一八七，道光《蓬溪縣志》卷一六，光绪《新修潼川府志》卷一六。

蒲文甲

字震東，心豫侄。嘉慶三年舉人，六年成進士，官內閣中書、軍機處行走。三十八歲卒。見道光《蓬溪縣志》卷一一、卷一二、卷一六。

清平集

見道光《蓬溪縣志》卷一六。按：光绪《新修潼川府志》卷一六作清平詩集。

奚繼徽

字慎典，自號琴軒。乾隆三十五年舉人，任直隸曲周縣知縣。卒年七十八。見道光《蓬溪縣志》卷一二、卷一六，光绪《新修潼川府志》卷一五、卷二二，民國《蓬溪縣近志》卷一三。

座右家訓

見光绪《新修潼川府志》卷一六，民國《蓬溪縣近志》卷一三。

琴軒詩草　鶴鳴草堂文集

見道光《蓬溪縣志》卷一六，光绪《新修潼川府志》卷一六。

奚大壯

字安止，號雨谷，繼徽子。入籍溫江，中嘉慶三年舉人，十年成進士，官至湖北興國州知州，後主墨池書院。見道光《蓬溪縣志》卷一六，光绪《新修潼川府志》卷一五、卷二二，民國《溫江縣志》卷五、卷九。

咸豐《應城縣志》十二卷首一卷（奚大壯修　姚觀纂　吕庭栩　熊汝弼補纂）　存

見道光《蓬溪縣志》卷一六，光绪

《新修潼川府志》卷一六。

今存咸豐三年稿本（武大）

紀行草一卷　製義續集二卷　試帖存稿二卷　詩集二卷　雨谷時文一卷

見道光《蓬溪縣志》卷一六，光绪《新修潼川府志》卷一六。

宰蒲偶存一卷　富川偶存一卷

見道光《蓬溪縣志》卷一六，光绪《新修潼川府志》卷一六，民國《溫江縣志》卷五。

保障紀略　雨谷文集二卷

見光绪《新修潼川府志》卷一六。

詩十首　存

收入光緒《蓬溪縣續志》卷四，《全蜀詩鈔》卷三三。

文五篇　存

收入道光《蓬溪縣志》卷四、卷五、卷七、卷一六。

張昌澤

字沛六。嘉慶五年恩貢生，開别墅於會川教授生徒，人稱會川先生。卒年七十一，祀鄉賢祠。見道光《蓬溪縣志》卷一一、卷一二、卷一六。

學庸貫義　會川製藝　五律偶鈔

見道光《蓬溪縣志》卷一六，光绪《新修潼川府志》卷一六。

劉克全

性敏好學，樂善好施。嘉慶五年，倡築天成砦。見民國《蓬溪縣近志》卷四。

耕讀家訓一卷

見民國《蓬溪縣近志》卷一三。

藍立青

嘉慶五年，總安全砦事。光緒初，與張秉謙往來講學，世稱聚奎先生。卒年九十。見民國《蓬溪縣近志》卷四。

敦孝戒淫錄一卷

見民國《蓬溪縣近志》卷四。按：同書卷一三未著卷數。

蒲丙南

字癸濟。嘉慶十九年歲貢生。見道光《蓬溪縣志》卷一一、卷一六。

存幾希集

見道光《蓬溪縣志》卷一六，光绪《新修潼川府志》卷一六。

杜思柔

字容谷，更名宇昕。嘉慶二十四年舉人，歷任溫江、仁壽、昭化三縣教諭，官河南封邱縣知縣。見道光《蓬溪縣志》卷一一，光緒《蓬溪縣續志》卷三、卷四，《全蜀詩鈔》卷四四。

詩一首　存

收入《全蜀詩鈔》卷四四。

文一篇　存

收入光緒《蓬溪縣續志》卷四。

江映奎

道光五年拔貢生。見民國《蓬溪縣近志》卷四。

文二篇　存

收入光緒《蓬溪縣續志》卷四，民國

《蓬溪縣近志》卷一三。

胥仁禧

道光八年舉人，官九姓土司訓導，巴縣教諭。見道光《蓬溪縣志》卷首、卷一一，民國《蓬溪縣近志》卷四、卷一三。

詩四首　存

見民國《蓬溪縣近志》卷一三。

楊樹之

字荷溪。道光十四年舉人。官浙江鹽大使。見《全蜀詩鈔》卷五二。

詩一首　存

收入《全蜀詩鈔》卷五二。

朱暉吉

字靖堂。道光二十九年歲貢生，官昭化訓導。見光緒《蓬溪縣續志》卷三，《補竹山房詩草》。

詩一首　存

收入《補竹山房詩草》。

龐際超

道光間為廩生。咸豐二年，拔為恩貢生。見道光《蓬溪縣志》卷首，光緒《蓬溪縣續志》卷三。

綠秀山房詩草

見光緒《蓬溪縣續志》卷四。

詩二首　存

收入光緒《蓬溪續縣志》卷四。

鍾瑞廷

字薇垣。咸豐九年舉人。光緒中，年近八旬。見光緒《蓬溪縣續志》卷三、卷四，光緒《新修潼川府志》卷一五。

易學探源二卷　存

見光緒《蓬溪縣續志》卷四，光緒《新修潼川府志》卷一六。

今存光緒二十二年紅雪山房刻本（南大）。

易象顯微八卷　守寨方略備覽一卷　兵法陣法纂要二卷

見光緒《蓬溪縣續志》卷四，光緒《新修潼川府志》卷一六。

學人要語一卷　道德經輯要一卷　陰符經註疏一卷

見光緒《蓬溪縣續志》卷四。按：光緒《新修潼川府志》卷一六不著卷數。

龍溪詩草二卷　存

見光緒《蓬溪縣續志》卷四，光緒《新潼川府志》卷一六。

今存光緒十六年紅雪山房刻本（川大）。

李維均

字瑾山。咸豐五年舉人，揀選知縣。見光緒《蓬溪縣續志》卷三，民國《蓬溪縣近志》卷一三。

文二篇　存

收入光緒《蓬溪縣續志》卷四，民國《蓬溪縣近志》卷一三。

楊卓然

咸豐八年歲貢生。見光緒《蓬溪縣續志》卷三、卷四。

詩一首　存

收入光緒《蓬溪續縣志》卷四。

文一篇　存

收入光緒《蓬溪縣續志》卷四。

熊詳謙

字虚堂。同治六年舉人，官劍州學正，見光緒《蓬溪縣續志》卷三，民國《蓬溪縣近志》卷四。

熊廣文遺稿二卷

見民國《蓬溪縣近志》卷一三。

文一篇　存

收入民國《蓬溪縣近志》卷一三。

戴濬祥

澤滋子。同治九年，以高年得鄉舉。見民國《蓬溪縣近志》卷一三。

禦賊方略

見民國《蓬溪縣近志》卷一三。

印潭詩稿

見光緒《新修潼川府志》卷一六，民國《蓬溪縣近志》卷一三。

鍾永定

字子安。同治十二年拔貢生，官廣安州訓導。見光緒《蓬溪縣續志》卷三，民國《蓬溪縣近志》卷四。

續千字文一卷　孝經音註一卷　鍾氏家禮一卷　鍾氏續譜十一卷　砭俗韵言一卷　養正詩選六卷　百孝詩圖註二卷　百忠詩圖註一卷　養正試帖二卷　龍溪詩草後集四卷　龍溪駢文一卷

見民國《蓬溪縣近志》卷一三。

詩五首　存

收入光緒《蓬溪縣續志》卷四。

文三篇　存

收入光緒《蓬溪縣續志》卷四，民國《蓬溪縣近志》卷一三。

鍾永猷

字贊臣。光緒二年歲貢生。見光緒《蓬溪縣續志》卷三，《補竹山房詩草》。

鶴鳴書屋詩草二卷

見民國《蓬溪縣近志》卷一三。

詩一首　存

收入《補竹山房詩草》。

梁仲舒

字虚谷。光緒十四年舉人，任資陽訓導。見光緒《蓬溪縣續志》卷三，《蜀詩續鈔》卷五。

樨香館詩草　英靈集

見民國《蓬溪縣近志》卷一三。

詩八首　存

收入《蓬溪縣近志》卷一三，《蜀詩續鈔》卷五。

唐際虞

光緒二十三年拔貢生，官石柱廳訓導。見光緒《蓬溪縣續志》卷三，民國《蓬溪縣近志》卷四。

文一篇　存

收入民國《蓬溪縣近志》卷一三。

葉紹文

字德生。光緒三十三年歲貢生。見民國《蓬溪縣近志》卷四。

鶴仙碎墨五卷　續譜四卷

見民國《蓬溪縣近志》卷一三。

鍾永紹

字子价。光緒二十六年恩貢生。見民國《蓬溪縣近志》卷四。

柳溪詩草二卷　龍溪千字文一卷　帝王歌譜一卷　忍讓俗歌一卷　琴譜一卷

見民國《蓬溪縣近志》卷一三。

詩一首　存

見民國《蓬溪縣近志》卷一三。

曾世禮

字修五。光緒三十二年優貢生，委湖北高等審判廳刑庭推事，調補湖南知縣。見民國《蓬溪縣近志》卷首、卷四。

民國《蓬溪縣近志》十四卷首一卷（伍彝章等修　曾世禮　莊喜泉等纂）　存

今存民國二十四年刻本（方志聯合目録）。

初等小學中國地理教科書　存

今存光緒三十年刻本（國圖）。

曾氏家禮挈要一卷　容園詩存二卷　容園文存二卷　嘉陵文徵八卷　任黄合鈔一卷

見民國《蓬溪縣近志》卷一三。

詩五首　存

收入光緒《蓬溪縣續志》卷四，民國《蓬溪縣近志》卷一三。

文三篇　存

見民國《蓬溪縣近志》卷一三。

聶金魁

字涵山，師事鍾瑞廷。卒年八十一。見光緒《蓬溪縣續志》卷三。

覺後錄四卷

見光緒《新修潼川府志》卷一六。

塾師覺後篇　敦本詩辭

見光緒《蓬溪縣續志》卷四。

楊希淦

原名樹之。以舉人大挑任仁壽教諭，繼選任浙江石堰場大使。見光緒《蓬溪縣續志》卷四、卷三。

味鷗山房文集四卷　詩集四卷　隴頭吟二卷

見光緒《蓬溪縣續志》卷四。

味鷗館詩鈔二卷

見光緒《蓬溪縣續志》卷四，光緒《新修潼川府志》卷一六。

詩九首　存

收入光緒《蓬溪縣續志》卷四，民國《蓬溪縣近志》卷一三。

張秉謙

號虚船。同治六年歲貢生。見光緒《蓬溪縣續志》卷三，民國《蓬溪縣近志》卷四。

孽海慈航

見光緒《蓬溪縣續志》卷四。

詩一首　存

收入光緒《蓬溪縣續志》卷四。

張蓬山

府學生，秉謙子。見民國《蓬溪

縣近志》卷四。

文一篇　存

收入民國《蓬溪縣近志》卷一三。

江維藩

庠生。見光緒《蓬溪縣續志》卷四，民國《蓬溪縣近志》卷一三。

詩五首　存

收入光緒《蓬溪縣續志》卷四，民國《蓬溪縣近志》卷一三。

楊應祥

光緒十年歲貢生。見光緒《蓬溪縣續志》卷四。

倚竹窗詩草四卷

見光緒《蓬溪縣續志》卷四。

詩一首　存

收入光緒《蓬溪縣續志》卷四。

何中權

字秋坪。增生，年七十八卒。見民國《蓬溪縣近志》卷一三、卷四。

詩三首　存

收入民國《蓬溪縣近志》卷一三。

楊家謨

縣學生。見光緒《蓬溪縣續志》卷三。

蘭香詩草

見光绪《新修潼川府志》卷一六，民國《蓬溪縣近志》卷一三。

劉氏文徵

見光緒《蓬溪縣續志》卷四，光绪《新修潼川府志》卷一六。

詩一首　存

收入民國《蓬溪縣近志》卷一三。

釋明昱

明昱詩集

見光绪《新修潼川府志》卷一六，民國《蓬溪縣近志》卷一三。

張　瑤

字瓊山。見光绪《新修潼川府志》卷一六。

瓊山增訂畫譜

見光绪《新修潼川府志》卷一六。

廖遇隆

字璧卿。宣統元年拔貢生。見民國《蓬溪縣近志》卷四。

萃香文集二卷　存

見民國《蓬溪縣近志》卷一三。

今存民國十年廖遇隆輯鉛印本（上圖）。

葉莖先

字仙根。見民國《蓬溪縣近志》卷四。

問心齋詩鈔一卷　問心齋文鈔一卷　宗譜二卷

見民國《蓬溪縣近志》卷一三。

呂志熙

字緝光。光緒末，以第一名畢業於成都存古學堂。年三十四卒。見民國《蓬溪縣近志》卷四。

文二篇　存

收入民國《蓬溪縣近志》卷一三。

何成思

字文安。納粟入學，後設帳授徒，年八十五卒。見民國《蓬溪縣近志》卷四。

回天要訣一卷

見民國《蓬溪縣近志》卷一三。

蕭宗藩

字耿光，炳林孫。見民國《蓬溪縣近志》卷四。

訓女篇一卷

見民國《蓬溪縣近志》卷一三。

楊義宣

字子昭。庠生，設教授徒，年九十卒。見民國《蓬溪縣近志》卷四。

雲棧詩草四卷

見民國《蓬溪縣近志》卷一三。

但煦炎

字霍峯。附貢生。倡建義倉，創置祭田。卒年七十四。見民國《蓬溪縣近志》卷四。

霍峰詩遺一卷

見民國《蓬溪縣近志》卷一三。

黄和平

字心田。精醫，後從黄光月講學。見民國《蓬溪縣近志》卷四。

心田詩草

見民國《蓬溪縣近志》卷一三。

王　袞

匏菴誌異二卷　抱牘山房詩集二卷

見光緒《蓬溪縣續志》卷四，光绪《新修潼川府志》卷一六。

詩六首　存

收入光緒《蓬溪縣續志》卷四。

陳　鼎

一作達縣人。恩貢生。見民國《達縣志》卷一四。

南村詩集

見光緒《蓬溪縣續志》卷四，光绪《新修潼川府志》卷一六，民國《蓬溪縣近志》卷一三。

詩一首　存

收入民國《達縣志》卷一。

但禮中

經堂詩草

見光緒《蓬溪縣續志》卷四，光绪《新修潼川府志》卷一六。

劉炳廷

藜照山房詩草

見光緒《蓬溪縣續志》卷四，光绪《新修潼川府志》卷一六。

唐代俊

石琴山房畫譜二卷

見民國《蓬溪縣近志》卷一三。

（何艷艷）

安岳縣

（今四川安岳縣）

張象樞

字四木，一作崇州人。明侍御任學子。康熙二年舉人，後授廣安州學正。見嘉慶《四川通志》卷一八七，《錦里新編》卷五，光緒《增修崇慶州志》卷八，《安岳縣鄉土志・耆舊錄》，民國《崇慶縣志》卷八之二。

雪浪齋集

見嘉慶《四川通志》卷一八七，光緒《新修潼川府志》卷一六，《錦里新編》卷五，《安岳縣鄉土志・耆舊錄》，民國《崇慶縣志》卷一一。

詩一首　存

收入民國《崇慶縣志》附《江原文徵・縣人所詠之詩》。

文一篇　存

收入光緒《增修崇慶州志》卷八。

張象翀

字六飛，象樞弟。順治十七年舉人，康熙三年成進士，官至膠州知府。見嘉慶《四川通志》一八七，嘉慶《洪雅縣志》卷二三，《錦里新編》卷二，道光《安岳縣志》卷九，同治《嘉定府志》卷四五，《安岳縣鄉土志・耆舊錄》，《全蜀詩鈔》卷四。

野史辨謬

見光緒《新修潼川府志》卷一六。

處和詩集

見嘉慶《四川通志》卷一八七，光緒《新修潼川府志》卷一六，民國《崇慶縣志》卷一一。

詩二首　存

收入嘉慶《洪雅縣志》卷一八，《全蜀詩鈔》卷四，民國《崇慶縣志》附《江原文徵・縣人所詠之詩》。

文二篇　存

收入嘉慶《洪雅縣志》卷二三，同治《嘉定府志》卷四五，民國《崇慶縣志》附《江原文徵・縣人所著之文》。

張象華

字五華。象樞、象翀弟，順治間拔貢生，以詩名。見《錦里新編》卷五，《全蜀詩鈔》卷四。

詩二首　存

收入民國《崇慶縣志》附《江原文徵・縣人所詠之詩》，《全蜀詩鈔》卷四。

周于仁

字純哉，號仙山。年十二補博士弟子，康熙四十七年舉人，歷任臺灣同知、湖北宜都縣令。見嘉慶《四川通志》卷一八四，道光《安岳縣志》卷一〇，光緒《新修潼川府志》卷一五、卷二二，《安岳縣鄉土志・耆舊錄》。

康熙《安岳縣志》三卷（鄭吉士等修周于仁纂）　存

今存康熙六十年刻本（方志聯合目錄）。

乾隆《澎湖志略》不分卷（周于仁胡格纂）　存

今存乾隆五年刻本（方志聯合目錄）；

抄本（臺灣）；收入一九六一年臺灣文獻叢刊本（方志聯合目錄）。

海嶼志　暮遊集

見光绪《新修潼川府志》卷一六。

文五篇　存

收入道光《安岳縣志》卷七，光緒《續修安岳縣志》卷四。

周既發

康熙五十三年舉人。見道光《安岳縣志》卷九。

文一篇　存

收入道光《安岳縣志》卷七。

鄒升元

號七盤。一作樂至人。康熙五十九年舉人，官湖北大冶知縣。見道光《安岳縣志》卷九、卷一〇，《安岳縣鄉土志·耆舊錄》，道光《樂至縣志》卷一三、卷一四。

詩一首　存

收入道光《安岳縣志》卷七。

文一篇　存

收入道光《安岳縣志》卷七。

蟾開發

乾隆二十五年舉人，官仁化知縣。見道光《安岳縣志》卷九。

文一篇　存

收入道光《安岳縣志》卷五。

王之傑

名一寫作杰。乾隆二十七年貢生。見道光《安岳縣志》卷九。

詩一首　存

收入光緒《續修安岳縣志》卷二。

鄒　楠（1725—?）

字為楝，號紫峯，別號澹遠。乾隆三十五年舉人，曾任鳳山書院山長。見嘉慶《四川通志》一八四，道光《安岳縣志》卷五、卷七、卷一〇，光绪《新修潼川府志》卷一五，《安岳縣鄉土志·耆舊錄》。

讀史輯要無卷數

見嘉慶《四川通志》卷一八四。

紫峯筆談　書法津梁　策略　學庸輯解

見光绪《新修潼川府志》卷一六。

詩二首　存

收入道光《安岳縣志》卷七。

文二篇　存

收入道光《安岳縣志》卷五、卷七。

鄒長燦

字滯佚，號明軒，楠次子。歲貢生，官南充訓導。見《安岳縣鄉土志·耆舊錄》。

四書輯抄　嘉蔭堂稿

見光绪《新修潼川府志》卷一六。

鄒長源

字延之，楠第三子。增貢生。見《安岳縣鄉土志·耆舊錄》。

讀左日抄　博古圖錄

見《安岳縣鄉土志·耆舊錄》。

文一篇　存

收入道光《安岳縣志》卷七。

鄒長濬

號哲亭，楠侄。乾隆五十四年舉

人。見道光《安岳縣志》卷一〇，光緒《新修潼川府志》卷一五，《安岳縣鄉土志·耆舊錄》。

文二篇　存

收入道光《安岳縣志》卷四，道光《樂至縣志》卷九。

周文蓆

字儒珍，濂溪二十五代孫。任湖北宜都縣知縣，掌教岳陽書院，學者稱雲居先生。卒年八十一歲。見道光《安岳縣志》卷四、卷五，《安岳縣鄉土志·耆舊錄》。

文四篇　存

收入道光《安岳縣志》卷四、卷五，光緒《續修安岳縣志》卷二。

王應鵾

號東園。乾隆四十八年舉人，官元城知縣，年七十九卒。見《安岳縣鄉土志·耆舊錄》。

石華經說七卷

見光緒《新修潼川府志》卷一六。《安岳縣鄉土志·耆舊錄》未著卷數。

東園集

見光緒《新修潼川府志》卷一六。

製藝

見《安岳縣鄉土志·耆舊錄》。

詩三首　存

收入道光《安岳縣志》卷六，道光《樂至縣志》卷六。

文九篇　存

收入道光《安岳縣志》卷四、卷五、卷七、卷九，光緒《續修安岳縣志》卷二，道光《樂至縣志》卷九，光緒《續增樂至縣志》卷三。

王炳瀛

字蓮洲，應鵾次子。嘉慶十三年舉人，十九年成進士，授翰林院庶吉士、侍講。見道光《安岳縣志》卷首，光緒《續修安岳縣志》卷三，光绪《新修潼川府志》卷一五，《安岳縣鄉土志·耆舊錄》。

王蓮洲集

見光绪《新修潼川府志》卷一六。

詩三首　存

收入道光《樂至縣志》卷九，光緒《續修安岳縣志》卷二，《全蜀詩鈔》卷三五。

文三篇　存

收入道光《安岳縣志》卷首、卷七，道光《樂至縣志》卷六。

王炳麟

字芸閣，應鵾第四子，炳瀛弟。嘉慶二十三年舉人，道光九年成進士，官至權朔平府。見光绪《新修潼川府志》卷一五、卷一六、卷二二，《安岳縣鄉土志·耆舊錄》。

飲清山房詩集

見光绪《新修潼川府志》卷一六。

周永遜

乾隆間人。見道光《安岳縣志》卷五。

文二篇　存

收入道光《安岳縣志》卷五。

鄒紹觀

字海瀾。嘉慶九年舉人，次年成

進士，歷任廣東翁源、文昌、瓊山、饒平、樂會、普寧、順德等縣知縣，卒年七十五。見光绪《新修潼川府志》卷一五、卷二二，《安岳縣鄉土志·耆舊錄》。

古今堪輿形勢略　西征日記　聲韻字譜
人身經脈圖　太乙钤　慎懼餘篇

見光绪《新修潼川府志》卷一六。

文二篇　存

收入光緒《續修安岳縣志》卷二。

譚言藹

號靜山。嘉慶十二年舉人，十四年成進士，任江南道監察御史，轉掌雲南道監察御史。見道光《安岳縣志》卷一〇，光绪《新修潼川府志》卷一五，《安岳縣鄉土志·耆舊錄》。

詩經集解　四川通志辨譌篇　安岳縣志稿
詩韻增註　姓氏攷辨

見光绪《新修潼川府志》卷一六。

蒙求箋註　存

見光绪《新修潼川府志》卷一六。

今存嘉慶陶鴻甄刻本光緒四年重印本（國圖）。

詩一首　存

收入光緒《射洪縣志》卷一八。

文八篇　存

收入嘉慶《華陽縣志》卷三九，道光《安岳縣志》卷七，道光《樂至縣志》卷六，光緒《續修安岳縣志》卷二，光緒《内江縣志》卷一三，光緒《西充縣志》卷一四。

周元位

字樸亭。嘉慶十四年進士，與譚言藹同科。歷任陝西西安府洵陽縣、延安府延川縣知縣。見光緒《續修安岳縣志》卷一、卷三，光緒《新修潼川府志》卷一五。

文七篇　存

收入道光《安岳縣志》卷三、卷四、卷五，光緒《續修安岳縣志》卷一，民國《中江縣志》卷二一。

周國頤

字吉卿。嘉慶十五年經元，任河南徐溝縣知縣。晚年主講成都潛溪書院。見道光《安岳縣志》卷九，光緒《續修安岳縣志》卷三，《安岳縣鄉土志·耆舊錄》。

文三篇　存

收入道光《安岳縣志》卷首，光緒《續修安岳縣志》卷一、卷二。

廖運發

嘉庆二十二年進士，任遂寧主事。見光绪《新修潼川府志》卷一五，光绪《遂寧縣志》卷四。

文一篇　存

收入光緒《遂寧縣志》卷四。

周召南

道光元年舉人，官國子監學錄。見道光《安岳縣志》卷九。

文一篇　存

收入光緒《續修安岳縣志》卷二。

左廷賓

字寅山。道光二年解元，官至河南府知府。見光緒《續修安岳縣志》

卷三。

文二篇　存

收入道光《安岳縣志》卷四，光緒《續修安岳縣志》卷一。

鄒紹京

道光五年府拔貢生。見道光《安岳縣志》卷九。

文一篇　存

收入道光《安岳縣志》卷七。

唐靜修

字壽峯。道光二十年歲貢生。見光緒《續修安岳縣志》卷三。

自警語錄　治家要言

見光绪《新修潼川府志》卷一六。

陶紹緒

字贊臣。道光二十四年舉人，三十年成進士，任翰林院庶吉士、山東高密知縣。見光緒《續修安岳縣志》卷三，《安岳縣鄉土志·耆舊錄》。

文三篇　存

收入光緒《續修安岳縣志》卷二。

鄒宗垣

字紫庭。同治三年舉人，候選知縣。見光緒《續修安岳縣志》卷首，《安岳縣鄉土志·耆舊錄》。

文三篇　存

收入光緒《續修安岳縣志》卷首、卷一，民國《樂至縣志》卷四。

謝世珍

光緒間人。見光緒《續修安岳縣志》卷一。

文一篇　存

收入光緒《續修安岳縣志》卷一。

吳琢璞

字寶齋。貢生。見光緒《續修安岳縣志》卷三。

文一篇　存

收入光緒《續修安岳縣志》卷二。

汪鳴韶

號獅巖。拔貢生。見《安岳縣鄉土志·耆舊錄》。

竹間叢話

見光绪《新修潼川府志》卷一六，《安岳縣鄉土志·耆舊錄》。

釋南翁

南翁語錄

見光绪《新修潼川府志》卷一六。

釋雪皓

末務箴詩集

見光绪《新修潼川府志》卷一六。

陶先畹（1867—1939）

女，名香九，以字行。濟南知府進士陶紹緒女，潼南諸生金壇知事楊筱魯妻。見《清人別集總目》頁

1982。

繡餘草一卷

見《清人別集總目》頁 1982。

今存民國十七年胡適序上海商務印書館鉛印本（國圖，川圖，川大，日本愛知）。

（何艷艷）

樂至縣
（今四川樂至縣）

鄒簡臣

字開樂。明崇禎十五年舉人，以復順慶諸城功晉通政使司。後歸隱洪雅花溪，講易學，學者稱易齋先生。見嘉慶《洪雅縣志》卷二三，嘉慶《四川通志》卷一八四，《樂至縣鄉土志·耆舊錄》。

壬辰紀略無卷數

見嘉慶《四川通志》卷一八四，《樂至縣鄉土志·耆舊錄》。按：壬辰當指順治九年，爲入清後所著。

文二篇 存

收入嘉慶《洪雅縣志》卷二三。

王之贊

字夢弼。雍正四年中副榜，十年中舉人，官射洪縣教諭。見嘉慶《華陽縣志》卷三九，道光《樂至縣志》卷一三。

文二篇 存

收入嘉慶《華陽縣志》卷三九，道光《樂至縣志》卷九。

舒　華

雍正間生員。見雍正《樂至縣志》卷首。

雍正《樂至縣志》不分卷（楊佐龍修舒華等纂） 存

今存雍正六年刻本（方志聯合目錄）。

文一篇 存

收入道光《樂至縣志》卷九。

鄒大英（1724—1778）

字果齋。自其祖始遷蜀。中乾隆二十四年舉人，次年成進士，任江西星子縣知縣。四十三年卒，年五十五。見道光《樂至縣志》卷九、卷一〇、卷一三。

文二篇 存

收入道光《樂至縣志》卷九，光緒《續增樂至縣志》卷四。

鄭世坦

乾隆五十年恩貢生。見道光《樂至縣志》卷一三。

詩一首 存

收入道光《樂至縣志》卷九。

高　頴

官雅州訓導。見乾隆《雅州府志》卷八。

文一篇 存

收入乾隆《雅州府志》卷一五。

吳朝壽

嘉慶十八年拔貢生。見道光《樂

至縣志》卷一三。

幽風解

見民國《樂至縣志又續》卷三。

汪致炳

字朗齋。嘉慶二十五年進士，官翰林。光緒時猶在世。見光緒《續增樂至縣志》卷一。

文一篇 存

收入光緒《續增樂至縣志》卷一。

唐治經

字一之，一字九峰。道光元年舉人。見道光《樂至縣志》卷一三、卷一四，光绪《新修潼川府志》卷一五。

心鑑　九峰日鈔

見光绪《新修潼川府志》卷一六。

唐永憲

道光五年拔貢生。見道光《樂至縣志》卷一三。

六朝芳韻二卷

見光绪《新修潼川府志》卷一六。

養晦樓詩存 存

見民國《樂至縣志》卷三。

今存民國十一年鉛印本（南大）。

李天錦

道光十七年舉人。見道光《樂至縣志》卷一三。

詩一首 存

收入道光《樂至縣志》卷二。

田騰蛟

號禹門。附生。咸豐初投筆从戎，遍歷黔、滇、陝、甘。見民國《樂至縣志又續》卷三，《樂至縣鄉土志·耆舊録》。

元史演義（原名残宋志） 存

按：民國《樂至縣志又續》卷三著録作殘宋志八卷，光绪《新修潼川府志》卷一六、《樂至縣鄉土志·耆舊録》未著卷數。

今存商務印書館一九二二年鉛印本（國圖）。

林發深

字育泉。道光二十年舉人，咸豐三年成進士，官至陝西涇州知州。見道光《樂至縣志》卷一三，光緒《續增樂至縣志》卷三，《樂至縣鄉土志·耆舊録》。

文二篇 存

收入光緒《續增樂至縣志》卷三，民國《樂至縣志又續》卷四。

胡仲臣

詩一首 存

收入道光《樂至縣志》卷二。

舒繼璘

詩一首 存

收入道光《樂至縣志》卷九。

周　熹

詩一首　存

收入道光《樂至縣志》卷九。

張　霖

原名德堯，字紹勳。附貢生。同治初，從林發深守涇州有功，題授糧臺主事，光緒中官至中奉大夫、楚雄府知府。卒年七十二。見光緒《續增樂至縣志》卷首、卷三，民國《樂至縣志又續》卷三、卷四。

文一篇　存

收入光緒《續增樂至縣志》卷三。

謝天藻

文生。見光緒《續增樂至縣志》卷首。

文一篇　存

收入光緒《續增樂至縣志》卷四。

徐士璋

附生，清末民初人。見民國《樂至縣志又續》卷四。

文三篇　存

收入民國《樂至縣志又續》卷四。

陳大安

字定宇。歲貢生，於中江、樂至兩縣間教授生徒。見光緒《續增樂至縣志》卷首，《樂至縣鄉土志・耆舊錄》。

文一篇　存

收入光緒《續增樂至縣志》卷四。

黃開甲

廩生，縣視學，民國時曾代理眉山縣知事。見民國《樂至縣志又續》卷首、卷三。

詩十首　存

收入民國《樂至縣志又續》卷二。

胡學淵

廩貢生。見民國《樂至縣志又續》卷四。

文一篇　存

收入民國《樂至縣志又續》卷四。

楊祖烈

舉人，大挑一等，分發浙江知縣。見民國《樂至縣志又續》卷三、卷四。

文一篇　存

收入民國《樂至縣志又續》卷四。

胡國治

歲貢生。見民國《樂至縣志又續》卷四。

文一篇　存

收入民國《樂至縣志又續》卷四。

秦昌紹

歲貢生。見民國《樂至縣志又續》卷三。

周易詳說八卷

見民國《樂至縣志又續》卷三。

文四篇　存

收入民國《樂至縣志又續》卷四。

楊榮軒

字從之。光緒十六年歲貢生。見民國《樂至縣志又續》卷三。

詩韻集錦

見民國《樂至縣志又續》卷三。

劉達德

字一誠。光緒二十九年副貢生。見民國《樂至縣志又續》卷三、卷四。

樂至縣鄉土志（與袁衡三合編）　存

見民國《樂至縣志又續》卷三。

今存光緒三十二年修民國元年刻本（方志聯合目錄）；民國抄本（川大）；抄本（文物，川圖）。

文一篇　存

收入民國《樂至縣志又續》卷四。

蔣德勲

光緒三十二年歲貢生，即補官訓導。民國中任縣議會議長。見民國《樂至縣志又續》卷首、卷三。

文三篇　存

收入民國《樂至縣志又續》卷三、卷四。

江明光（1841—?）

增生。民國十六年，年八十七尚存。見民國《樂至縣志又續》卷三。

正蒙語

見民國《樂至縣志又續》卷三。

童和風

增廣生。民國《樂至縣志又續》卷四。

文一篇　存

收入民國《樂至縣志又續》卷四。

謝維茆

鄉黨圖辨　**水經備攷**

見光绪《新修潼川府志》卷一六。

熊錫之

駢左卮言

見光绪《新修潼川府志》卷一六。

（何艷艷）

達　縣

（今四川達州市）

李長祥（1612—1679）

字研齋，一字子發，號石井道人。明崇禎十六年進士，選庶吉士。仕南明福王，累遷至兵部右侍郎。入清不仕。見民國《達縣志》卷一五。

天問閣文集不分卷　存

見嘉慶《達縣志》卷四七，《清人別集總目》頁767。按：民國《達縣志》卷一八“天問閣集”條下注：“合集合其夫人姚仲淑《海棠居詩》，共存六卷。”按：姚仲淑一作姚淑，毘陵人。

今存康熙刻本（人大，南開，南陽）；清四川刻本（南圖，川圖）。

天問閣文集四卷　存

見《清人別集總目》頁767。

收入民國十一年吳興劉氏刻求恕齋叢書本（叢書綜錄）。

天問閣集三卷　存

今存清光緒六年會稽趙氏刻本（北大，上圖）；紹興墨潤堂書苑民國十年影印本（川大）。

天問閣文集　存

見《清人別集總目》頁767。

一九八一年文物出版社排印本；一九九八年北京出版社四庫禁燬書叢刊本。

唐　甄

原名大陶，字鑄萬（萬一作宋，或作釆）。一作成都人。順治十四年舉人，任長子縣知縣。後僑寓蘇州。見嘉慶《四川通志》卷一八五，《錦里新編》卷五，同治《重修成都縣志》卷九，民國《達縣志》卷一五。

毛詩傳箋合義　春秋述傳

見《錦里新編》卷五，民國《達縣志》卷一五、卷一八。

衡書三卷

見嘉慶《四川通志》卷一八五，同治《重修成都縣志》卷九。

潛書（又名唐子潛書）四卷　存

見同治《重修成都縣志》卷九。按：民國《達縣志》卷一八作潛書上下篇四卷。

今存康熙間王聞遠刻本（國圖，北師大）；光緒九年中江李氏刻本（北師大）；上海大經倫書局石印本（南大）。

潛書（又名唐子潛書）二卷　存

今存康熙四十二年華亭王氏本（北大）；光緒九年中江李氏重刊本（北大，南大）；光緒三十一年刻本（北大）；光緒三十二年山東全省官印書局鉛印本（北大，南大，北師大）；清末上海大經綸書局石印本（國圖，南大）；民國九年上海廣益書局石印本（國圖）；民國三十三年達縣復興書局鉛印本（國圖）；成都昌福公司排印本（川大）；蘇城謝文翰齋刻印本（川大）。

日記無卷數

見《錦里新編》卷五，同治《重修成都縣志》卷九，民國《達縣志》卷一八。

圃亭集

見民國《達縣志》卷一五、卷一八。

瞿戴仁

順治十七年舉人，任安徽合肥縣知縣。見民國《達縣志》卷一四。

詩三首　存

收入嘉慶《達縣志》卷四六，民國《達縣志》卷末下。

文一篇　存

收入嘉慶《達縣志》卷四六，民國《達縣志》卷一〇。

李　模(1649—1724)

字克振，號拙翁，雯崧父。康熙二十七年歲貢生。雍正二年卒，年七十六。見民國《達縣志》卷五、卷一六。

詩一首　存

收入嘉慶《達縣志》卷四六。

文二篇　存

收入民國《達縣志》卷一〇、卷一四。

李　淳

李模孫。乾隆二十六年進士，歷任嘉定府、重慶府教授。見民國《達縣志》卷六、卷一四。

文一篇　存

收入嘉慶《達縣志》卷四六，民國《達縣志》卷六。

李霦峰

歲貢生。見嘉慶《達縣志》卷三五，民國《達縣志》卷一四。

文一篇　存

收入嘉慶《達縣志》卷四六，民國《達縣志》卷一〇。

潘宏道

乾隆二年進士，任建昌府教授。見嘉慶《達縣志》卷三五，民國《達縣志》卷一四。

文一篇　存

收入嘉慶《達縣志》卷四六，民國《達縣志》卷六。

杜茂材

字森圃。乾隆四十二年拔貢生，充四庫全書館謄錄。因戰功授安徽寧國縣知縣，嘉慶間官至壽州知州。見民國《達縣志》卷一六。

未信堂文集

按民國《達縣志》卷一八原注：“今存時文二冊。”

詩八首　存

收入民國《達縣志》卷末下。

文一篇　存

收入民國《達縣志》卷末上。

高秉醇

字粹中，號屏山。乾隆十八年副貢生，選彭水縣教諭，升保寧府教授。卒於任。見民國《達縣志》卷一六。

文一篇　存

收入嘉慶《達縣志》卷四六，民國《達縣志》卷一〇。

徐丕忠

乾隆三十三年舉人，任安徽和州州同。見民國《達縣志》卷一四。

詩六首　存

收入嘉慶《達縣志》卷四六，民國《達縣志》卷一〇、卷末下。

周德純

字石溪。乾隆五十三年舉人。嘗主通川書院講席。嘉慶六年大挑一等，歷任新樂、玉田、豐潤三縣知縣，後陞歷遵化州、灤州、薊州及河南鄧州知州，卒於任。見民國《達縣志》卷一六。

文二篇　存

收入民國《達縣志》卷六、卷一〇。

唐學聰

乾隆三十九年舉人，任鄰水縣教諭。見民國《達縣志》卷一四、卷一六。

詩二首　存

收入嘉慶《達縣志》卷四六，民國《達縣志》卷一、卷末下。

耿如棪

按：其姓名前注為職員，疑當書吏類人物。見嘉慶《達縣志》卷四六。

詩三首　存

收入嘉慶《達縣志》卷四六，民國《達縣志》卷一〇、卷末下。

王三立

字矗峰。庠生。嘉慶間因軍功選直隸保定府司獄。未幾，棄官歸。見民國《達縣志》卷一六。

代演堂稿

見民國《達縣志》卷一六、卷一八。

王正誼（1799—1869）

字筱佺，號小泉，三立子。道光十二年進士，授戶部主事，歷任戶部員外郎、郎中。同治中官至河南按察使。曾主講漢章書院。八年卒，年七十一。見民國《達縣志》卷一五。

四書正字一卷

見民國《達縣志》卷一八。

皖游雜錄剩存　存

見《清人別集總目》頁108。民國《達縣志》卷一八錄作一卷。

今存同治二年達縣王氏惜心書院刻本（國圖，川圖）。

太乙捷錄二卷　奇門遁甲一卷

見民國《達縣志》卷一五、卷一八。

艱貞集一卷　存

見民國《達縣志》卷一五、卷一八。

今存清同治二年惜心書屋刻本（國圖）

惜心書屋詩鈔六卷惜心書屋雜存艱貞集一卷皖遊雜錄剩存一卷　存

今存同治二年刻本（國圖）。

惜心書屋全集詩鈔六卷補遺一卷補抄文集一卷雜存一卷皖游雜錄一卷　存

見《清人別集總目》頁108。

今存同治二年達縣王氏惜心書屋刻本（國圖，豫圖，中科院，南大）。

惜心書屋補鈔文集　存

見《清人別集總目》頁108。民國《達縣志》卷一八錄作惜心書屋補鈔文集一卷。

今存同治七年達縣王氏刻本（川圖）。

惜心書屋詩鈔一卷　存

見《清人別集總目》頁108，《清詩匯》卷一三六。按：民國《達縣志》卷一八作二卷。

今存光緒李氏代耕堂西安刻懷潞園叢

刊本（叢書綜錄）。

李化桂

歲貢生，乾隆間任屏山縣訓導。見嘉慶《達縣志》卷四六，民國《達縣志》卷一〇、卷一四。

文二篇　存

收入嘉慶《達縣志》卷四六，民國《達縣志》卷一〇、卷一三。

魏以裕

嘉慶六年拔貢生，由國子監肄業，任西陽府學正、候選教諭。道光中任南充訓導。見嘉慶《達縣志》卷三五，嘉慶《南充縣志》卷二，民國《達縣志》卷一四。

詩六首　存

收入民國《達縣志》卷一七、卷末下。

文一篇　存

收入民國《達縣志》卷一〇。

柏學海

字景蘇。嘉慶間廪生，主講還山書院凡四十三年，後以年例得恩貢生。以教授終身，卒年八十。見民國《達縣志》卷一六。

文一篇　存

收入民國《達縣志》卷五。

黄錦生

歲貢生。見民國《達縣志》卷一四。

詩一首　存

收入嘉慶《達縣志》卷四六，民國《達縣志》卷末下。

安能慮

恩貢生。見民國《達縣志》卷首。

文一篇　存

收入民國《達縣志》卷一。

楊在寅

名一作載瀛，字志陶，號月浦（一作樾圃）。中道光元年恩科副榜，考取宗學教習，期滿，署分宜縣知縣。丁父憂回里，縣人延主漢章書院講席。咸豐二年，辦理綏定府屬團練。見民國《達縣志》卷一五。

讀左随筆六卷

見民國《達縣志》卷一八。

詩一首　存

收入民國《達縣志》卷一。

文三篇　存

收入民國《達縣志》卷五。

楊載液

字玉圃，在寅弟。庠生。少年隨兄在寅宦遊江左，歸里後設館於朝陽古刹三十餘年，寺前有古槐二株，故自號雙槐老人。見民國《達縣志》卷一六。

消晝永詩集

見民國《達縣志》卷一八。

文一篇　存

收入民國《達縣志》卷一八。

王方衡（1815—1866）

原名芳莖，號筱渠。咸豐六年進

士，任刑部奉天司主事，總辦秋審處，題補員外郎。同治五年卒，年五十二。見民國《達縣志》卷五。

詩八首　存

收入民國《達縣志》卷末下。

文一篇　存

收入民國《達縣志》卷一。

吴　鎮（1816—1887）

字少岷。咸豐十年恩科進士，選翰林院庶吉士，授檢討；歷任浙江、山東、廣西道監察御史；充同治十年會試同考官，特授陝西鹽法道。光緒十三年卒，年七十二。見《蜀詩續鈔》卷二，民國《達縣志》卷五、卷一五。

詩一首　存

收入《蜀詩續鈔》卷二。

文五篇　存

收入民國《達縣志》卷五、卷末上。

陳景星

道光十四年副貢生。見民國《達縣志》卷一四。

詩一首　存

收入民國《達縣志》卷一。

陳　詩

字深之。廩生。見民國《達縣志》卷一六。

詩一首　存

收入民國《達縣志》卷一〇。

文五篇　存

收入民國《達縣志》卷一、卷五、卷一〇、卷一五。

廖正笏

字搢之。道光十七年舉人，任資州學正。見同治《新寧縣志》卷八，民國《達縣志》卷一四。

詩九首　存

收入同治《新寧縣志》卷八。

劉天衢

道光間歲貢生。見民國《達縣志》卷一〇。

文一篇　存

收入民國《達縣志》卷一〇。

文三星

道光十九年舉人。見民國《達縣志》卷一四。

文一篇　存

收入民國《達縣志》卷一〇。

周景濂

字東溪。道光二年舉人。主講漢章書院，士林宗之。見民國《達縣志》卷一四、卷一六。

詩一首　存

收入民國《達縣志》卷一。

吴　銑（？—1856）

原名傳綬，字伯嵋，號笏丞。道光九年進士，歷任直隸沙河、東明、長垣知縣，咸豐三年擢補雲南澄江府知府，六年丁父憂，卒於永寧歸途。見《蜀詩續鈔》卷一，民國《達縣志》

卷一五。

詩一首　存

收入《蜀詩續鈔》卷一。

文三篇　存

收入民國《達縣志》卷五、卷末上。

吴德澍

銑長子。官刑部山西司郎中。見民國《達縣志》卷五。

文二篇　存

收入民國《達縣志》卷五、卷末上。

吴德潚

字筱村，一作小邨，銑子。同治十二年第三名舉人。自光緒二十二年始，歷任浙江山陰、錢塘、西安縣知縣。死於亂。見《蜀詩續鈔》卷二，民國《達縣志》卷一五。

零磔詩存

見民國《達縣志》卷一八。

詩三首　存

收入《蜀詩續鈔》卷二，民國《達縣志》卷末下。

文四篇　存

收入民國《達縣志》卷五、卷末上。

張天衢

道光間增生。見民國《達縣志》卷一。按：其文作於道光二十九年。

文一篇　存

收入民國《達縣志》卷一。

王正璽

字樾凡，號月帆，緝熙子。咸豐九年進士，授翰林院庶吉士，選雲南麗江縣知縣，後以普安廳同知終。見民國《達縣志》卷一五。

王月帆奏疏一卷　海上乘槎錄　滇游雜存　黔游雜存　懷芬館文集　懷芬館庽文錄二卷

見民國《達縣志》卷一八。

詩二首　存

收入民國《達縣志》卷一。

文七篇　存

收入民國《達縣志》卷四、卷末上。

王　槐

咸豐元年舉人，任羅江縣教諭。見民國《達縣志》卷一四。

文二篇　存

收入民國《達縣志》卷四、卷五。

王文蔚

字斐亭。咸豐元年舉人，主講漢章、龍山、寶善、養賢書院。光緒六年選永寧縣教諭，卒於官。見民國《達縣志》卷一六王鈞條附。

文一篇　存

收入民國《達縣志》卷一〇。

李培仁

字根實，一字春池。歲貢生，任龍安府教授。咸豐間為四川總督駱秉章幕僚，後任教諭。光緒初，歷署大邑、長寧、南川諸縣學。見民國《達縣志》卷一四、卷一六。

藏雲舍人詩鈔五卷

見民國《達縣志》卷一八。

詩八首　存

收入民國《達縣志》卷二〇、卷末下。

文五篇　存

收入民國《達縣志》卷一、卷一〇、卷一四、卷末上。

李開郁

字馥村，培仁姪。貢生。見民國《達縣志》卷一四、卷一六李培仁條附。

文一篇　存

收入民國《達縣志》卷一〇。

張　晸（1835—1905）

原名美樞，字星垣，別號昕園。同治六年舉人。光緒四年歸，歷主縣中龍山、養賢書院講席。十五年以大挑知縣，補江蘇沛縣知縣。三十一年卒於任，年七十一。見民國《達縣志》卷五、卷一五。

文五篇　存

收入民國《達縣志》卷五、卷一〇、卷一三、卷一五、卷末上。

譚大川（1836—1904）

字濟安。同治六年中第三名舉人。先後歷主漢章、龍山、來鹿書院講席。光緒十年以大挑二等選授威遠縣教諭，三十年陞嘉定府教授。是年卒，年六十九。見民國《達縣志》卷五、卷一六。

問我齋四卷　幼學須知二卷　輿地歌括一卷

見民國《達縣志》卷一八。

文二篇　存

收入民國《達縣志》卷五、卷一三。

柏汝梅

光緒間貢生。見民國《達縣志》卷一〇、卷一四。

詩二首　存

收入民國《達縣志》卷一〇。

文一篇　存

收入民國《達縣志》卷一〇。

王作育

恩貢生。見民國《達縣志》卷一四。

文一篇　存

收入民國《達縣志》卷一。

王承祖

同治間任工部虞衡司員外郎。見民國《達縣志》卷一、卷一四。

管才書屋遺稿

見民國《達縣志》卷一八。

文一篇　存

收入民國《達縣志》卷一。

王俶駣

同治間任兵部職方司員外郎。見民國《達縣志》卷一四。

詩一首　存

收入民國《達縣志》卷一。

趙含金

同治間廩生。見民國《達縣志》

卷四。

文一篇　存

收入民國《達縣志》卷四。

李家和

歲貢生，候選訓導。據其存文推，咸豐、同治前後當在世。見民國《達縣志》卷五、卷一四。

文一篇　存

收入民國《達縣志》卷五。

劉行道（1868—1910）

字士志，一字臻馗。光緒十九年舉人，曾主講漢章書院，後任成都高等學堂及通省師範教習。光緒三十年創辦達縣中學校。後任內閣中書，充光緒實錄館協修。宣統二年卒，年四十三。見民國《達縣志》卷五、卷一〇六。

詩十二首　存

收入民國《達縣志》卷末下。

文十篇　存

收入民國《達縣志》卷五、卷一五、卷末上。

雷　雨

光緒十一年舉人。見民國《達縣志》卷一四。

文一篇　存

收入民國《達縣志》卷五。

李承霖

光緒間庠生。見民國《達縣志》卷一五。

詩五首　存

收入民國《達縣志》卷一五、卷末下。

文二篇　存

收入民國《達縣志》卷末上。

李元章

光緒二十三年拔貢生。見民國《達縣志》卷一四。

文一篇　存

收入民國《達縣志》卷一。

潘多賢

光緒八年舉人。見民國《達縣志》卷一四。

文三篇　存

收入民國《達縣志》卷五、卷九、卷一〇。

王炳章

字質夫。光緒二十三年拔貢生，屢任聯中、達中講席。見民國《達縣志》卷一四、民國《達縣志》（民國二十七年鉛印本。以下簡稱鉛印本）補遺二。

聊復爾爾齋詩文集三卷

見民國《達縣志》（鉛印本）補遺二。

詩十首　存

收入民國《達縣志》卷末下。

吳德鴻

光緒間任崇慶州訓導。見民國《達縣志》卷一四、卷一七。

文一篇　存

收入民國《達縣志》卷一七。

吴德澐

字少雲。優廪生。年十四入縣庠，為學使張之洞等賞識。見民國《達縣志》卷一六。

十三經簡明字典四卷　讀史集評　牙牌數章句一卷　消寒課集二卷　婦箴集二卷　國甸蒙求一卷　啟蒙對偶二卷　史綱歌括一卷　韻典蒙求二卷

見民國《達縣志》卷一八。

詩八首　存

收入民國《達縣志》卷末下。

文八篇　存

收入民國《達縣志》卷一〇、卷一八、卷末上。

柏鍾靈

光緒間庠生。見民國《達縣志》卷一〇。

文一篇　存

收入民國《達縣志》卷一〇。

吴德濂

字蓮甫。與其兄潛甫守遵義府有功，晉秩游擊，棄之而歸。研究醫學，所治多效。見民國《達縣志》（鉛印本）補遺二。

本草藥性真治二卷　脈訣要旨一卷　醫學證治表解二十二卷

見民國《達縣志》（鉛印本）補遺二。

吴以柱

字蓮生，德濂仲子。清末生員。入民國，任教於中級學校。見民國《達縣志》（鉛印本）補遺二。

簡易齋印譜上編

見民國《達縣志》（鉛印本）補遺二。

彭毓緯

字星垣。光緒三十二年優貢第一。辛亥反正，回籍。卒年四十一。見民國《達縣志》卷一四，民國《達縣志》（鉛印本）補遺二。

文一篇　存

收入民國《達縣志》（鉛印本）補遺二。

龐鍾瑞

宣統初增貢生。見民國《達縣志》（鉛印本）補遺二。

龐氏宗譜十卷

見民國《達縣志》（鉛印本）補遺二。

文一篇　存

收入民國《達縣志》（鉛印本）補遺二。

王文熙

字郁南。年三十為增生，以高材生調尊經書院。宣統二年被推為縣立中學校校長。民國元年為綏定府司令官兼達縣知事、東鄉縣知事，達縣視學，達縣公立圖書館長。復調署宣漢縣知事。見民國《達縣志》卷首，民國《達縣志》（鉛印本）補遺二。

獨樂齋文集七卷　靜遠樓詩集

見民國《達縣志》（鉛印本）補遺二。

詩六首　存

收入民國《達縣志》（鉛印本）補遺二。

伍錫楨（1868—1927）

字澹川。增生，復入四川高等學堂畢業。民國初選為臨時省議員。曾參與《達縣志》的修纂。見民國《達縣志》卷首、民國《達縣志》（鉛印本）補遺二。

澹川稿賸二卷

見民國《達縣志》（鉛印本）補遺二。

詩十首　存

收入民國《達縣志》卷末下、民國《達縣志》（鉛印本）補遺二。

文二篇　存

收入民國《達縣志》（鉛印本）補遺二。

余廷□

字厚山。庠生。見民國《達縣志》（鉛印本）補遺二。

詩二首　存

收入民國《達縣志》卷末下。

文一篇　存

收入民國《達縣志》（鉛印本）補遺二。

譚宗齡

廩生。見民國《達縣志》卷首。

文一篇　存

收入民國《達縣志》卷一〇。

張志進

字厚山。廩生。見民國《達縣志》卷首、民國《達縣志》（鉛印本）補遺二。

詩二首　存

收入民國《達縣志》卷末下。

朱炳暉（1874—1925）

字小泉。增廣生。清末至民初，從事教育。民國十四年卒，年五十二。見民國《達縣志》卷末下。

詩四首　存

收入民國《達縣志》卷末下。

朱炳靈

字芷衡。拔貢生，舉孝廉方正，為貴州候補知縣。見民國《達縣志》卷首、民國《達縣志》（鉛印本）補遺二。

民國《達縣志》二十卷首一卷末一卷補遺二卷（藍炳奎等修　吳德準　王文熙　朱炳靈纂）　存

今存民國二十二年刻本（方志聯合目錄），原注：記事至清宣統三年；民國二十七年袁濟安增補鉛印本（方志聯合目錄），原注：內容增至民國十六年。

文一篇　存

收入民國《達縣志》（鉛印本）補遺二。

李　暻

歲貢生。見民國《達縣志》卷一四。

文一篇　存

收入民國《達縣志》卷一〇。

楊桂馥

廩生。見民國《達縣志》卷五。

文一篇　存

收入民國《達縣志》卷五。

余　鑫

廩生。民國《達縣志》卷一〇。

文一篇　存

收入民國《達縣志》卷一〇。

王文浚

文一篇　存

收入民國《達縣志》卷四。

陳炳堃

字蔭槐。民國初年護法之役，任川東總司令部行軍司令之職，敘功，以縣長任用；靖國之役，任副司令官，因戰功，兼攝嘉陵道尹，復委任為川滇黔聯軍援鄂第五路司令官。見民國《達縣志》（鉛印本）補遺二。

懷仁堂集

見民國《達縣志》（鉛印本）補遺二。

文八篇　存

收入民國《達縣志》（鉛印本）補遺一、補遺二。

洪唁汝

名一作汝唁。按：唁汝及以下二人，疑為清末至民國間人。見民國《達縣志》（鉛印本）補遺二。

大取小取釋辯四卷　取墨經類參三卷　施龍學說研究集三卷

見民國《達縣志》（鉛印本）補遺二。

黎彬郁

國醫論錄七種（編輯）

見民國《達縣志》（鉛印本）補遺二。

李宗韶

讀易須知一卷　易卦總說二卷　周易象辭通解十卷

見民國《達縣志》（鉛印本）補遺二。

文二篇　存

收入民國《達縣志》（鉛印本）補遺二。

（李榮慧　吳靜汶）

東鄉縣

（今四川宣漢縣）

李俊棠

號白雲。乾隆三年舉人，任漢州學正。見嘉慶《東鄉縣志》卷二六。

詩一首　存

收入民國《宣漢縣志》卷一三上。

彭中和

字致齋。道光二十六年舉人，長石鼓書院，見民國《宣漢縣志》卷一二。

詩一首　存

收入民國《宣漢縣志》卷一三上。

鄭士台

號星垣。道光二十六年舉人，曾長石鼓書院。見民國《宣漢縣志》卷八、卷一二。

詩一首　存

收入民國《宣漢縣志》卷一三上。

王本立

字道生。光緒十一年舉人，揀選知縣，二十八至二十九年間，長陶成書院。見光緒《東鄉縣志》卷首、卷七，民國《宣漢縣志》卷八。

友蘭吟館詩集一卷

見民國《宣漢縣志》卷八。

詩二十五首　存

收入民國《宣漢縣志》卷八、卷一〇、卷一五。

鄧方達（1850—1927）

字潛圃，號柳泉，晚年別號鴨池野叟。光緒十九年舉人。民國十六年卒，年七十八。見光緒《東鄉縣志》卷七，民國《宣漢縣志》卷八。

民國《宣漢縣志》十六卷（汪承烈修　鄧方達等纂）　存

今存民國二十年石印本（方志聯合目錄）。

詩二十二首　存

收入民國《宣漢縣志》卷一〇、卷一五。

文二篇　存

收入民國《宣漢縣志》卷八、卷一三下。

向作賓

字君卿。附生，鄧方達門人。宣統元年四川通省師範畢業，入民國歷任陶成高小校、綏定聯中校校長，後官至總統府顧問。見民國《宣漢縣志》卷八、卷一三上。

文二篇　存

收入民國《宣漢縣志》卷八、卷九。

張汝誠

字蘊堂。舉人，任直州。見《蜀詩續鈔》卷一。

詩二首　存

收入《蜀詩續鈔》卷一。

吳大璋

字篠蘅。增生，以家居教授生徒

為業。見民國《宣漢縣志》卷八。

說文部首虛字　通俗記典提綱　字旁總目

見民國《宣漢縣志》卷八。

（何艷艷）

新寧縣

（今四川開江縣）

張　冕

字九凝，一字臞翁。康熙二十三年舉人，歷官高縣教諭、九姓司馬湖府教授。年七十七而終。見道光《新寧縣志》卷五，同治《新寧縣志》卷六。

詩一首　存

收入道光《新寧縣志》卷六，同治《新寧縣志》卷八。

吴師瑗

康熙五十九年舉人，官陝西藍田縣知縣。見道光《新寧縣志》卷五，同治《新寧縣志》卷六。

乾隆《新寧縣志》四卷（竇容邃修　吴師瑗纂）　存

今存乾隆二年刻本（方志聯合目錄）；乾隆十八年周金紳增刻本（故宫）。

孫代芳

字薌圃，世陶子。道光十一年優貢生，歷任定遠、忠州、潼川府訓導。歸田後，主講龍池書院。道光《新寧縣志》卷一、卷五，同治《新寧縣志》卷六。

道光《新寧縣志》六卷（黄位斗修　孫代芳纂）　存

今存道光十五年刻本（方志聯合目錄）。

詩八首　存

收入道光《新寧縣志》卷六，同治《新寧縣志》卷八。

文一篇　存

收入道光《新寧縣志》卷一，同治《新寧縣志》卷一。

張蒞之（1786—?）

生員，同治八年，年八十四。見同治《新寧縣志》卷六。

文一篇　存

收入同治《新寧縣志》卷七。

張　昱

榜名得洋。道光二年舉人，揀選知縣。見道光《新寧縣志》卷一、卷五。

文一篇　存

收入道光《新寧縣志》卷六，同治《新寧縣志》卷七。

徐　瑜

道光八年副貢生，註選教諭。曾參纂《新寧縣志》。見道光《新寧縣志》卷一、卷五。

文一篇　存

收入同治《新寧縣志》卷八。

孫啓哲

字迪齋。道光十一年恩科舉人，揀選知縣，官崇慶州學正，以軍功保加内閣中書銜。後主講龍池書院。見道光《新寧縣志》卷一、卷五，同治《新寧縣志》卷六。

敦樸堂文稿

見同治《新寧縣志》卷六。

金恩模

廩生。見道光《新寧縣志》卷一。

文一篇　存

收入道光《新寧縣志》卷六，同治《新寧縣志》卷七。

楊直方

字薪圃。道光二十三年舉人，官重慶府訓導。見同治《新寧縣志》卷五、卷七。

文一篇　存

收入道光《新寧縣志》卷七。

張錫瑢

道光間援例試用訓導，歷署蒼溪、江安、涪州、華陽學。嘗率鄉勇禦敵立功，敘其績於軍門，部議給八品職，不受。見道光《新寧縣志》卷五。

文一篇　存

收入道光《新寧縣志》卷六，同治《新寧縣志》卷七。

黄英文

廩生。見同治《新寧縣志》卷七。

詩一首　存

收入同治《新寧縣志》卷八。

文一篇　存

收入同治《新寧縣志》卷七。

熊思誠

廩生。見民國《達縣志》卷末下。

文一篇　存

收入民國《達縣志》卷末下。

（李榮慧　吴静汶）

渠　縣

（今四川渠縣）

李　珪

字公執，號鶴汀，明末含乙長子。順治十四年舉人，官寧德知縣。見嘉慶《渠縣志》卷四六譚承恩《李藝圃公傳》，《全蜀詩鈔》卷四，民國《渠縣志》卷六。

說劍齋文集詩集一卷　存

見《清人別集總目》頁744。按：嘉慶《四川通志》卷一八七、民國《渠縣志》卷六著錄作說劍齋集四卷，此一卷本當爲集佚本。

今存民國三十四年渠縣旅省同鄉会鉛印李忠烈公四世劫灰集本（國圖，北師大）。按：國圖所藏題曰說劍齋（集）一卷。

詩十四首　存

收入嘉慶《渠縣志》卷四六，同治《渠縣志》卷五二，《全蜀詩鈔》卷四。

文三篇　存

收入康熙《順慶府志》卷八，嘉慶《渠縣志》卷四六。按：方志所存詩文，或可補殘存一卷本。

李　瑨

字宕山，號梅岑，珪弟。順治十一年舉人，官鳳陽知縣。見嘉慶《四川通志》卷一八七，同治《渠縣志》卷四六，《全蜀詩鈔》卷一。

片石齋集文集詩集一卷　存

見《清人別集總目》頁754。按：嘉慶《四川通志》卷一八七著錄作片石齋集一卷附集唐詩一卷，《全蜀詩鈔》卷一著錄作片石齋詩集。

今存民國三十四年渠縣旅省同鄉会排印李忠烈公四世劫灰集本（國圖，北師大）。按：國圖所藏題曰片石齋（集）。

詩十七首　存

收入嘉慶《渠縣志》卷四六，同治《渠縣志》卷五二，《清詩匯》卷二七。

文一篇　存

收入嘉慶《渠縣志》卷四六，同治《渠縣志》卷五二，民國《渠縣志》卷一二。按：方志所存詩文，或可補、校所存一卷本。

李　泳

字艾庵，含乙第三子，瑨之弟。與兄珪、瑨齊名。見嘉慶《渠縣志》卷四六，民國《渠縣志》卷六、卷一二。

文二篇　存

收入嘉慶《渠縣志》卷四六，民國《渠縣志》卷六、卷一二。

李　甡

字楚材，珪子。康熙二十年舉人。與父珪、叔瑨號李氏三杰。見嘉慶《渠縣志》卷三四，《全蜀詩鈔》卷六，民國《渠縣志》卷九。

濠梁文集詩集一卷　存

見《清人別集總目》頁745。按：嘉慶《四川通志》卷一八七著錄作濠梁詩集無卷數。《清詩匯》卷四七著錄作濠梁集，未標卷數。同治《渠縣志》

卷四六、民國《渠縣志》卷六著錄作濠梁詩集一卷文集一卷。此一卷本當爲集佚本。

今存民國三十四年渠縣旅省同鄉会排印賈紱麟編李忠烈公四世劫灰集本（國圖，北師大）。按：國圖所藏題作濠梁詩文集，未標卷數。

詩五首　存

收入嘉慶《渠縣志》卷四六，同治《渠縣志》卷五二，《全蜀詩鈔》卷六，《清詩匯》卷四七。

李　穉

字兼三，含乙之孫。雍正間歲貢生。見嘉慶《渠縣志》卷三四，民國《渠縣志》卷六。

乾隆《渠縣志》四卷（李雲驌　李穉纂修）　存

今存乾隆五年刻本（方志聯合目錄）。

詩三首　存

收入嘉慶《渠縣志》卷四六，同治《渠縣志》卷五二，民國《渠縣志》卷一二。

李漱芳（1733—1784）

原名清芳，字藝圃，號文軒，珪曾孫。乾隆二十二年進士，官至工科給事中、禮部員外郎。見《全蜀詩鈔》卷一二，《清史稿》卷三二八，民國《渠縣志》卷一〇。

李藝圃公遺稿一卷　存

見《清人別集總目》頁832。按：嘉慶《四川通志》卷一八七、同治《渠縣志》卷四六著錄作藝圃詩文集二卷，《清詩匯》卷八八著錄作藝圃詩集，未標卷數。此一卷本當爲集佚本。

今存民國三十四年渠縣旅省同鄉会排印賈紱麟編李忠烈公四世劫灰集本（國圖，北師大）。

詩七首　存

收入同治《渠縣志》卷五二，《清詩匯》卷八八，《全蜀詩鈔》卷一二。

劉　臨

副貢生。康熙二十年，官湖北廣濟縣。見嘉慶《渠縣志》卷四六，民國《渠縣志》卷九。

詩九首　存

收入嘉慶《渠縣志》卷四六，同治《渠縣志》卷五二，民國《渠縣志》卷一二。

文一篇　存

收入嘉慶《渠縣志》卷四六，同治《渠縣志》卷五。

雷撝謙

康熙四十七年舉人，任湖北監利縣知縣。見嘉慶《渠縣志》卷三四。

詩一首　存

收入嘉慶《渠縣志》卷四六，民國《渠縣志》卷一二。

文二篇　存

收入民國《渠縣志》卷一二。

閻自新

康熙五十年舉人，五十七年成進士，任山東城武縣知縣。見嘉慶《渠縣志》卷三四，同治《渠縣志》卷三四。

詩二首　存

收入嘉慶《渠縣志》卷四六，民國

《渠縣志》卷一二。

段雲翮

字于飛。雍正元年舉人，乾隆八年秋赴部選，任江南宣城知縣。見同治《渠縣志》卷三八，民國《渠縣志》卷一〇。

文一篇 存

收入民國《渠縣志》卷一二。

佘　敬

雍正十年舉人，歷任廣東東安、昌化二縣知縣。見民國《渠縣志》卷三。

詩一首 存

收入同治《渠縣志》卷五二，民國《渠縣志》卷一二。

葉光宗

乾隆三年副貢生，歷任合江、南川二縣教諭。見嘉慶《渠縣志》卷三四，民國《渠縣志》卷三。

詩一首 存

收入同治《彰明縣志》卷五七。

文二篇 存

收入嘉慶《渠縣志》卷四六，嘉慶《合江縣志》卷四八，同治《渠縣志》卷五二。

燕居廣

乾隆九年舉人，拔貢生，任江南寧國縣知縣。見同治《渠縣志》卷三四，民國《渠縣志》卷三。

詩一首 存

收入嘉慶《渠縣志》卷四六，同治《渠縣志》卷五二。

文一篇 存

收入嘉慶《渠縣志》卷四六。

李德芳

乾隆十八年舉人，任興文縣教諭。見民國《渠縣志》卷三。

詩一首 存

收入嘉慶《渠縣志》卷四六，同治《渠縣志》卷五二，民國《渠縣志》卷一二。

裴以政

乾隆三十年舉人。見同治《渠縣志》卷三四。

文二篇 存

收入嘉慶《渠縣志》卷四六，同治《渠縣志》卷五二，民國《渠縣志》卷一二。

雷際泰

乾隆三十五年舉人，歷官廣東高明、鶴山縣知縣。見民國《渠縣志》卷九。

詩一首 存

收入嘉慶《渠縣志》卷四六，同治《渠縣志》卷五二，民國《渠縣志》卷一二。

文一篇 存

收入民國《渠縣志》卷一二。

李春芳

乾隆三十五年恩貢生。見同治《渠縣志》卷三四。

詩三首　存

收入嘉慶《渠縣志》卷四六，同治《渠縣志》卷五二。

寇賚言

字誨庵。乾隆四十五年鄉舉第一，明年成進士，改庶吉士，授檢討，轉河南道御史。見民國《渠縣志》卷一〇。

文一篇　存

收入嘉慶《漢州志》卷三八。

閻樹庸

睿蒲之父。乾隆間歲貢生，任松潘衛訓導，後贈文林郎。見嘉慶《渠縣志》卷三四，民國《松潘縣志》卷五，民國《渠縣志》卷九。

詩一首　存

收入嘉慶《渠縣志》卷四六，同治《渠縣志》卷五二。

程雲衢

嘉慶三年舉人；十六年，署隆昌縣教諭；二十二年，任崇慶州學正。見光緒《增修崇慶州志》卷六。

詩二首　存

收入嘉慶《渠縣志》卷四六，同治《渠縣志》卷五二，民國《渠縣志》卷一二。

文四篇　存

收入嘉慶《渠縣志》卷四六，同治《渠縣志》卷五二，民國《渠縣志》卷一二。

賈秉鍾（1777—1839）

字綏祿，一字屏山。嘉慶六年舉人，十三年成進士，由翰林院庶吉士改授山西盂縣知縣。見嘉慶《渠縣志》卷三四，民國《渠縣志》卷一二劉學厚《賈屏山先生行狀》。

屏山詩文集十二卷　廛居隨筆一卷　續筆一卷　擬詠史樂府二卷

見同治《渠縣志》卷四六，民國《渠縣志》卷六。

詩二首　存

收入民國《渠縣志》卷一二。

文四篇　存

收入同治《渠縣志》卷五二。

賈振麟

字莼浦，秉鍾長子。歲貢生，候選訓導。見同治《渠縣志》卷首，民國《渠縣志》卷九。

同治《渠縣志》五十二卷首一卷（何慶恩修　賈振麟　金傳培纂）　存

今存同治三年刻本（方志聯合目錄）。

流江鴻雪集二卷

見同治《渠縣志》卷四六，民國《渠縣志》卷六。

詩二首　存

收入民國《渠縣志》卷一二。

文八篇　存

收入民國《渠縣志》卷一二。

賈绂麟

字蓀谷，振麟弟。增生。見民國《渠縣志》卷九。

詩五首 存

收入民國《渠縣志》卷一二。

文八篇 存

收入同治《渠縣志》卷五二，民國《渠縣志》卷一二。

譚承恩

貢生。見民國《渠縣志》卷九。

詩一首 存

收入民國《渠縣志》卷一二。

文四篇 存

收入嘉慶《渠縣志》卷四六，民國《渠縣志》卷一二。

張學誙

字廣文。嘉慶十二年任納溪縣訓導。見嘉慶《納溪縣志》卷七。

詩八首 存

收入嘉慶《納溪縣志》卷一。

楊文冕

字誠之。廩生。見《蜀詩續鈔》卷三。

詩一首 存

見《蜀詩續鈔》卷三。

寇　宗

官滎昌教諭。見光緒《滎昌縣志》卷二二。

纂輯學宫圖考一卷

見光緒《滎昌縣志》卷二二。

菊逸山房天學一卷 存

按：光緒《滎昌縣志》卷二二作菊逸山房易學天學一卷。

今存光緒九年文選樓刻本（國圖，北大，川大）；玲瓏山館叢書本（叢書綜錄）；清芬堂叢書本（叢書綜錄）。

菊隐山房山法備收一卷（輯） 存

今存菊隱山房地理正書本（叢書綜錄）。

（王阿陶）

大竹縣
（今四川大竹縣）

釋海明

字懶愚，一字破山，俗姓蹇。明末清初人。住嘉興東塔寺，後歸蜀。見《全蜀詩鈔》卷六三。

破山語録

見《全蜀詩鈔》卷六三。

詩六首　存

收入《全蜀詩鈔》卷六三。

王士品

字元一。明末投筆從戎，以軍功為榆林總鎮，累授左將軍職，任總兵，官都督同知。康熙初，佐李國英軍幕，又參平三藩之亂，然不受爵禄。卒年六十七。見道光《大竹縣志》卷三二。

夢夢草一卷

見道光《大竹縣志》卷三二，民國《大竹縣志》卷九。

詩五首　存

收入道光《大竹縣志》卷三七，民國《大竹縣志》卷一四。

文一篇　存

收入道光《大竹縣志》卷三七，民國《大竹縣志》卷一。

王以暐

士品子。歲貢生，任鹽亭訓導。見道光《大竹縣志》卷二七，民國《大竹縣志》卷九王士品條附。

詩一首　存

收入道光《大竹縣志》卷三七，民國《大竹縣志》卷一。

王以昕

士品子。歲貢生。見道光《大竹縣志》卷二七，民國《大竹縣志》卷九王士品條附。

詩一首　存

收入道光《大竹縣志》卷三七，民國《大竹縣志》卷一四。

王以曜

字漆湘，號栩岑，士品子。康熙四十七年舉人，任浙江秀水縣知縣。卒年八十餘。見道光《大竹縣志》卷九王士品條附、卷二七、卷三〇。

王氏家譜　雪泥鴻跡　竹陽紀略

見道光《大竹縣志》卷三〇，民國《大竹縣志》卷九。

詩二十二首　存

收入道光《大竹縣志》卷三七，民國《大竹縣志》卷一、卷三、卷一四。

文四篇　存

收入道光《大竹縣志》卷三七，民國《大竹縣志》卷一、卷五、卷一四。

王正策

字勷平，號晴峯，士品孫。乾隆二十四年舉人，授墊江訓導。歷任涪州學正，陞保寧府教授，官至銓直隸阜城縣令。年五十六卒。見道光《大竹縣志》卷三〇，同治《重修涪州志》卷一五。

詩四首　存

收入同治《重修涪州志》卷一五。

王懷曾

字魯之，正策孫。中嘉慶十五年副榜，道光二年舉人，歷任山東費縣、安邱、長清、東平、蘭山等縣知縣。與弟懷孟同纂修縣志。見道光《大竹縣志》卷一、卷二七，《全蜀詩鈔》卷三九，民國《大竹縣志》卷九，《清人別集總目》頁135。

待鶴樓詩鈔（江國霖　伍濬祥編訂）　存

按：民國《大竹縣志》卷九著錄有“待鶴樓詩”。

今存道光二十六年刻本（川大）。

待鶴樓詩鈔四卷附零礫詩存三卷　存

見《清人別集總目》頁135。

今存道光二十九年刻本（南圖，臺大）。

待鶴樓詩鈔一卷附零礫詩存二卷　存

見《清人別集總目》頁135。

今存民國成都昌福公司鉛印本（南圖，皖圖，南大）。原按：所附爲王懷孟撰。

詩三十七首　存

收入光緒《廣安州志》卷一二，《全蜀詩鈔》卷三九，民國《大竹縣志》卷一四。

王懷孟（1787—1840）

字小雲，懷曾仲弟。嘉慶十五年舉人，任咸安宫教習、長寧縣教諭。道光二十年卒，年五十四。見道光《大竹縣志》卷二七，民國《大竹縣志》卷九，《清人別集總目》頁135。

道光《大竹縣志》四十卷（翟瑔修　王懷孟等纂　蔡以修續修　劉漢昭等續纂）　存

今存道光二年刻本（方志聯合目錄）。

零礫詩存三卷　存

見《清人別集總目》頁135。

今存道光二十九年刻王懷曾撰待鶴樓詩抄本附（南圖，臺大）。

零礫詩存一卷詩鈔一卷　存

見《清人別集總目》頁135。按：民國《大竹縣志》卷九著錄作零礫詩存一卷。

今存民國成都昌福公司鉛印本（南圖，皖圖，復旦，南大）。

小雲詞賸一卷

見民國《大竹縣志》卷九。

詩三十四首　存

收入《全蜀詩鈔》卷三九，民國《大竹縣志》卷一、卷一四。

黄承冕

字冠羣。康熙五年舉人，任陝西蒲城縣知縣。年七十餘卒。見道光《大竹縣志》卷二七、卷三〇。

蒲謳録一卷

見道光《大竹縣志》卷三〇，民國《大竹縣志》卷九。

徐開運

字名五，號健齋。雍正元年拔貢生，就州判職。長振文書院十餘年。年六十六卒。見道光《大竹縣志》卷三〇。

從先録一卷　**端蒙故事二卷**　**嘉言録二卷**　**詩集六卷**　**箴規録一卷**

見道光《大竹縣志》卷三〇，民國

《大竹縣志》卷九。

文集二卷

見道光《大竹縣志》卷二七、卷三〇，民國《大竹縣志》卷八。

詩四首 存

收入道光《大竹縣志》卷三七，民國《大竹縣志》卷一、卷一四。

文二篇 存

收入道光《大竹縣志》卷三七，民國《大竹縣志》卷一。

周國器

字玉潭。乾隆六年舉人，後中明通榜，官新都縣教諭，即寄籍新都縣。見道光《大竹縣志》卷二七、卷三〇，道光《新都縣志》卷九，《全蜀詩鈔》卷一一，《蜀詩續鈔》卷三。

桂湖講義（一作桂湖四書講義）

見道光《大竹縣志》卷三〇，道光《新都縣志》卷九，《全蜀詩鈔》卷一一。

詩文若干卷

見道光《新都縣志》卷九。

詩一首 存

收入道光《大竹縣志》卷三七，《全蜀詩鈔》卷一一，《蜀詩續鈔》卷三。

盧翰騫

乾隆二十一年舉人，任廣東澄海縣鹽大使。見道光《大竹縣志》卷二七。

詩三首 存

收入道光《大竹縣志》卷三七，民國《大竹縣志》卷一、卷一四。

朱有紱

號鶴翁。乾隆五十四年拔貢生，中嘉慶九年舉人，歷任眉州訓導、夔州府教授。見道光《大竹縣志》卷二七，民國《大竹縣志》卷九。

文三篇 存

收入民國《大竹縣志》卷二、卷一四。

谷必秀

乾隆、嘉慶間庠生。見道光《大竹縣志》卷三〇。

勸孝文

見道光《大竹縣志》卷三〇。

濮　藻

字蘭溪。嘉慶十八年拔貢生，選拔北上，未及廷試而卒。見民國《大竹縣志》卷九。

詩一首 存

收入民國《大竹縣志》卷一四。

彭青藜

道光三年歲貢生。見民國《大竹縣志》卷八。

詩一首 存

收入民國《大竹縣志》卷二。

尹天覺

字莘山。道光九年入郡庠，以增廣生援例入明經。年七十餘卒。見民國《大竹縣志》卷九。

文四篇 存

收入民國《大竹縣志》卷二、卷一四。

江國霖（1810—1859）

字雨農，號曉帆、小帆。道光十一年舉人，十八年一甲第三名進士，授翰林院編修。歷任廣東惠州府知府、雷瓊兵備道、兩淮鹽運使，官至廣東布政使；咸豐七年署廣東巡撫。見《全蜀詩鈔》卷五〇，《蜀詩續鈔》卷二，民國《大竹縣志》卷八、卷九，《清人別集總目》頁568。

夢甦齋詩集六卷附海上寓公草一卷　存

見《清人別集總目》頁568。按：民國《大竹縣志》卷九僅著錄夢甦齋詩集六卷。

今存咸豐十年廣東刻本（川圖，湘圖，民族文化宮，南大）；民國十五年成都昌福公司排印本（川圖，南圖，南大，臺灣史語）。

館課詩賦檢存詩一卷賦一卷　存

見《清人別集總目》頁568。按：民國《大竹縣志》卷九著錄作館課賦試帖詩若干卷。

今存咸豐十年大竹汪氏刻本（南大）。

隨山房詩文集若干卷

見民國《大竹縣志》卷九。

詩三十九首　存

收入道光《續定遠縣志》卷二，《全蜀詩鈔》卷五〇，《蜀詩續鈔》卷二，民國《大竹縣志》卷一四，《清詩匯》卷一四二。

文二篇　存

收入民國《大竹縣志》卷一四，《制義叢話》。

董　鰲

字敦易，號青巖。肄業錦江書院。卒年八十二。見道光《大竹縣志》卷三〇。

寫心集　居俟存錄　彈菊譜詞

見道光《大竹縣志》卷三〇，民國《大竹縣志》卷九。

詩一首　存

收入道光《大竹縣志》卷三七。

劉元英

名一寫作元瑛。歲貢生，任富順訓導。見道光《大竹縣志》卷二七。

詩三首　存

收入道光《大竹縣志》卷三七。

盧興讓

庠生。見道光《大竹縣志》卷三七。

詩一首　存

收入道光《大竹縣志》卷三七，民國《大竹縣志》卷一四。

吳　騤

字友龍，號島雲。府學廩生，卒年五十六。見道光《大竹縣志》卷三〇。

詩一首　存

收入道光《大竹縣志》卷三七，民國《大竹縣志》卷七。

文三篇　存

收入道光《大竹縣志》卷三七，民國《大竹縣志》卷三、卷一一、卷一四。

周世昌

歲貢生，任資陽訓導。見道光

《大竹縣志》卷二七。

詩二首　存

收入道光《大竹縣志》卷三七，民國《大竹縣志》卷一。

李作梅

字羹堂，自號園史。道光中人。增貢生。種蔬自給，不求進取，年未四十卒。見民國《大竹縣志》卷九。按據其上引小傳：與道光中增生陳體乾為同時人。

羣芳小譜　聽雨詩話　聽雨山房文集
史學提要續編

見民國《大竹縣志》卷九。

詩二十一首　存

收入民國《大竹縣志》卷一、卷二、卷一四。

文十一篇　存

收入民國《大竹縣志》卷一、卷二、卷一四。

馬大任

字毅齋。與李作梅同時而為其所欽重。見民國《大竹縣志》卷九李作梅條附。

聽松軒詩草

見民國《大竹縣志》卷九。

詩四十首　存

收入民國《大竹縣志》卷一、卷一四。

文一篇　存

收入民國《大竹縣志》卷二。

陳大經

字補齋。與李作梅同為道光中人。見民國《大竹縣志》卷九李作梅條附。

詩一首　存

收入民國《大竹縣志》卷一。

李向榮

字芳齋。與李作梅同為道光中人。見民國《大竹縣志》卷九李作梅條附。

詩三首　存

收入民國《大竹縣志》卷一、卷一四。

陳體乾

又名大誠，字雲湖。道光間增生。卒年六十二。見民國《大竹縣志》卷九。

勸孝詩五十章　雲湖古文　雲湖詩草

見民國《大竹縣志》卷九。

詩四首　存

收入民國《大竹縣志》卷一、卷一四。

文十篇　存

收入民國《大竹縣志》卷二、卷一四。

張興維

字棘垣。道光中府學生，肄業錦江書院。卒年八十五。見民國《大竹縣志》卷九。

詩二首　存

收入民國《大竹縣志》卷一四。

鄧思哲（1820—1888）

字仲珉，原名家政。光緒二年進士。十四年卒，年六十九。見民國《大竹縣志》卷九。

時還讀書屋詩文若干卷

見民國《大竹縣志》卷九。

詩四十首　存

收入民國《大竹縣志》卷一、卷二、

卷三、卷七、卷一四。

文四篇　存

收入民國《大竹縣志》卷一四。

濮斗衡

字伯平。道光二十四年鄉試第二名，同治元年成進士，歷署陝西略陽、藍田知縣。托病辭職，歸主鳳鳴書院講席。卒年五十四。見民國《大竹縣志》卷九。

四書講義　周易講義

見民國《大竹縣志》卷九。

詩一首　存

收入民國《大竹縣志》卷一四。

文八篇　存

收入民國《大竹縣志》卷二、卷五、卷一四。

王心醉

字劍泉。廩生，濮斗衡門人。見民國《大竹縣志》卷九。

瘟疫條辨

見民國《大竹縣志》卷九。

艾鳴謙

字益齋。咸豐六年恩貢生，八年任本縣山前下段段總。卒年七十八。見民國《大竹縣志》卷九。

平逆紀略一卷　增訂醫方輯要二十四卷　地學心法一卷　培蘭山房詩草一卷　雜錄一卷

見民國《大竹縣志》卷九。

詩四首　存

收入民國《大竹縣志》卷一、卷二。

文一篇　存

收入民國《大竹縣志》卷二。

王長春

字融軒。咸豐間歲貢生，師事鄧緒經。見民國《大竹縣志》卷九。

文一篇　存

收入民國《大竹縣志》卷二。

王履亨

字次元，號仲乾。同治六年舉人，同治十年成進士，由翰林院庶吉士改官雲南曲靖、昆明縣知縣。見民國《大竹縣志》卷八，《清人別集總目》頁188。

復一吟草一卷　存

見《清人別集總目》頁188。

今存民國二十七年鉛印宗敬堂叢刻本（南圖，復旦，漳州，廈門，鎮江）。

復一文存一卷　存

見《清人別集總目》頁188。

今存民國二十九年鉛印本（鎮江，廈門）；民國三十六年鉛印本（南圖，復旦）。

唐君佐

光緒六年歲貢生。見民國《大竹縣志》卷八。

文一篇　存

收入民國《大竹縣志》卷二。

蔣光濂

光緒二十三年拔貢生。見民國《大竹縣志》卷八。

文一篇　存

收入民國《大竹縣志》卷一。

徐淩雲

光緒二十八年恩貢生。見民國《大竹縣志》卷八。

詩一首　存

收入民國《大竹縣志》卷一。

楊超羣

字拔生。學使張之洞拔取為廩生，並選入尊經講院肄業。見民國《大竹縣志》卷九。

文一篇　存

收入民國《大竹縣志》卷七。

徐仁甫（1901—?）

名永孝，以字行，晚年稱乾惕翁。教授。見《清人別集總目》頁1869。

毛詩重言下篇補錄一卷　存

今存民國二十五年雙流黃氏濟忠堂本（川大）。

萬柳園十憶詩三百首　存

見《清人別集總目》頁1869。

今存石印本（洛陽）。

陳步武

光緒二十年舉人，任鳳鳴書院山長。三十二年至宣統元年，任本縣勸學所縣視學。民國七年任縣立中學校校長。見民國《大竹縣志》卷五、卷七、卷八。

民國《大竹縣志》十六卷（鄭國翰　曾瀛藻修　陳步武　江三乘纂）　存

今存民國十七年鉛印本（方志聯合目錄）。

文五篇　存

收入民國《大竹縣志》卷五、卷一四。

蔣克莊

廩生。民國九年任大竹、梁山縣知事。見民國《大竹縣志》卷七、卷八。

文一篇　存

收入民國《大竹縣志》卷一〇。

王星垣（1872—1927）

字藻翔，原名先耀。廩生，從陳文甫孝廉遊學。畢業通省師範，歷任師範傳習所所長，宣統間三任本縣視學及高小學校校長。民國十六年卒，年五十六。見民國《大竹縣志》卷七、卷八、卷九。

文一篇　存

收入民國《大竹縣志》卷五。

舒　錦

字雲亭。諸生，以塾師終。晚深於醫道。見民國《大竹縣志》卷九。

雜體詩　雲亭閒談

見民國《大竹縣志》卷九。

詩四首　存

收入民國《大竹縣志》卷一、卷一四。

王懷芳

教授族里，以高壽卒。見民國《大竹縣志》卷九。

揚善錄一冊　槐堂家譜一冊

見民國《大竹縣志》卷九。

張春元

廩生。清末人。見民國《大竹縣志》卷一。

文一篇　存

收入民國《大竹縣志》卷一。

周崇亮

庠生。卒年八十四。見民國《大竹縣志》卷九。

性理解　太極圖說　河圖洛書解

見民國《大竹縣志》卷九。

（李榮慧　吴静汶）

太平縣

（今四川萬源市）

劉　達

明末諸生。避亂居閬州，為清巡撫許國英司筆札，後辭歸。見民國《萬源縣志》卷九。

文一篇　存

收入民國《萬源縣志》卷九。

李彜琮

字敦五。康熙時廩生。八十八歲卒。見光緒《太平縣志》卷八。

家箴秘易若干卷

見光緒《太平縣志》卷八，民國《萬源縣志》卷八。

羅維龍

字正陽。乾隆十八年拔貢生。見光緒《太平縣志》卷八，民國《萬源縣志》卷八。

正陽文稿

見乾隆《太平縣志》卷下，光緒《太平縣志》卷八，民國《萬源縣志》卷八。

張懋芳

字伯華。嘉慶十八年拔貢生。見民國《萬源縣志》卷九。

文一篇　存

收入民國《萬源縣志》卷九。

楊日都

字賡堂。嘉慶二十三年舉人，官漢州學正，推升浙江桐廬知縣。見光緒《太平縣志》卷七，民國《萬源縣志》卷九。

詩四首　存

收入光緒《太平縣志》卷九，民國《萬源縣志》卷九，民國《達縣志》卷一六。

文一篇　存

見民國《萬源縣志》卷九。

王金榜

號發敘。年九十六猶在世。見光緒《太平縣志》卷八。

類聯　**詠史詩稿**

見光緒《太平縣志》卷八。

向敬業

號青垣。道光二十九年拔貢生。見光緒《太平縣志》卷八，民國《萬源縣志》卷八。

蘭溪草堂稿

見光緒《太平縣志》卷八，民國《萬源縣志》卷八。

賴春山

字笑如。咸豐元年拔貢生。見民國《萬源縣志》卷九。

詩四首　存

收入民國《萬源縣志》卷九。

龐之舉

名一作芝舉，字簡廷。咸豐朝歲貢生，名所居曰紅杏山房。同治初年，主講蕚山書院。卒年八十一。見光緒《太平縣志》卷八。

詩一首　存

收入光緒《太平縣志》卷九。

秦新謨

號鯉仙。廩生。見光緒《太平縣志》卷八，民國《萬源縣志》卷八。

四書講義　青藜閣文稿

見光緒《太平縣志》卷八，民國《萬源縣志》卷八。

李占林

同治間歲貢生。見光緒《太平縣志》卷七、卷八。

詩一首　存

收入光緒《太平縣志》卷九。

梁　材

增貢生。見光緒《太平縣志》卷九。

詩一首　存

收入光緒《太平縣志》卷九。

冉百亮

增廣生。見光緒《太平縣志》卷九。

詩一首　存

收入光緒《太平縣志》卷九。

袁德元

字秋湖。歲貢生。見民國《萬源縣志》卷九。

文一篇　存

見民國《萬源縣志》卷九。

王開元

庠生。見民國《萬源縣志》卷九。

文一篇　存

收入民國《萬源縣志》卷九。

賴　謙

字虛竹。官印江縣知縣。見民國《萬源縣志》卷九。

詩二首　存

收入民國《萬源縣志》卷九。

文一篇　存

收入民國《萬源縣志》卷九。

冉星炳

庠生。見民國《萬源縣志》卷九。

文一篇　存

收入民國《萬源縣志》卷九。

冉景賢

字仰山。歲貢生。見民國《萬源縣志》卷九。

文一篇　存

收入民國《萬源縣志》卷九。

唐登甲

字鼎三。庠生。見民國《萬源縣

志》卷九。

文一篇　存

收入民國《萬源縣志》卷九。

秦相義

字翼臣。庠生。見民國《萬源縣志》卷九。

詩七首　存

收入民國《萬源縣志》卷九。

秦新鉞

歲貢生。見民國《萬源縣志》卷九。

文一篇　存

收入民國《萬源縣志》卷九。

婁　楷

庠生。見民國《萬源縣志》卷九。

文一篇　存

收入民國《萬源縣志》卷九。

張乃謙

字吉六。歲貢生。見民國《萬源縣志》卷九。

詩一首　存

收入民國《萬源縣志》卷九。

張元經

增生。見民國《萬源縣志》卷九。

詩一首　存

收入民國《萬源縣志》卷九。

張明徵

字少卿。貢生，晚年任教員。見民國《萬源縣志》卷八。

四書保碎錄一卷　課蒙淺議一卷　詩經要義上下篇　鑄史駢言六卷　歸帆集詩四卷

見民國《萬源縣志》卷八。

詩三十四首　存

收入民國《萬源縣志》卷九。

張春山

字晴嵐。孝廉方正。見民國《萬源縣志》卷九。

文一篇　存

收入民國《萬源縣志》卷九。

張春城

字子衡。歲貢生。見民國《萬源縣志》卷九。

文一篇　存

收入民國《萬源縣志》卷九。

張鵬高

字翰生。卒年七十七。見民國《萬源縣志》卷八。

映星草堂集

見民國《萬源縣志》卷八。

賴容莊

字淡如。歲貢生。見民國《萬源縣志》卷七、卷九。

詩一首　存

收入民國《萬源縣志》卷九。

（李榮慧　吴静汶）

城口廳

（今重慶城口縣）

洪錫疇

字敘亭。道光間人，廩生。見道光《城口廳志》卷一。

道光《城口廳志》二十卷首一卷（劉紹文修洪錫疇纂） 存

今存道光二十四年刻本（方志聯合目錄）

文六篇 存

收入道光《城口廳志》卷二〇。

（李榮慧）

邛州直隸州

（今成都邛崍市）

植敏槐

字稚青。順治八年舉人。見嘉慶《邛州直隸州志》卷二九，民國《邛崍縣志》卷二。

禮記存要（輯錄）

見民國《邛崍縣志》卷二。

葉一蕙

順治八年中副榜，十七年中舉人。見民國《邛崍縣志》卷三。

文一篇　存

收入嘉慶《邛州直隸州志》卷四三。

馮　氏

女，同里劉[illegible]度妻。見《全蜀詩鈔》卷六一。

詩一首　存

收入《全蜀詩鈔》卷六一。

王俅士

康熙五年舉人，任保寧府教授。見嘉慶《邛州直隸州志》卷二九，同治《大邑縣志》卷一八上，民國《邛崍縣志》卷二。

詩一首　存

收入同治《大邑縣志》卷一八上。

文一篇　存

收入嘉慶《邛州直隸州志》卷四三。

周文宦

字彤臣。乾隆十五年舉人，任山西寧鄉縣知縣。見嘉慶《邛州直隸州志》卷二九，光緒《蒲江縣志》卷五，民國《邛崍縣志》卷二、卷三。

古楠行詩

見民國《邛崍縣志》卷二。

詩十七首　存

收入嘉慶《邛州直隸州志》卷四四，光緒《蒲江縣志》卷五。

楊　藩

字鎮之，號春疇。乾隆三十年拔貢生，三十五年中舉人，官直隸霸州知州。見嘉慶《邛州直隸州志》卷四三，民國《邛崍縣志》卷三。

詩二首　存

收入嘉慶《邛州直隸州志》卷四四。

蘭　玉

字佩齋。乾隆四十四年舉人，任大足縣教諭。見乾隆《蒲江縣志》卷四，嘉慶《邛州直隸州志》卷二九，民國《邛崍縣志》卷三。

詩七首　存

收入嘉慶《邛州直隸州志》卷四四，光緒《蒲江縣志》卷五。

文一篇　存

收入嘉慶《邛州直隸州志》卷四五。

華方蓁

字蔚庵。乾隆間歲貢生，任雅州府訓導。卒年七十八。見嘉慶《邛州直隸州志》卷四三，民國《邛崍縣志》卷二。

詩二首　存

收入嘉慶《邛州直隸州志》卷四四。

王際熙

乾隆間廩生。見乾隆《蒲江縣志》卷四，光緒《蒲江縣志》卷五。

詩三首　存

收入乾隆《蒲江縣志》卷四，光緒《蒲江縣志》卷五。

王際盛

嘉慶四年進士，官翰林院檢討。見嘉慶《邛州直隸州志》卷二八。

詩一首　存

收入嘉慶《邛州直隸州志》卷四四。

胡　璠

字友于。嘉慶二十一年舉人，官山東歷城知縣。見民國《邛崍縣志》卷二、卷三。

雲吟山房詩鈔

見民國《邛崍縣志》卷二。

詩一首　存

收入同治《大邑縣志》卷一八上。

華豐懿

字蓮岡。嘉慶間歲貢生。見民國《邛崍縣志》卷二。

四毋齋文稿

見民國《邛崍縣志》卷二。

蘭之清

嘉慶十五年舉人。見嘉慶《邛州直隸州志》卷二九，民國《邛崍縣志》卷三。

詩二首　存

收入嘉慶《邛州直隸州志》卷四四。

方發祥

字吉山。道光元年舉人，六年成進士，任山東知縣；改官奉天省，署海城縣，補遼陽州。見民國《邛崍縣志》卷二、卷三。

學步堂文稿

見民國《邛崍縣志》卷二。

劉　謙

字益齋，一字硯丞。寄籍華陽。道光十七年舉人，官甘肅安化縣知縣，保陞知府。見《蜀詩續鈔》卷一。

詩十一首　存

收入《蜀詩續鈔》卷一。

伍肇齡

字崧生、椿年，號逸叟。道光二十三年舉人，二十七年成進士，官翰林院編修、侍講學士，主講錦江書院。年八十餘卒。見《蜀詩續鈔》卷五，民國《邛崍縣志》卷三，《清人別集總目》頁466。

同治《直隸綿州志》五十五卷（文棨　董貽清修　伍肇齡　何天祥纂）　存

今存同治十二年刻本（方志聯合目錄）。

石堂藏書

見民國《邛崍縣志》卷二。

石堂詩鈔不分卷　存

見民國《邛崍縣志》卷二，《清人別集總目》頁466。

今存光緒成都刻本（川圖）。

詩一首　存

收入《蜀詩續鈔》卷五。

文二篇　存

收入民國《崇慶縣志》附《江原文徵·紀述縣事之文》，民國《中江縣志》卷二二。

華　暲

字曉峯。道光十二年舉人。見《二瓦硯齋詩鈔》卷首，民國《邛崍縣志》卷三。

詩一首　存

收入《二瓦硯齋詩鈔》卷首。

徐守恭

字敬亭。歲貢生。見民國《邛崍縣志》卷二。

趣園詩文稿

見民國《邛崍縣志》卷二。

李建章

字劍山。道光間歲貢生，歷任永寧、鄰水等縣教諭，能詩。見民國《邛崍縣志》卷二、卷三。

見聞隨筆二卷

見民國《邛崍縣志》卷二。

魏成坪

字伯良。道光間歲貢生。見民國《邛崍縣志》卷二、卷三。

周易折衷案語

見民國《邛崍縣志》卷二。

王曰榕

文一篇　存

收入道光《新津縣志》卷四〇。

熊維芳

字春浦。道光中歲貢生，同治間，中孝廉方正科。見民國《邛崍縣志》卷二、卷三。

雨化堂文集一卷

見民國《邛崍縣志》卷二。

高玉臺

字蘭陔。咸豐十一年拔貢生，同治三年舉人。見民國《邛崍縣志》卷二、卷三。

漂麥山房詩鈔

見民國《邛崍縣志》卷二。

宋紹微

字子仁。貢生，任成都府教授兼新繁教諭。見民國《邛崍縣志》卷三。

瀛嶽遊詩草　**梅花家塾集**

見民國《邛崍縣志》卷三。

寧　緗

字雲若。光緒十四年舉人，後署豐潤縣，補為豐潤知縣。入民國卒。見民國《邛崍縣志》卷首、卷二、卷三。

民國《邛崍縣志》四卷首一卷（劉復等修 寧湘等纂） 存

今存民國十一年鉛印本（方志聯合目錄）。

周官聯事表 邛州前賢史傳輯略 邛州迤南山川坼界考訂

見民國《邛崍縣志》卷二。

魏文靖公史傳考略不分卷 存

今存光緒三十四年成都觀過樓刻本（川大）。

藷薌詩存 存

見《清人别集總目》頁362。

今存寧氏自抄稿本（川圖）。

藷薌草堂文集一卷詩一卷 存

見《清人别集總目》頁362。按：民國《邛崍縣志》卷二著錄作草堂詩集。

今存民國三年成都大昌公司排印本（川圖，中科院）。

寧鴻綷

字祖庚。諸生。見民國《邛崍縣志》卷二。

一經廬集

見民國《邛崍縣志》卷二。

楊協中

字舜臣。光緒十五年舉人。見民國《邛崍縣志》卷二、卷三。

漢書獵語四卷

見民國《邛崍縣志》卷二。

黄書忠

字恕傳。光緒十一年拔貢生。見民國《邛崍縣志》卷二。

詩文合鈔遺稿

見民國《邛崍縣志》卷二。

吳　江

字春帆。諸生。見民國《邛崍縣志》卷二。

草亭存草四卷

見民國《邛崍縣志》卷二。

李德昫

字春農。宣統元年拔貢生。見民國《邛崍縣志》卷二、卷三。

兵醫芻言三卷

見民國《邛崍縣志》卷二。

李耀文

監生。見民國《邛崍縣志》卷二。

孝範便覽一卷

見民國《邛崍縣志》卷二。

胡　楷

字木生。諸生。見民國《邛崍縣志》卷二。

菜香亭詩稿

見民國《邛崍縣志》卷二。

鄭壽全

字欽安。恩貢生。遊學成都，從劉芷塘學醫。見民國《邛崍縣志》卷二。

醫理真傳四卷 存

民國《邛崍縣志》卷二作醫學真傳。

今存光緒二十九年七星舍刻本（上

圖）；清宏道堂刻本（國圖）。

醫法圓通四卷　存

見民國《邛崍縣志》卷二。

今存同治十三年成都刻本（上圖）；民國二十九年刻本（上圖）。

傷寒恒解十卷

見民國《邛崍縣志》卷二。

劉得天

嘉遁室詩錄二卷　存

見《清人別集總目》頁547。

今存民國三十年劉氏嘉遁室刻本（南圖，川圖）。

（何艷艷）

大邑縣
（今成都大邑縣）

齊　騤

字威如，號柱峯。康熙五十六年舉人，歷任新繁教諭、松潘教授。見嘉慶《四川通志》卷一八五，《四川邛州大邑縣鄉土志·耆舊》。

則古錄一卷

見嘉慶《四川通志》卷一八五，同治《大邑縣志》卷一八上，民國《大邑縣志》卷六。

易筮考究四卷

見同治《大邑縣志》卷一八上，民國《大邑縣志》卷六。

文三篇　存

收入乾隆《大邑縣志》卷四，嘉慶《邛州直隸州志》卷四三，同治《大邑縣志》卷一八下。

甘曰懋

字實夫。康熙五十六年舉人，六十年成進士，官戶部主事。見同治《大邑縣志》卷一四、卷一八上，《全蜀詩鈔》卷九。

詩一首　存

收入同治《大邑縣志》卷一八上，《全蜀詩鈔》卷九。

徐思賢

字彦修。雍正元年拔貢生，任筠連教諭，後官至湖北雲夢縣令。見乾隆《大邑縣志》卷四，同治《大邑縣志》卷一、卷一四。

文一篇　存

收入乾隆《大邑縣志》卷四。

但象琦

字儒珍，號益亭，本胥姓。由庠生官冕寧訓導，與同邑齊騤皆名重當時。見同治《大邑縣志》卷一八下，民國《大邑縣志》卷一一。

文二篇　存

收入同治《大邑縣志》卷一八下。

熊書訓

字紹伊。乾隆三年舉人，任汧陽縣知縣。見乾隆《大邑縣志》卷一，同治《大邑縣志》卷一四，民國《大邑縣志》卷九。

文一篇　存

收入乾隆《大邑縣志》卷四，同治《大邑縣志》卷一八下。

陶成模

字仲正，乾隆二十一年舉人。見同治《大邑縣志》卷一六中，《蜀詩續鈔》卷一。

怡怡堂詩草

見同治《大邑縣志》卷一六中。

詩一首　存

收入同治《大邑縣志》卷一八上，《蜀詩續鈔》卷一。

余宗洛

字靜齋。乾隆四十二年舉人，由樂至教諭歷綏定教授，擢陞國子助教。

見道光《新津縣志》卷三九，同治《大邑縣志》卷一四、卷一六中。

詩一首　存

收入道光《新津縣志》卷三九。

余彭年

字述齋，號笙樓，宗洛孫。道光五年拔貢生，官戶部主事。見同治《大邑縣志》卷一四、卷一六中、卷一八上。

詩四首　存

收入同治《大邑縣志》卷一八上。

劉化良

字顯齋。嘉慶六年拔貢生，任閬中教諭。見同治《大邑縣志》卷一四、卷一六中。

詩五首　存

收入同治《大邑縣志》卷一八上，民國《大邑縣志》附《詩徵》卷下。

劉升謙

道光元年舉人。見同治《大邑縣志》卷一四、卷一八上。

詩四首　存

收入同治《大邑縣志》卷一八上。

文一篇　存

收入同治《大邑縣志》卷一八下，民國《大邑縣志》附《文徵》。

余熙志

道光六年歲貢生，十四年中鄉試副榜。見民國《大邑縣志》卷九。

左傳摘要　乘餘集（彙編）

見民國《大邑縣志》卷六。

文一篇　存

收入同治《大邑縣志》卷一八下。

康敷盛

字熨山。道光二十九年，選拔候補直隸州州判。見同治《大邑縣志》卷一，民國《大邑縣志》附《詩徵》卷下。

詩一首　存

收入民國《大邑縣志》附《詩徵》卷下。

汪　瀛

字屏山。咸豐六年歲貢生，任南溪縣訓導。見同治《大邑縣志》卷一四，民國《大邑縣志》卷一三。

邑志補遺十二卷　殲賊日記一卷

見同治《大邑縣志》卷一八上，《四川邛州大邑縣鄉土志·耆舊》，民國《大邑縣志》卷六。

明倫考鏡錄

見《四川邛州大邑縣鄉土志·耆舊》，民國《大邑縣志》卷六。

青屏山房詩稿八卷　存

見《清人別集總目》頁989。按：同治《大邑縣志》卷一八上、《四川邛州大邑縣鄉土志·耆舊》、民國《大邑縣志》卷六著錄作青屏山房詩文全集八卷。

今存同治大邑汪氏皮紙自抄本（川圖）。

屏山文集四卷　存

見《清人別集總目》頁989。

今存光緒二年大邑汪氏刻本（川圖）。

詩三首　存

收入民國《大邑縣志》附《詩徵》卷下。

文八篇　存

收入同治《大邑縣志》卷一八下、卷一九，民國《大邑縣志》附《文徵》，民國《崇慶縣志》附《江原文徵》。

查體仁

字聖庵，號聽谷，晚年别號聽天翁。庠生。從汪瀛遊學。授徒四十年。見民國《大邑縣志》卷一一。

學庸俗話十三卷　發蒙語正一卷　淡話五卷　河洛略二卷　名孫説一卷

見《四川邛州大邑縣鄉土志·耆舊》。

詩一首　存

收入民國《大邑縣志》附《詩徵》卷下。

牟兆祥

字祐廬。咸豐八年，覃恩授正九品。年八十一卒。見同治《大邑縣志》卷一六中。

醒世俚言

見同治《大邑縣志》卷一六中。

牟廷爔

字槐三，兆祥長子。同治元年恩貢生，任西充縣訓導。見同治《大邑縣志》卷一、卷一四，民國《大邑縣志》卷一三。

詩一首　存

收入民國《大邑縣志》附《詩徵》卷下。

牟毓培

同治十二年舉人，官訓導。見同治《大邑縣志》卷一四，民國《大邑縣志》卷九。

詩一首　存

收入民國《大邑縣志》附《詩徵》卷下。

傅守中

光緒十四年舉人，歷任鹽亭縣訓導、閬中縣教諭、湖南寧遠縣知縣。民國中，署隆昌知事。曾參纂民國《大邑縣志》。見民國《大邑縣志》卷首、卷九、卷一三。

文一篇　存

收入民國《大邑縣志》附《文徵》。

張全琮

光緒二十三年拔貢生，後留學日本宏文學院。曾參纂民國《大邑縣志》。見民國《大邑縣志》卷首、卷四、卷一三。

文一篇　存

收入民國《大邑縣志》附《文徵》。

黄應秋

光緒二十三年舉人，大挑，以州判用。曾參纂民國《大邑縣志》。見民國《大邑縣志》卷首、卷九。

文一篇　存

收入民國《大邑縣志》附《文徵》。

傅　衡

增生，保舉訓導。見民國《大邑縣志》卷一三。

詩二首　存

收入民國《大邑縣志》附《詩徵》卷下。

甘于涪

貢生。見光緒《蒲江縣志》卷五。

詩一首　存

收入光緒《蒲江縣志》卷五。

蕭森林

廩生，官浙江知縣。見民國《大邑縣志》卷一三。

詩一首　存

收入民國《大邑縣志》附《詩徵》卷下。

王肇基

字致唐。廪貢生。見民國《大邑縣志》卷一三、卷一四。

文一篇　存

收入民國《大邑縣志》卷一四。

牟毓棪

文生。見民國《大邑縣志》卷一三。

詩一首　存

收入民國《大邑縣志》附《詩徵》卷下。

（何艷艷）

蒲江縣

（今成都蒲江縣）

李允文

字秉衡。康熙五十三年舉人，任崇慶州學正。見乾隆《蒲江縣志》卷二、卷四，光緒《蒲江縣志》卷五。

詩二首 存

收入乾隆《蒲江縣志》卷四，光緒《蒲江縣志》卷五。

左國權（1697—1763）

字均一。中乾隆九年副榜，先後設帳授徒於崇慶州及邑之家塾。乾隆二十八年卒，年六十七。見光緒《蒲江縣志》卷五。

詩一首 存

收入光緒《蒲江縣志》卷五。

王能敏

字子建。乾隆十八年拔貢生。見乾隆《蒲江縣志》卷四，嘉慶《邛州直隸州》卷三〇。

詩二首 存

收入光緒《蒲江縣志》卷五。

周世榮

乾隆二十一年歲貢生，任珙縣訓導。見嘉慶《邛州直隸州志》卷三〇，光緒《蒲江縣志》卷五。

詩一首 存

收入光緒《蒲江縣志》卷五。

陳鉉

乾隆二十九年歲貢生，任峨嵋縣訓導。見嘉慶《邛州直隸州志》卷三〇，光緒《蒲江縣志》卷五。

詩二首 存

收入光緒《蒲江縣志》卷五。

彭勷

乾隆三十年副貢生。見光緒《蒲江縣志》卷五。

詩二首 存

收入光緒《蒲江縣志》卷五。

陳懷仁

乾隆二十七年舉人，三十六年成進士，官戶部福建司主事。見乾隆《蒲江縣志》卷二，光緒《蒲江縣志》卷五。

文一篇 存

收入光緒《蒲江縣志》卷五。

張雲彥

乾隆四十二年拔貢生。見光緒《蒲江縣志》卷五，嘉慶《邛州直隸州志》卷三〇。

詩四首 存

收入光緒《蒲江縣志》卷五。

詞二首 存

收入光緒《蒲江縣志》卷五。

文一篇 存

收入乾隆《蒲江縣志》卷三，光緒《蒲江縣志》卷四。

葉光軫

乾隆四十四年副貢生。見乾隆《蒲江縣志》卷四，光緒《蒲江縣志》卷五。

詩一首　存

收入乾隆《蒲江縣志》卷四，光緒《蒲江縣志》卷五。

文一篇　存

收入乾隆《蒲江縣志》卷四，光緒《蒲江縣志》卷五。

楊開甲

廩生，為乾隆五十九年歲貢生。見嘉慶《邛州直隸州志》卷三〇，光緒《蒲江縣志》卷五。

詩二首　存

收入光緒《蒲江縣志》卷五。

文一篇　存

收入乾隆《蒲江縣志》卷四，嘉慶《邛州直隸州志》卷四三，光緒《蒲江縣志》卷五。

彭用華

乾隆中增生。見乾隆《蒲江縣志》卷一，光緒《蒲江縣志》卷五。

詩四首　存

收入光緒《蒲江縣志》卷五。

楊時新

乾隆間太學生。見乾隆《蒲江縣志》卷一，光緒《蒲江縣志》卷五。

詩一首　存

收入乾隆《蒲江縣志》卷四，光緒《蒲江縣志》卷五。

仲景元

乾隆間廩生。見乾隆《蒲江縣志》卷一，光緒《蒲江縣志》卷五。

詩一首　存

收入光緒《蒲江縣志》卷五。

張上雲

乾隆間附生。見乾隆《蒲江縣志》卷四，光緒《蒲江縣志》卷五。

詩一首　存

收入乾隆《蒲江縣志》卷四，光緒《蒲江縣志》卷五。

王引恬

入籍華陽。歲貢生，後遊幕四方。晚年歸鄉授徒。見光緒《蒲江縣志》卷三。

文一篇　存

收入光緒《蒲江縣志》卷四。

李彰吉

乾隆間廩生，嘉慶七年為貢生。見乾隆《蒲江縣志》卷一，嘉慶《邛州直隸州志》卷三〇，光緒《蒲江縣志》卷五。

詩五首　存

收入光緒《蒲江縣志》卷五。

趙含潁

嘉慶九年副貢生。見嘉慶《邛州直隸州志》卷三〇，光緒《蒲江縣志》

卷五。

文一篇　存

收入光緒《蒲江縣志》卷五。

徐拜昌

字對陽，號謙庭。嘉慶十二年舉人。二十二年大挑二等，署南充儒學教官。道光元年，任宜賓縣教諭。年五十六卒。見光緒《蒲江縣志》卷三、卷五。

詩一首　存

收入光緒《蒲江縣志》卷五。

蕭毓崑

咸豐六年歲貢生，任銓選訓導。見光緒《蒲江縣志》卷一、卷三。

文一篇　存

收入光緒《蒲江縣志》卷五。

陳家鎮

咸豐八年舉人，任南部縣訓導。見光緒《蒲江縣志》卷二、卷三。

文一篇　存

收入光緒《蒲江縣志》卷五。

徐元善

咸豐九年副貢生，任銓選教諭。見光緒《蒲江縣志》卷一、卷二、卷四。

詩八首　存

收入光緒《蒲江縣志》卷五。

文二篇　存

收入光緒《蒲江縣志》卷四、卷五。

楊贊元

監生。見光緒《蒲江縣志》卷一、卷五。

詩一首　存

收入光緒《蒲江縣志》卷五。

徐元棻

同治間歲貢生。見光緒《蒲江縣志》卷二。

詩一首　存

收入光緒《蒲江縣志》卷五。

龔郁蘭

同治間歲貢生。見光緒《蒲江縣志》卷二。

詩一首　存

收入光緒《蒲江縣志》卷五。

解洪模

附生。見光緒《蒲江縣志》卷五。

文一篇　存

收入光緒《蒲江縣志》卷五。

鄧　仁

文生。見光緒《蒲江縣志》卷五。

文一篇　存

收入光緒《蒲江縣志》卷五。

（何艷艷）

綿州直隸州
（今四川綿陽市）

魏國清

字獅山。兩中副榜，乾隆三十六年中舉人。見民國《綿陽縣志》卷七、卷八。

獅山文集

見民國《綿陽縣志》卷九。

孫文煥

字卣堂，一作有堂。以優貢生中乾隆三十九年舉人，任廣東龍門縣知縣，調貴州龍泉知縣，官至貴州糧儲道。見同治《直隸綿州志》卷三九上，《全蜀詩鈔》卷二一，民國《綿陽縣志》卷七、卷八。

海樱山館詩鈔

見《全蜀詩鈔》卷二一。

詩三十八首　存

收入同治《直隸綿州志》卷四九，《全蜀詩鈔》卷二一，民國《綿陽縣志》卷七。

文二篇　存

收入嘉慶《直隸綿州志》卷四九，同治《直隸綿州志》卷四九。

何人麟

字玉書，號瑞庵。由廩貢生援例授劍州訓導，後以軍功保舉知縣，歷任山東蓬萊、泰安知縣，曾受詩法於海寧查梧岡。見同治《直隸綿州志》卷三九，民國《綿陽縣志》卷七、卷八。

詩一首　存

收入《全蜀詩鈔》卷二二，民國《綿陽縣志》卷七。

何人鶴

字鳴九，號雪浦，又號九皋，人麟弟。廩生，乾隆三十九年入國子監，後因报父仇殺人入獄六年。見同治《直隸綿州志》卷三九上，民國《綿陽縣志》卷七，《清人别集總目》頁932。

臺山詩集十卷　存

見民國《綿陽縣志》卷九，《清人别集總目》頁932。按：嘉慶《直隸綿州志》卷四九、同治《綿州志》卷五〇作臺山詩集五十卷，《全蜀詩鈔》卷二九作臺山詩草，未標卷數。

今存嘉慶十三年綿州何氏達者堂刻本（川圖，臺灣大學）。

臺山集詩集十卷文集二卷　存

見《清人别集總目》頁932。

今存嘉慶達者堂刻本（南大）；嘉慶十五年達者堂刻本（上圖）。

臺山集詩十卷文二卷竹林詩存一卷乾饌子七卷清蜀詩勺一卷　存

見《清人别集總目》頁932。

今存嘉慶十五年達者堂刻本（川圖）。

臺山文集二卷　存

見民國《綿陽縣志》卷七。

今存清嘉慶十五年達者堂刻本（國圖）。

臺山文集二卷乾饌子一卷

見民國《綿陽縣志》卷九。

詩八十四首　存

收入《全蜀詩鈔》卷二九。

何金英

女，字鍊秋，人鶴女，安縣徐德新妻。見《全蜀詩鈔》卷六二，民國《綿陽縣志》卷九。

鍊香集

見《全蜀詩鈔》卷六二，民國《綿陽縣志》卷九。

詩三首　存

收入《全蜀詩鈔》卷六二，民國《綿陽縣志》卷九。

郭錦儀

字笏堂。乾隆五十四年舉人，大挑知縣，署趙州臨城縣知縣。見民國《綿陽縣志》卷七、卷八。

笏堂雜錄　笏堂詩稿

見民國《綿陽縣志》卷九。

黄玉珍

字聘堂。乾隆六十年中副榜，嘉慶三年中舉人，主講左綿書院，後官金堂縣教諭。見同治《直隸綿州志》卷三九上，民國《綿陽縣志》卷七。

聘堂文集

見同治《直隸綿州志》卷三九上，民國《綿陽縣志》卷七、卷九。

孫崧生

字仲甫。道光十七年拔貢生，河南候補知縣，官至禹州知州。見民國《綿陽縣志》卷七、卷八。

埜雲詩草

見民國《綿陽縣志》卷七、卷九。

詩二十一首　存

收入同治《直隸綿州志》卷四九，《全蜀詩鈔》卷五六，民國《綿陽縣志》卷七。

孫　纘 (1808—1831)

字夢華，崧生姪。廩生。見民國《綿陽縣志》卷七。

夢華詩草　存

見《全蜀詩鈔》卷五三，《清人別集總目》頁633。

今存光緒楷抄稿本（川圖）。

夢華詩草三卷　存

見《清人別集總目》頁633。按：同治《直隸綿州志》卷五〇作四卷。

今存光緒綿陽刻本（川圖）。

夢華詩草二卷詩餘一卷賦抄一卷（一名夢華遺稿）　存

見《清人別集總目》頁633。

今存道光十二年道光刻本（上圖，川圖，南大，南京師大）。

詩七十八首　存

收入《全蜀詩鈔》卷五三、卷五四。

葉上林

字桂巖。嘉慶十三年舉人，二十五年成進士。見同治《直隸綿州志》卷三九上，民國《綿陽縣志》卷七、卷八。

桂巖詩文稿

見民國《綿陽縣志》卷七。按：同治《直隸綿州志》卷三九上作桂巖詩草。

制藝新舊稿

見同治《直隸綿州志》卷三九上。

葉含樸

字芃山，上林子。歲貢生，主講桂華書院。見民國《綿陽縣志》卷七。

芃山詩文存

見民國《綿陽縣志》卷七。按：同書卷九著錄作葉上林著，當誤。

胡　瓔

廩生。見嘉慶《直隸綿州志》卷四八上，同治《直隸綿州志》卷四九上。

詩一首　存

收入嘉慶《直隸綿州志》卷四八上，同治《直隸綿州志》卷四九上。

汪廣猷

詩一首　存

收入嘉慶《直隸綿州志》卷四八上，同治《直隸綿州志》卷四九上。

文二篇　存

收入同治《直隸綿州志》卷四九上。

嚴履豐

字芑汀。道光二年舉人，久主左綿書院講席。見同治《直隸綿州志》卷三九上，民國《綿陽縣志》卷七，《清人別集總目》頁673。

芑汀詩草十二卷　存

見《清人別集總目》頁673。按：同治《直隸綿州志》卷五〇作十卷。

今存道光十二年嚴氏刻本（川圖）。

芑汀詩文稿十卷

見民國《綿陽縣志》卷九。

芑汀文集

見民國《安縣志》卷四九。

城堤賦一卷

見同治《直隸綿州志》卷五〇。

詩二首　存

收入《全蜀詩鈔》卷四六。

文四篇　存

收入嘉慶《羅江縣志》卷三六，同治《直隸綿州志》卷五〇，民國《安縣志》卷五八、卷五九。

李代亨

字宜齋。道光五年拔貢生。見同治《直隸綿州志》卷三九上，民國《綿陽縣志》卷七、卷八。

宜齋試帖

見同治《直隸綿州志》卷三九上，民國《綿陽縣志》卷九。按：民國《綿陽縣志》卷七作宜齋試帖詩。

詩五首　存

收入《全蜀詩鈔》卷四六。

孟希來

字曉東。見《綠萼梅齋遺稿》卷一。

詩一首　存

收入《綠萼梅齋遺稿》卷一。

詞一首　存

收入《綠萼梅齋遺稿》卷二。

胡應昭

字穆齋。貢生，主講魏城桂華書院。見同治《直隸綿州志》卷三九上，民國《綿陽縣志》卷七。

穆齋詩文集

見民國《綿陽縣志》卷九。按：同治《直隸綿州志》卷三九上、民國《綿陽縣志》卷七作穆齋詩文稿。

張健翮

字竹溪。道光二十三年舉人。民國《綿陽縣志》卷七、卷八。

竹溪詩文稿

見民國《綿陽縣志》卷七、卷九。

詩一首　存

收入民國《綿陽縣志》卷九。

文一篇　存

收入民國《安縣志》卷五八。

孫　恕

字心如，一字伯容。道光二十九年中副榜，咸豐二年順天鄉試舉人，考取八旗官學漢教習，分發陝西知縣；佐左宗棠戎幕，以功歷保道員，署理陝西潼、商道。見民國《綿陽縣志》卷七。

心如詩草

見民國《綿陽縣志》卷九。

詩三首　存

收入民國《綿陽縣志》卷七。

孫文驊

字雲衢，號曉山，一作綿竹人。嘉慶、道光間廩貢生，官湖北黃安縣知縣。見同治《直隸綿州志》卷三九上，民國《綿陽縣志》卷七、卷八。

詩十六首　存

收入民國《綿陽縣志》卷七，《全蜀詩鈔》卷二一，《清詩匯》卷一〇三。

文一篇　存

收入民國《綿陽縣志》卷七。

孫桐生

字筱峯，一作小峰，文驊第四子。咸豐元年舉人，次年成進士，改翰林院庶吉士，歷署湖南永、郴二州知府。見《蜀詩續鈔》卷五，民國《綿陽縣志》卷七。

未信編二卷　存

按：同治《直隸綿州志》卷五〇作三卷。

今存同治四年孫氏刻本（北大）。

未信編二卷續編二卷餘編二卷　永鑒錄二卷　郴鑒錄一卷　郴案日記一卷　湘中時政記一卷

見民國《綿陽縣志》卷七、卷九。

永州府題名記一卷

見民國《綿陽縣志》卷七。

國朝全蜀貢舉備考九卷（輯）　存

民國《綿陽縣志》卷七、卷九錄作國朝貢舉考要四卷。

今存光緒九年刻本（國圖，上圖）；光緒九年京都敘郡會館刻本（北大，北師大，南大）。按：南大殘存卷一至卷四。

明臣奏議十二卷（輯選）　存

見民國《綿陽縣志》卷七、卷九。

今存光緒十七年四影閣刻本（國圖，上圖，北大，北師大，南大）。

楚游草四卷（又名楚游草詩）

見同治《直隸綿州志》卷五〇，民國《綿陽縣志》卷七、卷九。

臥雲山房文鈔二卷

見民國《綿陽縣志》卷七、卷九。

國朝全蜀詩鈔六十四卷（輯）　存

見民國《綿陽縣志》卷九。

今存光緒五年長沙刻本（國圖，川圖）；一九八六年巴蜀書社影印光緒五年刻本。

國朝全蜀詩鈔六十三卷（輯）　存

今存光緒五年長沙刻本（上圖，北大）。

國朝全蜀詩鈔六十四卷附錄楚遊草（輯）　存

今存光緒五年長沙刻本（南大）。

熊襄愍公集選二卷（輯）

見民國《綿陽縣志》卷七、卷九。

遊華銀山詩一卷

見同治《直隸綿州志》卷五〇。

詩六首　存

收入《蜀詩續鈔》卷五。

唐存一

字靜軒。增生，充左綿書院齋長。咸豐十一年任辦本鄉團防。見民國《綿陽縣志》卷七。

靜軒集唐詩十三卷集古詩十卷七夕詩五卷

見民國《綿陽縣志》卷九。

靜軒集唐詩抄八卷補遺五卷補遺續編四卷　存

今存光緒四年刻本（上圖）。

集唐句詩

見民國《安縣志》卷四九。

安體謙

字益齋。咸豐時，曾參與辦理鄉團。見民國《綿陽縣志》卷七。

蔗境詩草一卷

見民國《綿陽縣志》卷九。

何天祥

字雲庵。貢生，同治初，主左綿書院，選任成都府學訓導。見民國《綿陽縣志》卷七。

同治《直隸綿州志》五十五卷（文棨　董貽清修　伍肇齡　何天祥纂）　存

今存同治十二年綿州州署刻本（方志聯合目錄）。

欲及時齋詩文稿四卷

見民國《綿陽縣志》卷九。

詩九首　存

收入同治《直隸綿州志》卷四九，民國《綿陽縣志》卷七、卷九。

熊文華

字麗堂。附貢生，由員外郎指捐陝西候補道。見民國《綿陽縣志》卷七、卷八。

文一篇　存

收入同治《直隸綿州志》卷四九。

何耀茹

字巽齋。諸生。見《全蜀詩鈔》卷三四。

詩二首　存

收入《全蜀詩鈔》卷三四。

陳　漳

字經漁，號辛湄，初名緯元。光緒十四年舉人，二十四年成進士，歷任浙江孝豐、湖北穀城知縣。見民國《綿陽縣志》卷七，《清人別集總目》頁1232。

孱亭詩集十六卷　存

見《清人別集總目》頁1232。

今存民國十五年成都昌福公司排印本（川圖）。

孱亭詩集十六卷附窳廬詞鈔　存

今存民國十五年昌福公司鉛印本（南大）。

古潺亭文集四卷駢文三卷楹聯三卷詩集續補一卷　存

今存民國十九年篤雅堂刻本（上圖，北師大）。

彪善錄　存

見民國《安縣志》卷四九。

今存民國三年左綿陳氏篤雅堂鉛印本（上圖）。

潺亭駢散文四卷　潺亭古今詩鈔二十卷

見民國《綿陽縣志》卷七。

潺亭駢散文集續補八卷　潺亭詩鈔十六卷附楹聯二卷

見民國《綿陽縣志》卷九。

鄧　昶 (1847—1914)

字伯山。以廩生應孝廉方正科，得州同，署長寧縣訓導。光緒十七年中舉，後任鹽亭訓導，兼任綜核所總理，旋兼州視學。光緒二十九年，任充四川省立高等學堂監學，尋改任國文教員。民國三年歸鄉，卒，年六十八。見民國《綿陽縣志》卷七、卷八。

伯山文集

見民國《綿陽縣志》卷九。

前後蜀褋事詩一百首

見民國《綿陽縣志》卷七、卷九。

文一篇　存

收入民國《綿陽縣志》卷七。

吴朝品

字立卿。光緒十一年拔貢生，銓授中江教諭，加捐陝西候補知縣。見民國《綿陽縣志》卷八。

涪雅堂詩草二卷　存

民國《綿陽縣志》卷九作涪雅堂詩，缺卷數。

今存清光緒二十七年刻本（北大，川大）。

陳良弼

字槐卿。廩生。見民國《綿陽縣志》卷七。

味真軒詩稿四卷

見民國《綿陽縣志》卷九。

吴錫鴻

字與三，原名九齡。歲貢生。民國初，曾任江油、彰明兩縣知事。見民國《綿陽縣志》卷七、卷八。

養怡軒詩

見民國《綿陽縣志》卷九。

鄭元宰

字輔墀。增生，以教書為業。見民國《綿陽縣志》卷七。

養性齋詩文稿

見民國《綿陽縣志》卷七。

崔映棠

廩貢生，署華陽、犍為教諭，銓授江津縣教諭，又任綿陽縣視學八年。見民國《綿陽縣志》卷八。

練心簃詩文稿

見民國《綿陽縣志》卷九。

江津縣禮俗志稿

見民國《綿陽縣志》卷九。

民國《綿陽縣志》十卷首一卷（蒲殿欽　袁鈞等修　崔映棠等纂）　存

今存民國二十一年刻本（方志聯合目錄）；民國二十二年刻本（上圖）。

孫　峋

副貢生。見民國《安縣志》卷五九。

文一篇　存

收入民國《安縣志》卷五九。

文　杰

文生，曾分纂民國《綿陽縣志》。見民國《綿陽縣志》卷首。

木齋詩稿四卷

見民國《綿陽縣志》卷九。

梁正笏

羣經集韻五卷

見民國《綿陽縣志》卷九。

張映奎

文生，曾分纂民國《綿陽縣志》。見民國《綿陽縣志》卷首。

茹蓼齋詩文集　東游管見

見民國《綿陽縣志》卷九。

孫鴻勳

廩生，候選州判，以勞績留補廣東防城縣知縣。見民國《綿陽縣志》卷八。

蜀道難　自治悟言

見民國《綿陽縣志》卷九。

楊　煒

史學提綱

見民國《綿陽縣志》卷九。

鱣堂文集三卷　存

見《清人別集總目》頁690。

今存民國二十六年楊氏石印本（川圖）。

鱣堂文集二卷詩集一卷楹聯一卷　存

今存民國二十六年石印本（北師大）。

張協曾

守樸堂詩文稿

見民國《綿陽縣志》卷九。

顔爵炳

安雅小齋詩文集

見民國《綿陽縣志》卷九。

李祖章

莆園印存二卷

見民國《綿陽縣志》卷九。

金之祥

嘯石印譜三卷

見民國《綿陽縣志》卷九。

梁文成

紅豆村詩稿

見民國《綿陽縣志》卷九。

張寶粱

香芸詩草

見民國《綿陽縣志》卷九。

陳　璞

養愚齋詩草

見民國《綿陽縣志》卷九。

歐盛祥

算學指迷上下卷

見民國《綿陽縣志》卷九。

林　某

女。見民國《綿陽縣志》卷九。

四影閣吟草

見民國《綿陽縣志》卷九。

（李咏梅）

德陽縣

（今四川德陽市）

馬希尚

字成周。雍正七年拔貢生，任山東濟寧州知州。見嘉慶《德陽縣志》卷三五、卷四八，道光《德陽縣新志》卷一〇，同治《德陽縣志》卷二九。

詩一首　存

收入嘉慶《德陽縣志》卷四八，同治《德陽縣志》卷三八。

文一篇　存

收入同治《德陽縣志》卷三八。

馬永修

字鶴齡，希尚長子。附生。歷官山東汶上縣縣丞、分水堤巡檢，濟寧州牧。見道光《新都縣志》卷一五，同治《德陽縣志》卷二九、卷三八，《蜀詩續鈔》卷一，民國《德陽縣志》卷一。

詩一首　存

收入道光《新都縣志》卷一五，《蜀詩續鈔》卷一。

馬志修

字敬齋，號松崖，能修兄。乾隆十二年舉人，二十三年大挑一等，補授甘肅鎮番知縣。見嘉慶《德陽縣志》卷三五、卷三八，道光《德陽縣新志》卷一〇、卷一一，同治《德陽縣志》卷二九、卷三二，民國《德陽縣志》卷一。

詩一首　存

收入嘉慶《德陽縣志》卷四八。

鄒大訓

字起予，號鑒亭，開鳴子。乾隆三十年舉人，歷官浙江歸安、仙居、山陰縣知縣，後陞衢州府峽口同知。見嘉慶《德陽縣志》卷三五、卷三八，道光《德陽縣新志》卷一〇、卷一一，同治《德陽縣志》卷二九、卷三二、卷三八，民國《德陽縣志》卷一。

澄心堂稿

見嘉慶《四川通志》卷一八七，同治《德陽縣志》卷三九。

自擕集

見同治《德陽縣志》卷三九。

詩七首　存

收入嘉慶《德陽縣志》卷四八，同治《德陽縣志》卷三八，民國《德陽縣志》卷三。

文一篇　存

收入同治《德陽縣志》卷三八。

侯起元

號固村。乾隆三十三年舉人，歷任珙縣、廣安州教諭，西充訓導。嘉慶間，任江蘇溧陽知縣。見嘉慶《直隸綿州志》卷三五，同治《德陽縣志》卷二九、卷三二，光緒《德陽縣志續編》卷九，光緒《西充縣志》卷六，民國《德陽縣志》卷一。

固村觀玩錄八卷

見同治《德陽縣志》卷三九，光緒《德陽縣志續編》卷九，民國《德陽縣志》卷一。

固村觀玩集稿二卷　存

今存嘉慶十二年刻本（北大）。

侯宗秩

字樹堂，起元子。乾隆五十一年舉人，官北城副指揮，署正指揮。嘉慶間，歷任直隸昌黎、新安、東光、安徽東流等縣知縣。後致仕不出，主講孝感書院以終其身，年八十四卒。見嘉慶《直隸綿州志》卷三五，同治《德陽縣志》卷三二，光緒《德陽縣志續編》卷九，民國《德陽縣志》卷一。

都門雜鈔四卷

見同治《德陽縣志》卷三九，光緒《德陽縣志續編》卷九。

馬儒修

字企魯。廩生，乾隆間官茂州學正。見道光《新都縣志》卷一五，道光《茂州志》卷三，同治《德陽縣志》卷二九。

詩一首　存

收入道光《新都縣志》卷一五。

廖家驌

字驥亭。嘉慶三年解元，主講孝感書院。年七十，截取江西弋陽知縣，未赴，卒。見嘉慶《德陽縣志》卷三五，道光《德陽縣新志》卷三二，同治《德陽縣志》卷二九，光緒《德陽縣志續編》卷九。

嘉慶《德陽縣志》五十四卷首一卷（吳經世修　廖家驌等纂）　存

今存嘉慶二十年刻本（方志聯合目錄）。

道光《續增德陽縣志》十卷（王升元修　廖家驌纂）　存

今存道光五年刻本（方志聯合目錄）。

覓園文集　覓園詩集

見同治《德陽縣志》卷三九，光緒《德陽縣志續編》卷九。

詩五首　存

收入嘉慶《德陽縣志》卷四八，同治《德陽縣志》卷三八，民國《德陽縣志》卷三。

文三篇　存

收入同治《德陽縣志》卷三八，民國《德陽縣志》卷三。

劉綱維

嘉慶九年歲貢生。見同治《德陽縣志》卷二九。

文一篇　存

收入同治《德陽縣志》卷三八。

闞惟寅

一作維寅，字直夫，又字夙齋，紹璜子。嘉慶十八年拔貢生，道光元年舉人。年五十一卒。見嘉慶《德陽縣志》卷三五，道光《德陽縣新志》卷一〇、卷三二，同治《德陽縣志》卷二九、卷三二，光緒《德陽縣志續編》卷九。

見庵問答

見同治《德陽縣志》卷三二、卷三九，光緒《德陽縣志續編》卷九。

大成直講序言

見同治《德陽縣志》卷三二，光緒《德陽縣志續編》卷九。

詩一首　存

收入嘉慶《德陽縣志》卷四八，同治

《德陽縣志》卷三八，民國《德陽縣志》卷三。

文一篇　存

收入同治《德陽縣志》卷三八。

江維新

字越亭。監生。見嘉慶《德陽縣志》卷一。

詩一首　存

收入嘉慶《德陽縣志》卷四八，同治《德陽縣志》卷三八。

李復陽

字來軒。庠生。見嘉慶《德陽縣志》卷一。

詩一首　存

收入嘉慶《德陽縣志》卷四八，同治《德陽縣志》卷三八，民國《德陽縣志》卷三。

劉俊衡

字玉亭。見嘉慶《德陽縣志》卷一。

詩一首　存

收入嘉慶《德陽縣志》卷四八，同治《德陽縣志》卷三八。

馬　偁

字秋塘。庠生。見嘉慶《德陽縣志》卷一。

詩一首　存

收入嘉慶《德陽縣志》卷四八，同治《德陽縣志》卷三八，民國《德陽縣志》卷三。

曾世鎮

字重庵。庠生。見嘉慶《德陽縣志》卷一。

詩二首　存

收入嘉慶《德陽縣志》卷四八，同治《德陽縣志》卷三八。

周紹濂

字霽堂。庠生。工書法，善醫。卒年七十餘。見嘉慶《德陽縣志》卷一，光緒《德陽縣志續編》卷九，民國《德陽縣志》卷一。

詩一首　存

收入嘉慶《德陽縣志》卷四八，同治《德陽縣志》卷三八，民國《德陽縣志》卷三。

馬榮桂

字小山。庠生。見嘉慶《德陽縣志》卷四八，同治《德陽縣志》卷三八，民國《德陽縣志》卷三。

詩一首　存

收入嘉慶《德陽縣志》卷四八，同治《德陽縣志》卷三八，民國《德陽縣志》卷三。

劉守德

字壽山。庠生。見嘉慶《德陽縣志》卷一。

詩一首　存

收入嘉慶《德陽縣志》卷四八，同治《德陽縣志》卷三八。

劉碩輔

字孟輿，又字紫左，覲光子。道光八年副貢生。入籍漢州。見同治《德陽縣志》卷二九、卷三二，同治《續漢州志》卷二三，光緒《德陽縣志續編》卷九，民國《德陽縣志》卷一。

道光《德陽縣新志》十二卷首一卷末一卷（裴顯忠修　劉碩輔纂）　存

今存道光十七年刻本（方志聯合目錄）。

道光《樂至縣志》十六卷首一卷（裴顯忠修　劉碩輔纂）　存

今存道光二十年刻本（方志聯合目錄）；同治八年補刻本（方志聯合目錄）；民國十八年鉛印本（方志聯合目錄）。

涹江詩鈔十二卷　存

見同治《德陽縣志》卷三九，光緒《德陽縣志續編》卷九，《全蜀詩鈔》卷四八，《清人別集總目》頁546。

今存咸豐八年廣漢張氏心書齋刻本（南圖，川圖，南大，川大，日本國會）。

涹江文鈔

見同治《德陽縣志》卷三九。

詩一百七十首　存

收入同治《續漢州志》卷二三，《全蜀詩鈔》卷四八、卷四九。

文一篇　存

收入同治《德陽縣志》卷三八，光緒《德陽縣志續編》卷三。

劉錫齡

字嵩年。道光二十年舉人，咸豐三年大挑一等，官安徽耒安縣知縣。見光緒《德陽縣志續編》卷八，民國《德陽縣志》卷一。

龍泉合稿詩文集若干卷

見民國《德陽縣志》卷一。

溫　均

字可垣。道光二十四年舉人，官洪雅縣教諭。歸田後主講孝感書院。見同治《德陽縣志》卷二九，光緒《德陽縣志續編》卷八、卷九。

詩四首　存

收入光緒《洪雅縣志》卷七。

文一篇　存

收入光緒《洪雅縣志》卷九。

黄桂芬

字香谷。道光二十四年副貢生，後官洪雅縣訓導。見同治《德陽縣志》卷二九，光緒《德陽縣志續編》卷八。

詩一首　存

收入《綠萼梅齋遺稿》卷一。

向平忠

字誨廷。子國光為咸豐元年舉人。見光緒《德陽縣志續編》卷八、卷九，民國《德陽縣志》卷一。

古今山水關塞考一集

見光緒《德陽縣志續編》卷九，民國《德陽縣志》卷一。

黄啟常

字典五。見光緒《德陽縣志續編》卷九，民國《德陽縣志》卷一。

蛩吟小草

見光緒《德陽縣志續編》卷九，民國《德陽縣志》卷一。

詩一首　存

收入《蜀詩續鈔》卷二。

黄天錫

字申之，啟常子。同治九年舉人。官城口廳訓導。見《蜀詩續鈔》卷五。

詩二首　存

收入《蜀詩續鈔》卷五。

馬能修

字汝乾，號健齋。監生，官雲南曲江司巡檢、騰越州州判。見道光《新都縣志》卷一五，同治《德陽縣志》卷二九，民國《德陽縣志》卷一。

詩一首　存

收入道光《新都縣志》卷一五。

李海瀛

字神州。見道光《新都縣志》卷一五。

詩二首　存

收入道光《新都縣志》卷一五。

劉瑞霖

字雨臣。見《綠蕚梅齋遺稿》卷一。

詩一首　存

收入《綠蕚梅齋遺稿》卷一。

馬守常

字念五。見《綠蕚梅齋遺稿》卷二。

詩二首　存

收入《綠蕚梅齋遺稿》卷二。

曾宏楫

字濟川。見《綠蕚梅齋遺稿》卷一。

文一篇　存

收入《綠蕚梅齋遺稿》卷一。

曾宏蓮

女，字静香。見《綠蕚梅齋遺稿》卷一。

瓣香閣詩鈔

見同治《德陽縣志》卷三九。

國朝閨秀詩選（輯）

見同治《德陽縣志》卷三九。

文一篇　存

收入《綠蕚梅齋遺稿》卷一。

李德揚（？—1855）

字芳谷，一字晉熙。一作綿竹人。廩貢生，候選訓導。見同治《德陽縣志》卷二九，《全蜀詩鈔》卷五五，《蜀詩續鈔》卷六，民國《綿竹縣志》卷六，民國《安縣志》卷四九，《清人別集總目》頁834。

聽花吟館詩稿五十二卷　存

見《清人別集總目》頁834。

今存咸豐四年綿竹李氏聽雨山房刻本（國圖，川圖，中科院）。原按：川圖藏本缺卷三至五，中科院藏本缺卷四三至四六。

聽花吟館詩稿五十二卷遊峚華山詩草一卷　存

今存咸豐八年綿竹李氏刻本（川大）。

詩十五首　存

收入《全蜀詩鈔》卷五五，《蜀詩續鈔》卷六。

李錫桂

女，字月樵，候選訓導德揚女。一作綿竹人。見《全蜀詩鈔》卷六二。

詩二首　存

收入《全蜀詩鈔》卷六二。

劉錫疇

咸豐元年舉人，官國子監學正、合江縣教諭。見同治《德陽縣志》卷三八，光緒《德陽縣志續編》卷八。

文一篇　存

收入同治《德陽縣志》卷三八，光緒《德陽縣志續編》卷三，民國《德陽縣志》卷三。

王　賡

字笛憔。咸豐六年歲貢生，候選訓導。見同治《德陽縣志》卷二九，光緒《德陽縣志續編》卷八。

綿江吟舘詩

見同治《德陽縣志》卷三九。

詩二首　存

收入同治《德陽縣志》卷三八，光緒《德陽縣志續編》卷九，民國《德陽縣志》卷三。

胡桂林

字粱三。庠生。咸豐九年任本縣團總，次年禦敵被擒，因不降遭焚死。見同治《德陽縣志》卷三八，光緒《德陽縣志續編》卷九，民國《德陽縣志》卷一。

意園詩稿十二卷

見同治《德陽縣志》卷三九。

田鴻覲

原名振鷺，字上青，一作上卿。同治三年舉人，官大邑縣訓導。見光緒《德陽縣志續編》卷八，《蜀詩續鈔》卷三，民國《德陽縣志》卷一。

詩五首　存

收入光緒《德陽縣志續編》卷九，《蜀詩續鈔》卷三。

田正訓

字伊言。同治五年貢生，候選國子監典簿。見同治《德陽縣志》卷首、卷二九。

同治《德陽縣志》四十四卷首一卷(何慶恩等修　劉宸楓　田正訓纂)　存

今存同治十三年刻本（方志聯合目錄)。

文一篇　存

收入同治《德陽縣志》卷三八，光緒《德陽縣志續編》卷一。

江宗泗

字魯川。同治十二年恩貢生，候選州判（一作候選教諭)。見光緒《德陽縣志續編》卷八、卷九，《蜀詩續鈔》卷五，民國《德陽縣志》卷一。

讀月草堂詩文集

見光緒《德陽縣志續編》卷九，民國《德陽縣志》卷一。

詩一首 存

見光緒《德陽縣志續編》卷九，《蜀詩續鈔》卷五。

楊藻

字玉雯。同治十二年拔貢生，官貴州候補知州，歷任普安、施秉等縣知縣。見光緒《德陽縣志續編》卷八，《蜀詩續鈔》卷三，民國《德陽縣志》卷一。

光緒《德陽縣志續編》十卷首一卷末一卷（鈕傳善修　李炳靈　楊藻纂）　存

今存光緒三十一年刻本（方志聯合目錄）。

詩三首 存

收入光緒《德陽縣志續編》卷一、卷九，《蜀詩續鈔》卷三。

文二篇 存

收入光緒《德陽縣志續編》卷三、卷四，民國《德陽縣志》卷三。

劉宸楓

字漁江。副貢生。見同治《德陽縣志》卷首，光緒《德陽縣志續編》卷九，民國《德陽縣志》卷一。

同治《德陽縣志》四十四卷首一卷（何慶恩等修　劉宸楓　田正訓纂）　存

今存同治十三年刻本（方志聯合目錄）。

文五篇 存

收入同治《德陽縣志》卷三八，光緒《德陽縣志續編》卷三、卷四，民國《德陽縣志》卷三。

蘇汲

字玉皐，又字雨膏。布衣。見《蜀詩續鈔》卷二。

鰲魚山舘詩鈔

見同治《德陽縣志》卷三九。

詩二首 存

收入《蜀詩續鈔》卷二。

段明照

字遠仲，號容庵。廩生。見同治《德陽縣志》卷三二，光緒《德陽縣志續編》卷九。

容庵經驗良方　存城齋詩文集

見同治《德陽縣志》》卷三九，光緒《德陽縣志續編》卷九。

詩四首 存

收入同治《德陽縣志》卷三八，光緒《德陽縣志續編》卷九，民國《德陽縣志》卷三。

侯淑蘭

女，字佩香，李先本妻。見同治《德陽縣志》卷三九，《蜀詩續鈔》卷八。

夢湘唫舘詩稿

見同治《德陽縣志》卷三九，《蜀詩續鈔》卷八。

紉秋閣文稿

見同治《德陽縣志》卷三九。

詩二首 存

收入同治《德陽縣志》卷三九，《蜀詩續鈔》卷八，民國《德陽縣志》卷三。

劉紀沛

字海山。附監生。見同治《德陽縣志》卷三二、卷三八，光緒《德陽縣志續編》卷九，民國《德陽縣志》卷一。

漱玉山房文存

見同治《德陽縣志》卷三二、卷三九。

糾王錄二卷（一作四卷）

見同治《德陽縣志》卷三九。按：光緒《德陽縣志續編》卷九云："好與陽明爲難，作《糾王錄》四卷。"

文二篇 存

收入同治《德陽縣志》卷三八。

蕭鳳齡

女，字羽仙，山陰縣丞超群女，綿州何元如（一作元汝）妻。見《全蜀詩鈔》卷六二，民國《綿陽縣志》卷九。

詩三首 存

收入《全蜀詩鈔》卷六二，民國《綿陽縣志》卷九。

黄景春

字雨帆。光緒八年舉人。見《蜀詩續鈔》卷三。

詩一首 存

收入《蜀詩續鈔》卷三。

劉子雄（1858—1889）

字健卿。光緒十二年優貢生，十四年中順天舉人，朝考，授內閣中書舍人。見光緒《德陽縣志續編》卷九，《蜀詩續鈔》卷三，民國《德陽縣志》卷一。按：《清人別集總目》頁514作"光緒二年舉人"。

劉舍人遺集四卷 存

見《清人別集總目》頁514。光緒《德陽縣志續編》卷九、民國《德陽縣志》卷一題作劉舍人集。

今存光緒十六年都門刻本（國圖，南大，上圖）；光緒二十七年祝先寫刻本（川圖）；光緒德陽劉氏刻本（川圖）；清刻本（國圖）；民國二十年成都馬自龕刻本（國圖，上圖，川圖，南大）。

詩五首 存

收入《蜀詩續鈔》卷三。

謝人龍

號雲亭。一作中江人。以光緒十一年大挑分發貴州，歷署荔波、都匀縣事，代理都匀知府，補授普安知縣。見光緒《德陽縣志續編》卷九，民國《德陽縣志》卷一，民國《中江縣志》卷六。

家政篇

見光緒《德陽縣志續編》卷九，民國《德陽縣志》卷一，民國《中江縣志》卷八。

東墅草堂詩文集二卷

見光緒《德陽縣志續編》卷九。

洪桂林

字芳五。庠生，教授鄉里，後主正蒙精舍。見光緒《德陽縣志續編》卷九，民國《德陽縣志》卷一。

文廟通考錄六卷（增輯） 存

光緒《德陽縣志續編》卷九作文廟通考，不著卷數。

今存光緒十八年刻本（川大）。

金富楨

字翊周。官參軍。見《蜀詩續鈔》

卷二。

詩一首　存

收入《蜀詩續鈔》卷二。

彭伯隆

字厚甫。官順慶府蓬州訓導。見《蜀詩續鈔》卷三。

詩九首　存

收入《蜀詩續鈔》卷三。

賴錫舉

字怡門。官浙江鹽大使。見《蜀詩續鈔》卷三。

詩二首　存

收入《蜀詩續鈔》卷三。

朱煥章

字芸仙。以增生薦孝廉方正，官資陽教諭。見《蜀詩續鈔》卷五。

詩二首　存

收入《蜀詩續鈔》卷五。

馬守訓

女，字箴亭。見《蜀詩續鈔》卷八。

詩一首　存

收入《蜀詩續鈔》卷八。

巫益霖

號潤軒。見光緒《德陽縣志續編》卷九，民國《德陽縣志》卷一。

聽鹿山房詩文稿

見光緒《德陽縣志續編》卷九，民國《德陽縣志》卷一。

姜福泰

字階平。傳承其父映洲業，善醫術。見光緒《德陽縣志續編》卷九。

醫學輯要　集驗方

見光緒《德陽縣志續編》卷九。

蕭楙根

字紹于。見民國《德陽縣志》卷三。

詩一首　存

收入民國《德陽縣志》卷三。

（李咏梅）

安縣

（今四川安縣）

李鑑

字在懸，號涵白。明天啓四年舉人，崇禎元年成進士，官至宣鎮巡撫。清順治時，以原官用加少司馬，總督宣大，尋罷，起撫寧夏。年六十六卒。見嘉慶《安縣志》卷二六，同治《直隸綿州志》卷三九，同治《安縣志》卷二五、卷二六，民國《安縣志》卷三五、卷四〇。

大明正德十二年歲次丁丑大統曆　存

今存明正德十二年欽天監刻本（北大）；明正德間刻本（國圖）。

詩一首　存

收入民國《安縣志》卷六〇。

文二篇　存

收入嘉慶《安縣志》卷三〇，同治《安縣志》卷三一，民國《安縣志》卷五九。

趙珀

宗普子。順治五年拔貢生。見嘉慶《安縣志》卷二五，同治《安縣志》卷二五。

詩一首　存

收入嘉慶《安縣志》卷三〇，同治《安縣志》卷三一，民國《安縣志》卷六〇。

文一篇　存

收入嘉慶《安縣志》卷三〇，同治《安縣志》卷三一，民國《安縣志》卷五九。

趙緯

雍正間庠生。因拾金不昧，被邑令陳汝亨舉為優等。按：汝亨雍正十二年任縣令，故趙緯當為同時人。見嘉慶《安縣志》卷二四、卷二六，同治《安縣志》卷二六，民國《安縣志》卷四一。

文一篇　存

收入嘉慶《安縣志》卷三〇，同治《安縣志》卷三一。

趙巂

其輪子。乾隆二十八年拔貢生。見嘉慶《安縣志》卷二五，同治《安縣志》卷二五。

木亭詩集

見嘉慶《直隸綿州志》卷四九，同治《直隸綿州志》卷五〇。

詩三首　存

收入嘉慶《安縣志》卷三〇，嘉慶《納溪縣志》卷九，同治《安縣志》卷三一，民國《安縣志》卷六〇。

李超

字華峯。乾隆三十五年舉人，歷官學正、福建詔安縣知縣，後任本邑汶江書院山長。見嘉慶《安縣志》卷二五，同治《直隸綿州志》卷三九，同治《安縣志》卷二五，民國《安縣志》卷三五、卷四三。

文一篇　存

收入嘉慶《安縣志》卷三〇，同治《安縣志》卷三一，民國《安縣志》

卷五八。

李　標

乾隆間人。見嘉慶《安縣志》卷三〇，同治《安縣志》卷三一，民國《安縣志》卷五九。

文一篇　存

收入嘉慶《安縣志》卷三〇，同治《安縣志》卷三一，民國《安縣志》卷五九。

陳　璲

字瑞甫，號稷隖。乾隆四十二年拔貢生。官云南路南州知州。見《全蜀詩鈔》卷二一。

詩五首　存

收入《全蜀詩鈔》卷二一。

陳鴻業

文一篇　存

收入嘉慶《安縣志》卷三〇，同治《安縣志》卷三一。

劉峻德

文一篇　存

收入嘉慶《安縣志》卷三〇，同治《安縣志》卷三一。

劉　炳

道光五年舉人，選重慶府大足縣教諭。曾參纂同治《安縣志》。見同治《安縣志》卷首、卷二五，民國《安縣志》卷三五。

文二篇　存

收入同治《安縣志》卷三一，民國《安縣志》卷五九。

劉定國

字靖軒。道光十七年武舉人，累官游擊副將銜。見民國《安縣志》卷四二。

文一篇　存

收入民國《安縣志》卷五九。

鄭春林

道光二十六年舉人，歷署甘肅合水、正寧、華亭縣知縣，陞花馬池同知。見同治《安縣志》卷二五，民國《安縣志》卷三五。

詩一首　存

收入民國《安縣志》卷六〇。

文一篇　存

收入同治《德陽縣志》卷三八，光緒《德陽縣志續編》卷九。

李森林

字東生，開元次子。道光二十九年拔貢生，選任彭山縣訓導。見民國《安縣志》卷三六、卷四〇。

嫩雲山房雜著

見民國《安縣志》卷四〇。

文三篇　存

收入民國《安縣志》卷五八、卷五九、卷六〇。

李岷琛

字少東，森林長子。咸豐十一年

拔貢生，同治三年舉人，十年成進士，任翰林院庶吉士。見民國《安縣志》卷三三、卷三六、卷四〇。

詩一首　存

收入民國《安縣志》卷六〇。

文一篇　存

收入民國《安縣志》卷五九。

李常度

字百貞，岷琛子。光緒二十三年拔貢生，署湖南岳州府知府。見民國《安縣志》卷三三、卷三六、卷四二。

詩一首　存

收入民國《安縣志》卷六〇。

陳嘉繡

字錦堂。咸豐二年舉人，主講汶江書院，後任知縣。見同治《安縣志》卷二五，民國《安縣志》卷四〇。

同治《安縣志》三十二卷首一卷（楊英燦纂修　余天鵬　陳嘉繡續纂）　存

今存同治二年增補嘉慶本（方志聯合目錄）；清抄本（川圖）；抄本（方志聯合目錄）。

詩九首　存

收入同治《安縣志》卷三一，民國《安縣志》卷六〇，《綠萼梅齋遺稿》卷一。

文二篇　存

收入同治《安縣志》卷三一，民國《安縣志》卷五九。

林生澤

字春膏。同治三年舉人，同治七年成進士，任戶部主事。見民國《安縣志》卷三三、卷四四。

詩一首　存

收入民國《安縣志》卷六〇。

文一篇　存

收入民國《安縣志》卷六〇。

陳運隆

嘉繡孫。同治十二年拔貢生，光緒十九年舉人。見民國《安縣志》卷三三。

詩一首　存

收入民國《安縣志》卷六〇。

文一篇　存

收入民國《安縣志》卷六〇。

陳運昌

嘉繡孫。光緒八年舉人。見民國《安縣志》卷三三。

詩一首　存

收入民國《安縣志》卷六〇。

蕭端棷

字樹珊。光緒十一年拔貢生，十九年舉人，主講益昌書院，官至雲南劍川州知州。見民國《安縣志》卷三三、卷三六、卷四五。

詩一首　存

收入民國《安縣志》卷六〇。

文一篇　存

收入民國《安縣志》卷五八。

吴錫珍

字聘臣。光緒十一年拔貢生，署鹽源縣教諭，官至補貴州八寨廳同知。

見民國《安縣志》卷三三、卷三六、卷四五。

詩一首　存

收入民國《安縣志》卷六〇。

林　根

字子橙。光緒十九年恩科舉人。見民國《安縣志》卷三三、卷四四。

詩二首　存

收入民國《安縣志》卷六〇。

文一篇　存

收入民國《安縣志》卷五九。

林芝生

光緒二十九年順天鄉試舉人。見民國《安縣志》卷六〇。

詩一首　存

收入民國《安縣志》卷六〇。

詞八首　存

收入民國《安縣志》卷六〇。

林　壽

光緒二十九年舉人，授雲南鹽大使。見民國《安縣志》卷三三、卷三六。

詩一首　存

收入民國《安縣志》卷六〇。

文一篇　存

收入民國《安縣志》卷五八。

詹　夔

由光緒二十九年舉人特科考試，注部鹽大使。見民國《安縣志》卷三三、卷三六。

文一篇　存

收入民國《安縣志》卷六〇。

鍾　鋭

光緒二十九年舉人，任雲南平彝、恩安等縣知事。見民國《安縣志》卷三三、卷三六、卷四一。

文二篇　存

收入民國《安縣志》卷六〇。

李向陽

字春三。光緒間歲貢生。見民國《安縣志》卷三三、卷四五。

文二篇　存

收入民國《安縣志》卷五八。

謝芳遠

字香圃。光緒間歲貢生。見民國《安縣志》卷三三、卷四六。

醒迷衛生丹

見民國《安縣志》卷四六。

文一篇　存

收入民國《安縣志》卷五九。

蔣楙森

字木三。光緒間歲貢生。見民國《安縣志》卷三三、卷四六。

文一篇　存

收入民國《安縣志》卷六〇。

劉　旦

號公旭。廩生，宣統元年拔貢生。見民國《安縣志》卷首、卷三三。

民國《安縣志》六十卷（夏時行等修　劉旦等纂）　存

今存稿本（川圖）（存卷二十六至三十二，四十一至六十四）；民國二十七年石印本（方志聯合目錄）。

詩八首　存

收入民國《安縣志》卷六〇。

文三篇　存

收入民國《安縣志》卷五八、卷五九。

陳起燧

宣統元年由增生徵舉孝廉方正。見民國《安縣志》卷三三。

詩一首　存

收入民國《安縣志》卷六〇。

陳學海

宣統元年拔貢生。見民國《安縣志》卷三三。

文一篇　存

收入民國《安縣志》卷六〇。

林倬鎣

歲貢生。見民國《安縣志》卷三三。

文一篇　存

收入民國《安縣志》卷五九。

劉　銳

號章甫。附生。見民國《安縣志》卷三三。

文一篇　存

收入民國《安縣志》卷五九。

陳邦倬

字甫田。由廩生加捐訓導，任綦江縣教諭。民國十三年，任崇寧縣知事。見民國《安縣志》卷三六、卷三七、卷四五。

民國《崇寧縣志》八卷首一卷（陳邦倬修　易象乾　田樹勳等纂）　存

今存民國十四年刻本（方志聯合目錄）。

詩二首　存

收入民國《安縣志》卷六〇。

易錫鋆

字耀珊。增生，入彰明學籍，任南鄉河垻場兩等小學校長。民國時，入四川法政學校紳班畢業，歷任梓潼、茂縣管獄員。見民國《安縣志》卷三三、卷三七、卷四六。

詩二首　存

收入民國《安縣志》卷六〇。

陳鳳翥

廩生。見民國《安縣志》卷六〇。

詩一首　存

收入民國《安縣志》卷六〇。

陳　英

增生。見民國《安縣志》卷五九。

文一篇　存

收入民國《安縣志》卷五九。

（李咏梅）

綿竹縣
（今四川綿竹市）

劉揚俊

字天瓊。順治十四年舉人，任河南延津縣知縣。見嘉慶《綿竹縣志》卷二六，道光《綿竹縣志》卷二七。

詩一首　存

收入嘉慶《綿竹縣志》卷三六，道光《綿竹縣志》卷三六。

文一篇　存

收入嘉慶《綿竹縣志》卷三六，道光《綿竹縣志》卷三六。

王允廸

字吉甫。卒年三十一。見嘉慶《綿竹縣志》卷二九，道光《綿竹縣志》卷二九，同治《直隸綿州志》卷三九，《綿陽縣鄉土志》，民國《綿竹縣志》卷六。

四書隨筆

見嘉慶《綿竹縣志》卷二九、卷三九，道光《綿竹縣志》卷二九、卷四一，同治《直隸綿州志》卷三九、卷五〇，民國《綿竹縣志》卷六。

易經正解

見嘉慶《綿竹縣志》卷二九、卷三九，嘉慶《四川通志》卷一八三，道光《綿竹縣志》卷二九、卷四一，同治《直隸綿州志》卷三九、卷五〇，民國《綿竹縣志》卷六。

詩詞一卷

見嘉慶《綿竹縣志》卷二九、卷三九，道光《綿竹縣志》卷二九、卷四一，同治《直隸綿州志》卷三九，民國《綿竹縣志》卷六。

王一正

字位中，允廸次子。康熙三十五年拔貢生，任中江縣教諭，陞龍安府教授，補夔州府教授，内陞翰林院典簿。見嘉慶《綿竹縣志》卷二六、卷二九，道光《綿竹縣志》卷二七、卷二九，《蜀詩續鈔》卷二，民國《綿竹縣志》卷六。

詩四首　存

收入嘉慶《德陽縣志》卷四八，道光《綿竹縣志》卷三六，道光《新都縣志》卷一五，同治《德陽縣志》卷三八，《蜀詩續鈔》卷二，民國《德陽縣志》卷三。

文三篇　存

收入嘉慶《綿竹縣志》卷三六，道光《綿竹縣志》卷三七、卷三八，道光《綿竹縣志》卷四〇。

黄成章

字子達。康熙三十八年舉人，任北直順天府順義縣知縣，陞通州知州。見嘉慶《綿竹縣志》卷二六、卷二九，道光《綿竹縣志》卷二七、卷二九，同治《直隸綿州志》卷三九，民國《綿竹縣志》卷六。

康熙《順義縣志》五卷（黄成章修張大酋纂）　存

今存康熙五十八年刻本（方志聯合目錄）；宣統二年抄本（北大）；民國四年鉛印本（方志聯合目錄）。

文一篇　存

收入嘉慶《綿竹縣志》卷三六，道光《綿竹縣志》卷三八。

羅　錦

康熙三十八年歲貢生。見嘉慶《綿竹縣志》卷二六，道光《綿竹縣志》卷二七、卷三七。

文一篇　存

收入道光《綿竹縣志》卷三七。

唐叔度

字汪波。雍正元年拔貢生，選江油縣教諭，以軍功歷任浙江海寧縣、安徽桐城縣知縣。見嘉慶《綿竹縣志》卷二九，道光《綿竹縣志》卷二七、卷二九，同治《直隸綿州志》卷三九，《全蜀詩鈔》卷一〇，民國《綿竹縣志》卷六。

一枝園詩集二卷

見嘉慶《綿竹縣志》卷三九，嘉慶《四川通志》卷一八七，道光《綿竹縣志》卷四一，同治《直隸綿州志》卷五〇。

詩調一卷

見同治《直隸綿州志》卷五〇。

詩二首　存

收入道光《綿竹縣志》卷三六，《全蜀詩鈔》卷一〇。

唐樂宇

字堯春，號九峰，別號鴛港，叔度第九子。乾隆二十七年舉人，三十一年成進士，授戶部主事。任貴州平越府知府，建墨香書院；調南籠知府。見嘉慶《綿竹縣志》卷二六、卷二九，道光《綿竹縣志》卷二七、卷二九，同治《直隸綿州志》卷三九，民國《綿竹縣志》卷六，《綿里新編》卷三。

步天簡法圖一卷

見嘉慶《直隸綿州志》卷四九，嘉慶《綿竹縣志》卷三九，嘉慶《四川通志》卷一八五，道光《綿竹縣志》卷四一，同治《直隸綿州志》卷五〇。

佛經譯纂一卷　風后遺經十卷

見嘉慶《直隸綿州志》卷四九，嘉慶《綿竹縣志》卷三九，道光《綿竹縣志》卷四一，同治《直隸綿州志》卷五〇。

南籠遺稿　存

見《全蜀詩鈔》卷一九，《清人別集總目》頁1957。按：嘉慶《綿竹縣志》卷三九、道光《綿竹縣志》卷四一、《清詩匯》卷九三作一卷。

今存嘉慶七年綿竹綿青堂刻本（川圖）。

黔南詩存一卷

見嘉慶《直隸綿州志》卷四九，嘉慶《綿竹縣志》卷三九，道光《綿竹縣志》卷四一，同治《直隸綿州志》卷五〇，《清詩匯》卷九三。

東絡山房文集一卷

見嘉慶《綿竹縣志》卷三九，道光《綿竹縣志》卷四一。按：文集，嘉慶《直隸綿州志》卷四九、同治《直隸綿州志》卷五〇作文稿。

東絡山房古文選二集二十卷

見嘉慶《綿竹縣志》卷三九，道光《綿竹縣志》卷四一。按：嘉慶《直隸綿州志》卷四九、同治《直隸綿州志》卷五〇無"古"字。

詩二十二首　存

收入嘉慶《漢州志》卷三四，道光《保寧府志》卷六一、卷六二，《全蜀詩鈔》卷一九，《清詩匯》卷九三。

馬士陛

字錫桓，超凡子。雍正十三年舉人，任貴州天柱縣知縣，創書院三十間。調任永從縣。見嘉慶《綿竹縣志》卷二六、卷二九，道光《綿竹縣志》卷二七、卷二九，同治《直隸綿州志》卷三九。

廿一史提要　莛撞集　公餘百戰集　晉庵詩集　晉庵文集　歸田日課　春宵雜記

見道光《綿竹縣志》卷四一，同治《直隸綿州志》卷五〇。

文四篇　存

收入嘉慶《綿竹縣志》卷三七，嘉慶《什邡縣志》卷四八之三，道光《綿竹縣志》卷三八。

李　綸

乾隆十八年舉人，任蘆山縣教諭。見嘉慶《綿竹縣志》卷二六，道光《綿竹縣志》卷二七。

百子金丹

見道光《綿竹縣志》卷四一。

史學記聞　白果樹齋詩集　肫仁文集

見道光《綿竹縣志》卷四一，同治《直隸綿州志》卷五〇。

詩一首　存

收入嘉慶《華陽縣志》卷三九。

李　藩

字介臣，一作价臣。乾隆十八年拔貢生，二十一年解元，任彭縣訓導；三十五年署華陽訓導。見嘉慶《綿竹縣志》卷二六，嘉慶《華陽縣志》卷二六，道光《綿竹縣志》卷二七、卷二九，同治《直隸綿州志》卷三九，《全蜀詩鈔》卷一二，民國《綿竹縣志》卷六、卷一一。

文譜增華　六經測蠡　野史叢抄　戲綵堂詩集　自怡文集　白石山齋試帖

見道光《綿竹縣志》卷四一，同治《直隸綿州志》卷五〇。

百子金丹

見同治《直隸綿州志》卷五〇

晚晴軒文集

見同治《直隸綿州志》卷三九，民國《綿竹縣志》卷六。

白石山詩稿

見同治《直隸綿州志》卷三九。按：民國《綿竹縣志》卷六作白石山齋詩稿。

詩二首　存

收入道光《綿竹縣志》卷三六，同治《德陽縣志》卷三八，《全蜀詩鈔》卷一二，民國《德陽縣志》卷三。

李　維

號靜庵。乾隆二十七年舉人，任南溪縣教諭。見嘉慶《綿竹縣志》卷二六，道光《綿竹縣志》卷二七，民國《綿竹縣志》卷一一。

伴槃集

見道光《綿竹縣志》卷四一，同治《直隸綿州志》卷五〇，民國《綿竹縣志》卷一一。

讀史提綱　靜庵文集

見道光《綿竹縣志》卷四一，同治《直隸綿州志》卷五〇，民國《綿竹縣志》卷一一。

詩學囈談

見道光《綿竹縣志》卷四一，民國《綿竹縣志》卷一一。

詩一首　存

收入嘉慶《華陽縣志》卷三九。

黃遵素

字竹亭。乾隆三十年舉人。官潼川府教授。見《全蜀詩鈔》卷二一。

詩三首　存

收入《全蜀詩鈔》卷二一。

何登榜

子鰲峯，元珠子。乾隆三十年舉人，任廣西岑溪縣知縣。見嘉慶《綿竹縣志》卷二六，道光《綿竹縣志》卷二七、卷三六，民國《綿竹縣志》卷一一。

閩行草　友栢散人文集

見道光《綿竹縣志》卷四一，同治《直隸綿州志》卷五〇，民國《綿竹縣志》卷一一。

蓼蟲詩草

見道光《綿竹縣志》卷四一，民國《綿竹縣志》卷一一。

詩一首　存

收入《全蜀詩鈔》卷二二。

文二篇　存

收入道光《綿竹縣志》卷三六。

黃步青

字漢南，號鹿堂。乾隆三十年拔貢生，三十五年舉人，任成都縣教諭，陞潼川府教授。見嘉慶《綿竹縣志》卷二六，道光《綿竹縣志》卷二七、卷二九，同治《直隸綿州志》卷三九，《全蜀詩鈔》卷二〇。

鹿堂文集　外史記言　鹿堂雜著　漢南續墨

見道光《綿竹縣志》卷四一，同治《直隸綿州志》卷五〇。

歸田賸草

見道光《綿竹縣志》卷四一。

詩二首　存

收入道光《綿竹縣志》卷三六，《全蜀詩鈔》卷二〇。

文六篇　存

收入嘉慶《綿竹縣志》卷首、卷三六，道光《綿竹縣志》卷三六、卷三七。

馬維穎

字邁塵，號射濱。乾隆四十八年舉人，嘉慶六年大挑二等，任梁山縣教諭。見嘉慶《綿竹縣志》卷二六，道光《綿竹縣志》卷二七、卷二九，民國《綿竹縣志》卷六。

射濱詩草

見道光《綿竹縣志》卷四一，同治《直隸綿州志》卷五〇，民國《綿竹縣志》卷六。

徐名昭

乾隆五十九年副貢生，嘉慶六年舉人。見嘉慶《綿竹縣志》卷二六，道光《綿竹縣志》卷二七，民國《綿竹縣志》卷一一。

鶴田詩集

見道光《綿竹縣志》卷四一，同治《直隸綿州志》卷五〇，民國《綿竹縣志》卷一一。

詒燕草文集

見道光《綿竹縣志》卷四一，民國《綿竹縣志》卷一一。

陳榮宗

字紹堂。乾隆六十年舉人，任井研縣教諭，截取選授山西夏縣知縣。見嘉慶《綿竹縣志》卷二六，道光《綿竹縣志》卷二七、卷三七，同治《德陽縣志》卷三八。

文二篇　存

收入同治《德陽縣志》卷三八，道光《綿竹縣志》卷三七，民國《德陽縣志》卷三。

王兆扶

字鹿崖。嘉慶六年舉人，官夔州府學教授。見《全蜀詩鈔》卷三三。

詩三首　存

收入《全蜀詩鈔》卷三三。

唐張友

號雲芝。嘉慶六年副貢生，十二年中舉人，道光六年大挑二等。見嘉慶《綿竹縣志》卷二六，道光《綿竹縣志》卷二七。

詩三首　存

收入同治《嘉定府志》卷四二。

唐張瑤

字鹿園。嘉慶六年拔貢生，十二年舉人。見嘉慶《綿竹縣志》卷二六，道光《綿竹縣志》卷二七，同治《嘉定府志》卷四二，《全蜀詩鈔》卷三四。

詩一首　存

收入同治《嘉定府志》卷四二，《全蜀詩鈔》卷三四。

孫廷芳

嘉慶六年舉人。見嘉慶《綿竹縣志》卷二六，道光《綿竹縣志》卷二七。

延桂堂詩鈔

見道光《綿竹縣志》卷四一。

吳　照（1782—1850）

字光四，號南庵，稱白沙先生，萬鈞子。嘉慶十八年拔貢生，二十四年舉人，大挑二等，署江北廳學正，實授渠縣教諭。見嘉慶《綿竹縣志》卷二六，道光《綿竹縣志》卷二七，民國《綿竹縣志》卷六、卷一一，《清人別集總目》頁856。

勉不足齋文集四卷　存

見民國《綿竹縣志》卷六，《清人別集總目》頁856。

今存道光二十四年刊本（湘圖）。

勉不足齋詩草十八卷　存

見《清人別集總目》頁856。

今存道光二十一年刊本（湘圖）；光緒綿竹坊刻本（川圖）。

勉不足齋詩草十六卷　存

見《清人別集總目》頁856。

今存光緒綿竹坊刻本（川圖，北大，南大）。

白沙試草

見民國《綿竹縣志》卷一一。

萬　選

詩三首　存

收入嘉慶《直隸綿州志》卷四八，道光《綿竹縣志》卷三六，同治《直隸綿州志》卷四九。

金　健

字粹中。道光五年舉人，官大足縣訓導。見《全蜀詩鈔》卷四六。

詩一首　存

收入《全蜀詩鈔》卷四六。

金　儀

字鳳樓。道光十一年舉人，官井研縣教諭。見《蜀詩續鈔》卷二。

蚓唱草

見《蜀詩續鈔》卷二。

詩一首　存

收入《蜀詩續鈔》卷二。

廖賦廉

道光十一年舉人。見道光《綿竹縣志》卷二七，民國《綿竹縣志》卷一一。

礪庭文集　貽硯堂詩草

見道光《綿竹縣志》卷四一，同治《直隸綿州志》卷五〇，民國《綿竹縣志》卷一一。

曾　榕

字魯堂。道光十二年歲貢生。見道光《綿竹縣志》卷二七，民國《綿竹縣志》卷六、卷一一。

師竹山房詩文集

見民國《綿竹縣志》卷六。

詩四首　存

收入《綠萼梅齋遺稿》卷一。

楊世春

道光十五年舉人。見道光《綿竹縣志》卷二七，民國《綿竹縣志》卷一一。

病餘詩草　雲庵文稿

見道光《綿竹縣志》卷四一，民國《綿竹縣志》卷一一。

吳廷桂

道光間恩貢生。見道光《綿竹縣志》卷二七。

聊復存稿　蛙鳴集

見道光《綿竹縣志》卷四一，同治《直隸綿州志》卷五〇。

醒世辨惑編

見道光《綿竹縣志》卷四一。

鄧世敬

醒齋詩集

見道光《綿竹縣志》卷四一，同治《直隸綿州志》卷五〇。

李　荄

鑒古自警

見道光《綿竹縣志》卷四一，同治《直隸綿州志》卷五〇。

李先根

趨庭詩草　史學遵行集

見道光《綿竹縣志》卷四一，同治《直隸綿州志》卷五〇。

王肇修

會真草堂詩集　梓里舊聞

見道光《綿竹縣志》卷四一，同治《直隸綿州志》卷五〇。

檢齋文稿

見道光《綿竹縣志》卷四一。

李先本

左傳分國摘要補　史學求真　固溪文拾

新春雜詠

見道光《綿竹縣志》卷四一，同治《直隸綿州志》卷五〇。

慕高吟草

見道光《綿竹縣志》卷四一。

何如翰

粤西遊草　象山文集

見道光《綿竹縣志》卷四一，同治《直隸綿州志》卷五〇。

友栢山房詩集

見道光《綿竹縣志》卷四一。

釋源明

梵餘詩草

見道光《綿竹縣志》卷四一。

廖秉謙

二香居士集

見道光《綿竹縣志》卷四一，同治《直隸綿州志》卷五〇。

王　緯

字星紀。見《緑萼梅齋遺稿》卷一。

詩一首　存

收入《緑萼梅齋遺稿》卷一。

史　彬

字仲彬。見《緑萼梅齋遺稿》卷一。

詩一首　存

收入《緑萼梅齋遺稿》卷一。

李錫十

字杰臣。見《緑萼梅齋遺稿》卷一。

詩一首　存

收入《緑萼梅齋遺稿》卷一。

尹炳奎

字星五。見《緑萼梅齋遺稿》卷一。

詩一首　存

收入《緑萼梅齋遺稿》卷一。

史　嚴

字筆臣。歲貢生。見民國《綿竹

縣志》卷一一，《綠萼梅齋遺稿》卷一。

詩一首　存

收入《綠萼梅齋遺稿》卷一。

陳繼龍

字雲亭。見《綠萼梅齋遺稿》卷一。

詩一首　存

收入《綠萼梅齋遺稿》卷一。

楊錫璋

字鍾山。見《綠萼梅齋遺稿》卷一。

詩一首　存

收入《綠萼梅齋遺稿》卷一。

王思虞

字醒齋。見《綠萼梅齋遺稿》卷一。

詩二首　存

收入《綠萼梅齋遺稿》卷一。

葉　藻

字采之。見《綠萼梅齋遺稿》卷一。

詩一首　存

收入《綠萼梅齋遺稿》卷一。

馮紹先

字偉臣。見《綠萼梅齋遺稿》卷一。

詩一首　存

收入《綠萼梅齋遺稿》卷一。

蔣培春

字漁村。見《綠萼梅齋遺稿》卷一。

詩一首　存

收入《綠萼梅齋遺稿》卷一。

蕭薦笙

字雲笠。見《綠萼梅齋遺稿》卷一。

詩一首　存

收入《綠萼梅齋遺稿》卷一。

釋能健

字樹岳。見《綠萼梅齋遺稿》卷一。

詩一首　存

收入《綠萼梅齋遺稿》卷一。

楊　芬

字鳳墀。見《綠萼梅齋遺稿》卷一。

詩四首　存

收入《綠萼梅齋遺稿》卷一。

趙尊彝

名一作敦彝。咸豐時歲貢生，與釋含澈為忘年交。見《蜀詩續鈔》卷四，民國《綿竹縣志》卷一一。

問月樓詩鈔

見《蜀詩續鈔》卷四，民國《綿竹縣志》卷一一。

詩十首　存

收入《蜀詩續鈔》卷四。

羅敏材

咸豐時歲貢生。見民國《綿竹縣志》卷一一。

培蘭齋賦鈔

見民國《綿竹縣志》卷一一。

楊 聰

字聽彝。咸豐十一年優貢生，同治六年舉人，歷任酆都、隆昌縣教諭，酉陽州學正。見民國《綿竹縣志》卷六、卷一一。

文二篇 存

收入民國《綿陽縣志》卷九。

楊 鋭（1857—1898）

字叔嶠，又字純叔，别號蟫隱，聰弟。光緒八年優貢生，十一年舉人，官内閣中書加四品卿銜。任軍機章京，參預新政，戊戌政變時遇害。見民國《綿竹縣志》卷六、卷一一，《清人别集總目》頁696。《清史稿》卷四六四有傳。

説經堂詩草一卷 存

見《清人别集總目》頁696。

今存宣統綿竹楊氏刻本（湘圖，川圖）；清刻本（上圖）；晚翠軒集本附（粵圖）；民國六年上海商務印書館排印張元濟輯戊戌六君子遺集本（叢書綜錄，日本人文）。

楊叔嶠先生文集一卷詩集二卷 存

見《清人别集總目》頁696。

今存民國三年成都昌福公司鉛印劉楊合刊本（國圖，上圖，北大，中科院，北師大，南大）；上海市歷史文獻圖書館一九五八年抄本（上圖）。

易順鼎金蘭譜四種 存

今存光緒間原件（北大）。

陳 誼

同治間歲貢生，歷任珙縣、峨眉教諭，升順慶府教授。見民國《綿竹縣志》卷一一。

風簷寸草

見民國《綿竹縣志》卷一一。

何克靜

女，字堃吉，適羅江李氏。見《全蜀詩鈔》卷六二。

詩一首 存

收入《全蜀詩鈔》卷六二。

鄔 杰

號靜民。光緒二年舉人，官安岳縣教諭。見《蜀詩續鈔》卷二。

詩二十首 存

收入《蜀詩續鈔》卷二。

吳瑤華

女，字月池，秀才藍蓼汀妻。見《蜀詩續鈔》卷八。

詩二首 存

收入《蜀詩續鈔》卷八。

陳 恕

女，字墨波。見《蜀詩續鈔》卷八。

詩一首 存

收入《蜀詩續鈔》卷八。

黄尚毅

字仲生。光緒二十年舉人。民國元年為縣議員。見民國《綿竹縣志》卷一一,《清人別集總目》頁2020。

民國《綿竹縣志》十八卷(王佐　文顯謨修　黄尚毅等纂)　存

今存民國九年刻本(方志聯合目錄)。

綿竹縣鄉土志不分卷(田明理　黄尚毅纂修)　存

今存光緒三十四年刻本(上圖,北師大,川大,南大)。

民國《北川縣志》八卷首一卷(楊鈞衡　黄尚毅等纂)　存

今存民國二十一年石印本(方志聯合目錄)。

中華民國四川地理學(編)　存

今存民國元年成都編譯局鉛印本(北師大,南大)。

兵家百賢詠　存

見《清人別集總目》頁2020。

今存民國十年綿竹圖書館石印手寫本(川圖)。

曹樹德

字樹滋。諸生,官教諭。見《清詩匯》卷一七九。

紫巖吟稾

見《清詩匯》卷一七九。

詩一首　存

收入《清詩匯》卷一七九。

劉虛靜

玉京山道士。見《全蜀詩鈔》卷六四,《清詩匯》卷一九四。

詩一首　存

收入《全蜀詩鈔》卷六四,《清詩匯》卷一九四。

釋覺慧

字珠林。綿竹縣諸葛祠僧。見《蜀詩續鈔》卷八。

詩一首　存

收入《蜀詩續鈔》卷八。

史惇

號伯惇。恩貢生,注銓教職。見民國《綿竹縣志》卷一一。

石亭詩鈔四卷　存

見《蜀詩續鈔》卷六。按:民國《綿竹縣志》卷一一未注卷數。

今存同治十年晉熙史氏刻本(南大)。

詩十一首　存

收入《蜀詩續鈔》卷六。

羅雲

朝考教習,歷任魯甸、他郎通判,署邱北縣知縣、沅江州知州。見民國《綿竹縣志》卷一一。

隣蘇齋屐餘詩鈔

見民國《綿竹縣志》卷一一。

(李咏梅)

梓潼縣

（今四川梓潼縣）

白　瑾

字竹生。少穎異好學，有文名，中康熙二年舉人，任茂州學正，升龍安教授。值吳三桂之亂，歸鄉，終老林泉。見咸豐《重修梓潼縣志》卷三。

詩一首　存

收入咸豐《重修梓潼縣志》卷六。

王　純

字子文，號誠齋。雍正五年舉賢良方正，任陝西南鄭知縣，調陝西興平縣知縣。見咸豐《重修梓潼縣志》卷三、卷六。

詩二首　存

收入咸豐《重修梓潼縣志》卷六。

白　檜

乾隆間廩生，任資陽縣訓導。見咸豐《重修梓潼縣志》卷三、卷六。

詩一首　存

收入咸豐《重修梓潼縣志》卷六。

李　森

乾隆間生員。見咸豐《重修梓潼縣志》卷首、卷六。

詩一首　存

收入咸豐《重修梓潼縣志》卷六。

呂呈祥

乾隆間生員。見咸豐《重修梓潼縣志》卷首、卷六。

詩二首　存

收入咸豐《重修梓潼縣志》卷六。

薛　鏞

乾隆間廩貢生，官教諭。見咸豐《重修梓潼縣志》卷三、卷四。

文一篇　存

收入咸豐《重修梓潼縣志》卷四。

胡　焯

嘉慶間拔貢生。見咸豐《重修梓潼縣志》卷三。

詩二首　存

收入咸豐《重修梓潼縣志》卷六。

潘永澈

字霞溪。嘉慶間歲貢生，任新都縣訓導（一作新都教諭），道光間猶在世。見咸豐《重修梓潼縣志》卷三、卷六。

文四篇　存

收入咸豐《重修梓潼縣志》卷四、卷五、卷六。

呂鼎祥

嘉慶間拔貢生。見咸豐《重修梓潼縣志》卷三。

詞一首　存

收入咸豐《重修梓潼縣志》卷六。

何顯達

道光元年舉人，大挑二等，任樂至縣教諭。見咸豐《重修梓潼縣志》卷三。

道學模　談道卮言　星月妙竅　性命研究

見咸豐《重修梓潼縣志》卷三。

詩一首　存

收入咸豐《重修梓潼縣志》卷六。

文一篇　存

收入咸豐《重修梓潼縣志》卷四。

李時新

字龍浦。道光間恩貢生。見咸豐《重修梓潼縣志》卷三、卷六。

詩八首　存

收入咸豐《重修梓潼縣志》卷六。

劉　冕

道光十七年解元。見咸豐《重修梓潼縣志》卷三。

詩一首　存

收入咸豐《重修梓潼縣志》卷六。

文一篇　存

收入咸豐《重修梓潼縣志》卷五。

吴三多

道光間歲貢生。見咸豐《重修梓潼縣志》卷三、卷五。

文一篇　存

收入咸豐《重修梓潼縣志》卷五。

白玉藻

字香溪。道光、咸豐間歲貢生。見咸豐《重修梓潼縣志》卷首、卷三。

文五篇　存

收入咸豐《重修梓潼縣志》卷五。

傅成玉

字琢山。道光、咸豐間恩貢生。見咸豐《重修梓潼縣志》卷首、卷三。

詩二首　存

收入咸豐《重修梓潼縣志》卷六。

文一篇　存

收入咸豐《重修梓潼縣志》卷五。

吕函鐘

道光、咸豐間歲貢生。見咸豐《重修梓潼縣志》卷首、卷三。

詩一首　存

收入咸豐《重修梓潼縣志》卷六。

白永振

咸豐間文生。見咸豐《重修梓潼縣志》卷六。

詩一首　存

收入咸豐《重修梓潼縣志》卷六。

龔守先

字梓林。咸豐間文童。見咸豐《重修梓潼縣志》卷首、卷六。

詩二首　存

收入咸豐《重修梓潼縣志》卷六。

郝　達

字鋸卿。咸豐間廩生。見咸豐《重修梓潼縣志》卷首、卷六。

詩三首　存

收入咸豐《重修梓潼縣志》卷六。

何栻元

字一堂。咸豐間廩生。見咸豐《重修梓潼縣志》卷六。

詩二首　存

收入咸豐《重修梓潼縣志》卷六。

黄西岐

咸豐間文生。見咸豐《重修梓潼縣志》卷首。

詩二首　存

收入咸豐《重修梓潼縣志》卷六。

李　蕃

字樹屏。咸豐間廩生。見咸豐《重修梓潼縣志》卷首、卷六。

詩四首　存

收入咸豐《重修梓潼縣志》卷六。

文一篇　存

收入咸豐《重修梓潼縣志》卷六。

劉祖向

字心傳。拔貢生，任富順教諭，升保寧教授。見咸豐《重修梓潼縣志》卷三。

詩一首　存

收入咸豐《重修梓潼縣志》卷六。

吕　晟

廩生。見咸豐《重修梓潼縣志》卷六。

詩二首　存

收入咸豐《重修梓潼縣志》卷六。

陳遠綸

字友恭。見咸豐《重修梓潼縣志》卷六。

詩四首　存

收入咸豐《重修梓潼縣志》卷六。

陳肇胡

庠生。見咸豐《重修梓潼縣志》卷六。

詩二首　存

收入咸豐《重修梓潼縣志》卷六。

符　瑞

文生。見咸豐《重修梓潼縣志》卷六。

詩二首　存

收入咸豐《重修梓潼縣志》卷六。

劉斯棟

廩生。見咸豐《重修梓潼縣志》卷六。

詩一首　存

收入咸豐《重修梓潼縣志》卷六。

王汝爲

廩生。見咸豐《重修梓潼縣志》卷六。

詩二首　存

收入咸豐《重修梓潼縣志》卷六。

王紹觀

文生。見咸豐《重修梓潼縣志》卷六。

詩二首　存

收入咸豐《重修梓潼縣志》卷六。

魏　洛

文生。見咸豐《重修梓潼縣志》卷六。

詩三首　存

收入咸豐《重修梓潼縣志》卷六。

謝嘉績

廩生。見咸豐《重修梓潼縣志》卷六。

詩二首　存

收入咸豐《重修梓潼縣志》卷六。

（李榮慧　吴静汶）

羅江縣

（今四川羅江縣）

趙　亮

字明遠。雍正十三年拔貢生，官鄰水縣訓導，候補州同。見嘉慶《羅江縣志》卷二三、卷二四，同治《直隸綿州志》卷三九。

謙受集十二卷

見嘉慶《四川通志》卷一八七，嘉慶《羅江縣志》（李桂林等纂修，同治四年刻本。以下稱嘉慶《羅江縣志》乙本）卷三〇。

家訓

見嘉慶《羅江縣志》（乙本）卷二四，同治《直隸綿州志》卷三九。

詩一首　存

收入嘉慶《羅江縣志》（乙本）卷三六。

李化楠（1713—1768）

字廷節，號石亭，又號讓齋、醒園。乾隆六年舉人，次年成進士，十八年，補浙江餘姚知縣。後官順天府北路同知，兼署密雲縣事。見嘉慶《羅江縣志》（乙本）卷二三，嘉慶《羅江縣志》（李調元纂修，嘉慶七年刻本。以下稱嘉慶《羅江縣志》甲本）卷九，同治《直隸綿州志》卷三九，《全蜀詩鈔》卷一二。

萬善堂集（一名李石亭詩集）十卷李石亭文集六卷　存

見《清人別集總目》頁768。按：嘉慶《羅江縣志》（乙本）卷三〇分別著錄作石亭詩集十卷、石亭文集六卷。

今存乾隆綿州李氏萬卷樓刻嘉慶十四年李鼎元重校印函海本（叢書綜錄，華東師大，中科院近代史所、安慶，臺灣史語，日本人文）；道光五年李朝夔補刻函海本（叢書綜錄，晉圖）；叢書集成初編本。按：上二種函海本以下或合稱爲“函海（乾隆本、道光本）本”。

李石亭詩文集　存

今存道光二年刻本（北大）。

醒園録二卷　存

按：嘉慶《羅江縣志》（乙本）卷二四未注卷數。

今存乾隆元年李化楠手抄本（國圖）；乾隆間綿州李氏萬卷樓刻本（北大）；光緒七至八年廣漢鍾氏刻本（北大）；光緒八年廣漢鐘登甲樂道齋刻函海本（國圖）。按：以下簡稱函海（光緒本）；宣統三年刻本（國圖）。

詩十四首　存

收入《全蜀詩鈔》卷一二。

李化樟

字香如。庠生，化楠弟。見嘉慶《羅江縣志》（乙本）卷二四，同治《直隸綿州志》卷三九。

詩二首　存

收入嘉慶《羅江縣志》（乙本）卷三六。

李調元（1734—1803）

字羹堂，號雨村，又號墨莊、醒園等，化楠長子。乾隆二十四年舉人，二十八年成進士，改庶吉士，授吏部文選司主事，官至直隸通永兵備道。後因劾永平知府罷官遣戍，尋以母老贖歸。見嘉慶《羅江縣志》（甲本）卷九，嘉慶《羅江縣志》（乙本）卷二三、卷二四，嘉慶《華陽縣志》卷三九，同治《直隸綿州志》卷三九，同治《續修羅江縣志》卷二四，《清人別集總目》頁813。

易古文三卷（輯）　存

見嘉慶《四川通志》卷一八三。按：嘉慶《直隸綿州志》卷四九、嘉慶《羅江縣志》（乙本）卷三〇、同治《續修羅江縣志》卷二四、同治《直隸綿州志》卷五〇作二卷。

今存函海（乾隆本、道光本）本（叢書綜錄）；函海（光緒本）本（叢書綜錄）。

鄭氏古文尚書十卷（鄭玄注　王應麟撰集　李調元證訛）　存

按：同治《續修羅江縣志》卷二四云李調元輯《古文尚書》十卷、《尚書古文考》一卷、《音辨》二卷，當指此書。

今存函海（乾隆本、道光本）本（叢書綜錄）。

鄭氏古文尚書證訛十一卷　存

今存函海（光緒本）本（叢書綜錄）。

尚書古字辨異一卷（輯）　存

見嘉慶《直隸綿州志》卷四九，嘉慶《羅江縣志》（乙本）卷三〇，嘉慶《四川通志》卷一八三。同治《直隸綿州志》卷五〇作尚書古文辨異一卷。

今存函海（光緒本）本（叢書綜錄）。

童山詩音說四卷　存

見嘉慶《羅江縣志》（乙本）卷三〇，嘉慶《四川通志》卷一八三。

今存函海（光緒本）本（叢書綜錄）。

周禮摘箋五卷　存

見嘉慶《直隸綿州志》卷四九，嘉慶《羅江縣志》（乙本）卷三〇，嘉慶《四川通志》卷一八三，同治《續修羅江縣志》卷二四，同治《直隸綿州志》卷五〇。

今存函海（乾隆本、道光本）本（叢書綜錄）；函海（光緒本）本（叢書綜錄）。

周禮輯要五卷（輯）

見嘉慶《直隸綿州志》卷四九，嘉慶《羅江縣志》（乙本）卷三〇，同治《直隸綿州志》卷五〇。

儀禮古今考二卷　存

見嘉慶《直隸綿州志》卷四九，嘉慶《羅江縣志》（乙本）卷三〇，同治《續修羅江縣志》卷二四，同治《直隸綿州志》卷五〇。

今存函海（乾隆本、道光本）本（叢書綜錄）；函海（光緒本）本（叢書綜錄）。

禮記補註四卷　存

見嘉慶《直隸綿州志》卷四九，嘉慶《羅江縣志》（乙本）卷三〇，嘉慶《四川通志》卷一八三，同治《續修羅江縣志》卷二四，同治《直隸綿州志》卷五〇。

今存函海（乾隆本、道光本）本（叢書綜錄）；函海（光緒本）本（叢書綜錄）；叢書集成初編本。

夏小正箋一卷　存

見嘉慶《羅江縣志》（乙本）卷三〇，同治《續修羅江縣志》卷二四。

今存李朝清道光五年刻本（上圖）；清刻本（北大，北大考古）；函海（乾隆本、道光本）本（叢書綜錄）；函海（光緒本）本（叢書綜錄）；叢書集成初編本。

春秋左傳會要四卷　存

見嘉慶《直隸綿州志》卷四九，嘉慶《羅江縣志》（乙本）卷三〇，嘉慶《四川通志》卷一八三，同治《直隸綿州志》卷五〇。

今存函海（光緒本）本（叢書綜錄）。

左傳官名考二卷　存

見嘉慶《直隸綿州志》卷四九，嘉慶《羅江縣志》（乙本）卷三〇，嘉慶《四川通志》卷一八三，同治《續修羅江縣志》卷二四，同治《直隸綿州志》卷五〇。

今存清刻本（北師大）；函海（乾隆本、道光本）本（叢書綜錄）；函海（光緒本）本（叢書綜錄）；叢書集成初編本。

春秋三傳比二卷　存

見嘉慶《四川通志》卷一八三，同治《續修羅江縣志》卷二四。

今存函海（乾隆本、道光本）本（叢書綜錄）；函海（光緒本）本（叢書綜錄）。

逸孟子一卷（輯）　存

按：嘉慶《直隸綿州志》卷四九、嘉慶《四川通志》卷一八三、同治《直隸綿州志》卷五〇未著卷數。

今存函海（乾隆本、道光本）本（叢書綜錄）；函海（光緒本）本（叢書綜錄）；叢書集成初編本。

十三經注疏錦字四卷（輯）　存

見嘉慶《羅江縣志》卷三〇，同治《續修羅江縣志》卷二四。按：嘉慶《直隸綿州志》卷四九、同治《直隸綿州志》卷五〇未注卷數。

今存函海（乾隆本、道光本）本（叢書綜錄）；函海（光緒本）本（叢書綜錄）。

六書分毫三卷　存

今存函海（乾隆本、道光本）本（叢書綜錄）；函海（光緒本）本（叢書綜錄）；叢書集成初編本。

六書分毫二卷　存

見同治《續修羅江縣志》卷二四。

今存清刻童山全集本（國圖）。

古音合二卷　存

按：嘉慶《四川通志》卷一八三、同治《續修羅江縣志》卷二四作三卷。

今存函海（乾隆本、道光本）本（叢書綜錄）；函海（光緒本）本（叢書綜錄）；清刻《童山全集》本（國圖）。

通詁二卷　存

見嘉慶《四川通志》卷一八三。

今存函海（乾隆本、道光本）本（叢書綜錄）；函海（光緒本）本（叢書綜錄）；叢書集成初編本。

奇字名十二卷　存

見同治《續修羅江縣志》卷二四。按：嘉慶《四川通志》卷一八三作十卷。

今存函海（乾隆本、道光本）本（叢書綜錄）；函海（光緒本）本（叢書綜錄）；叢書集成初編本；清刻《童山全集》本（國圖）。

方言藻二卷　存

見嘉慶《四川通志》卷一八三，嘉慶《直隸綿州志》卷四九，嘉慶《羅江縣志》卷三〇，同治《直隸綿州志》卷五〇，同治《續修羅江縣志》卷二四。

今存函海（乾隆本、道光本）本（叢書綜錄）；函海（光緒本）本（叢書綜錄）；叢書集成初編本。

樂府侍兒小名二卷　存

今存函海（乾隆本、道光本）本（叢書綜錄）；叢書集成初編本。

樂府侍兒小名錄二卷　存

見嘉慶《四川通志》卷一八五。

今存清刻本（上圖）；函海（光緒本）本（叢書綜錄）。

淡墨録十六卷　存

見嘉慶《羅江縣志》卷三〇，嘉慶《四川通志》卷一八五，同治《直隸綿州志》卷五〇。

今存函海（乾隆本、道光本）本（叢書綜錄）；函海（光緒本）本（叢書綜錄）；叢書集成初編本。

制義科瑣記四卷　存

同治《續修羅江縣志》卷二四未著卷數。

今存函海（乾隆本、道光本）本（叢書綜錄）；函海（光緒本）本（叢書綜錄）；叢書集成初編本。

續制義科瑣記一卷　存

今存清刻本（上圖）。

月令氣候圖說一卷　存

見同治《續修羅江縣志》卷二四。

今存函海（乾隆本、道光本）本（叢書綜錄）；函海（光緒本）本（叢書綜錄）；叢書集成初編本。

嘉慶《羅江縣志》十卷　存

今存嘉慶七年刻本（方志聯合目錄）；民國二十五年上海商務印書館刻本（國圖）；函海（乾隆本、道光本）本（叢書綜錄）；函海（光緒本）本（叢書綜錄）；叢書集成初編本。

戰國春秋十七卷（輯）

見嘉慶《直隸綿州志》卷四九，嘉慶《羅江縣志》卷三〇，同治《直隸綿州志》卷五〇。

南越筆記十六卷　存

見嘉慶《四川通志》卷一八五。按：附《蜀碑記補》十卷合爲一書。

今存清刻本（上圖，南大）；函海（乾隆本、道光本）本（叢書綜錄）；函海（光緒本）本（叢書綜錄）；叢書集成初編本；光緒十七年上海著易堂鉛印本（國圖）。

井蛙雜記十卷　存

見嘉慶《四川通志》卷一八五。

今存函海（光緒本）本（叢書綜錄）。

出口程記一卷　存

今存光緒十七年上海著易堂鉛印本（國圖）；函海（乾隆本、道光本）本（叢書綜錄）；函海（光緒本）本（叢書綜錄）；小方壺齋輿地叢鈔第六帙（叢書綜錄）；叢書集成初編本。

蜀碑記補十卷　存

今存清刻本（國圖，北大）；函海（乾隆本、道光本）本（叢書綜錄）；函海（光緒本）本（叢書綜錄）；叢書集成初編本。

然犀志二卷　存

見嘉慶《四川通志》卷一八五。

今存民國石印本（北師大）；函海（乾隆本、道光本）本（叢書綜錄）；函海（光緒本）本（叢書綜錄）；叢書集成初編本。

諸家藏書簿十卷　存

見嘉慶《四川通志》卷一八五。

今存清末刻本（北師大）；函海（乾隆本、道光本）本（叢書綜錄）；函海（光緒本）本（叢書綜錄）；叢書集成初編本。

諸家藏畫簿十卷（輯）　存

今存函海（光緒本）本（叢書綜錄）。

卍齋璅錄十卷　存

見嘉慶《四川通志》卷一八五，同治《續修羅江縣志》卷二四。

今存函海（乾隆本、道光本）本（叢書綜錄）；函海（光緒本）本（叢書綜録）；叢書集成初編本。

勸説四卷　存

見嘉慶《四川通志》卷一八五。

今存函海（乾隆本、道光本）本（叢書綜録）；函海（光緒本）本（叢書綜録）；叢書集成初編本。

尾蔗叢談四卷　存

見嘉慶《直隸綿州志》卷四九，嘉慶《羅江縣志》卷三〇，嘉慶《四川通志》卷一八五，同治《續修羅江縣志》卷二四，同治《直隸綿州志》卷五〇。

今存函海（乾隆本、道光本）本（叢書綜録）；函海（光緒本）本（叢書綜録）；清刻《童山全集》本（國圖）。

李太白年譜（編）　存

今存乾隆二十九年南隆鄧氏刻本（國圖）；乾隆二十九年南隆鄧氏刻本楚北王氏光緒九年重修本（國圖）；道光十三年刻本（國圖）；民國二十年重補清乾隆二十九年鄧氏刻本（國圖）。

粤東筆記十六卷附羊城八景全圖　存

今存民國六年上海廣益書局石印本（上圖）；民國上海會文堂石印本（北大）。

粤東筆記十六卷　存

今存清文畬堂刻本（北大，南大）；民國四年上海會文堂石印本（北師大）。

粤東筆記　存

今存民國十七年上海會文堂新記印局本（南大）。

西川李氏萬卷樓書目十卷

見嘉慶《四川通志》卷一八四。

餅林冗筆四卷　存

見嘉慶《四川通志》卷一八五。

今存清刻本（國圖）。

唾餘新拾十卷續拾六卷補拾二卷　存

今存函海（光緒本）本（國圖）。按：嘉慶《四川通志》卷一八五作唾餘新拾二卷續拾二卷。

唾餘新拾十卷　存

今存李調元乾隆間刻本（國圖）。

新搜神記十二卷

見嘉慶《羅江縣志》卷三〇，同治《直隸綿州志》卷五〇。

醒園花譜二卷骨董志十二卷

見嘉慶《四川通志》卷一八五。

童山詩文集

見《全蜀詩鈔》卷一四。

童山詩集四十二卷　存

見《清人别集總目》頁813。

今存嘉慶元年萬卷樓刻本（安徽師大）；道光羅江李氏萬卷樓刻本（豫圖，魯圖，川圖）；清刻本（洛陽，靖江，美國國會）；舊刻本（贛圖），原按：贛圖藏本殘存七册；函海（乾隆本、道光本）本（叢書綜録）；叢書集成初編本。

童山文集二十卷　存

見嘉慶《直隸綿州志》卷四九，嘉慶《羅江縣志》卷二四，同治《直隸綿州志》卷五〇。

今存函海（乾隆本、道光本）本，童山詩集附（叢書綜録）；清刻《童山全集》本（國圖）。

童山文集二十卷補遺一卷　存

今存函海（乾隆本、道光本）本，童山詩集附（叢書綜録）；叢書集成初編本（叢書綜録）。

童山文集二十卷補遺一卷詩集四十二卷附二卷

今存嘉慶四年萬卷樓刻本（上圖）。

童山詩集三十五卷附蠢翁詞二卷（李朝礎校）　存

見《清人別集總目》頁813。

今存嘉慶羅江李氏萬卷樓北京刻本（川圖）。

童山選集十二卷　存

見《清人別集總目》頁813。

今存函海（乾隆本，道光本）本（叢書綜錄）；嘉慶元年刻本（贛圖，南開，無錫）。

看雲樓集二十二卷　存

見《清人別集總目》頁813。

今存乾隆三十四年刻本（國圖，遼圖，中科院，遼大，東北師大）。

粵東皇華集四卷　存

見《清人別集總目》頁813。

今存函海（乾隆本、道光本）本（叢書綜錄）；函海（光緒本）本（叢書綜錄）；清刻《童山全集》本（國圖）。

五代花月一卷　存

見《清人別集總目》頁813。

今存宣統二年上海國學扶輪社排印香豔叢書本（叢書綜錄）；民國三年上海國學扶輪社鉛印本（國圖）。

童山詩選五卷（孫錤選）　存

見《清人別集總目》頁813。

今存古棠書屋叢書本（叢書綜錄，旅大）。

全五代詩九十卷（輯）　存

今存函海（乾隆本）本（叢書綜錄）。

全五代詩一百卷附補遺一卷（輯）　存

今存函海（道光本）本（叢書綜錄）；函海（光緒本）本（叢書綜錄）；叢書集成初編本。

蜀詩十五卷（費經虞輯　費密　李調元續輯）　存

今存古棠書屋叢書本（叢書綜錄）。

蜀雅二十卷（輯）　存

見嘉慶《直隸綿州志》卷四九，嘉慶《羅江縣志》卷三〇，嘉慶《四川通志》卷一八七，同治《直隸綿州志》卷五〇。

今存乾隆四十六年億書樓刻本（南大）；函海（乾隆本、道光本）本（叢書綜錄）；函海（光緒本）本（叢書綜錄）；叢書集成初編本。

蜀雅十六卷（輯）　存

今存乾隆四十六年億書樓刻本（北大）。

蜀雅小傳　存

今存民國間鉛印本（國圖，南大）。

雨村詩話二卷　存

今存函海（乾隆本、道光本）本（叢書綜錄）；函海（光緒本）本（叢書綜錄）；清刻童山全集本（國圖）；叢書集成初編本。

雨村詩話十六卷　存

見嘉慶《四川通志》卷一八七。

今存乾隆六十年至嘉慶六年刻本（南大）；清刻本（南大，川大）。

雨村詩話十六卷補遺四卷　存

今存道光二十六年映秀書屋刻本（上圖）。

賦話十卷　存

見嘉慶《四川通志》卷一八七。

今存光緒七年瀹雅齋刻本（北大）；函海（乾隆本、道光本）本（叢書綜錄）；函海（光緒本）本（叢書綜錄）；叢書集成初編本。

劇話二卷　存

今存民國兩江陳氏鉛印本（南大）；民國二十九年上海中華書局鉛印本（國圖）。

蠢翁詞二卷　存

見嘉慶《四川通志》卷一八七。

收入函海（光緒本）本（叢書綜録）；叢書集成初編本。

雨村詞話四卷　存

見嘉慶《四川通志》卷一八七。

今存民國二十三年鉛印本（國圖）；函海（乾隆本、道光本）本（叢書綜録）；函海（光緒本）本（叢書綜録）；詞話叢編本；清刻童山全集本（國圖）。

雨村詞話二卷　存

今存民國兩粂陳氏刻本（南大）。

雨村曲話二卷　存

今存函海（乾隆本、道光本）本（叢書綜録）；函海（光緒本）本（叢書綜録）；曲苑本（叢書綜録）；重訂曲苑本（叢書綜録）；增補曲苑竹集本（叢書綜録）；新曲苑本（叢書綜録）；清刻童山全集本（國圖）；叢書集成初編本。

粤風（輯）　存

今存函海（乾隆本、道光本）本（叢書綜録）；函海（光緒本）本（叢書綜録）；叢書集成初編本。

詩五十六首　存

收入《全蜀詩鈔》卷一四。

李季蘭

化楠女，調元妹，同里諸生曹錫寶妻。二十而寡。見《全蜀詩鈔》卷六一。

詩一首　存

收入《全蜀詩鈔》卷六一。

李鼎元（1751—1814）

字味堂，又字和叔，號墨莊，化樟長子，調元從弟。乾隆三十五年舉人，四十三年成進士，官兵部主事，改授內閣中書。嘉慶四年任册封琉球國王副使。見嘉慶《羅江縣志》（甲本）卷九，嘉慶《羅江縣志》（乙本）卷二三、卷二四，嘉慶《直隸綿州志》卷三五，同治《直隸綿州志》卷三九，民國《綿陽縣志》卷七、卷八，《清人别集總目》頁822。

使琉球記一卷　存

今存稿本（國圖）。

使琉球記　存

見嘉慶《直隸綿州志》卷四九，嘉慶《羅江縣志》（乙本）卷二四。

今存光緒十七年上海著易堂刻本（國圖）；光緒間上海申報館鉛印本（上圖）。

使琉球記六卷　存

今存嘉慶七年師竹齋刻本（上圖，北大，南大）；嘉慶刻本（北大）；同治五年刻本（上圖，南大）；光緒元年申報館刻本（國圖）；光緒四年上海申報館鉛印本（北師大，南大）；光緒間刻本（北大）。

師竹齋集十四卷　存

見《清人别集總目》頁822。按：嘉慶《羅江縣志》（乙本）卷三〇著有二十四卷本，嘉慶《四川通志》卷一八七、同治《直隸綿州志》卷五〇著有“師友齋詩集四十二卷”本。

今存嘉慶四年羅江李氏北京刻本（川圖）；嘉慶七年刻本（上圖，南圖，湘圖，中科院，華東師大，臺大，日本靜嘉，韓國成均館大學）；嘉慶間刻本（國圖）；道光二十五年綿州李氏刻本（南圖，南大）；江户抄本（日本國會）。

師竹齋文集十六卷

見嘉慶《羅江縣志》（乙本）卷三〇，

嘉慶《四川通志》卷一八七，同治《直隸綿州志》卷五〇，民國《綿陽縣志》卷九。

詩二十八首 存

收入《全蜀詩鈔》卷二〇。

李驥元 (1755—1799)

字其德，號鳧塘，化樟次子，鼎元弟。與兄齊名，一時有雙翰林之稱。一說為綿州人。乾隆四十二年舉人，四十九年成進士，官翰林院編修，歷詹事府右中允。見嘉慶《羅江縣志》(甲本)卷九，嘉慶《羅江縣志》(乙本)卷二三、卷二四、卷三六，嘉慶《四川通志》卷一八七，嘉慶《直隸綿州志》卷三五，同治《直隸綿州志》卷三九，《全蜀詩鈔》卷二〇，民國《綿陽縣志》卷七、卷八，《清人別集總目》頁837。

李中允集六卷(龍萬育校) 存

見《清人別集總目》頁837。

今存嘉慶十七年刻本(中科院)。

鳧塘詩集二十四卷

見嘉慶《羅江縣志》(乙本)卷三〇，同治《直隸綿州志》卷五〇，民國《綿陽縣志》卷九。按：嘉慶《四川通志》卷一八七作十二卷。嘉慶《直隸綿州志》卷四九未著卷數。

雲棧詩稾

見《全蜀詩鈔》卷二〇。

詩十八首 存

收入《全蜀詩鈔》卷二〇。

錢林虎

乾隆二十五年舉人，博學工詩，從遊甚衆。見嘉慶《羅江縣志》(乙本)卷二三，同治《直隸綿州志》卷三九。

文一篇 存

收入同治《德陽縣志》卷三八，民國《德陽縣志》卷三。

郭奎先

字汾又。歷官湖廣監軍道，好學工詩。見同治《直隸綿州志》卷三九。

詩一首 存

收入嘉慶《羅江縣志》(乙本)卷二四，同治《直隸綿州志》卷四九。

計　良

字本初，又稱硃渠先生。庠生，於綿竹、什邡間開館授徒。見同治《直隸綿州志》卷三九。

訓蒙條要四卷末一卷(輯著) 存

同治《續修羅江縣志》卷一五、同治《直隸綿州志》卷三九未著卷數。按：民國《重修什邡縣志》卷八之上記爲計恬著，當誤。

今存清末刻本(川大)。

蒙養故事

見同治《續修羅江縣志》卷一五，同治《直隸綿州志》卷三九。按：民國《重修什邡縣志》卷八之上著錄作四卷，計恬著，當誤。

計　恬 (1795—?)

字靜康，一字祉庭，號寓章山人，計良季子。布衣。道光初，設教館於什邡，遂家焉。見同治《直隸綿州志》卷三九，同治《續修羅江縣志》卷一五，《蜀詩續鈔》卷八，民國《重修什邡縣志》卷九下，民國《安縣志》卷四五，《清人別集總目》頁244。

羅錦堂先生家傳　存

今存清刻本（北師大）。

羅錦堂先生家傳一卷附趨庭紀聞　存

今存光緒十八年崇寧羅氏靜遠山莊刻本（南大）。

讀書作人譜四十卷

見《蜀詩續鈔》卷八。

彝鑑四風四卷

見民國《重修什邡縣志》卷八之上。

芻蕘万言一卷

見民國《重修什邡縣志》卷八之上。

貞孝錄一卷

見民國《重修什邡縣志》卷八之上。

不自是齋詩鈔八卷附詩餘一卷　存

見《清人別集總目》頁244。

今存咸豐元年綿陽計氏刻本（川圖）。

延齡館菊花百吟　存

見《清人別集總目》頁244。

今存咸豐五年綠蕚梅齋刻本（南大，南開）。

不自是齋詩草八卷野鶴山房文鈔四卷　存

見《清人別集總目》頁244。

今存同治刻不自是齋叢書本（叢書綜錄）。

不自是齋詩稿八卷

見民國《重修什邡縣志》卷八之上。

野鶴山房詩草

見同治《續修羅江縣志》卷一五，同治《直隸綿州志》卷三九。

野鶴山房文稿六卷

見民國《重修什邡縣志》卷八之上。

詩七首　存

收入《蜀詩續鈔》卷八，《綠蕚梅齋遺稿》卷二。

文三篇

收入《綠蕚梅齋遺稿》卷一、卷二，《紀公行述》卷首。

趙雲霞

女，字綺山。見《全蜀詩鈔》卷六二。

詩一首　存

收入《全蜀詩鈔》卷六二。

冉玉嘉

字曉冊。嘉慶五年舉人，官貴州開泰縣知縣。見《全蜀詩鈔》卷三三。

詩三首　存

收入《全蜀詩鈔》卷三三。

楊上珍

字聘侯，號醒齋。嘉慶五年舉人，二十四年任蓬州學正。見嘉慶《羅江縣志》（乙本）卷二三，同治《直隸綿州志》卷三九，同治《續修羅江縣志》卷一五，光緒《蓬州志》卷八。

醒齋詩文稿

見同治《續修羅江縣志》卷一五。

計天禧

字廷超。歲貢生，見嘉慶《羅江縣志》（乙本）卷二三、卷二四，嘉慶《四川通志》卷一八七，同治《直隸綿州志》卷三九。

勸孝詞鏡二卷

見嘉慶《羅江縣志》卷二四、卷三〇，嘉慶《四川通志》卷一八七，同治《直隸綿州志》卷五〇。

許萬安

字寧邦。歲貢生。少有文名。見嘉慶《羅江縣志》卷二三、卷二四，同治《直隸綿州志》卷三九。

知非吟集四卷

見嘉慶《羅江縣志》（乙本）卷二四，嘉慶《四川通志》卷一八七，同治《直隸綿州志》卷三九。按：嘉慶《羅江縣志》（乙本）卷三〇著爲許天禧著，當誤。

文一篇 存

收入嘉慶《羅江縣志》（乙本）卷三六。

董　勷

字君贊，號治齋。庠生。見嘉慶《羅江縣志》（乙本）卷二四，同治《直隸綿州志》卷三九。

經驗奇方二卷

見嘉慶《羅江縣志》（乙本）卷二四，同治《直隸綿州志》卷三九。

劉正慧

字愚濮。道光五年舉人，官成都教諭。見同治《續修羅江縣志》卷一四。

同治《續修羅江縣志》二十四卷（馬傳業修　劉正慧等纂）　存

今存同治四年刻本（方志聯合目錄）。

文四篇 存

收入同治《羅江縣志》卷二四。

楊懋修

道光十五年舉人，歷任墊江、富順教諭，曾參纂同治《續修羅江縣志》。見同治《續修羅江縣志》卷首、卷一四。

文三篇 存

收入同治《直隸綿州志》卷四九，同治《續修羅江縣志》卷二四。

張庭芳

字馥堂。咸豐元年舉人，官內江縣訓導，曾參纂同治《續修羅江縣志》。見同治《續修羅江縣志》卷首、卷一四。

文一篇 存

收入同治《續修羅江縣志》卷二四。

唐懋德

廩貢生，候選教諭，曾參纂同治《續修羅江縣志》。見同治《續修羅江縣志》卷首。

文三篇 存

收入同治《羅江縣志》卷二四。

馮　舉

字易廷。拔貢生，候選州判，曾參纂同治《續修羅江縣志》。見同治《續修羅江縣志》卷首、卷二四。

文二篇 存

收入同治《續修羅江縣志》卷二四。

蔣繼煥

號花農。少隨兄伯遊宦江西，醉心書畫，卒年五十。見同治《直隸綿州志》卷三九，同治《續修羅江縣志》卷一五。

師意軒法帖

見同治《直隸綿州志》卷三九，同治《續修羅江縣志》卷一五。

顏明典

字東坪。恩貢生。見同治《直隸綿州志》卷三九，同治《續修羅江縣志》卷一四、卷一五，《全蜀詩鈔》卷三三。

東坪詩集

見同治《續修羅江縣志》卷一五，同治《直隸綿州志》卷三九。

詩二首 存

收入同治《續修羅江縣志》卷二四，《全蜀詩鈔》卷三三。

劉全祿

字樹庵。貢生。見《全蜀詩鈔》卷二二。

詩一首 存

收入《全蜀詩鈔》卷二二。

（李咏梅）

資州直隸州

（今四川資中縣）

蔡　瑜

字握賓。康熙四十七年舉人，歷任雅州、瀘州、會理州學正。見嘉慶《資州直隸州志》卷一七。

顧省顯微錄無卷數

見嘉慶《資州直隸州志》卷二一，光緒《資州直隸州志》卷二一，民國《續修資州志》卷九。

易經講義三卷

見嘉慶《資州直隸州志》卷一七，光緒《資州直隸州志》卷一七。

一得錄四卷

見嘉慶《資州直隸州志》卷一七，光緒《資州直隸州志》卷一七。

姚　鼎

號石峯。雍正元年拔貢生。見嘉慶《資州直隸州志》卷一七，光緒《資州直隸州志》卷一七。

詩六首　存

收入嘉慶《資州直隸州志》卷二二，光緒《資州直隸州志》卷二二。

鄭廷楷

號雙橋。廩貢生，曾參纂嘉慶州志。見嘉慶《資州直隸州志》卷首，光緒《資州直隸州志》卷一七。

歷代年號州縣沿革國朝官制錄喪禮服制圖雜著二卷

見光緒《資州直隸州志》卷一七。

雙橋文集八卷　存

見民國《資中縣續修資州志》卷九。按：光緒《資州直隸州志》卷一七著錄作講學語錄雙橋詩文制藝八卷。

今存道光二十一年資州鄭氏刻本（北大）。

文一篇　存

收入光緒《資州直隸州志》卷二二。

蔡澤臨

貢生。乾隆二十一年任簡州訓導。見咸豐《簡州志》卷四。

文一篇　存

收入咸豐《簡州志》卷一三中。

韓道高

字仰止，號栢山。乾隆三十年舉人，無意仕進，村居授徒。為珠江書院山長。年八十五卒。見嘉慶《資州直隸州志》卷一三、卷一七，光緒《資州直隸州志》卷一七。

栢山文集無卷數

見嘉慶《資州直隸州志》卷二一，光緒《資州直隸州志》卷二一，民國《資中縣續修資州志》卷九。

詩一首　存

收入嘉慶《資州直隸州志》卷二二，光緒《資州直隸州志》卷二二。

王朝贊

字賡堂，號韻泉。乾隆三十九年舉人，大挑二等，授蒼溪教諭。旋以母老乞歸，主講珠江書院。見嘉慶《資州直隸州志》卷一三，光緒《資州直隸州志》卷一八。

韻泉小草詩文一集

見光緒《資州直隸州志》卷一八。

詩八首 存

收入嘉慶《資州直隸州志》卷二二，光緒《資州直隸州志》卷二二。

周 遲

字方升，號蓮峯。乾隆四十四年舉人。年七十二卒。見嘉慶《資州直隸州志》卷一三、卷一七，光緒《資州直隸州志》卷一三、卷一七。

蓮峯文集無卷數

見嘉慶《資州直隸州志》卷二一，光緒《資州直隸州志》卷二一，民國《資中縣續修資州志》卷九。

詩三首 存

收入嘉慶《資州直隸州志》卷二二，光緒《資州直隸州志》卷二二。

文一篇 存

收入嘉慶《資州直隸州志》卷二六，光緒《資州直隸州志》卷二二。

李如蘭

字餘香。乾隆四十八年舉人。見嘉慶《資州直隸州志》卷一三、卷一七，光緒《資州直隸州志》卷一四、卷一七。

井觀文集

見嘉慶《資州直隸州志》卷二一，光緒《資州直隸州志》卷二一，民國《資中縣續修資州志》卷九。

詩一首 存

收入嘉慶《資州直隸州志》卷二二，光緒《資州直隸州志》卷二二。

顧 煥

字采臣。舉人，道光中任儀隴訓導。見同治《儀隴縣志》卷四。

文一篇 存

收入同治《儀隴縣志》卷六。

周宗洛

道光中任金堂縣訓導。見民國《資中縣續修資州志》卷七。

大中便塾集

見民國《資中縣續修資州志》卷九。

文一篇 存

收入《麓生詩文合集》卷一。

姜學漸

字澥雲。同治六年在世。見民國《丹稜縣志》卷三。

詩一首 存

收入民國《丹稜縣志》卷三。

文二篇 存

收入民國《丹稜縣志》卷三。

駱成驤（1865—1926）

字公驌。幼肄業於錦江、尊經書院，光緒十九年中舉人，二十一年成狀元，官至山西提學使。民國元年任四川省議會議長，後執教四川法政學校、成都高等師範。見《蜀詩續鈔》卷三，民國《資中縣續修資州志》卷五，《清人別集總目》頁1715。

清漪樓詩存四卷雜著一卷首一卷

見《清人別集總目》頁1715。

今存民國三十七年排印本（南圖，復

旦，川大）。

清漪樓詩存 存

今存民國三十七年鉛印本（上圖）。

清漪樓遺稿二卷 存

今存民國三十七年鉛印本（國圖）。

清漪樓詩存四卷雜著一卷 存

今存民國三十七年鉛印本（國圖，川大）。

歷科狀元策（編） 存

今存光緒間石印本（國圖）。

駱狀元會試朱卷 存

今存光緒二十二年桂林堂刻本（上圖）。

光緒癸卯恩科廣西闈墨一卷（與錢能訓合編） 存

今存光緒二十九年衡鑒堂刻本（北大）。

詩一首 存

收入《蜀詩續鈔》卷三。

廖光

字叔瑤，號蜀樵。見《北京大學圖書館古籍目錄》。

蜀樵詩鈔二卷 存

見《清人別集總目》頁2360。

今存光绪二十七年廖氏綿竹刻本（川圖）。

蜀樵詩鈔 存

見民國《資中縣續修資州志》卷九。

今存光緒二十七年資州廖氏付綿竹鄧述古齋刻本（北大）。按：以上二種疑當爲同一書。

盧壽仁

今是齋集七卷 存

見《清人別集總目》頁293。

今存民國二十三年四川盧氏成都日新印刷工業社排印本（川圖）。

今是齋集課生草附補遺 存

今存民國二十四年資中盧氏鉛印本（南大）。

饒炯

字焱之。見《新訂說文解字部首六書例讀》卷首序文。

新訂說文解字部首六書例讀一卷 存

今存民國七年四川資中聶崇義堂刻本（川大）。

新訂說文部首六書例讀 存

今存民國七年成都志古堂刻本（北大）。

許書發凡類參 存

今存民國十五年成都茹古書局刻本（國圖，北師大）。注：北師大存卷上。

文字存真 存

今存光緒三十年資州饒氏達古軒刻本（北大，川大，南大）。

文字存真十四卷 存

今存清活字本（北師大）。

（王阿陶）

資陽縣

（今四川資陽市）

羅錦褰

字天紈，號柳溪。康熙十一年拔貢生，任順慶府教授，歷仕至陝西禮縣知縣。見嘉慶《資陽縣志》卷三，咸豐《資陽縣志》卷一八，民國《南充縣志》卷八。

詩十首　存

收入嘉慶《資陽縣志》卷六。

文一篇　存

收入嘉慶《資陽縣志》卷七，咸豐《資陽縣志》卷四六。

魯洙文

字參一。康熙三十五年舉人，歷任永寧、敘永教諭。見嘉慶《直隸敘永廳志》卷四三，嘉慶《資陽縣志》卷三、卷四。

詩十一首　存

收入嘉慶《資陽縣志》卷六。

文二篇　存

收入嘉慶《直隸敘永廳志》卷四三，嘉慶《資陽縣志》卷七。

魯　銘

字西頑，洙文子。歲貢生。見嘉慶《資陽縣志》卷四。

詩八首　存

收入嘉慶《資陽縣志》卷六。

黄鳳彩

康熙五十九年舉人，任會理州學正。見嘉慶《資陽縣志》卷三。

詩一首　存

收入嘉慶《資陽縣志》卷六。

卓宏謨

乾隆三年副貢生。見嘉慶《資陽縣志》卷三。

詩一首　存

收入嘉慶《資陽縣志》卷六。

詹德懷

字少峯。貢生。雍正間以歲貢生保舉賢良方正，辭不就。見嘉慶《資州直隸州志》卷一七，嘉慶《資陽縣志》卷四。

效顰集無卷數

見咸豐《資陽縣志》卷一二。

詩八首　存

收入嘉慶《資陽縣志》卷六。

文一篇　存

收入嘉慶《資陽縣志》卷八。

詹爾庚

字元西，德懷長子。雍正七年貢生，乾隆三年中舉人，主雁江書院；十九年，任涪州學正。年八十二卒。見嘉慶《資州直隸州志》卷一三、卷一八，嘉慶《資陽縣志》卷三、卷四，咸豐《資陽縣志》卷二七。

蜀志外編

見咸豐《資陽縣志》卷一二。

文二篇　存

收入嘉慶《資陽縣志》卷八，咸豐《資陽縣志》卷四六，光緒《資州直隸州志》卷二二。

詹爾廉

字亨阤，德懷子，爾庚弟。乾隆元年舉人，八年，由福建鹽大使陞湖南寧遠知縣。年八十九歲終。見嘉慶《資陽縣志》卷三、卷四。

詩一首　存

收入嘉慶《資陽縣志》卷六。

文一篇　存

收入嘉慶《資陽縣志》卷八。

詹爾睿

拔貢生。見嘉慶《資陽縣志》卷六。

詩一首　存

收入嘉慶《資陽縣志》卷六。

王　瑱

字子充，號晚齋。曾任浦江訓導。卒年八十一。見嘉慶《資州直隸州志》卷一三，嘉慶《資陽縣志》卷三、卷四。

詩二首　存

收入嘉慶《資州直隸州志》卷二二，嘉慶《資陽縣志》卷六，咸豐《資陽縣志》卷四六，光緒《資州直隸州志》卷二二。

王世澤

字作霖。乾隆十二年舉人，任江南直隸太倉州州同。卒年七十六。見嘉慶《資陽縣志》卷三、卷四。

詩二首　存

收入嘉慶《資陽縣志》卷六。

文二篇　存

收入嘉慶《資陽縣志》卷七、卷八。

王維蘭

字香谷，世澤子。乾隆二十一年舉人。見嘉慶《資陽縣志》卷三、卷四。

詩二首　存

收入嘉慶《資陽縣志》卷六。

周文言

字易簡。由資州籍中乾隆二十一年舉人，任龍安保寧教授，推陞廣東臨高縣知縣。見嘉慶《資州直隸州志》卷一三、卷一七，咸豐《資陽縣志》卷四，光緒《資州直隸州志》卷一三、卷一七。

四書讀本通

見嘉慶《資州直隸州志》卷一七、卷二一，咸豐《資陽縣志》卷一二、卷二七，光緒《資州直隸州志》卷一七，民國《資中縣續修資州志》卷九。

雲水集

見嘉慶《資州直隸州志》卷一七、卷二一，嘉慶《四川通志》卷一八七，咸豐《資陽縣志》卷一二、卷二七，光緒《資州直隸州志》卷二一，民國《資中縣續修資州志》卷九。

詩一首　存

收入嘉慶《資州直隸州志》卷二二，光緒《資州直隸州志》卷二二。

文五篇　存

收入嘉慶《資州直隸州志》卷二四、卷二六、卷二八，光緒《資州直隸州志》卷二二，民國《資中縣續修資州志》卷九。

周祚本

文言第三子。乾隆三十年拔貢生。見嘉慶《資陽縣志》卷三、卷四。

文一篇　存

收入嘉慶《資陽縣志》卷六。

張泰亨

乾隆三十年中副榜，任陝西洋縣知縣。見嘉慶《資陽縣志》卷三、卷四。

詩二首　存

收入嘉慶《資陽縣志》卷六。

陳鳳廷

字來儀，號愚谷，一號屏山。嘉慶三年舉人，二十二年大挑二等，選新寧訓導，官至江西奉新縣知縣。年八十卒。見嘉慶《資陽縣志》卷三，咸豐《資陽縣志》卷一八、卷二五。

嘉慶《資陽縣志》八卷（宋潤等修　陳鳳廷等纂）　存

今存嘉慶二十二年刻本（川大）；抄本（川圖）。

屏山彙稿無卷數

見咸豐《資陽縣志》卷一二。

詩三首　存

收入咸豐《資陽縣志》卷四六。

文五篇　存

收入嘉慶《資陽縣志》卷八。

陳鳳苞

嘉慶九年舉人。見嘉慶《資陽縣志》卷三。

文一篇　存

收入嘉慶《資陽縣志》卷八。

馮澤遂

廩生。見嘉慶《資陽縣志》卷六。

文一篇　存

收入嘉慶《資陽縣志》卷六。

馮時揚

官知州。見嘉慶《資陽縣志》卷六。

詩五首　存

收入嘉慶《資陽縣志》卷六。

黄鳳彩

官學正。嘉慶《資陽縣志》卷六。

詩一首　存

收入嘉慶《資陽縣志》卷六。

徐騰芳

詩一首　存

收入嘉慶《資陽縣志》卷六。

張希齡

歲貢生。見嘉慶《資陽縣志》卷八。

文一篇　存

收入嘉慶《資陽縣志》卷八。

陳應櫞

字任之，自號慵庵。見咸豐《資陽縣志》卷一二。

史畧三卷

見咸豐《資陽縣志》卷一二。

李含春

號晴圃。歲貢生，村居授徒。見咸豐《資陽縣志》卷二七。

韻偶新編

見咸豐《資陽縣志》卷一二。

謝繼超

號定侯。咸豐元年，以軍功授知府。三年十二月，於上海召降劉麗川被殺。見咸豐《資陽縣志》卷二九。

壯游雜記二卷　戎行芻言一卷　審度機宜一卷　壯游詩草二卷

見咸豐《資陽縣志》卷一二。

詩一首　存

收入咸豐《資陽縣志》卷四六。

（王阿陶）

内江縣

（今四川内江市）

張明輔

字金沙，晚號古山子，一號古山先生。崇禎末，任定番牧。後棄官，往來滇黔間。見道光《内江縣志》卷二中，光緒《内江縣志》卷七。

古山子集

見嘉慶《資州直隸州志》卷二一，道光《内江縣志》卷二中，光緒《内江縣志》卷一四，光緒《資州直隸州志》卷二一，民國《内江縣志》卷九。

詩一首　存

收入光緒《内江縣志》卷一四。

張明烈

明輔弟。康熙初，以恩貢生任犍為教諭。見光緒《内江縣志》卷七。

詩一首　存

收入光緒《内江縣志》卷一四。

釋通醉（1610—1693，一作1695）

字丈雪，俗姓李，破山弟子。明崇禎八年入天童寺。順治五年登白牛山建雪居寺。康熙二年住成都昭覺寺。見嘉慶《四川通志》卷一八五，光緒《内江縣志》卷七，《蜀詩續鈔》卷八，《清人別集總目》頁2486。

昭覺丈雪醉禪師語錄十卷（釋徹綱等編）　存

嘉慶《四川通志》卷一八五，嘉慶《資州直隸州志》卷二一，同治《重修成都縣志》卷九。按：光緒《資州直隸州志》卷二一著錄作丈雪語錄無卷數。

今存康熙九年刻本（北大，川大）；清刻本（南大）。

昭覺丈雪醉禪師語錄一卷（釋徹綱等編）　存

今存光绪十四年鉛印黎庶昌輯黎氏家集本（國圖，北大）。

錦江禪燈錄十五卷

見嘉慶《四川通志》卷一八五，嘉慶《資州直隸州志》卷二一，同治《重修成都縣志》卷九，光緒《資州直隸州志》卷一四。按：民國《内江縣志》卷九著錄作錦江禪燈錄十卷。

錦江禪燈二十卷　存

今存民國十二至十四年上海商務印書館影印日本續藏經本。

錦江禪燈　存

今存一九九三年中國藏学出版社出版中國燈錄全書本；一九九八年四川大學出版社出版黔靈叢書本；一九九九年四川大學出版社出版錦江禪燈黔南燈會錄本；日本刻本（上圖）。

錦江禪燈目錄一卷　存

今存民國十二年至十四年上海商務印書館影印日本續藏經本。

語錄詩文集

見道光《新都縣志》卷九。

昭覺丈雪禪師青松集不分卷附里中行　存

見《清人別集總目》頁2486。

今存清刻本（首都）。

昭覺丈雪禪師青松集一卷里中行一卷　存

今存康熙刻本（川大）。

詩二首　存

收入同治《嘉定府志》卷四二，《蜀詩

續鈔》卷八。

釋徹綱

自署作"嗣法門人"，活動年代不詳。見《昭覺丈雪醉禪師語錄》首頁。

丈雪年譜無卷數

嘉慶《資州直隸州志》卷二一。

破山年譜

嘉慶《資州直隸州志》卷二一。

昭覺丈雪醉禪師紀年錄　存

今存清刻本（南大）。按：原題"釋徹綱等編"。

楊所修

字愛竹。明天启四年舉人，由助教歷郎署數年，官至江南鳳宿道。明末蜀亂，寓居南京。年七十五卒。見嘉慶《資州直錄州志》卷一七，道光《内江縣志》卷二下，光緒《内江縣志》卷七。

三陽詩集（與楊桐、楊化元合著）

見光緒《内江縣志》卷一四，民國《内江縣志》卷九。按前所引，詩集爲清初所著。

詩二十九首　存

收入道光《内江縣志》卷四上，同治《内江縣志》卷一四，同治《内江縣志》卷一四，光緒《内江縣志》卷一四。

文一篇　存

收入光緒《内江縣志》卷一二。

楊　栻

字孟宣，所修子。一作南江人。順治十七年舉人，次年登二甲進士，初授推官，旋改補山西汾陽知縣。見嘉慶《資州直隸州志》卷一七，道光《内江縣志》卷二上、卷二下，道光《保寧府志》卷五九，光緒《内江縣志》卷三、卷七、卷一六。

詩五首　存

收入同治《内江縣志》卷一四，光緒《内江縣志》卷一四。

文一篇　存

收入道光《保寧府志》卷五九，道光《南江縣志》卷下，光緒《内江縣志》卷一一，民國《南江縣志》第四編《藝文》。

楊　桐

所修子，栻弟。順治十七年舉人，任甘肅禮縣知縣。見道光《内江縣志》卷二下楊化元條附，光緒《内江縣志》卷三。

三陽詩集

見上楊所修條。

詩九首　存

收入道光《内江縣志》卷四，同治《内江縣志》卷一四，光緒《内江縣志》卷一四，民國《内江縣志》卷九。

楊化貞

所修孫，桐長子。崇禎十五年為庠生。康熙四十一年，與弟化元同中舉人。見道光《内江縣志》卷二下，光緒《内江縣志》卷三、卷一六。

詩四首　存

收入道光《内江縣志》卷四，同治《内江縣志》卷一四，光緒《内江縣志》卷一四，民國《内江縣志》卷九。

楊化元

字善長，所修孫，桐次子。康熙四十一年與兄化貞同中舉人。雍正間，任雲南路南州知州。見道光《内江縣志》卷二下，光緒《内江縣志》卷三、卷七、卷一六。

三陽詩集

見上楊所修條。

詩二十三首　存

收入同治《内江縣志》卷一四，光緒《内江縣志》卷一四，民國《内江縣志》卷九。

何思華

字鑑滄，明大司空起鳴孫，金滄道京子。明末，由選拔任廣西太平府通判。甲申之亂，棄官退隱於新繁二十餘年。康熙初總纂邑乘。見嘉慶《資州直錄州志》卷一七，光緒《内江縣志》卷七。

康熙《内江縣志》二卷（徐嘉霖修何思華等纂）　存

今存康熙二十五年刻本（方志聯合目錄）。

詩二首　存

收入同治《内江縣志》卷一四，光緒《内江縣志》卷一四，民國《内江縣志》卷九。

何顯祖

字爾公，思華子。由副貢中康熙三十八年經元，選授江西靖安縣令。見光緒《内江縣志》卷三、卷七。

詩二首　存

收入光緒《内江縣志》卷一四，民國《内江縣志》卷九。

吴允謙

字凝之，一字用吉，號春坪。明崇禎十年進士，官至吏科給事中。入清，補口北道，轉洮泯道。見嘉慶《資州直隸州志》卷一七，道光《内江縣志》卷二下，光緒《内江縣志》卷七。

夢尋紀事詩無卷數

見嘉慶《四川通志》卷一八七。

春坪詩文集無卷數

見嘉慶《資州直隸州志》卷二一，嘉慶《四川通志》卷一八七，光緒《資州直隸州志》卷二一。

詩二首　存

收入同治《内江縣志》卷一四，光緒《内江縣志》卷一四。

吴允震

允謙弟。順治八年舉人。見光緒《内江縣志》卷三、卷七。

詩一首　存

收入同治《内江縣志》卷一四，光緒《内江縣志》卷一四。

趙　珣

字尹孚。明末以貢士歷官雲南金滄道，入清，退隱不仕。見光緒《内江縣志》卷七。

聖水山房別集

見嘉慶《資州直隸州志》卷二一，光緒《資州直隸州志》卷二一，光緒

《内江縣志》卷一四，民國《内江縣志》卷九。

江花稿

見嘉慶《資州直隸州志》卷二一，光緒《資州直隸州志》卷二一，光緒《内江縣志》卷一四，民國《内江縣志》卷九。

偶然草

見嘉慶《資州直隸州志》卷二一，光緒《資州直隸州志》卷二一，光緒《内江縣志》卷一四，民國《内江縣志》卷九。

詩二首　存

收入同治《内江縣志》卷一四，光緒《内江縣志》卷一四，民國《内江縣志》卷九。

王于蕃

字擠四。順治八年舉人，官蘇州府推官。見光緒《内江縣志》卷三。

詩三首　存

收入同治《内江縣志》卷一四，光緒《内江縣志》卷一四。

王于宣

順治十四年舉人，曾任廣東三水令。見光緒《内江縣志》卷三。

詩一首　存

收入同治《内江縣志》卷一四，光緒《内江縣志》卷一四。

黄開運

字天文。順治十四年舉人，次年成進士，任貴州天柱縣令、定州知州，陞刑部郎中。見道光《内江縣志》卷二上、卷二下，光緒《内江縣志》卷三、卷七。

詩二首　存

收入同治《内江縣志》卷一四，光緒《内江縣志》卷一四。

吴嵩

字中山。順治十四年舉人，康熙三年成進士，官瀘溪知縣。見道光《内江縣志》卷二上，光緒《内江縣志》卷三。

詩二首　存

收入同治《内江縣志》卷一四，光緒《内江縣志》卷一四。

楊注

字東之。順治十七年舉人，任山西成縣知縣。見光緒《内江縣志》卷七。

詩一首　存

收入同治《内江縣志》卷一四，光緒《内江縣志》卷一四。

李芬

字占斗。康熙中恩貢生。年七十五卒。見光緒《内江縣志》卷四、卷七。

李氏家訓

見光緒《内江縣志》卷一四，民國《内江縣志》卷九。

楊楠

康熙二年舉人，任廣東陵水知縣。見光緒《内江縣志》卷三。

詩四首　存

見同治《内江縣志》卷一四，光緒《内江縣志》卷一四。

王　儻

字磊人。康熙十一年舉人，任瀘溪知縣。見光緒《内江縣志》卷三。

詩二首　存

收入同治《内江縣志》卷一四，光緒《内江縣志》卷一四。

喻宏林

字西園。康熙三十八年舉人，任江南六合縣知縣。見光緒《内江縣志》卷三、卷七。

詩三首　存

收入同治《内江縣志》卷一四，光緒《内江縣志》卷一四。

喻宏猷

宏林弟。雍正元年舉人，官山東沂州府同知。見光緒《内江縣志》卷三、卷七。

詩二首　存

收入同治《内江縣志》卷一四，光緒《内江縣志》卷一四。

祝天錫

康熙三十八年舉人，不仕，卒。見光緒《内江縣志》卷七，《蜀詩續鈔》卷一。

詩八首　存

收入光緒《内江縣志》卷一四，《蜀詩續鈔》卷一。

吴芳齡

康熙五十三年舉人，官至知州。見光緒《内江縣志》卷三。

詩二首　存

收入同治《内江縣志》卷一四，光緒《内江縣志》卷一四。

張祖詠

字又益。僑寓巢湖。見嘉慶《四川通志》卷一八七，《全蜀詩鈔》卷四。

張又益詩一卷　存

見《清人别集總目》頁1169。按：嘉慶《資州直隸州志》卷二一、嘉慶《四川通志》卷一八七、光緒《資州直隸州志》卷二一著錄作枕江堂選刻詩鈔無卷數。

今存康熙福清魏氏枕江堂刻魏憲輯皇清百名家詩抄本（叢書綜錄，南圖，日本人文）。

枕江堂詩鈔

見《全蜀詩鈔》卷四。

詩八首　存

收入《全蜀詩鈔》卷四。

姜錫嘏（1726—1809）

字爾常，號松亭。乾隆二十四年舉人，次年成進士，選庶吉士，補禮部主事。掌樂至縣書院十餘年，繼掌錦江書院十六年。嘉慶十四年卒，年八十四。見嘉慶《資州直隸州志》卷一七，嘉慶《華陽縣志》卷三五，嘉慶《南充縣志》卷三，道光《内江縣志》卷二下，光緒《内江縣志》卷三、卷七。

四書解義　姜氏家譜

見嘉慶《資州直隸州志》卷一七，光緒《内江縣志》卷一四，民國《内江縣志》卷九。

姜松亭詩鈔　存

按：嘉慶《資州直隸州志》卷二一、光緒《資州直隸州志》卷二一錄作松亭詩集無卷數。

今存漢州張氏抄本（上圖）。

松亭詩文集四卷

見嘉慶《華陽縣志》卷四〇。

皇華詩草

見道光《内江縣志》卷二。按：《清詩匯》卷八九錄作皇華詩鈔。

姜太史詩稿

見光緒《内江縣志》卷一四，民國《内江縣志》卷九。

詩十首　存

收入嘉慶《華陽縣志》卷三九，《清詩匯》卷八九，《全蜀詩鈔》卷一三。

文二篇　存

收入嘉慶《漢州志》卷三五，道光《内江縣志》卷四上，光緒《内江縣志》卷一，民國《内江縣志》卷一二。

馬　炌

乾隆間庠生。見光緒《内江縣志》卷一四。

文一篇　存

收入光緒《内江縣志》卷一四。

談中經

字序五。乾隆二十一年舉人，授鹽源縣教諭，升夔州府教授，官至翰林院侍詔。年六十五卒。見嘉慶《資州直隸州志》卷一八，道光《内江縣志》卷二下，光緒《内江縣志》卷七。

墨耕堂文集無卷數

見嘉慶《資州直隸州志》卷二一，嘉慶《四川通志》卷一八七，光緒《内江縣志》卷一四，光緒《資州直隸州志》卷二一，民國《内江縣志》卷九。

詩一首　存

收入同治《内江縣志》卷一四，光緒《内江縣志》卷一四。

談　熊

名一作雄，字渭甫，中經第三子。乾隆五十一年舉人，歷任羅江教諭、夔州府教授。見光緒《内江縣志》卷七。

廣業堂文稿

見光緒《内江縣志》卷一四，民國《内江縣志》卷九。

文一篇　存

收入同治《内江縣志》卷一三，光緒《内江縣志》卷一三，民國《内江縣志》卷一一。

劉政煥

字雲章，號温泉。子一衡，中乾隆四十二年舉人。見光緒《内江縣志》卷九。

巴人曲詩稿

見光緒《内江縣志》卷九、卷一四，民國《内江縣志》卷九。

王者瑞

字鳳儀。乾隆四十五年舉人，次

年會試，賜内閣中書。年八十餘卒。見道光《内江縣志》卷二下，光緒《内江縣志》卷三、卷七。

文二篇　存

收入道光《内江縣志》卷四上，光緒《内江縣志》卷一四。

劉漢健

字麗乾。乾隆三十六年舉人，任山西河東鹽課大使。年六十八卒。見光緒《内江縣志》卷三、卷七。

東崖文稿

見道光《内江縣志》卷二下，光緒《内江縣志》卷一四，民國《内江縣志》卷九。

劉漢廷

字彤原。增生。見光緒《内江縣志》卷七。

四書講義　彤原文稿

見光緒《内江縣志》卷一四，民國《内江縣志》卷九。

劉一衡

字平甫，號環溪。乾隆四十二年舉人，任隆昌縣訓導，選甘肅正寧縣知縣，改眉州學正。見光緒《内江縣志》卷三、卷七、卷九。

咸豐《内江縣志》十五卷首一卷（張搢等修　劉一衡等纂　許延祜續修　黄德仁續纂）　存

今存嘉慶四年修咸豐八年續修刻本（方志聯合目録）。

環溪文稿　劉學正詩集　劉學正詞抄

見光緒《内江縣志》卷一四，民國《内江縣志》卷九。

文二篇　存

收入同治《隆昌縣志》卷三六，同治《内江縣志》卷一三，光緒《内江縣志》卷一三，民國《内江縣志》卷一〇。

艾榮松

字春巖。乾隆四十四年舉人，歷任江蘇碭山、奉賢縣令。見光緒《内江縣志》卷三、卷七。

文一篇　存

收入同治《内江縣志》卷一三，光緒《内江縣志》卷一三，民國《内江縣志》卷一一。

王　濤

乾隆間舉人，歷任崇慶學正、梓潼訓導。見光緒《增修崇慶州志》卷六。

詩一首　存

收入咸豐《重修梓潼縣志》卷六。

易含章

號静莽。嘉慶五年舉人，十年成進士，二十一年補江蘇溧陽知縣。見道光《内江縣志》卷二上，光緒《内江縣志》卷三、卷七。

讀易偶得　河圖管見　卦圖管見　太極圖説　四書臆説　學庸方圓圖　讀史隨筆　易氏家乘　硯田瑣悟　易太令詩集

見光緒《内江縣志》卷一四，民國《内江縣志》卷九。

艾鷺琮

號樂村，一名宗駿。嘉慶六年拔貢生，任浦江教諭。見光緒《内江縣志》卷七、卷一四，民國《内江縣志》卷九。

樂村詩稿四卷

見光緒《内江縣志》卷一四，民國《内江縣志》卷九。

詩九首　存

收入同治《内江縣志》卷一四，光緒《内江縣志》卷一四。

王　果 (1765—1846)

字希仲，一字退齋。嘉慶七年進士，十七年知臨漳縣，官至武定府知府。道光二十六年卒，年八十二。見道光《内江縣志》卷二上，光緒《内江縣志》卷三、卷七。

學庸講義無卷數

見民國《渠縣志》卷六。

道光《内江縣志要》四卷　存

今存道光十四年修二十五年續修刻本（方志聯合目錄）；光緒十三年補刻本（方志聯合目錄）。注：據明崇禎雷應乾修縣志抄本纂輯。

王氏世譜

見光緒《内江縣志》卷七。

眼科輯要

見民國《渠縣志》卷六。

管窺錄　課孫草　春鳴集　盤峪山房存稿

見光緒《内江縣志》卷七、卷一四。

唐宋詩纂便讀六卷

見同治《渠縣志》卷四六，民國《渠縣志》卷六。

詩一首　存

收入光緒《内江縣志》卷一四，民國《内江縣志》卷九。

文二十二篇　存

收入道光《内江縣志》卷一、卷四下，同治《内江縣志》卷一〇、卷一三，光緒《内江縣志》卷一三、卷一四，光緒《洪雅縣志》卷六，民國《内江縣志》卷一一。

門　朱

字象南。年六十成歲貢生，嘉慶二十三年，恩賜為舉人。見光緒《内江縣志》卷三、卷七，民國《内江縣志》卷九。

集古今秘書三十餘卷　訓後寶錄二卷

見光緒《内江縣志》卷一四，民國《内江縣志》卷九。

王　濬

貢生。見嘉慶《四川通志》卷一八七。

強恕堂稿無卷數

見嘉慶《四川通志》卷一八七，嘉慶《資州直隸州志》卷二二，光緒《資州直隸州志》卷二一。

冷時中

字心汾，號悔庵。見嘉慶《四川通志》卷一八七。

石鼓吟一卷　雪椀詩集無卷數

見嘉慶《四川通志》卷一八七，嘉慶《資州直隸州志》卷二一，光緒《資州直隸州志》卷二一。

爛柯山志無卷數

見嘉慶《資州直隸州志》卷二一，光緒《資州直隸州志》卷二一。

劉景伯

字達夫，號石溪。道光二年舉人，任新都縣教諭，官至臨朐縣知縣。見道光《內江縣志》卷一，光緒《內江縣志》卷三，卷七，《蜀詩續鈔》卷五，民國《內江縣志》卷九。

枕經堂雜著二卷　存

見《清人別集總目》頁549。

今存清刻本（國圖）。

春秋釋疑　枕經堂文集

見光緒《內江縣志》卷一四，《蜀詩續鈔》卷五，民國《內江縣志》卷九。

春秋析疑二十卷　存

按：光緒《內江縣志》卷七未著卷數。

今存光緒三十一年時來書屋刻本（南大）。

春秋提綱十卷　存

今存時來書屋刻本（南大）。

蜀龜鑑首　存

今存一九九八年北京出版社出版四庫未收書輯刊本。

蜀龜鑑七卷首一卷　存

見光緒《內江縣志》卷一四，民國《內江縣志》卷九。

今存咸豐八年刻本（北師大，南大）；宣統三年刻本（國圖）；四庫未收書輯刊刻本。

蜀龜鑒　存

見《蜀詩續鈔》卷五。

今存咸豐四年刻本（上圖）；宣統三年內江裴氏刻本（上圖）。

詩三首　存

收入《蜀詩續鈔》卷五。

文二篇　存

收入《候蟲吟草》卷首，光緒《內江縣志》卷一四，民國《內江縣志》卷一一。

劉景叔

字鍾連，一作鍾蓮，號溢江，景伯弟。道光二年舉人，任山東膠城縣知縣。見《及見詩續鈔》卷一，《蜀詩續鈔》卷五。

詩二十二首　存

收入《及見詩續鈔》卷一，《蜀詩續鈔》卷五。

李春暄（？—1854）

字寅庵。道光三年進士，初任廣東陽山縣知縣，後官至常德府同知。咸豐四年，城陷被傷身死。見道光《內江縣志》卷二上、卷七。

步月山房文集

見光緒《內江縣志》卷一四，民國《內江縣志》卷九。

文一篇　存

收入同治《隆昌縣志》卷三六。

熊　飛

字默生。道光十一年舉人。見光緒《內江縣志》卷三、卷七。

詩三首　存

收入光緒《內江縣志》卷一四，民國《內江縣志》卷九。

晏思塏

道光十二年舉人，任安徽旌德縣

令。見光緒《内江縣志》卷三、卷四。

詩三首　存

收入光緒《内江縣志》卷一四，民國《内江縣志》卷九。

李挺芳

道光十八年進士，歷任山西文水、山東曲阜知縣。見道光《内江縣志》卷二上，光緒《内江縣志》卷七。

文一篇　存

收入同治《内江縣志》卷一三，民國《内江縣志》卷一一。

張德元

道光二十四年解元。見道光《内江縣志》卷二上。

文二篇　存

收入同治《内江縣志》卷一四，光緒《内江縣志》卷一四，民國《内江縣志》卷一一。

陳　經

詩一首　存

收入道光《内江縣志》卷四。

劉　稈

字太古。舉人，咸豐四年任崇慶學正。見光緒《增修崇慶州志》卷六、卷一〇，民國《崇慶縣志》附《江原文徵・吟詠縣事之詩》。

詩一首　存

收入光緒《增修崇慶州志》卷一〇，民國《崇慶縣志》附《江原文徵・吟詠縣事之詩》。

文一篇　存

收入光緒《增修崇慶州志》卷一〇。

晏思洛

同治九年進士，任會理州訓導。見光緒《内江縣志》卷一四，同治《内江縣志》卷一四，民國《内江縣志》卷一一。

詩一首　存

收入民國《内江縣志》卷九。

文一篇　存

收入光緒《内江縣志》卷一四，同治《内江縣志》卷一四，民國《内江縣志》卷一一。

楊化亨

詩一首　存

收入同治《内江縣志》卷一四，光緒《内江縣志》卷一四。

黄　覺

文二篇　存

收入同治《内江縣志》卷一四，光緒《内江縣志》卷一四，民國《内江縣志》卷一一。

鄒嶧賢

舉人。見同治《隆昌縣志》卷三六。

文三篇　存

收入同治《内江縣志》卷一三，同治《隆昌縣志》卷三六，光緒《内江縣志》卷一三，民國《内江縣志》卷一一、卷一二。

釋通發

字師遠。見《全蜀詩鈔》卷六三。

山居草

見《全蜀詩鈔》卷六三。

詩一首 存

收入《全蜀詩鈔》卷六三。

謝聯輝

光緒十四年舉人。見光緒《內江縣志》卷四。

文三篇 存

收入光緒《內江縣志》卷一四，民國《內江縣志》卷一二。

曾慶昌

光緒十九年舉人。見光緒《內江縣志》卷四。

汲冢逸書增注　古文尚書非僞辨　鑑前確記　史記引左違異考　歷史統編　宋元交兵表　古姓氏録　曾氏史録

見民國《內江縣志》卷九。

經擬四卷　曾子集注補釋四卷　曾子集語四卷　曾子世家一卷　曾子年譜一卷　穆天子傳增注四卷　平定教逆月表　教逆始末列傳二卷

見光緒《內江縣志》卷一四，民國《內江縣志》卷九。

次春秋二卷

見光緒《內江縣志》卷一四。

史擬八卷

見光緒《內江縣志》卷一四。按：民國《內江縣志》卷九未著卷數。

光緒《內江縣志》十六卷（彭泰士修　曾慶昌　朱襄虞等纂）　存

今存光緒三十一年刻本（方志聯合目録）；民國三年增刻本（方志聯合目録，國圖），民國十四年刻本（上圖）；抄本（川圖）。

光緒《內江縣志》十二卷（曾慶昌纂修）　存

今存光緒三十一年刻本（南大）。

宣統《內江縣志》八卷（彭泰士修　曾慶昌　朱襄虞等纂）　存

今存宣統三年修民國三十四年石印本（方志聯合目録，國圖，川大）。

民國《內江縣志》十二卷（曾慶昌纂修）　存

今存民國十四年刻本（方志聯合目録）。按：據卷首序，此本爲光緒三十一年本之重刊本。

民國《內江縣志》十二卷（曾慶昌纂修）　存

今存民國十四年刻本（方志聯合目録）。

民國《內江縣志》八卷（曾慶昌原本　易元明修　朱壽朋　伍應奎纂）　存

今存民國三十四年石印本（方志聯合目録）。

子擬

見光緒《內江縣志》卷一四，民國《內江縣志》卷九。

農家要略

見民國《內江縣志》卷九。

集擬二卷

見光緒《內江縣志》卷一四，民國《內江縣志》卷九。

竹谷詩文各種集十卷

見光緒《內江縣志》卷一四，民國《內江縣志》卷九。

詩六首　存

收入光緒《內江縣志》卷一四，民國《內江縣志》卷九。

文十篇　存

收入光緒《内江縣志》卷一四，民國《内江縣志》卷一一、卷一二。

吳　禮

字野人。貢生。見《蜀詩續鈔》卷三。

詩一首　存

收入《蜀詩續鈔》卷三。

熊世聰

字玉坡。見光緒《岳池縣志》卷一七。

文一篇　存

收入光緒《岳池縣志》卷一七。

艾廷聯

貢生。見光緒《内江縣志》卷一四。

易義串講

見光緒《内江縣志》卷一四。

謝澤蒸

文一篇　存

收入民國《内江縣志》卷一二。

楊　嶅

曾任學正。見光緒《内江縣志》卷一四。

詩一首　存

收入光緒《内江縣志》卷一四。

段大章

官翰林院編修。見光緒《内江縣志》卷一四，民國《内江縣志》卷九。

詩一首　存

收入光緒《内江縣志》卷一四，民國《内江縣志》卷九。

段錦章

歲貢生。見光緒《内江縣志》卷一四。

詩九首　存

收入光緒《内江縣志》卷一四。

高　信

醫學捷要

見光緒《内江縣志》卷一四，民國《内江縣志》卷九。

顧文曜

字如圃。曾任縣令。見光緒《内江縣志》卷一四。

詩一首　存

收入光緒《内江縣志》卷一四。

黄德仁

字樂山。歲貢生，註詮訓導，主講邑漢安、華萼兩書院十九年。年九十三卒。見光緒《内江縣志》卷七，民國《内江縣志》卷九。

周易集要　中庸串講　經史條辨

見光緒《内江縣志》卷一四，民國《内江縣志》卷九。

藍景川

字希洛，自號日帶溪痴叟。布衣，年九十一卒。見光緒《內江縣志》卷九。

半村詩稿無卷數

見嘉慶《四川通志》卷一八七，嘉慶《資州直隸州志》卷二一，光緒《資州直隸州志》卷二一。按：光緒《內江縣志》卷一四、民國《內江縣志》卷九著錄作牛村詩稿，當誤。

李乃亨

庠生。見光緒《內江縣志》卷一四，民國《內江縣志》卷九。

老吟集

見光緒《內江縣志》卷一四，民國《內江縣志》卷九。

周學濂

廩生。見光緒《內江縣志》卷一四，民國《內江縣志》卷九。

詩一首　存

收入光緒《內江縣志》卷一四，民國《內江縣志》卷九。

王　制

文一篇　存

收入民國《內江縣志》卷一二。

劉師亮（1874—1939）

原名芹豐。民國十八年創《師亮隨刊》。見《清人別集總目》頁524。

民國《襄陵縣新志》二十四卷（李世祐修劉師亮纂）　存

今存民國十二年刻本（方志聯合目錄）。

師亮諧稿　存

見《清人別集總目》頁524。

今存民國十七年鉛印本（國圖，北師大）；民國十九年石印本（上圖）。

師亮詩草初集一卷　存

見《清人別集總目》頁524。

今存民國二十年成都文華印刷館排印本（國圖，川圖）。

師亮竹枝詞

見《清人別集總目》頁524。

今存民國成都師亮出版社排印本（川圖）。

漢流全史　存

今存民國三十六年重慶金誠書局刻本（上圖）。

羅世勛（？—1943）

號偉章。曾參與謀炸載灃、袁世凱、良弼，兩次入獄，民國五年出獄後從事實業。見《清人別集總目》頁1398。

逸園集四卷　存

見《清人別集總目》頁1398。

今存民國九年灌縣導江精舍排印本（川圖）。

（王阿陶）

仁壽縣

（今四川仁壽縣）

江子洙 (1715—?)

字汶陽，號魯齋。乾隆三年舉人，任湖南邵陽縣知縣。見光緒《補纂仁壽縣原志》卷三、卷五。

文三篇 存

收入道光《仁壽縣新志》卷六，光緒《補纂仁壽縣原志》卷二、卷三。

游文璿

字衡玉，號政庵。後置業簡西，遂入籍簡州。乾隆十八年拔貢生，二十一年中舉人。主簡州鼇峯書院十餘年。乾隆五十四年授鄰水縣教諭。見嘉慶《補纂仁壽縣志》卷三，道光《仁壽縣新志》卷四，光緒《補纂仁壽縣原志》卷五，民國《簡陽縣志》卷一三。

逸齋存草二卷

見民國《簡陽縣志》卷二〇，道光《仁壽縣新志》卷四，光緒《補纂仁壽縣原志》卷五。

文二篇 存

收入嘉慶《仁壽縣志》卷三，道光《仁壽縣新志》卷六、卷七，同治《仁壽縣志》卷五、卷一四，光緒《補纂仁壽縣原志》卷三，民國《簡陽縣志》附《詩文存續》卷下。

郭道藩

號靈溪。乾隆五十一年舉人，選渠縣教諭，歷任茂州學正、雅州府教授，擢升江西吉水縣知縣。告歸，主講鼇峯書院數年。年八十四卒。見同治《仁壽縣志》卷七、卷八。

靈溪文集

見同治《仁壽縣志》卷一一。按：同書卷八小傳謂其有“古文辭數卷”，當指此集。

文一篇 存

收入道光《仁壽縣新志》卷六，同治《仁壽縣志》卷一三。

羅成章 (1760—1845)

字闇亭，熊敬修弟子。入籍簡州。乾隆五十一年中舉人，由珙縣教諭升綏定府教授。後掌雁江、陽安、珙邑書院凡六十年。道光二十五年卒，年八十六。見同治《仁壽縣志》卷七、卷八，民國《簡陽縣志》卷一〇。

詩二首 存

收入乾隆《簡州志》卷七，同治《仁壽縣志》卷一，光緒《補纂仁壽縣原志》卷二，民國《簡陽縣志》附《詩文存續》卷上。

文六篇 存

收入同治《仁壽縣志》卷八、卷九，民國《簡陽縣志》卷四、卷一一、附《詩文存》卷六、《詩文存續》卷下，民國《簡陽縣續志》卷一。

鄢邁臯

號鶴亭。乾隆五十七年舉人，官廬山教諭。見同治《仁壽縣志》卷七、卷八。

文二篇 存

收入道光《仁壽縣新志》卷七，光緒

《補纂仁壽縣原志》卷五。

汪天懷

乾隆五十三年舉人。見光緒《補纂仁壽縣原志》卷三。

詩二首　存

收入同治《仁壽縣志》卷一三。

文一篇　存

收入道光《仁壽縣新志》卷七。

劉青選

乾隆五十九年舉人，官綏定府訓導。道光《仁壽縣新志》卷三。

文二篇　存

收入道光《仁壽縣新志》卷七，同治《仁壽縣志》卷八。

李翠華

號龍溪。嘉慶五年舉人，年七十六卒。見同治《仁壽縣志》卷七、卷九。

家訓數十則

見同治《仁壽縣志》卷九。

李氏族譜

見同治《仁壽縣志》卷九。

劉錫申

字晉三，號藝圃。嘉慶六年拔貢生，授戶部七品京官，遷主事，升江南司員外郎、陝西司郎中。見同治《仁壽縣志》卷八，《全蜀詩鈔》卷三三。

秋蟀吟二卷　綠雲山館詩鈔二卷

見同治《仁壽縣志》卷一一。

詩一百四十八首　存

收入同治《仁壽縣志》卷一、卷一二、卷一五，《全蜀詩鈔》卷三三。

夏　健

號靈川。嘉慶二十一年舉人，挑授南充縣訓導。劉天祿、閻希哲、杜毓英、謝階均受業門下，先後開學四十年。年七十九卒。見同治《仁壽縣志》卷七、卷八。

詩一首　存

收入同治《仁壽縣志》卷一。

李含芳

號華峯。嘉慶二十三年舉人，大挑二等，任通江縣教諭。年七十八卒。見同治《仁壽縣志》卷七、卷八。

詩二首　存

收入同治《仁壽縣志》卷一二、卷一三。

文二篇　存

收入同治《仁壽縣志》卷八、卷一二。

辜訓鼎

嘉慶二十四年舉人。見道光《仁壽縣新志》卷三。

文一篇　存

收入道光《仁壽縣新志》卷六。

陳文衡

字持平。歲貢生。見同治《仁壽縣志》卷七、卷八。

詩一首　存

收入同治《仁壽縣志》卷一二。

劉遵德

字玉成。歲貢生，官大足訓導。見道光《仁壽縣新志》卷四。

壽世新編　息訟歌

見道光《仁壽縣新志》卷四。

遼豕篇二卷　呵風集二卷　慵齋記二卷　雜筆記四卷　署雜集四　半負書四卷　淡墨雜卯金祠二卷　笑笑篇二卷

見同治《仁壽縣志》卷一一。

詩四首　存

收入同治《仁壽縣志》卷一五。

鄭來儀

歲貢生。辭父以來經營之鹽務，開館授徒，官西充縣訓導。年七十九卒。見同治《仁壽縣志》卷九。

東溪詩稿

見同治《仁壽縣志》卷九。

林春華

號桂橋。入華陽學籍，肄業錦江書院。道光五年中舉人，不應挑選，卒年八十二。見同治《仁壽縣志》卷七、卷九，光緒《補纂仁壽縣原志》卷三、卷末，民國《華陽縣志》卷一六附《科第表二》。

文二篇　存

收入同治《仁壽縣志》卷一二。

黄　牟

號字橋。廪生，年三十餘卒。見同治《仁壽縣志》卷八。

字橋文集一卷

見同治《仁壽縣志》卷一一。

文九篇　存

收入同治《仁壽縣志》卷一二、卷一三、卷一四。

楊應達

字覺齋。道光五年恩貢生。見同治《仁壽縣志》卷七、卷八。

柘園詩草四卷

見同治《仁壽縣志》卷一一。

詩十八首　存

收入同治《仁壽縣志》卷一、卷一二。

楊應珊

號海光。處士。卒年五十六。見同治《仁壽縣志》卷九。

楊氏宗譜

見同治《仁壽縣志》卷九。

吴省三

號海山。一作簡州人。道光間歲貢生。年七十六卒。同治《仁壽縣志》卷八，民國《簡陽縣志》卷一七。

易象巵言一卷　海山詩集六卷　海山文集三卷

見同治《仁壽縣志》卷一一。

詩一百三十九首　存

收入同治《仁壽縣志》卷八、卷九、卷一二，民國《簡陽縣續志》附《詩文存又續》卷上。

文二篇　存

收入同治《仁壽縣志》卷八、卷九。

金伯綸

號鳳岡。監生。卒年五十歲。見

同治《仁壽縣志》卷八。

鳳岡詩草

見同治《仁壽縣志》卷八。

詩三首 存

收入同治《仁壽縣志》卷一二。

梁 熙

號篠樓。道光十五年進士，官刑部主事，遷郎中，任福建興化府知府。年五十八歲卒於蘇州。見同治《仁壽縣志》卷七、卷八，《蜀詩續鈔》卷一。

詩二首 存

收入《蜀詩續鈔》卷一。

馬凡若

道光二十四年恩科舉人，官慶符縣訓導。見同治《仁壽縣志》卷七。

同治《仁壽縣志》十五卷首一卷（羅廷權等修 馬凡若纂） 存

今存同治五年刻本（方志聯合目錄）。

詩六首 存

收入同治《仁壽縣志》卷一三、卷一五。

文五篇 存

收入同治《仁壽縣志》卷一三、卷一四。

周文昭

號曉亭。道光三十年進士，官山東惠民縣知縣。年五十九卒。見同治《仁壽縣志》卷七、卷八。

文一篇 存

收入同治《仁壽縣志》卷一二。

夏 簡（？—1859）

號蘊山。授徒貴平、淨林、龍江三寺二十餘年。咸豐九年卒。見同治《仁壽縣志》卷八。

東山詩集

見同治《仁壽縣志》卷八。

綠川詩集

見同治《仁壽縣志》卷八。

詩四十九首 存

收入同治《仁壽縣志》卷一二、卷一三。

吳 壎

號坤坪。貢生。見同治《仁壽縣志》卷八。

詩二首 存

收入同治《仁寿縣志》卷九。

李洪元

字懋仁。太學生。見道光《仁壽縣新志》卷四。

文一篇 存

收入道光《仁壽縣新志》卷七。

程佩箴

咸豐八年舉人，官敘永訓導。見光緒《補纂仁壽縣原志》卷三。

詩三首 存

收入同治《仁壽縣志》卷一，光緒《續修敘永永寧廳縣合志》卷五〇。

劉天祿

號丙齋。歲貢生。卒年六十四。

見同治《仁壽縣志》卷九。

文二篇 存

收入同治《仁壽縣志》卷一二。

陳韶翕

號韻翁。同治元年恩貢生。卒年五十。見同治《仁壽縣志》卷七、卷八。

韻翁詩草六卷

見同治《仁壽縣志》卷一一。

詩三十四首 存

收入同治《仁壽縣志》卷一、卷二、卷一二、卷一三。

陳韶湘

字蓮叔。廩生，舉孝廉方正，候選訓導。見同治《仁壽縣志》卷七，光緒《補纂仁壽縣原志》卷首。

光緒《補纂仁壽縣原志》六卷末一卷（翁植 楊作霖等修 陳韶湘纂） 存

今存光緒七年補纂刻本（方志聯合目錄）。

陳氏家藏哥曇詩草（又名可曇詩草）二卷 存

今存民國二十六年鉛字排印本（川大）。

陳氏宗谱一卷 存

今存民國十一年石印本（川圖）。

雨帆詩草

見《全蜀詩鈔》卷五六。

詩六首 存

收入《全蜀詩鈔》卷五六。

鄭彬倫

號雨山。入簡州學籍，諸生。卒年八十。見同治《仁壽縣志》卷八。

祀祖禮儀一卷

見同治《仁壽縣志》卷八。

雨山吟草一卷

見同治《仁壽縣志》卷一一。

詩三首 存

收入同治《仁壽縣志》卷一。

文七篇 存

收入同治《仁壽縣志》卷一二。

彭照南

號霞亭。貢生。見同治《仁壽縣志》卷八。

詩一首 存

收入同治《仁壽縣志》卷九。

辜炳恒

號南邨。監生。卒年五十六。見同治《仁壽縣志》卷八。

南邨詩 古文辭四集

見同治《仁壽縣志》卷八。

詩一首 存

收入同治《仁壽縣志》卷一二。

文一篇 存

收入同治《仁壽縣志》卷一四。

陳楚湘

字鏡湖。廩生。見《全蜀詩鈔》卷五五。

詩一首 存

收入《全蜀詩鈔》卷五五。

毛 澂

字叔雲，一作菽畇，一名席豐。

日本高等工業學校畢業，獎授工科舉人，光緒六年進士，改庶吉士，授滕縣知縣。民國時任造幣廠長。見《清詩匯》卷一七二，民國《簡陽縣志》卷七、卷一七、附《詩文存》卷三。

稺澥詩集七卷　存

見《清詩匯》卷一七二。

今存民國六年鉛印本（國圖）；民國六年京師刊本（川大）。

詩一首　存

收入民國《簡陽縣志》附《詩文存》卷三。

文一篇　存

收入民國《簡陽縣志》卷七。

鄭靖節

監生。見光緒《補纂仁壽縣原志》卷末。

詩一首　存

收入光緒《補纂仁壽縣原志》卷末。

（吴諾曼）

井研縣

（今四川井研縣）

胡世安（？—1663）

字菊潭，號處靜。明崇禎元年進士，官詹事府少詹事。入清，官至秘書院大學士，加少師兼太子太師。見嘉慶《資州直隸州志》卷一六，光緒《資州直隸州志》卷一六，光緒《井研志》卷二〇、卷三二。《清史稿》卷二三八有傳。

胡氏六種二十四卷　存

今存明刻本（北師大）。

大易則通十五卷閏一卷　存

見嘉慶《四川通志》卷一八三，嘉慶《資州直隸州志》卷二二，光緒《資州直隸州志》卷二一，光緒《井研志》卷一一。

今存順治間刻本（國圖）；康熙間胡蔚先刻本（北大）；一九九五上海古籍出版社影印本；一九九七年齊魯書社出版四庫全書存目叢書本。

易史八卷　存

見嘉慶《四川通志》卷一八三，嘉慶《資州直隸州志》卷二二，光緒《資州直隸州志》卷二一，光緒《井研志》卷一一。

今存順治十八年刻本（北大）。

夢易　原易

見光緒《井研志》卷一一。

華胥逸史　入蜀記一卷　登峩山道里紀一卷　再北征記一卷

見光緒《井研志》卷一三。

多識續詮　南軒隨筆　研北文通　範驅餘剳　寒友編　雋規

見光緒《井研志》卷一四。

峨眉山志十八卷（曹熙衡編輯　胡世安纂修）　存

今存康熙四十一年刻本（北大）。

譯峨籟彙錄續刻一卷　存

今存清初刻本（國圖）。

譯峨籟彙錄一卷　存

今存清初刻本（國圖）。

譯峨籟　存

見嘉慶《資州直隸州志》卷二二，嘉慶《四川通志》卷一八四，同治《嘉定府志》四六，光緒《資州直隸州志》卷二一。按：光緒《井研志》卷一三著錄作譯峨籟一卷續集一卷。

今存一九八八年樂山編史修誌辦公室編樂山史志資料叢書本。

禊帖綜聞　存

今存清抄本（上圖）。

禊帖綜聞十五卷　存

按：嘉慶《四川通志》卷一八四、嘉慶《資州直隸州志》卷二二、光緒《資州直隸州志》卷二一、光緒《井研志》卷一三著錄作禊帖綜聞一卷。

今存清初刻本（南圖）；四庫全書存目叢書本。

操縵錄十卷　存

見嘉慶《四川通志》卷一八五，光緒《井研志》卷一四。按：嘉慶《資州直隸州志》卷二二、光緒《資州直隸州志》卷二一作十四卷。

今存順治刻秀巖集本（中科院）；四庫全書存目叢書本。

異魚圖贊箋四卷　存

見嘉慶《資州直隸州志》卷二二，光緒《資州直隸州志》卷二一，光緒《井研志》卷一四。

今存清抄本（上圖）；四庫全書本。

異魚圖贊補三卷閏集一卷　存

見嘉慶《四川通志》卷一八五，嘉慶《資州直隸州志》卷二二，光緒《資州直隸州志》卷二一，光緒《井研志》卷一四。

今存四庫全書本；函海（乾隆本、道光本）本（叢書綜錄）；函海（光緒本）本（叢書綜錄）；叢書集成初編本；一九八六年北京中國書店掃描油印本。

異魚圖贊補　存

今存一九九九年華夏出版社中國本草全書本。

龍乘十六卷　存

按：光緒《井研志》卷一四錄作一卷。

今存崇禎十一年仙井胡氏刻本（北大）；二〇〇三年北京商務印書館、廣西師範大學出版社影印本。

文房十二友十六卷　存

今存二〇〇三年北京商務印書館、廣西師範大學出版社影印本。

樊子二卷（唐・樊宗師撰　胡世安輯注）存

光緒《井研志》卷一五錄作樊子句解一卷。

今存民國九年紹興樊氏抄本（上圖）；民國十年紹興樊鎮綿絳書屋刻本（國圖）；樊諫議集七家注本（叢書綜錄）。

衍嚽語五卷　存

見《清人別集總目》頁 1581。按：光緒《井研志》卷一四未著卷数。

今存順治十一年序刻本（日本人文）。

秀巖集三十一卷附衍嚽語四卷　存

見《清人別集總目》頁 1581。

今存順治十一年刻本（中科院）。

秀巖集三十一卷　存

見嘉慶《四川通志》卷一八七，光緒《井研志》卷一五，《清人別集總目》頁 1581。

今存清初刻康熙三十四年修補本（北大，川大）；康熙刻本（津圖）；四庫全書存目叢書本。

秀巖集五十四卷　存

見《清人別集總目》頁 1581。

今存順治康熙刻本（北大）。

館課集　淡墨集　吳越草　初月樓稿　公車草　楚聲集　揶揄集　和陶集　秋思集

見光緒《井研志》卷一五。

雷　珽

字笏山。順治八年舉人，官至河南泌陽知縣。見光緒《井研志》卷二一、卷三三。

詩一首　存

收入嘉慶《井研縣志》卷一〇下。

李如泌

字鄴臣，號廉水。順治十四年舉人，官山東臨邑縣知縣。見嘉慶《資州直隸州志》卷一三，光緒《井研志》卷二一，《全蜀詩鈔》卷四。

胎仙集

見嘉慶《四川通志》卷一八七，嘉慶《資州直隸州志》卷二二，光緒《資州直隸州志》卷二一，光緒《井研志》卷一五，《全蜀詩鈔》卷四。

詩一首　存

收入《全蜀詩鈔》卷四。

王育才

康熙三十三年歲貢生，任越嶲衛

訓導。見光緒《井研志》卷二一。

文一篇 存

收入嘉慶《井研縣志》卷一〇下。

姜維嶽

康熙四十五年歲貢生，任彰明縣訓導。見光緒《井研志》卷二一、卷三五。

彰明圖志稿

見光緒《井研志》卷一三。

劉琨

年十六入縣學為諸生，中乾隆三年舉人。家貧不能再赴禮部試，以教授鄉里終。見光緒《井研志》卷二一卷、卷三五。

雍正志二卷

見光緒《井研志》卷一三。

文一篇 存

收入嘉慶《井研縣志》卷一〇中。

雷暢 (1703—1777)

字快亭。以選貢生官鹽司，歷任山西按察使，後遷内閣侍讀學士。乾隆四十二年卒，年七十五。見光緒《井研志》卷一五、卷三三。

雍正沁州志十卷首一卷（葉士寬　雷暢修　吳正纂） 存

今存雍正九年修乾隆六年沁州州署刻本（方志聯合目錄）。

雷閣學集十卷

見光緒《井研志》卷一五。

雷翀霄

字雷峯，號千佛山樵，晚號五林叟。暢子。中乾隆二十五年舉人，三十一年成進士，官翰林院編修。年六十五卒。見光緒《井研志》卷二一、卷三三。

二則堂全集十六卷　紀事詩畧一卷

見光緒《井研志》卷一五。

詩七首 存

收入嘉慶《井研縣志》卷一〇下。

文二篇 存

收入嘉慶《井研縣志》卷一〇中。

雷騰霄

字行齋，號雙峯。乾隆二十七年舉人，歷任直隸深澤、長垣知縣。見嘉慶《資州直隸州志》卷一七，光緒《井研志》卷一五、卷二一、卷三三。

競爽軒文集

見嘉慶《資州直隸州志》卷一七，嘉慶《四川通志》卷一八七，光緒《井研志》卷一五。

雷輪 (1738—1801)

字紹堂，號蘭皋。中乾隆三十三年舉人，次年成進士，官至江西布政使。嘉慶六年卒，年六十四。見嘉慶《資州直隸州志》卷一三，光緒《井研志》卷三三。

閩海集二卷

見光緒《井研志》卷一五。

詩十八首 存

收入嘉慶《資州直隸州志》卷二二，嘉慶《井研縣志》卷一〇下，光緒《資州直隸州志》卷二二。

文五篇 存

收入嘉慶《井研縣志》卷一〇下。

胡元善

字葆初。乾隆四十四年舉人，歷任江安訓導、成都教授，官至趙州知州。見光緒《井研志》卷二一、卷三二。

嘉慶《井研志》十卷（張寧陽等修　陳獻瑞　胡元善纂）　存

今存嘉慶元年刻本（方志聯合目錄）；光緒重印本（方志聯合目錄）；光緒八年重刻嘉慶元年本（南大）；民國四年重刻嘉慶元年本（南大）。

胡譜二卷

見光緒《井研志》卷一三。

葆初文昉二卷　趙州詩草一卷

見光緒《井研志》卷一五。

詩二首　存

收入嘉慶《井研縣志》卷一〇下。

文四篇　存

收入嘉慶《井研縣志》卷一〇中、卷一〇下。

胡諧善

字孔皆，元善季弟。乾隆四十八年舉人。年二十八卒。見光緒《井研志》卷一五、卷二一、卷三五。

孔皆遺文二卷

見光緒《井研志》卷一五。

張德柄

字牧堂。乾隆五十一年舉人，歷任巴縣教諭、綿州學正。見嘉慶《井研縣志》卷七，光緒《井研志》卷二一。

文一篇　存

收入嘉慶《井研縣志》卷一〇中。

程定遠

乾隆五十九年貢生。見光緒《井研志》卷二一。

文一篇　存

收入光緒《續修井研縣志》卷二。

劉　超

文一篇　存

收入嘉慶《井研縣志》卷一〇中。

劉平格

貢生。見嘉慶《井研縣志》卷一〇下。

文一篇　存

收入嘉慶《井研縣志》卷一〇下。

王　傳

貢生。見嘉慶《井研縣志》卷一〇下。

文一篇　存

收入嘉慶《井研縣志》卷一〇下。

張崇元

嘉慶十八年拔貢生，任江安縣教諭，歷官天長、貴池縣知縣。見光緒《井研志》卷二一，光緒《續修井研縣志》卷一。

調笙集四卷

見光緒《井研志》卷一五。

張景墀

字漁帆，崇元子。廩貢生。候選訓導。見光緒《井研志》卷一五、卷二二。

聽鐘館集二卷

見光緒《井研志》卷一五。

李傳道

字晤亭，晚號龍潭居士，又號品研山人。道光元年恩貢生，年八十三卒。見光緒《井研志》卷二一、卷三五。

品研山人集五卷　誰看錄二卷

見光緒《井研志》卷一五。

袖峩詩草二卷

見光緒《井研志》卷三五。

曾志春

字雩亭。道光五年拔貢生，任來鳳書院講習。見光緒《井研志》卷三五，光緒《續修井研縣志》卷一。

雩亭遺稿二卷

見光緒《井研志》卷一五。

文一篇　存

收入光緒《續修井研縣志》卷二。

王育德 (1799—1865)

字仁山，一字美初。道光三十年歲貢生，官訓導。同治四年卒，年六十七。見光緒《井研志》卷三五。

緯詩偶得四卷

見光緒《井研志》卷一一。

益昌避寇錄二卷

見光緒《井研志》卷一三。

疎慵居士集四卷　槐陰山房詩草三卷

見光緒《井研志》卷一五。

王鴻訓 (1820—1871)

字子蕃，育德子。以廩生中道光二十三年舉人，咸豐九年以大挑任昭化訓導，官至寶山知縣。卒年五十二。見光緒《井研志》卷三四，光緒《續修井研縣志》卷一。

小玲瓏館雜記一卷　牆東偶語一卷　詹詹言一卷

見光緒《井研志》卷一四。

[illegible]青堂集五卷　筠青堂詩存三卷

見光緒《井研志》卷一五。

詩一首　存

收入同治《仁壽縣志》卷一，光緒《井研志》卷三四。

文三篇　存

收入同治《仁壽縣志》卷一五，光緒《續修井研縣志》卷二。

王鴻謀

廩貢生，鴻訓弟。見光緒《井研志》卷二一、卷三四王鴻訓條附。

默堂稗稿四卷外集一卷附澹齋尺牘一卷

默堂詩草六卷　聲律小品二卷　澹定山人詞一卷

見光緒《井研志》卷一五。

文一篇　存

收入光緒《續修井研縣志》卷三四。

王葵其

字叔武，鴻訓子。年四十餘，補諸生。見光緒《井研志》卷一五。

蒙求篇箋釋三卷

見光緒《井研志》卷一四。

右右軒詩一卷

見光緒《井研志》卷一五。

王茂其

字蔚膄，鴻訓子。光緒十五年舉人，官正藍旗官學教習。見光緒《井研志》卷二一、卷三五。

滿漢名臣表

見光緒《井研志》卷一三。

自怡雲嶠集五卷

光緒《井研志》卷一五。

宋治性

字橡山。咸豐元年恩貢生。見光緒《井研志》卷三五。

種書樓叢鈔三十卷（輯）

見光緒《井研志》卷一三。

春繭軒古今體詩二卷附寄聲集一卷　四書韻言一卷

見光緒《井研志》卷一五。

文一篇　存

收入光緒《續修井研縣志》卷二。

陳　簫

字鳳笙。咸豐九年舉人，官璧山訓導。見光緒《井研志》卷二一、卷三五。

潁川文集四卷

見光緒《井研志》卷一五。

汪廷佐

字述先。同治五年恩貢生。見光緒《井研志》卷二一。

玉照堂稿四卷

見光緒《井研志》卷一五。

汪本岱

字竹笙，廷佐子。同治十一年恩貢生。見光緒《井研志》卷一五、卷二一。

樹根齋集

見光緒《井研志》卷一五。

張　墀

字錦堂。同治六年舉人，任犍為縣訓導。卒年六十。見光緒《井研志》卷二一、卷三五。

光緒《續修井研縣志》二卷（王琅然　吳克昌修　廖錫藩　張墀纂）　存

今存光緒八年刻本（方志聯合目錄）。

寒熱辨疑表說二卷

見光緒《井研志》卷一四。

吳錫昌

字書田。年四十六應貢，卒。見光緒《井研志》卷一五、卷三五。

廣益齋經說二卷　十三經沿流圖說一卷附表圖一卷

見光緒《井研志》卷一二。

五代軍治表一卷

見光緒《井研志》卷一三。

堯典月令中星考一卷附表圖一卷

見光緒《井研志》卷一四。

廣益齋集五卷

見光緒《井研志》卷一五。

吴嘉訓

字伊仲，錫昌子。卒年二十三。見光緒《井研志》卷三五。

禹貢三江考一卷

見光緒《井研志》卷一一。

廣廣益齋集四卷

見光緒《井研志》卷一五。

史論三卷　蜀漢職官考一卷

見光緒《井研志》卷三五。

吴克昌

字祉蕃，錫昌弟。同治九年舉人，十三年成進士。光緒八年任房山縣知縣，後歷任宛平、武清縣知縣。卒年四十八。見光緒《井研志》卷三四、卷三五。

漢易識別十二册　易圖明辯補正二卷

見光緒《井研志》卷一一。

滇匪紀畧一卷

見光緒《井研志》卷一三。

恕德堂全集二十卷

見光緒《井研志》卷一五。

光緒《續修井研縣志》二卷　存

見上張墀條。

吴季昌

克昌弟。同治八年舉人，任南充縣訓導。光緒《井研志》卷二一、卷二二。

讀禮纂三卷　爾雅郭注補正二卷

見光緒《井研志》卷一二。

吴嗣昌

克昌弟。光緒二十二年歲貢生。見光緒《井研志》卷二一。

傳經歌箋釋一卷

見光緒《井研志》卷一二。

文法輯要四卷

見光緒《井研志》卷一五。

吴嘉讓

字仲禮。克昌次子。附監生。見光緒《井研志》卷一四。

中西算法釋例二卷

見光緒《井研志》卷一四。

陵陽貞石考文二卷（與董天成合編）

見光緒《井研志》卷一三。

吴嘉讜

駝峯集二卷

見光緒《井研志》卷一五。

楊　楨

字靜齋。同治末補諸生，見光緒《井研志》卷三五。

孟子生卒考一卷

見光緒《井研志》卷一二。

史記經説補箋十卷　禹貢驗推釋例四卷

見光緒《井研志》卷一三。

楊雪門集四卷

見光緒《井研志》卷一五。

靜齋文集　周禮驗推則

見光緒《井研志》卷三五。

董含章

光緒八年舉人，任覺羅官學教習。見光緒《井研志》卷二一、卷二二。

禮經上達下達表二卷

見光緒《井研志》卷一二。

禮三本補說二卷

見光緒《井研志》卷一三。

家語溯源四卷　西法農學淺說四卷　中西星象異同說一卷　疑撼經訂本二卷

見光緒《井研志》卷一四。

文一篇　存

收入光緒《井研志》卷一三。

董天成

字緒齋，含章從子。見光緒《井研志》卷一四。

九九叢鈔二卷附代數演草一卷

見光緒《井研志》卷一四。

吳嘉謨

光緒二十九年進士。見《清人別集總目》頁921。

光緒《井研志》四十二卷首一卷（葉桂年等修　吳嘉謨　龔煦春纂）　存

今存光緒二十六年刻本（方志聯合目錄）；一九七一年臺北學生書局新修叢刊本。

井研吳蜀尤先生詩文拾遺集附吳仲彭遺著　存

見《清人別集總目》頁921。

今存一九四九年成都茹古書局排印本（國圖，北圖，川圖，中科院）。

詩二首　存

收入民國《松潘縣志》卷一。

龔煦春

光緒中廩生。見光緒《井研志》卷首。

光緒《井研志》四十二卷首一卷　存

見上吳嘉謨條。

民國《四川郡縣志》十二卷　存

今存民國二十四年刻本（方志聯合目錄）；民國三十五年刻本（方志聯合目錄）。

陵陽水道考一卷　蘇文定公年譜一卷

見光緒《井研志》卷一三。

幾山文三卷附古今體詩一卷　國朝四家文選十卷　古文辭彙纂約編二十四卷（選編）

見光緒《井研志》卷一五。

文一篇　存

收入光緒《井研志》卷三四。

朱　黼

字哲廷。光緒六年歲貢生。見光緒《井研志》卷一五、卷二一。

醉堂詩集二卷

見光緒《井研志》卷一五。

胡浩恒

字喻塘。寄籍犍為。廩生，九薦不第，卒年四十餘。見光緒《井研志》卷一五、卷三五。

喻塘賸稿一卷

見光緒《井研志》卷一五。

廖　承

三易正訛二卷　皇帝王伯統轄表一卷

見光緒《井研志》卷一一。

春秋分國鈔四卷

見光緒《井研志》卷一二。

海外通典十卷

見光緒《井研志》卷一三。

長短經箋十卷

見光緒《井研志》卷一四。

廖誠意

字霖山。監生。見光緒《井研志》卷一四。

學算日記四卷

見光緒《井研志》卷一四。

彭景雲

諸生。見光緒《井研志》卷一一。

彭氏周易解十卷

見光緒《井研志》卷一一。

春秋平朔二卷　孟子考略一卷　鳳山讀書錄十四卷

見光緒《井研志》卷一二。

漁樵問答一卷

見光緒《井研志》卷一四。

施　煥

湖北候補同知。見光緒《井研志》卷二二。

太西政學彙編三十卷　蜀中商礦紀要錄一卷

見光緒《井研志》卷一三。

泰西兵法彙編十卷　西法農器圖說二卷附養蠶新法一卷　泰西機器淺說一卷　火器船政新法淺說四卷

見光緒《井研志》卷一四。

宋　暾

字寅穀。廩生，候選訓導。見光緒《井研志》卷一五、卷二二。

紅杏山房集四卷　好音集二卷

見光緒《井研志》卷一五。

王秉安

字宅仁。諸生，官雲南候補州判，署武定州吏目。見光緒《井研志》卷一五、卷二二。

歲寒堂詩存四卷　碧嶢寄廬駢體文四卷

見光緒《井研志》卷一五。

文二篇　存

收入光緒《井研志》卷一五。

王　麐

字聖游，秉安子。諸生，肄業於尊經書院。年二十七卒。見光緒《井研志》卷三五。

天朧享帚四卷　長園積微錄一卷　楚辭補輯　七十家賦鈔注稿無卷數　繡佛齋詞一卷

見光緒《井研志》卷一五。

朱嘉暢

官眉州訓導。光緒《井研志》卷二二。

醫學五種十二卷

見光緒《井研志》卷一四。

茆香山房詩文集五卷

見光緒《井研志》卷一五。

廖登樓

字光遠。廖平三兄。見光緒《井研志》卷一四。

藏府探微二卷　四聖心源駁議一卷

見光緒《井研志》卷一四。

文二篇　存

收入光緒《井研志》卷一四。

廖　平（1852—1932）

原名登廷，字季平，號四益，晚號六譯。光緒五年舉人，十六年成進士，官龍安府學教授，署松潘教授、射洪訓導。後歷任九峰，藝風、鳳山諸書院山長。入民國任四川軍政府樞密院長，四川國學學校校長。見光緒《井研志》卷二一、卷二二，《清人别集總目》頁2359。

易經新義疏證凡例一卷　四益詩説一卷　今文詩古義證疏凡例一卷　詩緯新解一卷（廖平撰　黄鎔補證）　**楚辭講義一卷　離騷釋例一卷　高唐賦新釋一卷　樂經凡例一卷　尚書今文新義一卷　書尚書弘道編一卷　書經周禮皇帝疆域圖表四十二卷　書經大統凡例一卷　周官攷徵凡例一卷周禮新義凡例一卷　周禮鄭注商榷一卷　周禮訂本略注三卷**（廖平撰　黄鎔筆述）　**書中候弘道篇一篇　禮經凡例一卷附容經學凡例一卷　禮記識二卷　禮説一卷　分撰兩戴記章句凡例一卷附兩戴記分僎凡例一卷　王制學凡例一卷　公羊春秋經傳驗推補證十一卷首一卷擬大統春秋條例一卷皇帝大同學革幣與利百目一卷　左氏春秋古經説十二卷　春秋左氏傳漢義補證簡明凡例二十則一卷春秋古經左氏説後義補證凡例一卷附左氏春秋學外編凡例一卷　公羊春秋補證凡例一卷　穀梁春秋經傳古義凡例一卷　穀梁春秋經學外篇凡例一卷　春秋三傳折中一卷　四益館經學四變記一卷五變記二卷　黄帝内經明堂敍一卷舊鈔太素經校本敍一卷黄帝内經九卷集注敍一卷黄帝内經素問重校正敍一卷**（清黄以周撰　廖平識）　**素問靈臺祕典論篇新解一卷瘧解補證一卷　素問隋楊氏太素注本目録一卷　靈樞隋楊氏太素注本目録一卷　營衛運行楊注補證一卷　傷寒雜病論古本一卷**（輯）　**補傷寒古本一卷　傷寒古本考不分卷　傷寒講義一卷附桂枝湯講義一卷　傷寒總論一卷　太素内經傷寒總論補證一卷太素四時病補證一卷　傷寒平議不分卷附瘟疫平議一卷　脈經考證一卷　平脈考一卷内經平脈考一卷　黄帝内經太素診皮篇補證一卷古經診皮名詞一卷　診骨篇補證一卷　楊氏太素診絡篇補證三卷病表一卷名詞一卷　楊氏太素三部診法補證一卷九候篇診法補證一卷附十二經動脈表一卷　墨辨解故序一卷　尊孔篇一卷附錄一卷　論語彙解凡例一卷　世界哲理進化退化演説一卷　地學答問一卷　地理辨正補正三卷　漢志三統曆表一卷　命理支中藏干釋例一卷　都天寶照經**(注)**一卷**　存

今存新訂六譯館叢書本（叢書綜録）。

六譯館雜著不分卷外編不分卷（原名四益館雜著）　存

見《清人别集總目》頁2359。

今存新訂六譯館叢書本（叢書綜録，日本東洋，日本静嘉，日本人文，日本京文）。

會試朱卷一卷　存

見《清人别集總目》頁2359。

今存清刻本（日本人文，日本廣島）。

四譯館經學四變記一卷　群經凡例一卷　群經大義一卷（洪陳光輯）　**尚書周禮皇帝疆域圖表一卷**（廖平審定　黄鎔輯）　**地理辨正補證三卷　會試硃卷一卷　四益館外編一卷　九州通解一卷　三巴金石苑補目一卷　診骨篇補證一卷附慈谿劉廷楨中西骨骼辯證**（隋·楊上善注，廖平補）　**營衛運行考楊注補證一卷　仲景三部九候診法一卷　傷寒古本考一卷　巢氏病源補養宣導法一卷**(輯)　**四益館雜著一卷**　存

今存民國十年四川存古書局刊六譯館叢書（以下簡稱民國十年刊六譯館

叢書）本（叢書綜錄續編）；民國十六年四川存古書局刊六譯館叢書（以下簡稱民國十六年刊六譯館叢書）本（叢書綜錄續編）。

摅龍經傳訂本注一卷(廖平撰　黄鎔筆述) **易經古本一卷　四益易說一卷　大學中庸演義一卷　坊記新解一卷　孝經學凡例一卷　倫理約編一卷　王制訂一卷　王制集說一卷　經緯甲編二卷　乙編一卷　經學初程一卷**（與吳之英同撰） **分方治宜篇一卷　診筋篇補證一卷附十二筋病表**(隋·楊上善注　廖平補) **黄帝太素人迎脈口診補證（一名人寸診補證）二卷　易生行譜例言一卷　莊子新解一卷　莊子經說敘意一卷**　存

今存新訂六譯館叢書本（叢書綜錄）；民國十年刊六譯館叢書本（叢書綜錄續編）；民國十六年刊六譯館叢書本（叢書綜錄續編）

春秋圖表二卷　存

見光緒《井研志》卷一二。

今存光緒間刻本（國圖）；光緒二十七年刻本；新訂六譯館叢書本（叢書綜錄）；民國十年刊六譯館叢書本（叢書綜錄續編）；民國十六年刊六譯館叢書本（叢書綜錄續編）。

易經古本　存

今存民國四年四川存古書局刻本（南大）；新訂六譯館叢書本（叢書綜錄）；續修四庫全書本。

穀梁古義疏證十一卷

見光緒《井研志》卷一二。

穀梁春秋經傳古義疏十一卷　存

今存光緒二十六年日新書局刻本（國圖，北大，北師大）；民國十九年成都鴻寶書社刻本（北師大）。

穀梁春秋經傳古義疏一、二　存

今存一九六七年臺北縣文海出版社國學集要二編本。

重訂穀梁春秋經傳古義疏十一卷　存

今存民國二十年渭南嚴氏孝義家塾叢書刻本（國圖，北大）；渭南嚴氏孝義家塾叢書本（叢書綜錄）。

起起穀梁廢疾一卷　釋范一卷　存

見光緒《井研志》卷一二。

今存光緒十一年福山王懿榮刻本（北大）；渭南嚴氏孝義家塾叢書本（叢書綜錄）；新訂六譯館叢書本（叢書綜錄）；民國十年刊六譯館叢書本（叢書綜錄續編）；民國十六年刊六譯館叢書本（叢書綜錄續編）。

何氏公羊春秋十論一卷續十論一卷再續十論一卷　存

今存民國十年刊六譯館叢書本（叢書綜錄續編）。

何氏公羊春秋三十論一卷　存

今存民國十六年刊六譯館叢書本（叢書綜錄續編）。

何氏公羊解詁十論一卷續十論一卷再續十論一卷春秋天子二伯方伯卒正附庸尊卑表一卷　存

今存蟄雲雷齋叢書本（叢書綜錄）。

六書舊義一卷　存

見光緒《井研志》卷一二。

今存四益館經學叢書本（叢書綜錄）；新訂六譯館叢書（叢書綜錄）；民國十年刊六譯館叢書本（叢書綜錄續編）；民國十六年刊六譯館叢書本（叢書綜錄續編）。

地球新義　存

按：光緒《井研志》卷一三作二卷。

今存光緒二十四年活字本（國圖）。

左傳經例長編　存

今存民國間抄本（國圖）。

論語微言述二卷　存

今存民國二十三年北平燕京大學圖書館

抄本（北大）。

知聖篇二卷　存

今存光緒二十八年刻本（北大）；新訂六譯館叢書本（叢書綜錄）；民國十年刊六譯館叢書本（叢書綜錄續編）；民國十六年刊六譯館叢書本（叢書綜錄續編）；一九九八年四川人民出版社影印諸子集成續編本。

今古學考二卷　存

見光緒《井研志》卷一四。

今存光緒十二年刻本（北大）；光緒間鉛印本（國圖）；蟄雲雷齋叢書本（叢書綜錄）；四益館經學叢書（叢書綜錄）；新訂六譯館叢書（叢書綜錄）；張氏適園叢書初集（叢書綜錄）；民國十年刊六譯館叢書本（叢書綜錄續編）；民國十六年刊六譯館叢書本（叢書綜錄續編）；叢書集成續編本。

古學考一卷　存

今存新訂六譯館叢書本（叢書綜錄）；民國十年刊六譯館叢書本（叢書綜錄續編）；民國十六年刊六譯館叢書本（叢書綜錄續編）；民國十五年至二十四年北平景山書社鉛印辨僞叢刊本（北大，南大）；一九六二年香港太平書局本。

今文尚書要義凡例一卷今文詩古義疏證凡例一卷　存

今存光緒十二年刻本（北大）；民國間公孚印刷所鉛印本（北大）；新訂六譯館叢書本（叢書綜錄）。

楊氏太素診絡篇補證三卷（又名診斷學彙編）　存

今存民國十三年上海千頃堂書局石印本（川大）。

新訂六譯館叢書本孔子改制考　存

今存諸子集成續編本。

孔經哲學發微一卷　存

今存民國二年上海中華書局石印本（國圖，北大）；民國三年上海中華書局再版石印本（國圖）；民國十年刊六譯館叢書本（叢書綜錄續編）；民國十六年刊六譯館叢書本（叢書綜錄續編）。

文字源流考　存

今存民國十年成都昌福公司鉛印本（國圖，北大）。

分撰兩戴記章句凡例一卷　存

今存蟄雲雷齋叢書本（叢書綜錄）；四益館經學叢書本（叢書綜錄）；民國十年刊六譯館叢書本（叢書綜錄續編）；民國十六年刊六譯館叢書本（叢書綜錄續編）。

春秋左傳古義凡例一卷　存

今存蟄雲雷齋叢書本（叢書綜錄）；新訂六譯館叢書本（叢書綜錄）；民國十年刊六譯館叢書本（叢書綜錄續編）；民國十六年刊六譯館叢書本（叢書綜錄續編）。

何氏公羊解詁十論一卷續十論一卷再續十論一卷　存

今存四益館經學叢書本（叢書綜錄）；新訂六譯館叢書本（叢書綜錄）。

巢氏病源補養宣導法（輯）二卷　存

今存中國醫學大成本（叢書綜錄）。

脈學輯要評三卷（日本·丹波元堅撰廖平評）　存

今存中國醫學大成第三集（叢書綜錄）；新訂六譯館叢書本（叢書綜錄）；民國十年刊六譯館叢書本（叢書綜錄續編）；民國十六年刊六譯館叢書本（叢書綜錄續編）。

尚書弘道編　存

今存一九八四年臺北新文豐出版公司出版尚書類聚初集影印本。

廖平選集（李耀仙主编） 存

今存一九九八年成都巴蜀書社出版本。

易經古義疏證四卷 易經古本一卷附十翼傳二卷 上下經中外分統義證二卷 中和解二卷 尊卑大小釋例二卷 十朋圖說一卷 序象繫辭一卷 易通例二卷 貞悔釋例二卷 生行譜二卷 易象師法訂正二卷 尚書備解四卷 尚書記傳釋十卷 王道三統禮制循環表二卷 四代無沿革考二卷 尚書王魯考二卷 三德考四卷附九錫九命表一卷 洪範釋例二卷 二十八篇為備考二卷附百篇序正誤一卷 詩緯古義疏證八卷 詩緯經證二卷附樂緯經證一卷 詩園表二卷 二家辨正二卷附毛證一卷 詩文辭逆志表二卷（廖平述例 成化宗濬等錄） 序詩一卷 顛倒損益釋例二卷 詩意相通考二卷 樂經存亡集證四卷 禮樂宗旨表一卷古樂考十卷律呂要義二卷樂經記傳彙編義疏六卷

見光緒《井研志》卷一一。

儀禮經傳備解十卷 禮經劄記四卷 饗禮補釋四卷附鄉人飲酒禮輯補一卷 喪服經記傳聞彙解六卷 五長禮制表一卷十等禮制表一卷 容經解一卷記傳彙纂四卷 學禮知新考四卷 容經韻言二卷婦容韻言二卷（與成都劉鼎銘合撰） 兩戴記補助十卷 王制訂本要注四卷 官禮驗推補證一卷 周官大統義證六卷附官屬表一卷 周禮鄭注商榷二卷 春秋經傳匯解四卷 傳事禮例折中表三卷 張氏屬辭辨例編刪訂本十卷 春秋比事四卷 春秋日月時例表五卷 穀梁集解糾謬二卷湖南周氏本 公羊補證十一卷 公羊三十論一卷 公羊解詁商榷二卷 公羊先師遺說真記二卷 左氏古經說讀本二卷 左氏古經說漢義補證十二卷 左傳漢義證二十卷 杜氏左傳釋例辨證四卷 左氏集解辨證二卷 五十凡駁證一卷 左傳三十論續三十論二卷 國語發微八卷 論語微言集證四卷 論語彙考六卷 孟子直解七卷 孝經輯說一卷 爾雅釋例一卷 爾雅犍為舍人注校勘記一卷 繙譯名義六卷 經解輯證六卷 羣經凡例二卷附經課題目二卷 古緯彙編補注六卷 諸緯經證七卷 經學守約篇二卷 經說求野記二卷 經話甲集二卷乙集二卷

見光緒《井研志》卷一二。

前漢律曆志三元表說一卷 五帝德義證四卷 逸周書經說考二卷 皇帝三統五瑞表二卷 皇帝王伯優劣表一卷 大共圖考二卷 山海經補畢四卷附古制佚存四卷 王制圖表十卷 博士會典十卷 四益館經學目錄一卷 司馬法經傳新證二卷

見光緒《井研志》卷一三。

古學考一卷附兩漢學案二卷 荀子經說新解十卷 老子新義二卷附化胡釋證一卷 莊子新義四卷 列子新解四卷 屍子經義輯證二卷 陰陽彙輯六卷附凡例一卷 羣經炎異求微二卷 陰陽五行經說四卷 管子彙編今證十卷 公孫龍子求原記一卷 名家輯補四卷 縱橫輯佚二卷 太玄釋例一卷 太乙下行九宮說例一卷 天玉寶照蔣注補正二卷 諸子凡例二卷

見光緒《井研志》卷一四。

四益館文編十卷駢文二卷師友遝音八卷 四益館五經義一卷 雙鯉堂課鈔一卷 漢四家集注八卷 讀選劄記一卷

見光緒《井研志》卷一五。

春秋穀梁古義疏證十一卷 左氏傳義疏證二十四卷 易經十首四朋六首四朋古本不分卷 詩學提要一卷 詩緯校定真本一卷 內經上下經文考訂補易緯不分卷 雷公十一篇全為易緯補說不分卷 易學提高二卷 藏俞五十八穴府俞七十二穴證詩表不分卷附藏穴五俞分屬五行俞穴分屬六天考不

分卷　五啟玄引古經易詩考不分卷　五運六氣即易詩緯候之微附日本丹波氏駁義不分卷　易三天考不分卷　六經皆孔子自作篇不分卷附劉歆顛倒五經義證不分卷（孫宗澤輯）

見《叢書綜録續編》。按：原注：待刊。

賀龍驤

光緒十七年舉人。見光緒《井研志》卷二一。

西國近事錄要四卷　廖氏經學叢書百種解題四卷

見光緒《井研志》卷一三。

中西本草功用異同說二卷附表一卷

見光緒《井研志》卷一四。

帖括度鍼四卷

見光緒《井研志》卷一五。

女丹合編（纂輯　清彭翰然參訂）　**道門一切經總目四卷**（輯）　**重刊道藏輯要子目初編四卷續編一卷　重刊道藏輯要總目一卷　道藏輯要二十八集**（編，彭瀚然參訂）　存

今存光緒三十二年成都二仙庵刻道藏輯要本。

徐　堪

原名丹墀。光緒二十年舉人。見光緒《井研志》卷二一。

刑名說意二卷

見光緒《井研志》卷一四。

雷　謙

作霖子。正白旗人。光緒二十三年拔貢生。見光緒《井研志》卷二一、卷二二、卷三三。

呂覽淮南經說考四卷

見光緒《井研志》卷一四。

北征草一卷

光緒《井研志》卷一五。

（王阿陶）

茂州直隸州

（今四川茂縣）

蔣復雋

康熙二十九年舉人，任陝西崇信縣知縣。見道光《茂州志》卷四。

遊藝集

見道光《茂州志》卷四。

詩一首　存

收入《茂州鄉土志》卷下。

文一篇　存

收入道光《茂州志》卷二。

王廷英

乾隆二十四年舉人，五十四年任簡州學正。見咸豐《簡州志》卷四，道光《茂州志》卷四。

詩一首　存

收入咸豐《簡州志》卷一三下。

張儒仁

廩生。見道光《茂州志》卷二，《茂州鄉土志》卷下。

詩一首　存

收入道光《茂州志》卷二。

黄映瑄

歲貢生。見道光《茂州志》卷四。

詩一首　存

收入《茂州鄉土志》卷下。

謝鴻恩

廩生。見《茂州鄉土志》卷首。

茂州鄉土志二卷　存

今存光緒末年抄本（民族文化宫，川圖，川大）。

（李榮慧　吴静汶）

汶川縣

（今四川汶川縣）

楊開運

順治十一年舉人，任福建福安縣知縣。見嘉慶《汶志紀略》卷三。

詩三首 存

收入嘉慶《汶志紀略》卷四，民國《汶川縣志》卷七。

楊 玨

名一作鈺。康熙四十七年舉人。見嘉慶《汶志紀略》卷三，民國《汶川縣志》卷七。

詩三首 存

收入嘉慶《汶志紀略》卷四，民國《汶川縣志》卷七。

孟 俟

康熙五十六年舉人。見嘉慶《汶志紀略》卷三。

詩一首 存

收入嘉慶《汶志紀略》卷四，民國《汶川縣志》卷七。

孟其才

乾隆三十五年舉人。見嘉慶《汶志紀略》卷三，民國《汶川縣志》卷六。

詩一首 存

收入嘉慶《汶志紀略》卷四，民國《汶川縣志》卷七。

文一篇 存

收入嘉慶《汶志紀略》卷四，民國《汶川縣志》卷七。

趙文才

字成章。嘉慶間人。見民國《汶川縣志》卷七。

文一篇 存

收入民國《汶川縣志》卷七。

文

高從孔

貢生。見嘉慶《汶志紀略》卷三，民國《汶川縣志》卷七。

詩一首 存

收入嘉慶《汶志紀略》卷四，民國《汶川縣志》卷七。

高輝斗

庠生。見嘉慶《汶志紀略》卷四。

詩一首 存

收入嘉慶《汶志紀略》卷四，民國《汶川縣志》卷七。

高輝光

庠生。見嘉慶《汶志紀略》卷四。

詩一首 存

收入嘉慶《汶志紀略》卷四，民國《汶川縣志》卷七。

高吉安

庠生。見嘉慶《汶志紀略》卷四。

詩一首 存

收入嘉慶《汶志紀略》卷四，民國《汶

川縣志》卷七。

高萬崑

貢生。見嘉慶《汶志紀略》卷三，民國《汶川縣志》卷六。

詩一首　存

收入嘉慶《汶志紀略》卷四，民國《汶川縣志》卷七。

高萬選

貢生。見嘉慶《汶志紀略》卷三，民國《汶川縣志》卷六。

詩一首　存

收入嘉慶《汶志紀略》卷四，民國《汶川縣志》卷七。

何肇遠

貢生。見嘉慶《汶志紀略》卷三，民國《汶川縣志》卷六。

詩一首　存

收入嘉慶《汶志紀略》卷四，民國《汶川縣志》卷七。

孟其敏

貢生。見嘉慶《汶志紀略》卷三，民國《汶川縣志》卷六。

詩一首　存

收入嘉慶《汶志紀略》卷四，民國《汶川縣志》卷七。

孟維聰

庠生。見嘉慶《汶志紀略》卷四。

詩一首　存

收入嘉慶《汶志紀略》卷四。

孟維世

貢生，註選分州。見嘉慶《汶志紀略》卷三，民國《汶川縣志》卷六。

詩一首　存

收入嘉慶《汶志紀略》卷四，民國《汶川縣志》卷七。

尚崇山

貢生。見嘉慶《汶志紀略》卷三，民國《汶川縣志》卷六。

詩一首　存

收入嘉慶《汶志紀略》卷四，民國《汶川縣志》卷七。

李光謙

字東園。道光八年舉人。官至雲南鎮雄州知州。見《蜀詩續鈔》卷二。

雙桐書屋賸稿二卷　存

今存光緒十二年代耕堂叢刊本（叢書綜錄）；懷潞園叢刊本（叢書綜錄）；光緒間代耕堂刻本（叢書綜錄）

詩四首　存

收入《蜀詩續鈔》卷二。

王覲光

增貢生，道光三十年四月任蓬州訓導。見光緒《蓬州志》卷八。

文二篇　存

收入光緒《蓬州志》卷一五。

王體元

字次山，覲光子。肄業於錦江書

院。同治十二年中舉人，歷主崇陽、漢源兩書院。年七十一卒。見民國《崇慶縣志》卷八之二。

詩九首　存

收入民國《崇慶縣志》附《江原文徵·縣人所詠之詩》。

文二篇　存

收入民國《崇慶縣志》附《江原文徵·縣人紀事之文》。

陳毓琨

字馨山。廩貢生。歷署璧山、華陽教諭，保以知縣升用。見民國《汶川縣志》卷六，《綠萼梅齋遺稿》卷一。

詩一首　存

收入《綠萼梅齋遺稿》卷一。

趙萬嘉

字三吉。文生，咸豐至光緒間人。見民國《汶川縣志》卷七。

文一篇　存

收入民國《汶川縣志》卷七。

雷　澍

同治間文生。見民國《汶川縣志》卷七。按：其記文作於同治十一年，又云已“生於斯，長於斯”，當為汶川人無疑。

文一篇　存

收入民國《汶川縣志》卷七。

袁朝輔

光緒間人。見民國《汶川縣志》卷七。

文一篇　存

收入民國《汶川縣志》卷七。

（李榮慧　吴静汶）

忠州直隸州

（今重慶忠縣）

黄　鏻

康熙十一年副貢生。見道光《忠州直隸州志》卷七，同治《忠州直隸州志》卷九。

詩一首　存

收入道光《忠州直隸州志》卷一，同治《忠州直隸州志》卷一二。

文一篇　存

收入道光《忠州直隸州志》卷三，同治《忠州直隸州志》卷一二。

成文運

字在東，號白鄰，拱子。康熙三十五年舉人，次年成進士，任當塗知縣，官至山東道監察御史，掌京畿道監察御史。見道光《忠州直隸州志》卷七、卷八，同治《忠州直隸州志》卷九、卷一〇。

白鄰草堂文集　史鑑

見道光《忠州直隸州志》卷八，同治《忠州直隸州志》卷一〇。

詩一首　存

收入道光《忠州直隸州志》卷一，同治《忠州直隸州志》卷一二。

文一篇　存

收入道光《忠州直隸州志》卷三，同治《忠州直隸州志》卷一二。

朱　幟

字子樹。康熙四十一年舉人。見道光《忠州直隸州志》卷七、卷八，同治《忠州直隸州志》卷九、卷一〇。

文一篇　存

收入道光《忠州直隸州志》卷三。

王　琬

字穗岐。康熙四十四年舉人，任刑部主事。見道光《忠州直隸州志》卷七、卷八，同治《忠州直隸州志》卷九、卷一〇。

文一篇　存

收入道光《忠州直隸州志》卷一，同治《忠州直隸州志》卷一二。

杜允貞

字吉齋。歲貢生，究心理學。見道光《忠州直隸州志》卷七、卷八，同治《忠州直隸州志》卷九、卷一〇。

詩二首　存

收入道光《忠州直隸州志》卷一，同治《忠州直隸州志》卷一二。

杜　薰

字堯夫，允貞子。康熙五十二年恩科進士，任閿鄉知縣，遷永吉知州，升安陸同知。見道光《忠州直隸州志》卷七、卷八，同治《忠州直隸州志》卷九、卷一〇。

鶴鄰堂四書講義

見道光《忠州直隸州志》卷八，同治《忠州直隸州志》卷一〇。

文一篇　存

收入道光《忠州直隸州志》卷五。

杜　炳

字堯章，允貞子，薰弟。康熙五十年舉人，任浙江會稽縣知縣。見道光《忠州直隸州志》卷八，同治《忠州直隸州志》卷九、卷一〇。

詩二首　存

收入道光《忠州直隸州志》卷一，同治《忠州直隸州志》卷一二。

杜鶴翱

字羽豐，薰子。雍正四年舉人，乾隆二年成進士，授翰林院庶吉士，改工部主事。見道光《忠州直隸州志》卷七、卷八，同治《忠州直隸州志》卷九、卷一〇，《蜀詩續鈔》卷一。

詩一首　存

收入《蜀詩續鈔》卷一。

文一篇　存

收入乾隆《巴縣志》卷一五，道光《忠州直隸州志》卷八，同治《巴縣志》卷四之下。

彭宗古

字耕遲，號述堯，一號信亭。雍正十年舉人，任山東日照、博山、蓬萊、招遠、德平等縣知縣。見道光《忠州直隸州志》卷七、卷八，同治《忠州直隸州志》卷九。

文二篇　存

收入道光《忠州直隸州志》卷二，同治《忠州直隸州志》卷一二。

彭時清

字習堂，號右泉，宗古子。乾隆二十五年恩科舉人，任山東郯城、壽張縣知縣，陞甘肅慶陽府知府。見道光《忠州直隸州志》卷七、卷八，同治《忠州直隸州志》卷九。

詩一首　存

收入同治《忠州直隸州志》卷一二。

吴世彦

雍正十年舉人，任順天府鹽課大使。見道光《忠州直隸州志》卷七，同治《忠州直隸州志》卷九。

文一篇　存

收入道光《忠州直隸州志》卷三。

熊　宣

字又宣。歲貢生。見道光《忠州直隸州志》卷七、卷八，同治《忠州直隸州志》卷九、卷一〇。

詩一首　存

收入道光《忠州直隸州志》卷二，同治《忠州直隸州志》卷一二。

文二篇　存

收入道光《忠州直隸州志》卷一，同治《忠州直隸州志》卷一二。

熊文夔

字作九，宣子。雍正十三年，任直隸寧津縣知縣。見道光《忠州直隸州志》卷七、卷八，同治《忠州直隸州志》卷九。

文一篇　存

收入道光《忠州直隸州志》卷三，同治《忠州直隸州志》卷一二。

熊文稷

字藝九，宣子，文夔弟。乾隆二十一年舉人。見道光《忠州直隸州志》卷七、卷八，同治《忠州直隸州志》卷九、卷一〇。

詩五首　存

收入道光《忠州直隸州志》卷一、卷二、卷三，同治《忠州直隸州志》卷一二。

文三篇　存

收入道光《忠州直隸州志》卷一、卷三、卷四，同治《忠州直隸州志》卷一二。

吴學鳳

字鳴岐。乾隆十八年舉人。見道光《忠州直隸州志》卷七、卷八，同治《忠州直隸州志》卷九、卷一〇。

迎翠堂文集　元明詩抄（輯）

見道光《忠州直隸州志》卷八，同治《忠州直隸州志》卷一〇。

詩一首　存

收入同治《忠州直隸州志》卷一二。

王　恕

字三峯。乾隆二十五年舉人，任湖北興山縣知縣。見道光《忠州直隸州志》卷七、卷八，同治《忠州直隸州志》卷九。

文二篇　存

收入道光《忠州直隸州志》卷二，同治《忠州直隸州志》卷一二。

郭屏山

字翠峰。乾隆三十三年舉人，官眉山學正。見道光《忠州直隸州志》卷七、卷八，同治《忠州直隸州志》卷九、卷一〇。

詩一首　存

收入道光《忠州直隸州志》卷三，同治《忠州直隸州志》卷一二。

賀廷栻

字敬夫。乾隆四十五年中副榜，五十一年中舉人。見道光《忠州直隸州志》卷七、卷八，同治《忠州直隸州志》卷九、卷一〇。

文一篇　存

收入道光《忠州直隸州志》卷三，同治《忠州直隸州志》卷一二。

劉以瑜

字素亭。乾隆五十七年舉人，以教書為業。見道光《忠州直隸州志》卷七，同治《忠州直隸州志》卷九、卷一〇。

詩十六首　存

收入道光《忠州直隸州志》卷一、卷二、卷三，同治《忠州直隸州志》卷一二。

文二篇　存

收入道光《忠州直隸州志》卷二、卷三，同治《忠州直隸州志》卷一二。

劉夢蘭

字鄭圃。嘉慶六年拔貢生，授雅安

縣訓導。見道光《忠州直隸州志》卷七，同治《忠州直隸州志》卷九、卷一〇。

文一篇　存

收入同治《忠州直隸州志》卷一二。

熊履青

字耳山。嘉慶十五年舉人，選夾江縣教諭，升寧遠府教授。見道光《忠州直隸州志》卷七，同治《忠州直隸州志》卷九、卷一〇。

道光《忠州直隸州志》八卷首一卷（吴友篪修　熊履青纂）　存

今存道光六年刻本（方志聯合目録）；道光八年刻本（南大）；民國二十一年鉛印本（方志聯合目録，上圖）。

文一篇　存

收入道光《忠州直隸州志》卷六。

周原駱

嘉慶十八年舉人。見道光《忠州直隸州志》卷七，同治《忠州直隸州志》卷九，《全蜀詩鈔》卷四〇。

詩二首　存

收入道光《忠州直隸州志》卷二，同治《忠州直隸州志》卷一二，《全蜀詩鈔》卷四〇。

董承熙

字榭園。一作墊江人。嘉慶二十二年進士，改翰林院庶吉士，授浙江青田縣知縣，終嘉定府教授。見光緒《墊江縣志》卷七，《全蜀詩鈔》卷三五。

詩一首　存

收入光緒《墊江縣志》卷五，《全蜀詩鈔》卷三五。

楊爲楫

詩一首　存

收入嘉慶《華陽縣志》卷三九。

馮　璞

道光五年拔貢生。見道光《忠州直隸州志》卷七，同治《忠州直隸州志》卷九。

詩一首　存

收入同治《忠州直隸州志》卷一二。

馬天爵

字一齋。道光十九年副貢生。見同治《忠州直隸州志》卷九、卷一〇。

文一篇　存

收入同治《忠州直隸州志》卷一二。

秦時英

字恒齋。道光二十四年進士，歷官浙江新昌、義烏等縣知縣。後改教職，補成都府教授，卒於任。見同治《忠州直隸州志》卷九，卷一〇。

詩一首　存

收入同治《忠州直隸州志》卷一二。

熊學壎

諸生。見道光《忠州直隸州志》卷二，同治《忠州直隸州志》卷一二。

詩二首　存

收入道光《忠州直隸州志》卷二，同治《忠州直隸州志》卷一二。

譚履謙

歲貢生。見道光《忠州直隸州志》卷七，同治《忠州直隸州志》卷九。

詩一首　存

收入道光《忠州直隸州志》卷二。

鄧洪愿

字子源。貢生，曾參纂道光《忠州直隸州志》。見道光《忠州直隸州志》卷一、卷七、卷八，同治《忠州直隸州志》卷九。

文一篇　存

收入道光《忠州直隸州志》卷二，同治《忠州直隸州志》卷一二。

秦之翰

諸生。見道光《忠州直隸州志》卷二，同治《忠州直隸州志》卷一二。

文一篇　存

收入道光《忠州直隸州志》卷二，同治《忠州直隸州志》卷一二。

羅　中

歲貢生。見道光《忠州直隸州志》卷七，同治《忠州直隸州志》卷九。

文一篇　存

收入道光《忠州直隸州志》卷二，同治《忠州直隸州志》卷一二。

周光禧

歲貢生。見道光《忠州直隸州志》卷七，同治《忠州直隸州志》卷九。

文一篇　存

收入道光《忠州直隸州志》卷三，同治《忠州直隸州志》卷一二。

柳枝茂

字本立。諸生，從教數十年。見道光《忠州直隸州志》卷八，同治《忠州直隸州志》卷一〇。

詩三首　存

收入道光《忠州直隸州志》卷一。

文一篇　存

收入同治《忠州直隸州志》卷一二。

李士棻（1821—1883，一作1885）

字芋仙，號重叔。道光二十九年拔貢生，咸豐五年副貢生，歷官江西彭澤、臨川縣知縣。後寓居上海。見同治《忠州直隸州志》卷九，《清人別集總目》頁761。

同治《東鄉縣志》十六卷首一卷末一卷
（李士棻　王維新修　胡業恒纂）　存

今存同治八年刻本（方志聯合目錄）。

天瘦閣詩半六卷　存

見《清人別集總目》頁761。

今存光緒十一年忠州李氏木活字排印本（國圖，上圖，南圖，湘圖，贛圖，粵圖，北大，北師大，臺大）；民國成都美學林排印本（川圖）；民國二十七年江西全省印刷所排印本（南圖，贛圖，川圖）。

天瘦閣詩存二卷　存

今存光緒十年鉛印本（上圖）。

天瘦閣詩存一卷　存

見《清人別集總目》頁761。

今存民國成都昌福公司排印本（川圖，臺灣史語）。原按：川圖藏本缺卷下。

天補樓行記 存

見《清人別集總目》頁761。

今存光緒十一年忠州李氏木活字排印本（皖圖，贛圖，復旦，安徽科研所，臺大）。

天補樓行記一卷 存

今存光緒十一年鉛印本（國圖，上圖，北大）。

天瘦閣詩半六卷天補樓行記一卷 存

今存光緒十一年木活字本（國圖，上圖）。

天瘦閣詩錄一卷 存

今存民國十六年天津高淩霨蒼檜簃本（國圖）。

何映辰

字曉垣。歲貢生。見同治《忠州直隸州志》卷九、卷一〇。

詩一首 存

收入同治《忠州直隸州志》卷一二。

文二篇 存

收入同治《忠州直隸州志》卷一二。

陶大年

廪生。見同治《忠州直隸州志》卷一二。

詩一首 存

收入同治《忠州直隸州志》卷一二。

申于泗

歲貢生。見同治《忠州直隸州志》卷一二。

詩二首 存

收入同治《忠州直隸州志》卷一二。

張國賓

副貢生。見同治《忠州直隸州志》卷一二。

詩一首 存

收入同治《忠州直隸州志》卷一二。

陳廷瑞

歲貢生。見同治《忠州直隸州志》卷九。

詩八首 存

收入同治《忠州直隸州志》卷一二。

譚作霖

廪生。見同治《忠州直隸州志》卷一二。

詩一首 存

收入同治《忠州直隸州志》卷一二。

羅煥雲

歲貢生。見同治《忠州直隸州志》卷九。

詩一首 存

收入同治《忠州直隸州志》卷一二。

文一篇 存

收入同治《忠州直隸州志》卷一一。

任士徽

諸生。見同治《忠州直隸州志》卷一二。

文一篇 存

收入同治《忠州直隸州志》卷一二。

程騰鳳

字筆山。歲貢生。見同治《忠州直隸州志》卷九、卷一〇。

文一篇　存

收入同治《忠州直隸州志》卷一二。

石會昌

字興國。見同治《忠州直隸州志》卷一二。

文一篇　存

收入同治《忠州直隸州志》卷一二。

艾光清

五桂軒文集八卷　存

見《清人別集總目》頁272。

今存民國八年重慶中西印書局鉛印本（國圖，首都，川圖，人大，北師大）。

秦嵩年

字山高。見《燹餘吟草》。

燹餘吟草　存

今存民國間鉛印本（國圖，川大）。

羊鳴山房感知詩一卷　存

今存民國間鉛印本（上圖）。

哀怨集一卷附城南詞（輯）　存

今存宣統二年鉛印本（北大）。

陳光績

字庶咸。見《燹餘吟草》。

詩二首　存

收入《燹餘吟草》。

文一篇　存

收入民國《樂山縣志》卷一一下。

秦　崑

字太丘。見《燹餘吟草》。

詞一首　存

收入《燹餘吟草》。

（李咏梅）

酆都縣

（今重慶酆都縣）

林明儁

字位旂，一作彙旂。明歲貢生。明季蜀亂，閣部王應熊薦其才，授兵部職方司主事，遷貴州驛鹽副使。明亡，順治十六年題授副使，以病不仕。後舉博學鴻詞，不赴。隱居著述三十餘年。見康熙《酆都縣志》卷五，嘉慶《酆都縣志》卷二，同治《巴縣志》卷四之下，光緒《酆都縣志》卷二，《全蜀詩鈔》卷四，民國《重修酆都縣志》卷一四。

澹遠堂文集　巴字園詩集　梧桐居近集

見康熙《酆都縣志》卷五，嘉慶《酆都縣志》卷二，光緒《酆都縣志》卷二，《全蜀詩鈔》卷四，民國《重修酆都縣志》卷一四。

詩一首　存

收入《全蜀詩鈔》卷四。

文七篇　存

收入康熙《酆都縣志》卷七、卷八，嘉慶《酆都縣志》卷三、卷四，同治《巴縣志》卷四之下，光緒《酆都縣志》卷四，民國《重修酆都縣志》卷一一。

林堅本

字穉庵，明儁子。康熙十一年舉人。出王漁洋門下，曾參修《酆都縣志》。見康熙《酆都縣志》卷五，嘉慶《酆都縣志》卷二，民國《重修酆都縣志》卷首、卷一四。

文一篇　存

收入康熙《酆都縣志》卷七，嘉慶《酆都縣志》卷三，光緒《酆都縣志》卷四，民國《重修酆都縣志》卷一一。

熊蘭徵

原名元徵，字克起。明崇禎五年中副榜，入清後隱居教授，其講學則宗金溪姚江。見嘉慶《酆都縣志》卷二。

文一篇　存

按：文作於康熙元年。

收入康熙《酆都縣志》卷七，嘉慶《酆都縣志》卷三。

戴　天

康熙三十九年歲貢生。見嘉慶《酆都縣志》卷二，民國《重修酆都縣志》卷六。

文一篇　存

收入康熙《酆都縣志》卷七，嘉慶《酆都縣志》卷三。

李澉樞

康熙三十五年歲貢生，三十八年舉人，任廣安州學正。見嘉慶《酆都縣志》卷二，民國《重修酆都縣志》卷六。

文一篇　存

收入康熙《酆都縣志》卷七，嘉慶《酆都縣志》卷三，光緒《酆都縣志》卷四，民國《重修酆都縣志》卷一一。

李孟修

康熙四十七年舉人。見康熙《酆都

縣志》卷五，嘉慶《酆都縣志》卷二。

文一篇 存

收入康熙《酆都縣志》卷七，嘉慶《酆都縣志》卷三，光緒《酆都縣志》卷四，民國《重修酆都縣志》卷一一。

李仙齡

康熙三十五年中副榜，四十一年中舉人。見康熙《酆都縣志》卷五，嘉慶《酆都縣志》卷二。

文一篇 存

收入康熙《酆都縣志》卷七，嘉慶《酆都縣志》卷三。

林敬修

由康熙二十六年副貢生中四十四年舉人，授鹽亭教諭。見康熙《酆都縣志》卷五，嘉慶《酆都縣志》卷二。

文二篇 存

收入康熙《酆都縣志》卷七，嘉慶《酆都縣志》卷三，光緒《酆都縣志》卷四，民國《重修酆都縣志》卷一一。

易　簡

字位中，號半山。康熙五十一年進士，選庶吉士，授翰林院編修，為渝城書院（一作錦江書院）山長。見嘉慶《酆都縣志》卷二，光緒《酆都縣志》卷三，《全蜀詩鈔》卷九，民國《重修酆都縣志》卷六、卷一四。

詩二首 存

收入嘉慶《華陽縣志》卷三九，嘉慶《酆都縣志》卷四，同治《重修成都縣志》卷一一，光緒《酆都縣志》卷四，《全蜀詩鈔》卷九，民國《重修酆都縣志》卷一一。

文二篇 存

收入嘉慶《酆都縣志》卷四，光緒《酆都縣志》卷四，民國《重修酆都縣志》卷一一。

曾德升

字玉峯，一字侶恒。康熙四十五年歲貢生。見嘉慶《酆都縣志》卷二，民國《重修酆都縣志》卷一四，民國《巴縣志》附《巴縣文徵》下篇。

學庸圖考

見民國《重修酆都縣志》卷一四。

詩一首 存

收入民國《巴縣志》附《巴縣文徵》下篇。

文三篇 存

收入康熙《酆都縣志》卷七，嘉慶《酆都縣志》卷三，光緒《酆都縣志》卷四，民國《重修酆都縣志》卷一一。

曾　撰

康熙四十七年恩貢生。見嘉慶《酆都縣志》卷二、卷三。

文一篇 存

收入康熙《酆都縣志》卷七，嘉慶《酆都縣志》卷三。

李存周

乾隆六十年舉人，嘉慶十六年成進士，授安徽舒城縣知縣。見嘉慶《酆都縣志》卷二。

文一篇 存

收入民國《重修酆都縣志》卷一一。

郎奎章

乾隆二十三年歲貢生，任樂至縣訓導。卒年九十四。見嘉慶《酆都縣志》卷二，民國《重修酆都縣志》卷一四。

四書撮要（一作四書纂要）

見嘉慶《酆都縣志》卷二，民國《重修酆都縣志》卷六。

王　怡

字遠亭，一字致和。乾隆九年舉人，二十六年揀發山西任夏縣知縣，擢浙江寧波府同知，以病免。見乾隆《涪州志》卷九，嘉慶《酆都縣志》卷二。

竹軒詩文集

見嘉慶《酆都縣志》卷二。

詩五首　存

收入乾隆《涪州志》卷一一。

湛露清

乾隆三十年拔貢生，任溫江教諭。見民國《重修酆都縣志》卷六、卷一一。

詩一首　存

收入道光《補輯石砫廳新志》卷一二。

文一篇　存

收入光緒《酆都縣志》卷四，民國《重修酆都縣志》卷一一。

徐昌緒

號逌溪，字琴舫。咸豐五年中順天舉人，次年成進士，官翰林院編修，陞侍講學士銜。後主講東川書院。晚年寄籍巴縣。見《蜀詩續鈔》卷五，民國《重修酆都縣志》卷首、卷六、卷一四。

光緒《酆都縣志》四卷首一卷（田秀栗　徐濬鏞修　徐昌緒纂　蔣履泰增纂）　存

今存光緒十九年增續重刻同治本（方志聯合目錄）。

詩五首　存

收入《蜀詩續鈔》卷五。

文三篇　存

收入光緒《酆都縣志》卷首，光緒《岳池縣志》卷一八，民國《重修酆都縣志》卷一一。

王五桂

字雙山。道光間歲貢生。見民國《重修酆都縣志》卷一四。

詩一首　存

收入光緒《酆都縣志》卷四，民國《重修酆都縣志》卷一一。

向世琳

道光二十九年拔貢生。見光緒《酆都縣志》卷二，民國《重修酆都縣志》卷六。

文一篇　存

收入民國《重修酆都縣志》卷一一。

曾繼賢

字靭齋。歲貢生。隱居授徒，道光中，邑令張紹齡荐舉孝廉方正，不應。見民國《重修酆都縣志》卷一三。按民國《重修酆都縣志》卷四，張紹齡任酆都縣令在道光二十二年至二十四年，則荐繼賢亦當在此期間。

詩三首　存

收入光緒《酆都縣志》卷四，民國《重

修酆都縣志》卷一一。

王元曾

字桂珊。由咸豐十一年拔貢生中同治三年順天舉人，九年，權湖北南漳縣事，擢升沔陽州知州。後主講平山、五雲等書院。見光緒《酆都縣志》卷三，民國《重修酆都縣志》卷一四。

詩二首 存

收入光緒《酆都縣志》卷四，民國《重修酆都縣志》卷一一。

文五篇 存

收入光緒《酆都縣志》卷四，民國《重修酆都縣志》卷一一。

傅世綸

號鷗村，字翰仙。年十八為諸生，喜談兵。咸豐九年進士，官戶部主事，升員外郎。奉命回川練團。同治二年二月，被石達開軍焚殺。見光緒《酆都縣志》卷三，民國《重修酆都縣志》卷六、卷一四。

鷗村詩存

見民國《重修酆都縣志》卷一。

詩二首 存

收入民國《重修酆都縣志》卷一一。

孫懷駿

字煥章。恩貢生。見民國《重修酆都縣志》卷一四。

三聖經句解 存

見民國《重修酆都縣志》卷一四。

今存民國北京天華館鉛印本（國圖）。

文一篇 存

收入民國《重修酆都縣志》卷一一。

曾溥

字筱泉。廩生，歷任貴州八寨廳，思州、貴陽、都匀各府知府。卒封榮祿大夫。見民國《重修酆都縣志》卷六、卷一四。

公餘補拙草

見民國《重修酆都縣志》卷一四。

佘元章

號琴雅。光緒二年舉人，主講酆都五雲書院，兼精医術。嗣以大挑任陝西延長縣知縣。見民國《重修酆都縣志》卷六、卷一四。

詩一首 存

收入民國《重修酆都縣志》卷一一。

郎承謨

號希輔，字定齋。光緒十五年舉人，次年成進士，官翰林院庶吉士；散館，授戶部主事。歷任正安州知州、黎平府知府，調平越州知州。入民國鄉居，卒，年四十八。見民國《重修酆都縣志》卷一四。

詩三首 存

收入民國《重修酆都縣志》卷一一。

文一篇 存

收入光緒《酆都縣志》卷首。

郎承詵

號潛夫，字爾宜，承謨弟。廩生。納粟授知縣，歷官至雲南楚雄府知府、署迤西道。民國元年任酆都知事。年五十五卒。見民國《重修酆都縣志》卷首、卷四、卷一四。

民國《重修酆都縣志》（黄光輝等修 郎承詵 余樹堂等纂）十四卷 存

今存民國十六年鉛印本（方志聯合目錄）。

詩八首 存

收入民國《重修酆都縣志》卷一一。

劉麒義

字集生。歲貢生。選為四川省諮議局議員，於四川保路運動，多所贊助。見民國《重修酆都縣志》卷六、卷一四。

詩一首 存

收入民國《重修酆都縣志》卷一一。

廖應夢

字兆先。見光緒《酆都縣志》卷四《補遺》，民國《重修酆都縣志》卷一四。

孝篇 三字孝文

見光緒《酆都縣志》卷四《補遺》，民國《重修酆都縣志》卷一四。

傅永圖

年十四入邑庠。後以攻擒石砫教徒歐永昌得奬六品軍功。晚治宋學，年八十卒。見民國《重修酆都縣志》卷一四。

易象解 尚文亭詩集

見民國《重修酆都縣志》卷一四。

詩二首 存

收入民國《重修酆都縣志》卷一一。

林鵬雲

字星垣。歲貢生。見民國《重修酆都縣志》卷首、卷六。

文一篇 存

收入民國《重修酆都縣志》卷首。

譚宗樞

字綺垣。貢生。任酆都縣議會議長兼民團督辦。見民國《重修酆都縣志》卷一四。

詩一首 存

收入民國《重修酆都縣志》卷一一。

王雅言

字諧齋。文生，道光間歲貢生五桂子。館於銅梁縣周培家塾。見光緒《酆都縣志》卷四《補遺》，光緒《銅梁縣志》卷九，民國《重修酆都縣志》卷一四。

蓮溪詩草四卷

見光緒《銅梁縣志》卷九。

詩一首 存

收入民國《重修酆都縣志》卷一一。

余樹堂

字汝藩。光緒二十八年舉人，揀選知縣。見民國《重修酆都縣志》卷首、卷六。

民國《重修酆都縣志》（黄光輝等修 郎承詵 余樹堂等纂）十四卷 存

今存民國十六年鉛印本（方志聯合目錄）

文一篇 存

收入民國《重修酆都縣志》卷首。

何宗笏

字晉青。恩貢生，任團總廿餘年。見民國《重修酆都縣志》卷六、卷一四。

詩一首 存

收入民國《重修酆都縣志》卷一一。

胡德銓

橋棠詩草

見光緒《酆都縣志》卷三。

佘起鴻

歲貢生。見民國《重修酆都縣志》卷六。

詩二首 存

收入光緒《酆都縣志》卷四，民國《重修酆都縣志》卷一一。

文一篇 存

收入光緒《酆都縣志》卷四，民國《重修酆都縣志》卷一一。

王德章

字竹松。貢生。畢業於成都高等學堂，任酆都高小校長、忠縣中學教習。見民國《重修酆都縣志》卷一四。

詩一首 存

收入民國《重修酆都縣志》卷一一。

鄧　綬

字汝錫。例貢生，川東聯合縣立師範畢業。民國時任四川省議會議員。見民國《重修酆都縣志》卷首、卷六。

文一篇 存

收入民國《重修酆都縣志》卷首。

郎宗霖

民國初任石砫知事。見民國《重修酆都縣志》卷六。

詩一首 存

收入民國《重修酆都縣志》卷一一。

（李榮慧　吴静汶）

墊江縣
（今重慶墊江縣）

李竑鄴

康熙二年舉人，九年成進士，官黄平知州。見光緒《墊江縣志》卷七，《蜀詩續鈔》卷一，民國《巴縣志》附《巴縣文徵》下篇。

詩二首　存
收入光緒《墊江縣志》卷五，《蜀詩續鈔》卷一，民國《巴縣志》附《巴縣文徵》下篇。

文二篇　存
收入同治《巴縣志》卷四下，光緒《墊江縣志》卷一〇。

涂　珪

康熙二十三年舉人，授馬湖府教授。見光緒《墊江縣志》卷七，《墊江鄉土志·歷史》。

詩四首　存
收入光緒《墊江縣志》卷一、卷五。

文一篇　存
收入光緒《墊江縣志》卷一〇。

高之霖

康熙二十三年解元，官廣西南平縣知縣。見光緒《墊江縣志》卷七。

文一篇　存
收入光緒《墊江縣志》卷五。

蕭盛昱

字曉輿，號東谷。康熙二十六年舉人，揀選知縣，改任教職於渠縣。後以軍功敘陞巴東縣令。年六十四卒。見光緒《墊江縣志》卷八，《墊江鄉土志·歷史》。

東谷詩草　流江雜録　間窗賦
見光緒《墊江縣志》卷八。

詩二首　存
收入光緒《墊江縣志》卷一。

高之傳

舉人，康熙四十六年任瀘州學正。見嘉慶《直隸瀘州志》卷六。

文一篇　存
收入嘉慶《直隸瀘州志》卷四。

李　億

寄籍重慶。康熙四十七年舉人。幼孤，事母至孝。見光緒《墊江縣志》卷七，《墊江鄉土志·歷史》。

文一篇　存
收入光緒《墊江縣志》卷二。

陳　中

字用其。雍正五年舉人，八年成進士，任翰林院檢討，改河南新鄭知縣，升貴州正安知州。見光緒《墊江縣志》卷七，《墊江鄉土志·歷史》，《全蜀詩鈔》卷一〇，《蜀詩續鈔》卷五。

陳中詩文集無卷數
見嘉慶《四川通志》卷一八七。

詩二首　存
收入同治《直隸綿州志》卷四九，《全

蜀詩鈔》卷一〇，《蜀詩續鈔》卷五。

董之騂

號天香。乾隆九年舉人。見光緒《墊江縣志》卷七，《墊江鄉土志·歷史》。

詩二首　存

收入光緒《墊江縣志》卷一。

文一篇　存

收入光緒《墊江縣志》卷一。

陳于疇

乾隆二十一年舉人，二十六年成進士。見光緒《墊江縣志》卷七。

詩三首　存

收入光緒《墊江縣志》卷一、卷五。

文二篇　存

收入光緒《墊江縣志》卷五。

程正坤

字厚堂。乾隆二十五年舉人，以軍功授仁懷知縣，歷官威寧知州、古州同知。見光緒《墊江縣志》卷七，《墊江鄉土志·歷史》。

文一篇　存

收入嘉慶《金堂縣志》卷一。

廬　焌

字秉亮，號瑩亭，一號晴潭。乾隆三十年舉人。見光緒《墊江縣志》卷八。

吏治編

見光緒《墊江縣志》卷八。

牆士進

字瓊先，自號九松居士。乾隆三十九年舉人，官射洪縣教諭。見光緒《墊江縣志》卷七，《墊江鄉土志·歷史》，《蜀詩續鈔》卷一。

詩一首　存

收入《蜀詩續鈔》卷一。

文一篇　存

收入光緒《墊江縣志》卷五。

程正階

字石崖。乾隆四十四年舉人。官直隸易州知州。見《蜀詩續鈔》卷一。

詩一首　存

收入《蜀詩續鈔》卷一。

李　惺（1787—1864）

字伯子，號西漚，别號拙修老人、清徹道人。嘉慶二十二年進士，歷官翰林院檢討、詹事府右贊善。後主錦江書院講席二十年。見同治《大邑縣志》卷一六下，光緒《墊江縣志》卷七、卷八，《墊江鄉土志·歷史》，《蜀詩續鈔》卷四，《清人别集總目》頁751。

咸豐《閬中縣志》八卷（徐繼鏞修　李惺等纂）　**存**

今存咸豐元年刻本（方志聯合目錄）。

藥言一卷藥言賸稿一卷　存

今存同治六年湄州劉鴻典等刻西漚全集本（叢書綜錄）；南園叢書本（叢書綜錄）；格言彙編本（叢書綜錄）。

冰言一卷補一卷　存

今存光緒三十四年石印本（國圖）；西漚全集本（叢書綜錄）；南園叢書本

（叢書綜錄）；格言彙編本（叢書綜錄）。

冰言十卷　存

今存光緒三十三年刻本（上圖）。

冰言十卷補録十卷　存

今存光緒三十三年刻本（上圖，北師大）。

冰言十卷補録十卷藥言四卷賸稿四卷　存

今存光緒三十三年刻本（上圖）。

藥言賸稿一卷　存

今存光緒三十四年石印本（國圖）

李西漚老學究語　存

今存光緒十六年刻本（北師大）；光緒十七年傳經堂刻本（上圖）；西京清麓叢書外編本（叢書綜錄）。

老學究語一卷　存

今存光緒間南清河王氏木活字本（國圖）；西漚全集本（叢書綜錄）；南園叢書本（叢書綜錄）。

銅鞄館紖書二卷補二卷　存

今存西漚全集本（叢書綜錄）；南園叢書本（叢書綜錄）。

邛⿰加⻏詩稿二卷　存

見《清人別集總目》頁750。

今存西漚全集本（叢書綜錄，魯圖，贛圖，湘圖，中科院，南開，華中師大，臺灣史語，日本國會）。

西漚文六卷制藝一卷試帖一卷　存

見《清人別集總目》頁750。

今存西漚全集本（叢書綜錄，魯圖，贛圖，湘圖，中科院，南開，華中師大，臺灣史語，日本國會）。

西漚試帖輯注二卷　存

見《清人別集總目》頁751。

今存同治九年善成堂刻本（國圖）；同治間刻本（國圖）；光緒十一年刻本（國圖）；光緒十五年刻本（國圖）；清刻本（粵圖）；七家詩輯注本（臺灣聯合目錄）。

西漚試帖一卷　存

今存道光十二年怡蓮堂硃墨套印本（國圖）；李光明莊硃墨套印本（國圖）；魁文堂刻本（國圖）。

西漚試帖增注二卷　存

今存光緒十八年上海圖書集成印書局鉛印本（國圖）。

西漚遺集不分卷　存

今存抄本（川大）。

西漚外集　存

見《墊江鄉土志·歷史》。

今存同治七年刻本（川大）。

詩一百一十八首　存

收入《全蜀詩鈔》卷三八，《蜀詩續鈔》卷四。

董　湘

原名澍，字信帆，號蓉卿。承熙次子。道光元年舉人，十五年大挑，授金堂縣教諭，正選浙江桐廬知縣。見光緒《墊江縣志》卷七、卷八。

濟美堂文稿二卷

見光緒《墊江縣志》卷八。

蕭秀棠

字廷翰，號子山，別號醒園。道光二年舉人，主教淩雲書院及忠州白鹿書院；十六年成進士，官河南祥符、通許縣知縣。年八十六卒。見光緒《墊江縣志》卷七、卷八，《墊江鄉土志·歷史》，《蜀詩續鈔》卷一，《清人別集總目》頁2050。

醒園詩草十四卷　存

見《清人別集總目》頁2050。

今存稿本（川圖）。

詩二首　存

收入《蜀詩續鈔》卷一。

陳　維

原名維超，字霞軒。道光二年舉人，官什邡縣教諭。見光緒《墊江縣志》卷七，《墊江鄉土志·歷史》，民國《重修什邡縣志》卷九之下。

晚香草堂詩文

見《墊江鄉土志·歷史》。

詩一首　存

收入光緒《墊江縣志》卷五。

李義得

字介人，一字雪仙。道光二十年舉人，二十五成進士，官保寧府教授。後掌教錦屏書院。見光緒《墊江縣志》卷七、卷八，《墊江鄉土志·歷史》。

墨醉軒詩存二卷（李柄靈校）　存

見《清人別集總目》頁762。

今存光緒二十二年墊江李氏刻本（上圖，南圖，川圖，南大，川大）。

詩二十四首　存

收入《蜀詩續鈔》卷一。

程光瀅

字小韓。道光二十四年順天舉人，官至磁州知州，加知府銜。見光緒《墊江縣志》卷七、卷八，《蜀詩續鈔》卷二。

同治《磁州續志》六卷首一卷（程光瀅纂修）　存

今存同治十三年刻本（方志聯合目錄）。

詩三首　存

收入《蜀詩續鈔》卷二。

戴賓周

字鷺于，一作德陽人。同治十二年舉人，光緒六年成進士，任敘州府教授，改保寧府教授。見光緒《墊江縣志》卷七，《蜀詩續鈔》卷三。

詩一首　存

收入光緒《墊江縣志》卷五，《蜀詩續鈔》卷三。

李炳靈

字可漁，一字我魚。光緒五年舉人，選授德陽縣教諭。見光緒《墊江縣志》卷一、卷七，《蜀詩續鈔》卷三。

光緒《墊江縣志》十卷（謝必鏗修　李炳靈纂）　存

今存光緒二十六年刻本（方志聯合目錄）。

墊江縣鄉土志不分卷（陳忠良　李炳靈編）　存

今存民國六年鉛印本（方志聯合目錄）。

光緒《德陽縣志續編》十卷首一卷末一卷（鈕傳善修　李炳靈　楊漢纂）　存

今存光緒三十一年刻本（方志聯合目錄）。

桂溪耆舊集十二卷（輯）　存

今存光緒十一年刻本（國圖）。

詩二十三首　存

收入光緒《德陽縣志續編》卷九，光緒《墊江縣志》卷一、卷一〇，《蜀詩續鈔》卷三，民國《德陽縣志》卷三。

文十四篇　存

收入光緒《德陽縣志續編》卷五、卷九，光緒《墊江縣志》卷二、卷四、卷五、卷一〇，光緒《梁山縣志》卷一〇，民國《德陽縣志》卷三。

李　洋

字小瀾，易名兆璥。光緒十四年舉人，候選教諭。見光緒《墊江縣志》卷七，《蜀詩續鈔》卷三。

詩一首　存

收入《蜀詩續鈔》卷三。

文一篇　存

收入光緒《墊江縣志》卷五。

孔廣湛

字西橋。貢生。見《蜀詩續鈔》卷二。

詩二首　存

收入《蜀詩續鈔》卷二。

程　楹

字黼堂。布衣。見《蜀詩續鈔》卷三。

詩一首　存

收入《蜀詩續鈔》卷三。

李　瀛

字海農。增生。見《蜀詩續鈔》卷三。

炒冬山房古今體詩存

見《蜀詩續鈔》卷三。

詩二首　存

收入《蜀詩續鈔》卷三。

李濯纓

字又鮮。諸生。見《蜀詩續鈔》卷三。

詩五首　存

收入《蜀詩續鈔》卷三。

李時謙

字文茵。見《蜀詩續鈔》卷三。

詩四首　存

收入《蜀詩續鈔》卷三。

陳維江

詩一首　存

收入光緒《西充縣志》卷一三。

陳嘉猷

歲貢生。見光緒《墊江縣志》卷七，《墊江鄉土志·歷史》。

詩一首　存

收入光緒《墊江縣志》卷五。

蕭　雲

字路青，號柏園。恩貢生。候選州判。工書法，搆松友山房，藏書千卷。見光緒《墊江縣志》卷七，《墊江鄉土志·歷史》，《蜀詩續鈔》卷一。

柏園詩文集

見《墊江鄉土志·歷史》。

卑邇堂文集　松友山房詩草

見《蜀詩續鈔》卷一。

詩三首　存

收入光緒《墊江縣志》卷一、卷五、卷一〇，《蜀詩續鈔》卷一。

李丹生

庠生。後棄舉子業，以詩自隱。見

《墊江鄉土志·歷史》。

松雲集

見《墊江鄉土志·歷史》。

詩四首 存

收入光緒《墊江縣志》卷一、卷五。

文一篇 存

收入光緒《墊江縣志》卷五。

任泰儀

字春田。處士。見《墊江鄉土志·歷史》。

雲耕書屋詩文集

見《墊江鄉土志·歷史》。

孔廣贇

字西橋。諸生。見《墊江鄉土志·歷史》。

看耕山房詩草

見《墊江鄉土志·歷史》。

蕭 爕

字理庵。歲貢生。見《墊江鄉土志·歷史》。

理庵遺藁

見《墊江鄉土志·歷史》。

李象璽

字藻鮮，一作德陽人。同治十二年拔貢生，考取正紅旗教習，任遂寧縣教諭，主講凌雲書院。見《墊江鄉土志·歷史》，《蜀詩續鈔》卷三。

務時敏齋文集二卷　玉樹堂詩四卷　橐筆録尺牘四卷

見《墊江鄉土志·歷史》。

務時敏齋詩存

見《蜀詩續鈔》卷三。

詩三首 存

收入光緒《墊江縣志》卷四、卷五，《蜀詩續鈔》卷三。

文一篇 存

收入光緒《墊江縣志》卷四。

孫 慈

字雅軒，一字雲伯。廩生。見《墊江鄉土志·歷史》。

小渭川詩草

見《墊江鄉土志·歷史》。

文一篇 存

收入光緒《墊江縣志》卷二。

盧 模

字超凡。廩生，曾參纂光緒《墊江縣志》。見光緒《墊江縣志》卷一。

文一篇 存

收入光緒《墊江縣志》卷二。

高 科

歲貢生，官眉州學正。見光緒《墊江縣志》卷七。

詩一首 存

收入光緒《墊江縣志》卷一。

劉及向

歲貢生。見光緒《墊江縣志》卷七。

文一篇 存

收入光緒《墊江縣志》卷一。

高燕山

歲貢生。見光緒《墊江縣志》卷七。

詩一首 存

收入光緒《墊江縣志》卷一。

陳 銷

歲貢生。見光緒《墊江縣志》卷七。

詩一首 存

收入光緒《墊江縣志》卷一。

沈槐芳

歲貢生。見光緒《墊江縣志》卷七。

文一篇 存

收入光緒《墊江縣志》卷二。

李 均

以軍功運司銜為貴州候補知府。見光緒《墊江縣志》卷七。

文一篇 存

收入光緒《墊江縣志》卷二。

李克洸

拔貢生。見光緒《墊江縣志》卷七。

詩一首 存

收入光緒《墊江縣志》卷五。

（李咏梅）

梁山縣

（今重慶梁平縣）

陳　俊

康熙二十年舉人，官廣西永寧州知州。見嘉慶《梁山縣志》卷一〇，光緒《梁山縣志》卷九。

琴心堂詩集

見嘉慶《梁山縣志》卷一〇，光緒《梁山縣志》卷八、卷九。

高人龍

字惕庵。康熙二十七年進士，官至吏部驗封司員外郎。見嘉慶《梁山縣志》卷一〇，光緒《梁山縣志》卷八、卷九，《全蜀詩鈔》卷八。

詩一首　存

收入《全蜀詩鈔》卷八。

文二篇　存

收入嘉慶《梁山縣志》卷一五、卷一六，光緒《梁山縣志》卷一〇。

馮之璋

康熙間歲貢生。見嘉慶《梁山縣志》卷一〇、卷一一，光緒《梁山縣志》卷九。

詩經論旨

見嘉慶《梁山縣志》卷一一，光緒《梁山縣志》卷九。

歷難紀　綱鑑意旨

見嘉慶《梁山縣志》卷一一，嘉慶《四川通志》卷一八四，光緒《梁山縣志》卷九。

詩二首

收入嘉慶《梁山縣志》卷一三，光緒《梁山縣志》卷一〇。

高大申

字天士。康熙四十四年舉人。見《全蜀詩鈔》卷八。

詩一首　存

收入《全蜀詩鈔》卷八。

李　御

雍正元年鄉試解元。為古文，有歐蘇體法。見嘉慶《梁山縣志》卷一〇，光緒《梁山縣志》卷九。

文一篇　存

收入光緒《梁山縣志》卷一〇。

馮之柱

號石公。雍正中恩貢生。見嘉慶《梁山縣志》卷一〇、卷一三，光緒《梁山縣志》卷八、卷一〇。

詩一首　存

收入嘉慶《梁山縣志》卷一三，光緒《梁山縣志》卷一〇。

文一篇　存

收入嘉慶《梁山縣志》卷八。

劉仕偉

字信吾，一字鼎隅。乾隆元年武舉人，十年中武進士，歷任山西大同鎮左營游擊、寧武關參將。見嘉慶《梁山縣志》卷一〇、卷一一，嘉慶《四川通志》卷一八四，《錦里新編》卷四，光緒《梁山縣志》卷八，《清人別集總目》

頁520。

金川從戎事實

見嘉慶《梁山縣志》卷一一，嘉慶《四川通志》卷一八四，《錦里新編》卷四。

灼龜

見《錦里新編》卷四。

浮香齋一隅草學詩五卷　存

見《清人別集總目》頁520。

今存清刻本（粵圖）。

一隅草學詩　存

見《清人別集總目》頁520。

今存清刻本（洛陽）。

詩十七首　存

收入嘉慶《梁山縣志》卷一二、卷一三，光緒《梁山縣志》卷一〇。

葉　玉

乾隆十三年歲貢生。見嘉慶《梁山縣志》卷一〇、卷一一，光緒《梁山縣志》卷八、卷九。

家訓韻語

見嘉慶《梁山縣志》卷一一，光緒《梁山縣志》卷九。

文一篇　存

收入嘉慶《梁山縣志》卷一五，光緒《梁山縣志》卷一〇。

李　榕

字方明。乾隆二十七年舉人。見嘉慶《梁山縣志》卷一〇，光緒《梁山縣志》卷八、卷九。

文二篇　存

收入嘉慶《梁山縣志》卷一六，光緒《梁山縣志》卷一〇。

秦　漣

乾隆四十二年舉人，四十三年成進士，任武岡州知州。見嘉慶《梁山縣志》卷一〇，光緒《梁山縣志》卷八。

文一篇　存

收入嘉慶《梁山縣志》卷一六，光緒《梁山縣志》卷一〇。

楊紹時

乾隆四十二年拔貢生，任昭化縣教諭。見嘉慶《梁山縣志》卷一〇，光緒《梁山縣志》卷八。

詩一首　存

收入嘉慶《梁山縣志》卷一二，光緒《梁山縣志》卷一〇。

邵　璽

嘉慶五年舉人。見嘉慶《梁山縣志》卷一〇，光緒《梁山縣志》卷八。

詩二首　存

收入嘉慶《梁山縣志》卷一三，光緒《梁山縣志》卷一〇。

文一篇　存

收入嘉慶《梁山縣志》卷二，光緒《梁山縣志》卷一〇。

曾邦彥

嘉慶六年優貢生。見嘉慶《梁山縣志》卷一〇，光緒《梁山縣志》卷八。

詩一首　存

收入嘉慶《梁山縣志》卷一二，光緒《梁山縣志》卷一〇。

劉彥衝（1807—1847）

原名榮，字泳之，號梁壑。居吴門。見《清人別集總目》頁542。

歸實齋遺集十卷首一卷末一卷 存

見《清人別集總目》頁542。

今存道光二十八年顧鎰刻本（上圖）。

原按：有劉履芬跋。

歸實齋遺集一卷 存

見《清人別集總目》頁542。

今存民國十七年鉛印江湜撰伏敔堂詩選本附（上圖，南圖）。

邵景澐

道光八年舉人，任開縣教諭。見光緒《梁山縣志》卷八。

文一篇 存

收入同治《忠州直隸州志》卷一二。

張麟祥

字瑞堂。道光十四年舉人，任成都縣訓導。見光緒《梁山縣志》卷八、卷九。

讀史紀要詳註　司空詩品旁訓

見光緒《梁山縣志》卷九。

張其幹

道光二十年舉人，官湖北知縣。見光緒《梁山縣志》卷八。

文一篇 存

收入光緒《梁山縣志》卷一〇。

賴朝舉

咸豐元年舉人，官刑部主事。見光緒《梁山縣志》卷八。

文一篇 存

收入光緒《梁山縣志》卷一〇。

黃河清

同治三年舉人。見光緒《梁山縣志》卷八。

詩四首 存

收入光緒《梁山縣志》卷一〇。

張映垣

同治十三年歲貢生。見光緒《梁山縣志》卷八。

詩一首 存

收入光緒《梁山縣志》卷一〇。

袁繼安

字雪岑。諸生，屢薦不中，教授鄉塾，年八十卒。見光緒《梁山縣志》卷九。

師說　功過格注　元宰必讀　續增廣　可以興編　幼學必讀　四書不二字

見光緒《梁山縣志》卷九。

李德洋

字向若，號恩溥。隱居不仕，以著述自樂。見光緒《梁山縣志》卷九。

養正輯要　金剛經註解

見光緒《梁山縣志》卷九。

李鴻鈞

字穉瑛，號吟史。庠生，調尊經書院肄業，卒年三十八。見光緒《梁山縣志》卷九。

寶綸堂詩稿　感應篇試帖

見光緒《梁山縣志》卷九。

釋竹禪

本縣報國寺僧，工畫人物。年七十，坐化於南海普陀山。見《蜀詩續鈔》卷八。按：此僧籍貫不詳，姑繫於本縣。

詩二首　存

收入《蜀詩續鈔》卷八。

（李咏梅）

酉陽直隸州

（今重慶酉陽土家族苗族自治縣）

冉廣燏

字絅庵，號櫟溪。一作巴縣人。中乾隆三十七年進士，任山東屯留縣知縣。見道光《重慶府志》卷八，同治《增修酉陽直隸州總志》卷一五、卷一七，民國《巴縣志》卷一〇下。

寓庸堂文稿　二柳山房雜著

見道光《重慶府志》卷八，同治《增修酉陽直隸州總志》卷一七，民國《巴縣志》卷一〇下，民國《新修合川縣志》卷三四。

冉廣鯉

字海容，號松亭。乾隆五十五年州歲貢生，年七十三卒。見同治《增修酉陽直隸州總志》卷一五、卷一七。

詩一首　存

收入同治《增修酉陽直隸州總志》卷二二。

文一篇　存

收入同治《增修酉陽直隸州總志》卷二〇。

冉正維

字德隅，號地山。嘉慶六年拔貢生。見同治《增修酉陽直隸州總志》卷一五、卷一七。

詩四首　存

收入同治《增修酉陽直隸州總志》卷二二，《全蜀詩鈔》卷三三。

冉瑞岱

號石雲。正維第三子。道光五年拔貢生。見同治《增修酉陽直隸州總志》卷一五、卷一七。

詩文偶存二卷

見同治《增修酉陽直隸州總志》卷一七。

詩二十首　存

收入同治《增修酉陽直隸州總志》卷二二，《全蜀詩鈔》卷四六，《清詩匯》卷一三二。

文二篇　存

收入同治《增修酉陽直隸州總志》卷二〇。

陳序樂

號魯亭。少有文名，嘉慶十五年舉人，官直隸保定府定興縣知縣，後主講二酉書院。見同治《增修酉陽直隸州總志》卷一五、卷一七。

文一篇　存

收入同治《增修酉陽直隸州總志》卷七。

馮世瀛

號壺川，自稱味無味齋主人。道光十一年舉人，官金堂縣訓導。見同治《增修酉陽直隸州總志》卷首、卷一五。

五經集解五種石經考辯二卷畊餘瑣録十二卷　存

今存同治十年刻本（上圖）。

增訂耕餘瑣錄十二卷　存

今存同治十二年刻本（國圖）。

增訂二酉英華二十四卷（輯）　存

今存光緒元年夏承勳夏縉光刻本（川大）。

雪樵經解三十卷（輯）　存

今存光緒八年秋樹根齋刻本（國圖，上圖，北大）；光緒十一年慈水馮氏辨齋鉛印本（國圖，上圖，南大）；光緒十二年上海點石齋石印本（上圖）；光緒十六年上海廣百宋齋石印本（上圖）；清末石印本（國圖）。

同治《增修酉陽直隸州總志》二十二卷首一卷（王鱗飛等修　馮世瀛　冉崇文纂）　存

今存同治二年刻本（方志聯合目録）。

候蟲吟草十六卷　存

見《清人別集總目》頁353。

今存同治十年馮氏味無味齋刻本（南大，川大）。

詩四十三首　存

收入《全蜀詩鈔》卷五〇。

冉崇文

字右之。廪生。見同治《增修酉陽直隸州總志》卷首，《全蜀詩鈔》卷五九，《清詩匯》卷一六九。

同治《增修酉陽直隸州總志》二十卷首一卷（與馮世瀛合纂）　存

詳見上馮世瀛條。

二酉山房詩鈔

見《全蜀詩鈔》卷五九，《清詩匯》卷一六九。

詩二十八首　存

收入《全蜀詩鈔》卷五九，《清詩匯》卷一六九。

文一篇　存

收入《候蟲吟草》卷一。

冉正嶽

字崧維，號雲亭。道光十七年拔貢生。見同治《增修酉陽直隸州總志》卷一五、卷一七。

詩十七首　存

收入同治《增修酉陽直隸州總志》卷二二，《全蜀詩鈔》卷五六。

蔡世佑

字吉堂。道光二十年舉人，二十五年成進士，官江蘇溧陽縣知縣，後署新陽縣。見同治《增修酉陽直隸州總志》卷一五、卷一七，《全蜀詩鈔》卷五二。

退思軒詩鈔六卷

見《全蜀詩鈔》卷五二。

詩十四首　存

收入同治《增修酉陽直隸州總志》卷二二，光緒《秀山縣志》卷二，《全蜀詩鈔》卷五二。

田序統

字繼齋。廪生。見同治《增修酉陽直隸州總志》卷二二。

詩一首　存

收入同治《增修酉陽直隸州總志》卷二二。

陳序禮

字立山。附生。見同治《增修酉陽直隸州總志》卷二二。

詩一首　存

收入同治《增修酉陽直隸州總志》卷二二。

冉瑞嵩

字祝三。增生。見同治《增修酉陽直隸州總志》卷二二。

詩一首　存

收入同治《增修酉陽直隸州總志》卷二二。

馮世熙

字京庵。廩生。見同治《增修酉陽直隸州總志》卷二二。

詩一首　存

收入同治《增修酉陽直隸州總志》卷二二。

陳繼川

字江樓。增生。見同治《增修酉陽直隸州總志》卷二二。

詩一首　存

收入同治《增修酉陽直隸州總志》卷二二。

張廷視

廩生。見同治《增修酉陽直隸州總志》卷二二。

詩一首　存

收入同治《增修酉陽直隸州總志》卷二二。

冉正基

字立堂。附生。見同治《增修酉陽直隸州總志》卷二二。

詩一首　存

收入同治《增修酉陽直隸州總志》卷二二。

冉瑞銑

庠生。見光緒《黔江縣志》卷五。

詩一首　存

收入光緒《黔江縣志》卷五。

田世醕

字旦初。貢生。見《全蜀詩鈔》卷三五。

臥雲小草四卷

見《全蜀詩鈔》卷三五。

詩十二首　存

收入《全蜀詩鈔》卷三五。

田經畬

字硯秋。歲貢生。見《全蜀詩鈔》卷五九。

詩九首　存

收入《全蜀詩鈔》卷五九。

曾　煒

字乙垣。貴州試用縣丞。見《全蜀詩鈔》卷五九。

鴻爪留痕集

見《全蜀詩鈔》卷五九。

詩十九首　存

收入《全蜀詩鈔》卷五九。

冉崇治

字宓琴。諸生。候選訓導。見《全蜀詩鈔》卷五九。

詩五首　存

收入《全蜀詩鈔》卷五九。

釋萬松

字履雲。天龍寺住持。晚年移錫湖南龍山縣桂塘垻。見《全蜀詩鈔》卷六三，《蜀詩續鈔》卷八。

竹院吟二卷

見《全蜀詩鈔》卷六三。按：《蜀詩續鈔》卷八作竹院閒吟二卷。

詩十四首　存

收入《全蜀詩鈔》卷六三，《蜀詩續鈔》卷八。

王　簡

竹庵詩録六卷　存

見《清人别集總目》頁75。

今存民國五年王氏長沙刻本（川圖）。

陳　宸

字子駿。幼即工詩賦、能文章。年十五，為州庠生。同治六年鄉試落第後，王闓運調其入尊經書院，住院近三十年。見《酉陽陳氏塤篪集》卷首。

酉陽陳氏塤篪集前集　存

今存民國二十四年鉛印本（川大）。

陳　寬

字子馭，宸弟。宣統末年主成都西顧報館筆政。見《酉陽陳氏塤篪集》卷首。

酉陽陳氏塤篪集後集　存

今存民國二十四年鉛印本（川大）。

萬　鈞

字仲衡。處士。其弟季玉為民國川軍第三軍參謀長。見《韻篁軒遺稿·序》。

韻篁軒遺稿不分卷　存

今存民國八年成都鉛印本（川大）。

劉　揚

字香浦。清末諸生。入民國，為四川省省議員。見《香湖詩草》卷首。

香湖詩草二卷　存

今存民國石印本（川大）。

（李咏梅）

秀山縣

（今重慶秀山土家族苗族自治縣）

糜奇瑜

字象輿，號朗峰。乾隆五十四年拔貢生，廷試優等，授戶部七品京官，遷主事。嘉慶三年中舉，充軍機章京，轉員外郎。道光二年，官貴州布政使，攝巡撫。四年，轉太僕寺正卿。七年卒。見同治《增修酉陽直隸州總志》卷一七，光緒《秀山縣志》卷九。

治臺要略一卷

見光緒《秀山縣志》卷一〇。

政蹟滙覽十卷（編）　存

今存道光十年蜀東糜氏刻本（國圖，北大）。

文一篇　存

收入同治《增修酉陽直隸州總志》卷二〇。

楊　芳（1770—1846）

字誠村。乾隆六十年以把總從討川湖教黨，以功擢寧陝鎮總兵，尋署固原提督。道光間，歷官四川、廣西、湖南提督。道光二十六年卒，年七十七。見光緒《秀山縣志》卷九、卷一〇。

平平錄十卷　存

見光緒《秀山縣志》卷一〇。

今存清稿本（北大）；道光十三年梓潼橋刻本（國圖，北大）；華陽王文運梓潼橋道光十九年刻本（上圖）。按：國圖著錄署名爲楊芳誠，當誤。

西征筆記二卷

見光緒《秀山縣志》卷一〇。

果勇侯自編年譜四卷　存

今存清刻本（國圖，北大）。

宫傅楊果勇侯自編年譜二卷　存

今存道光二十年廣東南海傅氏實和堂刻本（北師大）。

宫傅楊果勇侯自編年譜三卷　存

今存道光二十年廣東南海傅氏實和堂刻本（上圖）。

宫傅楊果勇侯自編年譜五卷　存

今存秦翰才手抄本（上圖）；道光二十年南海傅祥麟實和堂刻本（國圖），存卷一至卷三。

皇清誥贈果勇侯妻一品夫人繼配龍夫人事略　存

今存清刻本（北大）。按：以下三種，原著錄爲楊芳撰，疑爲他人代作。待考。

楊時齋宫保中外勤勞録一卷　存

今存抄本（上圖）；道光刻本（上圖）。

楊宫保勤勞録不分卷　存

今存清刻本（上圖）。

詩二首　存

收入光緒《秀山縣志》卷二。

孫宗瑛

字竹嶼。嘉慶六年拔貢生，十三年中順天副榜。道光九年，揀發山東，歷署禹城、城武、沂水、淄川等縣。見同治《增修酉陽直隸州總志》卷一七，光緒《秀山縣志》卷九、卷一〇。按：同治《增修酉陽直隸州總志》卷一五孫宗瑛條下云其中乾隆三十五年副榜，官湖南知縣，升鳳凰廳同知。疑為另一人。

居官法戒二卷

見光緒《秀山縣志》卷一〇。按：二卷，同治《增修酉陽直隸州總志》卷一七作五十條。

文一篇　存

收入光緒《秀山縣志》卷一〇。

卓玉瑨

嘉慶十二年舉人。見同治《增修酉陽直隸州總志》卷一五。

詩一首　存

收入光緒《秀山縣志》卷二。

徐映台

字奎垣，一字西（熙）堂，嘉慶十三年解元。見同治《增修酉陽直隸州總志》卷一五、卷一七，光緒《秀山縣志》卷九。

象占撮秘十八卷

見光緒《秀山縣志》卷一〇。

詩一首　存

收入光緒《秀山縣志》卷二。

王行之

字慎修，號東橋。庠生。見同治《增修酉陽直隸州總志》卷一七。

詩一首　存

收入光緒《秀山縣志》卷二。

王達琮

原名大宗，字屏山，行之子。道光十七年舉人，二十一年成進士，由禮部主事轉員外郎，遷郎中。見同治《增修酉陽直隸州總志》卷一五、卷一七，光緒《秀山縣志》卷九、卷一〇。

易説一卷　古大學説一卷　中庸管見一卷　孟子管見一卷　牧民邇言一卷　地學　仁孝淵源錄　葬經注　雙峰書屋文鈔紀游小草四卷

見光緒《秀山縣志》卷一〇。

詩七首　存

收入光緒《秀山縣志》卷二。

王繩祖

字元圃，達琮子。同治十二年舉人，江西候補知縣。見光緒《秀山縣志》卷九、卷一〇。

詩鵠約編十二卷（與王維舉同編）

見民國《新繁縣志》卷三〇。

由升堂

字石檽。道光十五年歲貢生。見同治《增修酉陽直隸州總志》卷一五、卷一七，光緒《秀山縣志》卷九、卷一〇。

易无字書十二卷　睡鶴山莊詩集四卷

見光緒《秀山縣志》卷一〇。

詩一首　存

收入光緒《秀山縣志》卷二。

張廷曦

字曉村。道光十七年舉人。見同治《增修酉陽直隸州總志》卷一五，光緒《秀山縣志》卷九、卷一〇。

曉村詩集四卷

見光緒《秀山縣志》卷一〇。

吳熙奎

字亮亭。道光時諸生，監酉陽屯田

局事二十年，年六十四卒。光緒《秀山縣志》卷一〇。

理學纂要四卷　孝子傳一卷　孝思錄三卷　傳忠錄三卷　正氣錄三卷　正誼明道錄六卷　半農吟草二卷

見光緒《秀山縣志》卷一〇。

詩一首　存

收入光緒《秀山縣志》卷二。

李稷勳

一名稷雲，字伯粢，又字伯子，號姚琴。光緒十四年舉人，二十四年成進士，官至郵傳部左參議，總督川漢鐵路事。見光緒《秀山縣志》卷九，《清人別集總目》頁833。《清史稿》卷四八六有傳。

四川商辦川漢鐵路宜昌工廠志痛之碑　存

今存民國二年石印本（國圖）。

四川商辦鐵路駐宜公司第一期報告冊　存

今存宣統二年鉛印本（國圖）。

甓盦詩錄一卷　存

見《清人別集總目》頁833。

今存光緒二十四年刻本（上圖，粵圖，南大）。

甓盦詩錄四卷　存

今存光緒二十四年刻本（北師大，南大）；民國十五年秀山李氏刻本（國圖，北大，北師大）；民國十五年李氏朱印本（國圖，上圖，北大）。

甓盦詩錄五卷　存

見《清人別集總目》頁833。

今存民國十五年秀山李氏北京排印本（遼圖，川圖）。

譚永懋

字績之。縣學生員，年八十餘尚在世。見光緒《秀山縣志》卷一〇。

詩經纂義十卷

見光緒《秀山縣志》卷一〇。

蕭大士

字希賢。諸生。絕意進取，授徒以終。見光緒《秀山縣志》卷一〇。

周易彙纂四卷　春秋補義十卷　家禮述宜二卷　弟子規一卷　小學韻語一卷

見光緒《秀山縣志》卷一〇。

田尹耕

字莘農。諸生。見光緒《秀山縣志》卷一〇。

莘農詩鈔二卷

見光緒《秀山縣志》卷一〇。

詩一首　存

收入光緒《秀山縣志》卷二。

胡志伊

字覺軒。諸生。見光緒《秀山縣志》卷一〇。

左傳紀事本末長編二十卷　聽雨樓集五卷

見光緒《秀山縣志》卷一〇。

詩一首　存

收入光緒《秀山縣志》卷二。

李光第

縣學生，贊唐子。以親老不應鄉舉，卒年三十八。見光緒《秀山縣志》卷一〇。

寄吾廬文鈔二卷詩鈔四卷

見光緒《秀山縣志》卷一〇。

糜良澤

官太守。見《蜀詩續鈔》卷二。

詩一首　存

收入《蜀詩續鈔》卷二。

李　遜

字仲言。舉人，畢業於譯學館。見《清詩匯》卷一八二。

詩一首　存

收入《清詩匯》卷一八二。

（李咏梅）

黔江縣

（今重慶黔江區）

湯孝基

乾隆三十年拔貢生。見咸豐《黔江縣志》卷三，同治《增修酉陽直隸州總志》卷一五。

文一篇　存

收入咸豐《黔江縣志》卷四，同治《增修酉陽直隸州總志》卷二〇。

程宗彛

乾隆四十二年拔貢生。見咸豐《黔江縣志》卷三，同治《增修酉陽直隸州總志》卷一五，光緒《黔江縣志》卷四。

詩一首　存

收入光緒《黔江縣志》卷五。

李祖培

字栽之，號北山。嘉慶間監生，捐任浙江錢塘縣縣丞。見同治《續增黔江縣志》卷一，光緒《黔江縣志》卷首、卷四，《黔江縣鄉土志·學問》。

樗碧山房文集八卷詩鈔八卷詞鈔四卷

見同治《續增黔江縣志》卷一，光緒《黔江縣志》卷五，《黔江縣鄉土志·學問》。

蔗尾敔吟試帖　黔江志稿二卷

見光緒《黔江縣志》卷五，《黔江縣鄉土志·學問》。

文二篇　存

收入光緒《黔江縣志》卷首、卷二。

劉榮新

道光三年歲貢生。見咸豐《黔江縣志》卷三，同治《增修酉陽直隸州總志》卷一五，光緒《黔江縣志》卷四。

文一篇　存

收入咸豐《黔江縣志》卷四，光緒《黔江縣志》卷二。

廖恒昭

道光十六年恩貢生。見咸豐《黔江縣志》卷三。

文一篇　存

收入咸豐《黔江縣志》卷四。

劉肇銘

道光十七年拔貢生。見咸豐《黔江縣志》卷三，同治《增修酉陽直隸州總志》卷一五，光緒《黔江縣志》卷四。

詩一首　存

收入光緒《黔江縣志》卷五。

陳三善

增生，年八十猶在世。見光緒《黔江縣志》卷四，《黔江縣鄉土志·學問》。

三字節要一卷　腴詞連解一卷

見光緒《黔江縣志》卷五，《黔江縣鄉土志·學問》。

文二篇　存

收入光緒《黔江縣志》卷二、卷五。

陳其杓

字斗南，三善子。道光十九年恩科

舉人，主講三台書院。後以辨公有勞給内閣中書銜，年八十一卒。見咸豐《黔江縣志》卷三，同治《增修酉陽直隸州總志》卷一五，光緒《黔江縣志》卷四。

六有齋文集

見光緒《黔江縣志》卷五，《黔江縣鄉土志·學問》。

陳炳暲

三善孫。道光二十九年拔貢生。見咸豐《黔江縣志》卷三，同治《增修酉陽直隸州總志》卷一五，光緒《黔江縣志》卷四。

文一篇 存

收入光緒《黔江縣志》卷一。

李　灼

號倣桃。道光十八年歲貢生。見咸豐《黔江縣志》卷三，光緒《黔江縣志》卷四。

制藝類典

見咸豐《黔江縣志》卷三，光緒《黔江縣志》卷五。

程尚川

字孝濂，號璜溪。咸豐十一年恩貢生，同治三年保舉教諭。見咸豐《黔江縣志》卷三，同治《續增黔江縣志》卷一，光緒《黔江縣志》卷四。

同治《續增黔江縣志》一卷（張鋭堂修程尚川等纂） 存

今存同治三年刻本（方志聯合目錄）；民國間抄本（國圖，川圖）。

道統圖譜二十卷　璜溪文集

見咸豐《黔江縣志》卷三，光緒《黔江縣志》卷五，《黔江縣鄉土志·學問》。

趙大煊

字雲颿。同治十二年拔貢生，任納溪教諭。見光緒《黔江縣志》卷首、卷四。

易筌五卷 存

今存清稿本（川大）；清刻本（川大）。按：光緒《黔江縣志》卷五、《黔江縣鄉土志·學問》著録爲四卷。

讀史劄記二卷　丹輿瑣記二卷　稺學編四卷

見光緒《黔江縣志》卷五，《黔江縣鄉土志·學問》。

預籌中外大勢議一卷 存

今存清稿本（川大）。

欽定四言韻文不分卷 存

今存清稿本（川大）。

詩一首 存

收入光緒《黔江縣志》卷五。

文一篇 存

收入光緒《黔江縣志》卷一。

羅尊五

廩生，以公正舉為保正。見光緒《黔江縣志》卷四，《黔江縣鄉土志·學問》。

翠柏軒詩文集

見光緒《黔江縣志》卷五，《黔江縣鄉土志·學問》。

王鳳岐

文生，以授徒為業。見光緒《黔江

縣志》卷四，《黔江縣鄉土志·學問》。

首善篇

見光緒《黔江縣志》卷五，《黔江縣鄉土志·學問》。

考察日本教育筆記（編）　存

今存抄本（北大）。

陳炳幾

廪貢生，選用訓導。見光緒《黔江縣志》卷四。

開方演草一卷　勾股折訓一卷　元代引蒙一卷

見光緒《黔江縣志》卷五，《黔江縣鄉土志·學問》。

陳其榮

文生。見光緒《黔江縣志》卷五。

詩一首　存

收入光緒《黔江縣志》卷五。

蕭清輝

廪生。見光緒《黔江縣志》卷五。

詩一首　存

收入光緒《黔江縣志》卷五。

許　可

文生。見光緒《黔江縣志》卷五。

詩一首　存

收入光緒《黔江縣志》卷五。

莊鋭廷

監生。見光緒《黔江縣志》卷首。

文一篇　存

收入光緒《黔江縣志》卷二。

程昌瀏

增生。見光緒《黔江縣志》卷五。

詩一首　存

收入光緒《黔江縣志》卷五。

程昌湢

廪生。見光緒《黔江縣志》卷五。

詩一首　存

收入光緒《黔江縣志》卷五。

吴連科

廪生。見光緒《黔江縣志》卷五。

詩一首　存

收入光緒《黔江縣志》卷五。

朱肇琇

廪生。見光緒《黔江縣志》卷五。

詩一首　存

收入光緒《黔江縣志》卷五。

陳藩垣

廪生。見光緒《黔江縣志》卷首。

光緒《黔江縣志》五卷首一卷（張九章修　陳藩垣　陶祖謙等纂）　存

今存光緒二十年刻本（方志聯合目錄）。

光緒《屏山縣續志》二卷首一卷（張九章修　陳藩垣等纂）　存

今存光緒二十四年刻本（方志聯合目錄）；民國二十年鉛印本（方志聯合目錄）。

陶祖謙

貢生。見光緒《黔江縣志》卷首。

光緒《黔江縣志》五卷首一卷　存

見前陳藩垣條。

（李咏梅）

彭水縣

（今重慶彭水苗族土家族自治縣）

李　桓

順治十七年舉人，次年成進士，任新昌縣知縣。見同治《增修酉陽直隸州總志》卷一五，光緒《彭水縣志》卷三、卷三。

懶園集

見光緒《彭水縣志》卷三。

倪渝英

原名向東。康熙八年舉人。見同治《增修酉陽直隸州總志》卷一五，光緒《彭水縣志》卷三。

文一篇　存

收入光緒《彭水縣志》卷四。

董國紳

字三旌。康熙十一年舉人，歷任洪雅、富順、越巂等地教諭。見同治《增修酉陽直隸州總志》卷一五、卷一七，光緒《彭水縣志》卷三、卷三。

詩一首　存

收入同治《增修酉陽直隸州總志》卷二二，光緒《彭水縣志》卷四。

文三篇　存

收入光緒《彭水縣志》卷四。

龔子傑

康熙二十六年拔貢生，官宜賓縣教諭。見同治《增修酉陽直隸州總志》卷一五，光緒《彭水縣志》卷三。

詩一首　存

收入光緒《彭水縣志》卷四。

黄　堅

字如金。雍正四年舉人。見同治《增修酉陽直隸州總志》卷一五、卷二二。

詩一首　存

收入同治《增修酉陽直隸州總志》卷二二。

陳昌智

字午峯。嘉慶六年拔貢生。見同治《增修酉陽直隸州總志》卷一五、卷一七，光緒《彭水縣志》卷三。

詩二首　存

收入同治《增修酉陽直隸州總志》卷二二，光緒《彭水縣志》卷四。

邵美璠

嘉慶十八年拔貢生，道光二年舉人。見同治《增修酉陽直隸州總志》卷一五，光緒《彭水縣志》卷三。

詩二首　存

收入同治《增修酉陽直隸州總志》卷三，光緒《彭水縣志》卷四。

焦元瑞

字芙溪。道光五年拔貢生。見同治《增修酉陽直隸州總志》卷一五、卷二二，光緒《彭水縣志》卷三。

詩一首　存

收入同治《增修酉陽直隸州總志》卷二二

二。

支承祜

字福田。咸豐十一年拔貢生，任兵部武庫司主事，加員外郎銜。見同治《增修酉陽直隸州總志》卷一五，光緒《彭水縣志》卷三。

光緒《彭水縣志》四卷首一卷（莊定域修支承祜等纂）　存

今存光緒元年刻本（方志聯合目錄）。

支承緒

字蔭堂。附生。見同治《增修酉陽直隸州總志》卷一七、卷二二。

詩一首　存

收入同治《增修酉陽直隸州總志》卷二二，光緒《彭水縣志》卷四。

錢世貴

歲貢生。見同治《增修酉陽直隸州總志》卷三，光緒《彭水縣志》卷三。

詩一首　存

收入光緒《彭水縣志》卷四。

董國縉

字朗一。貢生，官九姓司訓導。見同治《增修酉陽直隸州總志》卷一五、卷二〇，光緒《彭水縣志》卷三、卷四。

詩一首　存

收入同治《增修酉陽直隸州總志》卷二二。

文一篇　存

收入同治《增修酉陽直隸州總志》卷二〇，光緒《彭水縣志》卷四。

董　衡

歲貢生。見同治《增修酉陽直隸州總志》卷一五，光緒《彭水縣志》卷三。

文一篇　存

收入光緒《彭水縣志》卷四。

高沛源

歲貢生。見光緒《彭水縣志》卷三。

詩一首　存

收入光緒《彭水縣志》卷四。

鄧永松

廩生。見光緒《彭水縣志》卷四。

詩一首　存

收入光緒《彭水縣志》卷四。

劉龍霖

廩生。見光緒《彭水縣志》卷四。

詩一首　存

收入光緒《彭水縣志》卷四。

李貞女

武生李三魁女。見光緒《彭水縣志》卷四。

詩六首　存

收入光緒《彭水縣志》卷四。

李蓮航

女，何天福妻。見光緒《彭水縣

志》卷四。

詩一首　存

收入光緒《彭水縣志》卷四。

李香圃

女，高肇俊妻。見光緒《彭水縣志》卷四。

詩一首　存

收入光緒《彭水縣志》卷四。

李桂垣

女。見光緒《彭水縣志》卷四。

詩一首　存

收入光緒《彭水縣志》卷四。

李梅村

女。見光緒《彭水縣志》卷四。

詩一首　存

收入光緒《彭水縣志》卷四。

（李咏梅）

眉州直隸州

（今四川眉山市）

吴　慎

入夾江籍。乾隆元年進士，任涞水縣令。見嘉慶《夾江縣志》卷七，民國《夾江縣志》卷七。

詩一首　存

收入嘉慶《眉州屬志》卷一八

郭天禄

字子簡。乾隆十五年舉人，次年成進士，授刑部主政，歷任陝西司郎中。見嘉慶《眉州屬志》卷一〇、卷一一。

文一篇　存

收入嘉慶《眉州屬志》卷一六。

鄧克明

字鏡亭。乾隆二十五年舉人，二十八年成進士，歷任雲南太和、直隸平鄉、河南滎陽縣知縣。見嘉慶《眉州屬志》卷一〇、卷一一。

詩一首　存

收入道光《新津縣志》卷三九。

文一篇　存

收入嘉慶《眉州屬志》卷一六。

王中枚

字卜臣。一作溫江人。乾隆二十七年舉人，四十九年任南充訓導，官至直隸延慶州知州。見嘉慶《續眉州志略・人物志》，嘉慶《南充縣志》卷二，《蜀詩續鈔》卷一，民國《眉山縣志》卷一一，民國《南充縣志》卷八。

陰騭文注釋二卷

見嘉慶《續眉州志略・孝友志》，民國《眉山縣志》卷一一。

詩一首　存

收入《蜀詩續鈔》卷一。

左紹蘭

字筤圃。嘉慶九年舉人。曾參纂續眉州志略。見嘉慶《續眉州志略》卷首序，民國《眉山縣志》卷一一左紉蘭條。

半耕堂（與左紉蘭合著）

見民國《眉山縣志》卷一四。

文一篇　存

收入民國《眉山縣志》卷一一。

左紉蘭

字秋田，晚號拙圃，紹蘭弟。道光元年中鄉試亞元，大挑二等，歷任南溪、安岳縣訓導，陞重慶府教授。年七十九卒。見民國《眉山縣志》卷一一。

半耕堂（與左紹蘭合著）

見民國《眉山縣志》卷一一。

文一篇　存

收入民國《眉山縣志》卷一一。

李青霞

布衣，瞽目而步履如飛。見嘉慶《南充縣志》卷三。

諸家贊

見嘉慶《南充縣志》卷三。

汪 樫

文一篇 存

收入嘉慶《眉州屬志》卷一六。

劉鴻典

字寶臣。咸豐元年舉人，同治元年大挑，借補西充縣訓導，官至廣東徐聞縣知縣。見光緒《西充縣志》卷六，民國《眉山縣志》卷一一。

思誠堂集三卷附顔懷清撰永思堂賸稿一卷 存

民國《眉山縣志》卷一四録作思誠堂集。

今存宣統元年富順三多寨凝善堂刻本（南大）。

莊子約解四卷（戰國莊周撰　劉鴻典輯注） 存

見民國《眉山縣志》卷一一。

今存同治五年眉山劉氏刻本（北大）；同治五年呂仙岩玉成堂刻本（北師大）；清刻本（南大）；民國間北京道德學社鉛印本（國圖）。

思誠堂古文二卷古詩二卷　楞嚴經贅解四卷　醒迷録一卷　訓蒙草一卷　指月録評十卷　稗鈔二卷

見民國《眉山縣志》卷一一。

村學究語一卷

見民國《眉山縣志》卷一一、卷一四。

文一篇 存

收入光緒《西充縣志》卷一四。

徐致遠

名一作自遠。官千總。見民國《峨邊縣志》卷四。

丁長英傳一卷

見民國《峨邊縣志》卷四。

詩一首 存

收入民國《峨邊縣志》卷四。

郭慶琮

字毓靈。見《紙醉廬春鐙百話》卷首。

詩四首 存

收入《紙醉廬春鐙百話》卷首。

黄成紀

龍潭散人詩選 存

見《清人别集總目》頁2013。

今存民國十年黄氏成都刻本（川圖）。

李寶元

琴鐸唱和集二卷（與許時中合撰） 存

見《清人别集總目》頁798。

今存光緒二十四年宜興許氏納溪刻本（川圖）。

眉雲唱和集（與蕭啓湘合撰） 存

見《清人别集總目》頁798。

今存光緒二十八年納溪縣署刻本（川圖）。

懷人百詠詩鈔一卷 存

見《清人别集總目》第798頁。

今存光緒二十八年雲溪官署刻本（南圖，川圖）。

小蓬壺仙館各體雜著序文一卷 存

見《清人别集總目》頁798。

今存光緒二十八年雲溪學署刻本（上圖，南圖）。

古文雜著存稿不分卷 存

見《清人别集總目》頁798。

今存光緒二十九年刻本（南圖）。

（王阿陶）

丹稜縣

（今四川丹棱縣）

彭　珣

字東璧。諸生。於三溪潛心《易》學，學者稱三溪先生，以明經終。見光緒《丹稜縣志》卷七。

易百家注六卷　存

見光緒《丹稜縣志》卷七。

今存乾隆二十三年刻本（北大）。

文一篇　存

收人民國《丹稜縣志》卷三。

彭端淑（1697—1777）

字儀一，號樂齋。雍正十一年進士，官至廣東肇羅道。歸主錦江書院講席，乾隆四十二年卒，年八十一。與弟肇洙、遵泗，時稱三彭。見光緒《丹稜縣志》卷七，《全蜀詩鈔》卷一一，民國《丹稜縣志》卷六，《清人別集總目》頁2163。

萃龍山記一卷　存

今存光緒十七年上海著易堂鉛印本（國圖）；小方壺齋輿地叢抄本。

白鶴堂詩稿十卷　存

見《清人別集總目》頁2162。

今存乾隆刻本（國圖）。

白鶴堂稿不分卷　存

見《清人別集總目》頁2162。

今存乾隆三十六年刻本（南開），原按：有胡天游評；清抄本（南開）；舊抄本（復旦）。

白鶴堂稿　存

見《清人別集總目》頁2162。

版本待考（湘圖）。

白鶴堂文稿　存

今存乾隆刻本（國圖）。

白鶴堂文稿四卷　存

見《清人別集總目》頁2162。

今存嘉慶五年刻本（贛圖）。

白鶴堂文錄一卷　存

見《清人別集總目》頁2163。

今存道光十九年瑞州府鳳儀書院刻李祖陶輯國朝文錄本（叢書綜錄，北大）；咸豐元年終南山館刻國朝文錄本（叢書綜錄）；光緒二十六年上海掃葉山房石印國朝文錄本（叢書綜錄）。

白鶴堂文稿一卷晚年自訂詩稿二卷續一卷戊戌草一卷詩話一卷補一卷　存

見《清人別集總目》頁2163。

今存嘉慶五年彭氏刻本（南大）。

白鶴堂詩文稿文稿一卷詩稿四卷詩話三卷時文稿三卷　存

見《清人別集總目》頁2163。

今存同治六年四川彭氏刻本（川圖）。

白鶴堂晚年自訂詩稿二卷附戊戌草一卷續刻一卷　存

見《清人別集總目》頁2163。

今存民國成都美學林排印本（川圖，川大）。

白鶴堂文稿一卷晚年自訂詩稿二卷續一卷戊戌草一卷（附雪夜詩談三卷國朝詩話補一卷附明人詩話補一卷）　存

見《清人別集總目》頁2163。

今存同治六年四川彭氏刻本（上圖，南圖，復旦，川大）。

雪夜詩談三卷　存

今存乾隆四十二年刻本（國圖）。

雪夜詩談二卷　存

見民國《丹稜縣志》卷六。

今存民國兩彙陳氏鉛印本（南大）。

國朝詩話補一卷　存

今存乾隆四十二年刻本（國圖）。

明人詩話補一卷　存

今存乾隆四十二年刻本（國圖）。

白鶴堂戊戌草一卷　存

今存乾隆刻本（國圖）。

白鶴堂詩稿四卷　存

今存乾隆刻本（國圖）。

白鶴堂詩話三卷補二卷　存

今存乾隆刻本（國圖）。

蜀名家詩抄二卷　粵西紀草一卷

見民國《丹稜縣志》卷六。

詩三十一首　存

收入《全蜀詩鈔》卷一一。

彭肇洙

字仲尹，與端淑為孿生兄弟。雍正十一年同第進士，由刑部主事遷河南道監察御史。見光緒《丹稜縣志》卷七，《全蜀詩鈔》卷一一，民國《丹稜縣志》卷六。

撫松亭詩集

見《全蜀詩鈔》卷一一。

撫松亭遺編二卷　竹牕巽言二卷

見民國《丹稜縣志》卷六。

詩二十二首　存

收入同治《重修成都縣志》卷一一，《全蜀詩鈔》卷一一，民國《丹稜縣志》卷一。

文一篇　存

收入民國《丹稜縣志》卷三。

彭遵泗

字磬泉，肇洙弟。乾隆二年進士，由庶吉士改兵部主事，官凉州同知、江防同知。見光緒《丹稜縣志》卷七，《全蜀詩鈔》卷一一，民國《丹稜縣志》卷六，《丹稜縣鄉土志》上編，《清人別集總目》頁2164。

蜀碧四卷　存

見《丹稜縣鄉土志》上編。

今存乾隆二十八年刻本（國圖，北大，北師大）；乾隆四十二年白鶴堂刻本（國圖，上圖，川大）；嘉慶三年石室刻本（上圖）；嘉慶十二年四卷刻本（北師大）；嘉慶二十年天祿閣刻本（國圖，上圖，南大，川大）；嘉慶虞山張氏刻本（國圖）；道光十九年品石山房活字印本（國圖）；道光二十四年品石山房刻本（北大）；道光錢氏守山閣刻本（國圖）；咸豐二年抄本（國圖）；光緒上海申報館鉛印本（國圖，上圖）；清肇經堂刻本（北大，南大）；清經元堂刻本（上圖，北師大）；清刻本（國圖，北大）；清末四川刻本（上圖）；民國上海進步書局石印本（國圖）；借月山房彙鈔（嘉慶本、景嘉慶本）本（叢書綜錄）；指海（道光本、景道光本）本（叢書綜錄）；澤古齋重抄本（叢書綜錄）；崇正叢書本（叢書綜錄）；式古居彙抄本（叢書綜錄）；申報館叢書正集本（叢書綜錄）；筆記小說大觀本；叢書集成初編本；中國内亂外禍歷史叢書本（叢書綜錄）。

蜀碧四卷附一卷　存

今存清申報館活字本（北大）；清刻本（國圖）。

蜀故二十七卷　存

見民國《丹稜縣志》卷六。

今存道光十四年白鶴堂刻本（南大）；光緒二年讀書堂刻本（北大，南大）；光緒二年刻本（北大，北師大）；光緒二十四年玉元堂校刻本

（上圖）；光緒二十四年至元堂刻本（上圖，川大）。

乾隆《丹稜縣志》十二卷首一卷（李光泗修　彭遵泗等纂）　存

今存乾隆二十六年刻本（方志聯合目錄）。

丹溪遺編一卷

見《清人別集總目》頁2164。按：民國《丹稜縣志》卷六、《丹稜縣鄉土志》上編作二卷。

今存乾隆刻本（南圖）。

詩八首　存

收入《全蜀詩鈔》卷一一。

彭昭麟（1758—?）

號井南居士，端淑子。乾隆五十四年拔貢生。嘉慶初官江南教諭，後從軍。見《全蜀詩鈔》卷二二，《清人別集總目》頁2160。

從征詩草五卷　存

見《清人別集總目》頁2160。

今存嘉慶十三年刻本（國圖，溫州）。

井南詩草

見嘉慶《雙流縣志》卷三，民國《雙流縣志》卷三。

詩三首　存

收入光緒《雙流縣志》卷三，《全蜀詩鈔》卷二二，民國《雙流縣志》卷四。

彭端澂（1715—?）

字子徵。年三十，中乾隆九年舉人，出宰山東棲霞縣，後任黃安縣知縣。見光緒《丹稜縣志》卷七，民國《丹稜縣志》卷六。

詩一首　存

收入光緒《定遠縣志》卷五。

韓兆瑞

字嘉徵，號鵠山。嘉慶三年舉人。見光緒《丹稜縣志》卷七，民國《丹稜縣志》卷六。

南平閒詠

見光緒《丹稜縣志》卷七，民國《丹稜縣志》卷六，《丹稜縣鄉土志》上編。

鵠山文集

見光緒《丹稜縣志》卷七，民國《丹稜縣志》卷六，《丹稜縣鄉土志》上編。

彭蕙芰

名一作蕙支，字樹百，號田橋。嘉慶五年舉人。紀昀延館於家，未幾以疾終，年僅四十餘。見光緒《丹稜縣志》卷七，《全蜀詩鈔》卷三三，民國《丹稜縣志》卷六。

鷗夢軒詩集十二卷

見光緒《丹稜縣志》卷七，民國《丹稜縣志》卷六。

詩三十首　存

收入《全蜀詩鈔》卷三三，民國《丹稜縣志》卷六。

文一篇　存

收入民國《丹稜縣志》卷六。

彭舒英

女，字辛齋，蕙芰妹。適峨眉黃氏。見《全蜀詩鈔》卷六一。

詩二首　存

收入《全蜀詩鈔》卷六一。

瞿敬止

號熙堂。嘉慶二十四年舉人，主講大雅書院。道光六年大挑二等，授江津縣教諭。見民國《丹稜縣志》卷六。

詩一首 存

收入民國《丹稜縣志》卷六。

文一篇 存

收入民國《丹稜縣志》卷八。

瞿敬笏 (1799—1862)

字拄山。道光五年拔貢生，年二十七。後主講巽崖書院二十三載，年六十四卒。見民國《丹稜縣志》卷六。

白雪堂詩稿一卷

見民國《丹稜縣志》卷六。

詩十首 存

收入民國《丹稜縣志》卷六、卷八。

羅錫忠

字春帆。道光二十九年拔貢生，註選州判。見民國《丹稜縣志》卷六。

詩十首 存

收入民國《丹稜縣志》卷一、卷六、卷七、卷八。

韓　琪

道光間歲貢生。見民國《丹稜縣志》卷六。

詩一首 存

收入民國《丹稜縣志》卷三。

李袒元

號竹山。咸豐六年進士，官工部主事，後任貴州鎮寧州知州。見光緒《丹稜縣志》卷七，民國《丹稜縣志》卷六。

光緒《鎮寧州志》八卷（纂修） 存

今存光緒元年修民國抄本（國圖，黔圖）。

修竹山房詩草

見光緒《丹稜縣志》卷七，民國《丹稜縣志》卷六，《丹稜縣鄉土志》上編。

詩二十二首 存

收入光緒《丹稜縣志》卷九，民國《丹稜縣志》卷一、卷二、卷三、卷六、卷八。

文三篇 存

收入民國《丹稜縣志》卷二、卷三。

陳玉秀

咸豐十一年拔貢生，官灌縣教諭。見光緒《丹稜縣志》卷首。

詩一首 存

收入民國《丹稜縣志》卷七。

徐浴德

字香泉。咸豐時諸生，隱居授徒於邑東小花溪。見民國《丹稜縣志》卷六。

雲林館詩鈔一卷　溪館小草一卷　繡堂帝王圖一卷　眉丹鄉賢傳一卷　讀史雜記二卷

見民國《丹稜縣志》卷六。

詩十三首 存

收入民國《丹稜縣志》卷一、卷六、卷八。

羅錫申

同治三年舉人。見民國《丹稜縣

志》卷六。

文二篇　存

收入民國《丹稜縣志》卷二、卷三。

朱文瀚

同治十二年拔貢生。見民國《丹稜縣志》卷六。

文一篇　存

收入民國《丹稜縣志》卷一。

張炳奎

光緒二十三年拔貢生。見民國《丹稜縣志》卷六。

詩一首　存

收入民國《丹稜縣志》卷七。

瞿崇道

字斗山。廩生。見民國《丹稜縣志》卷六。

詩五首　存

收入民國《丹稜縣志》卷六。

齊肇璜

字錦帆，一字醒凡。生員。清末改科舉，任高小學校教員，年七十卒於家。見民國《丹稜縣志》卷六。

丹稜鄉土志二卷（張景旭修　齊肇璜纂）　存

今存光緒三十一年鉛印本（方志聯合目錄）；光緒三十二年抄本（方志聯合目錄）。

耕道齋詩草三卷

見民國《丹稜縣志》卷六。

詩十五首　存

收入民國《丹稜縣志》卷一、卷六、卷八。

文四篇　存

收入民國《丹稜縣志》卷二、卷八。

盧自新

字柳堂。諸生。見民國《丹稜縣志》卷七。

柳堂詩草

見民國《丹稜縣志》卷七。

詩一首　存

收入民國《丹稜縣志》卷三。

羅　權

字華甫。廩生。年三十三卒。見民國《丹稜縣志》卷七。

文一篇　存

收入民國《丹稜縣志》卷二。

嚴以寬

字濟堂。貢生。見民國《丹稜縣志》卷七。

文一篇　存

收入民國《丹稜縣志》卷七。

李承燾

一爐香室詩存一卷　存

見《清人別集總目》頁801。

今存民國十年海鹽談氏排印武原先哲遺書初編本（叢書綜錄）。

（吳諾曼）

彭山縣

（今四川彭山縣）

唐景勳

廪生。見嘉慶《彭山縣志》卷一。

詩八首 存

收入嘉慶《彭山縣志》卷四。

袁　楷

增生。曾參編嘉慶《彭山縣志》。見嘉慶《彭山縣志》卷首。

詩七首 存

收入嘉慶《彭山縣志》卷四。

文一篇 存

收入嘉慶《彭山縣志》卷五，民國《重修彭山縣志》卷五。

朱懷玉

貢生。見嘉慶《彭山縣志》卷首。

文二篇 存

收入嘉慶《彭山縣志》卷五，民國《重修彭山縣志》卷五。

方可佐

詩七首 存

收入嘉慶《彭山縣志》卷四，民國《重修彭山縣志》卷一。

袁懷瑄

庠生。見嘉慶《彭山縣志》卷四。

詩四首 存

收入嘉慶《彭山縣志》卷四。

陳蚪書

廪生。見嘉慶《彭山縣志》卷首。

文一篇 存

收入嘉慶《彭山縣志》卷五。

王　俶

字善思。見民國《重修彭山縣志》卷五。

易經一說

見民國《重修彭山縣志》卷五。

方　廉

字東橋。附生。曾參編嘉慶《彭山縣志》。見嘉慶《彭山縣志》卷首，民國《重修彭山縣志》卷七。

種墨山房詩草二卷

見民國《重修彭山縣志》卷五。

詩一首 存

收入民國《重修彭山縣志》卷五。

艾存陽

道光十五年舉人。見民國《重修彭山縣志》卷四。

文一篇 存

收入民國《重修彭山縣志》卷一。

徐攀雲 (1839—1913)

字赴程。光緒十二年歲貢生，候選訓導。民國二年卒，年七十五。見民國《重修彭山縣志》卷七，《彭山紀年二編·正編》。

家訓一卷

見民國《重修彭山縣志》卷五。

華樂山房遺集（一作莘樂山房遺集）一卷　存

見民國《重修彭山縣志》卷五，《彭山紀年二編·正編》。

今存民國八年成都昌福公司鉛印本（國圖）。

徐元熙

字次純，攀雲子。光緒二十三年拔貢生。兩居江蘇撫幕，旋以知州用，受委收漕運、樹木等捐。年四十五卒於滬上差。見民國《重修彭山縣志》卷七徐攀雲條附。

孟子弟子考一卷　讀史發微一卷　諸子輯要二卷　變法芻言一卷

見民國《重修彭山縣志》卷五。

遺集一卷

民國《重修彭山縣志》卷五注稱附於徐攀雲《莘樂山房遺集》後。

張慎修

字蘊光。咸豐八年舉人，歷任營山、蒲江等縣訓導，晚歲掌教江源書院。年七十卒。見民國《重修彭山縣志》卷七。

鐸語（一作義田勸鐸語）一卷　祭禮通解二卷

見民國《重修彭山縣志》卷五。

曾體撰

同治間歲貢生。民國《重修彭山縣志》卷四。

文一篇　存

收入民國《重修彭山縣志》卷五。

幹卓如

字立齋。同治六年舉人，後授仁壽訓導。年八十五卒。見民國《重修彭山縣志》卷七。

感應警鐸詩二卷

見民國《重修彭山縣志》卷五。

詩一首　存

收入民國《重修彭山縣志》卷五。

王　溥

庠生。見民國《重修彭山縣志》卷五。

文一篇　存

收入民國《重修彭山縣志》卷五。

夏鼎銘（1863—1917）

字遠凡。光緒三十三年歲貢生，十月，任彭山視學。民國間任彭山古佛堰堰局局長，六年卒，年五十五。見民國《重修彭山縣志》卷六、卷七。

詩四首　存

收入民國《重修彭山縣志》卷一。

文一篇　存

收入民國《重修彭山縣志》卷七。

余學淵（1870—1923）

字奠高。以教讀自贍。民國十二年卒，年五十四。見民國《重修彭山縣志》卷七。

四子書訓蒙詩二卷　醫學雜摭一卷　造命廣嗣法一卷　文法度鍼二卷　雜文一卷

見民國《重修彭山縣志》卷五。

蕭德英

字維賢。光緒二十六年歲貢生，宣統元年任彭山教育會副會長。年五十三卒。見民國《重修彭山縣志》卷六、卷七。

列女孝行編一卷

見民國《重修彭山縣志》卷五。

繡佛軒詩集一卷

見民國《重修彭山縣志》卷五。《彭山紀年二編・正編》作繡佛軒詩稿。

徐原煋

字恢儒。成都高等學校畢業，光緒三十三年任彭山視學，民國十二年再任。見民國《重修彭山縣志》卷四、卷六。

文一篇　存

收入民國《重修彭山縣志》卷首。

趙國良

畢業於存古學堂。見《彭山紀年二編・正編》。

說文部首二卷（編）

見《彭山紀年二編・正編》。

周　翔

與羅元黼為友。按：元黼“民國二年督理存古書局事”，周翔之文亦作於是年，則二人均為由清入民國之人。見《唐詩紀事》卷末羅元黼跋文及周翔跋文。

文一篇　存

收入《唐詩紀事》卷末。

余信芳

畢業於高等師範。見《彭山紀年二編・正編》。

算術原理

見《彭山紀年二編・正編》。

黃　驥

號伏櫪山房主人。日本法政科畢業，民國九年十一月任彭山團練局局長。民國二十五年尚在世。見民國《重修彭山縣志》卷四、卷六。

伏櫪山房詩鈔一卷　存

今存民國二十五年成都福民公司排印本（川大，南大）。

徐原烈

字幼常。日本鐵道科畢業，民國五年任彭山貧民教養工廠管理，九年三月任彭山視學。見民國《重修彭山縣志》卷首、卷四、卷六。

彭山紀年二編　存

今存民國十九年鉛印本（國圖，上圖，南大，川大）。

彭山縣鄉土志教科書　存

見《彭山紀年二編・正編》。

今存民國十年鉛印本（國圖，南大，川大）。

倭寇暴行錄　存

今存民國三十三年彭山徐氏石印本（國圖，南大）。

文四篇　存

收入民國《重修彭山縣志》卷八附。

劉錫純

字紹先。民國十一年七月任彭山團練局局長。見民國《重修彭山縣志》卷首、卷六。

民國《重修彭山縣志》八卷（纂） 存

見民國《重修彭山縣志》卷首。

今存民國十四年鉛印本（方志聯合目錄）；民國三十三年鉛印本（方志聯合目錄）。

文三篇 存

收入《韻篁軒遺稿》卷首，民國《重修彭山縣志》卷首、卷八附。

（李榮慧　吳靜汶）

青神縣

（今四川青神縣）

余　杰（1607—1685）

名一作畣，字生，號鈍庵。康熙二十四年卒，年七十九。見嘉慶《青神縣志》卷三八，《全蜀詩鈔》卷一。

增益軒五七古詩若干卷

見嘉慶《青神縣志》卷三八。《全蜀詩鈔》卷一錄作增益軒詩草。

詩五首　存

收入《全蜀詩鈔》卷一。

謝智涵

乾隆五十四年拔貢生，官灌縣教諭。見光緒《青神縣志》卷三五。

嘉慶《青神縣志》五十四卷（顏謹修　謝智涵纂）　存

今存嘉慶二十年刻本（方志聯合目錄）；抄本（川圖）。

文一篇　存

收入光緒《青神縣志》卷首。

郭輔元

同治六年舉人，註選州判，保奏知縣，賞戴藍翎。見光緒《青神縣志》卷三五、卷三六。

詩二首　存

收入光緒《青神縣志》卷四八。

文筆超

恩貢生，註選教諭。見光緒《青神縣志》卷首。

光緒《青神縣志》五十四卷卷首一卷（郭世棻修　文筆超等纂）　存

今存光緒三年刻本（方志聯合目錄）；抄本（黨校）。

文一篇　存

收入光緒《青神縣志》卷首。

張　序

歲貢生。見光緒《青神縣志》卷三五。

文二篇　存

收入光緒《青神縣志》卷四八。

滕國賢

由附生保舉訓導，賞加六品銜。見光緒《青神縣志》卷三五。

詩四首　存

收入光緒《青神縣志》卷四八。

羅慶元

字霽峰。任知縣。見《蜀詩續鈔》卷二。

詩一首　存

收入《蜀詩續鈔》卷二。

（吴諾旻）

瀘州直隸州

（今四川瀘州市）

先　著（1651—?）

字渭求，號遷甫，又號蠲齋。順治初，因蜀亂僑寓大江南北。晚居金陵，自號遷夫。見嘉慶《四川通志》卷一八七，光緒《直隸瀘州志》卷九，《錦里新編》卷五，《清人別集總目》頁459。

之溪老生集八卷勸影堂詞三卷　存

見《清人別集總目》頁459。《錦里新編》卷五作之溪老生詩勸影堂詞各若干卷。

今存康熙刻本（國圖，鄂圖，粤圖，川圖，北大，复旦，北京文物局，上海黄裳）。原按：此爲詩集，收嚴許集、葯裹集、葯裹後集、續集四種；清刻本（中科院）。

之溪老生集八卷　存

見《清人別集總目》頁459。按：嘉慶《四川通志》卷一八七作之溪老生詩無卷數。

今存舊抄本（中科院文研所）；民國十九年南匯陳氏排印本（南大）。

湯　燦

字岷水。康熙二年舉人，未仕而卒。見光緒《直隸瀘州志》卷八，民國《瀘縣志》卷五。

文一篇　存

收入光緒《直隸瀘州志》卷一。

韓士修（1642—1677）

字琢庵。康熙十二年進士，為翰林院庶吉士，改檢討。十六年四月卒，年三十六。見《錦里新編》卷七，光緒《直隸瀘州志》卷八。

文一篇　存

收入《錦里新編》卷七。

鄭秉桓

康熙二十三年舉人，任江津縣教諭。見光緒《直隸瀘州志》卷八，民國《瀘縣志》卷四。

文一篇　存

收入光緒《直隸瀘州志》卷一。

張我策

字金門，號醒庵，一作酲庵。隱居不仕。見嘉慶《四川通志》卷一八七，民國《瀘縣志》卷六。

瀘州丙寅志

見民國《瀘縣志》卷七。

按：《方志聯合目錄》著錄作“康熙《瀘志》十二卷，（清）王帝臣纂修”。今存康熙間修抄本（國圖），當即《瀘州丙寅志》。民國《瀘縣志》卷六張我策小傳云：“康熙丙寅歲，署牧王帝臣延修州志。時滇逆初靖，兵燹之餘，文獻零落，我策於典籍無從考証，摭拾舊聞，俾郡事稍存一二，我策之力也。”同書卷七著錄“瀘州丙寅志”下注：“清康熙二十五年，知州王帝臣奉總制蔡毓榮命，延聘張我策搜羅殘闕，據拾舊聞成上。”據此，纂人當署名爲張我策。

東園雜詠無卷數

見嘉慶《四川通志》卷一八七，民國《瀘縣志》卷七。

詩一首 存

收入嘉慶《直隸瀘州志》卷五。

周其祚

字承社，號東巖。康熙五十六年舉人，任安徽休寧縣知縣。見嘉慶《四川通志》卷一八七，光緒《直隸瀘州志》卷九。

東巖志稿

見民國《瀘縣志》卷七。

味回集

見光緒《直隸瀘州志》卷九。

偶存草無卷數

見嘉慶《四川通志》卷一八七，光緒《直隸瀘州志》卷九。

詩一首

收入民國《瀘縣志》卷七。

文一篇 存

收入光緒《直隸瀘州志》卷首。

林中麟 (1706—1775)

字素書，號儼齋。乾隆二年恩科會試，授簡州學正；乾隆七年成進士，仕至廣西河池州知州。致仕後主講鶴山書院十餘年，同邑葛良杰、王正常等名宿皆其所成就。年七十而卒。見嘉慶《四川通志》卷一八七，光緒《直隸瀘州志》卷九，《錦里新編》卷五。

冲然堂文集

見嘉慶《四川通志》卷一八七，光緒《直隸瀘州志》卷九。按：《錦里新編》卷五作冲然堂今古文集。

時文 存

見《清人別集總目》頁1363。

今存清抄本（國圖）。

林基深 (1727—1794)

字漢柏，號樹庵，中麟長子。年二十一中舉，時乾隆十二年。六十八歲卒。見光緒《直隸瀘州志》卷九。

瀘州己卯志

見民國《瀘縣志》卷七。

按：《方志聯合目錄》著錄作“乾隆《瀘州志》八卷，(清）夏詔新纂修”。今存乾隆二十四年刻本（故宮，北大)，當即《瀘州己卯志》。民國《瀘縣志》卷七“瀘州己卯志”下注：“清乾隆二十四年，知州夏詔新輯，林基深採《東巖志稿》成之。”則是書爲二人合纂。

抱經堂古文無卷數

見嘉慶《四川通志》卷一八七。

詩一首

收入民國《瀘縣志》卷七。

文五篇 存

收入嘉慶《納溪縣志》卷一〇，光緒《直隸瀘州志》卷四，民國《瀘縣志》卷七。

林基崧

字永修，號省庵。庠生，中麟第四子。年六十八卒。見民國《瀘縣志》卷五。

尋樂堂文集

見民國《瀘縣志》卷七。

何飛鳳

字鳴周，號雨崖。乾隆九年舉人，

官安徽和州州同。嘗遊董策新、儲掌文之門，尤工書法。年七十六卒。見光緒《直隸瀘州志》卷九，《錦里新編》卷五。

未信編藁

見光緒《直隸瀘州志》卷九，民國《瀘縣志》卷七，《錦里新編》卷五。

本朝十二家文選（選輯）

見光緒《直隸瀘州志》卷九，民國《瀘縣志》卷七。

巴蜀薪傳集（選輯）

見民國《瀘縣志》卷七。

文二篇

收入民國《瀘縣志》卷七。

王正常

字徽五，號慎齋。乾隆三十年拔貢生，同年中舉，歷官湖北安襄鄖荊道。年八十二卒。見光緒《直隸瀘州志》卷九。

乾隆《黃岡縣志》二十卷首一卷（王鳳儀修　胡紹鼎　杜乘時纂　王正常續修）　存

今存乾隆五十四年刻本（方志聯合目錄）

嘉慶《鄖陽志》十卷首一卷（王正常修　謝攀雲撰）　存

按：光緒《直隸瀘州志》卷九作鄖陽府志。

今存嘉慶二年刻本（方志聯合目錄）。

嘉慶《鄖陽志補》一卷　存

今存嘉慶十四年刻本（方志聯合目錄）。

襄陽府志無卷數

見《嘉慶四川通志》卷一八四。

方山文集

見光緒《直隸瀘州志》卷九，民國《瀘縣志》卷七。

詩五首　存

收入民國《瀘縣志》卷七。

文十篇　存

收入民國《瀘縣志》卷七。

王元本

字立齋，正常長孫。道光九年進士，歷任宿遷、高淳、豐縣知縣，後署江防同知。見光緒《直隸瀘州志》卷一、卷七、卷九。曾參纂《瀘州庚辰志》

少鶴遺稿

見光緒《直隸瀘州志》卷九，民國《瀘縣志》卷七。

詩一首　存

收入民國《瀘縣志》卷七。

湯佑光

字神山。乾隆五十四年舉人，任西昌縣教諭。見光緒《直隸瀘州志》卷八，民國《瀘縣志》卷四。

詩二首　存

收入光緒《直隸瀘州志》卷一。

張　潤

乾隆六十一年舉人。見民國《瀘縣志》卷四。

詩四首　存

收入民國《瀘縣志》卷七。

余觀和

字天和，號樂齋。嘉慶十三年舉人，官至浙江嚴州知府。見光緒《直隸瀘州志》卷一，民國《瀘縣志》卷六。

嘉慶《直隸瀘州志》十二卷（沈昭興修余觀和等纂）　存

按：民國《瀘縣志》卷七題作“瀘州庚辰志十二卷”，即此書。

今存嘉慶二十五年刻本（方志聯合目錄）；道光間據嘉慶二十五年版重修刻本（國圖）

何登燧

嘉慶十八年舉人。見民國《瀘縣志》卷四。

五經集粹

見民國《瀘縣志》卷七。

李　灼

嘉慶二十一年副貢生。見嘉慶《直隸瀘州志》卷八。

詩一首　存

收入嘉慶《直隸瀘州志》卷五。

賈漢生

字蘭畹。嘉慶二十三年舉人。設帳講學，進士王元本等出其門。見民國《瀘縣志》卷四、卷五。

詩一首　存

收入民國《瀘縣志》卷七。

萬　孚

字坤山，一作昆山、堃山。道光二年舉人，任河南商水知縣。見光緒《直隸瀘州志》卷九，《全蜀詩鈔》卷四六，《蜀詩續鈔》卷一，民國《瀘縣志》卷四。

聽竹山房文稿

見光緒《直隸瀘州志》卷九。

聽竹山房詩文

見《蜀詩續鈔》卷一，民國《瀘縣志》卷七。

詩十首　存

收入《全蜀詩鈔》卷四六，《蜀詩續鈔》卷一。

陳　英

字雲峯。道光十四年舉人，任雷波學正。見民國《瀘縣志》卷四。

入聖要言　師說　水竹山房詩集

見民國《瀘縣志》卷七。

鄒容彥

字瀟舫。道光十九年舉人。見民國《瀘縣志》卷四。

詩一首　存

收入民國《瀘縣志》卷七。

華國清

號鑒溪。道光二十七年進士，任雲南蒙化直隸同知。見光緒《直隸瀘州志》，卷一、卷八。

光緒直隸瀘州志十二卷（田秀栗等修華國清　施澤久纂）　存

見光緒《直隸瀘州志》卷一。

今存光緒八年刻本（方志聯合目錄）；清刻本（南大）

詩一首　存

收入民國《瀘縣志》卷七。

李含志

原名含英，字崑生。道光三十年歲貢生。見光緒《直隸瀘州志》卷八，民國《瀘縣志》卷六。

琴臺學說　水月吟窗詩草一册

見民國《瀘縣志》卷七。

詩六首　存

收入民國《瀘縣志》卷七。

李于彤

咸豐元年舉人。見民國《瀘縣志》卷四。

詩一首　存

收入民國《瀘縣志》卷七。

施澤久

字霖三。咸豐元年由廩生舉孝廉方正，候選訓導，晚掌教鶴山書院。見光緒《直隸瀘州志》卷一、卷八，民國《瀘縣志》卷六。

光緒直隸瀘州志十二卷（參纂）　存

見前“華國清”條。

江維瑛

字浩然。廩生，為鮑超幕僚。年八十卒。見民國《瀘縣志》卷六、卷七。

隨月軒詩文遺稿

見民國《瀘縣志》卷七。

李樹敏

咸豐九年恩科舉人。見民國《瀘縣志》卷四。

事餘集詩一卷

見民國《瀘縣志》卷七。

劉　遵

同治五年恩貢生。見民國《瀘縣志》卷四。

桐琴山房三集

按：上、中集詩，下集辯論。

見民國《瀘縣志》卷七。

杜應鳴

字鶴田。同治十二年舉人，任浙江知縣，年六十七卒。見民國《瀘縣志》卷六。

詩九首　存

收入民國《瀘縣志》卷七。

黄紹謀

字省初。光緒元年進士，為翰林院庶吉士。見民國《瀘縣志》卷四。

聽濤吟館文集二卷

見民國《瀘縣志》卷七。

詩一首　存

收入民國《瀘縣志》卷七。

鄒宣律

字卓齋，晚號鶴儕。歲貢生。光緒初調入尊經書院肄業，後隱居十楠山館。年七十八卒。見民國《瀘縣志》卷六。

十楠山館詩鈔八卷詞鈔一卷

見民國《瀘縣志》卷七。

詩十二首　存

收入民國《瀘縣志》卷七。

羅經學

字粤珊。光緒二年進士，任直隸容城縣知縣。先後掌教鶴山、川南兩書院。見民國《瀘縣志》卷六。

穀貽堂詩存二卷

見民國《瀘縣志》卷七。

詩五首 存

收入民國《瀘縣志》卷七。

高 楠

光緒五年舉人。見民國《瀘縣志》卷四。

塔陰書屋詩鈔一卷 存

見《清人別集總目》頁1918。按：一卷，民國《瀘縣志》卷七作一册。

今存民國十三年鉛印本（國圖，北大，南大）；民國十三年排印瀘州高氏兄弟詩抄本（叢書綜錄補編，中科院）。

高 樹

字蔚然。高楠弟，高枏、高楷兄。光緒十五年進士，任兵部員外郎、奉天知府。年八十六卒。見民國《瀘縣志》卷六。

江陽山人詩草 存

見《清人別集總目》頁1916。

今存民國石印本（國圖）。

按：含滬上吟、津門吟草、北遊詩草、俚語家言、車中吟草、曼園吟草。

珠巖山人詩鈔二卷 存

見民國《瀘縣志》卷七，《清人別集總目》頁1916。

今存民國十三年鉛印本（國圖，北大）；民國十三年排印瀘州高氏兄弟詩抄本（叢書綜錄補編，中科院）。

珠巖山人三種 存

見《清人別集總目》頁1916。

今存民國石印本（臺灣史語）；臺北文海出版社一九七〇年影印本。按：與胡發琅《肅藻遺書》合訂爲一册。

鴿原錄 存

見《清人別集總目》頁1916。按：民國《瀘縣志》卷七作鴿原錄一卷。

今存民國石印本（國圖）；民國十四年瀘縣影印高樹手書本（遼圖，豫圖，川圖）。

金鑾瑣記一卷 存

見《清人別集總目》頁1916。按：民國《瀘縣志》卷七作金鑾瑣記百首。

今存民國十四年石印本（國圖，遼圖，北大，北師大）。

思子軒傳奇 存

今存民國十一年石印本（國圖）。

高 枏 (1852—1902)

字叔脊，號城南。光緒十五年進士，官至山東道監察御史。見《清人別集總目》頁1915。

高給諫奏稿二册

見民國《瀘縣志》卷七。

高給諫日記八卷（高給諫庚子日記八卷） 存

按：民國《瀘縣志》卷七作日記八卷。

今存民國清翰堂刻本（國圖，北大）。

庚子日記四卷 存

今存光緒三十年鉛印本（國圖）。

晉軺日記一册　遺稿一册　詩鈔一册

民國《瀘縣志》卷七。

藉禪室詩鈔一卷 存

見《清人別集總目》頁1915。按：民國《瀘縣志》卷七作藉禪堂詩鈔一册。

今存民國十三年鉛印本（國圖）；民國十三年排印瀘州高氏兄弟詩抄本（叢書綜錄補編，中科院）。

高給諫遺詩一卷 存

見《清人別集總目》頁1915。

今存光緒三十二年成都官書局石印本。

（南圖，粵圖）；民國七年影印本（國圖）。

萱澤堂詩草四卷　存

見《清人別集總目》頁1915。

今存清刻本（南圖）。

高給諫駢文一册

今存光緒清翰堂刻本（國圖）。

萱澤堂駢文學組一卷　存

見《清人別集總目》頁1915。

今存清刻本（日本東洋）。

高給諫遺集　存

見《清人別集總目》頁1915。

今存民國十三年瀘州高氏刻本（臺灣史語所）。

高　楷（1852—?）

字綽然，號拙凡，又號竹園。高枏孿生弟。光緒二年舉人，任直隸淶水知縣，官至內閣中書。見民國《瀘縣志》卷六。

瀘州南門高氏族譜六卷卷首一卷（高楷等纂修）　存

今存光緒二十二年寶仁堂木活字本（國圖）。

覃恩貤贈奉政朝議中憲大夫高寶仁公行狀（誥授通奉大夫城南高公行狀）一册　存

今存光緒石印本（國圖）；光緒刻本（國圖，上圖）。

快隱堂詩鈔二卷　存

見《清人別集總目》頁1918。

今存光緒瀘州高氏快隱堂刻本（川圖）。

快隱堂詩鈔一卷　存

見《清人別集總目》頁1918。

今存民國十三年鉛印本（國圖，北大）；民國十三年瀘州高氏兄弟詩鈔叢書本（叢書綜錄補編，中科院）。

高城南遺詩　存

今存光緒三十二年石印本（國圖）

快隱堂詩文鈔八卷　存

見《清人別集總目》頁1918。按：民國《瀘縣志》卷七著錄有“快隱堂詩文一冊”，當指此書。

今存瀘州高氏快隱堂刻本（川圖）。

李　偉

字石府，別號射虎，晚改赦虎。光緒十五年恩科舉人。戊戌入京，與康有為、梁啓超諸人講學，因見解不合辭去。後任貴胄學堂講師、禮學館顧問；復召為御前說書。民國後歸瀘州著書執教。年七十六卒。見民國《瀘縣志》卷六。

經史入門　治經一臠　易孝合參　古文尚書簡明辨　周易從宜便俗讀本　尚書約解分段便讀　毛詩約錚標韻便讀　周禮排文便讀　儀禮指要便讀　春秋集傳便讀　二戴禮合編便讀　爾雅指要便讀　治經簡法重輯四書讀本　孝經訂本分段章義切解大學古本分段切解　中庸定本分段切解孝經實施法　論語治要　學庸合説　論語諸賢學案　顏氏學記　孟荀合龕評點　演孔圖　墨子分前後兩派考　和通八教圖説三我頌　仁書四錄

見民國《瀘縣志》卷七。

聲白集初編　存

今存民國十七年瀘縣李氏石印本（南大）。

陳　鑄

字鐵孫，晚號星盧老人。光緒二十年舉人，充會典館謄錄，後歷任河南、廣東、雲南等省知縣。入民國後歸鄉，年七十四卒。見民國《瀘縣志》卷六。

詩六首 存

收入民國《瀘縣志》卷七。

文一篇 存

收入民國《瀘縣志》卷七。

羅鳳翃

光緒二十年舉人。見民國《瀘縣志》卷四。

詩十一首 存

收入民國《瀘州志》卷七。

蘇啓元

字潛孚，晚號蘇山。光緒二十年副貢生。年近五十，官知縣於陜西，又権釐略陽。辛亥革命後，曾任四川省議會議員。年七十八卒。見民國《瀘縣志》卷六。

蘇山詩草五册 存

見民國《瀘縣志》卷七。

今存民國十五年鴻文石印局石印本（南大）

車印川

字粹卿。諸生。見《蜀詩續鈔》卷二。

詩四首 存

收入《蜀詩續鈔》卷二。

楊廷對

字笏山。貢生。官州判。見《蜀詩續鈔》卷三。

詩二首 存

收入《蜀詩續鈔》卷三。

蘇俊

啓元子。庠生。年四十八卒。見民國《瀘縣志》卷六。

澹遠齋詩存二卷 存

見民國《瀘縣志》卷七。

今存民國石印本一册（南大）。

施藻章

光緒二十三年拔貢生。見民國《瀘縣志》卷四。

詩四首 存

收入民國《瀘縣志》卷七。

羅順蕃

字次瀛。光緒二十九年舉人。入貲，以内閣中書補用。後主川南師範講席，改監督縣立中學。又入京到閣供職。卒年三十九歲。見民國《瀘縣志》卷六。

詩四首 存

收入民國《瀘縣志》卷七。

王沛霖

字鐵珊。光緒二十九年舉人，官甘肅河州州判。民國調任毛目縣知縣，改調任川邊同普、爐霍、丹巴等縣縣長。見民國《瀘縣志》卷六。

鑄錯齋詩草四卷

見民國《瀘縣志》卷七。

詩六首 存

收入民國《瀘縣志》卷七。

熊 燾

又名燾中，字沅生。光緒二十九年舉人。留學日本學師範，回國任教於瀘州、成都等地。入民國，隱居匡山太白樓，後棲峨眉山伏虎寺。見民國《瀘縣志》卷六。

詩一首 存

收入民國《瀘縣志》卷七。

萬 慎

字斐成，號慎子。庠生。光緒三十二年，被推舉為四川省咨議局議員。宣統二年，為北京資政院議員。見民國《瀘縣志》卷六。

光緒《續修敍永永寧廳縣合志》五十四卷首一卷（鄧元鏸等修 萬慎等纂） 存

今存光緒三十四年鉛印本（方志聯合目錄）。

山憨山房雜著二卷 存

見《清人別集總目》頁23。

今存光緒三十年瀘州開智書局刻本（國圖，南圖，遼圖，川圖，南大，川大殘）；光緒三十年瀘州萬氏鉛印本（國圖，南大）。

山憨山房文集

見民國《瀘縣志》卷七。

任 謙

字清如，晚號九十九峯山人。庠生。瀘人稱之曰任詩翁。年七十五卒。見民國《瀘縣志》卷六。

澹園古體詩六集

見民國《瀘縣志》卷六。

澹園詩鈔初集一卷二集二卷 存

按：民國《瀘縣志》卷七作澹園詩鈔八卷。

今存光緒三十三年刻本（國圖）。

澹園古稀集二卷（附女弟子詩） 存

按：民國《瀘縣志》卷七作古稀前後集四卷。

今存民國三年蜀南任氏鉛印本（南大）。

郭潤德

宣統元年恩貢生。見民國《瀘縣志》卷四。

易述五種（與郭耀德合著）

按：含易曆一卷，易蘊一卷，易文一卷，易門一卷，易貢一卷。

見民國《瀘縣志》卷七。

郭耀德

歲貢生。見民國《瀘縣志》卷七。著述見上郭潤德條。

曹元琛 (1856—1914)

字獻之。廩生。鄉試屢薦不中，乃習醫為業。光緒間辦團練，宣統年間任四川省咨議局議員。民國三年卒，年五十九。見民國《瀘縣志》卷六。

文一篇 存

收入民國《瀘縣志》卷七。

周于高

字鳴岡。歲貢生。見民國《瀘縣志》卷六。

詩十首 存

收入民國《瀘縣志》卷七。

車雲湘

字韻深。庠生。見民國《瀘縣志》卷七。

格致堂語錄

見民國《瀘縣志》卷七。

天人盧國文拾墜一卷　存

今存宣統元年富順張人傑少梁校刊本（川大）。

天人盧文存（又名天人盧文存初編）一卷　存

今存宣統元年富順張人傑少梁校刻本（川大）。

陳忠炳

廩生。見民國《瀘縣志》卷七。

唾餘初集一冊

見民國《瀘縣志》卷七。

艾希濂

廩生。見民國《瀘縣志》卷七。

荻遺唫舍稿

見民國《瀘縣志》卷七。

詩二首　存

收入民國《瀘縣志》卷七。

車鳴盛

增生。見民國《瀘縣志》卷七。

清棻堂詩文集

見民國《瀘縣志》卷七。

何錫璠

庠生。見民國《瀘縣志》卷七。

雙桂山房詩草六卷

見《民國瀘縣志》卷七。

詩十六首　存

收入民國《瀘縣志》卷七。

萬知瑩

廩生。見民國《瀘縣志》卷七。

知勉齋詩集

見民國《瀘縣志》卷七。

陳金華

廩生。見民國《瀘縣志》卷七。

勞人草草一冊

見民國《瀘縣志》卷七。

詩八首　存

收入民國《瀘縣志》卷七。

郭雲龍

字公純。廩生。見民國《瀘縣志》卷六、卷七。

郭公純詩集

見民國《瀘縣志》卷七。

陳嘉麟

十硯齋遺稿四卷

見民國《瀘縣志》卷七。

陳　鑾

貢生。見民國《瀘縣志》卷七。

直坡詩文鈔二卷

見民國《瀘縣志》卷七。

詩二首　存

收入民國《瀘縣志》卷七。

文二篇　存

收入民國《瀘縣志》卷七。

羅廷欽

清末任蒙藏主事。見民國《瀘縣志》卷七。

壬子邊事管見一册　存

按：民國《瀘縣志》卷七作蒙藏邊事管見一册。

今存民國二年法輪印字局鉛印本（國圖，北大，北師大）。

陶開永

字仲淵。有陶詩人之稱。見民國《瀘縣志》卷六。

儀顧堂詩集一册　存

見民國《瀘縣志》卷七。

今存民國鉛印本（國圖）。

詩三首　存

收入民國《瀘縣志》卷七。

馬騰驤

友竹山房詩草

見民國《瀘縣志》卷七。

詩一首　存

收入民國《瀘縣志》卷七。

文一篇　存

收入民國《瀘縣志》卷七。

楊宗漢

庠生。見民國《瀘縣志》卷七。

抱璞堂詩文集

見民國《瀘縣志》卷七。

蕭毓俊

貢生。見民國《瀘縣志》卷七。

韻碧山房詩稿

見民國《瀘縣志》卷七。

曹國佐

字斗垣。廩生。見民國《瀘縣志》卷六、卷七。

二笏山房詩文鈔一册　存

按：含二笏山房文鈔、二笏山房詩鈔、二笏山房楹聯鈔。

今存民國三十七年瀘縣久康鉛石印刷社鉛印本（國圖）。

歷朝詩教錄（選輯）

見民國《瀘縣志》卷六、卷七。

治心錄（選輯）

見民國《瀘縣志》卷六。

張學古

字信齋。廩貢生，流寓達縣。署忠州學正、保寧府教授；咸豐二年署達縣訓導。見民國《瀘縣志》卷六，民國《達縣志》卷一六。

白巖存稿　閒閒草

見民國《達縣志》卷一六。

文一篇　存

收入民國《瀘縣志》卷七。

毛煥煊（1881—?）

號炳勛。光緒三十三年留学日本，入東洋大學習法政，後任瀘州視學兼學務總董。民國元年選任為四川省臨時省議會義員，民國二年署理梁縣知事。見

《先德備忘錄附泥爪錄》。

先德備忘錄一卷附泥爪錄一卷　存

今存民國二十年排印本（川大）

錦城于役記一卷　存

今存民國二十年鉛印本（南大，川大）。

杜天堉

詩二首　存

收入民國《瀘縣志》卷七。

孫　烇

字綺琴，號蜨園，晚號香禪。廩貢生。見民國《瀘縣志》卷六。

蜨園吟草二卷

見民國《瀘縣志》卷七。

詩五首　存

收入民國《瀘縣志》卷七。

（吴諾旻）

納溪縣

（今四川瀘州市納溪區）

徐鴻業

字勤茲，號星山。雍正十年舉人，大挑，授中江縣鹽大使，任陝西華陰縣知縣。見嘉慶《納溪縣志》卷八。

五經性理集解

見嘉慶《納溪縣志》卷八。

星山文集

見嘉慶《納溪縣志》卷八。

蕭問松

歲貢生，官廣安州學正。見嘉慶《納溪縣志》卷八。

詩八首　存

收入嘉慶《納溪縣志》卷九。

文一篇　存

收入嘉慶《納溪縣志》卷一。

黄道孚

嘉慶三年舉人，官漢州學正。見嘉慶《納溪縣志》卷八。

詩三首　存

收入嘉慶《納溪縣志》卷九。

文一篇　存

收入嘉慶《納溪縣志》卷一〇。

王以孚

字心先。廩貢生，官墊江、南部等縣訓導。見嘉慶《直隸瀘州志》卷一〇，嘉慶《納溪縣志》卷八。

書齋筆記

見嘉慶《直隸瀘州志》卷一〇，嘉慶《納溪縣志》卷八。

詩一首　存

收入嘉慶《納溪縣志》卷九。

文一篇　存

收入嘉慶《納溪縣志》卷一〇。

蕭啟湘

號芸舫。候選教諭。見《蜀詩續鈔》卷五。

詩八首　存

收入《蜀詩續鈔》卷五。

（吴諾曼）

合江縣

（今四川合江縣）

王　統

字蜀元。崇禎八年拔貢生。入清，隐居榕山，以詩書自娱。卒年九十餘。見嘉慶《合江縣志》卷四〇，民國《合江縣志》卷五。

詩五首　存

收入同治《合江縣志》卷四八，收入民國《合江縣志》附《合江文徵》卷二。

楊春藻

順治間貢生，任大邑訓導。見嘉慶《合江縣志》卷三五，民國《合江縣志》卷三。

符陽記事珠

見民國《合江縣志》卷六。

詩一首　存

收入民國《合江縣志》附《合江文徵》卷二。

文一篇　存

收入民國《合江縣志》卷一。

楊　彤

康熙二十三年舉人。見嘉慶《合江縣志》卷三五，同治《合江縣志》卷三五，民國《合江縣志》附《合江文徵》卷二。

詩一首　存

收入民國《合江縣志》附《合江文徵》卷二。

穆健行

字純九。康熙二十九年舉人，歷任山東禹城、江南上元等縣知縣，調管淮安府永豐壩鹽務。見嘉慶《合江縣志》卷三五，同治《合江縣志》卷三五，民國《合江縣志》卷三、卷五。

文一篇　存

收入民國《合江縣志》附《合江文徵》卷一。

董　益

字若谷，别字菽園。庠生，卒年七十一。見嘉慶《直隸瀘州志》卷一〇，民國《合江縣志》卷五。

野狂吟一卷

見民國《合江縣志》卷五。

詩二首　存

收入光緒《直隸瀘州志》卷二。

董新策（1676—1754）

字嘉三，號樗齋，一號樗存，董益子。康熙三十九年進士，歷官甘肅寧夏道，後居溫江，晚主講錦江書院十餘載，年七十九卒。見《錦里新編》卷五，《溫江縣鄉土志》卷五，《全蜀詩鈔》卷八，民國《合江縣志》卷五，民國《溫江縣志》卷九，《清人别集總目》頁2180。

康熙《瀘州志》四卷（張士浩修　董新策等纂）　存

今存康熙四十八年刻本（方志聯合目錄）。

劍外搜奇　[illegible]林賸語一卷

見民國《溫江縣志》卷五，民國《合江

縣志》卷六。

容子山人學詩存稿不分卷　存

見《清人別集總目》頁 2180。

今存稿本（川圖）。

董樗齋詩集　存

見《清人別集總目》頁 2180。按：嘉慶《犍爲縣志》卷九、《清詩匯》卷五五著錄作樗齋詩集。

今存舊抄本（川圖）。

樗齋文集

見嘉慶《溫江縣志》卷三三。

容子山人詩集

見嘉慶《四川通志》卷一八七，嘉慶《溫江縣志》卷三三。

容子山人集

見民國《溫江縣志》卷五。

樗齋詩文集

見民國《溫江縣志》卷六。

樗齋詩餘一卷

見嘉慶《溫江縣志》卷三三，民國《溫江縣志》卷五，民國《合江縣志》卷六。

詩八首　存

收入《全蜀詩鈔》卷八。

趙羽清

康熙三十年進士，任六合縣知縣。見嘉慶《合江縣志》卷三五，同治《合江縣志》卷三五，民國《合江縣志》卷三。

文一篇　存

收入嘉慶《合江縣志》卷四八。

金　礪

康熙四十一年舉人，任鷄澤縣知縣。見嘉慶《合江縣志》卷三五，同治《合江縣志》卷三五，民國《合江縣志》卷三。

詩二首　存

收入民國《合江縣志》附《合江文徵》卷二。

文一篇　存

收入嘉慶《合江縣志》卷四八。

羅　縉

字賢書。康熙間歲貢生。見嘉慶《合江縣志》卷三五，民國《合江縣志》卷三。

文一篇　存

收入民國《合江縣志》附《合川文徵》卷一。

羅文思

字日睿，羅縉子。乾隆三年解元，任陝西蒲城縣知縣，陞商州知州，累陞貴州石阡府知府。年八十九卒。見嘉慶《合江縣志》卷三五，同治《合江縣志》卷三五，嘉慶《直隸瀘州志》卷一〇，民國《合江縣志》卷五，《清詩匯》卷七五。

乾隆《續商州志》十卷（纂修）　存

今存乾隆二十三年刻本（方志聯合目錄）。

乾隆《商南縣志》十二卷（纂修）　存

今存乾隆十三年刻本（方志聯合目錄）；乾隆十七年刻本（上圖）；乾隆四十八年補刻本（北大）；抄本（陝圖）。

黔阡紀要（羅文思纂修　孟繼塤節錄）　存

今存清末抄本（國圖）。

羅氏家訓

見民國《溫江縣志》卷六。

敦半亭文集　樂志園詩集

見嘉慶《合江縣志》卷四九，同治《合江縣志》卷四九。

詩十八首　存

收入同治《合江縣志》卷四八，民國《合江縣志》卷二，《清詩匯》卷七五。

文三篇　存

收入民國《合江縣志》卷一、卷二、附《合江文徵》卷一。

徐　濬

字瓊山，號梅夫。雍正元年恩貢生，年六十三卒。見嘉慶《合江縣志》卷三五，同治《合江縣志》卷三五，民國《合江縣志》卷三、卷五。

詩三首　存

收入嘉慶《合江縣志》卷四八。

文一篇　存

收入同治《合江縣志》卷四八。

曾元梁

乾隆三年舉人，任貴州永寧州知州。見嘉慶《合江縣志》卷三五，同治《合江縣志》卷三五，民國《合江縣志》卷三。

文一篇　存

收入嘉慶《合江縣志》卷四八。

穆繼祖 (1744—1824)

字鑒昭，號述齋。乾隆五十一年歲貢生，任射洪縣訓導。道光四年卒，年八十一。見嘉慶《合江縣志》卷三五，同治《合江縣志》卷三五，民國《合江縣志》卷三、卷五。

懿筐樂事一卷

見民國《合江縣志》卷五、卷六。

文一篇　存

收入民國《合江縣志》附《合江文徵》卷一。

王國卿

字碩輔。乾隆五十五年歲貢生，任宜賓訓導。卒年八十二。見嘉慶《合江縣志》卷三五，同治《合江縣志》卷三五、卷三八。

文一篇　存

收入同治《合江縣志》卷四八。

黄秀和

字惺庵。乾隆五十四年舉人，任富順縣訓導，卒年七十一。見嘉慶《合江縣志》卷三五，同治《合江縣志》卷三五，民國《合江縣志》卷三、卷五。

紫芝山房詩文鈔

見民國《合江縣志》卷六。

詩二十一首　存

收入民國《合江縣志》附《合江文徵》卷二。

文一篇　存

收入同治《合江縣志》卷四八，民國《合江縣志》附《合江文徵》卷一。

趙爾珩

乾隆五十七年歲貢生。見嘉慶《合江縣志》卷三五，同治《合江縣志》卷三五，民國《合江縣志》卷三。

詩一首　存

收入嘉慶《合江縣志》卷四八。

高嗣琚

乾隆五十七年舉人。見嘉慶《合江縣志》卷三五，同治《合江縣志》卷三五，民國《合江縣志》卷三。

詩一首 存

收入民國《合江縣志》附《合江文徵》卷二。

文二篇 存

收入嘉慶《合江縣志》卷四八，同治《合江縣志》卷四八。

陳　覽（1720—1801）

字玉光，號雲峰。乾隆五十九年舉人，次年會試後，任國子監學正。見嘉慶《合江縣志》卷三五，同治《合江縣志》卷三五，民國《合江縣志》卷三、卷五。

詩一首 存

收入民國《合江縣志》附《合江文徵》卷二。

張懷瓊

嘉慶三年舉人，任南川縣訓導。見嘉慶《合江縣志》卷三五，同治《合江縣志》卷三五，民國《合江縣志》卷三。

文一篇 存

收入同治《合江縣志》卷四八。

黄韜文

字月樵，號練溪。嘉慶六年拔貢生，任彭水縣教諭。見嘉慶《合江縣志》卷三五，同治《合江縣志》卷三五，民國《合江縣志》卷五。

石漁詩集

見民國《合江縣志》卷六。

詩十首 存

收入民國《合江縣志》附《合江文徵》卷二。

彭第臣

嘉慶九年舉人。見民國《合江縣志》卷三。

詩一首 存

收入嘉慶《合江縣志》卷四八。

李光鼎

字雲波。嘉慶十八年拔貢生，選授儀隴縣教諭。見同治《合江縣志》卷三五，民國《合江縣志》附《合江文徵》卷二。

詩一首 存

收入民國《合江縣志》附《合江文徵》卷二。

文一篇 存

收入同治《合江縣志》卷四八。

黄太和

嘉慶二十一年歲貢生，選授綏定府訓導。見同治《合江縣志》卷三五，民國《合江縣志》卷三。

文一篇 存

收入同治《合江縣志》卷四八。

劉應基

貢生。見嘉慶《合江縣志》卷三五，民國《合江縣志》卷三。

文一篇　存

收入嘉慶《合江縣志》卷四八。

方永昇

增生。見民國《合江縣志》附《合江文徵》卷二。

詩一首　存

收入嘉慶《合江縣志》卷四八，同治《合江縣志》卷四八，民國《合江縣志》附《合江文徵》卷二。

左仕俊

廪生。見民國《合江縣志》附《合江文徵》卷二黄秀和《壺範吟》注。

詩一首　存

收入嘉慶《合江縣志》卷四八，同治《合江縣志》卷四八，民國《合江縣志》附《合江文徵》卷二。

稅　楠

詩一首　存

收入嘉慶《合江縣志》卷四八，同治《合江縣志》卷四八，民國《合江縣志》附《合江文徵》卷二。

李樹業

詩一首　存

收入嘉慶《合江縣志》卷四八，同治《合江縣志》卷四八，民國《合江縣志》附《合江文徵》卷二。

毛鳳翊

詩一首　存

收入嘉慶《合江縣志》卷四八，同治《合江縣志》卷四八，民國《合江縣志》附《合江文徵》卷二。

楊　莖

詩一首　存

收入嘉慶《合江縣志》卷四八，同治《合江縣志》卷四八，民國《合江縣志》附《合江文徵》卷二。

金澤泮

詩一首　存

收入嘉慶《合江縣志》卷四八，同治《合江縣志》卷四八，民國《合江縣志》附《合江文徵》卷二。

羅洪欽

詩一首　存

收入嘉慶《合江縣志》卷四八，同治《合江縣志》卷四八。

羅洪鑄

拔貢生，官至建始縣知縣。見嘉慶《合江縣志》卷四八。

詩九首　存

收入嘉慶《合江縣志》卷四八，同治《合江縣志》卷四八，民國《合江縣志》附《合江文徵》卷二。

羅洪紀

附貢生。見嘉慶《合江縣志》卷四八，同治《合江縣志》卷四八，民國《合江縣志》附《合江文徵》卷二。

之溪集

見嘉慶《合江縣志》卷四八，同治《合

江縣志》卷四八。

詩六首 存

收入嘉慶《合江縣志》卷四八，同治《合江縣志》卷四八，民國《合江縣志》附《合江文徵》卷二。

文一篇 存

收入同治《合江縣志》卷四八。

方永年

詩二首 存

收入嘉慶《合江縣志》卷四八。

陳朝瓊

字梅溪。道光五年拔貢生，註選教諭。見同治《合江縣志》卷三五，民國《合江縣志》卷五。

詩二十六首 存

收入民國《合江縣志》卷一、附《合江文徵》卷二。

文二篇 存

收入同治《合江縣志》卷四八，民國《合江縣志》附《合江文徵》卷一。

羅廷翼

道光六年歲貢生，歷署廬山、西充訓導。見同治《合江縣志》卷三五，民國《合江縣志》卷三。

詩一首 存

收入民國《合江縣志》附《合江文徵》卷二。

鄒輝榮

道光十五年恩貢生，註選教諭。見同治《合江縣志》卷三五，民國《合江縣志》卷三。

詩一首 存

收入民國《合江縣志》附《合江文徵》卷二。

王學淳

字樂山。道光十八年歲貢生，注選訓導，授徒數十年。見同治《合江縣志》卷三五，民國《合江縣志》卷五。

詩一首 存

收入同治《合江縣志》卷四八。

文七篇 存

收入同治《合江縣志》卷四八。

易洪圖

貢生。見同治《合江縣志》卷四八。

文一篇 存

收入同治《合江縣志》卷四八。

陳朝陛

字侍彤，別字竹溪。道光二十六年歲貢生。見同治《合江縣志》卷三五，民國《合江縣志》卷三、卷五。

詩六首 存

收入民國《合江縣志》附《合江文徵》卷二。

李　楫

字豸山。武生，以功授綦江把總，後歸隱山中。見民國《合江縣志》卷五，《全蜀詩鈔》卷五六。

武夫臆草二卷（武夫草）

見民國《合江縣志》卷六，《全蜀詩鈔》

卷五六。

詩八首　存

收入道光《綦江縣志》卷一一，同治《合江縣志》卷四八，民國《合江縣志》附《合江文徵》卷二，《全蜀詩鈔》卷五六。

文三篇　存

收入民國《合江縣志》附《合江文徵》卷一。

王必杰

咸豐三年恩貢生，選授安縣教諭。見同治《合江縣志》卷三五，民國《合江縣志》卷三。

文一篇　存

收入民國《合江縣志》附《合江文徵》卷一。

王　鉅

字雨橋。咸豐八年舉人，分發江西候補知縣。見同治《合江縣志》卷三五，民國《合江縣志》卷三。

文一篇　存

收入同治《合江縣志》卷四八，民國《合江縣志》附《合江文徵》卷一。

許寶笙

字賡唐。咸豐九年舉人，註選知縣。見同治《合江縣志》卷三五，民國《合江縣志》卷三。

文一篇　存

收入同治《合江縣志》卷四八。

楊時清

文一篇　存

收入同治《合江縣志》卷四八。

吳光廷 (1810—1868)

字賡堂，一號柳橋。監生。同治七年卒，年五十九。見民國《合江縣志》卷五。

詩一首　存

收入民國《合江縣志》附《合江文徵》卷二。

李光澈 (1822—1882)

字宇軒，附貢生。咸豐間，辦團練以衛鄉里。光緒八年卒，年六十一。見民國《合江縣志》卷五。

詩一首　存

收入民國《合江縣志》附《合江文徵》卷二。

黄希文

字雲海，一字雲門。布衣。見同治《合江縣志》卷四八，民國《合江縣志》附《合江文徵》卷二。

詩十五首　存

收入同治《合江縣志》卷四八，民國《合江縣志》附《合江文徵》卷二。

許治安

字静生，一字立三。光緒初，以貢生選授潼川府訓導，未赴，先後掌鳳儀書院八年。見民國《合江縣志》卷五。

詩一首 存

收入民國《合江縣志》附《合江文徵》卷二。

文三篇 存

收入同治《合江縣志》卷四八，民國《合江縣志》附《合江文徵》卷一。

陳正揆

廪生。見同治《合江縣志》卷四八。

文一篇 存

收入同治《合江縣志》卷四八。

劉文驤

字仿皋。同治三年舉人，註選知縣，主講鳳儀書院。見同治《合江縣志》卷三五，民國《合江縣志》卷三、附《合江文徵》卷一。

詩二首 存

收入民國《合江縣志》附《合江文徵》卷二。

文一篇 存

收入民國《合江縣志》附《合江文徵》卷一。

陳本植

字珠樹，一字海珊。同治三年舉人，歷署朝陽、建昌縣知縣。見同治《合江縣志》卷三五，民國《合江縣志》卷五。

詩一首 存

收入民國《合江縣志》附《合江文徵》卷二。

黄寬文（？—1878）

字海門。同治五年恩貢生，任華陽縣教諭。光緒四年卒。見同治《合江縣志》卷三五，民國《合江縣志》卷五。

文二篇 存

收入同治《合江縣志》卷四八，民國《合江縣志》附《合江文徵》卷一。

莫欽濤

字海峯。同治六年舉人，註選知縣。見同治《合江縣志》卷三五，民國《合江縣志》卷三、附《合江文徵》卷一。

文二篇 存

收入同治《合江縣志》卷四八，民國《合江縣志》附《合江文徵》卷一。

趙廷策

字雪樵。附生，善書畫，尤精考據。年五十卒。見民國《合江縣志》卷五。

汲古軒詩稿

見民國《合江縣志》卷六。

詩二首 存

收入同治《合江縣志》卷四八。

傅亮予

詩一首 存

收入民國《合江縣志》附《合江文徵》卷二。

文二篇 存

收入同治《合江縣志》卷四八。

徐秉元

字捷三。光緒四年歲貢生，卒年六十八。見民國《合江縣志》卷三、卷五。

文一篇 存

收入民國《合江縣志》附《合江文徵》卷一。

李光祐

字賴先，一字霽嵐。光緒十五年以子超瓊貴，贈中議大夫。卒年六十。見民國《合江縣志》卷三、卷五。

古今集鑑

見民國《合江縣志》卷六。

詩十七首 存

收入民國《合江縣志》附《合江文徵》卷二。

蔣肇齡

字光廷，更字伯遐，號八霞山人。廩貢生，光緒中選授雲南嶍峨縣知縣，署馬龍州知州。中年留心洋務，討論不遺餘力。見民國《合江縣志》卷三、卷五。

邊備九籌 存

見民國《合江縣志》卷六。

今存光緒十三年刻本（國圖，上圖）。

邊海鏡原　練武新圖　瘴書　古地今佚

八霞詩鈔

見民國《合江縣志》卷六。

詩六十六首 存

收入民國《合江縣志》附《合江文徵》卷二。

趙　鐔

字爾臣，號霜圃。附生，光緒中卒。見民國《合江縣志》附《合江文徵》卷二。

詩四首 存

收入民國《合江縣志》附《合江文徵》卷二。

李超元

字箸臣，廩貢生。見民國《合江縣志》附《合江文徵》卷二。

詩四首 存

收入民國《合江縣志》附《合江文徵》卷二。

李超瓊 (1846—1909)

初名朝昱，字紫璈，號藤軒，五十歲後更字惕夫。光緒五年舉人，歷官溧陽、元和、上海等地知縣。宣統元年卒，年六十四。見民國《合江縣志》卷五。

鴻城集三卷 存

見《清人別集總目》頁820。

今存光緒二十年合江李氏蘇州刻本（川圖，粵圖，無錫）。

石船居古今體詩剩稿三卷詩餘剩稿一卷 存

見《清人別集總目》頁820。

今存光緒二十年自刻本（南圖）。

石船居古今體詩剩稿十二卷 存

見《清人別集總目》頁820。

今存光緒二十二年木活字排印石船居剩稿本（叢書綜錄，安徽師大，無錫，旅大）。

石船居古今體詩剩稿十五卷　存

見《清人別集總目》頁820。

今存吳門毛上珍刻本（遼圖）。

石船居古今體詩剩稿十六卷　存

見《清人別集總目》頁820。

今存光緒刻本（南圖，魯圖，南開，南通師專）。

石船居古今體詩剩稿二十卷　存

見《清人別集總目》頁820。

今存民國初排印本（皖圖）。

石船居雜著剩稿不分卷　存

見《清人別集總目》頁820。

今存石船居剩稿本（叢書綜錄，南圖，旅大，無錫）。

石般居牘稿二十五卷

見民國《合江縣志》卷六。按原註："光緒中用毘陵聚珍板印行，共廿五卷，内分古今體詩二十卷、雜著二卷、公牘一卷、筆錄二卷。"

汪禹疇（1858—1890）

字敦叙，一字瑞九。廩生。光緒十六年卒，年三十三。見民國《合江縣志》卷五。

詩五首　存

收入民國《合江縣志》附《合江文徵》卷二。

徐　麟

字子莪，又字子鶚，原名家麟。光緒間侍其舅李超瓊官元和、陽湖、江陰、無錫、南滙、上海等任，入民國，任蓬溪縣蓬萊鎮分知事、丹棱縣知事。見民國《合江縣志》附《合江文徵》卷二。

詩三十八首　存

收入民國《合江縣志》附《合江文徵》卷二。

黄　垂

字治甫，一字繼可。光緒十一年拔貢生，受知於張之洞，調尊經書院，充高才生。掌鳳儀書院四年。見民國《合江縣志》卷三、卷五。

文一篇　存

收入民國《合江縣志》附《合江文徵》卷一。

吴　湘

字海琴，光緒十一年舉人。見民國《合江縣志》卷三、附《合江文徵》卷二。

詩三首　存

收入民國《合江縣志》附《合江文徵》卷二。

李盛芬

字茂林。光緒間貢生。見民國《合江縣志》卷三。

遠志齋詩稿一卷

見民國《合江縣志》卷六。

李超瑜

字季恒，一字亮儕。廩貢生，選授東鄉縣教諭。見民國《合江縣志》附《合江文徵》卷二。

詩三首　存

收入民國《合江縣志》附《合江文徵》卷二。

張汝陶

字小臯，别號古顛人。光緒中以廩貢生援例敍國子監典簿，年六十六卒。見民國《合江縣志》卷五。

詩二首　存

收入民國《合江縣志》附《合江文徵》卷二。

徐肇基

字慶之。國學生，民國初卒，年七十。見民國《合江縣志》附《合江文徵》卷二。

詩十四首　存

收入民國《合江縣志》附《合江文徵》卷二。

王洪祚

字紹之。廩生。見民國《合江縣志》附《合江文徵》卷二。

詩一首　存

收入民國《合江縣志》附《合江文徵》卷二。

趙維城

字蓮芝。隱士。見民國《合江縣志》卷五。

詩一首　存

收入民國《合江縣志》附《合江文徵》卷二。

趙思銘

字自新，維城子。附生，精岐黄，以教讀終。見民國《合江縣志》附《合江文徵》卷二。

詩三首　存

收入民國《合江縣志》附《合江文徵》卷二。

李耀先

字少陽，號春浦。廩生，卒年四十六。見民國《合江縣志》卷五。

文一篇　存

收入民國《合江縣志》附《合江文徵》卷一。

方思聖

附生，曾主講黔中青川書院。見民國《合江縣志》卷五。

雪泥論道編

見民國《合江縣志》卷六。

詩四首　存

收入民國《合江縣志》附《合江文徵》卷二。

劉　堃

字周學。廩生。見民國《合江縣志》附《合江文徵》卷二。

詩一首　存

收入民國《合江縣志》附《合江文徵》卷二。

何文翩

字宇凌。廩生。見民國《合江縣志》附《合江文徵》卷二。

詩一首　存

收入民國《合江縣志》附《合江文徵》

卷二。

張維機

字知卿，別號鐵船主者。卒年六十。見民國《合江縣志》卷五。

詩三首　存

收入民國《合江縣志》附《合江文徵》卷二。

戴映奎

字蓮溪。恩貢生。見民國《合江縣志》附《合江文徵》卷二。

詩一首　存

收入民國《合江縣志》附《合江文徵》卷二。

雷明玉

字海瓊。增生，民國初年卒。見民國《合江縣志》附《合江文徵》卷二。

詩一首　存

收入民國《合江縣志》附《合江文徵》卷二。

顔椿銘

字玉樓。少力學，因科場不利，改經商。自光緒初籌辦保甲，即歷任之。見民國《合江縣志》附《合江文徵》卷二。

詩二首　存

收入民國《合江縣志》附《合江文徵》卷二。

陳朝璲

附生。見民國《合江縣志》附《合江文徵》卷二。

詩一首　存

收入民國《合江縣志》附《合江文徵》卷二。

曾道醇

字介亭。廩生，年六十二卒。見民國《合江縣志》卷五。

詩一首　存

收入民國《合江縣志》附《合江文徵》卷二。

劉萬鵬

字雲程，號恒軒。科場不利，晚工醫術。見民國《合江縣志》附《合江文徵》卷二。

詩二首　存

收入民國《合江縣志》附《合江文徵》卷二。

鄭秀章

字憲周。廩生。見民國《合江縣志》附《合江文徵》卷二。

詩一首　存

收入民國《合江縣志》附《合江文徵》卷二。

馮　檀

字香樓。廩生，調尊經書院，充高材生。見民國《合江縣志》卷五。

詩二十首　存

收入民國《合江縣志》附《合江文徵》卷二。

文二篇　存

收入民國《合江縣志》附《合江文徵》

卷一。

翁昭著

字柱臣。積學工書。見民國《合江縣志》附《合江文徵》卷二。

詩二首　存

收入民國《合江縣志》附《合江文徵》卷二。

張祖煌

按其所著書於光緒三十一年稟經川督核准刊行，當為光緒間人。見民國《合江縣志》卷六。

蠶桑圖説十六卷

見民國《合江縣志》卷六。

鐘寉翥

字步青，一字九皋。附生，工書善畫。見民國《合江縣志》卷五。

詩二首　存

收入民國《合江縣志》附《合江文徵》卷二。

吴采三

貢生。見民國《合江縣志》附《合江文徵》卷二。

詩一首　存

收入民國《合江縣志》附《合江文徵》卷二。

王家修 (1866—1910)

字理醇。廩生，授徒十數年，後遊日本，歸主瀘縣中學及川南師校經學講席。宣統二年卒，年四十五。見民國《合江縣志》卷五。

詩八首　存

收入民國《合江縣志》附《合江文徵》卷二。

張朝甲

字五雲。拔貢生。見民國《合江縣志》附《合江文徵》卷二。

詩四首　存

收入民國《合江縣志》附《合江文徵》卷二。

徐可琮

字伯衡。附生，以府經歷分發江蘇候補。見民國《合江縣志》附《合江文徵》卷二。

詩五首　存

收入民國《合江縣志》附《合江文徵》卷二。

蹇啓明

字餘三。歲貢生。見民國《合江縣志》附《合江文徵》卷二。

詩一首　存

收入民國《合江縣志》附《合江文徵》卷二。

蕭宗濂

字洛溪。廩生，以知縣分發甘肅候補。見民國《合江縣志》附《合江文徵》卷二。

詩四首　存

收入民國《合江縣志》附《合江文徵》

卷二。

董濟川

字芳山。歲貢生。民國《合江縣志》附《合江文徵》卷二。

詩一首 存

收入民國《合江縣志》附《合江文徵》卷二。

李敬魁

字花村。見民國《合江縣志》附《合江文徵》卷二。

詩一首 存

收入民國《合江縣志》附《合江文徵》卷二。

雷崇鼎

字定臣。工詩，晚以醫名。見民國《合江縣志》附《合江文徵》卷二。

詩一首 存

收入民國《合江縣志》附《合江文徵》卷二。

杜光馗（？—1924）

字騰輝。積學不售，年逾八十猶健。民國十三年卒。見民國《合江縣志》附《合江文徵》卷二。

詩一首 存

收入民國《合江縣志》附《合江文徵》卷二。

陳世濬（？—1917）

字梅孫。副貢生，民國六年卒。見民國《合江縣志》附《合江文徵》卷二。

詩四首 存

收入民國《合江縣志》附《合江文徵》卷二。

劉煜章

字曉村。附生，光緒中留學日本，旋當選四川省諮議局議員。見民國《合江縣志》附《合江文徵》卷二。

詩一首 存

收入民國《合江縣志》附《合江文徵》卷二。

任大容（？—1924）

字若臣。清末留學日本，民國十三年卒。見民國《合江縣志》附《合江文徵》卷二。

詩四首 存

收入民國《合江縣志》附《合江文徵》卷二。

滕慎先

字敬庵。見民國《合江縣志》附《合江文徵》卷二。

詩二首 存

收入民國《合江縣志》附《合江文徵》卷二。

張玉輝

字俠琴。附生，工書，留學日本，以部主事歷辦上海、江寧警政。見民國《合江縣志》附《合江文徵》卷二。

詩二首 存

收入民國《合江縣志》附《合江文徵》

卷二。

楊　潤

原名明善，字葆初。增生。見民國《合江縣志》附《合江文徵》卷二。

詩一首　存

收入民國《合江縣志》附《合江文徵》卷二。

蕭德亭（？—1917）

字咸有。民國六年卒。見民國《合江縣志》附《合江文徵》卷二。

詩一首　存

收入民國《合江縣志》附《合江文徵》卷二。

鄭明允

字式璋，廩生。見民國《合江縣志》附《合江文徵》卷二。

詩四首　存

收入民國《合江縣志》附《合江文徵》卷二。

蕭鑑春

字問渠，號清吾。積學未售，以授徒為業。見民國《合江縣志》附《合江文徵》卷二。

詩一首　存

收入民國《合江縣志》附《合江文徵》卷二。

卞元功

字群衡。附生，能醫，卒年七十。見民國《合江縣志》卷五。

詩一首　存

收入民國《合江縣志》附《合江文徵》卷二。

（吴諾曼）

江安縣

（今四川江安縣）

雷宏震

字長公，號敬齋。康熙二十三年舉人，任福建建寧知縣。見嘉慶《直隸瀘州志》卷一〇。

偶軒文集　粵遊草　定水集

見嘉慶《直隸瀘州志》卷一〇。

詩八首　存

收入嘉慶《江安縣志》卷六，道光《江安縣志》卷一，光緒《直隸瀘州志》卷二，民國《江安縣志》卷一。

文一篇　存

收入嘉慶《江安縣志》卷五，民國《江安縣志》附《江安文徵》卷上。

雷　伊

字任之，號松塢，宏震子。附貢生。見民國《江安縣志》卷三。

乾隆《江安縣志》四卷　存

今存乾隆二十八年修稿本（方志聯合目錄）；民國十九年國立北平圖書館抄本（國圖）。

乾隆《江安縣志》二卷　存

今存傳抄乾隆本（國圖）；民國傅氏藏園抄本（重慶）。

文三篇　存

收入嘉慶《江安縣志》卷六，民國《江安縣志》附《江安文徵》卷上。

蹇　璋

字尚玉。康熙三十二年舉人，官巴州學正。見嘉慶《江安縣志》卷六，民國《江安縣志》卷三。

文一篇　存

收入嘉慶《江安縣志》卷六，民國《江安縣志》卷一。

蹇元忠

字伯億，璋子。雍正元年舉人。見民國《江安縣志》卷三。

文一篇　存

收入嘉慶《江安縣志》卷五，民國《江安縣志》卷二。

楊　晉

字羽唐，號靜崖。歲貢生，康熙三十五年任南充縣訓導，年八十餘卒。見嘉慶《直隸瀘州志》卷一〇，光緒《直隸瀘州志》卷八，民國《江安縣志》卷三。

養正講章

見嘉慶《直隸瀘州志》卷一〇。

靜崖先生大學集解中庸集解　存

今存清抄本（上圖）。

怡齋詩稿　存

見嘉慶《直隸瀘州志》卷一〇。

今存同治五年涵遠堂刻本（上圖）。

楊振麟

字仁定。康熙四十四年舉人，官陝西平羅縣知縣。見嘉慶《江安縣志》卷三、卷六。

詩一首　存

收入嘉慶《江安縣志》卷六。

文一篇　存

收入嘉慶《江安縣志》卷六。

楊錫麟

字瑞石，號龍池。康熙五十二年經魁，授新津及墊江縣教諭，先後掌教成都錦江書院十餘載。見嘉慶《江安縣志》卷四。

文一篇　存

收入嘉慶《江安縣志》卷五。

楊　昂

字家駒，號雲屏，錫麟子。乾隆三十三年舉人。見嘉慶《江安縣志》卷四。

詩二首　存

收入嘉慶《江安縣志》卷六。

文二篇　存

收入嘉慶《江安縣志》卷五、卷六，道光《江安縣志》卷一。

楊維城

字子宗，錫麟孫，昂子。嘉慶五年舉人。見民國《江安縣志》卷三。

覆瓿集

見民國《江安縣志》卷三。

詩六首　存

收入民國《江安縣志》附《江安文徵》卷下。

文二篇　存

收入嘉慶《江安縣志》卷五、卷六，民國《江安縣志》卷一、卷二。

李載陽

字光亭，號旭東，寄籍九姓鄉（今屬敘永縣）。乾隆二十七年舉人，官山東兗州知府。乾隆五十五年致仕，歸掌教司，治書院。見光緒《瀘州九姓鄉志》卷一、卷四。

乾隆《潛山縣志》二十四卷首一卷

（李載陽修　游端友　張必剛纂）　存

今存乾隆四十六年刻本（方志聯合目錄）；民國四年活字本（方志聯合目錄）；臺北成文出版社一九八五年影印乾隆四十六年本。按原註：乾隆本附《嶽雲集》六卷。

歸來集

見光緒《瀘州九姓鄉志》卷四。

詩二首　存

收入嘉慶《江安縣志》卷六，光緒《瀘州九姓鄉志》卷四。

高汝儀

字鴻漸。乾隆三十年拔貢生，歷任樂山縣訓導、潼川府教授，以軍功保舉知縣。見嘉慶《直隸瀘州志》卷一〇。

宦遊從軍詩集

見嘉慶《直隸瀘州志》卷一〇。

詩八首　存

收入嘉慶《江安縣志》卷六，道光《江安縣志》卷一，民國《江安縣志》附《江安文徵》卷下。

楊　卓

字鶴然，號立堂。乾隆三十四年進士，任青浦縣知縣。見嘉慶《直隸瀘州志》卷一〇，《全蜀詩鈔》卷一九，《清人別集總目》頁690。

鴟鵝集四卷　存

見嘉慶《江安縣志》卷六，《清人別集總目》頁690。

今存嘉慶七年江安刻本（川圖，复旦）；

嘉慶七年江安楊氏刻道光八年涵遠堂重刻本（川圖）；道光十三年桐雲閣刻本（川大）。

望海吟

見嘉慶《直隸瀘州志》卷一〇。

漁艇叢話

見嘉慶《直隸瀘州志》卷一〇，嘉慶《江安縣志》卷六。

一得編　紅杏稿

見嘉慶《江安縣志》卷六。

詩七首　存

收入光緒《直隸瀘州志》卷二，《全蜀詩鈔》卷一九，民國《江安縣志》附《江安文徵》卷下。

文十一篇　存

收入嘉慶《江安縣志》卷五、卷六，光緒《瀘州九姓鄉志》卷一、卷四，民國《江安縣志》附《江安文徵》卷上。

楊　庚

字星山，號少白，卓孫，維億子。嘉慶十八年舉人，官湖北黄州知府。見民國《江安縣志》卷三。

星山詩草四卷　存

見《清人別集總目》頁691。

今存道光四年刻本（中科院）；道光十三年江安楊氏桐雲閣刻本（國圖，川圖，南通師專）。按：民國《江安縣志》卷三著錄作二卷。

桐雲閣試帖　存

今存李光明莊刻本（國圖）。

桐雲閣試帖附續刻　存

見《清人別集總目》頁691。

今存道光十三年江安楊氏刻本（川圖）。

桐雲閣試帖輯注二卷　存

今存光緒十一年刻本（國圖）；同治九年善成堂刻本（國圖）；同治十一年書林德記刻批點七家詩合注本（北大，粵圖，洛陽）。

桐雲閣試帖集注二卷　存

今存光緒十五年刻本（國圖）。

桐雲閣試帖增注二卷　存

今存光緒十八年上海圖書集成印書局鉛印本（國圖）。

詩三十四首　存

收入《全蜀詩鈔》卷三七。

陳第遷

乾隆三十三年貢生。見嘉慶《江安縣志》卷四。

文一篇　存

收入嘉慶《江安縣志》卷二。

蔡　中

字象五。乾隆三十五年中副榜，四十五年中舉人，官綦江訓導。見民國《江安縣志》卷三。

文三篇　存

收入嘉慶《江安縣志》卷二、卷六，民國《江安縣志》附《江安文徵》卷上。

賈開第

字壯哉。乾隆五十三年舉人，官威遠訓導。見民國《江安縣志》卷三。

詩一首　存

收入民國《江安縣志》附《江安文徵》卷下。

楊維緗

字寶田，號青崖。乾隆五十四年舉

人，官灌縣訓導。見嘉慶《江安縣志》卷四。

文二篇　存

收入嘉慶《江安縣志》卷五、卷六。

謝暘元

字捷三。嘉慶九年舉人。見民國《江安縣志》卷三。

詩五首　存

收入嘉慶《納溪縣志》卷九，嘉慶《江安縣志》卷六，民國《江安縣志》卷一。

文三篇　存

收入嘉慶《江安縣志》卷二、卷五、卷六，道光《江安縣志》卷一，民國《江安縣志》卷一。

楊　犖

歲貢生。見嘉慶《江安縣志》卷六。

詩一首　存

收入嘉慶《江安縣志》卷六。

文一篇　存

收入嘉慶《江安縣志》卷六。

劉石磐

歲貢生。見嘉慶《江安縣志》卷六。

文一篇　存

收入嘉慶《江安縣志》卷六。

曹　佑

庠生。見嘉慶《江安縣志》卷六。

詩一首　存

收入嘉慶《江安縣志》卷六。

曹志彝

增生。見嘉慶《江安縣志》卷六。

詩一首　存

收入嘉慶《江安縣志》卷六，道光《江安縣志》卷一。

李常澍

字雨蒼。道光五年拔貢生。見民國《江安縣志》卷三。

文二篇　存

收入民國《江安縣志》附《江安文徵》卷上。

蕭昌璧

字水璋。同治間貢生。見民國《江安縣志》卷三。

詩一首　存

收入民國《江安縣志》附《江安文徵》卷下。

楊　愉

字敬生。同治間歲貢生。館教數十年，瀘州高澍四兄弟皆出其門。見民國《江安縣志》卷三。

詩一首　存

收入民國《江安縣志》附《文徵》卷下。

陳尊榮

字遠山。附生。見民國《江安縣志》卷三。

秋鳴集

見民國《江安縣志》卷三。

文三篇　存

收入民國《江安縣志》附《文徵》卷上。

黄希孟

字嶧山。歲貢生。見民國《江安縣志》卷三。

詩一首　存

收入民國《江安縣志》附《文徵》卷下。

黄中美（1858—1922）

字芸浦，希孟子。光緒十五年恩科舉人，截取知縣，加同知銜；歷任江安龍門書院山長，縣會議長。見民國《江安縣志》卷三。

醫罅芻言四卷　醫案一卷

見民國《江安縣志》卷三。

詩一首　存

收入民國《江安縣志》卷一。

文二篇　存

收入民國《江安縣志》附《文徵》卷上。

傅增淯

字雨農。光緒十八年進士，改庶吉士，授編修，歷官江蘇知府。見《清詩匯》卷一七八。

詩二首　存

收入《清詩匯》卷一七八。

陳天錫

字子麟，號鶴仙。光緒二十年舉人，任陝西石泉縣知事。見民國《江安縣志》卷首、卷三。

民國《江安縣志》四卷（嚴希慎修陳天錫纂）　存

今存民國十一年鉛印本（方志聯合目錄）。

鶴仙詩鈔四卷　存

見《清人別集總目》頁1261。

今存民國九年重訂光緒刻本（國圖）。

鶴仙詩鈔續刊四卷別抄一卷　存

見《清人別集總目》頁1261。

今存民國十年牖群書局鉛印本（國圖）。

鶴仙文鈔二卷　存

見《清人別集總目》頁1261。

今存民國十一年鉛印本（國圖）。

賈　亹

字亦純。貢生。見《蜀詩續鈔》卷三。

詩一首　存

收入《蜀詩續鈔》卷三。

傅增湘

字沅叔。光緒二十四年進士，任翰林院編修。宣統時，任直隸提學使、肅政使。民國初任教育總部長。見民國《江安縣志》卷三。

光緒乙酉科會試朱卷　存

今存光緒刻本（北師大）。

光緒戊戌科會試朱卷　存

今存光緒刻本（國圖，北師大）。

清代殿試考略　存

今存民國二十一年鉛印本（北大）；民國二十二年天津大公報社本（北大，北師大，南大）。

清代殿試考略一卷附繆彤臚傳紀事殿試策目錄　存

今存民國二十二年天津大公報社本（國

圖，上圖，北大，北大考古，川大）。

藏事討論會呈（傅增湘等撰）　存

今存民國石印本（國圖）。

改良私塾淺說　存

今存光緒鉛印本（國圖）。

東漢會要校錄　存

今存民國二十六年抄本（國圖）。

唐鑒校勘記　存

今存民國二十六年抄本（國圖）。

通典校勘記　存

今存民國二十七年抄本（國圖）。

雙鑒樓善本書目四卷（編）　存

今存民國十八年刻本（國圖，上圖，北大，北師大，南大，川大，香港中大）。

雙鑒樓藏書續記二卷（編）　存

今存民國十九年刻本（國圖，上圖，北大，北大考古，北師大，南大，川大，香港中大）。

雙鑒樓珍藏秘笈目錄（編）　存

今存民國鉛印本（國圖，上圖）；刻本（北大）。

藏園居士六十自述　存

今存民國二十年石印本（國圖，上圖，北大，北師大，南大）。

藏園居士七十自述　存

今存民國三十年石印本（國圖，上圖，北大，北師大）。

藏園遊記　存

今存民國刻本（國圖，北師大）。

秦遊日錄登太華記　存

今存民國二十一年大公報版（上圖，北大）；民國二十二年刻本（國圖，上圖）。

衡廬日錄一卷　存

今存民國二十四年刻本（國圖，北大）。

衡廬日錄一卷附南嶽遊記一卷　存

今存民國二十四年天津大公報社鉛字排印本（上圖，北大，川大）。

南嶽遊記　存

今存民國二十四年刻本（國圖）。

橫雲山莊記　存

今存民國二十五年無錫錫成印刷公司鉛印本（國圖）。

北嶽遊記　存

今存民國二十七年刻本（國圖，上圖）。

五臺山遊記　存

今存民國二十七年刻本（國圖，上圖）。

遊中嶽記　存

今存民國二十七年刻本（國圖，上圖）。

塞上行程錄二卷　存

今存抄本（上圖）；民國刻本（國圖）。

藏園群書題記　存

今存民國二十三年天津大公報本（國圖）；民國三十二年企驎軒鉛印本（國圖）。

藏園羣書題記初集八卷續集六卷　存

今存民國二十七至三十二年鉛印本（上圖，北大，北師大，南大）。

藏園群書題記初記　存

今存民國三十二年企驎軒鉛印本（國圖，上圖，北大考古，南大）。

藏園群書題記續集　存

今存民國二十七年藏園鉛印本（國圖，上圖，北大，北大考古，北師大，南大）。

靜嘉堂文庫觀書記　存

今存鉛印本（北大）。

藏園老人遺稿三卷　存

見《清人別集總目》頁2258。

今存一九六二年油印本（國圖，北大，南圖）。

朱策勳

字篤臣。光緒二十九年舉人，任國

史館顧問。入民國，任永寧道長寧知事。見民國《江安縣志》卷三。

詩二首 存

收入民國《江安縣志》卷一、附《文徵》卷下。

朱　山

原名昌時，字雲石，策勳子。宣統元年開辦《平論日報》，次年任《蜀報》總編，參與清末四川保路運動。見民國《江安縣志》卷三。

詩十四首 存

收入民國《江安縣志》附《文徵》卷下。

詞一首 存

收入民國《江安縣志》附《文徵》卷下。

文一篇 存

收入民國《江安縣志》附《文徵》卷上。

蔣紹堂

字玉溪。歲貢生，光緒時官廣元縣教諭。見民國《江安縣志》卷三。

詩一首 存

收入民國《江安縣志》附《文徵》卷下。

徐愼先

字子箴。貢生。見民國《江安縣志》卷三。

詩六首 存

收入民國《江安縣志》卷一、附《文徵》卷下。

馮世英

庠生。見民國《江安縣志》卷一。

詩一首 存

收入民國《江安縣志》卷一。

馮精忠

民國間江安民政部主事。見民國《江安縣志》卷一。

詩一首 存

收入民國《江安縣志》卷一。

黄沐衡

字荃齋。民國時任省議會議員。見民國《江安縣志》卷三。

詩一首 存

收入民國《江安縣志》附《文徵》卷下。

蔣雲麟

庠生。見民國《江安縣志》卷一。

詩一首 存

收入民國《江安縣志》卷一。

馮貞忠

庠生。見民國《江安縣志》卷一。

詩一首 存

收入民國《江安縣志》卷一。

常興華

廩生。見民國《江安縣志》卷一。

文二篇 存

收入民國《江安縣志》卷一。

程光霽

字曉嵐。貢生。見民國《江安縣志》卷三。

詩三首　存

收入民國《江安縣志》卷一、附《文徵》卷下。

馮世釗

詩一首　存

收入民國《江安縣志》卷一。

朱青長

詩九首　存

收入民國《江安縣志》附《文徵》卷下。

詞八首　存

收入民國《江安縣志》附《文徵》卷下。

文十二篇　存

收入民國《江安縣志》附《文徵》卷上。

陳才良

字石夫。嘉定選科中學畢業，官甘肅通判同知。民國間任寧夏洮沙縣知事。見民國《江安縣志》卷三。

詩一首　存

收入民國《江安縣志》附《文徵》卷下。

黄穉荃

穉荃三十以前詩一卷　存

今存民國三十一年成都茹古書局刻本（南大，川大）。

（吴諾曼）

古宋縣

（今四川敘永縣）

任嗣業（1687—?）

康熙四十一年襲瀘州九姓鄉長官司，年十六。見光緒《瀘州九姓鄉志》卷三。

詩二首　存

收入光緒《瀘州九姓鄉志》卷三。

任啟烈（1732—?）

字承武，號和山。乾隆八年襲瀘州九姓鄉長官司，年十二。見光緒《瀘州九姓鄉志》卷三、卷四。

乾隆《九姓司志》二卷（任啟烈纂修　任履肅續纂）　存

今存乾隆刻本（方志聯合目錄）；民國十九年國立北平圖書館抄本（方志聯合目錄）。

蛙蚓吟集

見光緒《瀘州九姓鄉志》卷四。

詩一首　存

收入光緒《瀘州九姓鄉志》卷一。

文一篇　存

收入光緒《瀘州九姓鄉志》卷一。

李　苿

乾隆十八年貢生。見嘉慶《直隸瀘州志》卷八。

詩二首　存

收入嘉慶《直隸瀘州志》卷二。

任履端

字肇初，號蘭臯。乾隆四十二年舉人，註選知縣。見光緒《瀘州九姓鄉志》卷一。

詩一首　存

收入光緒《瀘州九姓鄉志》卷四。

宋之睿

號思堂，字聖階。嘉慶六年拔貢生，官至陝西州判。見光緒《續修敘永永寧廳縣合志》卷二七，《永寧縣鄉土志・耆舊》。

憓泉詩集十六卷

見光緒《續修敘永永寧廳縣合志》卷二七。

憓泉書屋詩稿　存

見《永寧縣鄉土志・耆舊》。

今存道光八年敘永宋氏十六卷刻本（北大）；道光八年厚德堂刻本（上圖）。

宋　鉞

字金城，號冕西，之睿子。見光緒《續修敘永永寧廳縣合志》卷二七。

文二篇　存

收入光緒《續修敘永永寧廳縣合志》卷四八。

褚彥昭

字芝田。嘉慶十二年舉人。官綿州學正。見《全蜀詩鈔》卷三四。

詩一首　存

收入《全蜀詩鈔》卷三四。

申　瓏

嘉慶二十一年舉人。見光緒《瀘州九姓鄉志》卷三。

詩一首　存

收入光緒《瀘州九姓鄉志》卷一。

楊　曙

字東昇。道光五年拔貢生，歷署江油、崇寧、簡州教諭，升保寧府教授。見民國《敘永縣志》卷三。

澹菊軒詩集

見民國《敘永縣志》卷三。

黄相堯

號羹唐。同治三年舉人，候選知縣。光緒間，曾參纂《瀘州九姓鄉志》。見光緒《瀘州九姓鄉志》卷一。

文一篇　存

收入光緒《瀘州九姓鄉志》卷一。

車登衢

號東皋。光绪元年恩科举人，候選知縣。見光緒《瀘州九姓鄉志》卷一。

光緒《瀘州九姓鄉志》四卷（任五采修車登衢等纂）　存

見光緒《瀘州九姓鄉志》卷一。

今存光緒八年刻本（地方志聯合目錄）；抄本（地方志聯合目錄）。原註：本書又名《直隸瀘州九姓志》。

文一篇　存

收入光緒《瀘州九姓鄉志》卷一。

傅治安

字靜山。光緒十六年恩貢生，候選直隸州州判。見光緒《續修敘永永寧廳縣合志》卷三二、卷五〇。

詩四首　存

收入光緒《續修敘永永寧廳縣合志》卷五〇。

宋　曙

字孟周。恩貢生。光緒間曾參纂《續修敘永永寧廳縣合志》。見光緒《續修敘永永寧廳縣合志》卷一、卷四五。

詩九首　存

收入光緒《續修敘永永寧廳縣合志》卷五〇。

文一篇　存

收入光緒《續修敘永永寧廳縣合志》卷四五。

陳定策

光緒間廩生。見光緒《續修敘永永寧廳縣合志》卷四三。

文二篇　存

收入光緒《續修敘永永寧廳縣合志》卷四三。

賈秉鑑

字朗泉。增貢生。晚年設帳課徒。見光緒《續修敍永永寧廳縣合志》卷二七。

詩一首　存

收入光緒《續修敍永永寧廳縣合志》卷五〇。

賈清德

字沁芳，秉鑑子。見光緒《續修敘永永寧廳縣合志》卷五〇。

詩二首　存

收入光緒《續修敘永永寧廳縣合志》卷五〇。

郭崧高

字遂五。附生。師從教諭李登淮，於當地率先開設新式學堂，後東渡日本，改名郭通，字今吾。見《續修敘永永寧廳縣合志》卷二七、卷五〇。

詩十首　存

收入光緒《續修敘永永寧廳縣合志》卷五〇。

馬　圖

附生，日本師範卒業，光緒三十二年任敘永視學官。見光緒《續修敘永永寧廳縣合志》卷二一。

文一篇　存

收入光緒《續修敘永永寧廳縣合志》卷四三。

徐矩易

文一篇　存

收入光緒《續修敘永永寧廳縣合志》卷四六。

李象謙

字厚甫。廩生。見光緒《續修敘永永寧廳縣合志》卷五〇。

詩三首　存

收入光緒《續修敘永永寧廳縣合志》卷五〇。

鄭大綸

字理堂。增貢生，聚徒講學數十年，卒年八十。見民國《敘永縣志》卷三。

書柿山房詩文集九卷

見民國《敘永縣志》卷三。

家言自序一卷

見民國《敘永縣志》卷三。

詩十六首　存

收入民國《敘永縣志》卷八。

李繼文

字錦湘。附生，援例授中書科中書。光緒中，助邑人李維漢興辦永屬中學校，捐建敘永第二高小學校。民國時，任甘肅東樂縣知事。見民國《敘永縣志》卷三。

詩三首　存

收入民國《敘永縣志》卷八。

李端臨

字更生。見民國《敘永縣志》卷八。

詩六首　存

收入民國《敘永縣志》卷八。

張麗霄

字雲衢。廩貢生，以訓導銓選加知

府衙。見民國《敘永縣志》卷三。

詩六首 存

收入民國《敘永縣志》卷八。

袁毓崧

字仲山。歲貢生，註選訓導，年七十四卒。見民國《敘永縣志》卷三。

詩七首 存

收入民國《敘永縣志》卷八。

（吴諾曼 王阿陶）

松潘直隸州
（今四川松潘縣）

湯興順

字遂齋。咸豐至光緒間，相繼為川督駱秉章、總兵夏毓秀幕僚，多所贊襄。卒年七十八。見民國《松潘縣志》卷六。

家訓一編

見民國《松潘縣志》卷六。

文一篇　存

收入民國《松潘縣志》卷三。

馬光遠

光緒二十八年歲貢生，候選府經歷。光緒末相繼選為縣議會副議長、議員。見民國《松潘縣志》卷首、卷六。

文一篇　存

收入民國《松潘縣志》卷首序。

楊樹芬

字仲香。廩生。見民國《松潘縣志》卷六。

翠微山房集

見民國《松潘縣志》卷六。

詩七首　存

收入民國《松潘縣志》卷一、卷五。

湯聘之

曾任綿州學正，改官知州判；議叙鹽提舉，任甘肅紅水縣、潼縣鹽局。民國六年，任臨時選舉縣議會正議長。見民國《松潘縣志》卷首、卷六。

文一篇　存

收入民國《松潘縣志》卷首序。

蒙春輝（？—1916）

字煦齋，別號臥龍山人。歲貢生。主講岷山書院，造成頗多。光緒三十一年任本縣視學，又任縣議會議員。創辦城鄉高等、初小學校數十所。辛亥後舉家遷平武。民國五年卒於里。見民國《松潘縣志》卷五、卷六。

詩四首　存

收入民國《松潘縣志》卷一、卷三。

文一篇　存

收入民國《松潘縣志》卷三。

楊楫舟

清末民國初人。見民國《松潘縣志》卷六。

詩十首　存

收入民國《松潘縣志》卷一、卷五、卷六。

文一篇　存

收入民國《松潘縣志》卷六。

馬堯安

光緒間在世。見民國《松潘縣志》卷五。按：文作於光緒元年。

詩二十六首　存

收入民國《松潘縣志》卷一、卷三、卷六。

文一篇　存

收入民國《松潘縣志》卷五。

文爲富

世襲雲騎尉，光緒間廩貢生。曾參與民國《松潘縣志》的分纂。見民國《松潘縣志》卷首、卷六。

文一篇 存

收入民國《松潘縣志》卷六。

湯焕然

光緒間人。見民國《松潘縣志》卷六。

詩三首 存

收入民國《松潘縣志》卷六。

沙瑞慶

字鶴汀。廩生。見民國《松潘縣志》卷六。

詩一首 存

收入民國《松潘縣志》卷五。

王文藻

附生，保舉為縣丞。見民國《松潘縣志》卷六。

詩一首 存

收入民國《松潘縣志》卷五。

馬貢三

當為清末民初人。見民國《松潘縣志》卷五。

詩一首 存

收入民國《松潘縣志》卷五。

張培蘭

當為清末民初人。見民國《松潘縣志》卷五。

詩一首 存

收入民國《松潘縣志》卷五。

趙羽仙

清末民初人。見民國《松潘縣志》卷三。

詩一首 存

收入民國《松潘縣志》卷三。

馬鴻藻

清末民初人。見民國《松潘縣志》卷二。

文一篇 存

收入民國《松潘縣志》卷二。

馬西乘

當為清末民初人。見民國《松潘縣志》卷二。

詩八首 存

收入民國《松潘縣志》卷二。

馬貞吉

清末民初人。見民國《松潘縣志》卷六。

詩二首 存

收入民國《松潘縣志》卷六。

祁鼎丞

清末民初人。按：有詩作於宣統三

年。見民國《松潘縣志》卷一。

詩十四首　存

收入民國《松潘縣志》卷一、卷五。

湯寶之

當為清末民初人。見民國《松潘縣志》卷二。

詩一首　存

收入民國《松潘縣志》卷二。

（李榮慧　吴静文）

石砫直隸廳

（今重慶石柱土家族自治縣）

馬斗燁

字黄星。土司舍人，生明末。康熙間歲貢生，不求仕進，嘯歌絃誦以終。見道光《補輯石砫廳志》卷首、卷八。

竹香齋拾遺詩稿（王縈緒輯）

見道光《補輯石砫廳志》卷八。

詩十首 存

收入道光《補輯石砫廳志》卷一二。

文一篇 存

收入道光《補輯石砫廳志》卷一〇。

馬宗大

字應侯，號南巖。明末女名將秦良玉之後，康熙間石砫世襲土司，蒞任四十餘年。善琴操，工詩畫。見道光《補輯石砫廳志》卷七。

詩三首 存

收入道光《補輯石砫廳志》卷一一。

文二篇 存

收入道光《補輯石砫廳志》卷一〇、卷一一。

馬光裁

乾隆六十年歲貢生，官梓潼訓導。見道光《補輯石砫廳志》卷四。

詩一首 存

收入道光《補輯石砫廳志》卷一二。

馬光仁

乾隆間石砫土司。見道光《補輯石砫廳志》卷七。

文一篇 存

收入道光《補輯石砫廳志》卷一一。

馬孔昭

乾隆間石砫土司。見道光《補輯石砫廳志》卷七。

詩二首 存

收入道光《補輯石砫廳志》卷一二。

冉天拱

字覲北，號迂齋。乾隆六年拔貢生。年八十三卒。見道光《補輯石砫廳志》卷四、卷八，《石砫廳鄉土志》歷史卷第四章。

詩一首 存

收入道光《補輯石砫廳志》卷一二。

冉永燾

天拱長孫。乾隆四十二年拔貢生，四十四年舉人。見道光《補輯石砫廳志》卷四。

詩五首 存

收入道光《補輯石砫廳志》卷一二。

文三篇 存

收入道光《補輯石砫廳志》卷一一。

冉永燮

天拱第四孫。乾隆五十四年拔貢生，官夾江教諭，陞順慶府教授。見道光《補輯石砫廳志》卷四。

詩五首 存

收入道光《補輯石砫廳志》卷一二。

冉裕屋

永燾子。道光十五年恩貢生。見道光《補輯石硅廳志》卷四。

文二篇 存

收入道光《補輯石硅廳志》卷一一。

廳士民（佚撰人姓名）

乾隆二十三年在世。見道光《補輯石硅廳志》卷一〇。

文一篇 存

收入道光《補輯石硅廳志》卷一〇。

廳人士（佚撰人姓名）

乾隆四十三年在世。見道光《補輯石硅廳志》卷一一。

文一篇 存

收入道光《補輯石硅廳志》卷一一。按：以上二篇皆爲公立碑文，二碑之立相隔二十年，撰文恐非出于一人之手。

楊應璣

光緒十四年副貢生。見《石硅廳鄉土志》歷史卷卷首。

《石硅廳鄉土志》歷史卷（編） 存

今存清抄本（川大）。

譚永泰

歲貢生。見《石硅廳鄉土志》地理卷卷首。

《石硅廳鄉土志》地理卷（編） 存

今存清抄本（川大）。

劉青雲

附貢生。見《石硅廳鄉土志》格致卷卷首。

《石硅廳鄉土志》格致卷（編） 存

今存清抄本（川大）。

（李榮慧　吴静汶）

理番直隸廳

(今四川阿壩理縣)

馮爲模

字可齋。見《綠萼梅齋遺稿》卷一。

詩一首　存

收入《綠萼梅齋遺稿》卷一。

(李榮慧)

附錄一：

藏書單位簡稱全稱對照說明

一、公共圖書館

國圖	中國國家圖書館
上圖	上海圖書館
川圖	四川省圖書館
中圖分	臺灣“中央圖書館”分館
甘圖	甘肅省圖書館
北圖	北京圖書館
遼圖	遼寧省圖書館
南圖	南京圖書館
閩圖	福建省圖書館
首都	首都圖書館（北京市圖書館）
津圖	天津市人民圖書館
晉圖	山西省圖書館
陝圖	陝西省圖書館
浙圖	浙江省圖書館
鄂圖	湖北省圖書館
皖圖	安徽省圖書館
粵圖	廣東中山圖書館
魯圖	山東省圖書館
湘圖	湖南省圖書館
滇圖	云南省圖書館
黔圖	貴州省圖書館
贛圖	江西省圖書館
旅大	旅大市圖書館
太谷	太谷縣圖書館
祁縣	祁县图书館
青島	青島市圖書館

徐州	徐州市圖書館
泰州	泰州市圖書館
常州	常州市圖書館
無錫	無錫市圖書館
洛陽	洛陽市圖書館
溫州	溫州市圖書館
安慶	安慶市圖書館
漳州	漳州市圖書館
諸暨	諸暨市圖書館
鎮江	鎮江市圖書館
廈門	廈門市圖書館
常州	常州市圖書館
重慶	重慶市圖書館
海口	海口市圖書館
湖南	湖南省圖書館
北京宣武區圖	北京宣武區圖書館

二、高校及科研機構圖書館

人大	中國人民大學圖書館
山大	山東大學圖書館
川大	四川大學圖書館
廣州社科所	中國科學院廣州哲學社會科學研究所
中大	中山大學圖書館
中共黨校	中共中央黨校圖書館
中科院	中國科學院圖書館
中科院文研所	中國社會科學院文學研究所
中科院近代史所	中國社會科學院近代史研究所
臺灣東海	臺灣東海大學圖書館
北大	北京大學圖書館
北師大	北京師範大學圖書館
故宮	北京故宮博物院圖書館
臺灣史語	臺灣“中央研究院”歷史語言研究所傅斯年圖書館
臺大	臺灣大學圖書館
臺灣師大	臺灣師範大學圖書館
香港中大	香港中文大學圖書館
南京師大	南京師範大學圖書館
南通師專	南通師範專科學校圖書館
遼大	遼寧大學圖書館

安徽科研所	安徽省科學研究所歷史研究室
蘇大	蘇州大學圖書館
湖南師大	湖南師範大學圖書館
山東師大	山東師範大學圖書館
天津師大	天津師範大學圖書館
安徽師大	安徽師範大學圖書館
華東師大	華東師範大學圖書館
華中師大	華中師範大學圖書館
揚州師院	揚州師範學院圖書館
武大	武漢大學圖書館
杭大	杭州大學圖書館
南大	南京大學圖書館
南開	南開大學圖書館
復旦	復旦大學圖書館
廈大	廈門大學圖書館
新疆大學	新疆大學圖書館
福師大	福建師範大學圖書館
武漢師院	武漢師范學院圖書館
文物	國家文物局文物保護科學技術研究所資料室
北京文物局	北京市文物事業管理局資料室
北大考古	北京大學中國考古學研究中心
民族文化宮	北京民族文化宮
福博	福建省博物館

三、海外圖書館

日本人文	日本京都大學人文科學研究所
日本大阪	日本大阪府立圖書館
日本廣島	日本廣島大學
日本國會	日本國會圖書館
日本東洋	日本東洋文庫
日本京文	日本京都大學文學部中哲文研究室
日本京圖	日本京都大學圖書館
日本愛知	日本愛知大學
日本靜嘉	日本東京靜嘉堂文庫
美國國會	美國國會圖書館
韓國延世大學	韓國延世大學圖書館
韓國成均館大學	韓國成均館大學圖書館

注：此表參考《清人别集總目》之“别集藏書單位簡稱全稱對照説明”、《中國地方志聯合目録》之“藏書單位簡稱表”。

附錄二：

引用書目

經部

爾雅補郭　（清）翟灝撰，光緒八年卷施誃刻本
論語或問　（宋）朱熹著，民國二十三年刻書會刻本
白話講義　（民國）曾鑑等撰，民國十一年成都昌福公司鉛印本
儒門語要　（清）倪元坦輯注，光緒三十四年鉛印本
王文成公傳習錄　（明）王守仁撰，宣統二年成都國學研究會重刊本
經學通論　（民国）龚道耕编撰，民國十八年成都維新印刷局鉛字排印本

史部

嘉慶《四川通志》　嘉慶二十一年刻本
同治《重修成都縣志》　同治十二年刻本
嘉慶《華陽縣志》　嘉慶二十一年刻本
民國《華陽縣志》　民國二十三年刻本
嘉慶《雙流縣志》　嘉慶十九年刻本
光緒《雙流縣志》　光緒三年刻本
光緒《雙流縣志》　民國二十一年養正堂遺書本（簡稱養正堂遺書本）
民國《雙流縣志》　民國十年鉛印本
嘉慶《溫江縣志》　嘉慶二十年刻本
民國《溫江縣志》　民國十年刻本
溫江縣鄉土志　宣統元年刻本
嘉慶《新繁縣志》　嘉慶十九年刻本
同治《新繁縣志》　同治十二年刻本
民國《新繁縣志》　民國三十六年鉛印本
新繁縣鄉土志　光緒三十三年鉛印本
嘉慶《金堂縣志》　一九九二年巴蜀書社據道光二十四年補刻本影印中國地方志集成本
同治《續金堂縣志》　同治六年刻本
民國《金堂縣續志》　民國十年刻本
金堂縣鄉土志　清末抄本

嘉慶《新都縣志》　嘉慶二十一年刻本
道光《新都縣志》　道光二十四年刻本
新都縣鄉土志　清末抄本
民國《新都縣志》　民國十八年鉛印本
新都年鑑　民國二十四年鉛印本
同治《郫縣志》　同治八年刻本
民國《郫縣志》　民國三十六年刻本
郫縣鄉土志　光緒三十四年鉛印本
乾隆《灌縣志》　乾隆五十一年刻本
光緒《增修灌縣志》　光緒十二年刻本
民國《灌縣志》　民國二十二年鉛印本
灌縣鄉土志　光緒三十三年刻本
嘉慶《彭縣志》　嘉慶十八年刻本
光緒《彭縣志》　光緒四年刻本
嘉慶《崇寧縣志》　嘉慶二十一年刻本
民國《崇寧縣志》　民國十四年刻本
崇寧縣鄉土志　抄本
乾隆《簡州志》　乾隆五十八年刻本
咸豐《簡州志》　咸豐三年刻本
光緒《簡州續志》　光緒二十三年刻本
民國《簡陽縣志》　民國十六年鉛印本
民國《簡陽縣續志》　民國二十年鉛印本
光緒《增修崇慶州志》　光緒三年刻本。
民國《崇慶縣志》　民國十五年鉛印本。
道光《新津縣志》　民國十一年鉛印本
道光《新津縣志》　道光九年刻本
同治《直隸理番廳志》　同治五年刻本
嘉慶《漢州志》　一九九二年巴蜀書社據嘉慶二十二年刻本影印中國地方志集成本
同治《續漢州志》　同治八年刻本
嘉慶《什邡縣志》　道光十二年增刻本
同治《續增什邡縣志》　同治四年刻本
民國《重修什邡縣志》　民國十八年鉛印本
道光《重慶府志》　道光二十三年刻本
乾隆《巴縣志》　嘉慶二十五年刻本
同治《巴縣志》　同治六年刻本
民國《巴縣志》　民國二十八年刻本
嘉慶《江津縣志》　嘉慶李寶曾續修刻本
光緒《江津縣志》　光緒元年刻本

民國《江津縣志》　民國十三年刻本
江津縣鄉土志　光緒間抄本
光緒《重修長壽縣志》　光緒元年刻本
民國《長壽縣志》　民國十七年石印本
民國《長壽縣志》　民國三十三年鉛印本
道光《永川縣志》　道光二十三年刻本
光緒《永川縣志》　光緒二十年刻本
光緒《榮昌縣志》　光緒十年增刻本
道光《綦江縣志》　道光六年刻本
民國《重修南川縣志》　民國二十年鉛印本
乾隆《合州志》　乾隆五十四年刻本
光緒《合州志》　光緒四年刻本
民國《新修合川縣志》　民國十年刻本
乾隆《涪州志》　乾隆五十年刻本
道光《涪州志》　道光二十五年刻本
同治《重修涪州志》　同治九年刻本
民國《涪陵縣續修涪州志》　民國十七年鉛印本
涪乘啓新　光緒三十年刻本
光緒《銅梁縣志》　光緒元年刻本
嘉慶《大足縣志》　道光十六年王松增補嘉慶本
光緒《大足縣志》　光緒三年刻本
民國《重修大足縣志》　民國三十五年鉛印本
同治《璧山縣志》　同治四年刻本
光緒《定遠縣志》　光緒元年刻本
道光《江北廳志》　民國鉛印本
江北廳鄉土志　光緒末年抄本
道光《保寧府志》　一九九二年巴蜀書社據道光元年刻二十三年補刻本影印中國地方志集成本
咸豐《閬中縣志》　咸豐元年刻本
民國《閬中縣志》　民國十五年石印本
乾隆《蒼溪縣志》　民國抄本
民國《蒼溪縣志》　民國十七年鉛印本
道光《南部縣志》　道光二十九年刻本
南部縣鄉土志　光緒三十二年修抄本
乾隆《四川保寧府廣元縣志》　乾隆二十二年刻本
民國《重修廣元縣志稿》　一九九二年巴蜀書社據民國十五年鉛印本影印中國地方志集成本
道光《巴州志》　道光十三年刻本

民國《巴中縣志》　民國十六年石印本
道光《重修昭化縣志》　道光二十五年刻同治三年曾寅光修補重印本
道光《通江縣志》　道光二十八年補刻本
道光《南江縣志》　道光七年刻本
民國《南江縣志》　民國十一年鉛印本
雍正《劍州志》　雍正五年刻本
同治《劍州志》　同治十二年刻本
民國《劍閣縣志續志》　民國十六年鉛印本
康熙《順慶府志》　一九九二年巴蜀書社據嘉慶十二年補刻本影印中國地方志集成本
嘉慶《南充縣志》　嘉慶十八年刻本咸豐七年增刻本
民國《南充縣志》　民國十八年刻本
康熙《西充縣志》　康熙六十一年刻本
光緒《西充縣志》　光緒二年刻本
西充縣鄉土志　宣統元年編，抄本
光緒《蓬州志》　光緒二十三年刻本
同治《營山縣志》　同治九年刻本
同治《儀隴縣志》　同治十年刻本
同治《儀隴縣志》　光緒三十三年補刻本（簡稱補刻本）
咸豐《廣安州志》　咸豐十年刻本
光緒《廣安州志》　光緒十三年刻本
光緒《廣安州新志》　光緒三十三年修，民國十六年重印宣統三年本
道光《隣水縣志》　一九九二年巴蜀書社據道光十五年刻本影印中國地方志集成本
光緒《鄰水縣續志》　一九九二年巴蜀書社據光緒三十三年抄本影印中國地方志集成本
道光《岳池縣志》　道光三十年刻本
光緒《岳池縣志》　光緒元年刻本
光緒《敘州府志》　光緒二十一年刻本
嘉慶《宜賓縣志》　一九九二年巴蜀書社據民國二十一年鉛印本影印中國地方志集成本
光緒《慶符縣志》　光緒二年刻本
乾隆《富順縣志》　光緒八年重刻乾隆四十二年本
道光《富順縣志》　道光七年刻本
同治《富順縣志》　同治十一年刻本
民國《富順縣志》　民國二十年刻本
嘉慶《南溪縣志》　嘉慶十七年刻本
同治《南溪縣志》　同治十三年刻本
民國《南溪縣志》　民國二十六年鉛印本
嘉慶《長寧縣志》　嘉慶十三年刻本
民國《長寧縣志》　一九八五年長寧縣志辦公室據民國二十七年油印本翻印
嘉慶《高縣志》　嘉慶十七年刻本

同治《高縣志》　同治五年刻本
同治《筠連縣志》　同治十二年刻本
民國《續修筠連縣志》　民國三十七年鉛印本
乾隆《珙縣志》　乾隆三十八年刻本
同治《珙縣志》　同治八年刻本
光緒《珙縣志》　一九九二年巴蜀書社據光緒九年增修乾隆三十八年刻本影印中國地方志集成本
康熙《興文縣志》　康熙二十五年刻本
乾隆《興文縣志》　乾隆六十年抄本
光緒《興文縣志》　光緒十三年刻本
民國《興文縣志》　民國三十二年鉛印本
道光《隆昌縣志》　道光三年刻本
咸豐《隆昌縣志》　一九九二年巴蜀書社據清同治元年刻本、同治十三年续刻本影印中國地方志集成本
同治《隆昌縣志》　同治十三年增刻本
乾隆《屏山縣志》　一九九二年巴蜀書社據民國二十年鉛印本影印中國地方志集成本
光緒《屏山縣續志》　一九九二年巴蜀書社據民國二十年鉛印本影印中國地方志集成本
嘉慶《馬邊廳志略》　一九九二年巴蜀書社據一九五四年熊承顯抄本影印中國地方志集成本
道光《夔州府志》　光緒十七年補刻本
光緒《奉節縣志》　一九九二年巴蜀書社據光緒十九年刻本影印中國地方志集成本
光緒《巫山縣志》　光緒十九年刻本
咸豐《雲陽縣志》　咸豐四年刻本
雲陽縣鄉土志　光緒三十二年修抄本
民國《雲陽縣志》　一九九二年巴蜀書社據民國二十四年鉛印本影印中國地方志集成本
同治《增修萬縣志》　同治五年刻本
萬縣志采訪事實　同治十三年編抄本
咸豐《開縣志》　咸豐三年刻本
光緒《大寧縣志》　光緒十一年刻本
道光《龍安府志》　道光二十一年刻本
道光《江油縣志》　道光二十年刻本
光緒《江油縣志》　光緒二十九年刻本
道光《石泉縣志》　道光十四年刻本
民國《北川縣志》　民國二十一年刻本
同治《彰明縣志》　同治十三年刻本
乾隆《西昌縣志》　乾隆間抄本
道光《西昌縣志略》　道光二年修，一九五五年抄本
光緒《西昌縣志》　光緒二十二年刻本

民國《西昌縣志》　民國三十一年鉛印本
民國《西昌縣志》　一九九二年巴蜀書社據民國二十一年鉛印本影印中國地方志集成本
咸豐《冕寧縣志》　咸豐七年刻本
光緒《鹽源縣志》　光緒二十年刻本
乾隆《會理州志》　乾隆間抄本
同治《會理州志》　同治十三年刻本
光緒《會理州續志》　光緒三十一年刻本
鹽邊廳鄉土志　民國元年刻本
光緒《越嶲廳全志》　光緒三十二年鉛印本
民國《雅安縣志》　一九九二年巴蜀書社據民國十七年石印本影印中國地方志集成本
民國《漢源縣志》　一九九二年巴蜀書社據民國三十年鉛印本影印中國地方志集成本
雅安縣鄉土志　清末抄本
光緒《名山縣志》　光緒十八年刻本
民國《名山縣新志》　民國十九年刻本
乾隆《榮經縣志》　乾隆十年刻本。
民國《榮經縣志》　一九九二年巴蜀書社據民國四年刻本影印中國地方志集成本
康熙《蘆山縣志》　傳抄清乾隆十年補刻本
民國《廬山縣志》　民國三十二年鉛印本
咸豐《天全州志》　咸豐八年刻本
嘉慶《清溪縣志》　嘉慶五年刻本
同治《嘉定府志》　一九九二年巴蜀書社據同治三年刻本影印中國地方志集成本
嘉慶《樂山縣志》　嘉慶十七年刻本
民國《樂山縣志》　民國十三年鉛印本
嘉慶《峨嵋縣志》　嘉慶十八年刻本
宣統《峨嵋縣續志》　一九九二年巴蜀書社據宣統三年刻本影印中國地方志集成本
嘉慶《洪雅縣志》　嘉慶十八年刻本
光緒《洪雅縣志》　一九九二年巴蜀書社據光緒十年刻本影印中國地方志集成本
嘉慶《夾江縣志》　嘉慶十八年刻本
民國《夾江縣志》　民國二十四年鉛印本
夾江縣鄉土志略　民國三十七年石印本
嘉慶《犍爲縣志》　嘉慶二十一年刻本
民國《犍爲縣志》　一九九二年巴蜀書社據民國二十六年鉛印本影印中國地方志集成本
道光《榮縣志》　光緒三年增刻本
民國《榮縣志》　民國十八年刻本
嘉慶《威遠縣志》　嘉慶十八年刻本
光緒《威遠縣志》　光緒三年刻本
民國《峨邊縣志》　一九九二年巴蜀書社據民國四年鉛印本影印中國地方志集成本
光绪《新修潼川府志》　光緒二十三年刻本

嘉慶《三臺縣志》　嘉慶二十年刻本
民國《三臺縣志》　民國二十年鉛印本
嘉慶《射洪縣志》　嘉慶二十五年刻本
光緒《射洪縣志》　光緒十年刻本
乾隆《鹽亭縣志》　乾隆五十一年刻本
光緒《鹽亭縣志續編》　光緒八年刻本
道光《中江縣新志》　道光十九年刻本
同治《中江縣新志補遺續編 》　同治五年刻本
民國《中江縣志》　民國十九年鉛印本
乾隆《遂寧縣志》　乾隆五十二年刻本
光緒《遂寧縣志》　光緒五年刻本
民國《遂寧縣志》　民國十八年刻本
道光《蓬溪縣志》　道光二十五年刻本
光緒《蓬溪縣續志》　光緒二十五年刻本
民國《蓬溪縣近志》　民國二十四年刻本
道光《安岳縣志》　道光二十一年刻本
光緒《續修安岳縣志》　光緒二十三年刻本
安岳縣鄉土志　光緒末年修抄本
道光《樂至縣志》　道光二十年刻本
光緒《續增樂至縣志》　光緒九年刻本
樂至縣鄉土志　光緒三十二年修民國元年刻本
嘉慶《達縣志》　嘉慶二十年刻本
民國《達縣志》　民國二十二年刻本
民國《達縣志》　一九九二年巴蜀書社據民國二十七年鉛印本影印中國地方志集成本
嘉慶《東鄉縣志》　道光元年增補本
光緒《東鄉縣志》　光緒二十八年刻本
民國《宣漢縣志》　民國二十年石印本
道光《新寧縣志》　道光十五年刻本
同治《新寧縣志》　同治八年刻本
乾隆《渠縣志》　乾隆五年刻本
嘉慶《渠縣志》　嘉慶十七年刻本
同治《渠縣志》　同治三年刻本
民國《渠縣志》　民國十四年鉛印本
道光《大竹縣志》　道光二年刻本
民國《大竹縣志》　民國十七年鉛印本
乾隆《太平縣志》　乾隆六十年副本
光緒《太平縣志》　光緒十九年刻本
道光《城口廳志》　道光二十四年刻本

嘉慶《邛州直隸州志》　一九九二年巴蜀書社據嘉慶二十三年鉛印本影印中國地方志集成本

民國《邛崍縣志》　民國十一年鉛印本

乾隆《大邑縣志》　乾隆十四年修十七年刻本

同治《大邑縣志》　同治六年刻本

民國《大邑縣志》　民國十九年鉛印本

四川邛州大邑縣鄉土志　光緒三十一年抄本

乾隆《蒲江縣志》　乾隆四十九年刻本

光緒《蒲江縣志》　光緒四年刻本

嘉慶《直隸緜州志》　嘉慶十九年刻本

同治《直隸緜州志》　同治十二年刻本

民國《綿陽縣志》　一九九二年巴蜀書社據民國二十二年刻本影印中國地方志集成本

嘉慶《德陽縣志》　嘉慶二十年刻本

道光《德陽縣新志》　道光十七年刻本

同治《德陽縣志》　同治十三年刻本

光緒《德陽縣志續編》　光緒三十一年刻本

民國《德陽縣志》　一九九二年巴蜀書社據民國二十八年鉛印兼石印本影印中國地方志集成本

嘉慶《安縣志》　嘉慶十七年刻本

同治《安縣志》　同治三年刻本

民國《安縣志》　民國二十三年修二十七年石印本

嘉慶《綿竹縣志》　嘉慶十八年刻本

道光《綿竹縣志》　道光二十九年刻本

民國《綿竹縣志》　民國九年刻本

咸豐《重修梓潼縣志》　咸豐八年刻本

嘉慶《羅江縣志》(李調元纂修，本書於志後標“甲本”二字以示區別)　嘉慶七年刻本

嘉慶《羅江縣志》(李桂林等纂修，本書於志後標“乙本”二字以示區別)　一九九二年巴蜀書社據同治四年刻本影印中國地方志集成本

同治《續修羅江縣志》　一九九二年巴蜀書社據同治四年刻本影印中國地方志集成本

嘉慶《資州直隸州志》　嘉慶二十年刻本

光緒《資州直隸州志》　光緒二年增刻本

民國《資中縣續修資州縣志》　一九九二年巴蜀書社據民國十八年鉛印本影印中國地方志集成本

嘉慶《資陽縣志》　嘉慶二十二年刻本

咸豐《資陽縣志》　咸豐十年刻本

道光《内江縣志要》　道光十四年修二十五年續修刻本

同治《内江縣志》　同治十年刻本

光緒《内江縣志》　民國三年增刻本

民國《內江縣志》　民國十四年刻本
嘉慶《仁壽縣志》　嘉慶八年續修刻本
嘉慶《補纂仁壽縣志》　乾隆五十四年修嘉慶八年續修刻本
道光《仁壽縣新志》　道光十八年刻本
同治《仁壽縣志》　同治五年刻本
光緒《補纂仁壽縣原志》　光緒七年補纂刻本
嘉慶《井研縣志》　嘉慶元年刻本
光緒《井研縣志》　光緒二十六年刻本
光緒《續修井研縣志》　光緒八年續修刻本
道光《茂州志》　道光十一年刻本
茂州鄉土志　一九五〇年抄光緒末年修刻本
嘉慶《汶志紀略》　光緒二十二年據嘉慶十年原版增刻本
民國《汶川縣志》　民國三十三年鉛印平裝本
道光《忠州直隸州志》　道光六年刻本
同治《忠州直隸州志》　同治十二年刻本
康熙《酆都縣志》　康熙四十九年刻本
嘉慶《酆都縣志》　嘉慶十五年刻本
光緒《酆都縣志》　光緒十九年增續重刻同治本
民國《重修酆都縣志》　民國十六年鉛印本
光緒《墊江縣志》　光緒二十六年刻本
墊江鄉土志　民國六年鉛印本
嘉慶《梁山縣志》　嘉慶十三年刻本
光緒《梁山縣志》　光緒二十年刻本
同治《增修酉陽直隸州總志》　一九九二年巴蜀書社據同治三年刻本影印中國地方志集成本
光緒《秀山縣志》　光緒十七年刻本
咸豐《黔江縣志》　咸豐元年刻本
同治《續增黔江縣志》　同治三年刻本
光緒《黔江縣志》　一九九二年巴蜀書社據光緒二十年刻本影印中國地方志集成本
黔江縣鄉土志　光緒末年修一九五〇年傳抄本
光緒《彭水縣志》　光緒元年刻本
嘉慶《眉州屬志》　一九九二年巴蜀書社據嘉慶五年刻本影印中國地方志集成本
嘉慶《續眉州志略》　嘉慶十七年刻本
民國《眉山縣志》　民國十二年鉛印本
光緒《丹稜縣志》　光緒十八年刻本
民國《丹稜縣志》　民國十二年石印本
丹稜縣鄉土志　光緒三十二年鉛印本
嘉慶《彭山縣志》　嘉慶十九年刻本

民國《重修彭山縣志》　民國三十三年鉛印本
彭山縣鄉土志教科書　（民國）徐原烈編 民国十年鉛印本
彭山紀年二編　（民國）徐原烈編 民國十九年鉛印本
嘉慶《青神縣志》　嘉慶二十年刻本
光緒《青神縣志》　光緒三年刻本
嘉慶《直隸瀘州志》　嘉慶二十五年刻本
光緒《直隸瀘州志》　光緒八年刻本
民國《瀘縣志》　民國二十七年鉛印本
光緒《瀘州九姓鄉志》　光緒八年刻本
嘉慶《納溪縣志》　嘉慶十八年刻本
嘉慶《合江縣志》　嘉慶十八年重刻本
同治《合江縣志》　同治十年刻本
民國《合江縣志》　民國十八年鉛印本
嘉慶《江安縣志》　嘉慶十七年刻本
道光《江安縣志》　道光九年刻本
民國《江安縣志》　民國十二年鉛印本
嘉慶《直隸敘永廳志》　嘉慶十七年刻本
光緒《續修敘永永寧廳縣合志》　光緒三十四年鉛印本
民國《敘永縣志》　民國二十四年鉛印本
永寧縣鄉土志　清末抄本
民國《松潘縣志》　民國十三年刻本
道光《補輯石砫廳志》　道光二十三年刻本
石砫廳鄉土志（歷史）　清抄本
石砫廳鄉土志（地理）　清抄本
石砫廳鄉土志（格致）　清抄本
清代孤本方志選　二〇〇一年北京線裝書局影印出版
黄玉江先生年譜　黄易齡撰　民國六年成都探源公司排印本
清人別集總目　李靈年　楊忠等編　安徽教育出版社二〇〇〇年七月版
中國地方志聯合目錄　中國科學院北京天文臺主編　中華書局一九八五年版
販書偶記　（民國）孫殿起錄　上海古籍出版社一九八二年十一月版
富順宋氏考訂四禮　（民國）宋育仁撰　民國二十二年北京天華館排印本
彝軍紀略　（清）彭洵撰　民國十三年成都昌福公司排印本。
清提督黃公嘯山事略　謝成劍輯撰　林烺青參校　民國十四年本
錦里新編　（清）張邦伸撰　巴蜀書社一九八四年六月據嘉慶嵋峨周氏敦彝堂藏版影印本
測圜海鏡通釋　（清）劉嶽雲撰　光緒二十二年尊經書局本
川邊政屑　（民國）朱金圃著　民國三年排印本
窳園老人年譜　（民國）曾學孔編　民國三十年重慶排印本
文史通義　（清）章學誠著　民國十三年東陸書局石印本

西夏記　（民國）戴錫章撰　民國十三年京華印書局排印本
讀史方輿紀要　（清）顧祖禹撰　一九九八年一月上海書店影印本
碑傳集補　（民國）閔爾昌纂錄　民國二十一年燕京大學國學研究所鉛字排印本

子部

文昌帝君全書　（清）劉體恕撰　道光八年刻本
槃監齋遺稿　（清）匡履福撰　民國十五年貴陽金氏十梅館刊本
天下郡國利病書　（清）顧炎武撰　光緒五年蜀南桐花書屋薛氏家塾修補本
弄丸心法　（清）楊鳳庭撰　宣統三年成都刻本

集部

尊經書院二集　（清）伍肇齡等編　光緒十七年尊經書局刻本
綠萼梅齋遺稿　（清）馮朝彬撰　咸豐六年什邡馮朝楨刻本。
寄情草堂詩鈔　（清）熊莪撰　光緒二十八年刻本
訪樂堂詩　（清）胡薇元撰　光緒二十七年刊本
鵝山文稿　（清）趙增瑀撰　民國八年成都聚昌公司排印本
燹餘吟草　（清）秦嵩年撰　民國間鉛印本
柴扉詩草　（清）杜闕著　民國間岳池中興鉛石印社排印本
可社戎州集　（民國）可社宜賓通信處編　民國二十五年油印本
麓生詩文合集　（清）何元普撰　光緒元年刻本
唐詩紀事　（宋）計有功撰　民國二年四川存古書局刻本
淨住子　（南齊）蕭子良撰　民國六年成都存古書局刊本
及見詩鈔　（清）釋含澈輯　咸豐六年四川綠天蘭若刻本
及見詩續鈔　（清）釋含澈輯　光緒十九年四川潛西精舍刻本
酉陽陳氏塤篪集　（清）陳宸　陳寬撰　民國二十四年鉛印本
倫風　（清）向廷賡撰　光緒二十六年成都向氏補鐫本
紗籠詩集　（清）釋含澈輯　同治十一年綠天蘭若校刊本
鳲鳩集　（清）楊卓撰　成都桐雲閣刻本
紙醉廬春鐙百話　（清）亢廷鈐撰　民國八年觳社鉛字排印本
清詩匯　（清）徐世昌輯　一九九六年北京出版社出版
清人詩集敘錄　袁行雲著　北京文化藝術出版社一九九四年八月版
清詩別裁　（清）沈德潛編　上海古籍出版社一九八四年八月版
讀詩鈔說　（清）張澍著　光緒十三年蓉城新刻本
普天忠憤集　（清）孔廣德編　光緒二十一年石印本
二瓦硯齋詩鈔　（清）金玉麟撰　咸豐元年刻本。
國朝全蜀詩鈔（簡稱全蜀詩鈔）　（清）孫桐生編　巴蜀書社影印光緒五年長沙刻本
國朝蜀詩續鈔（簡稱蜀詩續鈔）　（清）李炳靈　釋含澈同編　光緒二十二年刻本
瀘州高氏兄弟詩鈔　（清）高楷等撰　民國十三年刊本

達園詩鈔　（清）章步瀛撰　民國十年成都迪毅印刷社石印本

補竹山房詩草　（清）章藩撰　咸豐七年刻本

韻篁軒遺稿　（清）萬鈞撰　民國八年成都鉛字排印本

守約盦文集　（清）盛世英著　民國二十五年成都維新印刷局排印本

莪秀堂詩鈔　（清）朱世重撰　同治九年新刊藍印本

涪雅堂詩草　（清）吳朝品撰　光緒二十七年綿州刊本

制義叢話　（清）梁章鉅撰　咸豐九年知足知不足齋重刊本

西藏詩稿　（清）唐二羅撰　道光二十三年刻本

樂餘靜廉齋詩稿初集　（清）顧復初撰　同治六年至光緒四年成都刻本

石莊詩集　（清）張開霽撰　同治元年鄂城廌館刻本

山憨山房雜著　（清）萬慎撰　光緒三十年瀘州開智書局活字代印本

候蟲吟草　（清）馮世瀛撰　同治十年馮氏味無味齋刻本

麗矚亭詞　（清）金椿撰　光緒十一年會稽朱錫瑩刻本

秋雁詞　（民國）鄧鴻荃撰　民國七年成都刊本

能登集　（民國）周岸登輯　民國二十九年刻本

麗矚亭詞　（清）金椿撰　光緒十一年會稽朱錫瑩刻本

香湖詩草　（清）劉揚著　民國石印本

空石居詩存　（民國）向楚　一九八八年十二月四川大學出版社排印本

附錄三：

作者姓名筆畫索引

五　畫

六　畫

七　畫

八　畫

九　畫

十　畫

十一畫

十四畫

十五畫

十六畫

十七畫

十八畫

十九畫

二十畫

二十一畫以上

附錄四：

書目筆畫索引

本索引收録《清代蜀人著述總目》中所列書名條目，凡同書異名者（原注"一名"、"又名"等）均分別立目，其他悉依原條；原列"詩一首"、"詞一首"、"文一篇"等條目不收。

所收條目均以首字筆畫爲序排列，首字相同者，則依次字筆畫，餘類推；方志條目前冠以編纂時代者，亦按首字筆畫檢索，如"民國《大竹縣志》"，依"民"字編入五畫。

一　畫

二　畫

三　畫

四　畫

五　畫

六　畫

七　畫

八　畫

九　畫

十　畫

十一畫

十二畫

十三畫

十四畫

十五畫

十六畫

十七畫

十八畫

十九畫

二十畫

二十一畫

二十二畫